한 권으로 읽는 임석재 교수의 건축문화사

유럽의 주택

한 권으로 읽는 임석재 교수의 건축문화사

유럽의 주택

북하우스

차 례

I

그리스의 주거

II

로마의 주거

III 중세의 주거

IV
르네상스와 바로크의 주거

V
17~19세기 도시주거 개발사업

서문

주택으로 읽는 유럽의 건축문화사

주택은 무엇인가

'주택'은 건물 가운데 사회현상과 연관이 가장 많은 유형이다. 가장 보편적이면서도, 가장 다양하다. 연구의 내용과 범위도 그만큼 다양하고 포괄적이 된다. 일단 관련 분야가 많다. 건물에 국한시키면 건축 분야에 속하지만, 사회현상으로 확장하면 인문사회학의 거의 전 분야가 연관을 갖는다. 사회학, 인류학, 역사학, 여성학, 심리학 등이 비교적 직접적으로 연관되어 있는 분야이다. 가족이나 가정에 초점을 맞추면, '주거학'이라는 독립학문도 있다. 요즘은 굳이 이렇게 학문별로 구별을 하지 않는 추세이기 때문에 그저 인문사회학의 여러 분야와 종합적으로 연계를 갖는다, 정도가 주택의 포괄성을 정의하는 말이 될 것이다.

인문사회학뿐 아니라 도시와도 관련이 깊다. 주택을 모으면 도시가 된다. 주택은 도시를 구성하는 수많은 요소 가운데 가장 비중이 높다. 사람들은 도시에 모여 살지만, 하루 일과와 일 년의 생활, 나아가 평생을 자세히 보면 결국 집에서 나와서 집으로 돌아가는 일상을 반복한다. 이렇게 되면 주택은 국가 경제와도 직결되며 여기에서 부동산학을 필두로 경제학, 지역학, 행정학 등이 파생된다.

주택은 미술과도 연관이 많다. 인테리어는 직접적으로 주택의 실내(interior)를 연구하고 디자인하는 실무 분야이다. 주택을 집으로 환산하면 화가들에게도 빠질 수 없는 호기심의 대상이 된다. 집은 곧 사람이 사는 가장 기본적인 단위이기 때문이다. 17세기 네덜란드 풍경화가를 비롯해서 인상파, 미국 모더니즘, 팝아트 등 여러 주요 사조의 화가들은 주택 실내를 열심히 그렸다. 굳이 이런 사조로 분류하지 않더라도 집을 그린 화가는 일일이 열거할 수 없을 정도로 많다.

이 모든 것을 하나로 합한 연구 분야가 이 책에서 제시하고 있는 주택사이다. 우선 건축사를 일차적 기준으로 삼아서 주택의 역사적 흐름을 도출한다. 주택의 이면에는 어느 시대이고 다양하고 풍부한 사회적 배경이 있게 마련이다. 이것을 합하면 건축문화사의 한 가지 훌륭한 전형이 된다. 각 시대에는 또한 주택을 그린 대표적인 그림들이 있게 마련이다. 로마 시대의 폼페이 회화 혹은 폼페이 양식을 필두로 중세의 여러 그림책과 르네상스 시대의 빌라와 팔라초 그림, 그리고 바로크와 인상파 등으로 이어진다. 이런 것들까지 더하면 풍부한 주택사가 된다.

주택사의 기초는 시대별로 나타난 다양한 주택 유형에 있다. 주택은 지금 우리가 아는 '개인가족의 집', 혹은 흔히 말하는 '개인주택'에 해당된다. 우리가 아는 주택은 이 범위를 넘지 못한다. 그러나 잘 살펴보면 그 종류가 매우 많아서 단순히 주택이라는 단어만으로는 포괄을 할 수 없다. 서양에서 이런 경향이 특히 심해서 도무스, 빌라, 주교 궁, 박공 주택, 상가 주택, 탑 주택, 아케이드 주택, 오텔, 성채, 컨트리 하우스, 광장주거, 아파트 하우스, 테라스 하우스 등 세분화된 주택 종류들이 매우 많다. 물론 우리 기준에서는 이런 예들을 뭉뚱그려서 모두 '주택'이라고 부른다. 순수한 건축적 기준에서도 물론 모두 주택들이다. 그러나 서양에서는 이런 다양한 종류의 주택에 각기 다른 명칭을 붙여서 구별하고 싶어 한다. 그 속에 담긴 뜻과 특징이 너무 다르기 때문이다.

이 책은 유럽의 다양한 주택 종류를 해석하고 소개한다. 시기를 기준으로 하면 고대 그리스에서 19세기에 이르는 역사이다. 전통적인 건축 양식 개념을 주택에 적용했으며, 주택에만 해당되는 내용을 추가해서 다양하게 해석하고 분석했다. 각 시대를 대표하는 주택 유형의 탄생과정, 구성, 건축적 특징, 그 속에서 벌어지는 생활 내용, 사회문화적 배경과 의미, 건축주의 계층 특성 등을 소개했다. 이 과정에서 앞에 언급한 다른 여러 분야와 연계했다.

주택양식사를 개척하며

이상을 합하면 주택양식사가 된다. 이 책에서는 주택을 연구하는 새로운 시각을 제시하고 있는데 바로 이런 주택양식사이다. 조금 낯설 수도 있는데 말 그대로 해석하면 된다. 미술사나 건축사에 여러 종류의 양식 용어가 나오듯이 주택에도 그런 것이 있다. 일반적인 건축양식 분류를 바탕으로 주택에만 해당되는 양식의 내용과 특징을 기술한 것이다.

주택은 일반 건축사에는 많이 등장하지 않는다. 르네상스 시대의 이탈리아 팔라초와 프랑스 오텔 정도만 고정적으로 나온다. 그 이유는 여러 가지일 수 있는데 가장 큰 이유는 일반 공공건물과 주택은 그만큼 다르기 때문이다. 다시 말하면, 주택양식사에는 일반 건축사에서 찾아볼 수 없는 특징이 있다는 뜻이다. 가장 대표적인 것이 포괄성이 훨씬 크다는 점이다.

앞에서 얘기했듯이 도시, 생활사, 가족사, 사회사, 문화사, 인테리어, 인문사회학의 각 분야 등 이 주제와 연관되는 분야가 매우 많다. 이에 따라 파생되는 주제도 다양하고 포괄적이다. 가족, 계층, 공적 영역 vs. 사적 영역, 젠더, 투기, 도시 전통이나 맥락과의 관계, 지배층의 정체성과 과시욕 등 실로 다양하다. 물론 공공건물도 이런 주제들과 연관이 있긴 하지만 주택보다 약하며, 특히 이것들이 종합적으로 얽힌 복합적 포괄성에서는 매우 약하다. 이런 주제들은 모두 사회가 구성되고 문화가 운영되는 기본원리들이며 거꾸로 우리가 사회와 문화를 이해하는 데에 필수적인 것들이다.

주택양식사는 이런 포괄적 주제들을 하나로 녹여서 파악하고 이해하기에 좋은 분야이다. 이 책을 통해서 이런 접근법의 한 가지 전형을 개척해서 제시했다고 자부한다. 공공건물 중심으로 기술하는 일반 건축사에서는 접할 수 없는 내용들이다. 주택양식사는 그만큼 나름대로의 힘이 있다는 얘기다. 일반 건축사는 보통 공공건물을 대상으로 각 시대의 첨단 양식을 추적하는 데 초점을 맞춘다. 이런 시각이 놓치기 쉬운 부분이 일상생활 같은 사회 현상이 건축에 스며든 내용이다. 물론 주택에서도 첨단 양식이 중요하긴 하지만 그 비중이 그리 높지 않다. 그보다는 한 시대에 나타났던 사회–문화–예술 현상이 종합적으로 모이는 집합체로서의 성격이 강하다. 이런 집합체를 읽어낼 수 있는 건물은 주택밖에 없다.

고대 그리스에서 19세기에 이르는 주택역사여행

이상의 큰 배경 아래 각 시대의 내용을 간략히 요약하면 다음과 같다.

그리스 시대에는 건축, 나아가 문명과 예술의 모든 분야가 그랬듯이 서양주택의 뿌리가 형성되었다. 크게 에게 해 문명과 그리스 본토로 나눌 수 있다. 에게 해 문명에서는 복도 형 주택과 메가론 주택이라는 두 가지 기본 유형이 등장했다. 이후 복도 형 주택은 집합주택으로, 메가론 주택은 중정 형 개인주택으로 각각 발전했다. 그리스 본토에서는 중정 형 주택이 도시주거의 대표 유형으로 자리 잡았다. 열주랑 주택이라는 중정 형 주택의 대표 유형이 등장했으며 이것들이 특히 올린토스, 델로스, 프리에네 등 그리스 문명을 대표하는 도시에 군집한 점에서 중요한 의미를 갖는다.

로마는 도무스의 시대였다. 건축형식에서는 그리스 시대에 등장한 열주랑 주택을 이어받은 것이다. 그러나 로마인 특유의 풍성한 문화적 요소가 개입하면서 구성은 그리스 시대보다 더 복합적이 되었으며 그 속에 담긴 생활의 내용도 훨씬 다양해졌다. 폼페이는 이런 도무스의 보고로서, 수많은 예를 보존하고 있다. 도시 자체는 화산재에 묻혀서 사라져 버린 가슴 아픈 비극의 대상이지만, 고고학적으로는 이 때문에 수많은 도무스들이 보존된 아이러니의 주인공이다.

중세에 오면 주택 형식이 다양해진다. 크게 영주나 귀족의 본거지인 성채, 봉건제의 중심인 장원 주택, 도시주거 등 세 종류로 나눌 수 있다. 성채는 지금까지 군사시설로만 알려져 왔지만 핵심시설은 영주와 그 가족의 주거였다. 이 책은 아마도 전 세계적으로 성채를 주거의 관점에서 연구한 최초가 될 것이다. 장원 주택은 '고급 농촌 주택'쯤 되는데, 중세 때에는 비교적 자유로운 구성을 하다가 이후 영국에서 살아남아 컨트리 하우스의 모태가 되었다.

중세 주택의 꽃은 도시주거였다. 지금도 신비스러운 호기심의 대상인 중세 도시를 채운 박공 주택을 비롯해서, 중세 도시의 실질적인 주인이었던 부르주아들의 본거지였던 상가 주택 등이 대표 유형이었다. 여기에 더해 탑 형식을 갖춘 탑 주택과 이것들이 모여서 이루어진 탑 도시, 그리고 도로에 접하면서 보행자에게 아케이드를 제공한 아케이드 주택 등은 모두 중세 문명의 산물인 동시에 중세 도시에 중세다운 이미지를 더한 주역들이었다.

르네상스에 오면 다시 몇 가지 대표 유형으로 정리된다. 이탈리아는 팔라초의 전성기였다. 또 다른 대표적인 중정 형 주택인데, 15세기에 시작해서 3~4세기 동안 전성기를 누리며 많은 작품을 탄생시켰다. 프랑스에서는 상류층의 도시주거인 오텔이 대표 유형이었다. 이탈리아의 영향도 있었지만 프랑스만의 상황에 맞게 찾아낸 프랑스 주택의 대표 양식이었다. 프랑스 건축은 적어도 오텔을 완성시키면서 이탈리아 르네상스에 대한 콤플렉스에서 벗어나 지금 우리가 아는 프랑스만의 자존심을 갖게 되었다.

영국의 르네상스 주택은 이탈리아나 프랑스와 달리 도시주거가 아닌 컨트리 하우스가 대표 유형이었다. 16세기의 튜더 왕조와 17세기의 스튜어트 왕조가 중심이 되어 왕실과 지방 귀족이 이끈 유형이었다. 이 과정에서 정치, 사회와 관련된 풍부한 얘깃거리를 만들어냈다. 건축형식으로 좁혀보면 프랑스의 오텔과 마찬가지로 자국 상황에 맞는 자국만의 주거 양식을 찾아 고민한 시기였으며 이것을 창출하는 데에 성공한 시기였다.

프랑스의 오텔과 영국의 컨트리 하우스는 우리에게도 좋은 귀감이 되는 예들이다. 당시 두 나라는 이탈리아에서 시작한 르네상스의 영향에 무방비로 노출되어 있었다. 적어도 건축을 기준으로 하면 두 나라의 르네상스 건축은 이탈리아를 모방하면서 시작했다고 해도 과언이 아니었다. 이 과정에서 자국만의 양식을 창출하려는 노력이 있었는데 이것을 완성시킨 것은 공공건축보다는 주택이었다. 여기에 두 나라 상류층의 저력과 존경받을 자격이 있는 것이다. 두 나라는 이를 계기로 17세기를 넘기면서 이탈리아를 제치고 유럽의 중심국가로 떠오르게 된다. 주택에서의 자국 양식은 민족 정체성을 갖는 데 무척 중요한 요소이기 때문이다. 민족 정체성을 갖게 되면서 두 나라는 비로소 사회적 역량을 한곳으로 모으고 앞으로 나아갈 수 있었다.

17~18세기는 부동산 개발의 시대였다. 주택의 대표작들은 부동산 개발에서 많이 나왔다. 이번에는 프랑스가 이끌었다. 광장주거라는 형식을 개발해서 파리에 성공적으로 적용했으며 이를 다시 유럽 전역으로 퍼뜨렸다. 광장주거를 받아들여 전성기를 구가한 것은 영국이었다. 17세기에 프랑스에서 이를 받아들여 초기 단계로 시작한 이래 18세기에는 프랑스를 능가하며 광장주거의 전성기를 구가했다. 바스(Bath) 개발이 대표적인 예이며 이것은 거꾸로 수도 런던에 영향을 끼쳐 리젠트 파크 개발을 필두로 많은 광장주거가 들어섰다. 여기에 들어간 주택 형식은 테라스 하우스였다.

파리의 19세기는 아파트의 시대였다. 산업혁명의 결과 대형 부르주아가 등장하면서 아파트는 이들의 도시 본거지이자 투자의 대상이 되었다. 높이는 20미터를 넘지 않았지만 그 속에는 파리 부르주아의 온갖 욕망과 문화적 역량 등 부정적, 긍정적 내용들이 모두 녹아들었다. 오스망 재개발사업 이후 부르주아 아파트는 단순한 주택을 넘어서서 단연 19세기 파리를 대표하는 건축형식이자 도시 아이콘이 되었다. 19세기 파리 아파트는 현대 한국사회를 완전히 접수해버린 그 아파트의 시작이라고 봐도 좋았다.

유럽을 이끌어 온 주류 문명의 주택여행

이 책에 등장하는 대상은 대부분 상류층 주택이다. 나라 역시 주로 이탈리아, 프랑스, 영국의 세 나라에 치중되었으며 독일의 예가 그 사이에 일부 등장한다. 많은 독자들이 일반 시민이나 중산층 같은 서민주택에 관심이 있다는 것은 잘 알고 있다. 요즘은 우리나라에서도 중산층 주택에 대한 연구 결과가 나오고 있다는 것도 잘 알고 있다. 그럼에도 굳이 세 나라의 상류층 주택을 택한 데에는 나름의 이유가 있다. 크게 여섯 가지이다.

첫째, 그나마 유구가 조금이라도 남아 있다는 점이다. 주택은 기본적으로 사유재산이기 때문에 남아 있는 유구가 매우 적다. 교회, 오페라하우스, 궁전, 박물관 같은 공공건물과 비교하면 더욱 그러하며 시대가 오래될수록 특히 그렇다. 우리나라가 한옥까지도 문화재로 지정해서 보존하는 것과 달리 유럽에서는 사유재산에 대해서 공공의 간섭을 자제하는 편이기 때문에 개인주택을 국가차원에서 보존하는 예는 드물다. 이런 상황에서 그나마 연구 주제를 끄집어낼 만한 유구가 남아 있는 것이 상류층 주택이다. 소유주 가문에서 계속 이어받아 현재도 사용하거나 보존하고 있는 경우가 제법 되기 때문이다.

둘째, 일정한 건축형식을 갖춘 것 역시 상류층 주택이다. 서민주택은 유구도 안 남아 있으려니와 개별 건물은 규모도 작고 구성도 단순하기 때문에 건축형식을 찾아내기가 쉽지 않다. 그렇기 때문에 연구 내용은 주로 사회적 배경 등에 한정된다. 물론 이것만으로도 훌륭한 연구 주제임에 틀림없다. 나 스스로도 앞에서 이 책의 장점으로 사회적 배경을 거론했다. 하지만 내가 시도하고 있는 것은 건축과 인문사회학의 연계이다. 그래야 건축의 지평을 넓힘과 동시에 거꾸로 인문사회학의 지평도 넓힐 수 있다.

하지만 서민주택은 건축형식이 취약하기 때문에 사회적 배경 자체에 치우치기 쉽다. 이럴 경우 자칫 건축연구의 범위를 넘어서게 된다. 이 때문에 서민주택 연구는 건축 분야가 아닌 사회학 관련 분야에서 주로 나오고 있는 실정이다. 건축형식이 취약하다는 것은 양식사적 내용이 취약하다는 뜻이다. 사회적 배경 내용은 풍부할 수 있으나 이것들에 대한 기록 역시 지배계층 중심의 고급문화보다 많이 부족한 것이 사실이다. 현지인이 아니면 이것들을 캐내는 작업을 하기는 거의 불가능하다. 사회적 배경을 건축양식과 연계시켜 해석하는 작업을 생각하면 서민주택의 한계는 분명해진다.

셋째, 이 두 이유를 합하면 한국사람이 건축적으로 연구하기에는 상류층 주택이 유리한 점이 있다. 서민주택은 유구가 남아 있지 않은 상황에서 문헌기록 등 기본자료를 구하기도 어려우려니와, 연구 내용도 사회적 배경에 치중하게 된다. 이럴 경우 서양의 선행연구에 강하게 의존하게 되어 연구의 독창성이나 저작권이 보장되기 어렵다. 특히 한국사람이 이 연구를 할 경우 자칫 외국 자료 몇 가지를 편집, 정리하는 수준에 머물고 말 우려가 크다. 이런 우를 범하지 않기 위해서는 나만의 해석을 가할 수 있는 대상이어야 하는데 적어도 나에게 그 대상은 상류층 주택이었다.

넷째, 다른 분야와의 연계에서도 서민주택은 어려움이 있다. 최근까지 역사 연구는 어쩔 수 없이 지배계층을 중심으로 진행되어 왔다. 최근에 '민중사'라는 새로운 경향이 등장해서 활발히 연구가 진행되고 있긴 하지만 주택과의 연관성을 고려하면 아직 많이 부족한 것이 사실이다. 민중사는 노동이나 시장 같은 특정 주제에 많이 편중되어 있기도 하다. 물론 사회사나 생활사도 민중사의 주요 대상이긴 하지만 문제는 이것과 연계된 서민주택의 물리적 유구나 기록 등이 거의 안 남아 있다는 점이다. 상류층 주택은 이런 불리한 점이 상대적으로 적다. 주택양식사가 가능한 한 여러 다양한 분야와의 포괄적 연계를 생명으로 하고 있기 때문에 연계 분야에서 축적된 연구의 양은 대상을 선정하는 데 중요한 조건이 될 수밖에 없다.

다섯째, 나라까지 더하면 이 책에서 다루고 있는 대상은 이른바 유럽의 '주류 문명'을 이끌어 온, 혹은 '주류 문명'에 속하는 주택들이다. 유럽 역사는 '이탈리아–프랑스–영국'을 주축으로 삼아 진행되어 왔다. 독일은 강대국에 틀림없으나 유럽 역사를 통틀어 보면 이 세 나라의 주류 문명을 위협한 적은 있으나 그 스스로가 주류 문명을 일군 적은 없었다.

'유럽 주택의 역사'는 우리에게는 다소 세부적인 주제일 수 있으며 우리나라에는 처음 소개되기 때문에 일단 주류 문명에 속하는 예부터 대상으로 삼았다. 가장 중심이 되는 것부터 익숙해진 다음에 다른 주제로 넘어가는 것이 좋기 때문이다. 유럽의 예술과 건축은 일정한 패턴을 따라 진행되어 온 형식주의 전통이 강하기 때문에 중심이 되는 소재부터 접하고 나면 다른 것들은 이해가 쉬워진다. 형식주의 문명에서는 형식 패턴이 가장 풍부하게 농축, 집약된 것이 주류 문명이기 때문이다.

유럽 상류층 주택의 역사와 현대 한국의 주거문화

여섯째, 다소 부수적인, 그러나 어떤 면에서는 매우 중요한 결과이긴 한데, 유럽의 상류층 주택은 현대 한국의 주택문화에 대해 여러 측면에서 유익한 선례가 될 수 있다. 현재 우리의 주택은 아파트 한 종류에 극단적으로 쏠려 있다. 유럽의 상류층 주택은 이런 현상에 대해서 그 뿌리를 제공할 수 있으며 반대로 그 대안인 개인주택의 문화에 대한 선례도 제공한다.

우리의 소득이 늘고 고급 아파트와 빌라가 등장할수록 그 이름에 서양의 무슨 캐슬이니 하는 것들이 들어가는 데에서 알 수 있듯이, 지금 우리의 주거문화는 알게 모르게 유럽의 선례에서 영향을 받았다. 미국이 직접적인 선례이지만 미국의 주택문화 역시 이탈리아, 프랑스, 영국 세 나라에서 영향을 받았기 때문에 그 뿌리를 캐면 이 세 나라가 된다. 물론 이 책의 목적이 서양의 선례와 현대 한국의 주거를 직접 비교하는 것은 아직 아니다. 이 작업은 기회가 되면 다음에 진행할 계획을 가지고 있다. 그럼에도 불구하고 이 책을 읽다보면 지금 우리가 집을 둘러싸고 벌이고 있는 여러 행태들이 유럽에서도 이미 수백 년 전에 있었다는 것을 계속 느끼게 될 것이다.

아파트에 대해서 먼저 살펴보면, 유럽은 이미 그리스-로마 시대부터 도시 다층 공동주택이 발달했다. 이런 전통은 르네상스 이후 프랑스가 이어받았다. 파리는 유럽에서 가장 먼저 부동산 개발을 시작한 나라였다. 1500년대 초부터 부동산 개발이 시작되었는데 이때는 아직 오텔이라는 대형 개인주택이었다. 17세기에는 광장주거라는 다층 공동주택이 들어섰다. 산업혁명 이후 19세기에 전성기를 만난 아파트를 이끈 것도 영국이 아니라 의외로 파리였다. 그러나 19세기 파리의 아파트는 최고 8층을 넘지 않았다. 이것을 이어받아 고층 아파트로 만든 것이 미국이었으며, 압축성장의 근대화시기 때 미국의 영향 아래 한국에 수입되어 오늘날 우리의 주거문화를 완전히 독점하고 있다.

19세기 파리의 아파트를 이끈 것은 주로 부르주아였는데 이들의 아파트는 현대 한국과 마찬가지로 부동산 투기의 성격이 짙었다. 그러나 이것만 있었던 것은 아니다. 나름대로 심미적 가치를 실어내려 노력했으며, 특히 파리라는 도시가 갖는 미학 자원의 하나로 정의하려는 노력을 기울였고 일정한 성공을 거두었다. 지금의 파리를 구성하고 있는 도시 자원의 상당 부분은 이때 지은 아파트이다. 이런 내용은 오로지 투기에만 매몰되어 있는 우리에게도 타산지석의 교훈으로 삼을 만하다.

다음으로 개인주택에 대해 살펴보자. 현재 우리나라에서는 개인주택이 거의 소멸되었다고 해도 과언이 아니다. 전혀 없는 것은 아니지만 주택시장이나 부동산시장에서 개인주택이 차지하는 비중은 미미하다. 건축적 파급력도 마찬가지이다. 어느 재벌회장의 집이 100억을 넘네 하는 정도가 관심의 대상일 뿐이다. 너무 한쪽으로 쏠려 있다 보니까 개인주택이 아파트보다 오히려 더 불리한 주거형태라는 생각이 만연해 있다. 하지만 '삶의 질'이라는 기준에서 보면 개인주택이 아파트보다 불리할 수는 없다. 적어도 서양에서는 이런 상식이 아직도 굳건히 지켜지고 있다.

이 책은 서양에서 개인주택의 뿌리가 되는 도무스, 팔라초, 오텔 같은 대표 유형들의 특징과 생활 내용을 소개함으로써 이런 상식을 다시 한 번 되짚어 보는 기회를 제공하고자 한다. 물론 이런 예들은 17세기 이전의 전통 시대에 속하는 것들이기 때문에 오늘날 우리 생활에 직접적인 연관성을 갖지는 않는 게 사실이다. 하지만 20세기와 21세기의 현대 주택을 이해하기 위해서는 이런 전통 선례를 알아야 한다. 서양은 앞에서 밝혔듯이 형식주의 전통이 강하기 때문이다. 현대 주택 역시 과거에 형성된 형식 위에 만들어진 것이라는 뜻이다. 나는 현대 주택에 대한 집필 계획을 가지고 있는데 이 책은 이를테면 이에 꼭 필요한 선행작업인 것이다.

'건축인문학'과 '집 이야기'

이 책은 내가 최근에 새로 연구를 시작한 '집 이야기'라는 큰 주제에 속한다. 지금까지『한국의 옛집』,『나는 한옥에서 풍경놀이를 즐긴다』,『지혜롭고 행복한 집 한옥』등 한옥에 관한 세 권의 책을 출간했으며, 이 책은 서양의 주택에 관한 첫 번째 책이다. 앞으로 '인간의 삶의 공간으로서의 집'이라는 큰 방향 아래 집이 갖는 근본적인 의미나 현대의 주택 등 이런저런 다양한 내용으로 집에 대한 연구와 집필을 확대해갈 계획이다.

집은 건축 주제 가운데 인문사회학적 내용이 강한 것임에도 나 개인적으로는 비교적 늦게 연구와 집필을 시작했다. 하지만 집에 대한 나의 관심은 상당히 일찍부터 있어왔다. 한옥에 대한 관심은 다른 곳에서 여러 차례 밝힌 바와 같이 대학 때부터 상당히 컸다. 이런 관심을 꾸준히 지켜서 2005년에 나온 여섯 권의 한국 전통건축 시리즈 곳곳에서 한옥 얘기를 했다. 이후 2007년의『한국의 옛집』을 시작으로 한옥 책을 세 권 연달아 냈다.

서양의 주택에 대해 관심을 가지기 시작한 것은 유학시절이었다. 1987년에 미국으로 유학을 갔는데 그때 나의 외삼촌과 작은이모가 미국에 살고 있었다. 외삼촌은 단순히 한국에서 이민 간 교포가 아니었다. 고등학교 때 유학을 갔다가 미국분과 결혼해서 표준적인 미국 가정을 꾸리고 살고 계셨다. 자녀가 셋이었는데 외모는 물론이고 모든 것이 100퍼센트 미국인이었다. 작은이모는 한국에서 이민을 가긴 했지만 현지 교포들과 전혀 어울리지 않고 처음부터 백인 사회에 들어가서 미국식으로 살고 계셨다. 자녀가 둘이었는데 외모만 동양계일 뿐 한국말은 전혀 못하고 생활만 보면 역시 100퍼센트 미국사람이었다. 이런 외삼촌댁과 이모 댁에 자주 놀러가서 며칠씩 묵고 오면서 자연스럽게 미국 가정을 경험할 수 있었다.

사람 사는 게 다 똑같을 수도 있고 또 한편으로는 많이 다르기도 했다. 미국 가정의 속모습이 당시 한국에서 바라보던 시각과 많이 다른 점이 특히 와 닿았다. 당시 한국은 아직 요즘 같은 가족붕괴가 없던 때였다. 부모, 자식, 부부, 형제 등 가족 사이의 연대감과 소속감이 그런대로 지켜지고 있었다. 그 바탕에는 사랑과 정, 효도 같은 가족주의의 덕목이 어느 정도는 전제되고 있었다. 이를 기준으로 미국 가정은 계산적이고 차갑다는 인식이 퍼져 있었다. 좋고 나쁨의 판단을 뺀다면 한국 가정은 주관적 관계이고, 미국 가정은 객관적 관계라는 이분법에 가까운 시각이었다.

미국 가정을 접해보니 이런 시각이 어느 정도는 맞지만 아닌 구석이 더 많았다. 서양의 가정도 우리 못지않게 가족 구성원들 사이에 끈끈한 정과 사랑이 있었다. 반면 중요한 차이도 있었는데 이런 정과 사랑이 공적 관계와 사적 관계의 이분법 속에서 발휘된다는 점이었다. 서양의 가족에게도 주관적 정을 나누는 그들만의 방식이 있는데, 가정 내에서도 공적 관계를 지키는 범위 내에서 사랑과 정을 나누는 것이 보였다.

예를 들어 집안일과 관련해서 가족 구성원들에게 적당히 분배된 각자의 역할이 있었는데 이것을 마치 법을 지키는 것 같은 책임으로 신성시하며 열심히 지키는 것이었다. 가정의 행복이 부모의 무조건적 사랑에 있는 것이 아니라 가족 구성원이 이런 각자의 책임을 지키는 것 위에 있다는 확신 같은 것이었다. 하루의 일과에 대한 시간표도 마찬가지였다. 해 넘어가면 아무 때나 적당한 때에 들어오고 어머니는 된장찌개를 끓이며 식구들을 무던히 기다리던 우리의 정서와는 많이 달랐다. 결국 가정의 모든 것이 약속과 책임 위에 돌아가는 것이었다. 하지만 이런 원칙만 지켜지면 서양사람들의 가족사랑 역시 우리 못지않았다. 가족의 시시콜콜한 옛날일까지 자세히 기억하고 있었으며, 부모는 자식이 혹시라도 파티 같은 데 가서 나쁜 짓을 하지나 않을까 노심초사하며 이런 데 못 가게 막으며 자식과 싸웠다.

주택 내 공간구성이나 사용에서도 서양 특유의 방식이 있었다. 서양은 우리 같은 야간 유흥문화가 없어서 아버지들이 대부분 일찍 집에 들어오며 사교육도 없기 때문에 거의 매일 집 안에서 가족들끼리 어울린다. 그러다 보니 온 가족이 함께 지내는 공간이 발달했다. 중산층만 되어도 거실 이외에 보통 가족실을 갖춘다. 거실이 집의 중심에 테이블을 갖추고 먹고 편지도 쓰고 차도 마시며 어울리는 좀 공식적인 공간이라면, 가족실은 큰 소파를 놓고 함께 널브러져 어울리는 편한 공간이다.

하지만 이 두 공간은 모두 이른바 주택 내 공적 공간이다. 공적 공간

내에서 가족끼리 어울리는 방식은 매우 다양하고 정이 넘친다. 하지만 각자의 방에 대해서는 철저하게 프라이버시를 보호해준다. 주택 내 사적 공간이기 때문이다. 아주 어린 나이부터 아이들은 자신의 방에서 혼자 잔다. 그 대신 부모는 자식의 공간에 대해서 나쁜 것을 잡아주는 것 이외에는 거의 아무런 간섭도 못하게 되어 있다. 이상을 합하면 서양의 주택은 공적 영역과 사적 영역의 구별이 명확하며, 이 위에 두 영역이 매우 발달한 특징을 보인다.

이때의 경험은 서양주택에 대한 관심으로 이어졌다. 하지만 바로 연구에 착수할 수는 없었다. 당시에는 건축사라고 하는 너무 큰 연구 분야가 나를 기다리고 있었다. 정말로 도전하고 싶었던 큰 산이었고 끝이 안 보이는 장도였다. 이후 박사학위를 받았고, 귀국해서 교수가 되면서 건축을 매개로 연구 주제를 지속적으로 확대해갔으며 많은 저서를 집필했다. 그러는 과정에서 집에 대한 관심은 꾸준히 지켜졌다. 기회 되는 대로 관련 자료를 알뜰하게 모았고 좋은 아이디어가 떠오를 때마다 메모를 쌓아갔다. 그리고 몇 해 전부터 한국의 집, 한옥에 대한 저서부터 출간하기 시작한 뒤 이제 유럽의 주택사에 대한 책을 내게 되었다.

'집 이야기'는 더 크게 보면 나의 가장 큰 연구 주제이자 내 연구의 핵심인 '건축인문학'에 속하는 하부 주제이다. '몸 건축' 시리즈를 시작해서 『기계가 된 몸과 현대건축의 탄생』이라는 책을 출간했으며, 이외에 특정 시리즈에 속하지는 않지만 『계단, 문명을 오르다』나 『임석재의 생태건축』 등 여러 저서에서 건축과 인문사회학의 여러 분야를 연계하면서 꾸준히 건축의 지평을 넓혀왔다.

이것은 거꾸로 인문사회학의 지평도 넓히는 효과를 가져 온다. 물론 정통 인문사회학의 관점에서 보면 내가 하는 작업은 여전히 건축 분야일 뿐이라는 것을 나도 잘 안다. 그러나 반대 의견도 있다. 건축은 건물이라는 물리적 구조물을 기본 소재로 삼기 때문에 추상적 개념만 다루는 인문사회학, 특히 인문학에서 보면 실체를 명확히 제시하는 큰 강점이 있다. 실제로 여러 대학을 다니면서 인문학 교수를 대상으로 강연을 하다 보면, 머릿속에서 모호하게 맴돌던 사실들이 건물을 예로 들어 해석하다보니 명확해졌다는 얘기를 듣곤 한다. 앞으로 나의 연구와 저술은 대체적으로 이런 방향으로 나아갈 것이며 더 좋은 주제와 내용으로 독자 여러분을 찾아뵐 것을 약속드린다.

마지막으로 정성껏 좋은 책을 만들어준 북하우스 출판사에 진심으로 감사의 마음을 전한다. 책 쓰는 일을 하다 보니 종이문명이 끝나가고 있는 것이 아닌가, 하는 의심이 들 때가 종종 있다. 좀 쉬운 말로 하면 책이 안 팔리는 것인데, 그럼에도 여전히 많은 인력이 날로 어려워져 가는 상황 속에서도 좋은 책을 만들기 위해 열심히 노력하고 있다. 왜냐하면 책은 그만큼 소중하고 매력적인 것이기 때문이다. 인터넷이나 스마트폰이 책을 대신해가고 있지만 이런 매체는 정보의 양과 질, 정확성과 깊이, 해석의 수준 등에서 근본적인 한계가 있다. 다소 어려움이 있겠지만 책은 영원히 살아남아서 인류문명의 중심 자리를 지킬 것이라는 확신 위에 나는 오늘도 한 줄 한 줄 열심히 쓰고 있다. 사랑하는 두 딸과 아내에게, 그리고 어머니를 떠나보내시고 홀로 남으셔서 투병 중이신 아버님께 사랑과 감사의 마음을 전한다.

심재헌(心齋軒)에서
임석재

I

그리스의 주거

:: 에게 해 문명의 주거

:: 그리스 주거의 형성과 특징

:: 중정 형 주택 : 올린토스

:: 열주랑 주택 : 델로스와 프리에네

1
에게 해 문명의 주거

미노아와 미케네의 주택

서양건축의 시작은 보통 에게 해로 보는 것이 통설인데 이는 주거도 마찬가지이다. 에게 해 문명은 기원전 4000년경부터 기원전 1200년경까지 그리스와 터키 사이의 에게 해 일대에 발달했던 문명을 일컫는다. 크레타(Crete) 섬을 중심으로 한 미노아문명(Minoan, 기원전 4000~기원전 1400)과 그리스 본토의 펠로폰네소스(Peloponnesus) 반도를 중심으로 한 미케네문명(Mycenae, 기원전 1600~기원전 1200)으로 한 번 더 분류된다. 미노아문명은 다시 헬라딕(Helladic)이라는 단어를 사용해서 네 단계로 세분할 수 있지만 이 분류는 보통 도자기 발굴을 중심으로 고고미술사에서 사용하는 것이다. 주택에는 이 정도의 세분화된 분류에 따른 차이는 없다고 봐도 무방하다. 주거사에서는 미노아와 미케네로 구별하면 충분해 보인다.

미노아문명은 신석기 말기에 시작해서 청동기 중기에 걸쳐 번성했다. 주택은 모두 폐허 유적뿐으로 고고학적 추측에 크게 의존한다. 도시로는 테살리아(Thessaly, 그리스 본토 동부)의 중심지 디미니(Dimini)와 펠로폰네소스 반도 동부의 레르네(Lerna)가 주요 유적이 발굴된 대표적인 장소

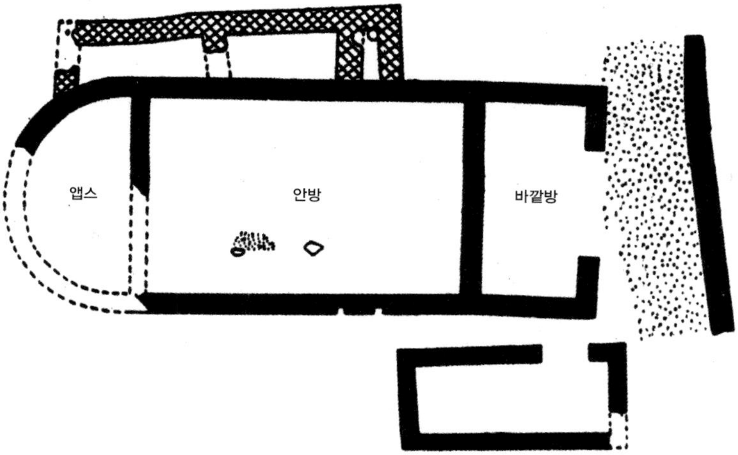

들이다.

신석기 시대의 미노아 주택은 벽을 공유하는 여러 방과 공간 들을 필요에 따라 그때그때 더해서 쓰는 형식이 가장 표준적인 구성이었다. 건축적으로 의미 있는 구성 형식이나 특징은 아니지만 먼저 형성된 방(=안방)과 나중에 더한 방(=바깥방) 사이에 위계를 지어서 일부 고고학자들은 '바깥방–안방 유형(but–and–ben type)'이라는 명칭을 사용하기도 한다. 코린트(Corinth)에서 발굴된 주택이 대표적인 예이다(도 1–1). 일부 주택에서는 출입구가 발달해서 차양을 길게 뽑아서 바깥쪽 끝을 기둥으로 받치는 포치(porch) 형식을 벌써 만들어 썼다.

도 1–1 코린트(Corinth), 코라쿠의 앱스 형 주택(Apsidal House at Korakou). 앱스(apse)는 건물이나 방에 부속된 반원 모양의 내부 공간이다.

도 1–2 미르토스(Myrtos)의 주택. 1번 방은 주택사당으로, 2번은 제단으로 각각 추정.

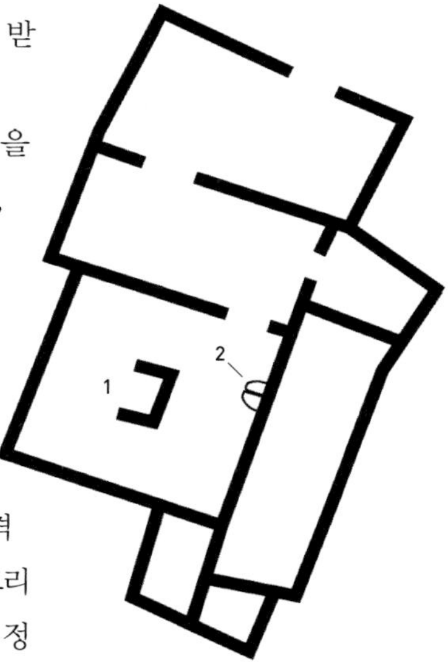

청동기 시대에는 상업, 교역, 중개 등을 중심으로 번창한 해양문명을 일구었다. 크레타를 중심으로 키클라데스제도(Cyclades), 그리스 본토, 아나톨리아(Anatolia, 터키령의 아시아 쪽 흑해와 에게 해, 동지중해로 둘러싸여 서쪽으로 돌출한 대반도, 소아시아로도 불린다) 서부 일대 등 넓은 지역에 걸쳐서 주요 주택들이 발굴되었다. 이때부터 주택은 복잡해지면서 일정한 형식을 갖추게 된다. 직사각형 윤곽의 짧은 변에 출입구를 냈으며 몇 개의 방을 일렬로 배열하는 것이 기본 구성으로 미르토스(Myrtos)에서 발굴된 주택이 대표적인 예이다(도 1–2). 아직 본격적인 축 형이라고 보기에는 부족했다. 지역에 따른 차이도 있어서 그리스 본토의 주택들이 이 구성을 잘 지킨 편이었다. 크레타의 주택들은 정

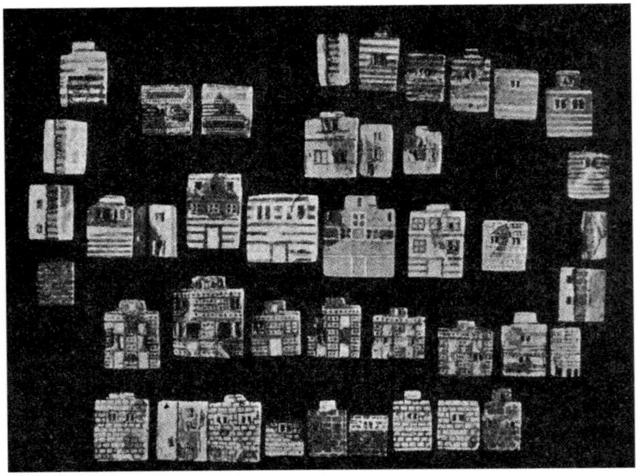

도 1–3 크레타의 다양한 주택 외관.

사각형 윤곽이 많았으며 건물 외관을 장식으로 꾸몄다. 또한 같은 주택이 하나도 없을 정도로 서로 다른 모습을 했다(도 1–3). 이런 특징들은 크레타에 있는 크노소스 궁전(Knossos Palace)에서 영향을 받은 것으로 보인다.

다수의 주택은 이런 기본 구성을 했지만 일부 주택에서는 이를 변형시킨 두 종류의 유형이 등장했다. 첫째는 메가론 주택(megaron house)으로, 큰 방 두 개만으로 이루어지며 두 방을 연속으로 병렬시켜서 직사각형 윤곽을 만든 뒤 앞쪽 짧은 변에 포치 출입구를 내는 형식이다. 안쪽 중심 방의 한가운데에는 보통 난로를 설치했으며 그 주위로 네 개의 기둥을 세우는 것이 가장 완성된 구성이었다. 미케네 문명에서 특히 왕궁의 중심 공간에 완성된 구성이 많이 나타나며, 미노아문명에서는 아직 이 단계에 이른 예가 흔치 않다.

메가론 주택은 앞의 '바깥방–안방 유형'을 다듬고 발전시켜 일정한 형식을 갖춘 것으로 볼 수 있다(도 1–4). 에게 해 일대에서는 오랜 역사를 가진 형식으로 이미 신석기 말기에 기초적 모습을 갖춘 뒤 초기 헬라딕 1기(=초기 청동기 1기) 때 완성되었으며 미케네 왕궁에까지 이어져 중요하게 쓰였다. 지역 역시 지중해 동부에서 발칸 반도에 이르는 넓은 지역에서 사용했다. 처음 발원지는 페르시아라는 설도 유력한데 이 때문인지 메가론 주택은 주로 소아시아(=터키)나 아나톨리아에서 많이 발굴되는 편이다.

둘째는 복도 주택(corridor house)으로, 축 따라 방을 연결하는 기본 구성을 지키되 축을 복도로 따로 빼낸 형식이다. 이른바 편복도 형식이라 할 수 있다. 시기적으로는 메가론 주택보다 좀 늦어서 초기 헬라딕 2기(=초기 청동기 2기)에 완성되었다. 메가론 주택과 달리 그리스 본토에서 많이 발굴되는데 레르네의 기와 주택(The House of Tiles)이 대표적인 예이다(도 1–5). 발굴 당시 진흙을 구워 만든 기와가 대량으로 쏟아져 나와 붙인 이름이다. 12m×25m 크기의 2층 주택으로 돌 기초 위에 진흙 벽돌로 지었고 나무문을 사용했다. 위층에는 차양을 갖춘 베란다가 있었을 것으로 추측된다. 1층은 크고 작은 네 개의 방으로 이루어지는데 이 가운데 세 개에 걸쳐서 편복도가 났으며 마지막 방은 밖에서 직접 출입하게 만들었다.

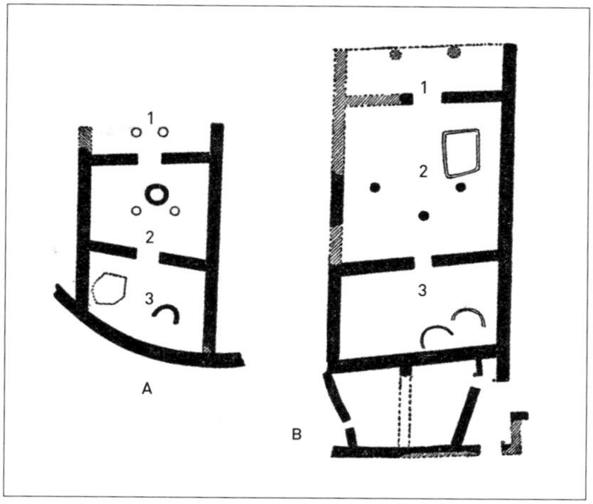

도 1-4 테살리아(Thessaly)에서 발굴된 초기 메가론 주택. A=디미니. 1=포치. 2=중심 방과 난로. 폭 6.35m. 길이 4.20~5.50m. 3=후실. B=세스클로(Sesklo. 그리스 북부 테살리아 지방의 유적지). 1=포치. 2=중심 방과 난로. 폭 8.25m. 길이 8.50m. 3=후실.

미케네문명은 일반 건축사에서는 중요한 발전이 있었으나 주택만을 기준으로 하면 오히려 이전의 미노아문명보다 후퇴한 느낌이 드는데 잦은 전쟁이 주요 원인이었다. 전쟁이 잦다 보니까 성벽 기술이 발달해서 대형 공공건축에서는 중요한 발전을 이룰 수 있었지만 성벽 기술은 주택에는 크게 중요하지 않았기 때문이다. 주택의 발전은 안정된 사회와 경제적 번영을 기반으로 섬세한 문화와 예술이 있어야 가능한데 전쟁이 많았던 미케네문명에서는 이런 여건을 기대하기 어려웠다. 이런 가운데 미케네 주택은 계급에 따라 왕궁, 왕궁형 주택(상류지배층), 일반 주택(평민)의 세 종류로 나눌 수 있다.

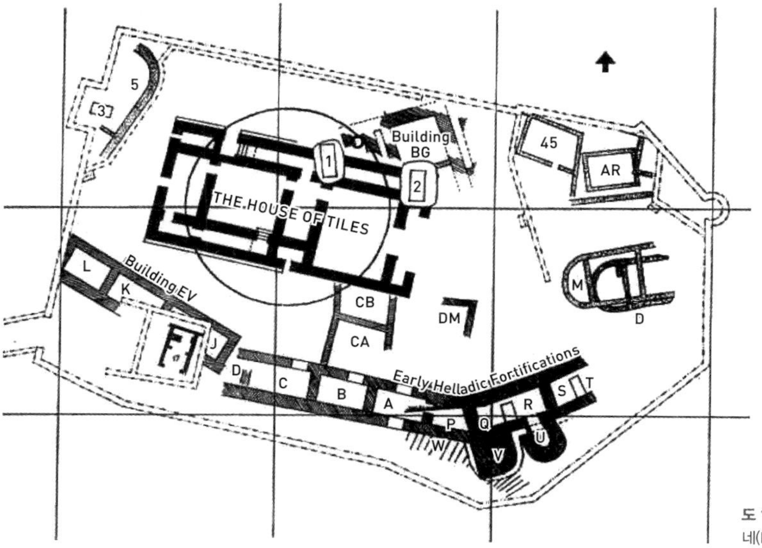

도 1-5 기와 주택(The House of Tiles). 레르네(Lerna). 기원전 2000년경.

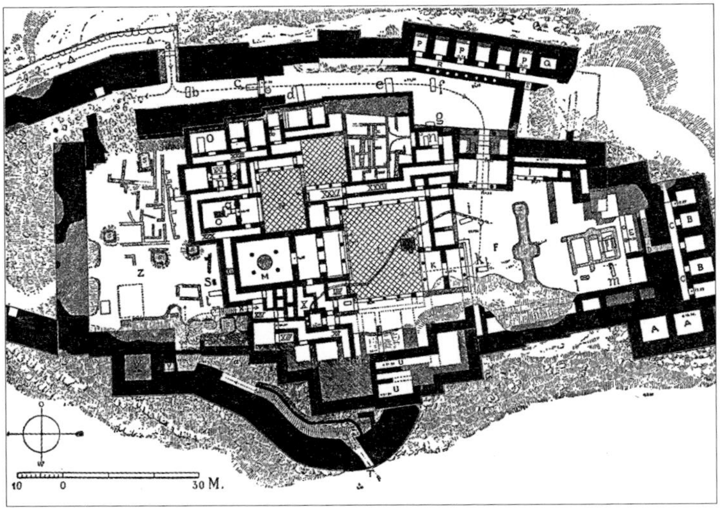

도 1-6 티린스(Tiryns)의 성채 형 왕궁.

가장 발달한 것은 왕궁으로, 도시국가의 중심도시에 성벽과 한 몸으로 이루어진 성채 형 소형 왕궁이 유행했다. 도시국가의 정치적 중심지 이외에도 전쟁이 많았던 당시 상황에서 전시에는 지휘본부까지 겸한 구성이었다. 필로스(Pylos), 티린스(Tiryns), 미케네 등이 대표적인 예들이다. 메가론 주택을 중심 공간으로 삼은 점이 왕궁에 나타난 대표적인 주택 요소이다. 왕궁 전체는 메가론 주택 양옆에 복도가 나고 그 밖으로 부속실들을 배치하는 구성으로 이루어졌다(도 1-6).

성채 윤곽은 10미터 안팎의 두께를 갖는 육중한 성벽을 사방으로 두르고 있지만 왕궁 본체는 한 변이 40~50여 미터 정도밖에 안 된다. 수백 개의 방을 갖추었던 크노소스 궁전과 비교해서 방의 개수도 수십 개로 크게 줄었다. 아직 대칭까지 가지는 못했지만 중심축이 나타나면서 정리된 질서를 보여준다. 실내장식에는 큰 관심을 기울이지 않은 대신에 성채의 주요 부분이나 취약지점 등에는 이중 성벽을 쌓았고 방어용 군사시설을 갖추는 등 전쟁 대비에 건축적 역량을 집중시켰다.

왕궁 형 주택(palatial-style house)은 스파르타(Sparta) 근교 라코니아(Laconia)의 제1주택(Mansion I, 기원전 1400년경)이나 미케네의 기둥 주택(The House of Columns)이 대표적인 예이다. 두 주택의 공통점은 왕궁 구성 가운데 메가론 요소를 사용하고 있다는 점이다. '왕궁 형'이라는 명칭도 여기에서 온 것이다. 제1주택은 메넬라오스(Menelaus, 스파르타의 왕이자 헬레네[Helen]의 남편이자, 아가멤논[Agamemnon]의 동생)를 모신 주택사당인 메넬라이온(The Menelaion)이었다. 중앙의 메가론을 중심으로 양옆에 복도가 났고 그 밖으로 작은 방들을 일렬로 배치했다. 그중 하나는 계단이었으며 건물 전체는 2층으로 추측된다(도 1-7). 그러나 메가론의 중심 방에 난로와 기둥의 흔적은 발견하지 못했다.

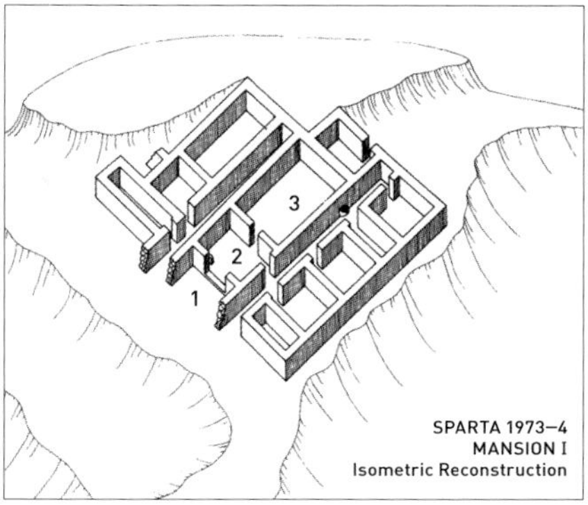

도 1-7 제1주택. 라코니아(Laconia), 스파르타(Sparta) 근교. 기원전 1400년경.

기둥 주택 역시 메가론이 집의 중심을 이루고 있다. 북쪽 끝에 메가론이 자리 잡았고 그 앞에 안마당을 갖췄다(도 1-8). 안마당에는 10개의 기둥이 늘어섰는데 이 가운데 2개는 메가론의 포치 전실에 속했다. 메가론의 중심 방에서는 이번에도 난로의 흔적을 발견하지 못했다. 메가론과 안마당을 중심으로 나머지 16개의 방이 정형적 규칙 없이 자유롭게 배치되었고 그 사이를 복도가 연결하고 있다. 이 주택은 성벽과 한 몸으로 붙은 점에서 미케네의 성채 형 왕궁과 유사하다. 이런 점에서 왕궁 형 주택에 더 가깝다고 할 수 있다.

일반 주택은 특별한 특징 없이 성채 주변에 성곽을 끼고 군집했다. 성 안은 왕궁과 공공건물이 차지했고 일부 상류지배층의 주택만 들어갈 수 있었기 때문에 평민이나 하층민의 일반 주택은 성곽을 끼고 성 밖에

도 1-8 기둥 주택(The House of Columns). 미케네. 1=메가론의 중심 방. 2=전실. 3=메가론의 포치. 4=메가론 앞마당.

도 1-9 미케네. 중앙의 검은 벽이 신전이고 그 주위로 일반 주택들이 군집해 있다.

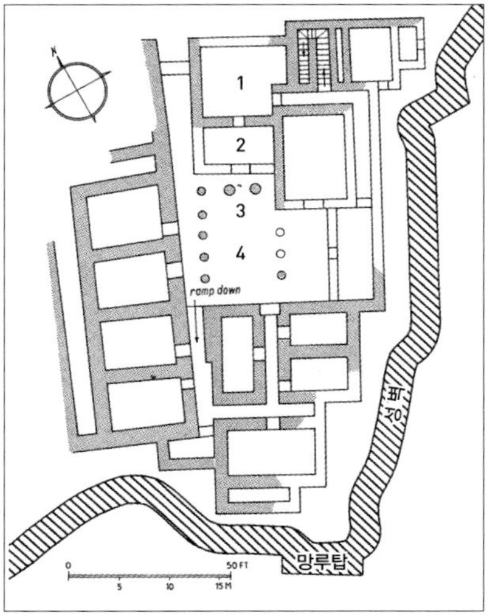

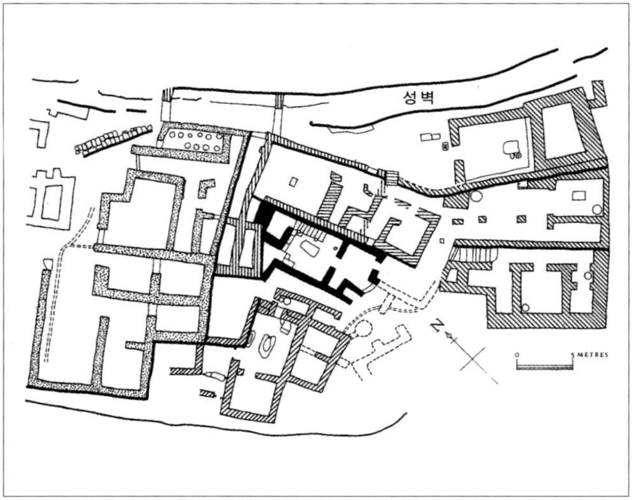

위치하는 것이 보통이었다. 이에 따라 전쟁이 벌어지면 설사 이기더라도 일반 주택은 대부분 파괴되기 일쑤여서 주택문화가 발달할 수 없었다. 그러나 성 안에 왕궁이나 신전 주위로 일반 주택이 군집하는 경우도 있었다. 미케네가 좋은 예로, 성벽을 끼고 불규칙한 형태의 일반 주택 10여 채가 군집해 있으며 그 중앙에 신전이 있었다. 신전은 다소 변형된 메가론 구성을 하고 있다. 실내 중앙에 난로가 있었으며 그 주위로 기둥이 서 있고 계단과 전실–후실까지 갖추었다(도 1–9). 이상의 미노아–미케아 주택을 요약하면 아래 표 1과 같다.

표 1. 에게 해 주거

	미노아문명 (기원전 4000~기원전 1400)			미케네문명 (기원전 1600~기원전 1200)
주거 유형, 도시, 대표 건물	**기본형 1** : 신석기 말기 : '바깥방–안방 유형' : 코린트의 예 : 메가론 주택으로 변형, 발전 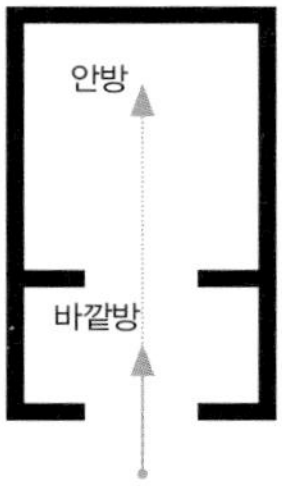 	**기본형 2** : 청동기 초기 : 직사각형 윤곽 + 일렬 구성 : 미르토스의 예 : 복도 주택으로 변형, 발전 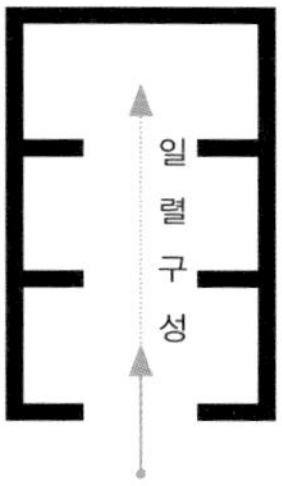 	**기본형 변형** — 메가론 주택 : 초기 청동기 1기 : 에게 해 전역 : 중심의 등장 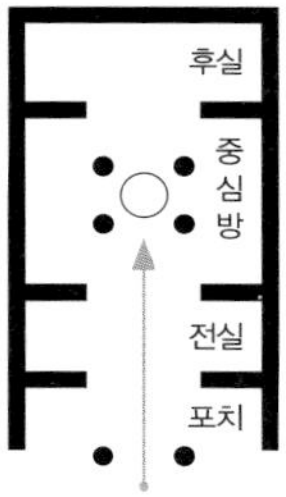 복도 주택 : 초기 청동기 2기 : 레르네의 기와 주택 : 이후 공동주택으로 발전 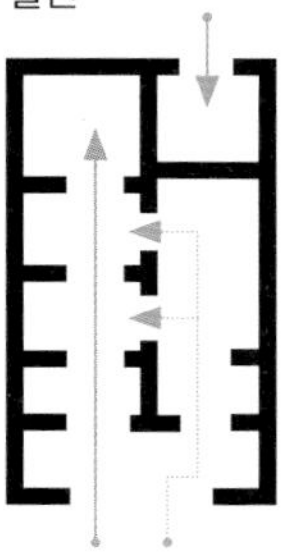	**왕궁** : 필로스, 티린스, 미케네 등의 성채 형 소형 왕궁 **왕궁 형 주택** : 왕궁의 메가론 요소 사용 : 라코니아, 미케네 등 **일반 주택** : 왕궁, 성벽, 공공건물 주위에 군락 : 에게 해 전역

메가론과 사회위계의 성립

에게 해 주택에서는 이상의 기본적 특징 이외에 주거사와 관련된 주제 가운데 하나인 '사회위계'가 나타났다. 이 주제는 메가론 주택을 통해서 읽을 수 있는데 디미니 발굴 당시부터 고고학자들 사이에 중요한 해석 대상이었다. 그 결과 메가론이 지배계층의 주택으로 사회의 중심을 이룬다는 사실은 하나의 정설로 굳어졌다. 이런 사실은 테살리아가 일찍부터 곡창지대로 신석기혁명 및 도시 정착이 가장 먼저 일어난 지역이며 디미니가 그 중심도시였다는 사실과도 연관이 깊다. 곡창지대를 관리하고 지켜주는 지배세력이 일찍부터 등장했을 것이며 이들은 자신들의 권위를 표시할 건물을 지었을 것인데 그것이 메가론이라는 해석이다.

이런 결론을 도출한 대표적인 고고학자는 트순타스(Christos Tsountas)와 쿠르무지아디스(George Chourmouziadis)였다. 트순타스는 20세기 초에 디미니를 처음 발굴했는데 도시 중앙의 메가론을 호메로스의 『일리아드』나 『오디세이아』 같은 고대 서사시의 기본 구도인 영웅중심주의의 배경 장소로 해석했다. 호메로스의 고대 서사시는 에게 해 일대의 청동기 문명을 읽는 중요한 시각 가운데 하나인 영웅중심주의를 제공하는데 트순타스 역시 메가론 해석에 이 시각을 적용한 것이다. 이에 따라 트순타스는 메가론을 영웅들의 활약이 일어나는 배경 장소인 왕궁으로, 그 주변 건물을 상류지배계층의 주택으로 결론지었다. 고대 서사시에서 영웅은 곧 선이기 때문에 트순타스의 해석에서는 메가론의 등장이 발전을 상징하는 긍정적 현상이 된다. 필로스 성채 내 네스토르의 왕궁(Palace of Nestor)이 대표적인 예로, 메가론 구성으로 이루어져 있으며 화려한 장식으로 치장했을 것으로 추정된다(도 1-10).

도 1-10 네스토르의 왕궁(Palace of Nestor). 필로스(Pylos) 성채 내 . 기원전 1300년경. 대 메가론의 화려한 실내를 추측해서 그린 것이다.

그 반대편에 쿠르무지아디스가 있다. 그는 1970년대에 디미니를 추가 발굴하면서 메가론을 마르크스의 역사 개념인 유물론의 관점에서 해석했다. 그에 의하면 메가론이 등장하기 전의 에게 해 사회는 원시공산

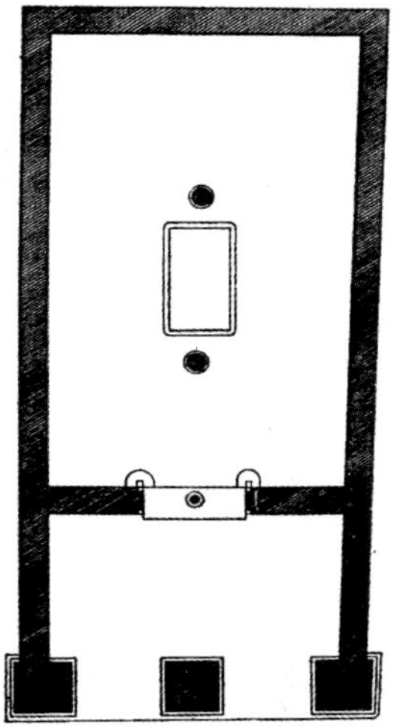

도 1-11 프리니아스의 신전(Temple at Prinias). 크레타. 기원전 7세기경. 메가론 형 신전이다.

주의였는데 메가론이 등장하면서 계급이 생기고 사유재산을 형성했고 결국 원시공산주의가 붕괴되었다는 것이다. 메가론 앞의 중앙 마당도 처음에는 사회의 공동공간이었지만 계급이 생기면서 메가론 주인이 독차지하면서 사적 공간으로 변질되었다는 것이다. 이런 해석은 메가론의 등장을 지배계급의 착취와 탐욕과 동일시하는 것으로 메가론은 부정적 현상이 된다.

쿠르무지아디스는 디미니에서 발굴된 큰 집과 작은 집 사이의 차이에 대해서도 동일한 시각을 적용해서 계급 차이를 반영하는 것으로 해석했다. 다른 고고학자들이 작은 집을 통상적인 'house'라고 불렀던 것과 달리, 쿠르무지아디스는 피지배계급의 작업장이라는 뜻으로 '활동의 장(activity area)'이라고 불렀다. 이런 차이는 발굴된 도자기에서도 확인할 수 있다. 작은 집에서는 장식을 하지 않은 항아리가 발굴되었는데 이는 생활용품이나 작업용 도구였음을 의미하는 것이다. 반면 큰 집에서 발굴된 항아리는 장식을 했는데 이는 생활용품이 아니라 지배계층의 장식품이었음을 의미한다.

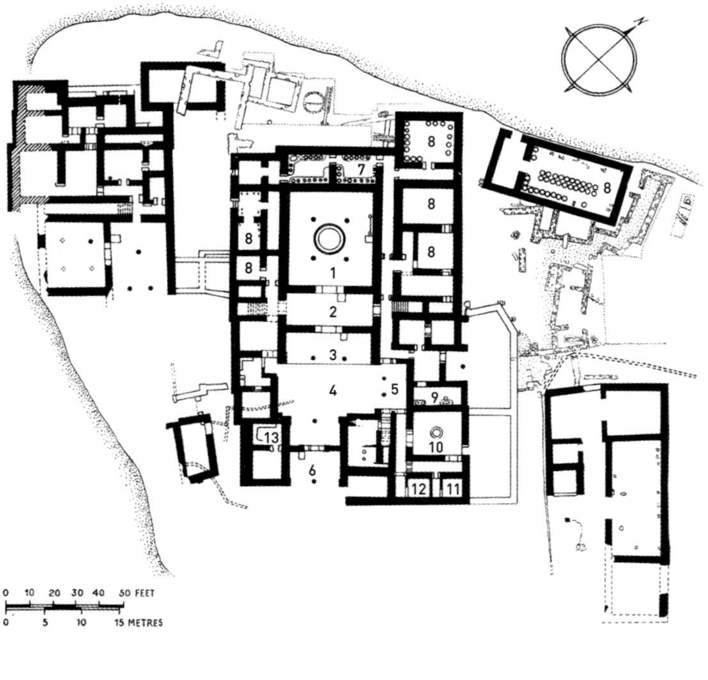

도 1-12 네스토르의 왕궁. 필로스 성채 내. 메가론 형 왕궁의 전형이다. 1=대 메가론. 2=전실. 3=포치. 4=앞마당. 5=서비스 영역으로 들어가는 포치. 6=왕궁의 대 출입문. 7=부엌. 8=여러 창고와 식기실들. 9=목욕탕. 10=여왕의 메가론. 11=여왕용 내실. 12=여왕용 화장실. 13=문서기록실.

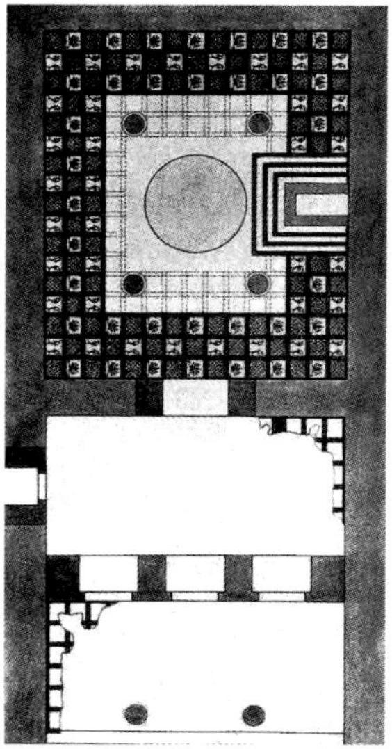

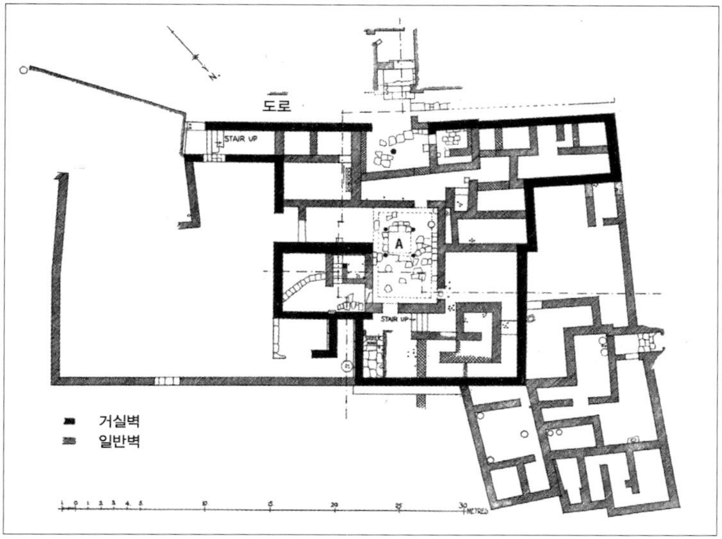

도 1-13 티린스 왕궁의 대 메가론. 바닥 디자인. 기원전 1200년경.

도 1-14 주택 B, 팔라이카스트로(Palaikastro). A는 주택의 중앙에 만든 난로 자리이다.

메가론을 중심으로 한 위계는 이상과 같은 사회 차원 이외에 실내에서도 나타났다. 앞에 설명한 '난로와 그 주위의 기둥 네 개'가 그것이다. 청동기 시대에 난로는 종교적-정치적 차원에서 권력을 상징하는 것으로 주택 실내 혹은 방 안에서도 '중심 대 주변'의 위계를 나타낸다. 난로 주위의 네 꼭짓점에 기둥을 세운 것은 중심의 의미를 강화해서 하나의 영역으로 확정짓기 위한 장치이다. 이런 장치를 갖춘 방은 일차적으로는 주택 내에서, 궁극적으로는 사회 전체에서 가장 중요한 공실(公室)이 되었다.

에게 해 문명에서 많은 신전들은 메가론 구성으로 이루어졌으며 난로 자리에 신상(神像)이나 제단을 설치하는 단계로까지 발전한 경우도 있었다. 셀리노스(Selinus)의 메가론 신전이나 프리니아스의 신전(Temple at Prinias) 등이 대표적인 예들이다(도 1-11). 미케네문명의 왕궁들에서는 메가론이 중심 자리를 차지하면서 옥좌실이나 알현실 등으로 사용되었다(도 1-6, 도 1-12). 이렇게 중요한 공실로 사용한 메가론은 대 메가론(great megaron)이라고 불렀다.

필로스의 네스토르의 왕궁과 티린스 왕궁이 좋은 예이다. 두 곳 모두에서 대 메가론은 왕궁의 중심 공실로 주변에 여러 시설을 거느리고 있으며 바닥, 천장, 벽 등을 화려하게 장식했다(도 1-10, 도 1-13). 또한 중앙에는 네 개의 기둥이 중심 영역을 이루고 있다. 기둥 속에는 나무를 심거나 수반을 뒀다. 티린스 왕궁에서는 중심 영역에 직각 방향으로 옥좌를 둬서 알현객이 포치와 전실을 거쳐 들어온 뒤 직각으로 방향을 틀어 왕을 알현하게 했다. 이런 동선의 변화는 격식과 의전 효과를 높였다. 네스토르의 왕궁에서는 대 메가론 이외에도 동남쪽 귀퉁이에 여왕의 메가론이 별도로 있었다. 포치나 전실 없이 큰 방 하나와 내실과 화장실 등의 부속실로 이루어졌다. 큰 방에는 기둥은 없었으나 중앙에 난로 자리를 마련했다.

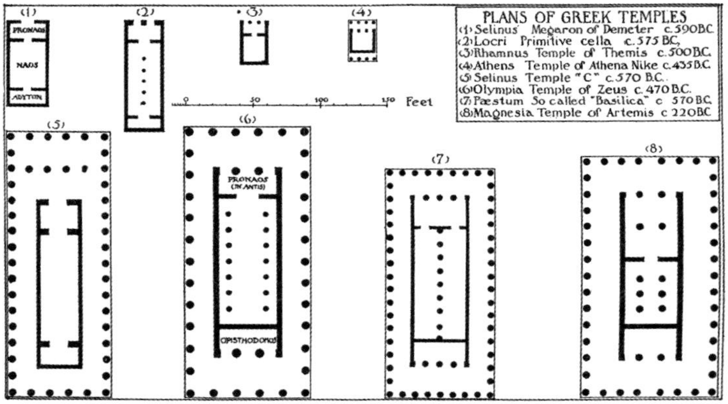

도 1-15 그리스 신전 형식들.

도 1-16 헤룬(Heroon). 레프칸디(Lefkandi) 지역. M. 포팸(Popham)의 발굴 평면도. 1=차단벽. 2=포치. 3=동쪽 방. 4=중앙 방. 5=갱묘(坑墓). 6=북쪽 베란다. 7=남쪽 베란다. 8=북쪽 방. 9=서쪽 통로. 10. 남쪽 방. 11=앱스 형 방.

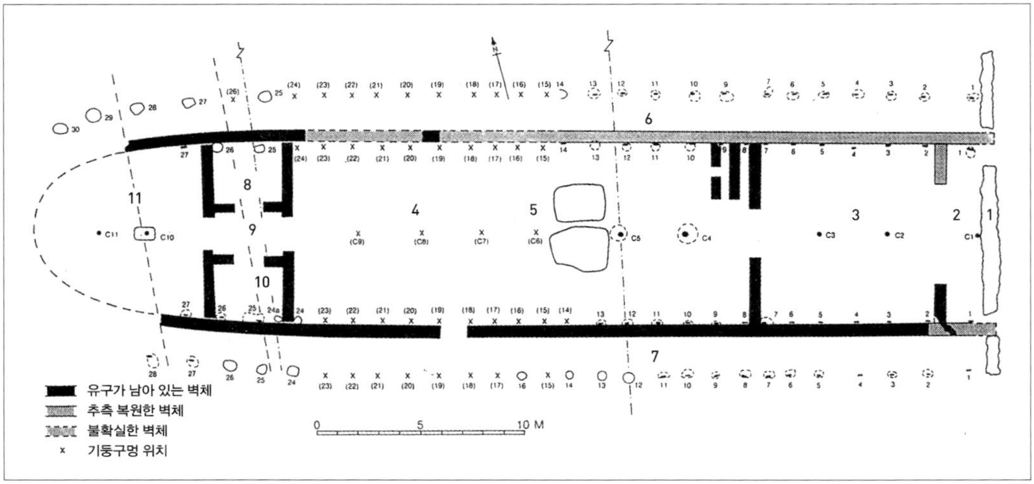

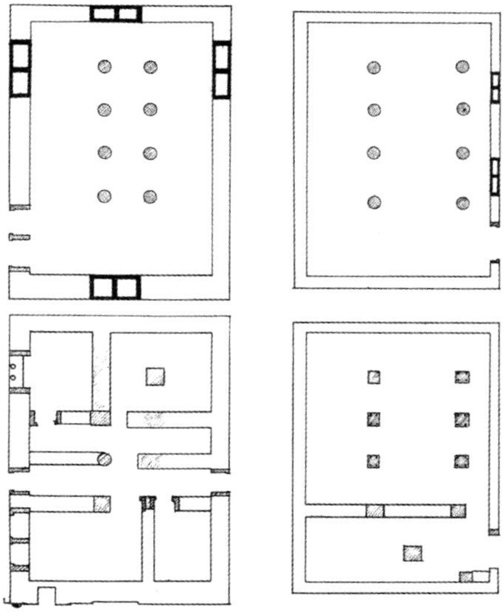

도 1-17 메가론을 변형시킨 연회 홀(Banquet Halls) 유형들. 왼쪽-파이스토스(Phaistos). 오른쪽-말리아(Mallia).

청동기 시대 에게 해 주택에서는 난로와 기둥 자체가 사회위계의 상징이었다. 주택 실내에 이것을 갖출 수 있는 것은 지배계층뿐이었다. 난로와 기둥을 갖추어서 실내에 공적 영역을 만들 필요성 자체가 지배계층의 일이었다. 거꾸로 이런 시설을 갖춘 주택은 사회 전체 차원에서 지배권력을 과시할 수 있었다. 상류층 주택에서 발견되는 난로 가운데 일부에는 안쪽 바닥에 두 개의 홈을 팠는데 이는 종교용 장식물을 놓는 받침대로 추측된다. 앞에 나왔던 미케네의 기둥 주택과 팔라이카스트로(Palaikastro)의 주택 B(House B) 등이 좋은 예로(도 1-8, 도 1-14), 이런 예들에서는 난로를 불 때는 도구가 아니라 종교 목적의 제기로 사용했다. 또한 난로 주위에 기둥을 세워 영역을 확정하는 메가론 구성을 좇고 있다.

이렇게 볼 때 메가론은 단순한 주택을 넘어서 공적 의미를 갖게 된다. 실제로 메가론은 그리스어로 '홀'이란 뜻을 가지며 호메로스의 서사시에서는 영웅들이 활동하는 배경 장소로 자주 등장한다. 예를 들어, 오디세우스(Odysseus)는 자신이 좇던 자들이 메가론에서 술판을 벌이고 있는 것을 보고 화살을 날려 살해하였다. 마녀 키르케(Circe)가 연인을 맞이하여 즐거운 시간을 보내기 위해 이끈 곳도 메가론이었다.

이상을 종합하면 메가론은 에게 해의 공공 문명 전반에 걸쳐 가장 기본이 되는 공간 단위였다. 이런 기본다움은 서양건축 전체로 확장할 수 있어서 메가론은 서양건축의 '기원(origin)' 가운데 하나이다. 주로 공간 단위의 기원에 해당된다. 메가론 구성은 그리스 신전으로 발전했으며 이는 다시 가정교회와 바실리카를 거쳐 기독교 교회의 기본 구성에까지 이른다. 예를 들어, 그리스 신전의 기본 구성을 보면 메가론과 매우 닮았음을 알 수 있다(도 1-15). 메가론의 '포치-전실-본실-후실'의 구성을 이어받고 있으며 실내에 기둥 열을 세우는 것도 똑같다. 그리스 신전이 메가론 구성을 이어받았다는 사실은 헤룬(Heroon, 서양의 고전건축으로 신격화 혹은 반신격화된 사자[死者]에게 용납된 예배소)에서 한 번 더 확인된다. 그리스 건축 초기에 등장한 종교 건물로 그리스 신전 전 단계에 해당되

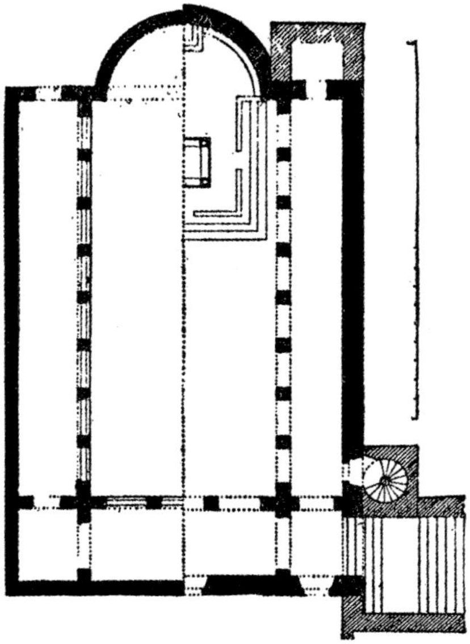

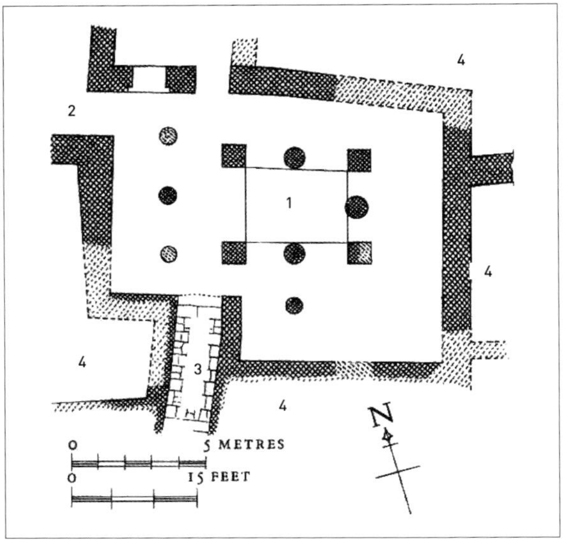

도 1–18 성 아그네스(St. Agnese) 교회. 비아 노멘타나(Via Nomentana). 로마. 324년~.
도 1–19 안마당 홀(Hall with Court). 파이스토스(Phaistos). 기원전 1500년경. 1=열주 안마당. 2=출입구. 3=오름 경사로. 4=방.

는데, 족장의 주거를 겸했으며 메가론을 기본 요소로 삼아 확장시킨 구성으로 이루어졌다(도 1–16).

이런 선례는 메가론 이외에 메가론을 확장, 변형시킨 연회 홀(Banquet Halls)도 해당되는데 미노아 궁전의 유적인 고대도시 파이스토스(Phaistos)의 연회 홀과 말리아(Mallia)의 연회 홀 등이 좋은 예이다(도 1–17). 이런 예들은 그리스 신전에서 켈라(cella)만 따로 떼어서 보는 것처럼 강한 유사성을 보여준다. 메가론이 그리스 신전으로 확장, 정리된 것은 기원전 6세기 이후이지만 이런 연회 홀들은 그보다 먼저 그리스 신전에 근접한 구성을 보여준다. 이 구성은 이후 초대교회의 바실리카 교회로 발전하면서 기독교 건축의 기본 유형이 된다(도 1–18).

메가론이 서양건축의 기원이라는 사실은 주거사에서도 마찬가지여서 그리스와 로마의 기본 유형인 열주랑 주택(peristyle house)과 아트리움 주택(atrium house)이 탄생하는 모태가 되었다. 메가론을 확장한 뒤 중심 방을 안마당으로 뽑고 그 주위로 방을 배치하는 구성이다. 에게 해 주택에서 이미 그 초기 구성이 나타나는데 파이스토스의 안마당 홀(Hall with Court)이 좋은 예이다(도 1–19). 이 홀은 네 꼭짓점에 사각기둥을 세워 안마당을 만들었고 사각기둥 사이에 원형기둥을 더 세웠다.

2 그리스 주거의 형성과 특징

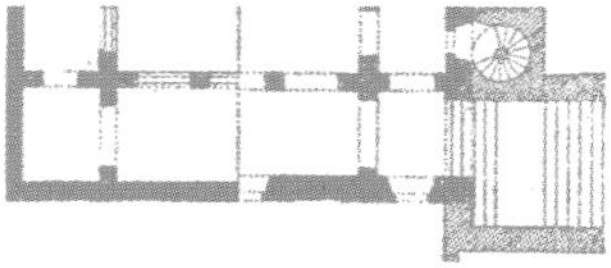

폴리스와 그리스 주거의 형성

그리스문명은 철기문명의 산물이었다. 철기문명은 청동기문명에 승리를 거두며 역사의 새 장을 열었다. 건축도 마찬가지여서 서양건축의 뿌리로 얘기되는 그리스 신전은 전적으로 철기문명의 산물이다. 하지만 주거는 좀 달랐다. 고고학적 증거에 의하면 청동기문명이 붕괴된 직후 그리스의 생활수준은 하향 평준화되었다. 그 회복도 늦은 편이어서 철기문명이 등장한 이후 5~6세기 동안, 즉 기원전 7~6세기까지 서양 주거는 오두막이나 헛간 이외에 독자적인 주택 유형을 창출하지 못하고 있었다. 이 시기에 지어진 일정 수준 이상의 주택은 대부분 이전 에게 해 문명의 메가론 주택을 이어받아 변형한 것들이었다. 도리안족이 철기로 무장하고 그리스문명의 문을 연 것이 기원전 12세기경임을 감안하면, 그리스 주거의 발달은 매우 늦은 것으로 볼 수 있다. 이는 그만큼 청동기문명이 남긴 에게 해 일대의 왕궁과 상류층 주택이 상당히 높은 수준이었음을 의미하는 것이기도 했다.

그리스문명도 물론 자신들만의 주거 유형을 창출했다. 이 유형들은 또한 이후 서양 주거사의 발전과정에서 대표적인 선례 역할을 했다. 이는 그리스 신전이 서양건축의 모태가 된 것에 비유할 만하다. 그럼에도 그리스문명 전체로 보면 주거건축은 상대적으로 공공건축보다 많이 뒤졌던 것 또한 사실이다. 그 이유는 정치사회와 기후의 두 방향으로 정리할 수 있다. 이 두 이유는 동전의 앞뒷면처럼 함께 작용했다.

정치사회적 측면에서는 공공활동 중심으로 진행된 그리스문명의 특징을 들 수 있다. 그리스문명에서는 개인사보다 공공사가 더 중요했으며 주거문화보다는 도시문화가 더 발달했다. 신전을 필두로 폴리스를 구성하고 지탱하던 각종 도시시설들이 새로 탄생하면서 큰 발전을 이루었지만, 주거건축은 상대적으로 미약했다. 지중해의 날씨라는 기후 요소도 또 다른 중요한 이유였다. 일 년 내내 옥외활동이 가능한 기후였기 때문에 실내생활이 발달하지 않았다. 그리스문명의 요체는 한마디로 '신전을 배경으로 삼아 그 앞에서 인간의 육체와 지성을 함양시키기 위해 벌이는 각종 행사'로 요약할 수 있다. 주거문화는 관심대상이 아니었다는 뜻이다. 집은 밤에 잠만 자는 곳이었으며, 때때로 날씨가 더울 경우에는 잠마저 집 밖에서 노숙을 하는 경우도 많았다.

그리스 역사와 주거건축의 발전 사이에 직접적 연관성은 크지 않지만 둘 사이에 궤를 같이하는 일정한 흐름을 정리할 수 있는데, 폴리스(polis, 도시국가)의 형성이 가장 대표적인 예이다. 폴리스는 기원전 9세기

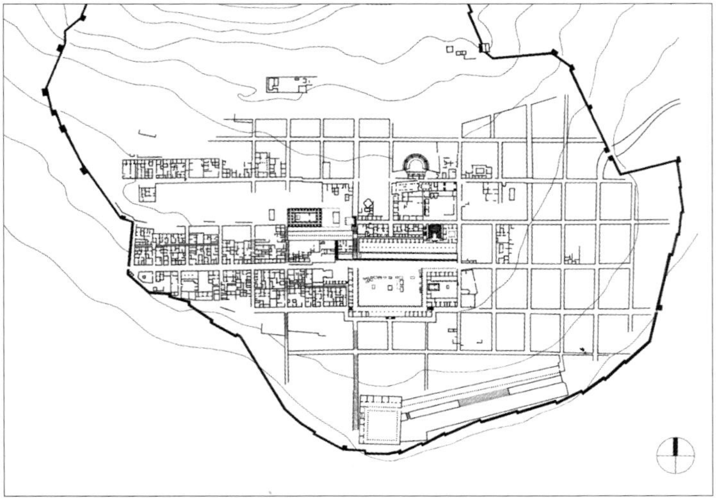

도 1-20 프리에네(Priene).

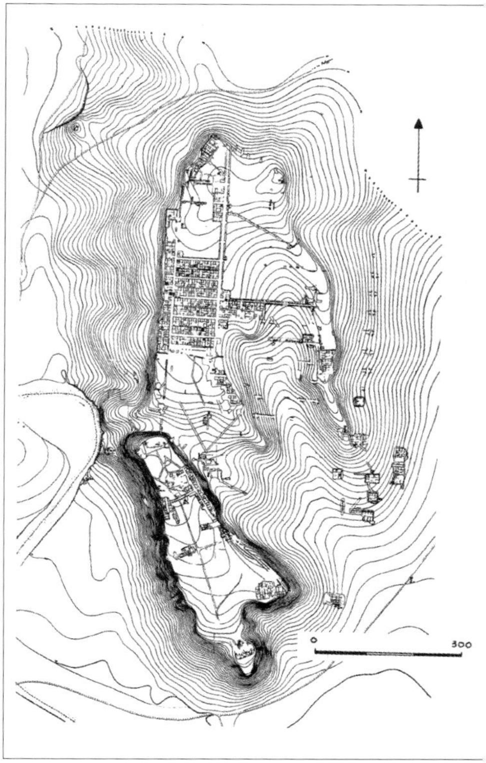

도 1-21 델로스(Delos).
도 1-22 올린토스(Olynthus).

~기원전 8세기 사이에 처음 형성되었다. 폴리스는 그리스 문명의 근간을 이루는 군집 형식이자 도시 유형으로, 주거 형성에 필수적인 안정적 공간 배경과 사회 환경을 제공하는 중요한 역할도 했다. 폴리스는 철기문명이 남긴 열매를 본격적으로 수확하는 과정에서 발생한 갈등을 조절해낸 결과물이었다.

그리스문명은 이전의 암흑시대를 끝내고 철기 사용에 따른 농업기술의 발달과 식량생산 증가 등으로 사회적 안정기에 접어들었다. 그러나 인구 증가가 식량생산 증가를 앞지르면서 토지 부족 현상이 나타났고 토지를 무력으로 강점하기 위한 정복전쟁도 잦아졌다. 이 과정에서 정복과 방어 등 군사적 목적에 따라 촌락들이 군집하게 되었다. 그 중심지는 전쟁에 유리한 요새였다. 군사적 요충지로서 구릉 형 요새인 아크로폴리스를 중심으로 주변에 촌락이 모여 합해지면서 폴리스가 성립되었다. 군사공동체로 시작한 폴리스는 곧 정치와 경제의 중심지도 겸하게 되었고 이에 따라 주거 형성도 속도를 내게 되었다. 한마디로 폴리스가 형성되면서 그리스의 주거건축도 본격적으로 함께 시작되었던 것이다.

폴리스는 그리스 본토에만 200개가 넘었고 식민지까지 합하면 1,000개 이상이었다. 식민지 건설에 열심이었던 기원전 6세기까지 계속 증가했다. 입지는 해안을 낀 평지 가운데 중심부에 요새 형 구릉을 갖는 곳이 가장 좋았다. 이렇게 형성된 폴리스는 '아크로폴리스–아고라–성벽–주변 농촌지역–항구' 등으로 이어지는 동심원 구성을 이루었다(도 1–20, 도 1–21, 도 1–22). 아테네와 스파르타의 양대 축을 필두로 델로스(Delos), 로도스(Rhodes), 페르가몬(Pergamon), 올린토스(Olynthus), 프리에네(Priene) 등이 대표적인 폴리스들이었다. 이런 폴리스들은 주거사에서도 대표적인 예들을 남긴 중요한 곳들이었다.

폴리스는 경제적 자립을 위해 농촌과의 결합이 필수적이었다. 이 과정에서 귀족과 평민의 양대 계급이 굳어졌다. 귀족은 전쟁과 정치를 담당하면서 상류지배층이 되었으며 가능하면 도시 공간을 독점하려 했다. 성 안에는 주로 귀족의 고급 주택이 지어졌다. 하지만 반대 경우도 있어서 아테네에서는 성 안이 평민의 주택으로 넘쳐났다. 평민은 대부분 농민들로 식량을 공급해서 폴리스의 경제적 바탕을 마련해주었으며 그 대가로 생명과 재산을 보호받았다. 군사적 기여를 하지 못했기 때문에 정치적 권리는 없었으며 폴리스 참여도나 종속 정도는 중간쯤이었다.

폴리스라는 물리적 환경을 확보하면서 그리스문명은 급속도로 발전해 갔다. 정치에서는 '과두정치의 시대–혁명과 참주의 시대–민주정치의 시대' 등을 거치며 고전기 때에 직접민주주의를 꽃피웠다. 페르시아와의 전쟁에서 승리하면서 고전기는 절정에 이르렀다. 이것을 이끈 상류지배층이 안정되면서 주거 발전에도 긍정적 역할을 해서 그리스 주거의 대표 유형이라고 할 수 있는 열주랑 주택이 탄생했다. 또한 도시문화가 발전하면서 도시주거의 기본 유형도 함께 발전했다.

그리스의 일상생활과 여성 영역

그리스의 일상생활은 아테네와 스파르타로 양분된다. 두 도시는 여러 면에서 그리스문명을 대표하는 양대 축이었는데 일상생활도 마찬가지였다. 이 가운데 주거문화와 연관이 깊은 것은 아테네의 일상생활이었다. 전사의 도시 스파르타는 주로 통제된 집단생활을 했기 때문에 가정과 주거문화가 발달하지 못했다. 스파르타에서 남자는 군대에서 거의 일생을 보냈으며 여자는 오로지 건강한 남아를 낳는 데 모든 관심을 집중했다. 남아는 출생 후 7세 때 신체검사를 받아 허약하면 갖다버렸으며 합격한 아이들은 공동생활을 하면서 군사훈련을 받기 시작했다. 성인인 20세가 되면 전쟁에 투입되는 등 본격적인 군복무에 종사했는데 60세까지 평생 계속되었다. 결혼은 강제적이었으며 개인별 가정생활은 허용되지 않았다. 예를 들어 식사는 15명의 팀으로 구성된 공동식사(syssitia)로 해결했다.

민주주의의 도시 아테네는 이와 반대로 가정문화가 발달했다. 아테네 가정에서는 여성이 차지하는 비중이 컸다. 어린아이들의 양육 여부는 아버지가 결정했지만 이들을 사실상 키운 것은 어머니였다. 여아는 결혼할 때까지, 남아는 7세까지 어머니 방에서 함께 자랐다. 남아는 7세 이후에 학교교육을 받은 반면, 여아는 결혼할 때까지 어머니에 의해서만 교육을 받았다. 복종이나 정숙 같은 덕성이 주요 훈육 내용이었다. 자녀들은 15세에 부모가 선택한 사람과 강제적으로 결혼해야 했다. 반대할 권리는 물론, 결혼 전에 상대방을 대면할 권리조차 없었다.

결혼한 여자는 집 안의 깊숙한 방을 독점적으로 사용했는데 이 때문에 이 방을 '주부 방'이라 불렀다. 주부 방은 금남의 구역이어서 남자 가운데에서는 남편과 부친만이 출입할 수 있었다. 주부는 이런 자신만의 방에서 여성 노예들과 함께 일을 하며 소일했다. 가사를 감독했으며 본인은 주로 실 뽑기와 옷 짜기 등을 하며 시간을 보냈다. 외출이나 사교는 종교적 축제일 외에는 거의 없었다. 식사는 여성 노예들과 함께 여성 영역에서 하는 것이 보통이었으나 남편이 부르면 식당에 나가 식구들과 함께 식사를 할 수도 있었다. 낯선 남자가 없을 때에는 안마당도 사용할 수 있었다. 그러나 식당은 주로 남편이 손님과 함께 식사를 하는 남성 영역이자 공적 영역이었다. 연회 홀인 '안드론(andron)'이라는 명칭도 '가정에 속하지 않는 외간 남성이 출입하는 곳'이라는 뜻으로 남성 독점의 배경에서 나온 것이다.

아테네의 일상생활에 드러난 여성차별은 주택에도 반영되었다. 즉, 남성과 여성의 영역을 분리시킨 구성이다. 그리스 주택은 여성 영역을 별도로 마련했다. 열주랑 주택을 예로 들면, 단층일 경우 튼튼한 문을 단 뒤 밀봉하듯 잠궈서 중정과 분리시켰다. 단층에 들어가는 여성 영역은 넓지 않았으며 집이 작을 경우에는 방 하나만 갖기도 했다. 여유가 있는 2층 집일 경우에는 아래층이 남성 영역, 위층이 여성 영역이었다. 단층일 때의 분리 원칙을 적용한 것으로 볼 수 있다. 이런 층 분리는 당시 소송 중인 사람이 자신의 가족 구성을 설명하는 구절에 나온다.

여성 영역을 별도로 둔 목적은 물론 여성을 분리시키기 위한 것이며 그리스 시대 때 만연했던 여성차별의 하나로 볼 수 있다. 실제로 그리스 시대 때 여성들은 대부분의 시간을 집 안에서 육아와 가사를 하며 보냈고 집 밖의 교류는 금지된 편이었다. 또 다른 재미있는 이유도 있는데, 크세노폰(Xenophon, 기원전 4세기 초 아테네의 철학자이자 군인)은 남성 노예와 여성 노예를 밤에 떼어놓기 위해 여성 영역을 따로 뒀다고 했다.

하지만 이런 여성차별은 사회 전체 차원의 관습이었고 개인에 따라서는 여성을 위한 배려의 기록도 찾아볼 수 있다. 리시아스(Lysias, 기원전 5세기 말 아테네의 웅변가이자 변론 대작자[代作者])의 연설이 좋은 예이다. 연설의 한 구절에는 남성과 여성의 영역에 대해 다음과 같은 재미있는 내용이 나온다. 아래층과 위층은 같은 구성을 했으며 원래는 아래층이 남성 영역이고 여성 영역은 위층이었는데 자신이 아내를 위해서 아래층과 위층을 바꾸었다는 내용이다. 아이는 여성이 키우는데 목욕탕이 아래층에 있어서 애를 씻기려 내려가다가 구를 위험이 항상 도사리고 있다는 것이 이유였다.

리시아스는 그래서 본인이 위층으로 옮겼고 아내를 아래층으로 내려 보냈다고 말한다. 그는 곧 위층의 새로운 구성에 적응을 했고 아내 역시 대부분의 시간을 아이를 가슴에 안고 울지 않도록 달래며 잘 수 있게 되었다. 아내는 사랑하는 아이를 자신의 품에 편하게 지킬 수 있게 됨으로써 층을 바꾼 것이 큰 도움이 되었으며 남편 역시 위층에서 해방감을 느끼며 코를 골고 편하게 잠을 잘 수 있었다. 층을 바꾸는 배려는 리시아스 개인만의 일은 아닌 것처럼 보이며 당시 아기가 태어나면 자주 있던 일이었다.

그리스 주거는 2층이 표준형이었는데 2층의 발코니와 관련된 재미있는 기록들이 남아 있다. 2층에는 도로를 향해 집 밖으로 돌출한 발코니를 내기도 했는데 이는 기원전 6세기 말로 오면서 아테네의 참주 히피아스(Hipias)에 의해 징세의 대상으로 지목당했다. 도로는 도시 공공공간이었기 때문에 사유재산이 이것을 침범하는 것은 당시 시민법으로는 불법이었다. 히피아스는 그런 돌출부를 갖는 집들은 그것이 계단이건 발코니건 밖으로 열리는 문이건 공공도로를 침범하기 때문에 팔아버려야 한다고 주장하며 세금을 부가했다. 현대도시에서 자주 볼 수 있는 이런 침범현상은 당시 대도시의 도시주거에서 매우 빈번하게 일어났고 최고권력자까지 나서서 금지하려 했던 것이다.

이런 기조는 기원전 4세기까지 이어져서 아테네의 장군 이피크라테스(Iphicrates)는 아테네에서는 그런 돌출 시설 하나하나에 대해서 세금을 매겨야 한다고 주장하면서 완전 금지를 추진했다. 징세와 금지에도 불구하고 발코니는 완전히 사라지지 않고 계속 유행했다. 기원전 4세기의 꽃병 그림에서 알 수 있듯이, 2층 발코니는 사라지기는커녕 오히려 난간과 기둥까지 갖추는 집이 흔했다.

아테네의 생활상과 도시주거

그리스문명의 중심지였던 아테네에는 중산층 이하의 도시주거가 주를 이루었다. 이런 사실은 기원전 5세기 후반부 저술가들의 기록에 많이 남아 있다. 아테네의 명성과 달리 당시 중산층 주택은 검소하다 못해 초라하다고까지 할 정도였다. 데모스테네스(Demosthenes, 기원전 4세기 아테네의 정치가, 그리스 최고의 웅변가)는 자신이 살던 시대에는 아테네에 호화주택이 지어지지 않았다고 했다. 고고학 증거도 마찬가지여서 지금까지 아테네에서는 개인주택으로 의심할 여지가 있는 상류층 대형 주택은 발견된 것이 없다. 아테네 도심의 블록은 작고 허름한 중산층 주택들로 가득 찼다. 블록을 구획한 것은 구불구불한 골목길이었다. 이 시기 아테네를 여행한 외지인이 남긴 기록들을 보면, 아테네라는 이름에 잔뜩 기대를 하고 왔다가 이런 열악한 주거 상태에 놀라움과 실망을 표현한 내용들이 많다(도 1-23). 큰 집이나 부잣집은 도심에는 거의 없었고 성 박 교외에만 있었다.

도 1-23 아테네 아크로폴리스 주변의 주택들. 1805년경 에드워드 더드웰(Edward Dodwell)이 남긴 것이다.

이런 현상은 아테네가 민주주의의 중심지로서 도심공간에 공공성과 평등 개념을 적용하면서 나타난 것으로 볼 수 있다. 주거와 관련해서 공공성을 보여주는 작은 증거로, 당시 아테네 시민들이 밖으로 나가기 전에 집 안에서 집 밖을 향해 노크를 했다는 특이한 사실을 들 수 있다. 이는 플루타르크가 남긴 설명인데, 집의 정문이 안에서 밖으로 열리게 되어 있었기 때문에 행인과의 충돌을 피하기 위해서 집 안에서 집 밖을 향해 노크를 했던 것이다.

아테네에 허름한 주택들이 유독 많았던 또 다른 중요한 이유로 이른바 '자발적 빈곤층'을 들 수 있다. 당시 아테네에는 유랑민 집단이 많았는데 그 가운데 일정 수를 차지한 것이 극기주의 계열의 철학자 집단이나 이들의 가르침을 따르는 일반 시민들이었다. 헬레니즘 시대에 특히 크게 유행하면서 매우 흔해졌는데 그 시작은 그리스 시대까지 올라간다. 이들은 부자나 사치뿐 아니라 일상생활의 필수품까지도 비웃으며 극단적 절제를 자랑스러워하는 학파였다. 이런 소신과 철학의 결과, 이들의 일상생활은 자연스럽게 '자발적 빈곤층'이 되었다.

알렉산드로스 대왕에게 햇빛을 가리지 말라며 비켜달라고 했던 디오게네스(Diogenes)가 그 최고봉일 텐데, 이미 그 이전부터 소크라테스의 제자 안티스테네스(Antisthenes)가 기원전 5세기 말에 창시한 키니코스

학파(Cynic School, 견유학파)가 있었다. 기원전 3세기의 키니코스 철학자였던 텔레스(Teles)는 이들의 생활에 대해 기록하고 있다. 이들은 몸에 오일을 바를 필요가 생기면 공중목욕탕에 가서 다른 사람들이 오일을 바르고 벗겨낸 피부 찌꺼기를 집어 발랐다. 또한 작은 물고기를 한 줌 잡아서 대장장이 화로를 빌려 구워서 한 끼 식사를 해결했다. 여름에는 신전 성소에서, 겨울에는 공중목욕탕에서 잤는데 이들 견유학파 철학자들은 자신들이 가진 것에 만족했기 때문에 부족한 것이 하나도 없었다. 이들은 완전한 노숙생활을 하지 않을 경우에는 최소한의 구성만 갖춘 헛간 같은 데에서 살았다.

아테네의 중산층 주택은 검소한 특징을 잘 보여준다. 지붕은 진흙으로 마감한 평지붕이었고 창은 작아서 채광창과 비슷한 정도였다. 아직 유리가 보편화되기 전이라 채광과 환기를 위해서는 개구부가 열려 있어야 했는데 너무 크면 보안에 불리했기 때문이다. 유리가 없었기 때문에 창을 닫아야 할 경우에는 나무 같은 불투명 재료로 막아서 한낮에도 실내는 깜깜했다. 창틀과 문틀은 목재가 표준 재료였다.

구조와 주요 재료는 석재 기초에 햇빛에 구워 만든 벽돌이 표준형이었다. 목재 벽체도 종종 있었다. 벽돌은 모르타르로 접착했다. 벽돌과 모르타르 등 전반적으로 진흙이 주재료였는데 이는 지중해의 건조한 날씨와 밝은 햇살이라는 조건에 유리했다. 건조 상태만 유지하면 일정한 강도를 얻을 수 있었다. 하지만 이렇게 세운 벽은 전체적으로 약했기 때문에 도둑에 취약했다. 문을 열 필요도 없이 벽에 직접 구멍을 뚫고 들어갔으며 한 집을 턴 다음 옆집으로 갈 경우도 집 밖으로 나오지 않고 집 안에서 경계 벽을 뚫고 갈 정도였다. 이런 일이 하도 자주 벌어지다 보니 당시 아테네에는 이와 관련한 다양한 에피소드들이 있었다.

가장 대표적인 것이 '월 피어싱'이라는 단어가 유행한 것이었다. 아테네의 도둑은 '벽에 구멍 뚫는 사람(wall-piercer=toichorhychoi)'이라고 불렸다. 당시 이런 도둑질로 이름을 떨쳤던 한 도둑은 '청동인(man of bronze=Chalcous)'이라는 별명으로 불렸는데 이는 아마도 벽이 청동보다 약하다는 뜻을 내포한 것으로 보인다. 이 사람은 의회에서 당대 최고의 웅변가였던 데모스테네스와 함께 거론되기도 했다.

데모스테네스는 밤늦게까지 웅변 준비를 한 것으로 유명한데 이 때문에 등불을 계속 켜놓았고 이것이 청동인이 도둑질하는 것을 방해한다는 얘기가 파다하게 퍼졌다. 청동인은 명백한 도둑이었음에도 이 얘기는 묘하게 데모스테네스가 웅변 준비에 지나치게 열심인 점을 비꼬는 쪽으로 흘러갔다. 도둑이 먹고사는 것을 방해한다는, 즉 남의 생업을 방해한다는 뉘앙스를 내포했다. 데모스테네스는 의회에 나와서 이런 소문에 대해 다음과 같이 해명했다. "내가 밤늦게까지 켜놓은 등불이 청동인에게 큰 방해가 된다는 것을 나도 잘 알고 있습니다. 하지만 아테네 시민들이여, 아테네 집의 벽이 진흙으로 만들어져서 강도질이 빈번하게 일어나고 있고 도둑은 늘 여러분들을 성가시게 군다는 것을 왜 모르는 것입니까."

이런 약한 벽은 의외의 도움이 되기도 했는데 전시에는 시민들이 도로에까지 나오지 않고 집과 집 사이의 경계 벽에 구멍을 뚫고 집 안에서 모여서 적의 눈을 피할 수 있었다. 이런 일은 실제로 기원전 431년에 테베(Thebes)가 플라테아(Plataea)를 기습공격 했을 때 일어났었다. 당시 플라테아 시민들은 집 안에 숨어서 경계 벽에 구멍을 뚫고 연락을 주고받으며 도망을 다녀서 테베의 공격에서 살아남을 수 있었다. 테베가 물러간 다음에는 물론 벽에 뚫린 구멍을 도로 막았다.

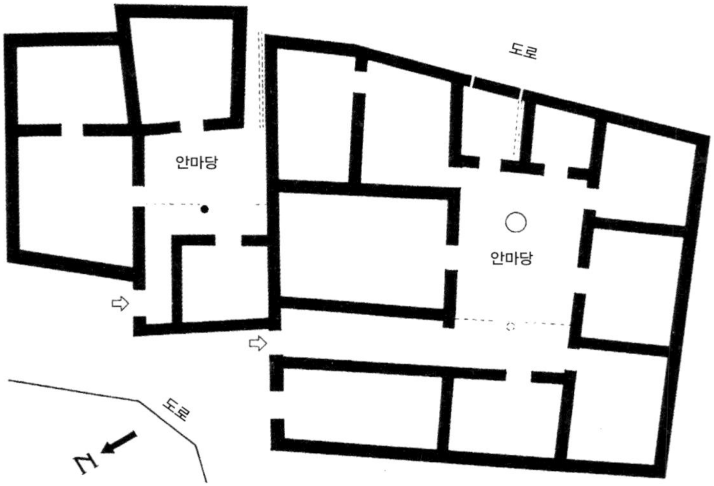

도 1-24 기원전 5세기경 아테네의 중정 형 개인주택. 임대형 공동주택이었을 것으로 추측된다.

아테네에 있었던 또 다른 도시주거 유형으로 시노이키아(synoikia)를 들 수 있다. 큰 건물을 여러 세대에 세놓은 임대용 공동주택으로 기원전 4세기경에 전성기를 누리며 아테네를 필두로 주요 도시에 다수 존재했었다. 대부분 2층이었으며 오늘날의 아파트와 큰 차이가 없을 정도로 발전한 임대 체계와 공동주거 형식을 갖추었다. 시노이키아라는 명칭 자체는 'syn(함께, 여럿)'과 'oikia(한 가족용 주택)'라는 두 단어의 합성어로, 말 그대로 '한 가족용 주택을 여럿 모아놓은 주거', 즉 다수의 세입자가 공동으로 사용하는 주택이라는 뜻이다.

시노이키아에는 주택만 입주한 것이 아니어서 1층은 주로 상가에 임대했다(도 1-24). 이와 관련해서 당시의 웅변가 에스키네스(Aeschines)는 다음과 같이 설명한다. "의사가 도로변 필지에 작은 가게를 내면 외과병원이 되었다. 의사가 나가고 대장장이가 들어오면 대장간이 되었다. 이런 식으로 도로변 방들은 전문직 자영업자들의 가게로 많이 사용했다. 가끔 뚜쟁이가 매춘부들을 이끌고 들어오기도 했는데 이럴 경우 그 집은 금세 악명을 얻었다." 시노이키아는 운용방식에 따른 명칭이었다. 건축구성을 기준으로 하면 중정 형이 가장 많았다.

임대주택의 경우 집세를 제때에 내지 않으면 집주인은 매우 극단적인 조치를 취했다. 대문을 떼어버리거나 지붕 기와를 벗겨버리는 식이었다. 최후의 수단은 세입자가 우물에서 물을 못 떠가게 했다. 이렇게 집세를 못 내서 쫓겨난 유랑민들이 당시 아테네에는 다수였다. 1층에 상가가 들어가는 이런 임대형 공동주택은 이후 서양의 도시주거에서 가장 많이 사용하는 집합주택 형식이 되었다. 시노이키아는 이후 로마를 대표하는 공동주택인 인슐라(insula)의 모태가 되었다.

3 중정 형 주택: 올린토스

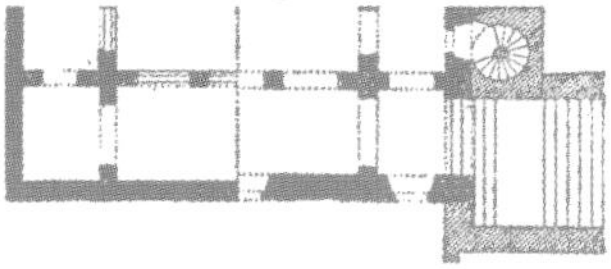

중정 형 주택의 형성

앞에서 얘기한 것처럼 그리스 주택은 문명 전체의 발전에 비해서는 미약한 편이었지만 자신들만의 독자적 유형을 탄생시켰다. 기원전 7세기~기원전 6세기에 접어들면서 그리스만의 주택 유형이 등장하기 시작했으며, 폴리스가 융성하고 정치가 안정되면서 일정한 대표 형식으로 정리되어 갔다. 그리스 주택도 세분하면 몇 가지 종류로 나눌 수 있지만 크게 보면 중정 형 한 가지를 주도적으로 사용했다. 중산층 이상의 그리스 주택은 대부분 중정 형이었다. 이 자체가 하나의 독립적 유형임에는 틀림없으나 다분히 포괄적 명칭이었다. 안마당만 있으면 모두 중정 형이라 부를 수 있었으며 그리스 주택은 이 유형을 다양하게 변형해서 사용했다.

중정 형을 가운데에 두고 그 전 단계에 안마당-홀 형이 있었으며 중정 형이 발전해서 열주랑 주택이 되었다. 안마당-홀 형과 중정 형은 시기적으로 앞뒤를 이룬 것은 아니었고 모두 그리스 고전기인 기원전 5세기~기원전 4세기 때 전성을 누렸다. 둘의 차이는 '에워쌈의 정도', 즉 중정 형이라는 명칭에 대한 형식적 완성도에 있었다. 안마당-홀 형은 말 그대로 집의 한가운데에 안마당을 갖추고 이것과 접한 면에 홀을 배치한 구성이다(도 1–25). 그러나 아직 에워쌈이 부족해서 완전한 중정 형으로 가기 전 단계에 해당된다. 도시로는 아테네와 올린토스가 중정 형과 안마당–홀 형 모두에서 대표적인 유구를 남겼다. 아테네는 그리스문명의 중심지답게 도시주거가 군집했는데 그 수준은 아주 높은 것은 아니었으나 중정 형을 기본으로 삼아 중산층을 대상으로 한 임대형 공동주택을 발전시켰다(도 1–24). 과밀에서 상대적으로 자유로웠던 올린토스에서는 이와 반대로 상류층 개인주택이 발달했다. 중정 형 주택은 통상적으로 올린토스의 개인주택을 지칭한다. 공동주택은 개발과정에서 중정 형 주택의 특징이 훼손될 수 있기 때문이다.

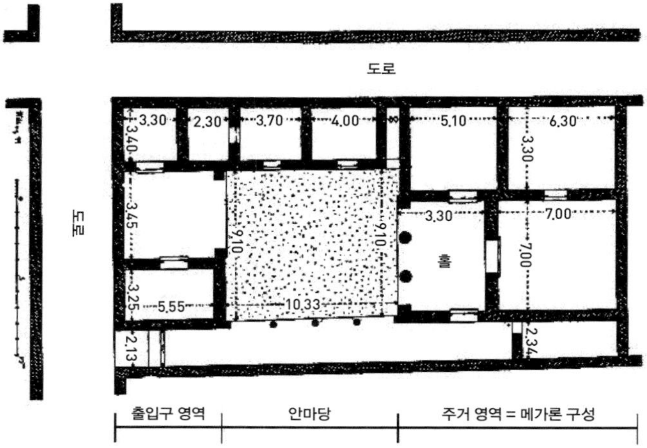

도 1–25 제33주택(House XXXIII), 프리에네.

열주랑 주택은 헬레니즘 시대인 기원전 4세기~기원전 3세기에 전성을 누렸다. 프리에네, 델로스, 로도스 등이 대표적인 도시들이다. 프리에네는 그리스를 대표하는 바둑판 도시였으며 열주랑 주택도 정형적 구성을 따랐다. 반면 델로스와 로도스는 자연지형에 맞춘 도시였기 때문에 열주랑 주택도 비정형 구성이 많았다. 열주랑 주택은 중정 형 주택이 한 단계 더 발전한 것이기 때문에 당연히 상류층의 대형 개인주택이 대부분이었다. 대제국의 정복시대를 이끌었던 상류층 사이에 크고 화려한 주택에 대한 수요가 많았기 때문이다.

그리스의 중정 형 주택은 안마당–홀 형에서 시작했다. 안마당–홀 형은 주로 도시주거에 사용한 유형이다. 도시에서는 폭이 좁고 안으로 긴 필지가 자주 발생하는데 여기에 맞춰 건물을 횡방향으로 3등분한 구성이다. 3등분에는 도로 쪽부터 차례대로 '출입구–안마당–주거 영역'이 위치했다. 주거 영역에는 보통 큰 홀이 들어갔기 때문에 '안마당–홀'이라는 명칭이 만들어졌다. 필지의 폭에 여유가 있을 경우에는 안마

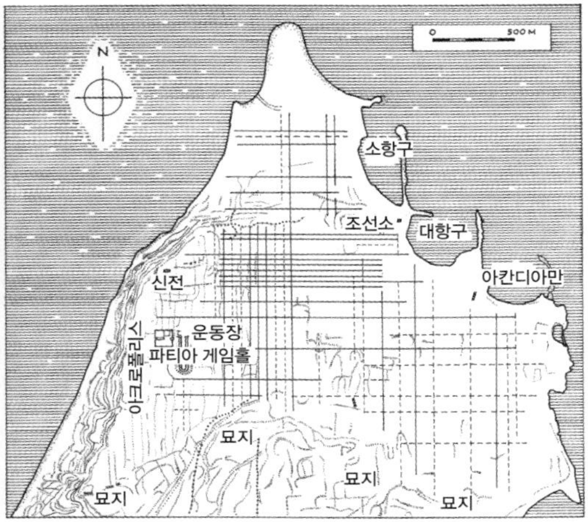

도 1-26 프리에네.
도 1-27 로도스(Rhodes).

당 옆에도 방을 배치했다. 프리에네에서 발굴된 제33주택(House XXXIII)이 좋은 예로, 주거 영역은 포치와 중심 방으로 이루어진 메가론 구성을 했다(도 1-25). 이런 구성은 메가론 주택을 도시 속에 넣은 것에 해당된다. 홀은 메가론 구성의 전면에 위치하면서 안마당과 접했다.

이 유형과 중정 형 사이의 경계는 다소 모호한 편이다. 표준적 정의는 안마당의 네 면 모두를 방이 에워싸면 완전한 중정 형이 된다. 하지만 안마당의 한쪽에만 방이 들어가거나, 양옆 모두에 방이 들어가더라도 그 폭이 안마당 폭 전체에 이르지 못하고 중간에 끊길 경우는 어느 쪽으로 분류할지가 애매했다. 안마당 네 면을 모두 에워싸는 완전한 중정 형 이외에는 모두 변형 중정 형으로 분류할 수도 있다. 안마당-홀 형은 등고선을 따라 도로가 난 프리에네나 필지가 꼭 끼듯 급하게 나눠지는 로도스의 곶 지역 같은 곳에서 많이 사용했다(도 1-26, 도 1-27). 두 곳 모두 폭이 좁고 안으로 긴 필지가 많이 나왔기 때문이다. 이런 필지는 긴 도로를 따라 양옆으로 나눠졌다.

도 1-28 주택 A-vii4, 올린토스.

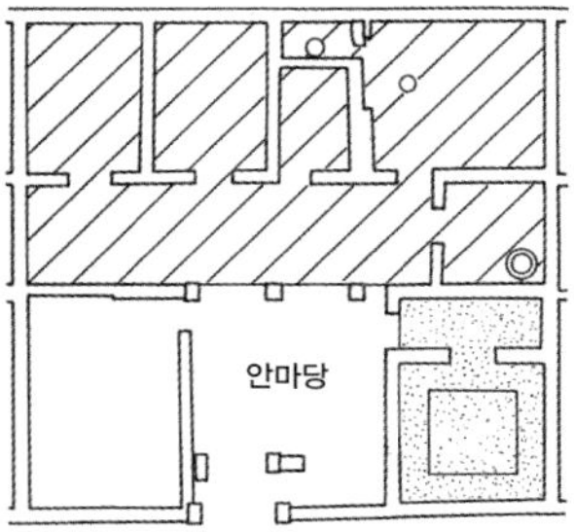

안마당-홀 형에서 안마당에 충분한 에워싸임이 성립되면 중정 형으로 발전한다. 중정 형 주택은 그리스 주거의 가장 보편적인 유형으로, 가장 많은 수의 그리스 주택이 이 구성으로 이루어졌다. 전체 윤곽은 정사각형이 되기가 쉬웠다(도 1-28). 사용 장소는 도시와 농촌 모두에서 가능했다. 도시에서는 특히 도로 두 개가 직각으로 교차하면서 정사각형 필지가 발생하는 지점에 잘 맞았다. 부지에 여유가 있는 농촌에도 어울렸다. 넓은 부지가 필요했고 방의 개수도 많이 나왔기 때문에 어느 정도의 정치력과 경제력이 있는 중산층 이상의 주택으로 사용되었다.

중정 형 및 그 변형 유형은 이후 서양의 도시주거에서 가장 많이 사용하는 개인주택 형식이 되었다. 유럽의 도시들은 폭이 좁고 안으로 긴 필지가 자주 발생했는데 이런 경우에는 대부분 이런 3등분 구성을 표준형으로 사용했다. 중세가 가장 대표적인 시기였으며 근대적 도시계획을 실행하기 이전인 르네상스와 바로크도 마찬가지였다. 이상의 그리스 주거 유형을 표로 정리하면 아래와 같다.

표 2. **그리스–헬레니즘 주거**

	그리스 고전기(기원전 5세기~기원전 4세기)		**헬레니즘 기(기원전 4세기~기원전 3세기)**	
주택 유형, 도시, 대표 예	**안마당–홀 형** : 폭이 좁고 안으로 긴 도시 필지 : 메가론 주택을 도시 속에 넣은 것에 해당 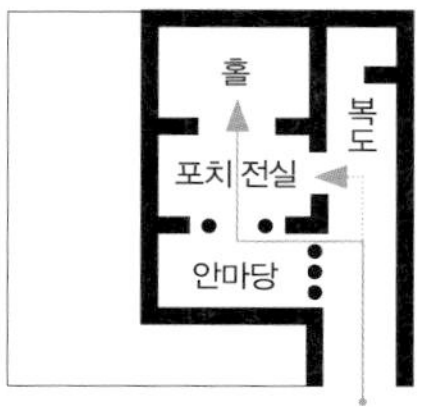	프리에네 : 급한 등고선 지역	**열주랑 주택**	프리에네 : 바둑판 도시 내 정형 구성 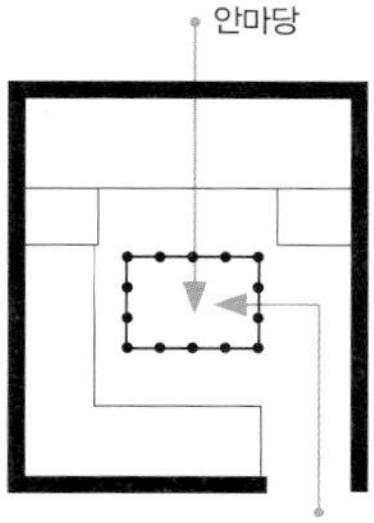
		로도스 : 꼭 끼는 곶 지역		
	중정 형 주택	올린토스 : 상류층 개인주택 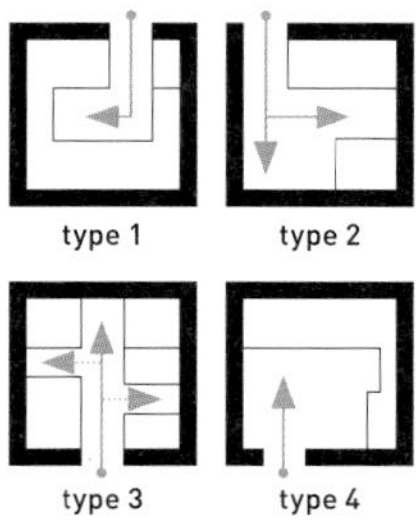		델로스 : 자연지형을 따른 비정형 구성 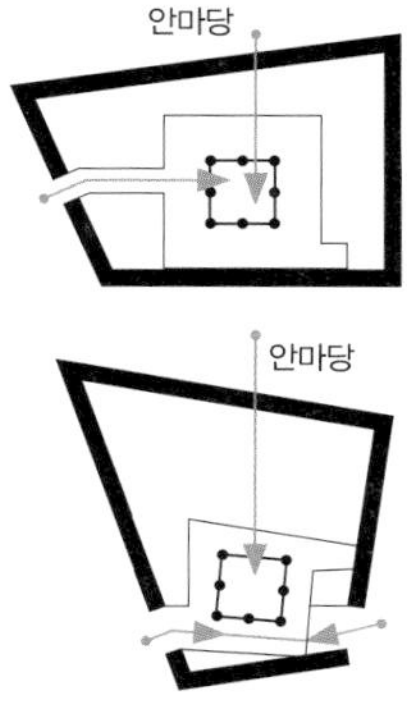
		아테네 : 시노이키아 (임대용 공동주택)		

올린토스: 중정 형 주택의 보고

올린토스는 중정 형 주택의 보고였다. 언덕 아래 남쪽에 구시가지가 있었는데 인구가 늘면서 기원전 430년경에 북쪽에 신시가지를 짓기 시작했다. 신시가지는 기원전 4세기 초에는 대부분 완성되었으며 이후 기원전 348년에 마케도니아 왕국의 필리포스 왕에 의해 완전히 파괴되었다. 이렇게 지은 신시가지는 기원전 5세기~기원전 4세기의 그리스 주택을 대표하는 도시가 되었다. 히포다모스(Hippodamus, 기원전 5세기 전반부 피레우스[Piraeus]의 도시계획가)의 바둑판 계획에 따라 격자형으로 지었는데 도시 블록 하나는 35m×90m의 크기였고 블록과 블록 사이에는 도로가 났다(도 1–22, 도 1–29).

블록 하나는 다시 2줄×5열로 구획해서 정사각형 격자 10개로 분할했다. 격자 하나는 한 변이 17m 안팎의 정사각형 필지를 형성했고 필지 하나에 주택 한 채가 들어갔다. 주택들은 블록 중앙선에 등을 맞대고 양옆으로 길게 배치되었다. 도시주거에서 제일 흔한 반(半)독립주택(semi–detached house) 형식이었다. 그러나 도로를 한 면만 면해야 하는 불편함을 조금이라도 줄이기 위해 블록 중간에 폭 1미터 안팎의 아주 좁고 긴 통로를 내서 이것을 통해서도 각 주택으로 출입할 수 있게 했다(도 1–30). 신시가지 전체에 이런 정사각형 격자 600여 개가 만들어졌는데 모두 다양한 종류의 중정 형 주택이 들어섰다. 그야말로 중정 형의 보고였다. 올린토스의 중정 형 주택은 이후 그리스의 다른 도시들에 표준 모델로 애용되었다. 열주랑 주택으로 유명한 델로스도 그 가운데 하나였다.

각 주택을 보면 정사각형 윤곽과 안마당을 공통으로 갖는 것 이외에는 통일성을 찾기 힘들 정도로 다양했다. 크기는 필지 하나당 주택 한 채가 원칙이나 두 개를 하나로 합한 대형 주택도 있었고 반대로 필지를 반으로 자른 소형 주택도 있었다. 기본 구성은 축 없이 안마당을 중심으로 필요에 따라 방들을 자유롭게 배치했는데 크게 다섯 가지로 정리할 수 있다(표 2).

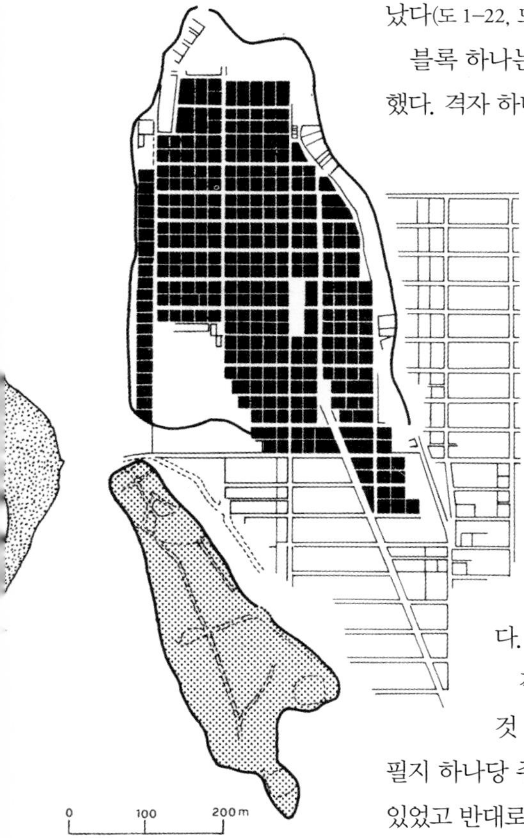

도 1–29 히포다모스(Hippodamus)의 바둑판 구성으로 확장, 건설된 올린토스.

첫째, 안마당의 네 면을 방이 에워싼 가장 완전한 유형이다. 이 유형은 다시 안마당이 정중앙에 위치하는 것과 한쪽으로 치우쳐 위치하는 것으로 나눌 수 있다. 한쪽으로 치우치는 경우는 면적을 모아서 큰 방을 만들기 위해서였다. 둘째, 안마당을 갖되 두 면이나 세 면만 방이 에워싸는 유형이다. 면적을 모아서 큰 방을 만들거나 마당을 넓게 쓰기 위해서였다. 셋째, 안마당을 갖되 그 폭을 줄여서 넓은 복도처럼 사용하는 유형이다. 방에 면적을 몰아서 개수를 여러 개 만들거나 큰 방을 만들기 위해서였다. 넷째, 필지의 앞쪽 절반을 아예 통째로 마당으로 사용하는 유형이다. 다섯째, 안마당을 갖지 않은 유형으로 중복도 형을 기본으로 삼아 일직선이나 꺾임 등으로 변형시켜 사용했다.

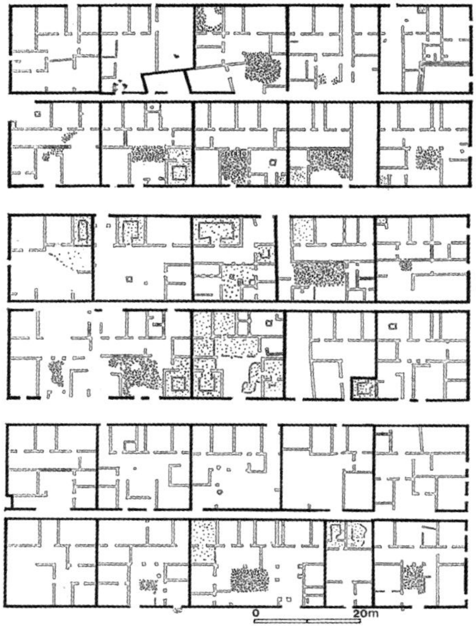

도 1–30 올린토스의 도시 블록. 히포다모스의 확장 이후 35m×90m 크기로 구성되었으며 한 블록당 다시 10개의 필지로 구획해서 주택을 지었다.

이상의 기본 구성 속에 들어가는 방들 역시 크기와 모양이 각양각색이었다. 방들은 대체적으로 사각형 윤곽을 유지했지만 한 집 내에서조차 같은 크기와 모양의 방이 없을 정도로 다양했다(도 1–31). 가끔 벽이 사선 방향으로 기운 방도 있었다. 다섯 가지의 기본 구성 각각에서 다시 다양한 종류가 나왔다. 결과적으로 도시 전체의 600여 채가 같은 것이 하나도 없을 정도였다.

정문 출입구도 마찬가지여서 도로를 면한 정면 중앙에 내는 것이 표준형이었으나 그 수는 많지 않았다. 안마당의 유무와 위치 등 전체 구성에 따라 출입구도 자유롭게 냈다. 한쪽에 치우치는 경우도 많았으며 두 개를 내는 경우도 있었다. 모서리 필지는 두 면이 외부와 면하기 때문에 두 면 가운데 한 곳에만 내거나 두 면 모두에 내는 등 선택의 폭이 컸다. 정문 출입구를 지나서 안마당에 도달하는 방식 역시 안마당의 유무와 위치 등에 따라 다양하게 나타났다. 정문을 열면 바로 안마당이 나오는 경우, 좁은 일직선 통로를 지나서 안마당에 도달하는 경우, 통로를 꺾어서 도달하는 경우 등으로 다양했다.

도 1–31 올린토스에서 히포다모스의 확장 이후 등장한 중정 형 주택의 대표적 유형들.

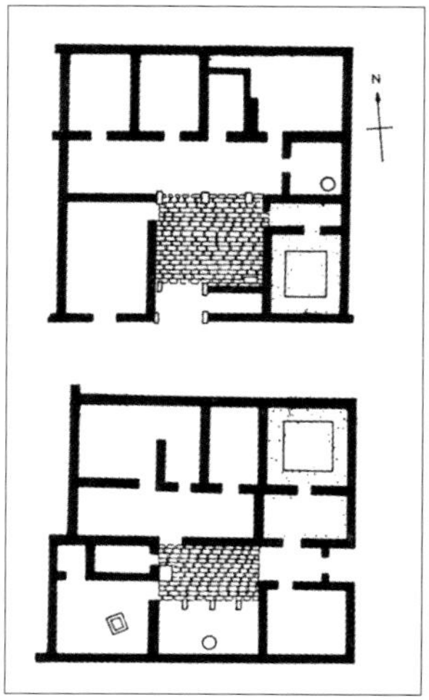

중정 형 주택의 세부 구성은 비트루비우스(Vitruvius, 로마 초대 황제 아우구스투스 때의 건축이론가)의 열주랑 주택에 대한 설명 부분과 대체적으

로 일치한다. 그의『건축 십서(Ten Books of Architecture)』가운데 제6서 7장(Book VI, Chapter VII)이 그리스 주택(The Greek House)에 관한 부분인데, 열주랑 주택을 설명하고 있지만 그 내용은 중정 형에 적용해도 대체적으로 일치한다. 이 내용에 그리스 주거의 다른 중요한 연구를 종합해서 중정 형 주택의 구성을 정리하면 다음과 같다.

중정 형 주택의 구성

안마당은 중정 형 주택에서 가장 큰 공간 단위이자 집의 중심이었다(도 1-24, 도 1-25, 도 1-28). 올린토스의 행운의 빌라(Villa of Good Fortune)는 중정 형 주택의 전형을 보여준다(도 1-32). 안마당 주위를 평균 6개 안팎의 방들이 에워쌌으며 안마당 표면은 보통 자갈을 깔았지만 경제력이 안 될 경우는 시멘트나 흙으로 덮었다. 자갈을 깔 경우에는 모자이크 문양을 만들어 장식 효과를 노리는 것이 보통이었다. 많은 경우 안마당에는 가정용 제사를 지내는 제단을 설치했다. 기둥이 받치고 있는 원형 테이블이나 수반(basin)을 사용했으며 재료는 대리석이나 테라코타로 만들었다. 중정에는 또한 수조(cistern)를 설치해서 빗물을 받아 사용했다. 수조는 열주랑 주택으로 가면 사용 빈도가 높아졌다. 방들은 도로가 아닌 안마당을 향해 안쪽으로 열렸다. 도로 쪽에는 창을 아예 내지 않거나 내도 작게 냈다(도 1-33). 밖을 향해 난 창은 주로 2층에 집중되었는데 도둑을 피하기 위해서였다. 가정생활은 안마당을 중심으로 일어났다.

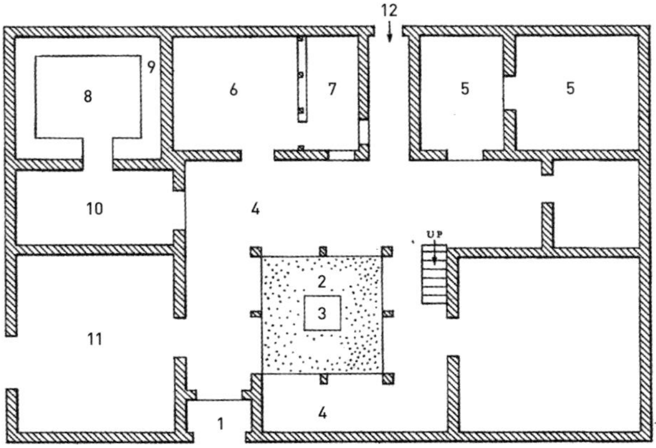

도 1-32 올린토스. 행운의 빌라(Villa of Good Fortune). 기원전 400년경.
1=정문. 2=안마당. 자갈로 바닥을 깔았다. 3=제단. 4=베란다. 5=행운을 비는 문구를 바닥에 새긴 모자이크 방. '행운의 빌라'라는 집의 명칭은 여기에서 온 것이다. 6=부엌. 7=굴뚝. 8=식당. 모자이크로 바닥을 장식했다. 9=단(段). 10=전실. 모자이크로 바닥을 장식했다. 11=선큰(sunken) 창고. 12=후문.

중정 형 주택은 2층이 표준형이었는데 아래층에는 침실을 제외한 여러 방들이 들어갔다. 방 가운데 가장 큰 것은 보통 안마당 한 변 정도의 폭을 가졌으며 아주 큰 것은 필지 한 변의 폭을 가진 것도 있었다. 이런 큰 방은 '안드론(andron)'이라고 불리는 연회 홀이나 '오에코스(oecus)'라고 불리는 식당이 차지했

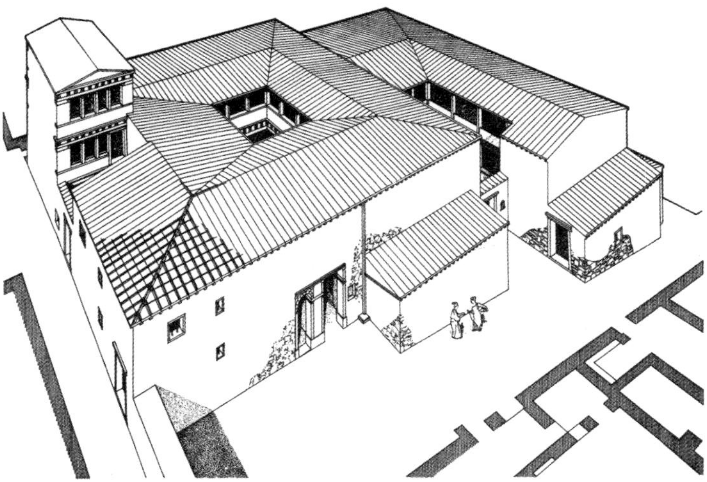

도 1–33 희극배우의 주택(House of a Comedian), 델로스.

다. 이런 방들은 크기 때문에라도 모서리에 위치했는데 이런 경우 두 면이 외기를 면해서 채광과 환기에 유리했다. 두 방은 남성 중심의 그리스 사회에서 남자 주인이 손님을 맞아서 연회를 열거나 가족을 데리고 식사를 하는 방들로 중정 형 주택에서 가장 중요한 방들이었다. 이 때문에 바닥은 모자이크로 장식하는 것이 보통이었다.

아래층에는 이외에도 넓은 거실이 추가로 들어갔으며 창고, 공방, 목욕탕, 부엌 등도 갖추었다. 오에코스는 부엌과 목욕탕 사이에 들어갔다. 부엌과 목욕탕을 나란히 배치한 점이 특이한데 그 이유는 아직 밝혀진 것이 없다. 두 곳에 대한 소개는 아리스토파네스(Aristophanes, 기원전 5세기 말 아테네의 시인)의 작품 「말벌(The Wasps)」에 나온다. 두 곳 사이는 벽으로 구획했지만 문을 따로 두지 않아서 자유롭게 드나들 수 있었다. 벽에는 구멍을 뚫어 파이프를 공유했을 것으로 보인다. 부엌에는 굴뚝도 갖추었을 것으로 보인다. 목욕탕 바닥은 시멘트를 바르거나 타일을 깔았으며 욕조는 미노아의 것과 유사한 테라코타였다. 발 부분이 움푹 꺼진 처리가 달라진 점이었다. 욕조는 벽에 고정되기도 했는데 이럴 경우 파이프를 바로 벽을 관통해 밖으로 내서 물을 빼냈다. 이런 배수 방법은 안드론에서도 사용했다. 화장실의 흔적은 거의 발견된 것이 없다. 이는 올린토스가 강을 끼고 있어서 강에서 직접 해결하거나 화장실을 집 밖에 둬서 강으로 흘려 보내는 방식을 사용했기 때문으로 추측된다.

위층에는 침실만 배치했다. 여성 영역을 따로 둬서 낮에는 남녀가 따로 생활했지만 침실은 부부용을 갖추었다. 침실 천장에는 열고 닫을 수 있는 구멍을 냈는데 여름에 열기를 뽑아내기 위한 것으로 보인다. 지붕 밑 다락방은 노예들의 공간이었다. 위층에는 또한 안마당을 향해서 베란다를 냈다. 베란다는 안마당을 침범해서 돌출하지 않고 위층을 아래층보다 안으로 밀어 넣어 생긴 아래층 지붕 위쪽 공간에 냈다. 개수는 한 면에서 네 면까지 다양했으며 지붕을 연장해서 차양으로 사용했다. 차양은 나무 기둥으로 받쳤는데 주초는 돌을 주로 사용했고 햇빛에 구워 만든 벽돌을 섞어 사용하기도 했다. 중정 형 주택 전체의 재료는 자갈 기초 위에 햇빛에 구워 만든 벽돌이 표준이었으며 지붕은 보통 기와를 얹었다. 창은 대체로 직사각형이었다.

방향은 정남향을 선호했다. 이는 크세노폰이 쓴 『소크라테스 회상』에서 소크라테스가 말한 제안에 따른 것으로, "집이 남향을 향하면 겨울에도 햇빛이 방 안까지 들어오는 반면, 여름에는 지붕 위 높은 곳에서 차양에 걸려서 안쪽으로 그늘을 만들어준다."고 했다. 안마당 가운데 남향이 나오는 가장 좋은 면은 보통 거실이 차지했다. 연회 홀이나 식당은 북동쪽이나 남서쪽 모퉁이였다. 남향을 거실이 차지한 것은 남자 주인이 대부분의 시간을 보내는 사적 영역이기 때문이다. 연회 홀이나 식당은 공적 영역으로 행사시에만 사용하기 때문에 빈도가 적었다. 이로써 안마당과 거실을 연결한 사적 영역이 집의 중심이 되었다. 도로를 향해 열린 창을 최소화한 것과 함께 그리스 주택의 사적 성격을 보여주는 대목이다. 남향에서는 북쪽 베란다가 실용적 쓰임새가 가장 많은 곳이었다. 주로 겨울에 해바라기용으로 유용했는데 햇빛을 잘 받기 위해서 다른 면의 베란다보다 높았다. 남향은 중요해서 도시 블록 하나를 앞뒤로 구성하는 두 열의 주택 10채 모두 남향을 유지했다. 주택이 낮아서 뒤쪽 열도 일조권을 침해받지 않았다. 다만 두 열 모두 안마당이 남향인 앞쪽에 위치했기 때문에 출입구 처리에서는 차이가 났다. 앞 열의 출입구는 상대적으로 안마당에 쉽게 도달할 수 있었던 데 반해, 뒤 열은 방 사이에 난 좁은 통로를 통과해야 했다. 그러나 뒤 열이라도 블록 사이에 난 1m 폭의 통로에 출입구를 갖는 경우는 안마당으로 바로 진입할 수 있었다.

4
열주랑 주택: 델로스와 프리에네

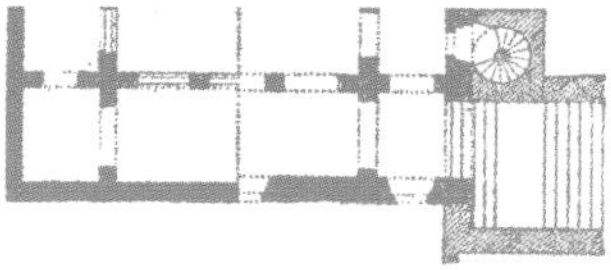

델로스와 열주랑 주택의 형성

중정 형 주택이 헬레니즘 시대(기원전 323~기원전 146)에 들어와 안마당에 열주랑을 갖추면서 열주랑 주택으로 발전했다. 그러나 헬레니즘 시대 이전인 기원전 400년경에 이미 올린토스에서는 '행운의 빌라'가 완성도 높은 열주랑 주택을 보여준다(도 1-32). 따라서 열주랑 주택의 기원은 그리스 시대까지 올라갈 수 있다. 다만 다수의 열주랑 주택은 헬레니즘 시대에 몰려 있는 것 또한 사실이다. 이 때문에 헬레니즘 주택(Hellenism House)이라는 명칭으로 불리기도 한다. 도시로는 델로스, 프리에네, 페르가몬 등에서 많이 발굴되었다.

중정 형 주택과 열주랑 주택은 열주랑의 유무를 제외하면 전체 구성과 방의 종류 등 나머지는 비슷했다. 중정의 네 면 가운데 최소한 한 면 이상에 열주를 갖추면 열주랑 주택이 되었다. 이때 방과 열주 사이에 복도가 만들어지기 때문에 복도라는 뜻의 '랑'을 넣어 열주랑이라는 단어를 사용했다. 약간의 차이도 있어서, 열주랑이 중정과 방 사이에 일정한 단절을 가져와서 중정 형보다는 안쪽 방에 프라이버시와 독립성을 확보해주었다. 열주랑 가운데 한 곳을 로지아(loggia, 외랑이나 복도형 방)로

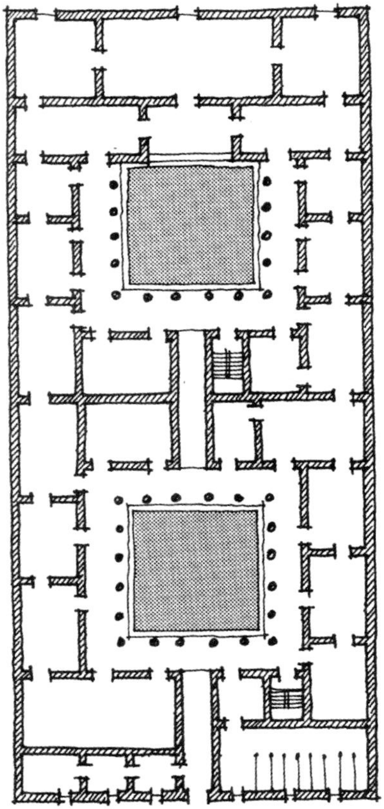

도 1-34 비트루비우스(Vitruvius)의 『건축 십서』 제6서 7장인 '그리스 주택(Greek house)' 편에 나오는 설명을 기초로 베커(Becker)가 작성한 열주랑 주택의 추측 도면.

처리하는 경우도 중정 형에는 없던 것인데 이는 옥외생활을 즐기기 위해서였다. 로지아는 또한 그리스 주택의 사적 성격을 보여주는 또 다른 좋은 예이다. 중정 형 주택과 마찬가지로 도로를 면한 방에는 창을 거의 내지 않거나 내도 작은 것 하나 정도만 냈다. 반면 모든 열린 면은 안마당을 향했다(도 1-33).

열주랑 주택에 대해서는 비트루비우스의 『건축 십서』에 자세한 설명이 나온다. 그는 제6서 7장에서 '그리스 주택'이라는 항목을 설명하면서 열주랑 주택을 예로 들었는데, 이는 열주랑 주택을 그리스의 대표적 주거로 봤음을 의미한다(도 1-34). 그리스 주택 가운데 가장 크고 화려한 예를 들면서 열주랑 두 개가 연달아 나오는 매우 긴 직사각형 주택을 소개하고 있다. 열주랑 가운데 앞의 것은 네 면을 열주가 에워싸는 완전한 형식이고 뒤의 것은 세 면만 에워싸는 형식이었다. 주택 구성의 나머지 내용은 앞에서 설명한 중정 형 구성과 큰 차이가 없다. 비트루비우스는 또한 '로도스의 열주랑(Rhodian peristyle)'이라는 명칭도 사용했는데, 열주랑에서 북쪽의 기둥이 더 높고 굵은 경우를 지칭한다. 이는 중정 형에서 설명한 것과 같이 북쪽 면을 높게 해서 햇빛을 더 잘 받게 하기 위한 것이었다.

델로스는 현재 열주랑 주택이 가장 많이 발굴된 도시다. 델로스에서 열주랑 주택은 기원전 3세기에 시작해서 기원전 2세기까지 계속 지어졌다. 기원전 2세기는 로마에 속하던 시기였다. 기원전 136년에 로마에 의해 자유항으로 지정된 뒤 무역에서 돈을 번 부유한 상인들이 많았는데 이들이 대형 열주랑 주택을 지어서 산 주요 계층이었다. 이 때문에 한때 열주랑 주택이 로마의 주택 유형이라는 주장도 있었다. 하지만 이곳에 살던 사람들은 대부분 그리스인들이었으며 이들이 살던 지역에서 발굴되는 주택 역시 올린토스의 중정 형 주택을 이어받아 열주랑 주택으로 발전시킨 유형이 주를 이루었다. 이외에 앞에 얘기한 바와 같이 비트루비우스가 그리스 주택과 열주랑 구성을 동의어로 사용하고 있는 점과 기원전 400년경의 행운의 빌라의 예 등도 열주랑 주택이 그리스의 주택 유형이라는 또 다른 증거들이다.

델로스는 올린토스와 달리 바둑판 도시가 아니고 자연지형에 맞춘 도시였기 때문에 필지 역시 격자로 형성되지 않고 크기와 형태 등에서 편차가 컸다. 대부분의 주택들은 소형 중정 형이었다. 안마당을 갖추긴 했지만 매우 작아서 열주랑이 없었고 집의 형태도 불규칙했다. 이런 작은 집들이 다닥다닥 붙어서 주거환경이 열악한 편이었다. 그러나 도시 전체로 보면 수백 채의 비정형 주택들이 함께 어울려 픽처레스크한 장면을 연출했다(도 1-21, 도 1-35, 도 1-36). 이런 장면은 올린토스의 바둑판 도시보다 훨씬 그리스다운 것이었다.

기원전 3세기 초부터 열주랑 주택이 나타나기 시작했다. 열주랑 주택은 주로 사각형 윤곽을 갖춘 정형적 필지에 지었다. 비정형 필지에도 일부 지었는데 이 경우 열주랑은 사각형을 온전하게 갖추고 주변 방들을 비정형적으로 짰다(도 1-37). 필지가 작을 경우에는 열주를 한 면이나 두 면만 세워서 열주랑을 온전하게 갖추지

도 1-35 델로스 주거구역의 공중 전경.
도 1-36 델로스 주거구역 평면도-I 구역, II 구역, IV 구역, VI 구역.

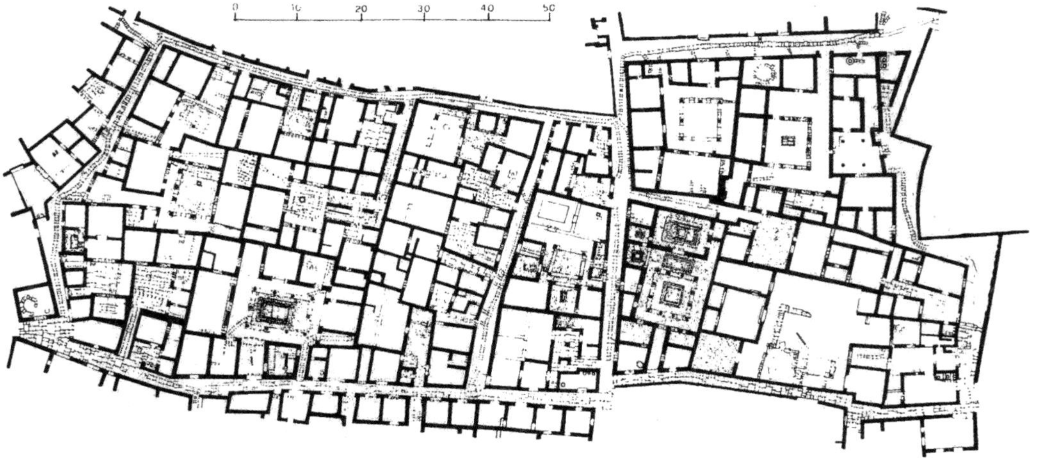

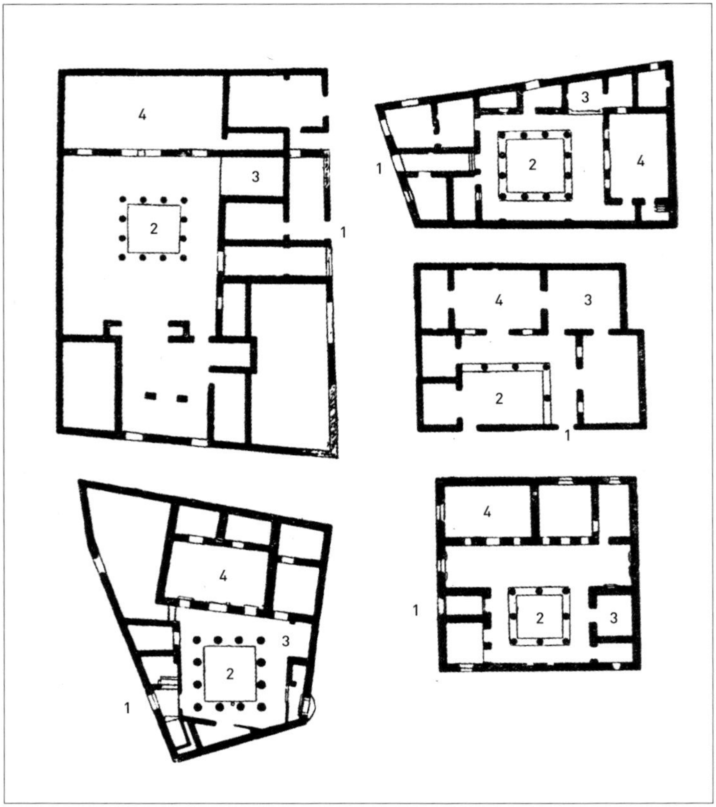

도 1-37 델로스의 다양한 열주랑 주택 유형들. 사각형의 정형적 구성에서 비정형 구성까지 다양하다. 1=정문. 2=열주랑. 3=엑세드라(exedra, 휴식용 공간). 4=식당 혹은 연회 홀.

못했다. 델로스의 주거문화는 사생활을 중요하게 여겨서 사적 영역이 들어가는 위층을 아래층보다 더 화려하게 꾸미는 경우가 종종 있었다. 심지어 위층을 아래층과 완전히 다른 별개의 주택처럼 짓는 경우도 드물지 않았다.

델로스는 화장실과 목욕탕에서 올린토스와 반대였다. 델로스는 시내에 하천이 거의 없었기 때문에 목욕탕을 갖춘 예가 많지 않았다. 이는 올린토스와 반대되는 현상이다. 목욕탕이 있을 때에는 빗물을 모아 사용했다. 반면 올린토스에 매우 드물었던 화장실이 델로스에서는 제법 흔했다. 위치는 출입구 통로 옆의 방 한 곳이거나 목욕탕에 같이 들어갔다. 어느 곳이건 도로에 접해서 하수를 직접 도로로 내보냈다. 특별한 배수시설은 없었고 바닥 기울기를 이용했다.

델로스는 돌이 많은 지역이라 주재료는 돌이었고 진흙 벽돌은 오히려 귀했다. 다른 곳에서 나무로 짰던 문틀의 재료도 델로스에서는 돌이었다. 돌을 섬세하게 다듬어서 사용했다. 돌기둥도 도시 전체에 걸쳐서 광범위하게 사용했다. 창틀도 돌이 주재료였는데 장식 유무에 따라 두 종류가 있었다. 장식이 없는 평범한 종류와 돌로 벽기둥을 만들어 창틀에 세운 종류였다. 벽기둥에는 주두까지 새겼다. 창은 1층에서는 표준형을 사용했는데 바닥에서 3미터 이상 올라와 높은 편이었다. 개수도 적고 크기는 작아서 방범용 창으로 사용하기에 좋았다. 2층 창은 이와 반대로 높이가 낮고 개수도 자잘하게 많으며 형태도 다양했다.

델로스와 프리에네의 열주랑 주택

델로스의 도시주거 구역 II에 있던 주택 E와 주택 F는 비교적 여유 있는 필지에 들어가는 열주랑 주택의 예이다(도 1-38). 기본적으로 기원전 5세기 올린토스의 중정 형 주택이 반복되면서 발전적 정리를 이룬 구성이다. 열주랑이 들어가면서 안마당과 전체 구성이 정사각형에 가깝게 정리되었다. 그러나 아직 직각에서 이탈한 사선 벽도 남아 있었다. 부분적으로 시공 상태와 재료도 향상되거나 비싸졌다. 주요 방바닥의 모자이크는 더 이상 자갈이 아닌, 돌을 잘라 만든 기하학 문양으로 깔았다. 식당 내 침대용 소파 자리는 모자이크로 별도 처리했다. 안마당의 모서리는 대리석 연석으로 처리했으며 안마당에 세운 기둥은 주두와 주신 모두 훨씬 섬세해졌다.

두 주택의 구성을 좀 더 살펴보면, 주택 E는 세 면에만 열주랑이 만들어져서 아직 완전한 상태에 이르지 못했다. 나머지 한 면은 식당을 직접 면했다. 안마당 중앙에는 제단을 뒀다. 수조는 없었지만 안마당에서 서북쪽 모서리 목욕탕 사이의 바닥에 배수로를 내서 물을 모아 썼다. 목욕탕 끝에는 변기를 설치해서 작은 화장실을 겸했다. 동북쪽 모서리 방은 도로 쪽으로 열어서 상가로 사용했다. 주택 F는 네 면에 열주를 갖춘 완전한 열주랑 주택이었다. 안마당에 제단도 두지 않았다. 도로 쪽 방은 최소한 하나 이상 상가로 사용했다. 출입구는 처음에 위쪽 북쪽

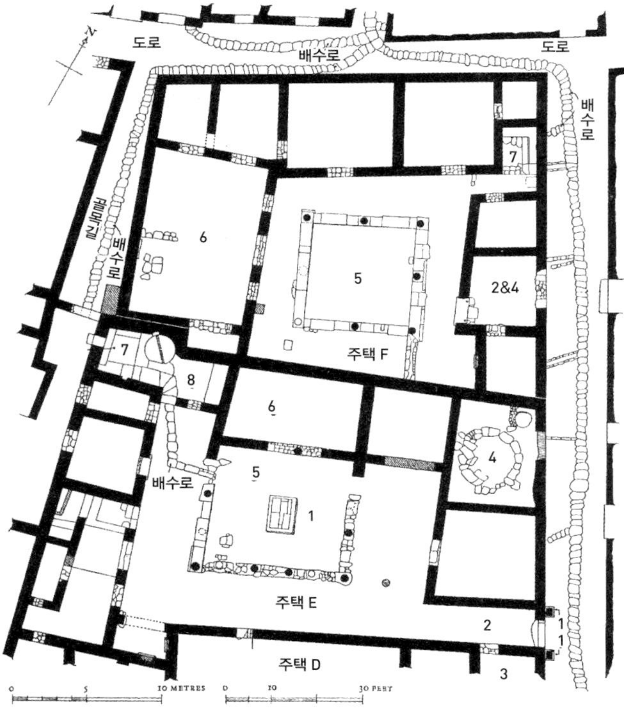

도 1–38 주택 E와 주택 F. 델로스. 주거구역 II 내. 1=제단. 2=출입구. 3=우물. 4=상가. 5=안마당 열주랑. 6=식당. 7=화장실. 8=목욕탕.

면에 있었지만 나중에 이것을 막고 상가 가운데 하나를 열어 출입구로 사용했다.

이상은 여유 있는 필지의 예들이었다. 필지가 작을 경우에는 안마당에 열주랑을 만들 면적이 안 나오는 것이 보통이었다. 최소 면적을 확보했을 때에는 로도스의 열주랑을 선호했다. 안마당이 아주 작았기 때문에 로도스 열주랑 방식이 아니면 북쪽 면에 일조권 확보가 안 되기 때문이었다. 키 큰 기둥에는 까치발을 내서 위층의 발코니를 받쳤다. 가끔 북쪽 면의 열주 자체를 2층으로 올린 예도 있었다.

좀 더 완성도가 높은 대형 주택의 예로 언덕의 주택(House of the Hill)을 들 수 있다(도 1–39). 이 주택은 안마당 구성이 특이했다. 네 면에 모두 열주를 갖췄는데 열주랑은 정작 맨 아래 남쪽으로 몰았다. 따라서 아랫면은 방이 들어가지 않고 바로 벽으로 막았다. 동–서–남의 세 쪽 회랑은 폭이 좁았다. 위쪽 북쪽 면은 열주와 방 사이에 아래쪽 회랑 폭보다 두 배 넓은 폭의 회랑이 필지 전체 길이에 걸쳐 만들어졌다. 폭이 너무 넓어서 회랑으로 보기 어려우나 방으로 막은 것도 아니기 때문에 용도는 결국 회랑이었다. 그리스에서는 드문 구성이며 로마 주택의 개방형 날개(ala)에 해당되는데 이곳에 미리 나타난 것이다.

이렇게 만들어진 북쪽의 넓은 회랑 위쪽의 긴 면을 따라 중요한 방 세 개가 나란히 들어갔다. 이 가운데 북쪽 면의 절반을 차지하는 가장 큰 방은 안드론이었다. 나머지 절반은 다시 큰 방 하나와 작은 방 하나로 나누어 썼는데 큰 방은 식당, 작은 방은 거실이었다. 이 두 방은 안에서 통하는 문이 있어서 같은 공간으로 사용했다. 세 방은 모두 안마당을 향해서 여러 개의 문을 내서 사적 영역으로의 집중을 높였다. 그러나 환기와 채광을 위해 도로 쪽으로도 각 한 개씩 창을 냈다.

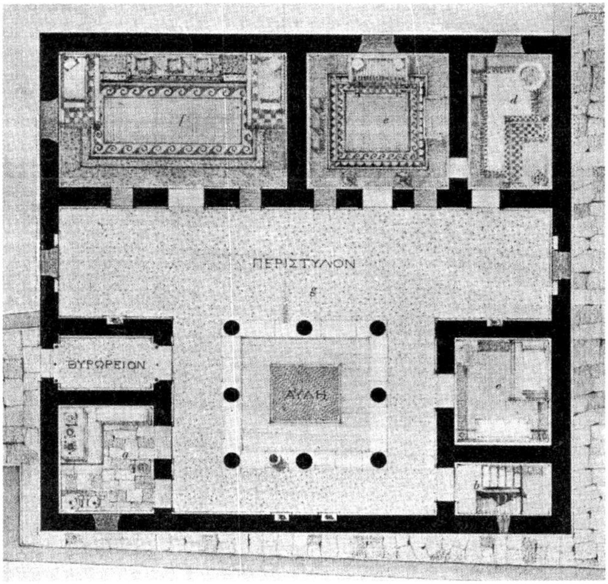

도 1-39 언덕의 주택(House of the Hill). 델로스.

아래쪽 양옆인 남서쪽과 남동쪽 면은 모두 큰 방 하나와 작은 방 하나로 이루어졌다. 왼쪽의 남서쪽에서는 위쪽의 작은 방이 전실이고 그 아래 모서리의 큰 방이 부엌이었다. 오른쪽의 남동쪽에서는 방 크기가 반대인데, 모서리의 작은 방은 계단실이고 위쪽의 큰 방은 하인들의 침실이었다. 위층은 하나도 안 남아 있지만 대부분의 방과 화장실은 위층에 있었을 것으로 추측된다. 회랑 네 면을 따라가며 나 있는 작은 벽감은 밤에 횃불을 꽂는 자리였다. 안마당 바닥은 흑백 모자이크로 처리했으며 중앙에는 수조를 설치해서 물을 받아 썼다. 열주 가운데 일부는 2층에도 있었을 것으로 추측된다.

프리에네에서도 열주랑 주택이 발굴되었다. 프리에네는 알렉산드로스 대왕 때 도시 효율과 방어력을 높이기 위해 히포다모스의 바둑판 도시로 재개발되었다. 현재 남아 있는 주택들은 대부분 이때 같이 지어진 것으로 기원전 4세기 후반부에 속한다. 인구 4,000명을 넘지 않은 작은 도시였지만 매우 번성했던 시장도시였다. 바둑판 격자는 한 블록이 48m×36m 크기였으며 블록 하나를 보통 네 채에서 여덟 채의 주택이 나누어 썼다(도 1–20, 도 1–26, 도 1–40). 번성한 도시답게 주택들은 크지 않은 규모임에도 대부분 기념비적 위용을 자랑했다. 실내외 모두 벽체에는 석재와 벽돌을 섞어 썼으며 방의 천장 높이는 6미터 내외로 매우 높았다.

이 같은 도시 배경 아래 프리에네에서 발굴된 열주랑 주택은 극장가의 그리스 주택(Greek House at the Street of the Theater)이 가장 대표적인 예이다(도 1–41). 이 주택 역시 헬레니즘 시대에 속했다. 원래 기원전 4세기에 지은 주택인데 기원전 3세기에 확장되었다. 처음 주택은 앞에 나왔

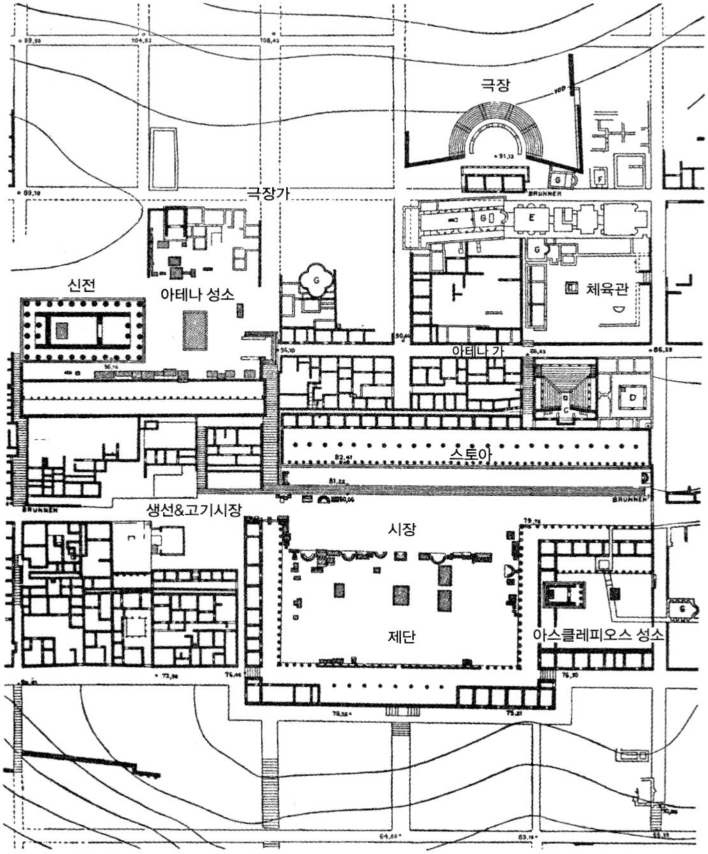

도 1–40 프리에네 도심. 공공시설 사이에 주택구역이 들어 있다.

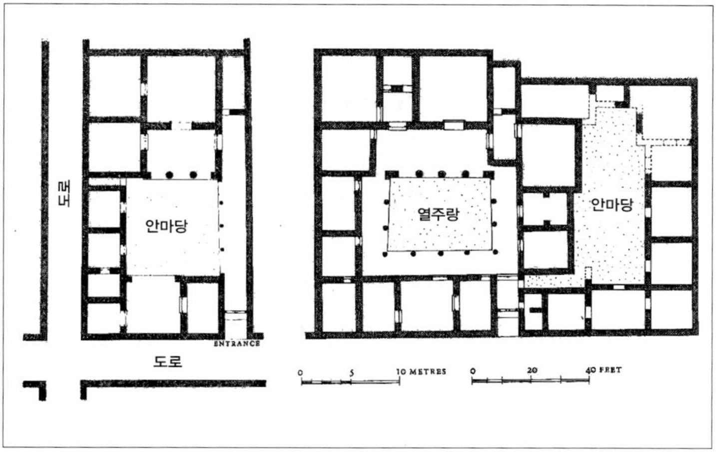

도 1-41 왼쪽-제33주택(House XXXIII). 기원전 4세기. 오른쪽-극장가의 그리스 주택(Greek House at the Street of the Theater). 기원전 3세기. 프리에네.

던 제33주택이었는데, 메가론과 부분 열주랑을 갖는 중정 형 주택이었다. 북쪽 위쪽에 메가론이 집의 중심으로 자리 잡았으며 그 앞에 큰 안마당을 냈다. 메가론의 방이 집 전체에서도 가장 큰 중심 방이었다. 안마당의 남-서-북 세 면은 방으로 에워쌌으며 동쪽에는 열주를 세웠다. 열주 밖으로 복도를 내서 통로로 이어졌다.

이 주택은 이후 확장되면서 완전한 열주랑 주택이 되었는데 고고학자들 사이에서는 극장가의 그리스 주택이라고 불린다. 집 앞 도로명이 극장가이며 처음에 그리스 중정 형으로 시작했기 때문이다. 확장은 메가론의 왼쪽 옆에 공간 켜 하나를 추가하는 형식으로 이루어졌다. 안마당 폭도 길어져서 기둥 하나가 더 들어갔으며 네 면을 열주로 에워싸면서 완성된 열주랑 주택을 갖추게 되었다. 열주랑은 로도스의 열주랑 형식을 취했다. 북쪽 면의 열주가 다른 세 면보다 확연히 굵었으며 더 높았다.

II

로마의 주거

:: 로마 주거의 형성과 특징

:: 아트리움 주택의 구성과 로마의 일상생활

:: 폼페이의 도무스 변천사 6단계

:: 도무스의 대표작들

1
로마 주거의 형성과 특징

아트리움의 기원

로마문명은 엄밀히 말하면 독자적인 주거 유형을 창출하지 못한 것으로 볼 수도 있었다. 로마 주거의 가장 대표적인 특징은 그리스와 마찬가지로 아트리움(atrium)과 열주랑을 갖춘 중정 형인데 외적 모습만 보면 그리스의 중정 형 주택과 크게 다르지 않아 보인다(도 1-41, 도 2-1). 실제로 그리스의 중정 형은 로마 주거의 중요한 선례 가운데 하나였다. 그러나 로마 주거에는 그리스 이외에 에트루리아(에트루리아인이 거주한 고대 이탈리아의 지명으로, 지금의 토스카나주에 해당되는 지역)라는 또 다른 중요한 선례가 있었다. 공화정 전기 때 에트루리아의 선례를 뿌리로 삼아 기초 유형을 만든 뒤 공화정 후기에 그리스의 중정 형을 추가했다. 로마 주거는 이 두 선례를 합해서 탄생한 것으로 볼 수 있다. 그렇다고 로마만의 주거 형식이 없었던 것은 아니다. 두 선례를 받아들인 위에 로마만의 생활 방식과 제국의 다양성을 더해 여러 종류의 주거 유형을 만들어 썼다.

현재 남아 있는 로마 주거의 유구를 보면 외관상 그리스 주거와 닮은 점이 많기 때문에 그리스 주거와의 공통점 및 차이점에 대해서 먼저 살펴보자. 공통점은 단연 중정 형 구성이다. 실제로 그리스의 영향을 받은 것 또한 틀림없는 역사적 사실이다. 주로 열주랑 주택으로, 로마가 그리스와 마케도니아를 합병하면서 그 지역에 형성되어 있던 이 유형을 받아들인 것이다. 공화정 후기인 기원전 2세기~기원전 1세기에 로마 사회에 있었던 헬레니즘화(Hellenization)의 일환이었다.

그러나 그리스의 중정 형과 로마의 중정 형 사이에는 결정적인 차이가 한 가지 있다. 영어 단어를 기준으로 하면 그리스의 중정은 'court'이고 로마의 중정은 'atrium'이다. 'court'는 옥외공간인 안마당이고 'atrium'은 실내에 있는 중앙 홀이다. 보통은 천장을 통해 실내에 빛을 받아들이기 위해 지붕에 구멍을 뚫고 유리로 막았다 해서 광정(光井)이라고 번역한다. 하지만 로마 시대의 'atrium'은 광정이라는 뜻과는 다소 차이가 있다. 실내가 아닌 옥외 공간이었으며, 목적도 햇빛을 받아들이기 위한 것도 있긴 했지만 주 목적은 빗물을 받기 위한 것이었기 때문이다. 이 때문에 로마의 중정 형은 원어를 존중해서 아트리움 주택이라 부르고자 한다.

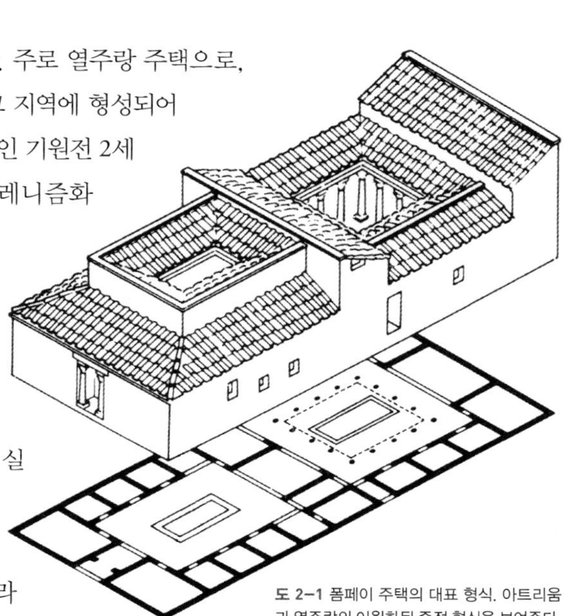

도 2-1 폼페이 주택의 대표 형식. 아트리움과 열주랑의 이원화된 중정 형식을 보여준다.

로마의 중정을 'atrium'이라고 부른 최초의 인물은 아마도 비트루비우스였을 것이다. 그는『건축 십서』의 제6서 3장에서 로마 주택을 설명하면서 'atrium'의 라틴어 단어인 'cavaedium'을 여러 곳에서 쓰고 있다. 또한 그리스 주택을 설명한 제6서 7장의 시작 문장에서는 "그리스사람들은 아트리움이 필요 없었기 때문에 (자신들의 주택에) 이것을 만들지 않았다."라고 했다. 그 대신 그리스 주택의 중정에 대해서는 'court'와 'peristyle'이라는 단어를 쓰면서 로마의 'atrium'과 분명히 구별하고 있다.

결국 그리스의 영향은 로마의 아트리움이 실내 공간에서 옥외 중정으로 바뀐 다음에 더해진 것이다. 그리스의 'court'는 처음부터 옥외 마당으로 시작한 것으로 메가론 주택의 앞마당이나 안마당–홀 형 주택의 안마당이 발전한 것이다. 반면 로마의 'atrium'은 광정이라는 실내 방의 한 종류로 먼저 형성된 뒤 시간이 흐르면서 그 위의 지붕을 뜯어내고 옥

외 공간으로 변한 것이다. 비트루비우스나 바로(Varro, 기원전 1세기 라틴문학가) 등 동시대 인물이 'atrium'을 방의 한 종류로 봤다는 사실도 이런 해석을 뒷받침한다. 이들은 모두 아트리움이 로마 주거에서 중심 방이라고 했다. 'court'와 'atrium'은 둘 다 옥외 중정이지만 뿌리와 형성과정은 다르거나 반대라는 뜻이다.

그렇다면 로마의 아트리움은 처음에 어디에서 왔을까. 에트루리아문명에서 온 것은 확실해 보인다. 문학가인 바로 역시 『라틴어에 관하여(De Lingua Latina)』라는 자신의 저서에서 로마사람들이 자신들의 아트리움 주택이 에트루리아에서 온 것으로 확고하게 믿었다는 기록을 남기고 있다. 그런데 기원의 구체적 선례에서는 다시 두 가지 설로 나뉜다. 하나는 왕궁 기원설이다. 에트루리아는 기원전 6세기경부터 주택과 왕궁의 유구를 남기기 시작한다. 이노푸스 계곡(Inopus valley)의 주택이나 마르자보토(Marzabotto)의 에트루리아 왕궁(Palazzetto Etrusco) 등이 대표적인 예들이다(도 2-2, 도 2-3). 이런 예들은 모두 옥외 중정을 가지고 있으며 이것이 공화정 전기의 로마 주거에까지 이어졌다는 주장이다.

도 2-2 이노푸스 계곡(Inopus valley)의 주택. 안마당 유구. 기원전 6세기.
도 2-3 에트루리아 왕궁(Palazzetto Etrusco). 마르자보토(Marzabotto). 기원전 6세기.

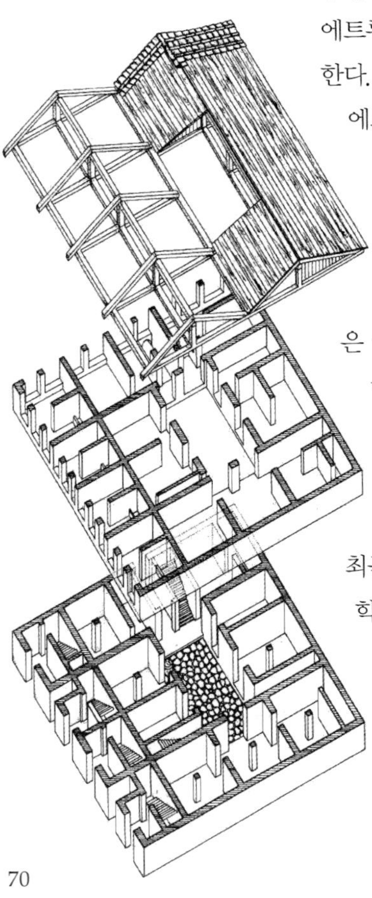

이 주장에 의하면 아트리움은 처음부터 옥외 중정이었는데 그 크기가 작아서 실내 홀로 착각했다는 것이다. 또한 집의 중심은 아트리움이 아니라 타블리눔(tablinum, 아트리움을 중심으로 출입구 반대편에 위치한 옥외 공간)이라고 주장한다. 이 주장은 에트루리아의 왕궁 기원설을 넘어 에게 해 문명의 메가론 주택 기원설까지 거슬러 올라간다. 메가론 주택에서 앞마당이 아트리움이 되었으며 중심 방이 타블리눔이 되었다는 주장이다. 이런 주장은 비교적 최근에 등장한 것으로 일정한 지지를 얻고 있긴 하지만 아직은 고고학적 증거가 부족해서 한계가 있다. 비트루비우스나 바로 등 로마 시대 이론가들의 주장과도 차이가 있다.

다른 하나는 무덤주택 기원설 및 이것과 연계된 농가 기원설이다. 에트루리아는 봉분 형 무덤이 특히 발달했는데 이런 무덤들은 묘실을 주택처럼 꾸몄다 해서 무덤주택이라 부른다. 페

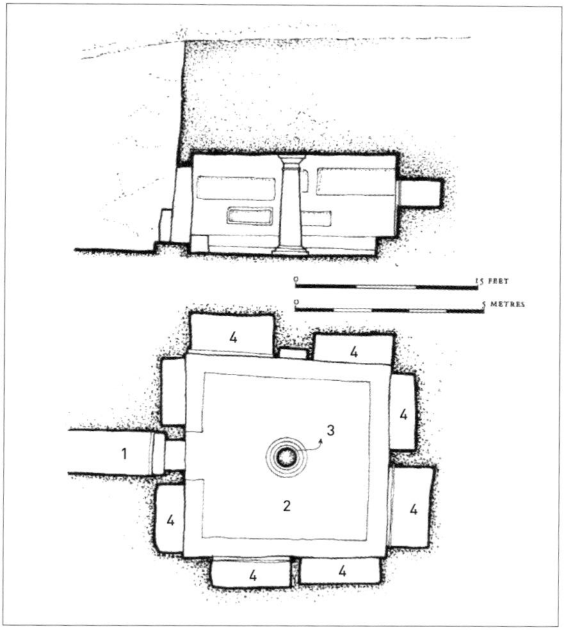

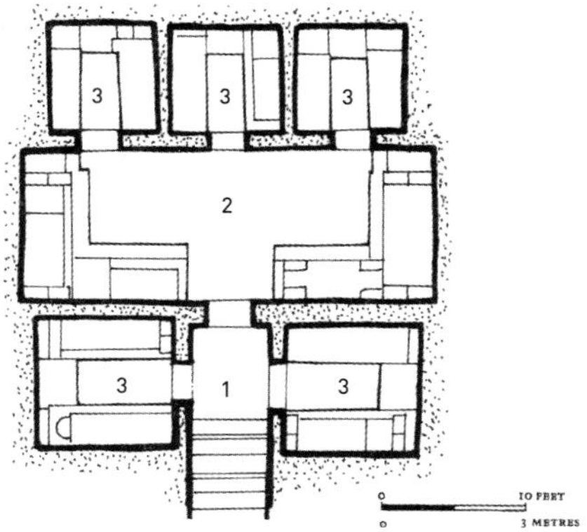

도 2-4 토스카나식 기둥 무덤(Tomb with a Tuscan Column). 비냐넬로(Vignanello). 기원전 500년경. 1=출입 통로. 2=중앙 홀. 3=토스카나식 기둥. 4=묘실.
도 2-5 바시 그레키 무덤(Tomb of the Vasi Greci). 반디타치아 묘역(Banditaccia Cemetery) 내. 체르베테리(Cerveteri). 기원전 500~400년경. 1=출입 통로. 2=중앙 홀 겸 주인 부부 묘실. 3=기타 묘실.

루자(Perugia)의 볼룸니 무덤(Tomb of the Volumnii), 비냐넬로(Vignanello)의 토스카나식 기둥 무덤(Tomb with a Tuscan Column), 체르베테리(Cerveteri)의 반디타치아 묘역(Banditaccia Cemetery) 등이 대표적인 예들이다(도 2-4, 도 2-5).

이런 예들은 모두 커다란 중앙 홀을 중심으로 그 주위에 작은 묘실들이 돌아가며 에워싸는 아트리움으로 구성되었다. 예를 들어 도 2-5 반디타치아 묘역의 바시 그레키 무덤을 보면 출입구에서 통로를 지나고 그 양옆에 상가가 배치되며 이를 지나면 아트리움이 나오는 로마의 아트리움 주택 구성과 매우 닮았다. 코르네토의 무덤도 마찬가지여서 중앙 홀의 지붕만 뜯어내면 에트루리아의 중정 형 주택이나 로마의 아트리움 주택과의 유사성은 더 커진다(도 2-6). 무덤주택 기원설은 전통적인 주장인데 현재까지는 가장 널리 받아들여지고 있다. 폼페이와 헤르쿨라네움(Herculaneum, 이탈리아 캄파니아 지방의 고대도시)에서 발굴된 주택 등 고고학적 증거도 충분할 뿐 아니라 비트루비우스와 바로 등 로마 시대의 기록도 이런 주장을 뒷받침하고 있다. 실제로 위의 예들 가운데 일

도 2-6 코르네토의 무덤(Tomb of Corneto). 중앙 홀.

부는 비트루비우스가 분류한 로마의 아트리움 주택의 다섯 유형 가운데 일부와 매우 유사하다. 첫 번째인 토스카나식은 주로 무덤주택의 평면구성과(도 2-5, 도 2-7), 다섯 번째인 박공 형은 에트루리아 주택의 외관과 매우 유사하다(도 2-8).

농가도 또 다른 중요한 증거이다. 농가는 고급 주택과 달리 문명이 바뀌어도 크게 변하지 않고 같은 구성을 계속 사용하게 된다. 에트루리아와 공화정 초기 사이의 농가도 마찬가지였다. 약간의 고고학적 증거, 주택 모양의 옹관묘, 비트루비우스와 대(大) 플리니우스(Pliny the Elder, 1세기의 자연철학자)의 설명 등이 농가 기원설을 뒷받침해주는 중요한 증거들이다.

농가는 무덤주택과 아트리움 주택을 이어주는 중간 가교의 역할을 했던 것으로 추측된다. 당시 농가는 중앙 홀을 중심으로 여러 개의 방이 에워싸는 완전 실내 구조물이었는데 이런 구성은 무덤주택과 크게 다르지 않다. 대 플리니우스 역시 자신의 저서 『자연사(Natural History)』 35장 6~7절에서 조상 대대로 사용해오던 아트리움에 대해서 설명하고 있다. 이곳은 조상들의 밀랍상을 특별한 받침대 위에 세워서 보관하던 장소라고 했다. 자신이 살던 시대의 로마 주택에는 여러 종류의 홀이 있는데 그 가운데 아트리움은 이런 조상들의 전통을 이어받은 것이라고 했다.

아트리움이라는 단어의 어원을 기준으로 해도 아트리움은 에트루리아에서 공화정 초기에 이탈리아 반도 내에서 자생적으로 나타났을 확률이 높다. 어원을 기준으로 하면 방 중앙에 난로를 갖춘 타원형의 농가가 아트리움의 기원이 될 수 있다. 이런 농가에서는 난로에서 나오는 연기를 밖으로 뽑아내기 위해 천장 중앙에 구멍을 뚫었는데 이 구멍을 'ater'라고 불렀고 이것이 'atrium'이 된 것이다. 'ater'는 '검은색(black)'을 뜻하는데 연기에 그을려 보가 검게 되었기 때문에 나온 명칭이었다.

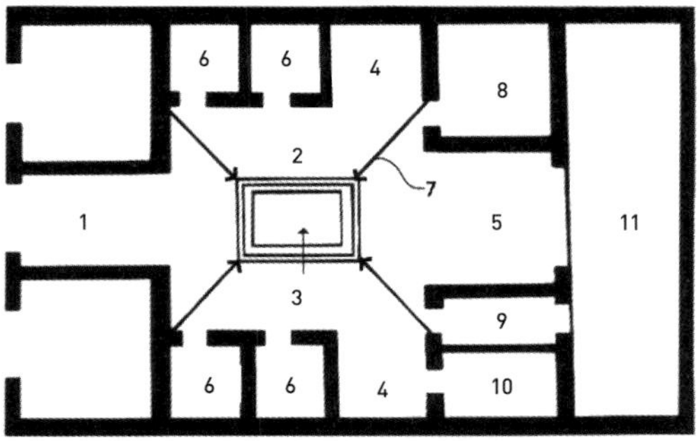

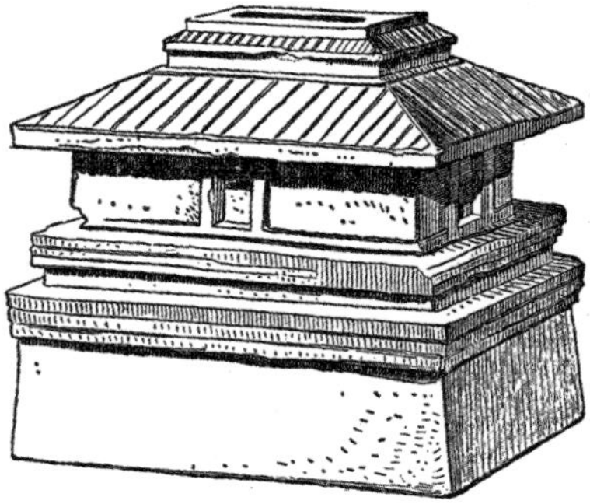

도 2-7 토스카나식 아트리움 주택(Tuscan Atrium House)의 기본형. 기원전 3세기. 1=통로. 2=아트리움. 3=수조. 4=개방형 날개. 5=타블리눔. 6=쿠비쿨룸. 7=지붕 경사 방향. 8=식당. 9=부엌. 10=창고. 11=정원.
도 2-8 키우시(Chiusi)에서 발굴된 에트루리아의 주택 형 옹관묘.

옹관묘에 나타난 외관까지 함께 고려하면 더욱 그렇다. 옹관묘는 무덤주택의 이런 실내 구성 위에 사방으로 지붕을 덮은 모양을 보여주는데 지붕의 방향에 따라 두 가지가 있었다. 하나는 아트리움을 향해 안으로 경사진 것으로 '임플루비아테(impluviate)'라고 불렀는데 이 구성은 비트루비우스의 다섯 유형 가운데 첫 번째, 두 번째, 세 번째에 해당된다. 다른 하나는 밖으로 경사진 것으로 '디스플루비아테(displuviate)'라고 불렀는데 이 형식은 비트루비우스의 다섯 유형 가운데 네 번째와 다섯 번째에 해당된다(도 2-8). 네 번째 유형은 명칭 자체도 디스플루비아테이다.

이런 사실은 비트루비우스가 아트리움 주택을 농가에서 온 것으로 봤음을 의미한다. 농가 기원설에 의하면 아트리움은 '지붕 떼어 낸 중앙 홀'이 된다. 비트루비우스도 아트리움 위에 지붕이 없이 열린 부분을 '지붕에 낸 구멍(roof-opening=compluvium, 콤플루비움)'이라고 불렀다. 이런 아트리움이 처음에는 무덤주택과 농가의 실내 홀에서 시작한 뒤 공화정 전기 때 일부는 그대로 실내 홀로 남고 일부는 옥외 중정으로 바뀐 뒤 공화정 후기 때 그리스의 영향을 받아 지붕을 떼어 내고 완전히 옥외 중정이 된 것이다.

로마 주거의 형성

이상을 종합해서 로마 주거의 대표 유형인 아트리움 주택의 형성과정을 요약하면 다음과 같다. 로마 주거의 형성에는 두 번의 중요한 분기점이 있었다. 첫 번째는 기원전 3세기로, 이때부터 비로소 로마 주거라고 이름 붙일 수 있는 유형인 아트리움 주택이 형성되기 시작했다. 전쟁이 잦아들면서 주거 모델을 창출할 경제적, 사회적, 정신적 여유가 생겼기 때문이었다. 그 이전 시기는 이탈리아 반도의 통일전쟁 및 지중해 주변 강대국과의 정복전쟁 등 주로 전쟁의 시기였기 때문에 주거건축이 차분하게 발전할 여건이 마련되지 않았다. 이런 전쟁들을 모두 승리로 이끌면서 사회는 안정기에 접어들었고 주거문화에 눈을 돌릴 여유가 생긴 것이다.

기원전 3세기 이전에는 이탈리아 반도 북부에 로마보다 먼저 형성되어 있던 에트루리아의 왕궁, 무덤주택, 농가 등을 이어받아 사용했던 것으로 보인다. 크게 보아 에트루리아의 무덤주택과 로마의 농가 등이 기원전 3세기 이전까지 로마 주택의 주요 유형이었을 것이다. 이 과정에서 일부 아트리움이 기능적 목적 등에 의해 자생적으로 옥외 중정으로 변하면서 비트루비우스의 다섯 유형 가운데 일부가 나타났을 것이다.

두 번째는 기원전 2세기로, 이때부터 헬레니즘화가 진행되면서 그리스의 영향을 받아 열주랑이 본격적으로 등장하기 시작한다. 이 과정에서 아트리움은 완전히 옥외 공간 한 가지로 굳어졌다. 아트리움 주변에 기둥을 세워서 열주랑으로 만들기도 했고 아트리움에 열주랑을 추가로 더한 이원화된 중정 형이 나타나기도 했다. 이 가운데 로마 주거를 대표하는 하이라이트는 이원화된 중정 형이다. 주거문화를 이끌 상류층이 대거 등장한 것도 중요한 사회적 배경이었다. 이들 상류층은 승전의 열매를 상징할 자신들의 집을 찾게 되었다. 이 과정에서 그리스 주거는 중요한 선례 역할을 했다. 전쟁에 몰두하느라 독자적 문화예술을 이루지 못했던 로마문명은 기원전 2세기에 마케도니아와 그리스를 합병하면서 당시 무르익을 대로 무르익어 있던 그리스-헬레니즘 문화를 접하게 된다. 자신들만의 문화예술을 창출할 필요성에 직면해 있던 로마는 이런 선례문화를 대거 수입했고, 이것이 로마의 문화예술이 탄생하는 직접적 계기가 되었다. 앞에 설명한 헬레니즘화로, 로마 주거의 형성 역시 이런 헬레니즘화의 일환으로 나타났다.

아트리움의 기원으로 여러 설이 있는 것과 달리 열주랑은 그리스-헬레니즘에서 온 것이 분명하다. 일부에서는 열주랑도 에트루리아에서

왔다는 주장을 제기한다. 이런 주장은 현대에만 있는 것은 아니고 로마 시대 기록에도 나온다. 예를 들어 아기리움의 디오도로스(Diodorus of Agyrium, 기원전 1세기의 역사학자)는 자신의 저서 『도서관(Library)』에서 에트루리아도 이미 자신들의 주택에 열주랑을 사용했다고 했다. 그는 열주랑에 대해 '집 밖에 사람들이 번잡하고 소란스러울 때 집 안에서 이것을 피할 수 있는 유용한 장소'라고 기술했다. 하지만 아직 이것을 실제로 보여주는 고고학 발굴 증거는 없는 편이다. 아기리움의 디오도로스가 에트루리아 시대 때 인물이라면 그의 주장이 믿을 만하겠지만 기원전 1세기 때 인물이기 때문에 다른 증거가 없으면 신빙성이 약해질 수 있다.

기둥의 사용이라는 좀 더 상식적인 기준으로 봐도 에트루리아에서 열주랑이 먼저 나타났다고 보기는 힘들 것 같다. 기둥은 주거보다는 공공건물에 더 많이 사용하는 것이 고대건축의 상식이다. 따라서 주거에까지 기둥을 사용했다면 공공건물에는 기둥 사용이 매우 보편적이어야 한다. 하지만 에트루리아 건축에서 기둥은 전혀 없었던 것은 아니지만 그다지 활발하게 사용하던 부재는 아니었다. 따라서 주택에까지 기둥을 넣어 열주랑을 처음 창출했다고 보기는 힘들다. 에트루리아의 선례들에는 열주가 없었다는 것이 통설이다.

반면 로마 주거가 열주랑을 그리스–헬레니즘에서 직접 받아들였다는 주장은 고고학적 증거가 넘쳐난다. 헬레니즘화 이후에 폼페이와 헤르쿨라네움에 지은 상류층의 대형 주택 가운데에는 그리스–헬레니즘의 열주랑 주택을 직접 모방한 것들이 많았다. 기둥의 사용을 기준으로 봐도 같은 결론에 이른다. 로마 건축 역시 에트루리아와 마찬가지로 헬레니즘화 이전인 기원전 3세기까지는 기둥 사용이 매우 제한적이었다. 이때까지 로마 건축의 핵심은 아치와 볼트였다. 당시 로마는 대형 전쟁을 지속적으로 치러오고 있었는데 이에 필요한 것은 기둥이 중심이 된 예술양식이 아니라 아치와 볼트를 기초로 한 토목기술이었기 때문이다. 좀 심하게 말하면 당시 로마는 독자적으로 고전 오더(Order, 기둥과 기단, 열주의 주요 양식을 의미) 양식을 창출할 예술적 기반이 없었다고도 할 수 있다.

이후 헬레니즘화를 겪으면서 로마 건축에 기둥 사용이 갑자기 폭발적으로 늘게 된다. 특히 대리석 기둥이 늘어난 점이 중요하다. 기원전 2세기 이전까지 로마 건축에서는 설사 대형 공공건물이라고 해도 대리석 사용이 그다지 많지 않았다. 그후 그리스와 마케도니아 본토에서 대리석 기둥을 대량으로 직접 실어 와서 사용했으며 장인들도 대거 건너와서 로마에서 제작하게 되었다. 로마사람들은 이때부터 화려한 고급건축에 맛을 들이게 되었다. 이탈리아 반도가 세계 어느 나라에도 뒤지지 않는 훌륭한 대리석 산지라는 사실을 깨닫게 되면서 로마 건축 전반에 걸쳐 대리석이 이전의 석회암과 석회화(tufa, 탄화석회 침전물)를 밀어내고 주재료로 새롭게 등장했다.

이전까지 변변한 신전 한 채도 제대로 짓지 못하던 로마에는 기원전 2세기의 헬레니즘화를 기점으로 대리석 기둥을 갖춘 대형 고급 신전들이 하루 아침에 갑자기 등장했으며 이후 다수가 속속 지어졌다. 이 과정에서 기둥이 주거에까지 유입되면서 열주랑이 탄생했다. 상류층들이 자신들의 주택을 화려하게 꾸미는 과정에서 기둥을 두른 아트리움을 하나 더 만들게 된 것이다. 이렇게 열주랑을 갖춘 주택을 헬레니즘식 주택(Hellenistic house)이라고 부르기도 한다. 이는 건축형식이 아닌 선례 출처를 기준으로 한 명칭이다.

로마의 열주랑이 그리스-헬레니즘에서 온 것과 달리 실제 구성에서는 차이도 있었다. 로마의 열주랑 주택은 완전히 정리된 중정 형으로 발전하였으며 이에 따라 축 구성이 강하게 나타났다. 중정을 에워싸는 방의 종류와 구성 형식에서도 표준형이 나타나서 정착했다. 열주랑 주택의 숫자도 비교가 안 될 정도로 늘어났다. 이런 특징들은 모두 그리스-헬레니즘의 열주랑 주택에는 없던 것들이었다.

이상을 요약하면 다음과 같다. 첫째, 아트리움 자체는 에트루리아와 그리스 양쪽에서 공존했다. 둘 사이의 영향관계는 아직 밝혀진 것이 없다. 둘째, 로마의 아트리움에 선례가 된 것은 이 가운데 에트루리아 무덤주택의 실내 광정이다. 셋째, 로마 주거에서 열주랑은 에트루리아보다는 그리스-헬레니즘이 더 중요한 선례였다. 에트루리아 기원설은 근거가 희박하다. 넷째, 열주랑이 들어오면서 실내 광정이었던 로마의 아트리움이 옥외 중정으로 바뀌었다. 다섯째, 로마는 그리스-헬레니즘의 열주랑 선례를 받아들여 정리, 발전시켜서 로마만의 열주랑 주택으로 완성시켰다.

이상과 같은 로마 아트리움 주택의 기원과 형성과정에 대한 설명을 표로 요약하면 다음과 같다.

표 3. 로마 아트리움 주택의 기원과 형성

에트루리아의 선례	로마 공화정 전기 (기원전 5세기~기원전 3세기)	로마 공화정 후기 (기원전 2세기~기원전 1세기)와 그리스의 영향(헬리니즘화)
1. 왕궁 기원설 : 아트리움이 처음부터 옥외 중정으로 시작 : 한계가 있는 주장 →	비트루비우스의 다섯 유형 등 아트리움 주택의 1차 완성 →	그리스 중정 형이 더해지면서 열주랑 구성으로 분화, 발전함
2. 무덤주택 기원설 : 아트리움이 처음에는 실내 광정이나 중앙 홀로 시작 : 정설로 통용되는 주장 →	농가를 중간 매개로 실제 주택에서 사용 아트리움은 실내 광정으로 남기도 하고 일부는 옥외 중정으로 나타남 →	그리스 중정 형이 더해지면서 아트리움은 완전히 옥외 중정이 됨. 일부는 열주랑으로 분화, 발전함

비트루비우스의 아트리움 다섯 유형

비트루비우스는 『건축 십서』 제6서 3장에서 아트리움의 다섯 가지 유형에 대해서 설명하고 있다. 이 장의 제목은 '주요 방들의 비례'로서, 로마의 아트리움 주택을 구성하는 주요 방들의 크기, 비례, 분할 스케일 등에 대해 설명하고 있는데 그 가운데 처음 시작의 일부가 아트리움의 다섯 가지 유형에 대한 내용이다. 실제 내용을 보면 '아트리움 주택의 지붕을 처리하는 다섯 가지 방법'이라는 표현이 가장 정확할 것이다. 즉, 아트리움에서 지붕이 중정까지 침범하는 구성만을 대상으로 하고 있다. 따라서 지붕이 없는 열주랑에는 해당되지 않는다. 그는 토스카나식(Tuscan), 코린트식(Corinthian), 테트라스틸(tetrastyle), 디스플루비아테(displuviate), 테스투디나테(testudinate)의 다섯 가지를 제시하고 있다.

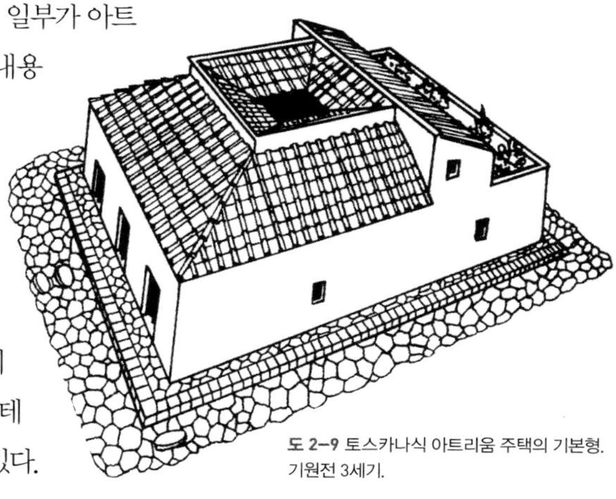

도 2-9 토스카나식 아트리움 주택의 기본형. 기원전 3세기.

도 2-10 외과의사 주택(House of the Surgeon). 폼페이. 기원전 3세기. 1=정문 & 통로. 2=상가. 3=아트리움. 4=수조. 5=지붕 경사 방향. 6=쿠비쿨룸. 7=개방형 날개. 8=타블리눔. 9=식당 겸 연회 홀. 10=부엌. 11=식료품 창고. 12=정원용 콜로네이드. 13=정원. 14=후문.

첫째, 토스카나식은 지붕이 콤플루비움을 향해 안쪽으로 경사지게 만든 형식이다. 아트리움에 빗물받이용 수조인 임플루비움(impluvium)을 놓고 여기로 빗물을 모으기 위한 목적이었다(도 2-7, 도 2-9). 혹은 빗물이 집 밖으로 떨어지지 않게 하기 위해서이기도 했다. 아트리움에 아직 기둥을 세우지 않았으며 콤플루비움은 밑변 윤곽을 따라 보를 걸어서 지지했다. 기원전 3세기에 등장한 뒤 폼페이와 헤르쿨라네움에서 가장 많이 사용하던 전형적 유형이다. 폼페이의 외과의사 주택(House of the Surgeon, 기원전 3세기)이 이 유형의 대표적인 예이다(도 2-10). 목신(牧神) 주택(House of the Faun, 기원전 2세기)에서는 아트리움 부분이 이 유형이다(도 2-11).

둘째, 코린트식은 아트리움의 네 변, 정확하게는 수조의 네 변에 기둥을 세운 구성이다. 기둥의 개수는 다섯 개 이상이었으며 기둥의 종류는 도리스식과 이오니아식이 많았다. 지붕은 첫 번째의 토스카나식과 마찬가지로 안쪽을 향해 경사졌다. 기둥을 세운 이유는 상류층의 대형 주택에서 아트리움이 커지면 콤플루비움을 보만으로 받치지 못하고 기둥이 필요해지기 때문이다. 기둥이 다섯 개 이상이 되려면 아트리움이 매우 커야 했기 때문에 이 구성은 실제 예가 많지 않았다. 폼페이의 에피디우스 루푸스 주택(House of Epidius Rufus, 기원전 3세기)이 대표적인 예로 16개의 도리스식 기둥이 콤플루비움의 끄트머리를 받쳤다

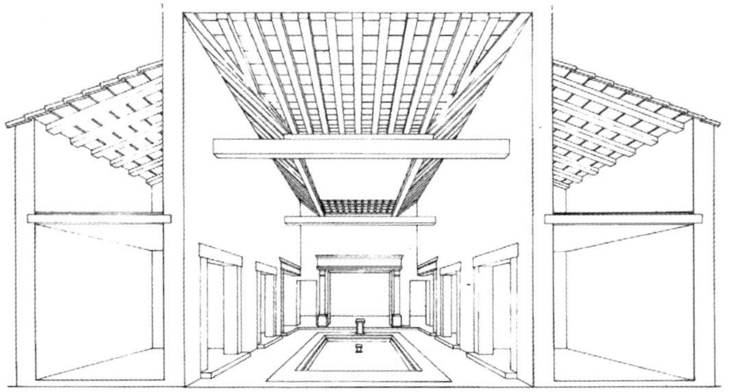

도 2-11 목신(牧神) 주택(House of the Faun). 토스카나식 아트리움. 폼페이. 기원전 2세기.

(도 2-12, 도 2-13).

여기에 사용한 코린트라는 단어와 고전 오더 양식의 코린트식과는 상관이 없다. 비트루비우스가 이 형식에 왜 하필 코린트라는 단어를 사용했는가에 대해서는 아직 정확하게 밝혀진 바가 없다. 추측해볼 수 있는 이유는, 아마도 기둥이 화려하게 줄지어 선 모습이 코린트식의 숨은 뜻인 화려한 장식과 어울리기 때문이 아닐까 싶다. 혹은 이런 구성에 사용한 오더 양식이 코린트식이 많아서일 수도 있는데 이는 실제 발굴된 증거와는 차이가 있다. 어쨌든 이런 구성이 등장하던 시기는 실제 오더 양식에서 코린트식이 많이 사용되기 시작하던 때와 일치하는 것만은 확실하다.

셋째, 테트라스틸은 '테트라'라는 단어가 숫자 4를 의미하는 데에서 알 수 있듯이, 코린트식 가운데 기둥의 숫자가 네 개인 경우를 특정해서 부르는 명칭이다. 임플루비움의 네 귀퉁이에 기둥을 하나씩 세웠다. 이때 임플루비움의 짧은 쪽 콤플루비움에는 보를 사용하지 않는다고 했다. 토스카나식과 함께 가장 흔한 유형이다. 폼페이의 실버웨딩 주택(House of the Silver Wedding, 기원전 2세기)도 대표적인 예 가운데 하나인데, 아트리움의 크기가 15m×12m라서 보만으로 콤플루비움을 받치는 것이 불가능해서 네 개의 기둥을 세웠다(도 2-14, 도 2-15).

넷째, 디스플루비아테는 지붕이 바깥으로 경사지는 형식이다. 빗물을 아트리움이 아닌 집 밖으로 흘러내리게 하기 위해서이다. 지붕의 전체 형태는 모음지붕, 혹은 정자지붕이 되는데 같은 이름의 이탈리아 전통 농가도 같은 모양이어서 여기에서 유래했다는 설이 유력하다. 지붕 정상부에는 콤플루비움을 뚫어서 채광을 도왔다. 에트루리아의 키우시(Chiusi)에서 출토된 주택 형 옹관묘(house-urn)와 비슷한 모습으로 추측된다(도 2-8). 빗물을 모으지는 않았지만 아트리움에 임플루비움은 설치했다. 빗물이 도로에 떨어져서 행인에게 폐를 끼치지 않게 하기 위해서 지붕이나 벽을 타고 나오는 빗물을 벽에 붙인 나무 파이

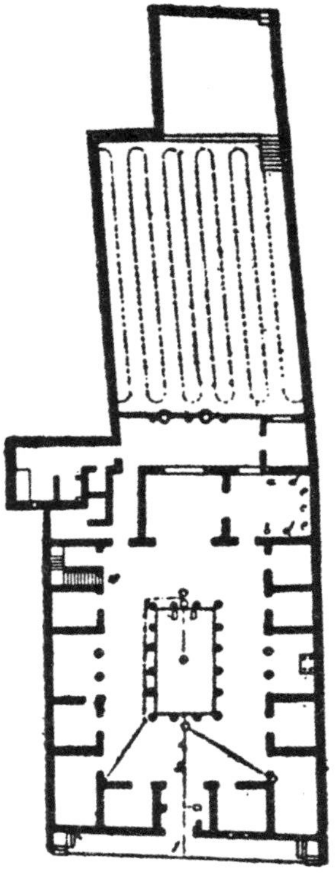

도 2-12 에피디우스 루푸스 주택(House of Epidius Rufus). 폼페이. 기원전 3세기. 코린트식 아트리움을 보여준다.

도 2-13 에피디우스 루푸스 주택. 폼페이. 기원전 3세기. 코린트식 아트리움을 구성하는 16개의 도리스식 기둥.

프 보로 받았다. 하지만 보통은 빗물 양이 파이프 굵기를 쉽게 초과해서 밖으로 흘러넘쳤으며, 이럴 경우 나무 파이프는 금세 썩는 등의 어려움이 있었다. 비트루비우스는 이 때문에 나무 파이프를 늘 수리해야 하는 불편함이 있다고 지적했다.

다섯째, 테스투디나테는 콤플루비움이 없는 박공 형 혹은 거북이 등 형태(tortoise-backed)이다. 지붕 모양만 보면 에트루리아의 빌라노바(Villanova)에서 출토된 오두막 형 옹관묘와 비슷할 수 있다(도 2-16). 하지만 실내 구성은 이보다는 발달했을 것으로 보인다. 집의 크기가 작은데 위층에 큰 방들을 배치해서 콤플루비움을 낼 수 없는 경우에 사용하는 유형이다. 아트리움은 옥외 중정은 아니지만 실내의 중앙 홀이 지붕까지 뚫려 있다. 이런 점에서 아트리움 주택의 가장 초기 형태로 볼 수 있다.

도 2-14 실버웨딩 주택(House of the Silver Wedding). 테트라스틸 아트리움을 보여준다. 폼페이. 기원전 2세기.

도 2-15 실버웨딩 주택. 폼페이. 기원전 2세기. 1=정문 & 통로. 2=아트리움. 3=수조. 4=지붕 경사 방향. 5=타블리눔. 6=식당. 7=부엌. 8=여름용 식당. 9=열주랑. 10=열탕. 11=온탕. 12=탈의실. 13=냉탕 겸 소형 수영장. 14=쿠비쿨룸. 15=열주랑 현관. 16=정원.

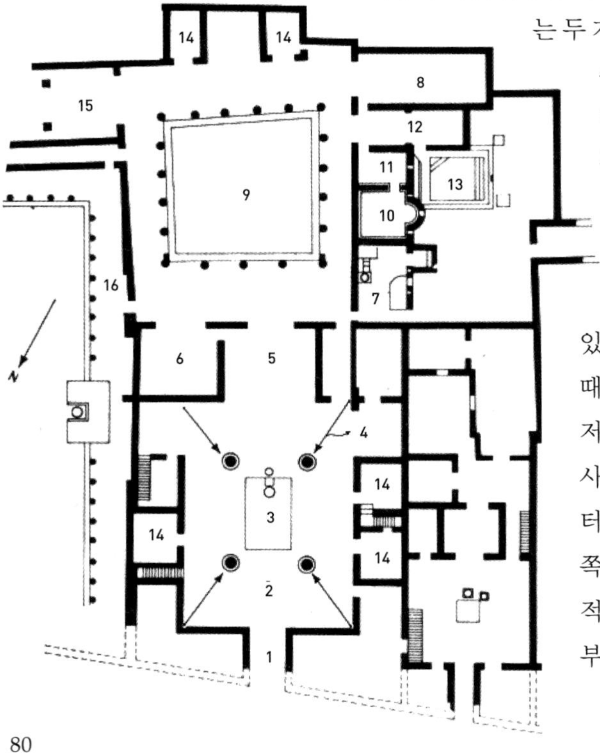

이상의 다섯 유형은 지붕의 경사 방향과 아트리움에 기둥의 유무라는 두 가지 기준에 의해 한 번 더 분류할 수 있다(표 4). 먼저 지붕의 경사 방향을 보면, 토스카나식, 코린트식, 테트라스틸의 세 유형은 안쪽으로 경사진 임플루비아테 형식인 반면, 디스플루비아테와 테스투디나테는 바깥쪽으로 경사진 디스플루비아테였다. 디스플루비아테 형식은 아트리움이 없거나 있어도 작았으며 지붕이 바깥쪽으로 경사졌기 때문에 아트리움이 어두웠다. 시기적으로 먼저 나온 형식으로 주로 기원전 3세기 이전에 사용되었다. 임플루비아테는 기원전 3세기부터 본격적으로 등장하기 시작했다. 지붕을 안쪽으로 경사지게 만든 것 자체가 아트리움을 적극적으로 활용하려는 의도였기 때문에 이때부터 아트리움이 넓어지면서 집의 중심이 되었다. 아트리움이 넓어진 것에 더해 지붕이 안쪽으로 경사졌기 때문에 집 안 전체의 조도가 향상되어 밝아졌다.

기둥의 유무를 보면 토스카나식, 디스플루비아테, 테스투디나테의 세 유형은 아트리움에 기둥이 없었는데 이 세 단어는 라틴어로 '안쪽에 기둥이 없는'이라는 뜻을 담고 있다. 기둥이 없는 이런 구성은 대체적으로 에트루리아의 선례가 발전한 것으로 볼 수 있다. 코린트식과 테트라스틸의 두 유형은 아트리움에 기둥을 갖는 열주랑 구성을 하고 있는데 이는 그리스-헬레니즘의 열주랑 주택을 받아들인 것이다. 아트리움이 단순히 빗물을 모으는 것 이상의 목적을 가졌음을 알 수 있는데 열주랑을 통한 과시 기능과 공공 성격의 도입 등이었다.

이상의 내용을 표로 요약하면 다음과 같다.

도 2-16 빌라노바(Villanova)에서 출토된 에트루리아의 오두막 형 옹관묘.

표 4. 비트루비우스의 '아트리움 주택의 다섯 가지 지붕 방식'

	토스카나식	코린트식	테트라스틸	디스플루비아테	테스투디나테
	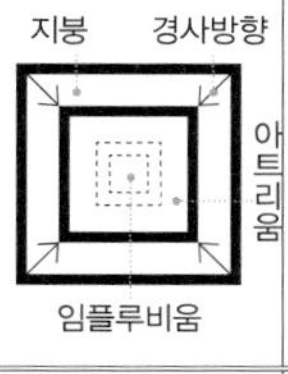	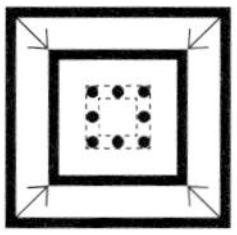	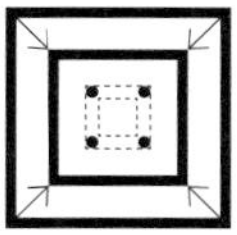	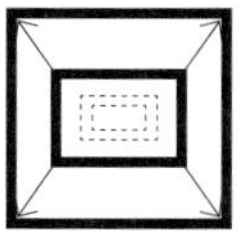	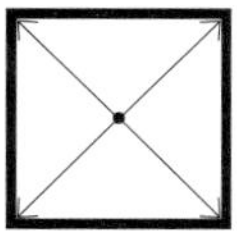
지붕의 경사 방향	안쪽(impluviate)	안쪽(impluviate)	안쪽(impluviate)	바깥쪽 (displuviate)	바깥쪽 (displuviate)
아트리움에서의 기둥의 유무	기둥 없음	기둥 있음 (다섯 개 이상) 기둥 양식은 주로 도리스식과 이오니아식	기둥 있음 (임플루비움 네 귀퉁이에 하나씩 모두 네 개)	기둥 없음	기둥 없음 (아트리움 자체가 없음)
콤플루비움과 임플루비움의 유무	있음	있음	있음	있음	있음
기원과 발전과정	기원전 3세기 에트루리아 기원에서 기원전 2세기 그리스-헬레니즘 기원으로 넘어가는 중간단계	기원전 2세기 이후 그리스-헬레니즘 열주랑의 영향 받음	기원전 2세기 이후 그리스-헬레니즘 열주랑의 영향 받음	기원전 3세기 이전 에트루리아 기원	기원전 3세기 이전 가장 초기 형태. 에트루리아 기원

아트리움 vs. 열주랑

이상의 과정을 거쳐 형성된 로마의 아트리움 주택은 일정한 형식을 갖추었다. 넓게 보면 그리스의 중정 형 주택과 유사점도 많지만 로마만의 특징과 구성요소도 나타났다. 가장 중요한 중심 공간으로 우선 아트리움과 열주랑을 들 수 있다. 로마인들은 아트리움과 열주랑을 중심으로 주거생활을 펼쳤다. 둘 사이의 관계는 복합적이었다. 둘 다 중정이라는 점은 같았지만 차이도 많았다. 차이는 한 가지로 정의되지 않고 여러 단계로 나누어 생각해야 한다. 열주랑은 비교적 일관되게 자신의 특징을 지켰는데 문제는 변화가 많은 아트리움에 있었다. 둘의 차이를 결정하는 기준은 기둥의 유무, 앞뒤 순서, '공적 영역 vs. 사적 영역', '단일 형식 vs. 이원화된 유형' 등 셋이었다. 이를 기준으로 둘의 차이에 대해서 확정적으로 말할 수 있는 사항은 다음 네 가지이다.

첫째, 기둥의 유무를 기준으로 하면, 일단 기둥이 없으면 아트리움이고 있으면 열주랑으로 볼 수 있다. 하지만 이런 구분은 그리스–헬레니즘까지는 맞았지만 로마에 오면 늘 이런 것은 아니었다. 아트리움 단일 형식 가운데 화려함을 위해 기둥을 세우는 경우도 있었다. 비트루비우스의 다섯 유형 가운데 코린트식과 테트라스틸이 여기에 해당된다. 하지만 이원화된 중정 형에서는 기둥의 유무를 기준으로 한 이런 분류가 거의 맞았다.

둘째, 앞뒤 순서를 기준으로 하면, 이원화된 중정 형에서 앞에 나온 것이 아트리움이고 뒤에 있는 것이 열주랑이었다. 이 구별은 로마 시대 전체에 걸쳐 예외 없이 계속 지켜졌다. 이때에는 아트리움에는 기둥을 안 세우고 열주랑에만 세우는 것이 표준형이었고 실제 예들도 대부분 이 구성을 지켰다. 하지만 아트리움과 열주랑 모두가 기둥을 갖춘 예외도 있었는데 실버웨딩 주택과 목신 주택이 그런 예였다.

셋째, '공적 영역 vs. 사적 영역'을 기준으로 하면, 아트리움은 시대의 흐름에 따라 둘 사이를 오갔고 열주랑은 처음부터 끝까지 사적 영역으로 남았다. 아트리움은 공화정 초기에는 사적 영역이었다가 공화정 후기에서 제정기를 거치면서 공적 영역으로 변했다. 후반부의 변화 때에 사적 영역을 담당한 것이 열주랑이었다. 이런 변화에 대해서는 아래에서 자세히 살펴볼 것이다.

넷째, '단일 형식 vs. 이원화된 유형'을 기준으로 하면, 중정을 하나만 갖는 단일 형식에는 아트리움 유형만 있었다. 열주랑만 갖춘 단일 형식은 없었다는 뜻이다. 중정이 하나만 있는 경우는 그것이 기둥을 가졌건 안 가졌건 무조건 아트리움이라고 불렀다. 비트루비우스가 제시한 다섯 유형이 대표적인 예이다. 열주랑은 단독으로는 존재하지 않았으며 중정을 둘 갖는 이원화된 유형에서만 아트리움 다음에 나왔다.

이상의 네 가지 사항 이외에 아트리움과 열주랑 각각에 대해 다음의 설명을 추가할 수 있다. 아트리움은 로마 주거의 중심 공간이었다. 이런 사실은 앞에서 설명한 형성과정만 봐도 쉽게 알 수 있다. 아트리움은 공간 성격은 공적 공간과 사적 공간을 오갔지만, 로마의 개인주거 전 역사에 걸쳐 늘 생활공간의 중심을 지켰다. 아트리움 단일 형식일 때에는 당연했고 열주랑을 더한 이원화된 중정 형에서도 중심 공간으로 남았다.

열주랑은 두 가지 의미를 가졌다. 하나는 순수한 물리적 형식으로 기둥이 중정을 돌아가며 에워싸는 구성이다. 열주에 사용한 기둥은 통상적인 오더 양식과 같았다. 신전에 사용하던 도리스식, 이오니아식, 코린트식, 토스카나식, 이오니아식 등과 같은 고전 오더를 똑같이 사용했다. 하지만 주두 형태만 같았고 비례는 주거에 맞게 바꿨다. 예를 들어 신전에서 도리스식은 가장 둔탁하고 육중한 비례를 갖지만 주거에서는 반대로 매우 날씬하고 경쾌하게 바꿔서 사용했다. 이런 날씬해진 도리스식을 당시에는 '첨단적(modernized)'이라고 불렀다.

다른 하나는 공간적 형식 혹은 영역으로 아트리움 다음에 나오는 두 번째 중정이다. 아트리움이 공적 영역으로 바뀐 뒤 사적 영역을 담당하는 공간으로 등장했다. 주로 집주인과 가족의 휴식, 일상생활, 정원 가꾸기 등이 일어나던 장소이다. 로마 주거에서 공간적 형식으로서 열주랑은 단독으로 존재하지 않았으며 아트리움과의 관계 속에서 등장했다.

이상과 같이 아트리움과 열주랑 사이의 관계를 종합하면 로마 주거는 크게 세 종류로 분류할 수 있다. 첫째, 기둥 없는 아트리움만 갖는 경우로 집의 크기와 구성 등 모든 면에서 가장 간단한 종류이다. 아트리움 단일 형식이라 부를 수 있다. 비트루비우스의 다섯 유형 가운데 토스카

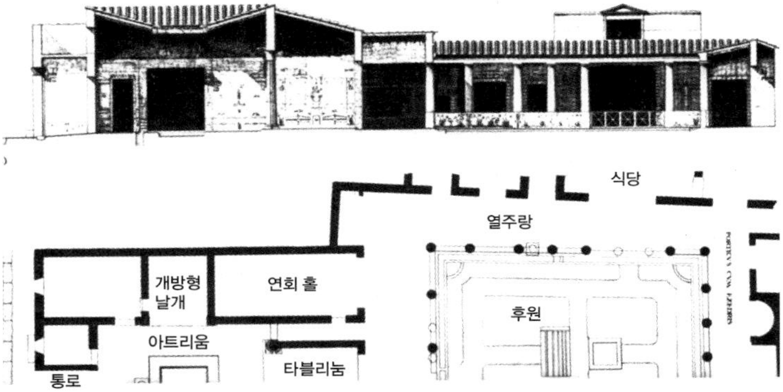

도 2-17 메나데르 주택(House of Menander). 폼페이. 기원전 2세기. 아트리움-열주랑 주택을 보여준다.

도 2-18 메나데르 주택. 폼페이. 기원전 2세기. 아트리움과 타블리눔 너머 후원의 열주랑이 보인다.

나식과 디스플루비아테에 해당된다. 둘째, 아트리움만 갖되 기둥을 세워 열주랑으로 처리하는 경우이다. 첫 번째 종류가 커지면서 아트리움이 열주랑을 겸하게 된 형식이다. 비트루비우스의 다섯 유형 가운데 코린트식과 테트라스틸에 해당된다. 이때 열주랑은 앞에서 소개한 두 의미 가운데 아직 물리적 형식에만 해당된다. 따라서 이 형식은 열주랑 단일 형식보다는 '기둥 갖춘 아트리움 단일 형식'이 된다.

셋째는 아트리움과 열주랑 둘 모두를 별도로 갖춘 종류이다(도 2-1, 도 2-17, 도 2-18). 중정이 두 개라는 뜻에서 '이원화된 중정 형'이라고 할 수 있으며 아트리움-열주랑 주택이라고도 한다. 이 책에서는 아트리움-열주랑 주택이라는 용어를 쓰고자 한다. 가장 크고 화려한 종류로 경제력과 정치력을 갖춘 상류층의 주택이며 로마 주거의 하이라이트라 할 수 있다. 앞의 두 종류까지는 그리스의 중정 형 주택과 근본적 차이가 없었던 데 반해, 세 번째는 그리스에는 없는 로마 주거만의 구성이기 때문이다. 아트리움과 열주랑 사이의 순서는 아트리움이 먼저 나오고 열주랑은 후원 형식으로 뒤에 나왔다. 일부 주택에서는 열주랑 자리에 실제로 후원을 두는 경우도 있었다. 폼페이의 메나데르 주택(House of Menander)도 그중 하나였다. 이보다 더 크고 가장 화려한 종류는 아트리움 이외에 열주랑을 두 개나 갖는 경우로, 둘 다 열주랑으로 사용하기도 했고 둘 중 하나를 후원으로 사용하기도 했다.

이 세 종류의 등장과 발전은 연대기 순서와 어느 정도 일치한다. 처음 등장한 것은 기둥 없는 아트리움 하나만 갖는 아트리움 단일 형식으로 주로 공화정 전기에서 기원전 2세기까지 유행했다. 반면 세 번째의 아트리움-열주랑 주택은 공화정 말기인 기원전 1세기에 주로 나타나서 제정기 때 대표 형식이 되었다. 물론 이미 기원전 3세기에 폼페이에서 세 번째 형식이 등장하기는 했지만 로마, 오스티아, 헤르쿨라네움 등 다른 대표 도시들까지 포괄적으로 보면 이 형식은 기원전 1세기부터 본격적으로 나타났다고 할 수 있다. 두 번째의 '열주랑을 겸한 아트리움 단일 형식'은 첫 번째에서 세 번째로 분화, 발전하는 중간 과정에 많이 나타났다.

아트리움과 열주랑은 그 위치에서 알 수 있듯이 용도가 달랐다. 정문 출입구를 면한 아트리움은 명실상부한 집의 중심 공간으로 그 기능은 크게 둘로 요약할 수 있다. 하나는 가족사와 관련된 여러 행사를 벌이는 곳이었다. 가부장을 중심으로 온 가족이 모여 오붓한 가정생활을 영위하는 장이었다. 헤르쿨라네움의 목재 칸막이 주택(House of the Wooden partition)은 이런 장면을 잘 간직한 대표적 예 가운데 하나이다(도 2-19). 앞에 소개한 대 플리니우스의 기록에서 보듯이, 조상의 흉상이나 가문을 자랑하고 상징할 수 있는 소품들을 전시, 보관하는 곳이기도 했다. 가족들은 이것을 보면서 늘 가문을 의식하고 살아갔다. 특히 지붕이 아트리움을 부분적으로 덮을 경우에는 거의 실내에 가까운 아늑한 분위기가 만들어지면서 이런 기능을 크게 강화시켰는데 폼페이의 목신 주택과 헤르쿨라네움의 삼늄 주택(Samnite House) 등이 좋은 예이다(도 2-11, 도 2-20). 다른 하나는 손님과 방문객을 맞는 곳이었다. 이곳에서 직접 친구와 정치경제적 지

도 2-19 목재 칸막이 주택(House of the Wooden partition). 헤르쿨라네움(Herculaneum). 기원전 3세기경. 아트리움 중앙에 가족용 테이블을 갖춘 수조가 있다. 목재 칸막이 뒤가 타블리눔으로 아트리움과 함께 공화정기에 가족생활의 중심을 이루었다.

도 2-20 삼늄 주택(Samnite House). 아트리움 전경. 헤르쿨라네움. 기원전 3세기.

도 2-21 멜레아그로스 주택(House of Meleager). 열주랑 전경. 폼페이. 1세기.
도 2-22 루크레티우스 프론토 주택(House of Lucretius Fronto). 열주랑 전경. 폼페이. 1세기.

지자들을 맞기도 했고, 실내로 들일 손님을 기다리게 하는 곳이기도 했다. 가부장은 가솔을 불러 이곳에서 일을 지시했다.

이처럼 아트리움은 가족과 가정, 나아가 가문 전체를 상징하는 심장과 같은 곳이었다. 예를 들어 기원전 390년에 골족이 로마를 약탈했을 때 집주인은 아트리움 한가운데에 미동도 않은 채 앉아서 침략자를 맞았다는 얘기가 후대 로마사람들 사이에 전설처럼 전해져 온다. 아트리움의 이런 기능을 확장하면 집 밖 사회를 향해서 집 안 전체를 대표하고 대응시키는 의미에서 일정한 공적 역할도 갖게 된다.

반면 집의 뒤쪽에 위치한 열주랑은 가족들이 가정생활을 영위하는 곳으로 전적으로 사적 영역이었다. 아트리움과 타블리눔을 거쳐야 들어갈 수 있었기 때문에 외부인 가운데에서는 가족과 개인적인 친분이 있는 경우만 출입할 수 있었다. 열주랑 자리에 후원을 두거나 열주랑에 더해 후원을 추가로 둘 경우에는 사적 성격이 더욱 강해졌다. 목신 주택처럼 열주랑이 하나만 있을 경우에도 이곳을 아예 정원으로 꾸미기도 했다. 아트리움과 달리 천장에 지붕을 덮지 않아서 개방된 공간이었으며 조각상, 테이블, 수목, 분수 등 여러 종류의 정원시설들을 갖추었다. 폼페이의 두 주택인 멜레아그로스 주택(House of Meleager)과 루크레티우스 프론토 주택(House of Lucretius Fronto)이 좋은 예이다(도 2-21, 도 2-22).

열주랑 주변에는 또한 엑세드라(exedra, 휴식용 공간)나 지스트(xyst, 후원을 감상할 수 있는 로지아나 테라스) 같은 개인용 휴식 공간을 더하는 것이 보통이었다. 이처럼 열주랑과 후원 영역은 딱딱하고 사무적인 아트리움과 달리 매우 자유롭고 친근한 분위기였다. 이런 특징은 로마사람들이 자연과 접하며 자연을 즐기는 전형적인 형식 가운데 하나였다. 동양건축의 자연 개념보다는 훨씬 인공적이지만 어쨌든 파라다이스로 정의되는 로마의 주택을 대표하는 장소이다.

아트리움과 열주랑 사이의 관계가 변천하는 과정은 그 자체가 로마 주거의 역사이기도 했다. 공화정 전기인 기원전 3세기까지는 아트리움 하나만 가진 주택이 주를 이루었다. 아트리움에는 열주랑이 있기도 했고 없기도 했지만 없는 경우가 더 많았다. 둘 모두를 갖춘 주택은 주로 공화정 후기에 들어선 기원전 2세기 때부터 나타나기 시작해서 기원전 1세기를 거치면서 정착했다. 앞에서 설명한 헬레니즘화를 거치면서였다. 크고 화려한 주택을 원하던 상류층이 대거 등장했고 이들은 그리스-헬레니즘의 열주랑 구성을 받아들였다. 아트리움에도 화려한 대리석 기둥을 세우는 것이 보편화되었다.

이 시기 로마는 비록 공화정 체제이긴 했지만 이미 팽창정책이 상당히 진행되어서 대제국의 면모를 갖추어 가고 있었다. 이때 등장한 로마의 상류층은 그리스 시대의 귀족보다 정치-경제력이 훨씬 커져 있었다. 이것을 과시하고 싶은 욕망 또한 비례적으로 컸다. 이들은 이전까지 사용해오던 아트리움 하나만 가진 주택으로는 만족하지 못했고 여기에 열주랑을 추가로 더해서 중정을 두 개나 가진 대형 주택을 탄생시켰다.

비트루비우스 역시 집을 통한 과시욕을 당연시했다. 그는『건축 십서』제6서 5장에서 자신이 살던 서기 1세기 제정 초기의 건축에 대해서 얘기하면서 집은 집주인의 사회적 지위를 드러내야 된다고 했다. 구체적 내용을 보면 상류층의 주택은 반드시 아트리움과 열주랑 모두를 갖추어야 하며 그 규모는 왕실의 기준에 버금가야 된다고 했다. 그래야 집주인은 자신의 친구와 가솔들에게 사회적 책임을 다한 것이라고 했다. 이런 기준이 처음 등장한 것은 공화정 말기인 기원전 1세기인데 이것이 제정 초기까지 이어지며 강화된 것이었다.

가족의 변화와 '아트리움 vs. 열주랑'

공화정에서 제정으로 넘어가면서 나타난 가족의 변화 역시 아트리움과 열주랑의 관계와 일정한 연관성을 갖는데, 크게 두 단계로 나눌 수 있다. 첫째는, 공화정 전기에서 기원전 2세기까지로 이 시기 로마 사회에서는 가족이 중심이었다. 사회는 가족의 사적 영역을 중심으로 돌아갔다. 가부장들은 가정에 우선권을 두며 가족의 가치를 소중히 여겼다. 이런 현상은 상류층 주택에도 나타났다. 아트리움 단일 형식이 유행하면서 아트리움이 이런 사적 생활이 벌어지는 장으로서 기본적으로 사적 영역으로 남았다. 확장하면 공화정기 때에는 집 전체가 가족의 사적 영역으로 정의되었다. 이때에는 주택에 공적 기능이 요구되지 않았다. 이런 공적 기능은 집 밖의 도시의 공적 영역이 담당했다. 이는 광장 같은 도시 공공공간이 발전하는 현상과 궤를 같이한다. 주거 유형은 개인 주택인 도무스가 이끌었으며 아트리움을 하나만 갖는 단일 형식이 주를 이루었다. 집의 중심 공간은 사적 생활이 벌어지는 아트리움과 타블리눔이었다.

둘째는, 공화정 후기인 기원전 1세기로 이때가 되면 로마의 상류층에 중요한 변화가 일어났다. 나라 전체로는 팽창정책이 본격화되었으며 상류층 개인들도 욕망을 키워가며 이것을 과시하고 싶어졌다. 부의 축적이 두드러지고 동방예술을 수입하는 등 로마 문화 전반에도 큰 변화가 일어났다. 주택도 마찬가지여서 이때부터 앞에 설명한 것과 같이 아트리움과 열주랑을 모두 갖춘 대형 도무스가 등장하기 시작했다. 제정기를 거치면서 이전의 '아트리움 단일 형식'은 점차 사라져갔고 그 자리를 아트리움–열주랑 주택이 차지해갔다.

이런 변화는 사회적으로 가족의 붕괴와 궤를 같이했다. 기원전 1세기에 들어와서 사회의 중심은 가족을 벗어나 공적 영역으로 넘어갔다. 날로 확장하는 영토와 복잡해져가는 국가 체제를 유지하고 운용하기 위해서는 사적 영역에 갇혀 있던 인적자원을 공적 영역으로 끄집어내야 했다. 중류층 이상의 능력 있는 인적자원은 바로 공적 영역으로 투입되었다. 건축 전체 차원에서도 1세기 후반부의 플라비우스(Flavius) 왕조에서 2세기의 오현제 시대를 거치면서 사회의 모든 역량과 관심은 콜로세움, 하드리아누스의 목욕탕, 트라야누스의 포럼과 시장, 각종 도서관과 신전 등 공공건축에 집중되었다.

가부장들은 가정보다 사회에서의 지위와 성공에 우선권을 두었다. 가정은 가족의 사적 영역에서 인구를 늘리기 위한 수단이라는 공적 영역으로 변질되었다. 초대 황제였던 아우구스투스 때 시행되었던 강제 혼인과 강제 출산 제도는 좋은 예이다. 독신자에게 물렸던 '독신세'도 마찬가지였다. 독신으로 살면서 애를 낳지 않는 데 대한 벌금 성격으로 매해 물리는 세금이었다. 이 세금은 부담이 좀 되었던 모양이다. 당시에는 실제로 독신세를 내기 싫어서 결혼하는 독신자들의 숫자가 좀 되었다고 한다.

나라가 커지기 위한 첫째 조건이 인구인 것은 예나 지금이나 마찬가지였다. 공화정 말기에서 제국 초기의 로마에서 날마다 새로 생겨나는 속주에 통치 인원을 파견하기 위해서 인구 증가가 필수적이었다. 대제국을 운용하기 위해서는 정치, 군사, 행정, 산업, 교역 등 모든 면에서 많은 인구가 필요했다. 가족이 사적 영역에 갇혀 있으면 이런 급박한 사회요구에 대응할 수 없었다. 가족은 이런 사회적 요구에 부응해서 그것을 만족시켜주는 공기(公器)로 변해갔다. 사회의 공적 체제가 가족을 침범해 들어와서 가족을 접수해갔다. 가족의 역할은 우수한 2세를 많이 낳는 인구생산기지가 되었다. 집은 더 이상 공화정기 때의 오붓한 사적 영역으로 남을 수 없었다.

이에 따라 주택에도 큰 변화가 나타났다. 상류층 주택에 공적 기능이 요구되면서 집 안은 사적 영역과 공적 영역으로 이원화되었으며 이에 따라 나타난 것이 이원화된 중정 형식인 아트리움–열주랑 주택이었다. 우선 아트리움이 이전의 사적 영역에서 공적 영역으로 변했다. 사교와 정치 같은 공적 역할이 집으로 들어왔는데 아트리움은 이것이 벌어지는 공적 영역이 되었다. 아트리움은 더 이상 가족들의 오붓한 공간이 아니었다. 집 밖에 거의 개방되다시피 해서 낯선 외부인이 수시로 드나들면서 정치적 담론을 펼치고 거래를 하는 장소가 되었다. 건축형식도 따라 바뀌었다. 이전의 기둥 없는 토스카나식이나 디스플루비아테에서 열주랑을 갖춘 코린트식이나 테트라스틸로 옮겨갔다. 폼페이의 에피디우

도 2-23 케이우스 세쿤두스 주택(House of Ceius Secundus). 테트라스틸 아트리움. 폼페이.

스 루푸스 주택은 기원전 3세기에 처음 지어졌는데 나중에 이런 변화를 반영해서 아트리움에 16개나 되는 도리스식 기둥을 갖추었다(도 2-12, 도 2-13). 폼페이의 케이우스 세쿤두스 주택(House of Ceius Secundus)은 실버웨딩 주택과 함께 테트라스틸의 열주랑을 보여주는 좋은 예이다(도 2-14, 도 2-23). 가장의 정치력을 과시하기 위해 화려한 장식도 추가했다.

이런 변화 속에서 가족의 사적 영역을 보장할 공간이 추가로 필요해졌고 이를 위해 집의 뒤쪽에 두 번째 중정인 열주랑을 만들게 되었다. 열주랑 대신 후원을 둘 경우에는 이런 목적이 더욱 두드러졌다. 아트리움의 번잡함에서 가족을 분리해서 최소한의 가정생활을 보장해주는 사적 영역이었다. 아트리움에서 공적 생활을 벌이던 집주인이 휴식을 취하는 장소이기도 했다. 이런 현상은 제국의 전성기인 서기 2세기까지 계속되었다. 아트리움과 열주랑을 모두 갖춘 대형 주택은 기원전 1세기에서 서기 2세기 사이에 집중적으로 나타났다.

일부 주택에서는 이와 반대의 현상도 나타났다. 집 안에 사적 영역을 아예 없애고 집 전체가 공적 영역으로 변한 현상이다. 헤르쿨라네움의 두 주택인 모자이크 아트리움 주택(House of the Mosaic Atrium, 1세기)과 황소 주택(House of the Stags, 1세기)이 대표적인 예들이다(도 2-24). 두 주택 모두 아트리움과 타블리눔의 중요성이 크게 축소되었으며 열주랑 영역이 집의 중심이 되었다. 아트리움의 크기가 작아진 데다 집이 2층이 되면서 아트리움은 작은 방이나 통로, 혹은 채광 통(light well)처럼 되었다. 이런 변화에 따라 두 집에서 공적 영역은 열주랑이 맡았다. 이럴 경우 이 두 주택의 유형은 모호해진다. 더 이상 이원화된 중정 형식이라고 보기 어려워진다. 나아가 로마 주택에서 열주랑 단독 형식은 없기 때문에 결국 '기둥 갖춘 아트리움 단일 형식'을 기본으로 삼아 변형을 가한 것으

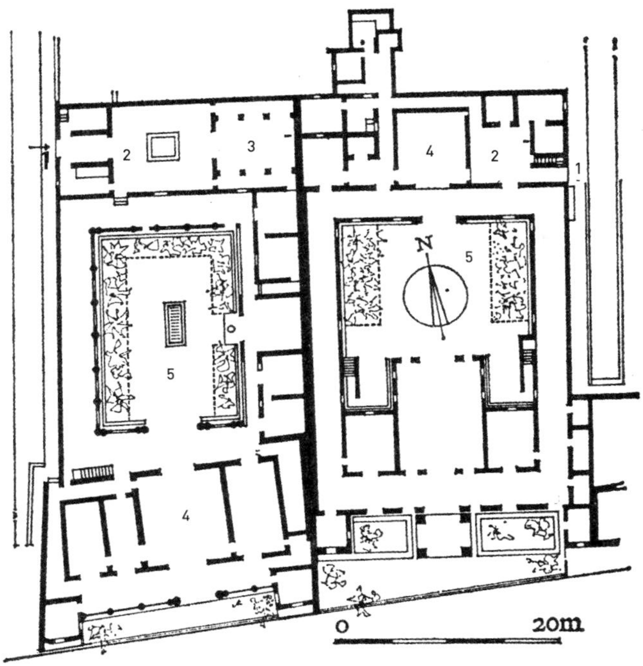

도 2-24 왼쪽-모자이크 아트리움 주택(House of the Mosaic Atrium). 오른쪽-황소 주택(House of the Stags). 헤르쿨라네움. 1세기. 1=정문 통로. 2=아트리움. 3=타블리눔. 4=식당. 5=열주랑 정원.

로 보는 것이 정확할 것이다.

모자이크 아트리움 주택에서는 아트리움이 통로처럼 축소되었으며 타블리눔도 한쪽 구석에 몰리면서 작은 방으로 축소되었다(도 2-33). 황소 주택에서는 아트리움이 역시 통로로 축소되었으며 타블리눔은 아예 없어졌다. 집은 열주랑을 중심으로 재편되었다. 그러나 이때 열주랑은 사적 영역이 아니라 지극히 공적인 영역이었다. 화려한 기둥을 두르고 손님과 지지자를 모아 연회를 즐기며 정치적 연대를 다지는 장소였다. 열주랑 옆에 연회 홀을 겸한 대형 식당을 더해 이런 기능을 강화했다.

서기 3~4세기에 오면 다시 프라이버시를 강화하려는 경향이 사회 전반에 나타났고 이에 따라 주택에서 사적 영역을 확보, 강화하려는 흐름이 부활했다. 이런 변화는 두 가지 배경을 가졌다. 하나는 이전까지 진행되었던 공적 성격의 강화 현상에 대한 반발이다. 하지만 이런 배경은 큰 이유가 되지는 못했다. 진짜 큰 이유는 두 번째 배경으로 이 시기에 본격적으로 시작한 로마의 쇠퇴 현상을 들 수 있다.

이 시기 로마는 멸망의 길로 들어서기 시작하면서 사회 전반에 공적 성격이 퇴조하는 현상이 강하게 나타났다. 황제나 지배층은 더 이상 공공의무에 관심을 두지 않게 되었고 멸망해가는 제국 속에서 자신만 살려는 개인주의가 득세했다. 가정에서도 같은 변화가 일어나서 사회에서 느낀 불안을 가정에 숨어들어 보상받으려고 하면서 내 가정 하나만 지키면 된다는 폐쇄적 가족주의가 강해졌다. 이런 사회적 변화는 주거에도 반영되어서 사적 영역이 강화되는 공화정기의 양상으로 되돌아갔다. 주택 형식에서는 아트리움 하나만 갖는 유형이 다시 등장했지만 이때까지 주를 이루던 아트리움–열주랑 주택도 계속 남으면서 공존했다. 두 경우 모두 아트리움은 공적 영역의 기능을 상실했으며 사적 영역으로 되돌아갔다. 하지만 더 이상 공화정기의 건강한 가족주의와 사적 영역은 아니었다.

지금까지 설명한 내용을 표로 요약하면 다음과 같다.

표 5. 로마 주택에서 아트리움과 열주랑의 형성과 특징

공화정 초기~기원전 2세기		중간 과정		기원전 1세기~제정 전성기(서기 2세기)	
아트리움 단일 형식 (기둥 없는 아트리움) 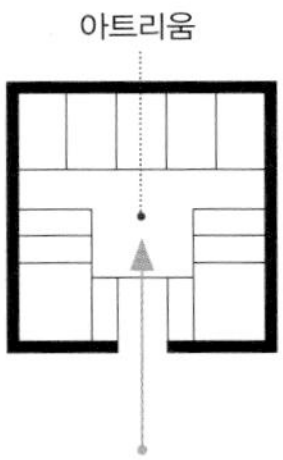	집 전체 : 사적 영역 사회 차원 : 가족이 사회의 중심 대표주택 형식 : 아트리움 단일 형식 아트리움의 성격 : 사적 영역 : 기둥 없는 형식이 주류	기둥 갖춘 아트리움 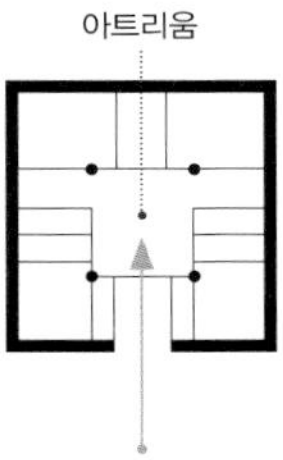	아트리움 단일 형식에 열주랑을 갖춘 구성 증가 아트리움은 공적 영역으로 변하기 시작	이원화된 중정 형식 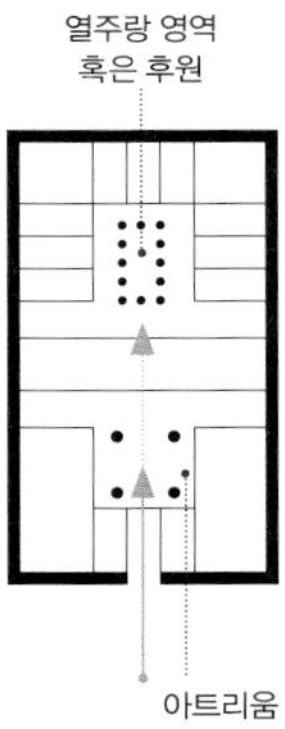	집 전체 : 공적 성격 강화 사회 차원 : 가족은 사회유지 수단 대표주택 형식 : 이원화된 중정 형식 아트리움의 성격 : 공적 영역으로 변화 : 열주랑 갖춤 열주랑 영역 혹은 후원 추가 : 사적 영역 담당

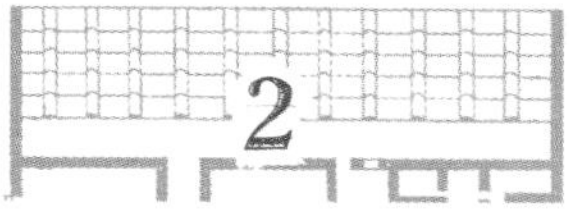

2

아트리움 주택의 구성과 로마의 일상생활

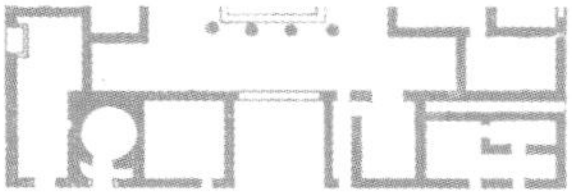

트리클리니움과 부엌

로마의 대표적인 주택 유형인 아트리움 주택은 이상과 같은 아트리움과 열주랑을 중심으로 주요 구성요소들이 중정 형식으로 돌아가면서 구성되었다. 구성요소들은 아트리움 영역과 열주랑 영역이 서로 달랐다. 아트리움 영역에 속하는 주요 구성요소에는 출입구 전실 영역(vestibulum, 베스티불룸), 통로(fauces, 파우케스), 수조, 타블리눔(tablinum, 가족 기록실), 개방형 날개(ala, 알라 혹은 alae, 알레) 등이 있었다. 열주랑 영역에 속하는 것은 전시용 갤러리(pinacotheca, 피나코테카), 도서관(bibliotheca, 비블리오테카), 오에쿠스(oecus, 다목적실), 거실(diaeta, 디에타), 주택사당(lararium, 라라리움), 목욕탕, 기네케움(gynaeceum, 여성 영역), 여성용 내실(boudoir), 엑세드라, 지스트, 후원 등 여러 사적 공간들이었다.

두 영역에 별도로 속하는 이런 기능들 이외에 두 영역에 공통적으로 속하는 요소들도 있었는데, 쿠비쿨룸(cubiculum, 방), 식당(triclinium, 트리클리니움), 부엌과 창고 등이었다. 이런 구성요소들을 모두 갖춘 주택은 물론 거의 없었다고 봐도 무방하다. 구성 형식도 부지 상황이나 집주인의 성향 등에 따라 편차가 있는 편이다. 그러나 상류층 대형 주택들은 이런 요소들을 대부분 갖추고 있었으며 폼페이는 그 보고이다(도 2-25). 폼페이에서도 목신 주택과 판사 주택(House of Pansa, 기원전 2세기. 판사는 폼페이의 농업귀족 혹은 그 가문의 이름)이 특히 구성요소들을 잘 갖춘 대표적인 예이다(도 2-11, 도 2-26, 도 2-27). 이외에도 폼페이와 헤르쿨라네움의 다른 예들을 추가해서 로마 주택의 구성요소에 대해 살펴보고자 한다.

아트리움과 열주랑 두 영역에 공통적으로 속하는 요소부터 살펴보면, 먼저 쿠비쿨룸은 일차적으로 '육면체 모양의 방'을 의미한다. 반드시 주택의 방만 의미하는 것은 아니었고 로마 건축 전체에 걸쳐 육면체 모양의 방이면 모두 쿠비쿨룸이었다. 예를 들어 로마 시대 묘지건축이나 초기 기독교 건축의 카타콤에서도 육면체 모양의 묘실은 쿠비쿨룸이라고 불렀다. 이것을 거슬러 올라가면 앞에 언급한 것과 같은 에트루리아 무덤 주택의 묘실도 쿠비쿨룸이 되며, 이것은 실제로 로마 주택의 직접적 선례였다. 뜻을 좁히면 주택에서 일반적 의미의 '방'을 통칭하는데 그 모양이 육면체여서 이렇게 불렀다. 주요 용도는 침실이 가장 많았으며 주로 열주랑 주위의 사적 영역에 배치했다. 아트리움 주위의 공적 영역에 들어가는 쿠비쿨룸은 손님이 기다리는 방이나 하인들의 영역이었다.

침실로 사용하는 쿠비쿨룸은 현대 주택과 비교하면 개수도 적었고 크기도 작았다. 집 전체 면적이나 가족과 식솔의 숫자와 비교해도 그렇다. 1,000~2,000제곱미터(330~660평)의 넓이에 방을 수십 개 갖추고 가

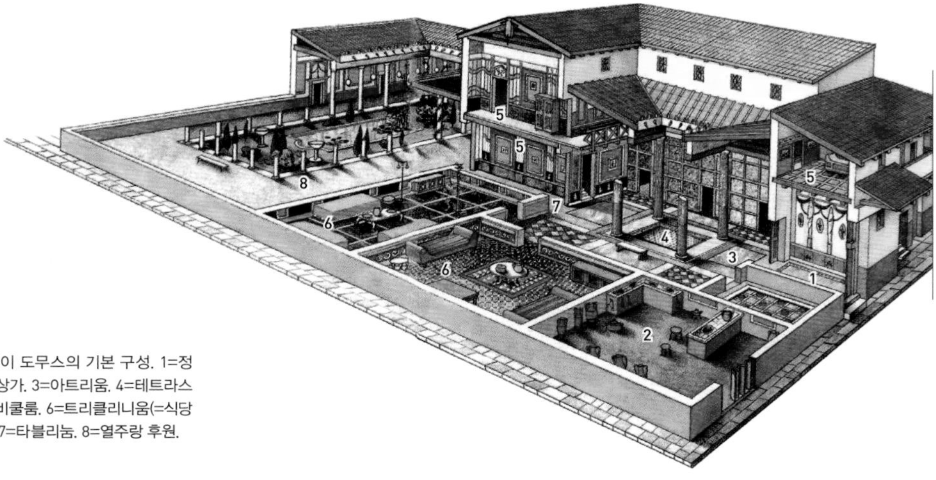

도 2-25 폼페이 도무스의 기본 구성. 1=정문 & 통로. 2=상가. 3=아트리움. 4=테트라스틸 수조. 5=쿠비쿨룸. 6=트리클리니움(=식당 혹은 연회 홀). 7=타블리눔. 8=열주랑 후원.

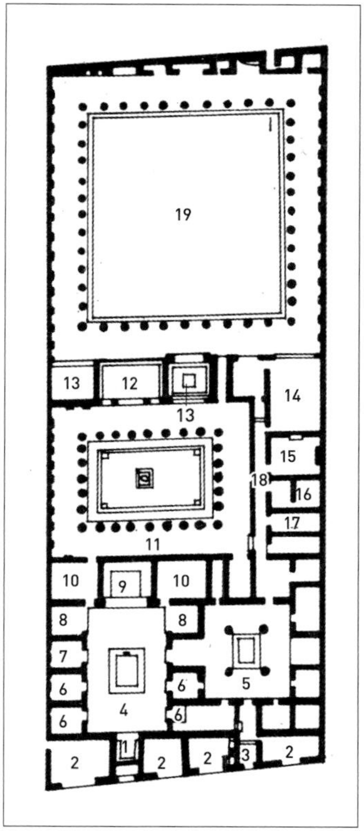

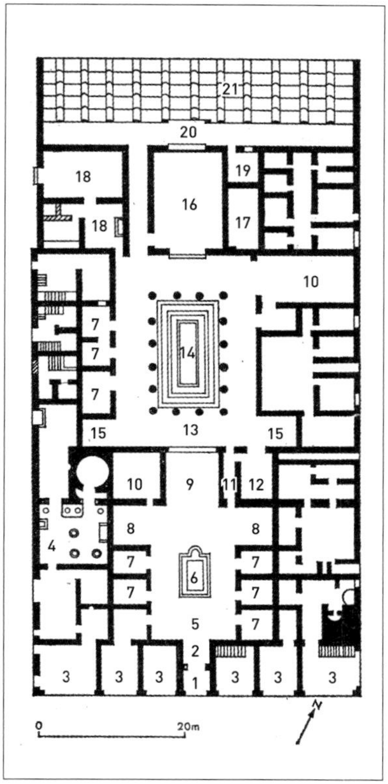

도 2-26 목신 주택. 폼페이. 기원전 2세기. 1=제1정문 & 통로. 2=상가. 3=제2정문 & 통로. 4=제1아트리움. 토스카나식. 5=제2아트리움. 테트라스틸. 6=쿠비쿨룸 혹은 오에쿠스(다목적 가족실). 7=부엌. 8=개방형 날개. 9=타블리눔. 10=가을용, 겨울용 식당. 11=제1열주랑 후원. 12=오에쿠스 혹은 엑세드라. 13=여름용 식당. 14=식료품 창고 및 식기 저장소. 15=부엌. 16=목욕탕. 17=하인 영역. 18=복도 및 계단. 19=제2열주랑 후원.

도 2-27 판사 주택(House of Pansa). 폼페이. 기원전 2세기. 1=정문. 2=통로. 3=상가. 4=빵가게. 5=아트리움. 6=수조. 7=쿠비쿨룸. 8=개방형 날개. 9=타블리눔. 10=식당. 11=후원 통로. 12=도서관. 13=열주랑. 14=수영장. 15=엑세드라. 16=오에쿠스. 17=겨울용 식당. 18=부엌 & 식료품 창고. 19=여성용 내실. 20=지스트. 21=후원.

족과 식솔을 수십 명 거느리던 대형 주택에서도 쿠비쿨룸은 10개가 채 안 되었으며 그 면적은 다 합해야 보통 100제곱미터(33평)를 넘지 않았다. 이는 로마 시대 가정생활의 중심이 사적 영역인 침실이 아니었음을 말해준다. 로마의 가정생활은 아트리움, 타블리눔, 열주랑, 식당, 정원 같은 공적 영역의 여러 다른 시설을 중심으로 이루어졌다.

다음으로, 트리클리니움은 식당으로 그리스의 오에코스에 해당된다. 그리스의 오에코스는 로마로 오면서 트리클리니움과 오에쿠스 둘로 분화, 발전했다. 그리스의 오에코스는 순수한 식당이었는데 이 기능은 로마의 트리클리니움으로 집중되었다. 이외에 로마의 식당에는 여러 가지 다목적 기능이 추가되었는데 그리스의 오에코스에는 이것이 약하다가 로마로 오면서 크게 분화, 확장되면서 오에쿠스라는 새로운 방이 하나 더 생기게 되었다. 트리클리니움과 오에쿠스의 차이에는 이런 기능 이

도 2-28 모자이크 주택(House of the Mosaic). 겨울용 식당(Winter Triclinium). 폼페이.

외에 설치 장소도 있었다. 트리클리니움은 아트리움과 열주랑 두 영역에 공통적으로 들어갔으며 좁은 의미의 순수 식당이었다. 오에쿠스는 사적 영역인 열주랑에 주로 들어가는 다목적 가족실이었다.

로마 주택의 식당인 트리클리니움은 쓰임새가 공적 목적과 사적 목적으로 이원화되었기 때문에 각 영역에 따로 두었다. 두 곳 모두 위치는 가능하면 가장 깊은 쪽으로 같았다. 아트리움 영역에서는 타블리눔 양옆, 열주랑 영역에서는 엑세드라 양옆이 표준 위치였다. 개수가 적을 때에는 대체적으로 표준 위치를 지켰으나 개수가 많아지면 표준 위치 이외에도 들어갔다. 주로 아트리움이나 열주랑의 양옆이었다. 중앙에 식탁을 놓았으며 침대용 소파에 비스듬히 누워 식사하는 습관은 그리스 시대를 이어 계속되었다. 비트루비우스는 이런 습관을 낯선 것 혹은 이국적인 것이라며, 그리스에서 온 것임을 시사했다. 보통 식탁의 두 면이나 세 면에 이런 소파를 놓고 사용했다. 세 면에 소파를 놓을 경우 실내는 'U'자형이 되었다. 폼페이의 모자이크 주택(House of the Mosaic)은 겨울용 식당에 이런 시설을 갖춘 예를 보여준다(도 2-28).

식당 주변에서는 보통 대합조개, 달팽이 껍질, 동물 뼈 등이 많이 발견되어서 더운 여름날 옥외에서 만찬이나 연회를 즐기던 지중해 풍습을 보여준다. 참석자들은 차일이나 포도 넝쿨로 가리고 매트리스나 베개를 쿠션 삼아 그리스식으로 침대용 소파에 팔꿈치로 몸을 받치면서 비스듬히 누워서 식사를 했다. 이런 자세로 중앙 테이블에서 음식을 집어 먹었다. 대 플리니우스는『자연사』에서 자신이 베푼 연회에서 작은 보트나 물새 형태로 된 접시에 음식을 담아 물에 띄웠다고 기록하고 있다. 밤이 오면 서라운딩(surrounding) 촛대에 불을 밝혔는데 폼페이의 에페브 주택(House of the Ephebe)에서는 촛대가 청동 조각상의 손에 매달려 있었다.

아트리움 영역에 들어간 트리클리니움은 공적 목적인 손님 접대용으로 그리스의 연회 홀인 안드론을 겸한 것으로 볼 수 있다. 그리스 때보다 연회 공간이 줄어든 것일 수도 있는데 그 이유는 여러 가지이다. 첫째, 공화정기에는 아트리움이 가족들의 사적 영역이었기 때문에 대형 연회의 필요성이 많지 않았다. 둘째, 공화정기에는 또한 극기주의가 살아 있었기 때문에 화려한 연회는 흔치 않았다. 셋째, 제정기에는 상대적으로 목욕탕, 포럼, 바실리카 등 사교와 정치를 겸한 대형 공공건물들이 많아져서 집에서 벌이는 개인 차원의 대형 연회는 계속해서 수요가 많지 않았다. 넷째, 대규모의 황궁이 등장하면서 이곳에서 대형 연회를 흡수한 것도 주요 요인이었다. 다섯째, 건축 구성의 기준에서 보면 주택 하나에 식당을 여러 개로 분화했기 때문에 총 면적을 합하면 그리스 시대보다 줄어든 것이 아닐 수도 있었다.

열주랑 영역에 들어간 트리클리니움은 가족들끼리 사용하는 사적

도 2–29 율리아 펠릭스 주택(House of Julia Felix). 여름용 식당(Summer Triclinium). 폼페이. 1세기.

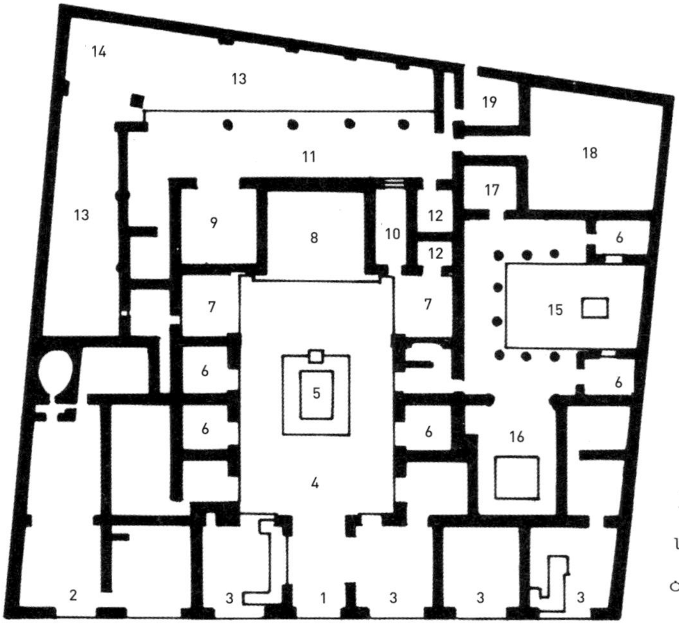

목적의 것으로 통상적인 의미의 식당이었다. 위치는 엑세드라 양옆이 표준이었다. 이 위치는 후원을 맞대고 있는 곳이기도 해서 후원이 있을 경우에는 식당에 창을 내서 앉아서 후원을 감상할 수 있었다. 아트리움–열주랑 주택에서는 이처럼 트리클리니움이 아트리움과 열주랑의 각 영역에 하나 이상씩 들어가는 것이 보통이었는데 이 경우 계절에 따라 나눠 쓰기도 했다. 겨울용 식당과 여름용 식당, 하는 식이었다.

도 2–30 살루스티우스 주택(House of Sallust). 폼페이. 기원전 3세기. 기원전 1세기 확장. 1=정문 & 통로. 2=빵가게. 3=상가. 4=아트리움. 5=수조. 6=쿠비쿨룸. 7=개방형 날개. 8=타블리눔. 9=여름용 식당. 10=후원 통로. 11=지스트 혹은 지스투스. 12=겨울용 식당. 13=후원. 14=옥외용 식당. 15=열주랑 정원. 16=열주랑 전용식당 겸 타블리눔. 17=부엌. 18=서비스 영역 및 노예숙소. 19=후문.

목신 주택은 트리클리니움이 셋이었는데 아트리움에 있는 것은 겨울용과 가을용, 열주랑에 있는 것은 여름용이었다(도 2–26). 겨울용 식당은 추위를 피하기 위해 보통 구석진 곳에 위치했으며 크기도 작았고 창은 가능하면 최소한으로 줄였다. 폼페이의 모자이크 주택과 율리아 펠릭스 주택(House of Julia Felix, 서기 1세기) 등이 겨울용 식당의 실내 모습을 보존하고 있는 좋은 예들이다(도 2–28). 율리아 펠릭스 주택은 여름용 식당으로도 유명한데, 벽을 모두 없애고 기둥만으로 영역 표시를 했으며 정원과 맞닿아서 옥외 식사를 겸할 수 있게 했다(도 2–29).

폼페이의 베티 주택(House of the Vettii, 기원전 2세기. 서기 1세기 확장. 베티는 폼페이의 가문 이름)과 살루스티우스(기원전 1세기 역사가) 주택(House of Sallust, 기원전 3세기. 기원전 1세기 확장)은 트리클리니움 개수에서 단연 최고이다. 두 주택 모두 무려 다섯 개였다. 살루스티우스 주택은 여름용 하나, 겨울용 둘, 열주랑 전용 하나, 옥외용 식당 하나였다(도 2–30). 개인주택에 트리클리니움의 개수가 이처럼 많은 현상은 로마사회에서 연회문화가 갖는 비중을 주거 차원에서 보여주는 것이다. 로마의 부정적 이미지 가운데 하나가 상류층의 과도한 연회였는데 이것이 주택에서도 똑같이 나타난 것이다. 하지만 이런 부정적 이미지는 로마 연회문화의 한 단면일 뿐이었다. 이것 이외에도 사교, 형제애, 정치적 결의 등 로마 사회를 대표하는 연합관계를 지탱하는 기능도 가졌다.

트리클리니움은 기원전 1세기에서 제정기 사이에 정착한 아트리움-열주랑 주택에서 중요성이 높아졌다. 주택의 공적-사적 기능이 동시에 강화되면서 두 영역 모두에서 그 역할이 커졌다. 아트리움에 들어가는 것은 연회용 목적으로 사용하기 위해서였고 열주랑 영역에 들어가는 것은 상류층 가족의 사적 생활의 일환이었다. 이 시기부터 트리클리니움을 벽화로 장식하기 시작했는데 폼페이의 베티 주택이 좋은 예이다. 이 주택은 집 전체가 미술관이라 할 만큼 이곳저곳을 온통 벽화로 장식했는데 식당도 벽화를 그린 중요한 장소였다.

트리클리니움은 모두 다섯 개나 되었다(도 2-39). 출입구 옆에 손님용 하나, 열주랑 영역에 셋, 여성 영역에 하나였다. 모두 화려한 벽화로 장식했는데 특히 열주랑 영역에 있는 세 개가 두드러졌다. 이 세 식당은 별도의 명칭을 갖는데 모두 장식과 연관성이 있다. 아트리움과도 통하는 작은 식당은 벽화가 붉은 색이어서 '붉은 방(red room)'이라고 부른다(도 2-31). 열주랑 영역에 있는 큰 식당은 벽화가 많아서 '벽화의 방(painted-room)'이라고 부른다(도 2-32). 열주랑 영역에 있는 작은 방은 벽

도 2-31 베티 주택(House of the Vettii). 폼페이. 기원전 2세기. 서기 1세기 확장. '붉은 방(red room=아트리움에 있는 작은 식당)'의 벽화.
도 2-32 베티 주택. 폼페이. 기원전 2세기. 서기 1세기 확장. '벽화의 방(painted-room=열주랑에 있는 큰 식당)'의 벽화.

화가 노란색이어서 '노란 방(yellow room)'이라고 부른다. 세 식당에는 제우스, 헤라클레스, 아폴로, 헤라, 펜테우스(Pentheus), 익시온(Ixion) 등 그리스-로마의 신화와 역사에 등장하는 신과 영웅 들의 이야기를 그린 벽화가 가득 차 있었다.

식당이 있으면 이것을 지원하는 부엌과 창고가 함께 있어야 했다. 별도의 부엌을 갖추는 것은 로마 시대에도 상류층의 대형 주택에서나 가능했다. 화덕은 벽돌로 만든 단순 육면체 구조였고 연료는 나무나 석탄을 땠다. 부엌에서 사용하던 기타 시설과 장비들은 요즘 이탈리아에서 사용하는 것과 크게 다르지 않았다. 한 가지 차이는 로마 시대에는 재료가 청동이었던 점이다. 폼페이나 오스티아에서는 청동으로 만든 부엌세간을 갖춘 음주용 바가 발견되었다. 연회가 잦았던 일부 상류층 주택에서는 부엌 옆에 고기창고, 야채창고, 포도주창고 등을 갖추기도 했다. 부엌 위층은 주로 하인들의 영역이었으며 아주 부잣집인 경우 일광욕실(solarium)이나 테라스까지 갖추기도 했다.

아트리움 영역(공적 영역)의 요소들

아트리움의 공적 영역은 정문 출입구에서 시작했다. 대형 주택인 경우, 출입구는 단순히 문 하나로만 이루어진 것은 아니었고 전실을 겸해서 일정한 영역을 형성했다. 이 때문에 '출입구 전실 영역'이라는 뜻에서 베스티불룸이라고 불렀다. 이 영역은 정문 출입구, 통로, 문지기 방, 안쪽 출입구 등으로 이루어졌다. 일단 정문 출입구 자체가 장대했으며 이오니아식이나 코린트식의 화려한 기둥을 양옆에 세웠다. 의전 효과를 높이기 위해서 형식화한 것이다. 판사 주택도 좋은 예여서 이오니아식 기둥이 양옆에서 호위하는 대형 출입문의 일부분이 현재도 남아 있다.

출입구를 지나면 양옆의 방 사이로 통로가 났는데 이를 파우케스라고 불렀다. 통로 양옆에는 방이 들어갔는데 공화정기에는 주로 문지기와 하인들이 사용했다. 이때에는 집의 사적 성격이 강했기 때문에 양옆 방은 도로 쪽으로 창을 내지 않는 것이 보통이었다. 제정기에는 집의 공적 성격이 강화되면서 양옆 방은 도로 쪽으로 열리기 시작했다. 상가로

세를 놓을 경우에는 도로에서 바로 진입할 수 있었다. 통로는 아트리움으로 연결되었는데 통로가 끝나는 지점에 안쪽 문을 하나 더 두는 경우가 많았다. 삼늄 주택이 이런 경우를 보여주는 좋은 예이다(도 2–33). 주택의 사적 성격이 강하던 공화정기에는 통로는 정문 출입구와 함께 주로 차단 기능을 가졌다. 제정기로 넘어가면서 주택이 공적 성격으로 변함에 따라 정문 출입구를 열어놓는 경우가 많았고 이때에는 통로도 손님을 맞아 안으로 들이는 개방과 유입의 기능으로 변했다.

도 2–33 삼늄 주택. 헤르쿨라네움. 기원전 3세기. 통로(fauces, 파우케스)에서 들여다본 아트리움과 타블리눔.

아트리움 중앙에는 수조를 설치했다. 수조는 일차적으로 빗물을 받아쓰기 위해서 설치했지만 조경 장식의 목적도 추가로 가졌다. 호라티우스(Horace, 기원전 1세기 시인)는 자신의 『서간시(The Epistles)』 1권 15장 15절에서 수조에 빗물을 모아서 쓰는 로마의 생활습관에 대해 위생 등의 이유를 들어 부정적 의견을 밝히고 있지만 당시에는 어쩔 수 없이 대부분의 주택에서 이런 방식으로 생활용수를 마련해서 사용했다. 특히 전쟁 중에는 이 방법이 오히려 더 안전할 수 있었다. 강물이나 지하수 등에는 적이 독을 풀 수 있었기 때문이다. 콤플루비움을 통해 아트리움으로 떨어지는 빗물은 수조에 잘 모였다. 수조는 보통 깊이가 45~46cm 깊이여서 한 가족이 사용할 만한 물을 모을 수 있었다.

조경 장식이 목적일 경우에는 공화정 전기 등 초반에는 검소하게 꾸미다가 공화정 말기에서 제정기로 가면서 점점 화려해졌다. 초반에는 수조를 석회화나 테라코타로 만들다가 후반으로 가면서 점차 대리석 사용이 늘었다. 테두리만을 대리석으로 두르다가 제정기 전성기 때에는 수조 전체를 대리석으로 만들었는데 목신 주택이 좋은 예이다(도 2–34). 이 수조는 제정기 때 장식한 것으로 보인다. 수조와 타블리눔을 포함해

서 아트리움 영역 전체를 화려한 장식으로 뒤덮기도 했는데 비극시인의 주택(House of the Tragic Poet, 1세기)이 좋은 예이다(도 2-35). 출입구 반대편 쪽에는 작은 대리석 책상을 두고 조각상을 얹었다. 조각상은 청동이나 대리석으로 만들었으며 꽃병이나 꽃을 들고 있는 경우도 많았고 여기에서도 수조로 물이 떨어졌다. 조각상을 수조 한가운데에 두기도 했다.

수조가 화려해져 가는 과정은 아트리움에 기둥이 들어서는 과정과 궤를 같이했다. 앞에 소개한 비트루비우스의 다섯 아트리움 가운데 코린트식과 테트라스틸이 그것이었다(도 2-13, 도 2-15, 도 2-18, 도 2-23). 비트루비우스가 언급했듯이 이런 기둥은 로마에서 직접 만들기보다는 대부분 그리스에서 가져왔다. 그리스의 것이 더 화려하고 예술적으로 우수했기 때문이다. 이런 사실은 폼페이와 헤르쿨라네움의 유구에서도 확인되고 있으며 동시대 인물로는 키케로(Cicero, 기원전 1세기 웅변가, 정치가, 철학자)와 대 플리니우스도 같은 말을 남기고 있다.

도 2-34 목신 주택. 폼페이. 기원전 2세기. 대리석으로 테두리를 두르고 모자이크로 바닥을 장식한 아트리움 수조. 중앙에 청동 조각상도 세웠다.
도 2-35 비극시인의 주택(House of the Tragic Poet). 폼페이. 1세기. 수조, 타블리눔, 식당 등이 어우러진 화려한 아트리움 영역.

키케로는 자신의 『베리느 연설문(Verrine Oration)』 제2권에서 당시 로마의 대형 주택의 수조 주변에 세운 기둥은 먼 곳에서 나쁜 길을 달려 운반해왔다고 했다. 대 플리니우스 역시 『자연사』 17장 6절에서 기원전 100년경에 지은 웅변가 루시우스 크라수스 주택(House of Lucius Crassus)의 아트리움에 여섯 개의 기둥을 세웠는데 이것들은 아테네 동쪽의 히메투스 산(Mount Hymettus)에서 운반해 온 것이라고 했다.

수조 좌우에는 하인들의 영역, 부엌, 창고 등이 돌아가며 배치되었다.

아트리움을 중심으로 출입구 반대쪽, 즉 아트리움 영역의 가장 깊은 곳에는 타블리눔이 위치했고 그 양옆은 식당이었다. 타블리눔은 아트리움과 함께 매우 중요한 방이었다. 기능은 가문과 가족과 관련된 각종 기록과 족보, 혹은 조상의 두상이나 흉상 등을 보관, 전시하는 장소였다. 중요한 장소였기 때문에 바닥을 모자이크로 장식하거나 벽에 벽화를 그리는 등 특별한 처리를 가했다. 이럴 경우 아트리움 주변의 장식과 하나로 연결되면서 집 전체를 통틀어 장식이 가장 많이 집중되는 영역을 형성했다. 비극시인의 주택과 루크레티우스 프론토 주택(House of Lucretius Fronto, 1세기) 등은 이런 장식주의를 보여주는 좋은 예이다(도 2-35, 도 2-36). 타블리눔의 이런 기능은 비트루비우스의 『건축 십서』나 대 플리니우스의 『자연사』 35장 7절 등 동시대 기록에서도 확인되고 있다.

도 2-36 루크레티우스 프론토 주택. 폼페이. 1세기. 화려한 벽화로 장식한 타블리눔. 바닷가 빌라를 그렸다.

타블리눔은 원래 침실이었는데 그 전통은 에트루리아의 무덤주택까지 거슬러 올라간다. 무덤주택, 특히 가족묘에도 타블리눔이 있었는데 이곳은 집주인 내외의 묘실이었다. 주택으로 나오던 초기까지는 그대로 침실 기능을 유지하다가 공화정기 후기에 접어들면서 가족이 중요해지고 가문 개념이 정착하면서 앞과 같은 기능으로 용도변경이 일어났다. 이때에는 아트리움이 가족생활의 중심 공간으로 형성되어가던 시기이기도 했다. 이 과정에서 아트리움과 나란히 배치되면서 아트리움과 함께 사적 영역의 중심 공간이 되었다.

타블리눔은 가문의 내력과 영광을 상징하는 기록물들을 보관, 전시함으로써 식구들에게 가문과 가족을 늘 생각하게 해주는 역할을 했다. 가족들이 모여서 식사와 담소를 즐기는 장소인 아트리움과 맞닿아 있기 때문에 그 효과는 매우 좋았다. 가족들은 아트리움에 앉아 일상생활을 즐기는 중에도 이런 기록들을 자연스럽게 접하면서 연대감을 형성했다.

도 2-37 넵튠과 암피트리테 주택(House of Neptune and Amphitrite). 헤르쿨라네움. 1세기.

이후 제정기로 넘어오면서 주택이 공적 성격을 강화해감에 따라 타블리눔의 중요성과 역할은 점차 쇠퇴해갔다. 앞에서 언급한 것처럼 황소 주택에서는 아예 없어졌다.

타블리눔의 개방 상태는 앞과 뒤가 달랐다. 앞쪽, 즉 아트리움을 면한 쪽의 개방 정도는 타블리눔의 용도에 따라 결정되었다. 아트리움과 연계해서 하나의 큰 영역으로 사용할 때에는 완전히 개방시키는 것이 보통이었다. 반면 에트루리아의 침실 전통을 살려서 방으로 사용할 때에는 커튼을 달아서 열고 닫게 했다. 그러나 이때에도 완전 침실은 아니었기 때문에 반개방 상태를 유지했다. 아트리움과 접하는 경계부의 벽체 모서리는 벽기둥으로 처리했고 엔타블러처(entablature, 고대 그리스와 로마 건축에서 기둥에 의해 떠받쳐지는 부분들을 총칭하는 용어)까지 설치하는 경우도 많았다.

타블리눔의 뒤쪽 면, 즉 바깥쪽은 주택 형식에 따라 달랐다. 이는 곧 후원의 존재 여부와 같은 의미였다. 후원이 없는 아트리움 단일 형식에서는 타블리눔이 집의 끝부분이기 때문에 막혔다. 아트리움-열주랑 주택이 등장하면서 타블리눔 뒤쪽에 열주랑 영역이나 후원이 위치함에 따라 타블리눔의 뒤쪽 면도 개방적이 되어갔다. 많은 경우 타블리눔은 뒤쪽 사적 영역으로 넘어가는 통로를 겸하게 되었기 때문에 아예 문을 달지 않고 앞뒤를 그냥 터놨다.

통로가 따로 있을 경우에는 뒤쪽 면을 큰 창으로 처리해서 사적 영역을 볼 수 있게 했다(도 2-35). 헤르쿨라네움의 넵튠과 암피트리테 주택(House of Neptune and Amphitrite, 1세기)에서는 타블리눔의 창 너머로 후원 영역의 님피움이 보인다(도 2-37). 폼페이의 메나데르 주택(기원전 2세기)에서도 역시 타블리눔의 창 너머로 열주랑이 보인다(도 2-18). 타블리눔을 통해서 보는 열주랑과 후원의 장면은 집 밖까지 연장되었다. 정문 앞에서 통로와 아트리움을 거쳐 같은 장면을 볼 수 있었다. 이런 일직선 경치는 집의 수준과 품격을 외부에 과시하는 장치로서 집의 첫인상을 결정하는 중요한 요소였다.

수조와 타블리눔 사이의 공간은 좌우로 확장되면서 'T'자형을 이루게 되는데 이렇게 두 팔을 벌린 것처럼 확장된 부분을 '개방형 날개', 즉 '알라(ala)'라고 불렀다. 날개의 끝 너머는 옆집이거나 내 집의 다른 부분인 경우가 대부분이어서 벽으로 막혔다. 이 때문에 날개 부분은 건축적으로는 알코브(alcove, 방 안의 후미진 구석이나 주실에 이어지는 골방) 형식이 되었다. 날개의 용도는 일차적으로 아트리움을 넓게 쓰기 위한 것이었는데 타블리눔에 보관할 기록물이 넘칠 경우 이것들을 보관하는 장소로도 사용했다.

비트루비우스는 『건축 십서』 제6서 5장에서 로마 상류층과 귀족 주택의 공적 영역에 들어가는 의외의 시설로 바실리카(basilica)도 추천했다. 도시 광장에 세워지던 시민회관이었는데 이것을 작게 만들어서 주택의 공적 영역에도 넣도록 권장한 것이다. 이런 주장은 제정기 때 로마 상류층 주택이 공적 성격을 강하게 가졌음을 보여주는 좋은 증거이다. 아울러 공적 영역의 시설들은 마감상태나 건축양식 등이 대형 공공건물에 뒤지지 않아야 한다고 했다. 왜냐하면 이런 계층의 주택에서는 공공청문회, 소송, 심리, 공판 같은 일이 자주 일어나기 때문이었다. 이는 제정기 상류층 주택의 아트리움 영역이 더 이상 개인주택의 사적 영역이 아니었음을 보여주는 좋은 예들이다.

열주랑과 후원(사적 영역)의 요소들

열주랑의 사적 영역에는 가족생활과 휴식을 즐기기 위한 여러 시설들이 들어갔다. 사적 영역은 열주랑 주변, 열주랑과 후원의 경계부, 후원의 세 영역으로 한 번 더 나눌 수 있다. 세 영역의 차이를 결정하는 기준은 사적 성격의 강도이다. 열주랑 주변이 아트리움 영역에 가까웠기 때문에 출입구에 가까웠으며 그만큼 공적 성격이 강한 방들이 들어갔다. 반면 후원의 경계부를 거쳐 후원으로 들어갈수록 출입구에서 멀어지면서 사적 성격이 강해졌다. 사적 영역인 열주랑 내에서도 '공적 기능 vs. 사적 기능'에 따라 한 번 더 분류가 가능한 것이다. 이에 따라 세 영역에는 들어가는 시설들이 각기 달랐다.

첫째, 열주랑 주변에는 그림을 전시하는 갤러리, 개인서재나 도서관, 오에쿠스, 거실, 주택사당, 목욕탕, 기네케움, 여성용 내실 등이 들어갔다. 이런 시설들은 로마 상류층의 생활에 실제로 필요한 것들이었지만 일부는 과시적 목적도 있었다. 비트루비우스는 상류층과 귀족 들의 주택은 그 격에 맞아야 한다고 하면서 이에 해당되는 내용을 두 가지 제시했다. 하나는 주로 화려한 장식과 큰 규모였고 다른 하나는 들어가는 시설들의 다양성이었다. 그런 시설로 비트루비우스 역시 전시용 갤러리와 도서관을 꼽고 있다.

오에쿠스는 다기능 혹은 다목적의 특이한 방으로 로마의 생활상을 잘 보여준다. 기능은 침실, 가족 거실, 여주인의 손님맞이 방, 가족 식당, 연회 홀 등 여러 가지인데 기원은 그리스의 오에코스에서 온 것이다. 그리스에서는 가족 식당 한 가지였는데 로마에서 이것이 트리클리니움으로 바뀌면서 오에쿠스는 가족용 다목적실 혹은 다목적 가족실이 된 것이다. 그리스의 오에쿠스는 식당과 가족실의 두 기능이 합해진 것이었는데, 이것이 로마에 와서 분화되면서 식당은 트리클리니움이 되었고, 가족실에는 다양한 기능이 추가되면서 다목적 가족실인 오에쿠스가 된 것이다. 이런 점에서 로마의 오에쿠스는 엑세드라, 트리클리니움, 거실 등과 일정 부분 기능이 겹쳤다. 혹은 이 셋의 기능을 다 합해놓은 것으로 볼 수도 있다. 그만큼 로마 상류층의 가족생활이 다양해지고 풍성해진 변화를 반영한 것이다. 이처럼 다른 방들과 기능이 겹치기 때문에 모든 상류층 주택이 오에쿠스를 갖춘 것은 아니었다. 많은 경우 트리클리니움이나 거실이 대신하기도 했다. 메나데르 주택, 목신 주택, 판사 주택 등이 오에쿠스를 갖춘 대표적인 예이다(도 2-17, 도 2-26, 도 2-27).

거실은 쿠비쿨룸 정도의 작은 크기로 식당 주위에 배치해서 식당과 연계해서 사용했다. 이럴 경우 가족의 휴식 기능과 함께 후원을 감상하는 기능을 가졌다. 이를 위해 식당과 마찬가지로 큰 창을 뚫어 후원을 한눈에 볼 수 있게 했다. 주택사당은 집을 지키는 신을 모시는 곳이었다. 주로 라레스(Lares)를 모셨는데 이는 여행객이나 나라를 지켜준다고 믿던 귀신이나 영혼이었다. 이 때문에 로마의 가족사당은 라라리움으로 불렸다. 사당에는 보통 작은 제단을 두고 주변을 벽화로 장식했다. 베티 주택과 메나데르 주택에 주택사당이 비교적 온전한 상태로 남아 있다(도 2-38).

목욕탕은 방 하나짜리 작은 규모의 경우, 많은 주택이 갖추었다. 로마문명에서는 목욕문화가 특히 발달해서 도시 곳곳에 대형 공중목욕탕이 있었는데 개인주택에도 따로 갖추어서 즐긴 것이다. 실버웨딩 주택은 이것을 넘어서서 집 안에 공중목욕탕급의 시설을 갖춘 예외적인 경우이다. 후원의 열주랑 서쪽에 탈의실(apoditerium), 냉탕(frigidarium), 온탕(tepidarium), 열탕(calidarium), 이른바 목욕탕의 '기본 4종 세트'를 다 갖추었다. 이 가운데 냉탕은 크게 해서 작은 수영장을 겸했다. 탈의실, 온탕, 열탕이 'ㄱ'자를 이루고 그 중앙에 작은 수영장을 넣었다(도 2-14). 이런 목욕시설 좌우로 여름용 식당, 부엌, 침실, 작은 운동장 등을 갖추어서 목욕과 함께 식사와 운동을 즐길 수 있었으며 피곤하면 침실에서 쉴 수도 있었다. 이런 추가시설까지 모두 고려하면 가히 웬만한 공중목욕탕이 부럽지 않았다.

도 2-38 메나데르 주택. 주택사당의 제단. 폼페이. 기원전 2세기.

기네케움과 여성용 내실은 여성 영역이었다. 집에 여성 영역을 별도로 두는 이 개념 자체는 그리스에서 이어받은 것이지만 구체적 내용과 처리에서는 완전히 달랐다. 그리스에서 여성 영역이 성차별을 반영해서 격리 목적으로 만들어졌던 것과 달리, 로마에서는 여성의 역할과 중요성이 커진 현상을 반영하는 장소였다. 특히 제정기에 들어와 남성들이 바깥활동에 치중하게 되면서 가정 내에서 여성의 역할이 커졌다.

기네케움과 여성용 내실은 이런 사회변화를 반영해서 여성을 위한 전용 공간으로 마련해준 쪽에 가까웠다. 남자 주인이 공적 영역을 차지한 것에 대한 보상 개념으로 사적 영역에 여성 전용 공간을 마련한 것이다. 이를 반영하듯 기네케움은 실내를 벽화로 장식했는데 이는 주택 내

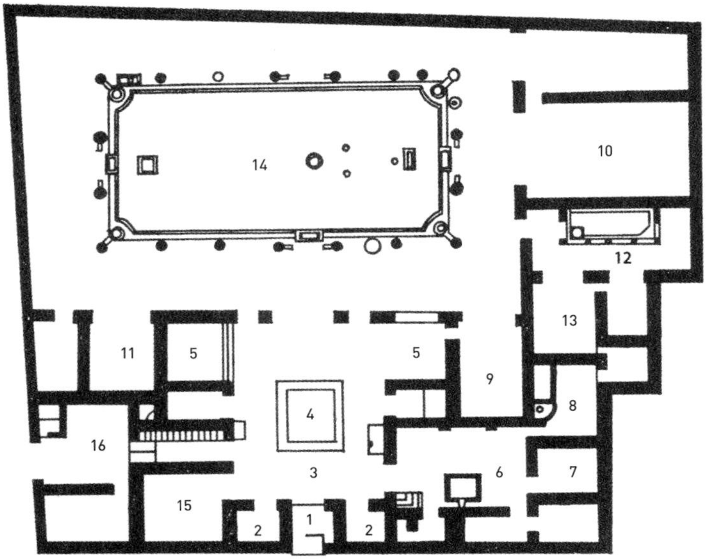

도 2-39 베티 주택. 폼페이. 기원전 2세기. 서기 1세기 확장. 1=정문 & 통로. 2=문지기방. 3=아트리움. 4=수조. 5=개방형 날개. 6=제2소형 아트리움. 7=주택사당. 8=부엌. 9=붉은 방(열주랑과 아트리움 모두로 통하는 식당). 10=벽화의 방(열주랑용 큰 식당). 11=노란 방(열주랑용 작은 식당). 12=기네케움(여성 영역). 13=여성 영역용 식당. 14=열주랑 후원. 15=손님용 식당. 16=마구간.

에서 기네케움의 등급이 높았음을 의미한다. 주제 또한 여인왕국인 아마존 장면이 장식 체계 전반에서 주도적 역할을 했다.

기네케움과 여성용 내실 모두 열주랑과 후원 등 사적 영역에 들어갔다. 기네케움은 좀 더 개방적이어서 열주랑이나 후원 영역에서 식당 등과 연계되어 당당히 한 영역을 차지했다. 베티 주택이 좋은 예인데, 후원의 식당 옆에 매우 큰 공간을 차지하며 붙어 있다(도 2-39). 마치 하나의 작은 건물처럼 처리해서 입구에는 주랑 현관(portico)까지 갖추었으며 실내에는 여신이 등장하는 신화 장면을 벽화로 그렸다. 여성용 내실은 여성들이 혼자서 쉬거나 화장을 하거나 독서를 하는 등 더 사적인 목적을 가졌다. 방의 크기도 작고 집 전체에서 가장 깊숙한 곳에 위치했는데 판사 주택이 좋은 예이다(도 2-27).

둘째, 경계부에는 엑세드라가 들어갔다. 옥외에 별도로 만든 포켓 형 휴식 공간으로 큰 벽감이나 반원형 정자로 처리했다. 중앙에 벤치나 의자를 놓았고 테이블까지 갖추는 경우도 있었다. 지붕은 덮기도 했고 안 덮기도 했다. 위치는 열주랑 영역의 가장 깊은 곳으로 아트리움 영역의 타블리눔에 해당되는 곳이었다. 후원이 있을 경우 그곳으로 나가는 통로를 겸하기도 했다. 개방형 공간이기 때문에 이곳에 앉으면 앞쪽의 열주랑과 뒤쪽의 후원 모두를 감상하고 즐길 수 있었다.

셋째, 후원은 경제적 여유가 있을 때에는 열주랑 영역 밖에 추가로 마련했으며 그렇지 않을 경우에는 열주랑 자체를 정원으로 꾸몄다. 정원의 크기와 꾸미기의 정도 역시 경제력에 따라 늘어났다. 주택이 화려해진 제정기 때에는 네로의 황금 주택(Domus Aurea)이 모델이었다. 물론 황금 주택의 정원은 극단적인 예였다. 숲, 초원, 인공호수, 습지, 포도밭 등을 갖춘 사파리로 동물들이 노닐고 새 떼들이 날아다닐 정도였다. 네로가 암살당하면서 흙으로 덮어버렸기 때문에 정확한 크기는 알 수 없으나 수십 제곱킬로미터에 달해 여의도 면적의 5~6배는 족히 되었을 것으로 추측된다.

제정기 때 로마 상류층은 이것을 흉내 내서 자신들의 정원을 꾸미고 싶어 했다. 이에 따라 여러 변화가 나타났다. 우선 정원에 심는 수목이 변했다. 공화정기에는 채소와 과일나무만 심고 끝냈는데 제정기에 들어와서 네로의 황금 주택을 경험한 뒤에는 회양목 울타리와 관목으로 화려해져 갔으며 이것으로 만족하지 못하고 조각상이나 장식물까지 추가로 갖추었다(도 2-21, 도 2-22). 수도 기술이 발전하면서 수영장이나 분수 등 물 요소에 대한 선호도도 증가했다.

일직선 경치와 축 구성

방문객의 눈길을 끌기 위한 장치도 고안했다. 가장 대표적인 것이 중심축을 따라 만들어진 일직선 경치(vista)였다. 정문 앞에 서 있는 방문객에게 통로에서 후원에 이르는 중심축을 따라 길게 내다보이는 경치를 만들어 제공하는 것이다. 이는 일차적으로는 방문객에게 강한 시각적 유인요소를 제공해서 호감을 불러일으키거나 환영의 의미를 표시하기 위한 목적을 가졌다. 나아가 집의 규모와 품격을 과시하기 위한 목적도 있었다. 이런 일직선 경치의 종착점은 후원의 뒤쪽 벽으로, 보통 이곳에 초점 역할을 하는 시설을 설치했다. 가장 대표적인 것이 화려한 모자이크로 장식한 벽감과 그 앞에 세운 분수나 조각상이었다. 종착점답게 인상적이고 감동적인 장면을 연출한 것이다(도 2-14, 도 2-18).

일직선 경치는 곧 축 구성을 의미했다. '정문 출입구–통로–아트리움–타블리눔–열주랑–가족용 거실(엑세드라)–후원–가장 안쪽 벽'으로 이어지는 긴 축이다. 이런 축 구성은 로마의 열주랑 주택을 그리스–헬레니즘의 선례와 구별지어주는 중요한 차이이다. 그리스–헬레니즘의 열주랑 주택에서는 축이 거의 형성되지 못했다. 중정을 하나만 갖는 것이 표준형이었으며 축 구성은 거의 나타나지 않았다(도 1-38, 도 1-39, 도 1-41).

비트루비우스가 헬레니즘 주택으로 소개한 열주랑 두 개짜리 주택도 도면만 보면 로마의 아트리움–열주랑 주택과 비슷해 보이지만 실제 사용에서는 로마만큼 축 구성이 형성되지 못했다(도 1-34). 출입구 쪽 통로가 너무 좁고 길어서 축을 거의 차단시키다시피 했다. 첫 번째 열주랑에서 두 번째 열주랑으로 넘어가는 통로도 마찬가지여서 여기에 오면 축은 완전히 사라진다. 이 두 번째 통로는 로마에서는 타블리눔에 해당되는 곳인데 헬레니즘 선례에서는 완전히 막혀버린 것이다. 두 번째 열주랑의 엑세드라 역시 벽으로 막아버렸다.

로마 주택의 축 구성에는 시선의 개폐 작용이 수반되었다. 이것 역시 헬레니즘 주택에는 없는 작용이다. 로마 주택에서는 일직선 경치의 중간에 최소한 세 곳의 개폐 장치를 넣었다. 정문 출입구, 아트리움의 타블리눔, 열주랑의 엑세드라였다. 이 세 곳의 열리고 닫힌 정도를 조절함으로써 결과적으로 집 안을 보여주는 일직선 경치 역시 열고 닫을 수 있었다. 셋 모두를 활짝 연 가장 개방적 상태에서 모두 닫은 완전 폐쇄 상태를 양극단으로 삼아 그 중간에서 다양한 개폐 상태를 만들어낼 수 있었다.

정원이 없거나 작아서 열주랑 뒤쪽으로 보여줄 것이 없을 경우에는 열주랑 벽에 정원을 그려서 마치 정원이 있는 것처럼 보이게 했다. 이는 실제가 아닌 시각만으로 확장을 가해서 집을 넓게 보이게 하기 위한 일종의 속임수였다. 혹은 이상적 주택을 구성하는 기본 요소에서 부족한 부분을 인공적으로라도 채워서 갖추려는 로마사람들의 욕망을 보여주는 좋은 현상이다. 집 밖 정문까지는 최소한 20~30미터는 되기 때문에 멀리서 보면 진짜 정원이 있는 것으로 착각할 수 있었다.

로마 상류층 주거의 정원은 파라다이스의 이상을 보여주는 좋은 예이다. 로마 상류층은 주택 자체를 자신들만의 파라다이스 개념으로 정의했다. 아트리움, 트리클리니움, 타블리눔, 열주랑, 목욕탕 등 앞에 소개했던 주요 시설들은 모두 파라다이스를 이루는 장소들인데 그 가운데에서도 정원이 으뜸이었다. 정원에는 로마의 파라다이스 개념을 이루는 주요 요소인 자연이 공존했다. 하늘을 향해 열린 중앙 공간은 푸른 수목으로 아름답게 꾸며지면서 실내정원 기능을 수행했다.

이미 로마의 동시대 기록에 이런 개념들이 나온다. 비트루비우스는 『건축 십서』 제5서 9장에서 이런 정원을 걷는 것이 건강에 좋다며 파라다이스의 당위성을 거들었다. 대 플리니우스는 『서간시』 5장 6절에서 로마사람들이 좋아하던 정원 요소로서 물 요소에 대해 언급하고 있다. 그는 정원에 설치된 우아한 분수에서 흘러나오는 소리를 '졸졸거리는 속삭임(incundissimum=murmur)'이라고 표현하면서 정원생활의 낙원다운 단면을 보여주고 있다.

후원에는 이런 파라다이스를 더 잘 즐기기 위한 감상용 무대를 설치하기도 했는데 이를 지스트 혹은 지스투스(xystus)라 불렀다. 목신 주택, 판사 주택, 살루스티우스 주택 등 후원을 잘 갖춘 여러 대형 주택에서는 그 주위에 지스트를 둘렀다(도 2-26, 도2-27, 도 2-30). 지스트는 일차적으로는 열주랑과 등을 맞대고 후원을 내려다보는 긴 외부공간으로 테라스나 로지아 형식으로 처리했다. 확장하면 후원을 에워싸며 돌아가는 산책로도 지스트라 불렀다.

출처는 그리스 시대의 옥내 경기장이었다. 주로 날씨가 안 좋을 때 운동하던 곳으로 열주랑 형식이었으며 지붕을 덮었다. 로마에서 이것을 받아들여 정원 안의 로지아나 테라스에 사용했다. 열주랑 영역을 나오자마자 열주랑 영역 전 길이에 걸쳐 옆으로 길게 만들어졌다. 이럴 경우 보통 엑세드라와 붙어서 바로 연결되었다. 구성 형식은 그리스의 선례를 받아들여 후원 쪽 면에 기둥을 세워 콜로네이드로 처리했다. 옥외시설이었지만 햇빛을 가리기 위해 지붕을 덮는 형식은 그대로 유지했다. 또한 후원과 좀 더 하나가 되기 위해서 수목을 두르는 것이 보통이었다.

도무스, 인슐라, 빌라

이상 살펴본 아트리움 주택은 건축형식을 기준으로 한 명칭이었다. 통상적인 주택 종류의 명칭을 기준으로 하면 로마의 주거에는 도무스(domus), 인슐라(insula), 빌라(villa)의 세 가지가 있었다. 앞의 둘은 도시주거로 도무스는 개인주택이었고 인슐라는 임대형 공동주택이었다. 아트리움 주택은 도무스와 동의어라고 봐도 큰 무리가 없다. 도무스라는 단어 자체가 영어의 'house'에 해당되는 라틴어이며 폼페이, 헤르쿨라네움, 오스티아 등에서 발굴된 대부분의 로마 주거 가운데 개인주택은 모두 도무스였기 때문이다. 빌라는 고급 농촌주거로 로마만의 또 다른 독특한 주거 형식이다. 일반 농가는 로마 시대 이전부터 인류의 역사와 함께했지만 농촌에 대형 고급주택이 나타난 것은 로마가 처음이라 할 수 있다.

세 유형은 모두 공화정기부터 등장해서 독자적인 발전의 길을 걸었는데 제정기에 들어와서 인구가 늘면서 변화가 있었다. 기원전 2세기 전성기 때 로마 시내 인구는 100만 명 정도였으며 주변의 부속도시까지 합하면 200만 명이 로마를 기반으로 생활했다. 인구 증가가 유발한 주거의 변화는 크게 세 방향으로 요약할 수 있다.

첫째, 고급주택의 수요가 증가했는데 이런 현상은 주로 도무스가 해결했다. 상류층의 숫자가 늘었을 뿐 아니라 중류층도 상당한 부를 축적했다. 이들의 생활수준이 높아지면서 이를 수용할 새로운 주택을 원하게 되었다. 제국 영토가 확장되고 많은 외국의 발달한 선례를 접하면서 눈높이와 취향 등이 높아진 것도 또 다른 주요 요인이었다. 주택 전반에 새로운 수요가 발생했다. 이런 수요는 대체적으로 도무스가 해결했다. 상류층의 도무스는 앞에 소개한 것과 같이 아트리움-열주랑 주택으로 크고 화려해졌으며, 중류층까지도 도무스를 소유하게 되었다.

둘째, 도시가 과밀해지고 공간이 부족해지면서 임대형 공동주택인 인슐라가 발달했다. 제정기의 주요 도시에서는 대부분 같은 현상이 발생했다. 경제 규모가 커지고 교역이 늘면서 로마 같은 대도시나 그에 부속된 오스티아 같은 상업도시에서 이런 현상이 나타난 것은 당연한 측면이 있었다. 그 여파는 휴양도시에까지 미쳐서 폼페이나 헤르쿨라네움 같은 곳에서도 토지가격이 급등하면서 기존의 도무스 사이에 인슐라가 많이 들어섰다. 인슐라 이외에 기존의 대형 도무스를 쪼개서 공동주택이나 상업 건물로 용도를 변경하는 일도 잦아졌다.

79년에 베수비오(Vesvius) 화산의 폭발이 있기 직전, 폼페이에서는 이미 베티 주택 같은 대저택은 아주 예외적인 경우가 되어 있었다. 로마도 마찬가지여서 포르마 우르비스(Forma Urbis, 203~211년에 대리석 판에 새긴 거대한 로마 지도. 13m×18m 크기의 대리석 판 50장에 로마 지도를 상세하게 그렸다)를 보면 전통적인 아트리움 주택이 세 채의 아트리움-열주랑 주택으로 쪼개진 것을 볼 수 있는데, 이는 공동주택으로 개조되었음을 말해주는 것이다(도 2-40). 이 가운데 도로를 면한 작은 방들은 다시 상가로 세를 놓았다.

도 2-40 포르마 우르비스(Forma Urbis). 203~211년. 주거구역과 상업구역을 보여주는데 왼쪽에 아트리움-열주랑 주택 세 채가 나란히 서 있다. 이는 큰 아트리움 주택 하나를 셋으로 쪼개 공동주택으로 임대한 것이다. 각 세대의 맨 앞줄 작은 방들은 다시 상가로 세놓은 것이다.

건축 재료와 시공 기술이 발전한 것도 인슐라 건설을 촉진한 주요 배경이었다. 대제국에 걸쳐 대형 공공건물과 군사시설 등을 축조하면서 건설 기술은 꾸준히 발전을 거듭했다. 공사기간과 공사비 등 경제적 측면에서도 고층 주거를 짓는 일이 한층 수월해졌으며 구조적 안정도 크게 향상되었다.

셋째, 도시가 살기 힘들어지면서 교외나 농촌으로 눈길을 돌리게 된 현상이다. 이 수요를 해결한 것이 빌라였다. 빌라는 공화정기 때부터 있었지만 이때에는 아예 농촌에 근거지를 둔 사람들의 주거였다. 제정기를 거치면서 도시를 떠난 사람들이 여기에 가세하면서 빌라 숫자는 계속 증가했다. 로마 같은 대도시 내에서 주거환경은 점점 열악해졌다. 상류층은 황실을 따라 가급적 도심에 머무르려 애썼고 상당 부분 원하는 대로 되긴 했지만 정작 주택의 질 측면에서는 그리 높은 수준을 유지하기 힘들었다. 로마 시내 전체가 과밀해졌기 때문에 단순히 실내를 화려하게 꾸미는 것만으로는 한계가 있었다. 이들이 자신들의 희망을 실현한 것은 결국 도시 근교의 교외나 한적한 농촌이었다.

로마 시내의 택지 부족을 유발한 데에는 인구 증가 이외에 황실의 욕심과 공공건축의 활성화라는 두 가지 요인이 더 있었다. 둘은 다분히 상반되는 현상인데 택지 부족을 유발한 점에서는 같았다. 황실의 욕심이 로마 시내의 땅을 목표로 삼기 시작한 것은 네로 때부터였다. 네로가 황금 주택을 짓기 위해 로마 시내의 땅을 상당부분 사들이면서 일반 택지가 크게 부족해졌다. 네로는 특히 비아 사크라(Via Sacra) 일대를 집중적으로 사들였다. 당시 로마 시내에는 네로와 그의 아버지가 로마 전부를 사버릴 것이라는 비아냥거림이 돌아다녔다.

네로가 암살당하고 물러나면서 황금 주택을 메웠지만 택지 부족은 나아지지 않았다. 그 자리에 콜로세움과 황궁단지가 들어왔기 때문이다. 황실의 땅 욕심도 여전했다. 네로의 뒤를 이은 플라비우스 왕가도 예외가 아니어서 이번에는 에스퀼리누스 언덕(Esquiline Hill) 일대를 소유했다. 2세기의 오현제 전성기에 들어와 공공건축이 절정에 달한 것도 택지 부족을 악화시킨 또 다른 요인이었다. 오현제 시대에는 국가의 공적 의무가 가장 중요한 사회적 가치가 되었으며 트라야누스와 하드리아누스를 거치면서 로마 시내에는 콜로세움, 포럼, 목욕탕, 도서관, 신전, 시장 등 대형 공공시설들이 대거 축조되었다. 이런 현상은 문명 전체로 보면 공공성이 강화된 것으로 긍정적인 것이었지만, 주택을 기준으로 보면 택지 조건을 불리하게 만드는 것이었다.

로마의 도시와 주거생활

로마는 대제국답게 수많은 주요 도시들을 남겼다. 대부분의 도시에서는 주택 유구가 발굴되고 있지만 도무스와 인슐라의 두 유형은 대체적으로 로마, 오스티아, 폼페이, 헤르쿨라네움의 네 도시가 대표한다. 숫자도 가장 많을뿐더러 건축구성도 이곳이 표준형이기 때문이다. 이 가운데 로마와 오스티아는 땅값이 비싸서 주로 인슐라가 발달했다. 반면 폼페이와 헤르쿨라네움은 휴양도시로 상대적으로 땅값이 싸서 대형 도무스가 발달했다. 그러나 제정기에 들어와서는 앞에 소개한 것과 같이 이런 이분법이 많이 무너져서 폼페이와 헤르쿨라네움에도 인슐라가 많이 등장했다. 반대로 로마와 오스티아에도 물론 적은 숫자이긴 하지만 도무스가 있었다.

로마 시대의 주거환경의 질은 어느 시대나 마찬가지로 편차가 컸다. 상류층의 도무스는 지금을 기준으로 해도 매우 훌륭한 것이었다. 로마 사람들의 꿈인 파라다이스의 현신이라 할 만했다. 그곳에서 사용했던 생활용품까지 함께 생각하면 더욱 그랬다. 특히 헬리니즘화 이후 마음먹고 지은 대형 고급주택은 말로 표현하기 힘들 정도로 호화롭고 사치스러웠다. 폼페이의 백주년 주택(House of the Centenary, 기원전 1세기~서기 1세기)이 좋은 예로, 2,300여 제곱미터(700여 평)의 면적에 50여 개의 방을 갖춘 대형 주택이었다. 580여 제곱미터(180여 평)의 대형 정원이 중앙에

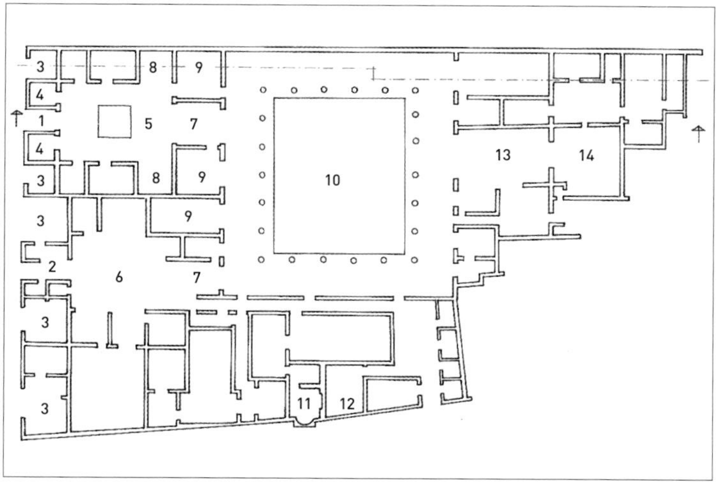

도 2-41 백주년 주택(House of the Centenary). 폼페이. 기원전 1세기~서기 1세기. 1=주 출입구. 2=부 출입구. 3=상가. 4=문지기 방. 5=아트리움. 6=2차 아트리움. 7=타블리눔. 8=개방형 날개. 9=식당. 10=열주랑 후원. 11=열탕. 12=부엌. 13=님피움. 14=소 정원.

도 2-42 백주년 주택. 폼페이. 기원전 1세기~서기 1세기. 화려한 실내장식과 미술공예품으로 가득 찬 모습.

자리 잡았으며 아트리움도 두 개나 되었다. 크고 작은 50여 개의 방은 마치 미로처럼 부지를 꽉 채웠다(도 2-41). 도로를 면한 쪽은 세를 놓은 상가가 5개나 되었다. 추측 복원한 그림을 보면 실내는 그리스와 마케도니아에서 배로 실어 나른 수많은 예술품과 각종 금은식기로 넘쳐났다(도 2-42). 웬만한 왕궁을 능가하는 규모와 사치였다.

도시주거는 달랐다. 인슐라는 지금을 기준으로 하면 크기도 작고 주거의 질도 낮았다. 하지만 당시에는 대도시의 인슐라에 살기 위해서는 중류층 이상이어야 했다. 제정기의 중소도시에서는 중류층도 웬만한 도무스에 살았던 것과 비교하면 인슐라의 주거환경은 상대적으로 많이 열악한 것이었다.

중류 이하의 주거환경은 더욱 열악해서 한 가족에 작은 방 정도가 전부라는 것 이외에는 더할 말이 없었다. 생활용품도 굶지 않을 정도 이상은 갖추지 못했다. 이것을 보상해준 것이 집 밖 도심에 지은 공공건물들이었다. 로마 시대 공공영역은 매우 높은 수준을 자랑했다. 이탈리아에서 유행하는 말 가운데 "가난한 계층은 광장이나 도로에 산다."는 말이 있는데, 이것이 처음 시작된 것이 로마 시대였다. 로마 시대부터 가난한 사람들은 집에서 보내는 시간이 거의 없었다. 밤에 잠만 자는 정도였다. 도심 공공영역에 가면 공원, 정원, 포럼, 놀이시설, 휴식시설, 공중목욕탕, 신전, 도서관, 바실리카 등 하루 종일 시간을 보내며 즐기고 쉴 공공시설들이 많이 있었다.

공공시설은 시기에 따라 차이가 있었다. 공화정 말기와 제정 초기에는 공원과 정원의 면적이 상대적으로 넓었다가 1세기를 전후해서 건물로 비중이 완전히 넘어갔다. 로마 시대에 공원과 정원은 원래 황실 소속이나 개인 소유였다. 공화정 말기와 제정 초기에 사회가 건전성을 유지하면서 이것을 시민을 위해 내놓는 일이 유행하면서 공원과 정원이 많이 만들어졌다. 공화정 말기에는 카이사르가 대표적인 예로, 자신의 정원을 시민들에게 기증했다. 제정 초기에는 아우구스투스와 아그리파가 원로원의 기증을 받아 마르스 광장(Campus Martius)에 공공정원을 만들었다.

그 이후 네로 때에는 앞에 말한 대로 황실의 땅 욕심이 절정에 달해서 이전에 조성했던 공원과 정원을 거꾸로 사들였다. 플라비우스 왕가 때부터 공공건축으로 방향을 선회하긴 했지만 공원이나 정원이 아닌 건물이 주를 이루었다. 이때부터 로마 시내에 공원과 정원은 새로 늘어난 것은 거의 없었고 건축 공사는 공공건물에 주로 집중되었다.

당시 로마의 도로는 지금에 비하면 많이 좁았지만 낮에는 교통수단의 통행이 금지되었기 때문에 로마 도심의 공공건물 주위는 지금보다 훨씬 쾌적하고 지낼 만했다. 교통수단은 밤에만 통행이 허용되었으며 낮에 허용되는 경우는 공공건물 공사용 차량에 한했다. 로마 도로에 낮에도 교통수단이 통행하게 된 것은 4세기 이후 기독교가 권력을 잡으면서부터였다. 종교적 목적의 행사나 대중 축제 등이 많아졌기 때문이다. 교통수단이 안 다닐 경우에는 도로폭이 좁은 것이 오히려 도움이 될 수도 있었다. 여름에 뜨거운 햇빛을 막아주고 겨울에는 찬바람을 막아주는 등 기후조절에 유리했기 때문이다.

공공시설이 발달했던 것과는 별개로 로마 시대 대도시는 소음이 심해서 주거환경의 질을 떨어뜨렸다. 동시대 주요 문헌들이 기록하듯이 로마 대도시의 도로는 하루 종일 소음으로 요란했다. 로마 시내는 낮 동안 교통수단이 못 다녔지만 아침식사용 빵을 파는 빵집의 소리, 상인들의 물건 파는 소리, 대장장이의 망치질 소리, 학교 아이들의 복창 소리, 환전소에서 싸우는 소리 등 소음의 출처는 여러 가지였다. 교통수단이 통제되지 않았던 다른 대도시는 더 말할 필요도 없었다. 아트리움은 이런 도심의 번잡함과 소음에서 그나마 실내를 보호해주는 완충 작용을 해주었다. 그러나 공화정 말기에서 제정기로 넘어가면서 이런 호사도 사라졌다. 상업활동이 증가하고 도심 땅값이 오르면서 아트리움 주택의 주인들은 도로를 면한 쪽을 상가로 세놓게 되었기 때문이다. 이럴 경우 도로의 소음은 세놓은 상가를 통해 집 안까지 들어왔다.

3

폼페이의 도무스 변천사 6단계

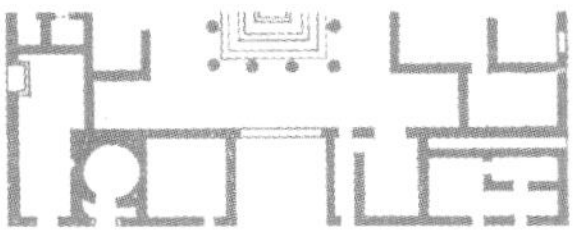

폼페이와 로마 주거

폼페이는 로마 주거사에서 가장 중요한 도시이다. 도시로서의 폼페이는 로마문명 전체에서 2~3등급 정도 된다. 하지만 주택만은 최고의 도시 가운데 하나였다. 현재 보존되어 있는 유구를 기준으로 하면 더욱 그렇다. 가히 로마 주거의 박물관이라 할 만하다. 특히 도무스에서는 다른 도시를 압도한다. 그럴 수밖에 없었던 것이 로마 퇴역군인의 휴양도시였기 때문이다. 훌륭한 도무스를 많이 지었을 뿐 아니라 유구 면에서도 폼페이는 로마 도시 가운데 단연 최고이다. 현재 로마를 대표하는 주요 도무스는 대부분 폼페이에 남아 있다. 단순히 유구만 많은 것이 아니다. 폼페이 도무스의 변천과정은 로마 주거의 역사를 대표한다. 과장하면 로마 주거의 역사 그 자체이며 최소한 로마 주거의 역사를 압축적으로 보여주는 대표성을 갖는다.

이런 상황은 폼페이를 둘러싼 두 가지 예외적인 배경이 더해진 결과이다. 하나는 개인주택의 건설이 다른 어떤 도시들보다 활발했다는 점이다. 다른 하나는 이렇게 많이 지은 주택들이 하루아침에 화산재에 묻혀 보존되었다는 점이다. 르네상스 이전의 건축사에서 개인주거는 파괴

도 2-43 폼페이 머큐리 가(Vico di Mercurio) 전경.

가 많이 되어 유구가 거의 남아 있지 않게 되는데 폼페이는 화산재에 묻힌 덕에 오히려 보존될 수 있었다. 하필 주택 건설이 가장 활발했던 도시가 화산재에 묻혀버리는 우연의 일치가 일어나서 그 덕에 파괴와 철거에서 오히려 자유로울 수 있었다는 역설의 산물이 폼페이인 것이다(도 2-43).

폼페이는 모두 9개의 구역으로 이루어진다(도 2-45). 현재 로마 건축사나 주거사에서 폼페이를 소개할 때 가장 많이 사용하는 분류이다. 이는 도시의 형성과정, 도로망, 구성시설, 고고학 발굴 등을 종합적으로 고려해서 정한 분할이다. 가장 먼저 형성된 것은 공공구역인 VII 구역과 VIII 구역이었다. 이 구역에는 이미 기원전 8세기부터 초창기 포럼이 있었으며 이후 지속적으로 포럼, 신전, 극장, 목욕탕, 시장 등의 공공건축이 들어서면서 폼페이의 공공도심을 형성했다. 이 두 구역은 가장 오래된 구역이기 때문에 초창기 주택도 이곳에 먼저 들어섰다. 예를 들어 VIII 구역은 남서쪽 지역으로 기원전 3세기에 아트리움 주택이 처음 들어선 구역이었다. 주요 도로를 따라 아트리움 주택들이 줄지어 서 있었다. 이후 기원전 1세기부터는 인슐라도 일정 수 지어졌다.

주요 대형 주택들은 대부분 I, II, III, VI의 네 구역에 지어졌는데 특히 VI 구역에 몰려 있었다. 이들 네 구역과 대형 주택의 연대 사이에 명확한 규칙이 있는 것은 아니지만 대체로 기원전 2세기~기원전 1세기에는 VI 구역에, 서기 1세기에는 II, III 구역에 각각 많이 지어졌다. 기원전 2세기에 들어와 대형 상류층이 등장하면서 VIII 구역의 위쪽인 동북쪽에 VI 구역을 고급주택단지로 조성해서 아트리움-열주랑 주택을 많이 지었다. 기원전 2세기 말에는 남쪽 방향으로 성벽 축조가 중단되면서 남쪽 지역에 있던 오래된 주택들이 크게 확장되어 II 구역과 III 구역을 형성했다.

폼페이의 주요 도무스의 구성형식, 소속구역, 연대 등을 표로 정리하면 다음과 같다.

표 6. 폼페이의 대표 도무스-소속구역과 연대

	I 구역	II 구역	III 구역	VI 구역
기원전 3세기 : 아트리움 단일 형식				외과의사 주택 살루스티우스 주택
기원전 2세기 : 아트리움-열주랑 주택	메나데르 주택		실버웨딩 주택	목신 주택, 판사 주택, 베티 주택
기원전 1세기 : 아트리움-열주랑 주택				살루스티우스 주택 확장
서기 1세기 : 아트리움-열주랑 주택		율리아 펠릭스 주택, 로레이우스 티부르티누스 주택	루크레티우스 프론토 주택	멜레아그로스 주택, 베티 주택 증개축, 비극시인의 주택

1단계: 폼페이 주거의 형성(기원전 8세기~기원전 4세기)

폼페이 자체는 로마문명의 역사와 함께했을 정도로 오래되었다. 캄파냐의 도시로 독립성을 가지며 명맥을 유지하다 기원전 1세기에 로마 퇴역군인의 휴양도시로 개발되었다. 기원전 2세기부터 주택 건설이 활발해지면서 로마 주거사에서 중요한 위치를 차지하게 되었다. 이런 흐름은 베수비오 화산이 폭발한 79년까지 계속되었다. 이때는 제정 초기로 폼페이의 주택 건설이 절정에 이른 때였다. 공화정 말기에서 이 시기 사이에 폼페이에 지어진 대형 도무스는 로마제국 전체를 통틀어서도 손꼽히는 정도였다. 이런 점에서 폼페이 도무스의 변천과정은 로마 주거사를

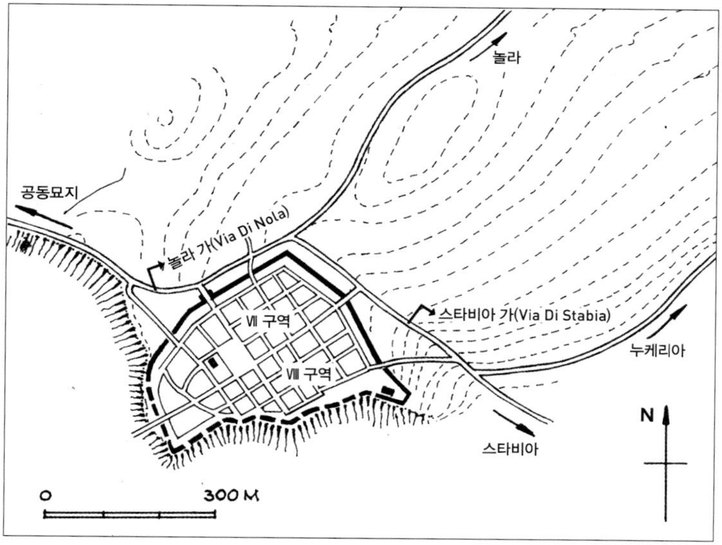

도 2-44 기원전 6세기경의 폼페이. 도심 공공지역인 VII 구역과 VIII 구역이 형성되었다.

이해하는 데 필수적이다. 그 발전과정은 여섯 단계로 나눌 수 있다.

첫 번째는 초창기~형성기로 기원전 8세기~기원전 4세기에 해당된다. 폼페이는 기원전 8세기부터 작은 시장 도시로 시작했다. 기원전 6세기에는 약 93,000제곱미터(약 28,000평)의 면적에 수백 명 정도의 인구를 유지했다. 이때 에트루리아사람들이 자신들의 도시계획 기법인 바둑판 구성으로 도심을 건설했고 그 중심에 이미 포럼과 신전 등 주요 공공건물을 지어서 사용했다(도 2-44). 현재의 구역 구획을 기준으로 하면 VII 구역과 VIII 구역이 여기에 해당된다. 공화정기에 들어와서 기원전 5세기~기원전 4세기에는 삼늄족이 점령하면서 급격한 팽창이 있었다. 면적은 6~7배가량 늘어서 약 635,000제곱미터(약 193,000평)이 되었으며 본격적인 도시 방어가 필요해지면서 도시를 에워싸는 성벽을 건설했다. 성 안에서는 이전의 바둑판 도로 골격을 확장, 정비했다.

이 시기의 주거는 현재 온전하게 남아 있는 것이 거의 없다. 앞에서 설명한 로마 초기의 주택 유형인 에트루리아 주택, 농가, 초기 중정 형 주택 등의 다양한 선례들이 독자성을 가지면서 혼재했을 것으로 보인다. 이런 유형들은 이후에 등장할 아트리움 주택의 선례들인데, 크게 로마 전통과 그리스-헬레니즘 전통으로 나눌 수 있다. 로마 전통에는 북부 이탈리아의 에트루리아 선례, 중부 이탈리아의 로마 시 선례, 남부 이탈리아 캄파냐 지역의 오스칸(Oscan)과 삼늄(Samnium) 선례 등의 세 갈래가 있었다. 그리스-헬레니즘 전통에는 이탈리아 반도 내 그리스 식민지와 그리스-마케도니아 본토의 두 갈래가 있었다.

2단계: 아트리움 주택의 등장(기원전 3세기)

두 번째는 공화정 전기에 해당되는 기원전 3세기로 이때부터 아트리움 주택이 등장하기 시작했다. 아직은 아트리움을 하나만 갖는 형식이 표준형이었는데 에피디우스 루푸스 주택, 외과의사 주택, 살루스티우스 주택 등이 대표적인 예들이다(도 2-10, 도 2-12, 도 2-13, 도 2-30). 이런 예들은 보존상태가 좋지는 않지만 일정 부분을 유구로 남기고 있다. 지붕 경사는 모두 안쪽을 향하는 임플루비아테 방식이었다. 에피디우스 루푸스 주택은 아트리움 주택으로는 드물게 16개의 기둥을 갖춘 코린트식이었다.

외과의사 주택은 기둥이 없는 토스카나식이긴 했지만 아트리움이 7.8m×9.9m로 작지 않은 크기였다. 살루스티우스의 주택은 이보다 더 커서 8.5m×14.5m였다. 외과의사 주택과 살루스티우스 주택은 건물의 재료와 시공, 타블리눔의 처리 등에서 기원전 3세기 아트리움 하우스를 대표한다. 이외에도 이름이 붙지 않은 아트리움 주택들이 폼페이의 VIII 구역에 도로를 따라 일렬로 줄지어 서 있었다. 이들은 대부분 소박한 아트리움과 타블리눔을 가지고 있었다.

아트리움 주택의 재료는 석회석과 화산암을 섞어서 사용했다. 석회석은 대부분 사르노 석회석(Sarno limestone)이었다. 폼페이 일대에서 나오는 지역 석재로 노란색을 띠었으며 구멍이 많이 나고 표면이 거칠었다. 기원전 3세기 말까지 폼페이 주택을 대표하는 건축 재료였다. 주택 외관은 단순한 육면체였다. 양끝 모서리 부분은 석회석 블록으로 쌓아서 반듯한 육면체 윤곽을 유지했다. 나머지 중간 부분은 석회석과 용암 자갈을 교대로 쌓아서 수평 띠를 만들었다. 조적 방식은 에슐러(ashlar, 모나게 깎은 돌을 쌓는 방식)였다(도 2-13). 접착제는 진흙을 사용했다.

기원전 3세기 말에는 석회석 대신 석회화로 주재료가 바뀌었다. 그리고 화산암을 그대로 섞어서 썼다. 누케리아(Nuceria)에서 검은색의 부드러운 석회화가 대량으로 나오면서 이 시기를 '석회화의 시대'라고 부르기도 한다. 이런 초창기 아트리움 주택들은 아트리움 천장을 막은 예도 있었고 부분적으로 뚫어서 콤플루비움을 만들기 시작한 예도 있었다. 그러나 수조는 아직 없었다. 지금 있는 수조들은 모두 기원전 2세기에 갖다 놓은 것이다.

3단계: 헬레니즘화와 아트리움-열주랑 주택의 등장(기원전 2세기)

세 번째는 기원전 2세기로, 폼페이 주거는 헬레니즘화가 시작되면서 큰 변화를 겪게 된다. 이 시기에는 로마 전체에 대형 상류층이 등장하는데 캄파냐 지역도 마찬가지였다. 이 지역의 상류층들은 헬레니즘의 영향 아래 열주랑을 주택에 도입하면서 아트리움-열주랑 주택을 탄생시켰다. 이전부터 있던 자기 집 안의 정원에 열주랑을 더하거나 이웃집을 사서 허문 뒤 열주랑을 더하면서 집을 확장했다. 이런 이원화된 중정 형은 이전의 아트리움 단일 형식을 밀어내고 폼페이, 나아가 로마문명 전체

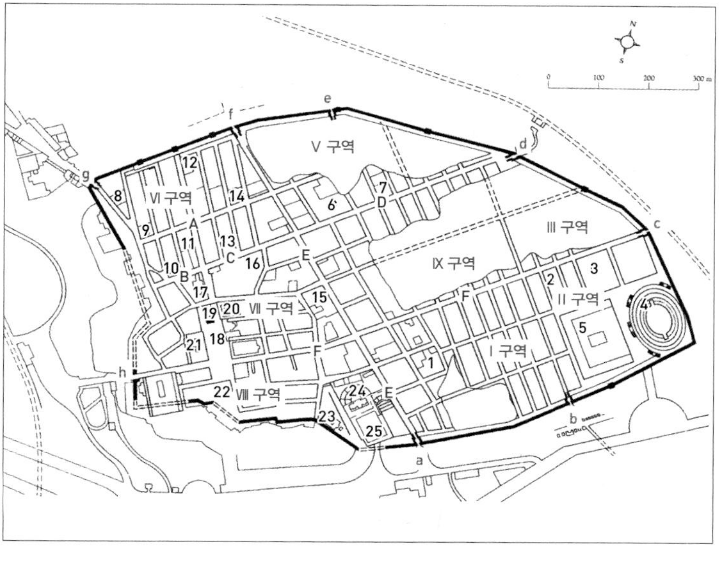

도 2-45 폼페이-도로, 문, 구역, 주요 공공건물 및 도무스.
* 도로 이름- A=비코 디 메르쿠리오(Vico di Mercurio, 머큐리 가). B=비아 델레 테르메(Via delle Terme, 온천의 거리). C=비아 델라 포르투나(Via della Fortuna, 행운의 거리). D=비아 델 놀라(Via del Nola, 놀라 가). E=비아 디 스타비아(Via di Stabia, 스타비아 가). F=비아 델라 아본단차(Vila della Abbondanza, 풍요의 거리).
* 문 이름- a=스타비아 문(Porta di Stabia). b=노케라 문(Porta di Nocera). c=사르모 문(Porta di Sarmo). d=놀라 문(Porta di Nola). e=카푸아 문(Porta do Capua). f=베수비오 문(Porta di Vesuvio). g=에르콜라노 문(Porta di Ercolano). h=마리나 문(Porta Marina).
* 구역, 공공건물, 도무스- I 구역. 1=메나데르 주택. II 구역. 2=로레이우스 티부르티누스 주택. 3=율리아 펠릭스 주택. 4=원형극장. 5=체육관(Palestra). V 구역. 6=실버웨딩 주택. 7=루크레티우스 프론토 주택. VI 구역. 8=외과의사 주택. 9=살루스티우스 주택. 10=판사 주택. 11=비극시인의 주택. 12=멜레아그로스 주택. 13=목신 주택. 14=베티 주택. VII 구역. 15=스타비아 목욕탕(Stabian Baths). 16=행운의 신전(Temple of Fortuna). 17=포럼 목욕탕. 18=포럼. 19=주피터 신전. 20=포럼 시장. 21=아폴로 신전. VIII 구역. 22=비너스 신전. 23=삼각형 포럼. 24=대극장. 25=검투사 병영.

의 대표적인 도무스 유형으로 자리 잡았다. 이후 폼페이에서는 화산재에 묻힐 때까지, 로마문명 전체에서는 3세기~4세기까지 이어졌다.

기원전 2세기에는 아트리움 자체도 변화, 발전했다. 아트리움에 기둥을 더하는 현상과 아트리움이 2층으로 높아진 현상이 대표적인 방향이었다. 기둥을 더한 코린트식과 테트라스틸 아트리움은 폼페이보다는 오스티아에 많이 지어졌는데 현재에도 비아 델라 포르투나 아노나리아(Via della Fortuna Annonaria)에만 100여 채가 남아 있다. 이런 예들은 2층보다는 1층이 많았다.

폼페이에서는 아트리움에 기둥을 더하면서 2층이 되는 현상이 함께 나타났는데 실버웨딩 주택이 대표적인 예이다(도 2-14, 도 2-15). 헤르쿨라네움도 비슷했는데 트라메초 주택(House of Tramezzo)과 그라티치오 주택(House of Graticcio) 등이 대표적인 예이다. 기원전 3세기까지 아트리움은 주로 단층이었는데 이것이 2층이 된 것이다. 2층에서는 아트리움을 중심으로 주로 쿠비쿨룸이 배치되었다. 집주인이 경제적 여유가 있을 때에는 2층을 가족이나 하인들의 침실로 사용했다. 경제적 형편이나 목적에 따라 2층을 세놓기도 했다.

기원전 2세기는 폼페이 전체로 봐도 건축적 부흥의 시기였다. 기원전 2세기 말로 오면서 공공건축도 활기를 띠었다. VII 구역과 VIII 구역 두 군데에 포럼을 확장, 정비했으며 그 주위로 신전, 극장, 목욕탕, 시장 등을 세웠다(도 2-45). 이 과정에서 주택 소유주들도 대리석 같은 화려한 건축 재료에 눈을 뜨게 되었다. 특히 공공건물의 모델로 로마 건축을 접하게 되면서 주택에서도 로마를 모방하거나 심지어 로마와 경쟁하려는 경향이 처음 나타났다.

도 2-46 목신 주택, 폼페이, 기원전 2세기. 폼페이 제1양식으로 그린 식당의 모자이크 장식. 바다 속 세계를 모사했다.

이런 경향은 크고 화려한 주택을 짓고 싶어 하던 당시 폼페이 상류층의 욕망과 맞물리면서 구체적 움직임으로 나타났다. 가장 대표적인 것이 고급 재료를 사용하려는 시도였다. 이들은 로마의 부유층 주택을 열심히 좇았는데 완전히 따라잡지는 못했지만 대리석 장식에서만 차이가 날 정도로 근접하는 데 성공했다. 대리석 사용은 양면적이었다.

열주랑 기둥에서는 상당히 많이 사용해서 대부분의 대형 도무스가 여기에 해당되었다. 실내 벽체는 반대여서 아직 진짜 대리석을 사용하지 못하고 그림으로 대리석을 모방하는 데 그쳤다. 그림으로 흉내 낸 대리석과 함께 회반죽 위에 벽화를 많이 그렸다. 벽화를 그린 회화의 수준은 로마 쪽이 좀 더 섬세하고 수려했지만, 양으로 보면 폼페이는 헤르쿨라네움과 함께 로마를 능가했다고 해도 과언이 아니었다. 이 두 도시의 벽화는 '폼페이 회화(Pompeian painting)' 혹은 '폼페이 양식'이라는 별도의 미술 사조를 탄생시키며 로마 미술사의 한 축을 담당했다(도 2-46).

기원전 2세기에는 폼페이의 대표적인 아트리움-열주랑 주택이 대부분 지어졌다. 목신 주택, 실버웨딩 주택, 메나데르 주택, 판사 주택, 베티 주택 등이 대표적인 예들이다. 아트리움-열주랑 주택은 이후 폼페이가 화산재에 묻히는 서기 79년까지 계속해서 지어졌다. 이들은 VI 구역에 많이 몰려 있었다(도 2-45, 도 2-47).

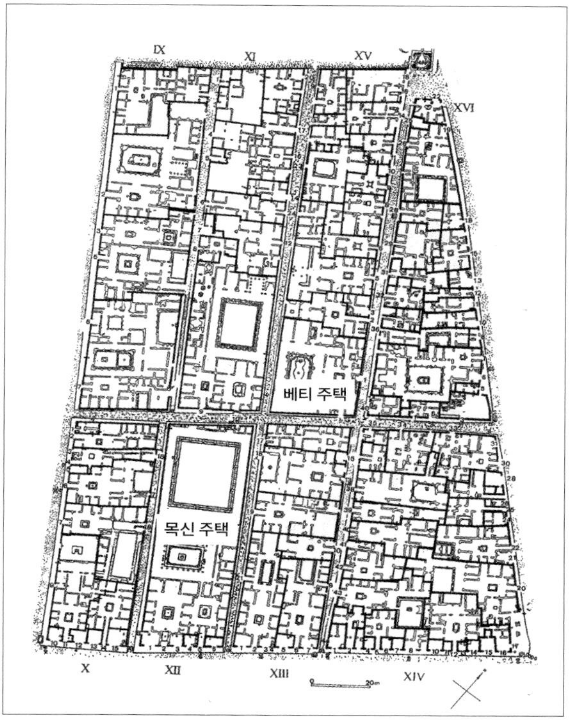

도 2-47 폼페이 VI 구역의 주택들. 베티 주택과 목신 주택이 중심을 이루고 그 주위로 수많은 도무스들이 들어차 있다.

4단계: 반란의 실패와 로마에의 종속(기원전 1세기)

네 번째는 기원전 1세기로 반란과 패배의 시기였다. 기원전 1세기의 첫 20년은 폼페이 내부의 변란의 시기였다. 기원전 90년~89년에 내전을 겪으면서 폼페이는 굳건한 방어체제를 갖추게 되었다. 이를 바탕으로 로마 시민권을 획득하기 위한 캄파냐 지역의 반란을 이끄는 중심지가 되었다. 그러나 술라(Sulla)가 이끄는 진압군에게 포위를 당하고 공격을 받아 진압되었다. 기원전 80년에는 이 반란에 대한 징벌을 받았다. 폼페이 지배계층의 재산은 몰수당하고 퇴역군인의 식민지가 되었다. 폼페이에 대해서 일반적으로 알려진 로마의 휴양도시라는 수식어는 사실상 이때 생긴 것이다.

처음에는 로마에서 내려온 3,000~5,000명 정도의 퇴역군인이 새로운 지배계층을 형성했다. 한두 세대가 흐르면서 과거의 폼페이 전통가문들이 조금씩 다시 복귀했지만 라틴어가 공식어가 되고 건축에서 로마 척도를 사용하는 등 전반적으로 로마에 귀속되었다. 이전에 사용하던 오스칸 척도는 점차 사라졌다. 이전까지 폼페이의 성격은 '헬레니즘에서 영향을 받은 캄파냐의 이탈리아 도시'였는데 이제 완전히 로마에 종속된 도시로 변했다.

로마의 식민지가 되면서 로마에서도 유력자가 내려와 집을 짓기 시작했다. 기원전 1세기가 되면 로마 시내는 이미 상류층의 대형 도무스를 지을 상황이 아니었다. 반대로 로마에서 너무 멀리 떨어지면 권력에서 멀어졌기 때문에 안 되었다. 이런 두 가지 조건을 동시에 만족시킨 것이 폼페이였다. 로마에서 가까우면서도 대형 개인주택을 지을 여건이 마련되어 있었다. 로마의 인구가 계속 늘면서 열악한 주거환경의 문제가 심해지자 이주를 적극 권장한 것도 주요 배경이었다. 유력자만 폼페이로 내려온 것이 아니었다. 빈곤층 상당수도 내려왔다. 폼페이 시당국은 기원전 61년에 역으로 토지 재분배를 제안하기도 했는데, 이는 로마에서 내려오는 이주자들이 정착하는 데 도움을 주고 정착에 대한 확신을 심어주기 위해서였다.

이상의 정치사회적 변화에 맞춰 건축도 로마의 영향을 받기 시작했다. 로마의 영향은 공공건축과 주거에서 공통적으로 나타났다. 공공건축에서는 새로 정착한 로마 퇴역군인들이 좋아할 만한 포럼 목욕탕, 극장, 원형극장 등을 새로 지었다. 기원전 1세기 후반부에는 로마에서 오푸스 레티쿨라툼(opus reticulatum, 돌이나 벽돌을 사각형으로 만들어 가지런히 쌓는 기술)이라는 새로운 시공기술이 전수되어서 대형 공공건물 공사에 중요한 발전이 있었다.

주거도 꾸준히 지어졌는데 크게 두 경향이 혼재되어 나타났다. 하나는 기원전 2세기에 폼페이에 등장하기 시작한 아트리움-열주랑 주택이 계속되는 현상으로 백주년 주택이 대표적인 예이다(도 2-41, 도 2-42). 다

도 2-48 오벨리우스 피르무스 주택(House of the Obelius Firmus). 폼페이. 기원전 1세기~서기 1세기. 화려한 코린트식 기둥 네 개를 갖춘 테트라스틸 아트리움을 보여준다.

른 하나는 로마의 식민지와 휴양도시가 되면서 로마의 영향을 받은 점이다. 로마에서 내려온 유력자들이 확장하거나 지은 살루스티우스 주택과 오벨리우스 피르무스 주택(House of Obelius Firmus) 등이 대표적인 예이다(도 2-48).

폼페이 주거에 로마의 영향이 본격적으로 나타난 것은 제정기부터인데, 기원전 1세기에는 재료에서 먼저 영향이 나타나기 시작했다. 로마에서 주로 사용하던 대리석과 고급 화강석이 폼페이 주거에서도 주재료가 된 것이다. 일부에서는 이때 등장한 고급 화강석을 트래버틴(travertine)이라고 부르기도 하는데 이것은 엄밀히 말하면 잘못된 것이다. 트래버틴은 원래 석회화 가운데 건축용을 이르는 단어이다. 기원전 2세기까지는 대형 주택의 열주랑에 국한해서 대리석을 사용하던 것이 기원전 1세기에 들어오면서 열주랑 이외의 곳에서 사용하기 시작했으며 중소규모의 주택에까지 대리석을 사용하는 등 도시 전체에 대리석이 흔한 재료가 되어갔다(도 2-48).

고급 재료가 유행하기 시작한 현상을 확장하면 사치 현상이 본격화된 것이 된다. 앞에 언급한 헬레니즘화가 심화된 것이다. 이런 현상에 대한 동시대 기록은 꽤 남아 있는 편인데, 대 플리니우스도 그 가운데 한 명이다. 그는 『자연사』 36장 15절에서 기원전 1세기에 유행한 사치 현상에 대해 다음과 같이 언급하고 있다. "기원전 76년에 지은 레피두스의 주택(House of Lepidus)이 당시에는 가장 섬세했으나 30년 만에 100등

도 2-49 살루스티우스 주택. 폼페이. 기원전 3세기. 기원전 1세기 확장. 폼페이 제1양식으로 그린 벽화.

안에도 들지 못하게 밀려났다."

고급 재료는 주로 기둥과 장식처리에 사용했다. 장식 재료에 대리석을 사용하게 되면서 장식 처리 자체가 더 화려해졌다. 벽화는 신화 등의 소재를 그린 그림 이외에 그리스 회화를 모방해서 그리기도 했다(도 2-49). 모방 대상은 그림만이 아니었다. 다양한 고급 석재도 모방해서 벽에 그렸다. 바닥에는 모자이크 장식이 늘었다. 조각품의 사용도 늘었다. 새로 만든 작품 이외에 이번에도 그리스 조각을 모방해서 사용했다. 정원에는 조각품 이외에 골동품도 주요 전시용 장식 품목이었다.

대 플리니우스는『자연사』36장 48~50절에서 고급 재료를 사용하고 장식이 증가하면서 집 안 분위기가 밝아졌다고 소개하고 있다. 예를 들어 아트리움에 대리석 기둥을 사용하면서 어둡던 옛날 분위기가 밝게 바뀌었다고 했다. 아트리움에 기둥을 사용하게 되었다는 사실 자체가 재료의 종류를 떠나 일단 아트리움의 면적이 넓어졌다는 뜻이 된다. 여기에 대리석마저 사용하면서 분위기가 밝아진 것이다. 이를 채광 향상 현상이라 부를 수 있다. 지붕 디자인도 어두운 옛날식 디스플루비아테에서 밝은 임플루비아테로 따라서 바뀌었다고 했다. 물론 아트리움과 지붕의 이런 변화는 이미 기원전 2세기에 나타난 것이긴 한데 기원전 1세기까지 계속되자 대 플리니우스는 이를 기원전 1세기에 나타난 장식 경향과 연계시킨 것으로 보인다.

5단계: 제정기의 도무스

다섯 번째는 제정기에 나타난 도무스의 특징이다. 로마의 식민지가 된 뒤 제정기에 들어오면서 제국 정비의 손길이 이곳에까지 미쳤다. 초대 황제 아우구스투스의 역점사업이었던 수로 체제의 정비와 건설이 이 시기 폼페이의 공공건축을 이끌었다. 주택건설도 꾸준히 이어지며 도무스에서 제정기만의 특징이 나타났는데 두 가지로 요약할 수 있다.

하나는, 기원전 1세기에 나타났던 사치 경향이 로마의 영향으로 더욱 심해진 점이다. 제정기 폼페이의 도무스에 욕망의 불길을 당긴 것은 네로의 황금 주택이었다. 앞에서 정원과 관련해서 소개한 바와 같이 황금 주택은 서기 1세기 대형 도무스의 이상 모델이었다. 황금 주택은 정원 이외에도 각종 화려한 실내장식과 벽화로 이미 당대 상류층 사이에 부러움과 모방의 대상이 되어 있었다. 특히 벽화가 중요해서 황금 주택의 벽화는 화려함과 작품수준에서 폼페이의 벽화를 훨씬 뛰어넘는 것이었다.

제정 초기를 살았던 비트루비우스가 관찰하고 남긴 기록 역시 이런 사치 현상을 잘 보여준다. 대형 상류층의 도무스는 그 격에 맞아야 하며 특히 왕궁의 기준에 버금가야지만 집주인은 자신의 친구와 가솔 들에게 사회적 책임을 다한 것이라던가, 도무스에 들어가는 공적 시설들은 마감상태나 건축양식 등이 대형 공공건물에 뒤지지 않아야 한다는 점 등이 대표적인 내용들이다.

대 플리니우스는 『자연사』 36장 15절에서 당시 로마의 상류층 주택에서 황금 주택을 모방했던 구체적 예를 소개하고 있다. 그는 주택에서조차 다양한 종류의 그리스 산 대리석을 이용해서 단일 석기둥을 세웠다고 기록했는데 이런 기둥의 상당수는 그리스에서 직접 가져온 것이라 했다. 벽체도 여기에 맞춰 대리석 패널로 마감하는 경향이 유행했다

도 2-50 베티 주택. 폼페이. 기원전 2세기. 서기 1세기 확장. 어린 헤라클레스가 뱀을 죽이는 장면을 그린 프레스코화.

고 했다. 이런 처리는 황금 주택에서 사용했으며 나중에 팔라틴 언덕(Palatine Hill)의 황궁이나 판테온에서 이어받은 실내장식 기법이다. 최고급 건물에서만 사용하던 것인데 제정기 폼페이의 대형 도무스가 이것을 모방한 것이다. 마치 '왕궁의 기준에 버금가야 한다.'라는 비트루비우스의 언급을 증명하기라도 하는 것 같다.

폼페이의 도무스 가운데 실내에 대리석 패널을 직접 사용한 예는 드문 편이다. 이런 처리는 그야말로 황궁 급에서나 부담 없이 사용할 수 있었다. 폼페이에서는 앞 시기에 사용했던 '벽화로 모방하는 가짜 대리석'의 사용이 질과 양 모두에서 증가하는 경향이 주를 이루었다. 모방 솜씨도 좋아져서 언뜻 보면 진짜 대리석과 구별하기 힘들었다. 벽화의 장면이 더 화려해지고 바닷가 빌라, 바다 풍경, 건축 프레임 등 새로운 소재도 등장했다(도 2-31, 도 2-32, 도 2-36, 도 2-50). 회화사에서는 폼페이 제3양식이 이 시기 건축에 나타난 이런 변화에 맞춰 새로 등장한 사조였다.

다른 하나는 열주랑과 후원이 크게 강화된 점이다. 제정기에 들어와서 아트리움이 공적 영역으로 강화된 데 따른 반대급부 현상이었다. 일단 열주랑과 후원의 개수와 면적이 늘어났다(도 2-56, 도 2-59). 이에 따라 후원의 기능도 감상용, 휴식용, 채소 재배용 등으로 다양해졌으며 수

도 2-51 로레이우스 티부르티누스 주택(House of Loreius Tiburtinus). 폼페이. 1세기.
도 2-52 율리아 펠릭스 주택. 님피움. 폼페이. 1세기.

로, 님피움, 분수, 페골라(pergola), 덩굴을 지붕처럼 올린 정자나 작은 길, 장식품 등 후원에 설치하는 시설들도 다양해지고 증가했다(도 2-22, 도 2-30, 도 2-51, 도 2-52, 도 2-57). 일부 도무스에서는 후원이 강화되면서 집 전체의 구성이 비정형적으로 변했는데 루크레티우스 프론토 주택이 좋은 예이다.

후원이 강화된 현상과 맥을 같이하는 것이 경치를 감상하고 즐기려는 새로운 경향이었다. 배경은 두 갈래였다. 첫째는 동시대에 유행하던 바닷가 빌라였다. 그 대표적 장점인 경치 감상 기능을 도무스에 부분적으로 도입하면서 바닷가 빌라는 황금 주택과 함께 제정기 폼페이 도무스의 또 다른 주요 모델이 되었다. 이는 폼페이 제3양식의 주요 주제이기도 했다. 둘째는, 앞 시기에 나타났던 채광 향상 현상이었다. 채광이 향상되면서 집이 전체적으로 개방적으로 변했는데 이것은 경치를 감상하려는 경향과 잘 맞았다.

경치 감상은 두 방향이었다. 하나는 열주랑과 후원의 사적 성격을 지키고 싶을 때로, 방들이 내부를 향해서 열리면서 정원을 감상의 대상으로 삼았다. 정원 주변의 방들에서는 아예 벽을 허문 정도로까지 창을 확장하기도 했다(도 2-58). 감상거리를 늘리기 위해 정원시설이 다양해지고 늘어나는 현상은 이에 따른 것인데 물을 이용한 시설이 좋은 예이다. 이런 물 시설에는 각종 석재와 조개껍질 등을 이용해서 화려한 장식을 가하는 것이 보통이었다.

다른 하나는, 집 밖을 향해서 개방되는 경우였다. 주로 주변 경치가 좋은 곳에 위치한 경우로 사적 성격을 지키기보다는 집 밖 경치를 감상하는 쪽에 무게를 둔 것이다. 루크레티우스 프론토 주택과 로레이우스 티부르티누스 주택에서는 후원 뒤쪽의 방들에서 외부를 향한 창이 커졌다. 헤르쿨라네움의 모자이크 아트리움 주택과 황소 주택은 더 적극적이어서 정문 양옆에 테라스를 설치해서 감상용 무대처럼 꾸몄다.

이상의 두 경향은 분리되지 않고 함께 나타났다. 이를 보여주는 대표적인 예로, 루크레티우스 프론토 주택, 베티 주택 증개축, 율리아 펠릭스 주택, 로레이우스 티부르티누스 주택, 비극시인의 주택 등을 들 수 있다. 헤르쿨라네움에서도 같은 경향이 유행했는데 넵튠과 암피트리테 주택, 모자이크 아트리움 주택, 황소 주택 등이 대표적인 예이다.

6단계: 제정기의 도무스 임대주택

여섯 번째는 제정기에 있었던 임대주택의 발전인데, 그중에서도 도무스와 관련된 부분이다. 로마 시대 때 임대주택은 기본적으로 인슐라가 대표한다. 로마와 오스티아에 특히 많이 지어졌지만 도무스의 도시였던 폼페이와 헤르쿨라네움에도 일정 수가 지어졌다. 인슐라는 임대주택일 뿐 아니라 다층 공동주택인 점에서 개인주택인 도무스와는 기본적으로 완전히 다른, 혹은 반대되는 유형이다. 그러나 폼페이의 임대주택에는 인슐라만 있었던 것은 아니다. 도무스 임대주택도 있었다.

도 2-53 판사 주택. 폼페이. 기원전 2세기. 네 채의 임대주택(A–D)과 본체의 중심 경치 축.

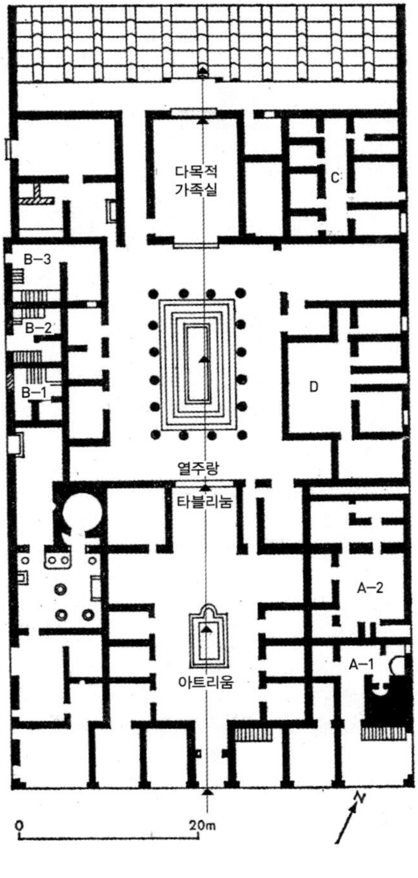

도무스 임대주택은 제정기 이전부터 있었다. 앞에서 살펴본 판사 주택이 좋은 예로 네 채의 임대주택이 본체와 섞여 있었다(도 2-53). 상가가 없는 임대 전용주택을 대형 도무스 본체에 집어넣은 판사 주택의 구성은 흔한 예가 아니었다. 상가가 있는 임대주택을 섞는 구성은 흔했다. 도로를 면한 쪽은 대부분 상가로 임대했는데 이때 위층에 침실 같은 주거시설을 함께 갖춘 유형은 서양의 도시주거에서는 오랜 전통이었다. 그리스 시대부터 일부 예가 등장했으며 현재까지도 한 번도 사라지지 않고 계속되고 있다. 폼페이의 도무스도 물론 예외가 아니었다.

제정기에 들어오면 이보다 좀 더 적극적인 도무스 임대주택이 등장했다. 이전의 소극적인 임대에서 벗어나 도무스 전체를 개조하는 방향이었다. 도무스를 몇 채의 단독 임대주택으로 나누거나 인슐라와 비슷하게 다층으로 올리는 경우 등 구체적인 내용도 다양했다. 도무스의 대표적인 예였던 판사 주택과 살루스티우스 주택이 이번에는 이런 도무스 임대주택의 대표적인 예가 되었다. 판사 주택은 아리아나 폴리아나 인슐라(Insula Arriana Polliana)로 바뀌면서 공동주택으로 임대되었다. 살루스티우스 주택은 아예 숙박업소인 여관으로 용도변경 되었다. 이전까지 폼페이, 나아가 로마제국 전체의 도무스를 대표하던 대저택들이었는데 제정기에 들어와서 이렇게 바뀐 것이다.

이런 변화는 도무스의 기본 개념이 변하면서 나타난 것이었다. 이전에 도무스는 전통귀족의 자급자족 단위였다. 가정의 둥지는 물론이려니와 귀족 자신의 권력의 산실 겸 사무실이자 가문의 본거지였다. 생활에서도 자급자족이 가능했다. 예를 들면 집에 빵 굽는 노예까지 거느리며 식량을 자급자족했다. 엄격한 가부장제와 노예제도라는 두 가지 사회제도가 이를 뒷받침해주었다. 그만큼 완결성이 강했다.

제정기에 들어오면서 일부에서 이런 전통적인 도무스가 붕괴되는 현상이 나타났다. 로마제국 전역에 걸쳐 나타난 현상이었는데 이런 변화는 특히 폼페이의 도무스 임대주택에 잘 남아 있다. 이를 이끈 것은 무역과 중개로 부를 축적하며 새로 등장한 부상(富商) 계층이었다. 제국이 안정되고 평화가 계속되면서 이집트와 아프리카에서 들여오는 식량이 증가했다. 프랑스의 골(Gaul) 지방과 스페인에서는 와인과 오일 생산이 증가하면서 역시 이탈리아 반도로 대거 수입되었다.

부를 기반으로 새로 형성된 계층은 전통적인 귀족 권력을 부분적으로 약화시키는 변화를 가져왔다. 가장 큰 타격을 입은 계층은 이탈리아 반도 내에 농지를 소유하고 있던 농업귀족이었다. 폼페이의 전통귀족에도 이 계층이 많았는데 판사 가문이 대표적인 예이다. 반면 새로 등장한 부상 계층은 활발한 상업활동을 통해 부를 축적해서 권력의 기반으로 삼았다. 폼페이에도 이런 계층이 등장했다. 이들은 곡물 수입 이외에도 새롭게 변한 경제환경에 민첩하게 대응해서 다양한 방법으로 수익을 창출했다.

도무스 임대주택은 이들의 중요한 수입원 가운데 하나였다. 도시가 커지고 인구가 증가하면서 각종 가공제품의 수요가 늘었다. 이에 따라 상가도 증가하면서 임대수요가 지속적으로 발생했다. 이런 변화를 알아챈 부상 계층이 임대사업에 뛰어들면서 도무스가 수익 창출의 대상으로 바뀌게 되었다. 이전에는 도무스가 노예를 기반으로 한 자급자족의 단위였기 때문에 노예들이 집 안에서 빵도 굽고 농기구도 만드는 등

생활에 필요한 용품을 직접 생산했다.

제정기에 들어와서 상황이 변했다. 인구가 증가하고 노예를 거느리지 않은 새로운 계층이 등장하면서 이들에게 물건을 만들어 파는 일이 중요한 경제활동으로 등장했다. 예를 들어 이전에 귀족에 속해서 빵을 굽던 노예가 독립을 해서 빵가게를 차리면 큰돈을 버는 식이었다. 집주인도 이것을 알아채고 노예를 해방시킨 뒤 이런 쪽으로 키워서 수입을 올려서 일정한 비율로 나눠가지게 되었다. 노동과 직업은 점차 분화되고 일부 대량생산품도 나오게 되었다. 나폴리만의 항구도시였던 폼페이에서는 생선과 관계된 산업이 융성했는데 생선 가공과 가룸(garum, 고대 로마의 양념 소스로 주로 생선요리에 사용) 생산이 대표적인 예였다.

로마제국 전체로 보면 해방노예들 가운데 큰 부를 축적하면서 한 번에 상류지배계층으로 뛰어오른 인물들이 등장했다. 팔라스(Pallas), 나르키수스(Narcissus), 트리말키오(Trimalchio) 등이 대표적인 인물이었다. 이런 인물들은 서기 1세기 중반의 로마 시대상을 반영한다. 팔라스와 나르키수스는 모두 노예출신으로 새롭게 백만장자가 된 인물들인데 특히 클라우디우스 황제(재위 41~54년)의 중요한 정치적 조언자들이었다. 클라우디우스는 노예해방을 주도하면서 이들의 권력을 신장시킨 황제였는데 옆에서 이를 조언하며 이끌었던 인물들이었다.

트리말키오는 페트로니우스(Petronius, 서기 1세기 풍자작가이자 정치가)의 문학작품에 등장하는 가상의 캐릭터인데, 앞의 두 사람과 달리 신흥계층을 부정적으로 상징한다. 페트로니우스는 당시 벼락출세한 신흥부자들의 통속적인 생활을 예리하게 풍자했는데 그 대표적 인물 가운데 한 명이 트리말키오였다. 트리말키오를 통해 풍자되는 이런 부정적인 내용은 네로 황제(재위 54~68년)와도 일정한 연관성이 있다. 페트로니우스는 네로가 아끼던 집정관이기도 했는데 네로 자신이 노예해방에 부정적인 시각을 가지고 있었다. 자신의 양아버지이자 선대 황제였던 클라우디우스가 권력이 커진 해방노예들에게 시달리다가 죽었기 때문이었다. 페트로니우스는 네로의 이런 생각을 자신의 작품 속 캐릭터를 통해 표현한 것이었다.

폼페이에도 해방노예가 이런 신흥계층으로 등장했다. 이들은 폼페이의 중심 세력으로 떠올랐다. 폼페이에는 62년에 지진이 일어나면서 피해가 꽤 컸는데 복구사업에 필요한 비용 가운데 상당 부분이 이들 신흥계층에서 나왔다. 신흥 부상으로 떠오른 해방노예가 자신의 아들 이름인 누메리우스 포피디우스 켈시누스(Numerius Popidius Celsinus)로 기부를 한 것이 좋은 예이다. 과거의 전통귀족은 점차 폼페이를 떠났고 그 자리를 해방노예와 신흥부상들이 채우면서 정치적 발언권도 획득했다.

이들은 전통귀족들의 도무스를 사들였다. 거주목적이 아닌, 앞에서 말한 임대목적이었다. 이들은 전통귀족만큼 주택에 대한 자부심이나 애착이 크지 않았다. 이들에게 주택은 더 이상 가문이나 계급을 과시하는 수단이 아니었다. 이들의 관심은 큰돈을 버는 경제활동이었고 집도 마찬가지였다. 앞에서 소개한 것과 같은 방식으로 도무스 임대사업을 벌였다. 여러 세대로 분할하거나 숙박업소와 상가 등으로 개조해서 세를 놓았다. 도로를 면한 쪽이 상가로 인기가 많은 것은 이전부터 있어오던 현상이었다. 때로는 도무스 한 채 전부가 생산 공장으로 변하기도 했다.

도무스는 더 이상 귀족가족의 사적 영역이 아니었다. 따라서 집 내부를 향해 개방적이던 이전의 구성에도 변화가 왔다. 집이 외부를 향해 열리게 된 것이다. 위층을 개축하고 발코니와 2층 창을 내면서 외부와 직접 소통하게 되었다. 대부분 상가를 낀 임대주택이었기 때문에 도로를 오가는 손님과의 소통이 반드시 필요했기 때문이다. 도로를 면해 서 있는 집들의 풍경도 변했다. 벽으로 막혀 있던 이전 풍경은 점차 사라지고 창이 뚫린 개방적 면이 가로를 차지했다. 집 안에 있던 벽화나 장식들도 더 이상 필요가 없어졌다. 해방노예나 신흥부상 들에게 집 안의 벽화나 장식은 너무 어렵거나 관리에 수고만 드는 귀찮은 것들이었다.

이런 변화상을 해석하는 시각은 여러 가지일 수 있겠으나 순수 작품의 관점에서 보면 이전에 있던 전통귀족의 수준 높은 주택 및 그 속에 있던 중요한 예술작품들이 훼손되고 타락하는 과정으로 볼 수 있었다. 화산폭발 없이 50년만 이런 상황이 계속되었으면 폼페이의 벽화들은 완전히 사라졌을 수도 있었다. 화산재가 오히려 이런 작품들을 지켜준 것은 아이러니가 아닐 수 없다.

이상의 변천과정을 거치며 크고 작은 주택들로 가득 찼던 폼페이는 서기 79년 8월 24일 오전 10시경부터 베수비오 화산에서 연기가 분출하기 시작하면서 역사에서 사라졌다. 폼페이를 필두로 인근의 스타비아(Stabiae), 오플론티스(Oplontis), 헤르쿨라네움 등의 도시들까지도 수십 미터의 화산재와 돌덩이 밑에 묻혔다. 이상의 변천 내용을 표로 정리하면 다음과 같다.

표 7. 폼페이의 도무스 변천사

<table>
<tr><th colspan="2">1단계: 기원전 8세기~기원전 4세기</th><th>2단계: 기원전 3세기</th></tr>
<tr><td colspan="2">폼페이 형성기, 다양한 초기 선례주택들의 혼재</td><td rowspan="3">아트리움 주택의 등장
: 석회석과 화산암이 주재료
: 콤플루비움 등장
: 에디피우스 루푸스 주택
(코린트식 아트리움, 임플루비아테 지붕)
: 외과의사 주택
(토스카나식 아트리움, 임플루비아테 지붕)
: 살루스티우스 주택
(토스카나식, 임플루비아테)</td></tr>
<tr><td>로마 선례</td><td>그리스-헬레니즘 선례</td></tr>
<tr><td>에트루리아(북부 이탈리아),
로마(중부 이탈리아),
캄파냐(남부 이탈리아-오스칸, 삼늄)</td><td>이탈리아 반도 내 그리스 식민지,
그리스-마케도니아 본토</td></tr>
<tr><td colspan="2"></td><td></td></tr>
<tr><td colspan="2"></td><td></td></tr>
</table>

3단계: 기원전 2세기	4단계: 기원전 1세기	5, 6단계: 서기 1세기
아트리움 주택이 변화, 발전 (1) : 2층으로 높아짐 : 아르젠토의 결혼축하 주택, 폼페이 : 트라메초 주택, 헤르쿨라네움 : 그라티치오 주택, 헤르쿨라네움 아트리움 주택이 변화, 발전 (2) : 아트리움에 열주랑을 두름 : 오스티아의 비아 델라 포르투나 아노나리아에 집중		
아트리움-열주랑 주택의 등장 : 헬레니즘화의 영향 : 폼페이의 건축 부흥기 : 폼페이 상류층의 욕망 : 주택에 가짜 대리석 사용 : 미술사에서 폼페이 양식 형성 : 목사 주택(폼페이에서 가장 넓은 도무스) : 판사 주택(네 채의 임대주택 혼재) : 실버웨딩 주택 : 메나데르 주택 : 베티 주택	**아트리움-열주랑 주택 계속** : 폼페이의 반란과 실패의 시기 : 로마 식민지가 됨 : 대형 공공건축 활성화 : 로마 주택의 영향 : 주택에서 고급 석재의 사용 증가, 장식 강화 : 백주년 주택(헬레니즘화에 따른 사치 현상을 대표하는 화려한 주택) : 오벨리우스 피르무스 주택 : 살루스티우스 주택 확장 (다섯 개의 식당, 원예와 집필생활)	**아트리움-열주랑 주택 계속** : 사치, 장식의 심화 & 네로의 황금 주택 모방 : 열주랑과 후원의 강화 : 바닷가 빌라의 영향으로 경치 감상 기능 추가 : 폼페이의 예들-루크레티우스 프론토 주택, 베티 주택 증개축, 율리아 펠릭스 주택, 로레이우스 티부르티누스 주택, 비극시인의 주택 : 헤르쿨라네눔의 예들 -넵튠과 암피트리테 주택, 모자이크 아트리움 주택, 황소 주택
		도무스 임대주택의 등장 : 인구 증가와 도시확장으로 임대수요 증가 : 해방노예와 신흥부자의 등장-팔라스, 나르키수스, 트리말키오 등 : 전통귀족의 도무스를 구입해서 임대주택으로 개조 : 판사 주택-인슐라로 개조 : 살루스티우스 주택-여관으로 개조

4

도무스의 대표작들

판사 주택: '단위 아파트먼트의 등장'

기원전 2세기 폼페이의 아트리움-열주랑 주택을 대표하는 예로 판사 주택과 목신 주택을 들 수 있다. 판사 주택은 90m×30m의 부지 안에 비트루비우스가 언급한 대부분의 방을 갖추고 있다. 크게 보면 판사 주택 본체, 여러 개의 상가, 빵집 둘, 임대용 작은 주택 세 채 등으로 이루어진다. 아트리움-열주랑 주택의 표준 구성을 대표하는 것으로 얘기되지만 임대용 주택이 섞여 있어서 실제 사용 면에서는 로마 도무스의 진수를 보여주지는 못한다. 로마의 생활상은 목신 주택이 잘 보여준다.

판사 주택 본체는 아트리움-열주랑-후원의 세 영역으로 이루어진다 (도 2-27). 아트리움 영역으로 들어가는 출입구는 로마 도무스의 화려한 베스티불룸을 잘 보여준다. 출입구 양옆을 이오니아식 주두로 치장한 화려한 벽기둥으로 장식했다. 통로를 지나면 토스카나식 아트리움에 이른다. 수조 주위로 양옆에 각각 세 개씩의 쿠비쿨룸을 배치했다. 이 가운데 왼쪽 아래 남서쪽의 것은 판사의 농장에서 생산한 농산물을 파는 상가에 속했다. 아트리움에는 이밖에 타블리눔, 식당, 개방형 날개 등을 잘 갖추었다. 타블리눔 오른쪽 옆에는 열주랑으로 넘어가는 좁은 통로가 났으며 다시 그 오른쪽 작은 방은 도서관이었다.

열주랑은 16개의 이오니아식 기둥을 갖추었는데 기원전 140년~120년 사이에 더한 것이다. 열주랑 영역이 보통 정원으로 사용되는 것과 달리 이곳에서는 수영장을 설치한 점이 특이하다. 열주랑 영역의 가장 깊은 곳의 큰 방은 원래는 엑세드라인데 이곳에서는 가족용 거실로 사용했다. 그 옆에는 좁고 긴 아늑한 방이 있는데 겨울용 식당이었다. 이외에 열주랑 오른쪽에 식당을, 왼쪽 위쪽에 부엌과 식료품 창고 등을 갖추었다. 엑세드라는 왼쪽 아래에 들어갔다. 그러나 열주랑의 양옆 밖으로 임대용 주택이 들어갔기 때문에 가족들을 위한 시설을 충분히 갖추지는 못한 편이다.

후원 영역은 열주랑의 가족용 거실 옆에 난 통로를 통해 들어갈 수 있다. 좁은 통로 이외에는 다른 입구가 없었기 때문에 후원의 프라이버시는 잘 지켜진 편이었다. 후원으로 들어오면 열주랑 벽을 맞대고 지스트를 설치해서 후원을 감상할 수 있게 했다. 후원과 열주랑이 접한 면 가운데 가족용 거실 옆에는 작은 방이 하나 있는데 여성용 내실로 추측된다. 이상과 같이 일렬로 늘어선 세 영역은 로마 주택의 대표적 특징인 축 구성을 잘 보여준다. 정문에서 후원의 가장 안쪽 벽에 이르는 90미터 길이의 일직선 경치를 만들어냄과 동시에 이것의 개폐를 조절하는 작용에서 로마 주택의 전형적 예에 속한다(도 2-53).

판사 주택은 임대 영역이 유난히 넓었는데 이것과 관련해서 서양 주거사의 중요한 요소 한 가지가 등장하게 된다. 임대주택을 구성하는 기본 단위인 '아파트먼트(apartment)'라는 주제이다. 우리가 사는 아파트라는 단어의 출처이기도 한데 우리나라에서 사용하는 개념과는 완전히 다르다. 서양 주거에서 아파트먼트는 3~6개의 방으로 구성된 하나의 독립 주거 단위이다. 가장 정확한 명칭은 '단위 아파트먼트(simple apartment)'이다. 이 책에서도 앞으로 이 명칭을 사용하고자 한다.

단위 아파트먼트를 구성하는 방들은 모두 침실이며 거실은 있기도 하고 없기도 했다. 일렬로 구성되기도 하고 거실을 중심으로 중앙 형으로 구성되기도 했다. 일렬 구성일 경우 거실 없이 방만 늘어선 것이 보통이나 그중 한 곳을 거실로 사용하기도 했다. 단위 아파트먼트는 임대용 주거 단위였는데 그리스 시대 임대용 공동주택인 시노이키아에서 처음 나타났다. 한마디로 임대 세대를 구획하는 주거 단위라고 보면 된다. 십여 개의 방을 이런저런 조합으로 분할하게 되는데 이렇게 나누는 조합 단위가 단위 아파트먼트인 것이다. 분할은 고정적인 것이 아니어서 상황에 따라 얼마든지 조합을 다시 짤 수 있었다. 이 때문에 주거환경은 열악한 경우가 많았다. 방을 그때그때 조합하기 위해서는 벽이 일정한 가변성을 가져야 했기 때문에 방음이나 프라이버시 보호 등에서 불리했다.

이런 의미의 단위 아파트먼트는 이후 서양 주거사에서 한 번도 사라지지 않고 현재까지 이른다. 중세 때에는 임대용 주거 단위 이외의 다른 종류에도 나타났는데 중세 성채에 들어가는 성주의 주거 영역이었다. 산업혁명 이후에는 고층으로 올라가기 시작했는데 이것의 정확한 명칭은 '아파트먼트 하우스'이다. 건축형식만 보면 우리의 아파트가 이 아파트먼트 하우스의 줄임말이 된다. 그러나 운영 형식은 완전히 달라서 서양에서 아파트먼트 하우스는 개인 소유가 아닌 임대용 공동주택이다.

판사 주택은 모두 네 채의 임대주택을 가졌다(도 2-53). 아트리움 영역의 오른쪽(A), 열주랑 영역의 왼쪽(B), 열주랑 영역의 오른쪽 두 곳(C, D) 등이었다. 모두 판사 주택 본체와는 완전히 단절되었거나 거의 단절되었으며 별도의 출입구를 가져서 도로에서 직접 출입할 수 있었다. 각 임대주택에는 여러 개의 단위 아파트먼트가 들어갔다. 조합의 경우의 수가 그때그때 달랐기 때문에 정확히 몇 개라고 말할 수는 없으나 네 채를 다 합하면 최소 7개에서 최대 15~16개의 단위 아파트먼트가 나왔다. 가장 작은 단위는 방 하나와 거실 하나만 가졌다. 가장 큰 단위는 방 8개를 갖거나 넓은 거실 하나에 방 5개를 가졌다.

아트리움 영역의 오른쪽에는 앞쪽의 상가 부분(A-1)과 그 뒤쪽의 주거 전용 부분(A-2)의 두 단위 아파트먼트가 있었다. 앞쪽의 A-1은 상가만으로는 아파트먼트가 아니지만 계단을 갖춘 것으로 보아 위층이 주거용으로 임대한 단위 아파트먼트였을 것으로 보인다. 뒤쪽의 A-2는 주거 전용으로 중간에 두꺼운 벽으로 한 번 구획되었는데 문이 두 개나 나 있어서 합해서 큰 단위로 임대할 수도 있고 작은 단위 둘로 나누어서 임대할 수도 있었다.

열주랑 영역의 왼쪽에서는 도로를 면해서 일렬로 늘어선 세 개의 작은 단위 아파트먼트가 있었다. 이 셋은 각각 별도의 계단을 갖추고 있어서 2층이었을 것으로 보인다. 각 단위 내에서 2개 층을 합해서 임대하기도 했고 층별로 임대하기도 했다. 세 단위 가운데 가장 위쪽의 B-3은 판사 주택 본체의 아트리움으로 통하는 작은 문을 가졌다. 이 때문에 이 단위는 임대용이 아니고 본체의 시설이라는 주장도 있다.

열주랑 영역의 오른쪽에는 식당을 중심으로 위쪽(C)과 아래쪽(D) 두 곳에 임대주택이 들어갔다. 본체의 식당이 개방형 날개에 해당되는 지점에 위치하는데 그 위아래로 임대주택이 각 하나씩 들어간 것이다. 위쪽 것은 크고 작은 여덟 개의 방과 두 개의 별도 출입문을 가진 것으로 보아 통상적으로 두 개의 단위 아파트먼트로 나누어 임대했을 것으로 보인다. 그러나 둘을 합해서 하나의 큰 단위로 임대할 수도 있었다. 아래쪽 것은 큰 방 하나, 중간 방 두 개, 작은 방 두 개가 대칭으로 구성되며 각각에 별도의 출입문이 났다. 이런 구성으로 보아 단위 아파트먼트의 분할은 위쪽과 같았을 것으로 보인다.

목신 주택: 로마 도무스의 이상향

목신 주택은 부지면적이 4,300제곱미터(약 1,300평)로 폼페이에서 가장 큰 도무스였다(도 2-26). 갖춘 시설도 대단해서 아트리움 영역 두 곳, 열주랑 정원 한 곳, 후원 한 곳 등 네 영역에 30개가 넘는 크고 작은 방들이 있었다. 로마의 상류층 주택이 '아트리움-열주랑-후원'의 세 영역을 갖춘 경우는 많았지만 이곳처럼 네 영역까지 갖춘 경우는 매우 드물었다. 황궁이나 왕궁을 제외하면 폼페이뿐 아니라 로마 전체에서도 몇 번째 안에 드는 대저택이었다. 면적과 구성요소 모두에서 두 채의 주택을 하나로 합한 것으로 볼 수 있을 정도였다. 가히 로마 도무스에 내재된 파라다이스, 즉 이상향을 대표한다고 할 수 있었다. 대부분 기원전 180년경에 지은 것으로 보이며 실내 여러 곳에 벽화를 그리고 모자이크 장식을 했다(도 2-54).

아트리움 영역은 두 곳이 좌우로 나란히 위치하면서 집의 앞부분을

도 2-54 목신 주택. 폼페이. 기원전 2세기. 제1폼페이 양식으로 그린 모자이크 장식. 어린아이로 변신해서 표범을 타고 있는 디오니소스.

형성한다. 왼쪽은 기둥이 없는 토스카나식이며 오른쪽은 네 개의 기둥을 갖는 테트라스틸이었다. 두 영역은 각각 별도의 출입구와 통로를 가졌다. 두 영역 모두 도로를 면한 방들은 상가로 임대했다. 토스카나식 아트리움은 쿠비쿨룸, 개방형 날개, 식당, 부엌, 타블리눔 등 공적 영역의 표준 구성을 잘 갖추었다. 수조 한가운데에는 〈춤추는 목신(Dancing Faun)〉이라는 조각상이 서 있었는데 집의 명칭은 여기에서 온 것이다(도 2-11, 도 2-34).

토스카나식 아트리움 옆에는 테트라스틸 아트리움이 있었다. 아트리움 영역을 두 개 나란히 병렬시킨 구성은 매우 드문 예인데, 가족 중 한 사람 혹은 가문 중 한 가족을 위한 공간으로 보인다. 이는 로마 시대의 가족주의 및 가부장제를 보여주는 것이다. 이 아트리움은 별도의 출입구를 갖기는 했지만 중심 영역이 아니어서 사적인 성격이 좀 더 강했으며 이를 배경으로 독립성을 유지하려 했다. 하지만 별도의 출입구 이외에도 옆의 토스카나식 아트리움과 세 개의 작은 출입문을 통해 연결되어서 소통은 충분히 있었을 것으로 보인다.

열주랑 영역은 중심에 28개의 기둥을 갖추었고 그 주위로 가족들을 위한 시설들을 배치했다(도 2-55). 기둥은 이오니아식 주신과 주두 위에 도리스식 트리글리프(triglyph)와 프리이즈(frieze)를 혼합했다. 재료는 석회화였으며 표면을 회반죽으로 마감했다. 가족 시설에는 후원과의 경계부 중앙에 있는 오에쿠스(혹은 엑세드라)를 중심으로 양옆에 여름용 식당 두 곳이 있었고 열주랑 오른쪽에 이것을 지원하는 부엌, 식료품 창고, 식기 저장소, 하인들의 영역 등의 서비스 시설들이 일렬로 들어섰다. 목욕탕도 갖추고 있었는데 폼페이에서 최초의 목욕탕이었다. 이런 서비스 영역은 길고 좁은 복도에 의해 열주랑과 분리되었다. 복도에는 계단도 갖춘 것으로 보아 서비스 영역 위층은 가족들의 주거 영역이었을 것으로 보인다.

후원은 열주랑 영역보다 더 넓어져서 44개의 기둥이 열주를 이루며 중앙의 정원을 에워쌌다. 한 변이 50미터인 정사각형이었으며 총 면적은 2,500제곱미터(약 760평)에 달했다. 열주랑 벽을 따라 지스트가 길게 나서 정원을 감상할 수 있는 무대를 제공했다. 지스트는 열주를 따라 정원을 한 바퀴 돌면서 산책로도 제공했다. 후문 근처에 있는 여러 개의 작은 방들은 하인과 문지기를 위한 것이었다.

목신 주택은 일직선 경치를 막아서 사적 영역을 강화, 보호했다. 이는 판사 주택과 반대되는 것이다. 판사 주택이 후원을 물리적으로 보호하면서도 시각적으로는 후원까지도 열어놓았던 것과 달리 목신 주택에서는 시선마저도 차단했다. 무엇보다 중심축을 약화시키거나 거의 없앴다. 아트리움이 두 개가 있다 보니 시작지점부터 축이 두 개가 되어버렸다. 토스카나 아트리움을 주 축의 중심으로 잡을 수 있었는데 열주랑을 90도 틀어 옆으로 누임으로써 축을 어긋나게 했다. 축의 어긋남은 후원에서 한 번 더 반복되면서 집 전체에서 축이 사라져버리는 결과가 되었다.

축은 어긋나더라도 일직선 경치는 유지할 수 있었겠지만 타블리눔의 뒤쪽 벽을 막아버림으로써 이것마저 없앴다. 이런 처리는 뒤쪽에 있는 열주랑과 후원의 사적 영역을 완전히 격리시켜 철저하게 보호하려는 목

도 2–55 목신 주택. 열주랑 정원. 폼페이. 기원전 2세기.

적에서 나온 것이다. 열주랑 주변의 가족용 시설을 보면 이런 목적을 잘 알 수 있다. 다목적 가족실을 중심으로 양옆에 여름용 식당을 두 개나 갖추었다. 그 너머는 곧바로 후원을 감상하는 지스트로 이어진다. 가족들이 앞뒤로 정원을 거닐면서 식사와 휴식을 즐기는 기능에 큰 비중을 둔 구성이다.

열주랑 주변의 나머지는 모두 이런 목적을 지원하는 서비스 시설들이다. 타블리눔을 막아버림으로써 사적 영역에서 가족들이 즐기는 이런 사생활을 외부에 노출시키지 않으려는 의도였다. 반면 공적 기능은 아트리움을 두 개나 전면에 내세운 것으로 대신했다. 앞쪽의 공적 영역과 뒤쪽의 사적 영역을 분리해서 각각의 성격을 강화한 것이다. 공적 영역은 외부에 대해서 개방적인 반면, 사적 영역은 오롯이 가족들이 사생활을 즐기는 곳으로 만들었다.

살루스티우스 주택: 다섯 개의 식당, 원예, 집필

살루스티우스 주택은 변화가 많았다. 기원전 3세기 초에 처음 지어졌다가 기원전 1세기에 한 번 확장이 있었던 것으로 보이며 서기 1세기에는 아예 여관으로 바뀌었다(도 2-30). 폐허 유구에서 발굴된 봉인의 기록을 근거로 처음 주택은 코수스 리바누스 주택(House of A. Cossus Libanus)이었을 것으로 보인다. 기원전 1세기에는 카이사르의 측근이자 역사학자 겸 정치가였던 살루스티우스가 은퇴 후 말년을 보내기 위해 구입한 것으로 보인다. 지금의 명칭도 여기에서 온 것인데, 이런 사실은 이 집의 문패에 선거권자로 기록된 '가이우스 살루스티우스'라는 이름을 근거로 한 것이다. 당시 로마의 지식인들 사이에는 정원을 가꾸며 인문학을 즐기는 생활이 유행이었는데 살루스티우스 역시 은퇴 후 이를 위해 로마 퇴역군인의 휴양도시이자 자신의 고향에서 가까웠던 폼페이에 내려온 것으로 보인다. 이 주택의 후원과 열주랑은 이런 용도를 잘 보여준다. 이 때문에 이 주택은 '살루스티우스의 정원'이라는 별칭으로 불리기도 한다.

기원전 3세기의 특징은 평면 구성, 조적기술, 실내벽화 등에서 찾아볼 수 있다. 평면은 아트리움 주택의 전형적 구성인 토스카나식 임플루비아테이다. 생활의 중심은 '수조–개방형 날개–타블리눔'으로 구성되는 아트리움 영역이었다. 조적 외관은 당시 폼페이에서 유행하던 오푸스 콰드라툼(opus quadratum, 석재를 커다란 정사각형 블록으로 잘라 쌓는 조적 기술)이었고 재료는 화산암이었다. 실내벽화는 폼페이 제1양식이었다.

기원전 1세기에 열주랑 영역과 후원으로 확장이 있었을 것으로 보인다. 앞서 말했듯이 집주인인 살루스티우스가 기원전 1세기 때 인물인데 로마에서 폼페이로 내려와 이 주택을 사서 확장한 것으로 추측된다. 후원은 처음부터 있었을 수도 있으나 지스트는 보통 기원전 2세기 이후에 사용하던 시설이었기 때문에 이곳에서도 기원전 1세기 때 확장하면서 설치한 것으로 보인다. 후원과 열주랑 영역이 모두 면적이 충분하지 않고 형태윤곽은 비정형적이며 구성도 불완전한 점 등이 기원전 1세기 때의 확장을 보여주는 증거들이다.

이런 영역들이 기원전 3세기 때부터 있었다면 땅값이 쌌던 당시에 좀 더 넓은 면적에 완전한 구성을 갖추었을 것이기 때문이다. 기원전 1세기에 인접한 부지를 사서 확장한 것으로 보이는데, 이때에는 폼페이도 땅값이 오르기 시작한 시기였고 주변에 다른 집들이 들어차 있어서 추가 부지를 충분하게 마련하지 못했을 것으로 보인다. 후원 뒤쪽 벽에 그림을 그려 넣은 것도 기원전 2세기 이후에 주로 유행하던 경향이다.

살루스티우스 주택의 대표적인 특징은 단연 식당이다. 식당 역시 이 집에 기원전 1세기에 큰 변화가 있었음을 보여준다. 식당은 개수, 집중도, 위치, 출입구 방향 등 모든 면에서 집의 중심이 아트리움에서 후원으로 옮겨가는 기원전 2세기 이후의 변화과정을 단적으로 보여준다. 일단 개수가 무려 다섯 개나 되는데 폼페이, 나아가 로마 전체의 도무스 가운데 아마도 가장 많은 숫자일 것이다. 겨울용은 두 개로 실내 형이다. 작은 방 형식이며 창도 없어서 겨울에 쾌적함을 유지하게 했다. 보통 집 전체에서 깊은 곳에 위치하는데 이곳에서도 중앙의 가장 깊은 곳에 나란히 위치했다. 구석진 느낌에 중앙난방까지 갖추어서 추위에 단단히 대비했다.

정원을 면한 큰 것은 여름용으로 식당의 전형적 구성을 보여준다. 넓은 면적에 휴식용 시설을 갖추고 정원과 맞닿아서 가족생활의 중심 공간 역할을 했다. 열주랑의 아래쪽에 있는 것은 타블리눔을 겸했던 것으로 보이는데 맞은편에 부엌이 있는 것으로 보아 열주랑 영역의 전용식당이었을 것으로 보인다. 정원의 북쪽 끝에 있는 것은 옥외용으로 주로 밤에 사용했다. 지붕은 포도넝쿨이 감긴 격자구조물(trellis)로 처리해서 정원 전체에 포도나무를 키운 것으로 보인다. 현재까지도 이탈리아의 개인 정원에서 흔히 볼 수 있는 장면이다. 뒤쪽 벽에는 이런 분위기에 맞춰 정원 그림을 그려 넣었다.

여름용 식당은 원래 아트리움에 속하는 위치로 기원전 3세기에는 아트리움을 향해서 출입문이 났을 것으로 추측된다. 그러나 기원전 1세기에 확장을 거치면서 출입문의 방향이 후원 쪽으로 바뀌었고 아트리움 쪽은 막아버렸다. 아트리움 쪽으로 열린 것은 겨울용 식당 하나뿐이었다. 겨울용 식당의 나머지 하나는 후원에 속했다. 겨울용 식당 두 개 가운데 아트리움에 속한 것은 그나마 더 작은 것이었다. 후원에는 옥외용 식당까지 별도로 갖추었다. 네 개의 식당 가운데 세 개가 후원에 집중되었다. 숫자뿐 아니라 식당의 총 면적까지 고려하면 편중은 더욱 심해진다. 아트리움에 속한 식당은 식당 전체 면적 가운데 15분의 1밖에 안 되기 때문이다. 휴식이나 연회 기능 없이 3~4명이 그야말로 밥만 겨우 먹을 수 있는 면적이었다. 로마 상류층의 생활에서 식당이 차지하는 중요성과 비중을 볼 때 이런 편중은 집의 중심이 후원으로 완전히 넘어갔음을 의미한다.

이런 배경 아래 후원과 열주랑 영역의 용도 및 생활상을 살펴보면 다음과 같다. 후원은 살루스티우스가 원예와 정원 가꾸기를 즐기기 위해 만든 것으로 보인다. 이런 목적에 맞게 사적 성격을 최대한 강화한 구성을 보여준다. 아트리움의 타블리눔 뒤쪽 벽을 막아서 후원이 안 보이게 한 점, 넓지 않은 면적임에도 지스트를 갖추어서 가족들의 휴식과 감상을 도운 점, 옥외용 식당까지 별도로 갖춘 점 등이 그 증거들이다. 타블리눔을 막은 것과 일직선 경치의 시선을 끊은 것은 목신 주택과 같은 계열에 속하는 처리이다. 이는 기원전 2세기에 아트리움-열주랑 주택이 등장하면서 사적 영역을 확보하기 위해서 나타난 경향이다. 이런 점에서 살루스티우스 주택 역시 비록 열주랑과 후원이 불완전하지만 기본

성격은 아트리움–열주랑에 속하는 것으로 볼 수 있다.

열주랑 영역은 아트리움 남쪽 옆에 위치했다. 중앙의 작은 정원을 중심으로 식당 겸 타블리눔, 부엌, 두 개의 쿠비쿨룸 등이 돌아가며 배치되었다. 살루스티우스가 옆집을 구입해서 2차 정원 및 식당으로 사용하기 위해 확장한 것으로 보인다. 후원이 원예 전용이었다면 이곳 열주랑 정원은 책을 읽고 집필을 하는 아카데믹한 용도였을 것이다. 살루스티우스는 카이사르에 소속된 귀족으로 그를 좇아 아프리카 진압전쟁에도 참여하는 등 활발한 정치활동을 했지만 그는 기본적으로 역사학자였다. 그는 로마의 역사학자 가운데 자신의 이름으로 저서를 출간한 최초의 인물로도 유명했다. 그의 주요 대표작은 기원전 45년에 은퇴한 이후에 이곳에서 집필한 것으로 보인다. 기원전 44년~기원전 40년 사이에 집필한 『카틸리나의 음모(The Conspiracy of Catiline)』도 그중 하나이다.

면적이 충분하지 못해서 열주랑은 반밖에 못 만들었다. 반쪽 열주랑을 따라 여덟 개의 기둥을 둘렀다. 이곳은 살루스티우스 가족이 일상생활을 영위하던 중심 공간이었다. 원예를 겸한 휴식공간인 후원과 함께 일상생활을 이원화한 것으로 당시 로마 상류층의 생활상을 잘 보여준다. 주변과 통하는 문은 아트리움과 연결된 작은 문 하나가 전부여서 살루스티우스가 방해받지 않고 집필 및 가족생활에 전념하고 싶었음을 보여준다. 이렇게 보았을 때 타블리눔과 식당을 겸한 방이 이 주택 전체를 통틀어 실질적인 중심 공간이었다.

이 방의 용도는 여럿이었다. 가문의 신을 모시는 사당이 위치할 수도 있었고 안주인이 옷감을 짜고 자녀들이 뛰어노는 곳도 이론적으로는 이곳이었다. 가장은 이곳에 앉아 이런 장면들을 자신의 시야 안에 두고 흐뭇하게 바라보며 일상생활을 즐겼다. 식당과 부엌시설이 설치되어서 이런 생활을 뒷받침해주었다. 이런 내용들은 로마 가부장제의 전형을 보여준다. 가장의 침실과 작업실을 겸한 곳으로 바닥을 약간 높게 해서 집 전체에 대한 지배를 상징적으로 표현했다.

제정기에 들어온 뒤에는 앞에 소개한 바와 같이 숙박업소로 개조되었다. 현재는 주로 도로를 면한 상가 부분에 그 흔적이 남아 있다. 정문 출입구 왼쪽 바로 옆은 술을 파는 바였는데 통로 쪽 벽면 전체에 큰 창을 냈다. 왼쪽 끝은 빵가게였고 오른쪽 끝은 식당이나 술집이었을 것으로 추측된다. 이외에도 도로를 면해 3개의 상가가 더 있었다. 살루스티우스가 살았을 당시에는 상가에 임대를 하지 않았거나, 했더라도 이렇게 많지는 않았을 것으로 보여서 현재 상태는 서기 1세기 때 나타난 도무스 임대주택의 구성이다. 뒤쪽 주거 영역 전체는 여관으로 바뀌었다. 그전의 살루스티우스 주택 때 사용하던 방을 크게 바꾸지는 않고 큰 방과 작은 방을 섞어서 여관방으로 사용해서 다행히 도무스 때의 구성이 남아 있다.

로레이우스 티부르티누스 주택, 루크레티우스 프론토 주택, 베티 주택

이 세 주택은 서기 1세기 폼페이 도무스의 특징인 정원이 강화된 현상과 이에 따라 장식 처리와 감상 기능도 함께 강화된 현상을 대표하는 예이다. 세 주택은 당시 유행하던 빌라를 이런 특징의 모델로 삼은 점에서도 공통점을 보인다. 장식용 벽화에서도 중요한 발전이 있었는데 세 주택 모두 폼페이 제3양식과 폼페이 제4양식의 중요한 출처였다. 차이도 있는데 로레이우스 티부르티누스 주택이 정형적 윤곽과 규칙을 갖는 데 반해 루크레티우스 프론토 주택은 비정형적 윤곽 속에 자유로운 구성을 했다. 베티 주택은 둘의 상반되는 특징을 합한 경우에 해당된다.

로레이우스 티부르티누스 주택은 모든 관심을 정원에 쏟았다고 할 만큼 정원이 차지하는 비중이 매우 크다(도 2-56). 정원에서는 치수 기록 및 설치시설이 중요하다. 주택 전체는 36m×90m의 기다란 정육면체 부지 속에 아트리움 하나, 열주랑 둘, 정원 둘을 갖추었다. 열주랑 둘도 사실상 정원이어서 정원만 넷이나 되었다. 3,220제곱미터(약 980평)의 전체 면적 가운데 약 70퍼센트에 해당되는 2,250제곱미터(약 680평)가 정원이었다. 이런 정원들은 면적만 넓은 것이 아니라 여러 시설들을 갖춘 점에서 서기 1세기에 나타난 변화를 잘 보여준다.

제1열주랑 정원은 아트리움 옆에 정형적 중정 윤곽을 갖추고 중앙부에 정원을 꾸몄다. 제2열주랑 정원은 바빌로니아에 있는 가공원(架空園, hanging garden) 형식으로 꾸몄다. 전체 형태는 'L'자형인데 수평 방향으로 수로를 갖추면서 옆으로 길어졌다. 그 옆에는 채소를 가꾸는 텃밭 정원이 위치했다. 후원은 가장 커서 부지 폭 전체인 36미터의 폭에 54여 미터의 길이를 가졌다. 넓이는 약 1,940제곱미터(약 590평)에 달했다. 후원에서도 전 길이에 걸쳐 한가운데에 수로를 냈다. 수로는 물 요소로서 정원 장식물에 속했지만 이곳에서는 정원의 식수에 필요한 물을 직접 공급하는 역할도 했다. 수로 양옆에는 포도넝쿨로 덮은 페골라를 세웠다. 그 외에도 각종 수목을 심었으며 벽을 따라 20~30개의 대형 화분을 배열했다.

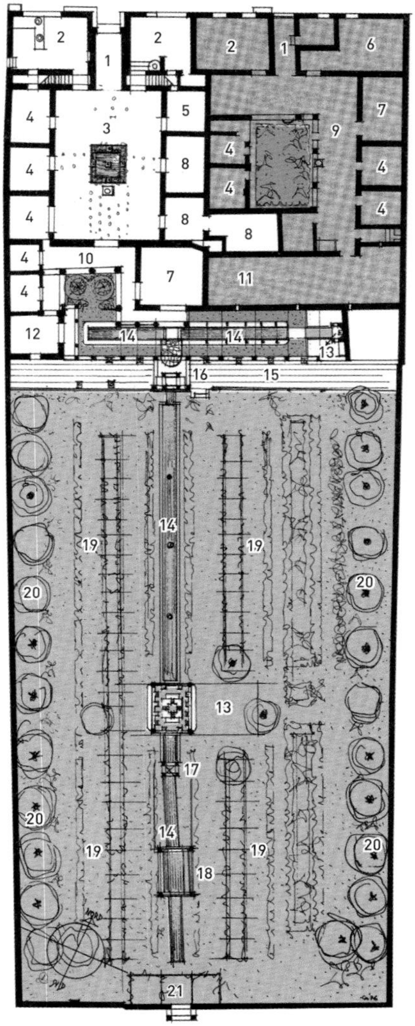

도 2-56 로레이우스 티부르티누스 주택. 폼페이. 1세기. 1=출입구 통로. 2=상가. 3=아트리움. 4=쿠비쿨룸. 5=도자기 가마. 6=식당. 7=다목적 가족실(오에쿠스). 8=부엌 & 식료품 저장고. 9=제1열주랑 정원. 10=제2열주랑 정원(架空園, hanging garden). 11=텃밭 정원(채소 재배용). 12=주택사당. 13=분수. 14=수로. 15=페골라(pergola). 16=다이아나 소신전. 17=에우리푸스 소신전. 18=연못. 19=포도넝쿨 페골라. 20=화분. 21=후문.

제2열주랑 정원과 후원에는 수로 이외에 분수를 설치해서 물 요소를 즐겼다. 제2열주랑 정원의 끄트머리에는 모자이크로 처리한 분수를 설치했는데 여기에서 인공폭포가 흘러나와 수로를 타고 내려오다 중간에서 직각으로 꺾여 정원으로 흘러나갔다(도 2-57). 후원의 수로에는 여러 설치물을 더해서 50여 미터에 달하는 긴 거리가 지루하지 않게 했다. 수로 중간에는 분수를 설치했고 몇 미터 아래쪽에는 에우리푸스(Euripus) 소신전을, 다시 몇 미터 아래에는 연못을 차례대로 설치했다(도 2-51).

정원이 강화되면서 감상 기능도 함께 강화되었다. 감상 기능은 주로 빌라에서 갖추었는데 이것을 빌려온 것이다. 먼저 후원 주위에 설치한 페골라가 대표적이었다. 제2열주랑 정원과 후원 사이에 부지 폭 전체에 걸쳐 길게 설치되어서 이곳에 서면 앞뒤로 정원을 감상할 수 있었다. 페골라 중앙에는 다이아나 소신전을 세우고 그 중앙에 님피움을 뒀다. 후원에도 중앙의 수로 양옆으로 거의 전 길이에 걸쳐 길게 설치했다. 열주랑 정원과 후원에 설치한 수로와 페골라를 합하면 'T'자형의 테라스가 되었다. 이는 서기 1세기에 바닷가 빌라에서 바다경치를 감상하기 위해 설치하던 시설인데 이것을 도시형 개인주택인 도무스에서 내부 정원을 감상하는 데 빌려 쓴 것이다.

다목적 가족실(오에쿠스)과 식당용 거실(diatae) 등 정원 주변의 휴식-

도 2-57 로레이우스 티부르티누스 주택. 폼페이. 1세기. 제2열주랑 영역과 페골라. 안쪽 끝에 분수가 보이고 이곳에서 나온 물이 수로를 타고 내려오다 중간에서 직각으로 꺾여서 오른쪽 후원 쪽으로 흘러나간다.

도 2-58 로레이우스 티부르티누스 주택. 폼페이. 1세기. 다목적 가족실에서 내다본 제2열주랑 영역. 페골라와 수로가 보이고 왼쪽 끝에 다이아나 소신전의 일부가 보인다.

연회 시설 역시 정원 경치를 감상하기에 좋게 처리했다. 경치를 감상하는 데 필요한 개방 면을 확보했으며 여기에 맞춰 '경치 축'을 형성해서 감상 효과를 높였다(도 2-58). 다목적 가족실에서는 벽을 거의 없애서 반개방형으로 만들었다. 실내에 앉으면 '열주랑 정원-수로-열주랑 정원-페골라-후원'의 경치 축이 만들어졌다. 특히 후원 앞까지 시선의 폭을 제한하는 프레임이 나오다가 그 속으로 54미터의 길이를 달려 나가는 긴 후원이 펼쳐지면서 강력한 투시도 효과를 냈다(도 2-51). 투시도 효과는 경치 감상을 크게 도왔다. 이런 경치 축은 이를테면 부지의 장변을 따른 것이었다. 식당은 부지의 단변을 따라 경치 축을 만들어냈다. 제2열주랑 정원에 부속된 수로의 한쪽 끝에 위치하기 때문에 실내에 앉으면 수로를 따라 터널 같은 경치가 나타났다.

이런 경치 축은 주택 내부에 머물지 않았다. 다목적 가족실과 식당용 거실에서 보면 두 방향으로의 경치 축 너머로 집 밖 산이 시야에 들어왔다. 주택 내부의 정원은 근 경치가 되고 그 너머의 뒷산은 원 경치가 되는 것이다. 경치가 이원화되면서 감상 효과는 매우 커졌다. 주택 내부의 정원과 외부의 산야를 하나로 묶어서 이렇게 경치로 감상하는 처리기법 역시 교외 빌라에서 주변 자연환경을 즐기기 위해 사용하던 것이었다.

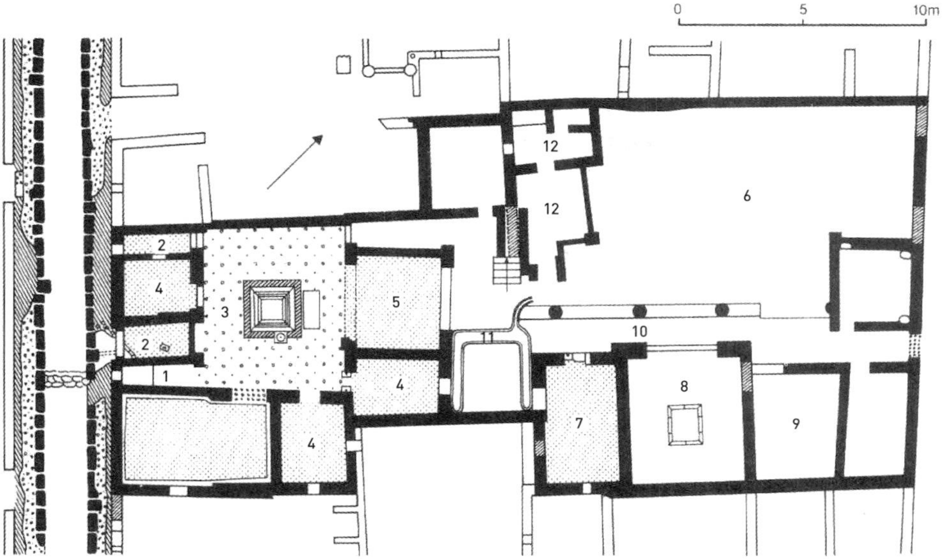

루크레티우스 프론토 주택도 큰 방향에서는 로레이우스 티부르티누스 주택과 비슷한 특징을 보인다. 전체 면적은 460제곱미터(140평)로 넓지 않고 아트리움과 정원을 하나씩만 가졌는데, 집의 중심은 단연 정원이었다(도 2–32, 도 2–59). 정원을 북쪽으로 몬 뒤 남쪽 변을 따라 '겨울용 식당–다목적 가족실–여름용 식당'을 일렬로 배치했다. 북쪽 모퉁이에는 부엌과 창고를 배치했다. 이로써 정원을 즐기는 기본 구성을 잘 갖추었다. 정원을 감상하는 기능도 강화했다. 다목적 가족실의 정원 쪽 면을 거의 다 개방했으며 그 앞에는 지스트를 설치해서 감상용 무대를 갖추었다.

도 2–59 루크레티우스 프론토 주택. 열주랑 전경. 폼페이. 1세기. 1=출입구 통로. 2=상가. 3=아트리움. 4=쿠비쿨룸. 5=타블리눔. 6=후원. 7=겨울용 식당. 8=다목적 가족실. 9=여름용 식당. 10=지스트. 11=수로. 12=부엌 & 식료품 저장고.

전체 구성은 비정형적이었다. 주택의 윤곽부터 들쑥날쑥했으며 중심축은 없었다. 출입구는 한쪽으로 치우쳐 났으며 아트리움과 타블리눔을 잇는 축은 정원으로 이어지지 못해서 별 의미가 없었다. 정원도 중앙에 위치하지 못하고 위쪽으로 쏠려서 편심 구성을 했다. 이런 비정형 구성은 바닷가 빌라를 모델로 삼은 것이었다. 바닷가 빌라는 서기 1세기 폼페이 도무스 전체에 대해서 장식 경향과 감상 기능에 대한 모델이었는데 여기에서는 비정형 구성의 모델까지 추가되었다. 실제로 이 주택의 타블리눔에는 바닷가 빌라 두 채를 그린 벽화가 있어서 이런 사실을 뒷

도 2-60 루크레티우스 프론토 주택. 폼페이. 1세기. 벽화에 그려진 바닷가 빌라.

받침해주는데(도 2-36, 도 2-60), 빌라의 비정형 선형 구성은 이 주택의 전체 구성과 닮았다.

이 주택은 정원이 넓지 않기 때문에 로레이우스 티부르티누스 주택처럼 정원에 여러 시설을 넣지는 못했다. 그 대신 정원 중앙에 분수를 갖춘 님피움을 설치해서 조각물을 집중시켰다(도 2-32). 님피움 주위에는 여러 개의 조각상을 배치했으며 위쪽 끝에는 앱스 형의 제단을 세워서 그 속에 사티로스 상을 배치했다. 이런 배치는 당시 상류층의 생활상을 보여준다. 가능한 한 많은 조각품을 모아 집의 중요한 지점에서 최대한 잘 보이는 장소와 각도로 배치하는 것이었다. 여기에서는 다목적 가족실과 지스트에서 님피움과 제단이 가장 잘 보였다.

베티 주택은 기원전 2세기에 처음 세워졌는데 서기 1세기에 노예에서 해방되어 신흥부상이 된 사람이 사서 확장했다. 처음 샀을 때에는 전통적인 귀족주택이었는데 당시 유행을 따라 정원을 크게 꾸미는 쪽으로 증개축을 했다(도 2-39). 부지가 충분하지 않자 아트리움 쪽을 변형시켜서 최소한의 정원 면적을 확보했다. 타블리눔을 개방형 날개 가운데 왼쪽으로 옮겨서 없앤 뒤 아트리움과 정원을 바로 붙여버린 것이다. 그러나 정원 면적은 여전히 충분하지 않아서 루크레티우스 프론토 주택처럼 정원 주변의 시설이 한쪽으로 쏠렸다. 전체 구성은 정형성과 비정형성의 중간 정도를 유지해서 앞의 두 주택을 합해 놓은 것으로 볼 수 있다.

집의 관심은 단연 정원에 집중되었다. 앞에 소개한 바와 같이 다섯 개의 식당 가운데 네 개가 정원 주위에 포진했다. 식당에는 각종 벽화가 가득 차서 폼페이 양식의 보고였다(도 2-31, 도 2-32, 도 2-50). 정원에는 조각품을 가득 채웠다. 높은 받침대 위에 12개의 조각상과 인물상을 세워 배치했으며 2개의 분수용 수반도 갖추었다. 분수에 필요한 물은 폼

도 2-61 베티 주택. 폼페이. 기원전 2세기. 서기 1세기 확장. 각종 장식물로 가득 차 있는 열주랑 정원 영역.

페이 시의 수로에서 납 수도관을 통해 공급받았다. 조각상과 분수 사이에는 대리석 테이블과 두상용 기둥(herm, 각진 돌기둥을 대좌[臺座]로 삼고 그 꼭대기에 두상이나 흉상 등을 올린 시설) 등을 추가로 배치했다. 꽃과 관목은 가지런하게 배치했으며 벽에는 건축 장면, 정물화, 문인상 등을 그려서 장식했다(도 2-61).

아트리움도 장식으로 가득 찼다. 수조를 대리석으로 장식하고 양옆에 금고를 설치했다. 아트리움 영역 주위로 신화를 그린 섬세한 벽화가 에워쌌다. 오른쪽 아래에는 제2소형 아트리움을 뒀다. 제2아트리움에도 수조가 있었는데 이번에는 대리석이 아닌 화산암으로 만들었다. 그 옆에는 가정 수호신을 모시는 주택사당을 갖추었다. 아트리움을 이원화하는 것은 폼페이에서는 흔한 구성으로 목신 주택, 살루스티우스 주택, 로레이우스 티부르티누스 주택 등이 이런 구성을 보여준다.

III

중세의 주거

:: 중세 주거의 형성과 특징

:: 농촌주거와 장원 주택

:: 성채주거 1: 주거용 본성

:: 성채주거 2: 탑 형 본성과 안마당-탑 형 본성

:: 중세 도시와 도시주거

:: 중세 도시주거의 세 가지 유형

1

중세 주거의 형성과 특징

중세의 성립과 주거건축

로마제국 붕괴 이후 유럽은 긴 침체기에 들어갔다. 역사에는 이 시기를 암흑기라고 기록하고 있다. 구체적인 현상은 여러 가지가 있었는데 주거건축과 관련해서 가장 영향이 컸던 것은 도시의 쇠퇴였다. 로마문명에서 주거건축의 발전이 도시를 기반으로 이루어졌기 때문에 도시의 쇠퇴는 곧 주거건축 전반의 쇠퇴로 이어졌다. 이런 조짐은 이미 4세기부터 나타나기 시작했으며 로마가 공식적으로 멸망한 5세기에는 남서유럽 전역에서 광범위하게 나타났다.

이후 유럽문명은 5~6세기 정도의 긴 재편기를 거치며 중세로 진입한다. 재편기는 암흑기와 카롤링거(Carolinger) 왕조로 한 번 더 나눌 수 있다. 8세기 중반까지 유럽은 이렇다 할 문명활동을 보이지 못한 채 이슬람과 비잔틴의 영향권 아래에 머물렀다. 유럽사람들 스스로는 이 시기를 암흑기라 부른다. 8세기 중반에 카롤링거 왕조가 등장하면서 서북유럽을 중심으로 새로운 문명이 시작되었으며 이것을 디딤돌로 삼아 10세기경부터 로마네스크 문명이 형성되었다.

중세의 시작이 정확하게 어느 시점인지에 대해서는 통일된 의견이 없기 때문에 여기에서 단적으로 말하기는 어렵다. 정치사, 기독교사, 경제사, 사회문화사, 예술사 등 분야에 따라서도 편차가 크다. 건축에서 중세만의 의미 있는 구체적 결과물을 남기기 시작한 것은 보통 10세기부터이다. 그 이전 카롤링거 왕조 때에 선례적 징조가 부분적으로 나타났는데 이를 모아서 프레-로마네스크라 부른다. 로마네스크 건축은 나라별로 차이가 있지만 12세기까지 계속된 것으로 볼 수 있다. 12세기 초에는 프랑스를 중심으로 고딕건축이 형성되면서 15세기까지 이어졌다.

도 3-1 『베리 공작의 매우 풍요로운 기도서(Les Très Riches Heures du duc de Berry), 1416』 중 3월 장면. 뤼지냥 성채 및 그 주변의 영지를 보여준다.

중세의 주거건축은 일반 건축사에서의 이런 분류와 큰 연관성이 없다. 중세라는 큰 단위 하나로 묶어서 살펴보아도 큰 무리는 없어 보인다. 일반 건축사에서 중요한 분류 기준인 로마네스크와 고딕의 차이가 주거건축에서는 거의 안 나타났다고 보아도 무방하다. 그보다는 중세에 새로 등장한 다양한 유형별로 살펴보는 것이 더 의미가 있다. 로마의 제국체제가 붕괴되고 재편기를 거친 뒤 중세만의 새로운 문명체제가 들어섰다. 문명과 문화와 생활은 이전과 완전히 달라졌고 이에 따라 주거건축 역시 완전히 새로운 유형들이 창출되었다. 중세 주거를 탄생시킨 시대적 배경은 크게 봉건제와 중상주의를 들 수 있다. 봉건제는 농촌을, 중상주의는 도시를 각각 지리 공간적 배경으로 삼았다.

봉건제는 영주의 정치군사력과 장원의 경제력이 연합한 서북유럽 중심의 새로운 정치경제체제였다. 여기에서 성채와 장원 주택이라는 새로운 주거 유형이 등장했다. 성채는 영주의 정치적 본거지이자 이를 지탱하는 군사시설이었는데 그 속에는 영주의 주거시설도 포함되었다(도 3-1). 둘을 합해서 성채주거라고 부르고자 한다. 봉건제는 또한 기본적으로 농업경제에 기반한 농촌문명이었으며 이를 담당하는 농촌주거가 발달했는데 가장 대표적인 것이 장원 주택이었다.

중상주의는 말 그대로 상업을 중시하는, 혹은 상업에 기초한 문명체제로 흔히 17세기 프랑스의 절대왕정을 지탱한 경제체제를 의미하지만 중세에도 나름대로의 중상주의가 있었다. 중세 중상주의는 장인을 중심으로 한 생산체제와 이를 사고파는 교역체제로 이루어졌다. 이 때문에 도시를 배경으로 성립되었다. 중세 도시에는 도시상공인이라는 새로운 계층이 등장했다. 도시를 배경으로 수공업 제품을 생산하고 이것을 사고파는 일을 주업으로 삼는 계층으로 흔히 '부르주아'라고 부르는 계층이었다(도 3-2). 이들의 생산-교역 활동은 중세 도시를 탄생시켰으며 그 속에서 다양한 도시주거 유형이 새로 형성되었다.

이상을 요약하면 중세 주거는 크게 성채주거, 장원 주택, 도시주거의 세 유형으로 나눌 수 있으며 그 각각에서 세부 내용에 따라 하부 종류를 추가로 가졌다. 이런 새로운 중세 주거를 탄생시킨 주역은 영주와 도시상공인이었는데 이들은 기독교와 함께 중세 문명을 이끌던 3대 세력이었다. 이 가운데 기독교는 교회를 중심으로 한 대형 공공건축의 주역이었고 나머지 둘이 주거건축을 이끌었다. 물론 기독교도 주교 궁전을

도 3-2 천장을 덮은 중세 노점상 장면. 왼쪽부터 신발, 의복, 금은식기를 팔고 있다.

남기는 등 주거건축과 일정한 연관성을 갖기는 했지만 크게 보면 위와 같은 대별 구도가 성립된 것으로 볼 수 있다.

중세는 남유럽을 벗어나 알프스 이북의 북서유럽이 중심지로 바뀌었다. 이탈리아는 이전의 로마 시대에 쌓아놓은 것과 가톨릭을 바탕으로 최소한의 영향력을 유지했다. 이른바 '영-불-독-이'의 4강 체제가 성립된 것이다. 이 가운데 '영-불-독'은 로마 시대에는 이민족 혹은 야만족에 속하는 지역이었다. 로마문명을 침입하며 괴롭히다가 끝내 멸망시킨 게르만을 필두로, 골, 고트(Goth), 반달(Vandal) 등이 이 지역에 살던 민족들이었다. 로마 시대까지는 다분히 파괴와 야만이라는 부정적 의미를 가지며 멸시와 경계의 대상이었다.

이들은 로마문명을 멸망시킨 뒤에는 로마의 도시들을 점령해서 자신들의 물리적 기반을 확보했다. 하지만 이들은 기본적으로 로마문명과는 완전히 다른 민족이었다. 알프스 이북 지역에 이민족 지도자들이 등장하기 시작했고 일정한 재편기를 거친 뒤 중세라는 독립적인 문명을 탄생시켰다. 이에 필요한 자신들만의 공간배경인 농촌과 도시를 창출했다. 크게 보면 유럽 사회 전체의 재편이 있었다. 사라지는 민족과 나라가 있는 반면 그 옆에서 새로운 나라가 등장했다. 인구 이동도 심해서 이탈리아 반도를 필두로 과거 로마 시대 전성을 누리던 여러 지역들은 붕괴되거나 거의 초토화되다시피 하기도 했다. 반대로 새로운 지역 거점을 중심으로 중세만의 농촌과 도시가 탄생했다.

농촌과 도시

이처럼 농촌과 도시는 중세 주거를 탄생시킨 양대 배경이었다. 농촌문명이 먼저 형성되었다. 로마문명이 멸망하고 이민족이 등장한 초기에 유럽은 경제사회적으로 농촌으로 되돌아갔다. 이들이 로마의 도시를 차지하긴 했지만 큰 도움이 못 되었다. 이들은 로마문명과는 동떨어져 있었고 따라서 로마의 도시를 지탱하던 상업-교역의 복잡한 시스템을 전혀 몰랐다. 이들 이민족은 농업, 축산, 사냥, 전쟁 등으로 생계를 유지하던 민족들이었다. 로마 시대 때 일구었던 도시문명은 이후 최소 7세

도 3-3 마스터 벤체슬라스(Master Wenceslas)의 「계절의 순환(Cycle of the Months), 1400~07년경」 중 9월~12월 장면. 도시와 농촌의 공존 및 차이점을 보여준다.

기 동안 정체되었다. 이런 정체기에 해당되는 중세 전반부의 로마네스크 시대(10~12세기)에는 농촌이 문명의 중심지였다. 이후 후반부인 고딕 시대(12~15세기)에는 중상주의가 발달하면서 중세도시가 성립되었다.

하지만 이런 이분법이 확연히 갈리는 것은 아니어서 중세 전체에 걸쳐 농촌문명과 도시문명은 일정부분 공존했다. 특히 주거건축을 기준으로 하면 농촌주거와 도시주거는 중세 전체에 걸쳐 균등하게 공존한 쪽에 가까웠다. 농촌주거가 먼저 나타났지만 고딕 시대에도 계속 유지되었다. 도시주거 역시 로마네스크 시대부터 나타났다. 고딕 시대에는 도시주거가 주를 이루었지만 농촌은 배경을 제공하며 공존했다. 성채주거는 농촌주거도 아니고 도시주거도 아니었다. 둘을 포괄하면서 중간 가교 역할을 한 것으로 요약할 수 있다.

중세 때 농촌과 도시 사이의 관계는 양면적이었다. 정치적으로는 농촌이 도시에 종속된 반면, 경제적으로는 상호보완적이었다. 도시는 농촌과 평등한 권리를 나누지 않고 자기 폐쇄적으로 운용했다. 또한 주변의 농지를 거느리며 정치적 권리를 독점했다. 하지만 농촌에서 식량을 조달 받았기 때문에 경제적으로는 일정한 상호보완적 관계가 유지되었다(도 3-3). 중세문명은 농촌과 도시가 발전하면서 함께 성숙해갔다. 농촌과 도시가 각자의 발전을 이루었으며 둘은 서로에게 긍정적 영향을 끼치며 함께 상대방의 발전에 힘을 보탰다.

농촌의 발전이 먼저 있었다. 암흑기와 프레-로마네스크가 끝나는 10세기경부터 유럽은 농촌을 중심으로 경제부흥을 맞기 시작했으며 14세기 중반 흑사병이 창궐하기 전까지 이것은 지속되었다. 인구와 농업생산이 함께 증가했다. 인구 증가가 두드러져서 950년에 유럽 인구는 2,200만이던 것이 1350년에는 5,500만으로 늘어났다. 인구 증가와 함께 식량 수요가 늘면서 삼모작, 가축을 이용한 경작기술, 물레방아의 발명과 보급 등 농업 발전을 촉진했다.

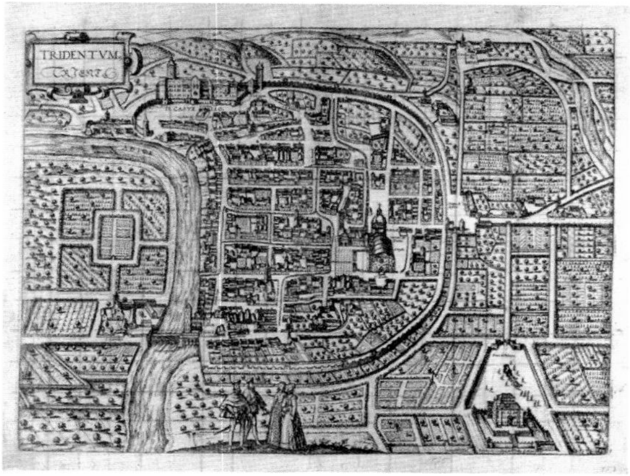

인구 증가와 농촌의 발전은 즉각 도시의 발전으로 이어졌다. 산업과 상업이 발전했고 교역량이 늘면서 중세도시가 성립되었다. 대부분의 내륙 도시는 도시상공인이 중심이 되어 산업과 상업의 발전을 이끌었으며 생산된 물품을 교역하는 일까지 담당했다. 지중해에는 베네치아, 제노바, 피사 같은 해양도시가 형성되어서 국제 무역을 이끌었다. 이들 해양도시의 교역량은 내륙 도시들이 상상하는 범위를 뛰어넘는 대규모로 다른 도시들에게 양적 팽창의 경쟁심을 자극했다(도 3-4).

이런 변화는 농촌과 도시 모두에 많은 발전을 가져왔다. 농촌과 도시는 서로 도우며 함께 발전했다. 도시에서 산업이 발전하고 인구가 늘면서 원자재와 식량에 대한 수요가 크게 증가하자 두 지역 사이의 교역과 교류도 함께 증가했다(도 3-5). 이는 말을 이용한 교통수단의 발달을 촉진했다. 말발굽이 개선되고 마구가 가벼워지며 마차 기능이 향상되었다. 도로망도 개선되었다. 성문과 성벽을 세울 때 새 도로를 함께 내거나 이전 도로를 고치는 등 로마 붕괴 이후 끊겼던 유럽의 도로망이 체제를 갖추어갔다. 다리 건설도 중요한 작업이었다. 로마 시대 때 세운 다리를 고쳐 쓰기도 했지만 그 수가 적고 오랫동안 방치되어 상태가 안 좋은 경우들이 많았기 때문에 새로 짓는 수가 훨씬 많았다.

도 3-4 베네치아를 출발하는 마르코 폴로 형제. 14세기 후반 그림.
도 3-5 트렌토(Trento). 도시와 주변 농촌의 긴밀한 관계를 보여준다.

교통수단과 도로망의 발전은 농촌의 자치 단위인 행정교구(parish)의

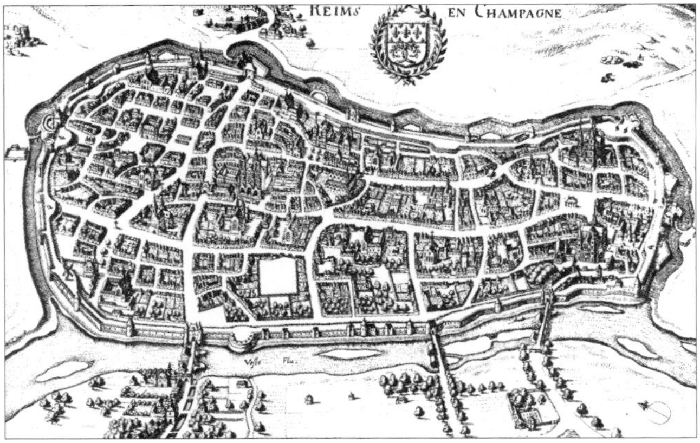

형성을 도왔다(도 3-6). 농촌이 지속적인 발전을 이루고 경제 규모도 커져가면서 도시와 농촌 사이에 물자교류, 상업교역, 행정연락 등이 안정적으로 정착해 갔다. 농촌 쪽에서 이를 종합적으로 관리할 행정체제가 필요해지면서 농촌 행정교구가 성립되었고 이는 농가와 장원주택 등 농촌주거의 배경으로 작용했다. 도시 쪽도 당연히 독립적인 주거 유형을 만들어서 사용했다.

도 3-6 랭스(Reims), 프랑스. 다리와 도로 등 교통망의 발전이 도시와 농촌의 연결을 촉진했다.

이처럼 중세 주거는 농촌과 도시를 양대 공간배경으로 삼아 형성되었는데 도시는 크기와 기능에 따라 타운과 도시로 한 번 더 나눌 수 있다. '농촌-타운-도시'의 분류 기준은 다음과 같다. 농촌은 인구가 1,000명 미만이며 농업을 주 기능으로 갖는다. 타운은 인구가 1,000~5,000명 사이이며 기능은 도시 쪽에 가까우나 농촌과의 완충, 가교 역할도 중요했다. 마켓 타운이 대표적인 예로 농촌에서 생산한 식량과 원자재와 도시에서 생산한 공산품을 중간에 집하해서 사고파는 곳이었다(도 3-7, 도 3-8). 도시는 인구가 5,000명 이상이며 상공업이 주요 기능이었다.

도 3-7 헤리퍼드(Hereford), 영국. 10세기경 농촌마을로 시작한 상태. 중앙 도로 양옆으로 주택들이 늘어서서 시장을 형성하면서 시작됐다.
도 3-8 헤리퍼드, 영국. 12세기경 마켓타운으로 발전한 모습. 교회를 세웠고 울타리를 세워 경계를 표시했다.

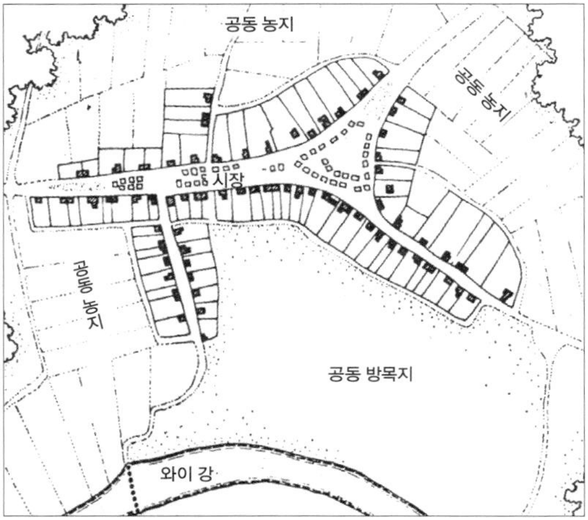

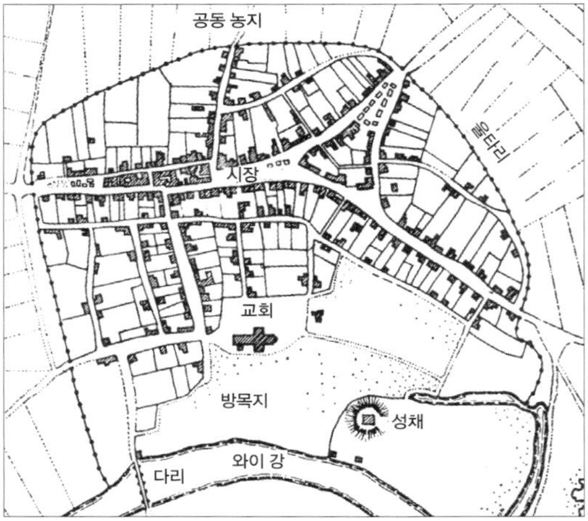

중세 주거의 특징

이상 살펴본 바와 같이 중세 주거는 형성 배경부터 로마와는 달랐다. 로마가 통일제국으로 비교적 단일 주거 형식을 가졌던 데 반해 중세는 잘게 나뉜 지역 상황에 따라 다양한 주거 유형이 나타났다. 알프스 이북 지역은 인종, 역사, 지리, 문화 등 모든 면에서 로마와 다른 민족이었기 때문에 로마와의 연속성도 거의 없었다. 중세 주거는 이런 유형별로 살펴보아야 하며 각 유형별로 다양한 세부적 특징이 있었다. 거시적 차원에서는 네 가지 공통적인 특징을 찾아볼 수 있다.

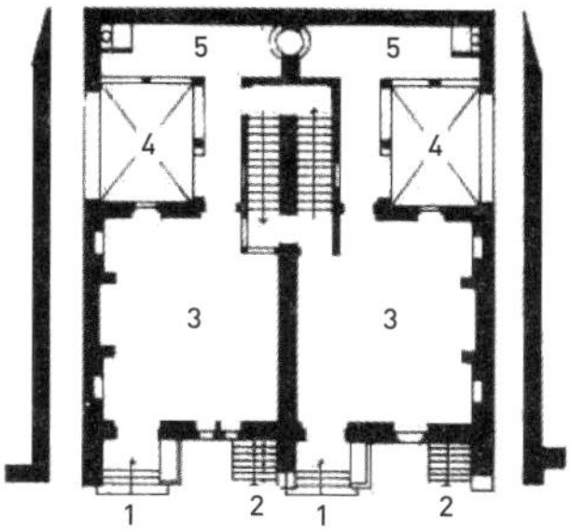

도 3-9 프랑스 중세 도시의 장인 주택과 상인 주택의 표준형. 11세기. 1=출입구. 2=지하 출입구. 3=상가. 4=뒷마당. 5=옥외 작업장.

도 3-10 프랑스 중세 도시의 장인 주택과 상인 주택의 표준형. 11세기. 1=지하실. 2=상가. 3=뒷마당. 4=옥외 작업장. 5=2층 홀. 6=다락방.

첫째, 중정 형이 약해졌다. 이전의 그리스, 헬레니즘, 로마 등 지중해 주택은 안마당을 향한 내부지향성을 공통 특징으로 가졌는데 이것이 약해졌다. 중정 형을 구성하던 요소들과 중정 형과 함께 나타났던 특징들도 함께 약해졌다. '로마네스크'라는 명칭이 '로마답다'라는 뜻인 데에서 알 수 있듯이 기독교건축에서는 로마의 영향이 늦게까지 남아 있었지만 주거건축은 달랐다. '로마 멸망–암흑기–프레 로마네스크'를 거치며 로마와 완전히 다른 주택이 나타났다. 아트리움 주택이나 아트리움–열주랑 주택 같은 로마의 중정 형 주택은 더 이상 필요 없게 되었다. 이런 변화의 중요한 이유로 두 가지를 들 수 있다.

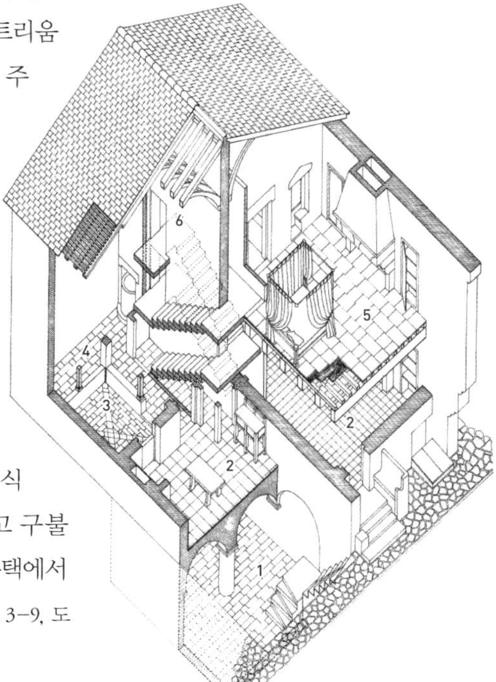

하나는 문화사회적 요소로, 역동성이 증가했기 때문이었다. 중정 형은 비교적 안정된 사회에 맞는 주거 형식이며 역동적 사회에는 맞지 않았다. 중세를 정의하는 상위 개념 가운데 하나가 게르만 정신인데 유목주의(nomadism)가 그 핵심에 있었다. 중세 유럽의 역동성은 전쟁 같은 부정적 배경과 상업과 교역 같은 긍정적 배경으로 나눌 수 있는데 로마식의 중정 형 주택은 두 경우 모두와 맞지 않았다. 좁고 구불구불한 비정형 도시 속에 밀집한 장인 주택과 상인 주택에서는 중정을 즐길 여유 없이 일상이 바쁘게 돌아갔다(도 3–9, 도 3–10)

다른 하나는 기후나 풍토 요소였다. 서북유럽은 지중해 일대의 남

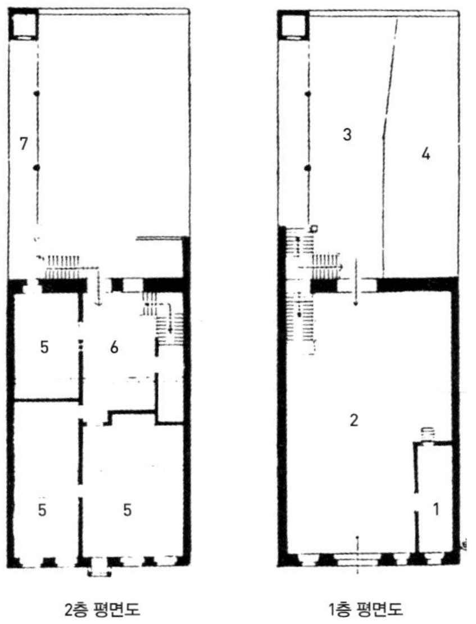

유럽과 달리 겨울이 길고 우기도 길었는데 이런 기후 아래에서는 주택에서의 옥외활동이 그다지 매력적인 사항이 아니었다. 햇빛도 귀했기 때문에 채광을 위해 창이 길고 커지는 등 더 개방적이 되었다. 중정 형에서는 건물의 가려지는 부분이 나오기 때문에 해가 짧은 서북유럽의 겨울에는 채광에 불리했다. 가장 좋은 구성은 아예 집 밖을 향해서 큰 창을 내는 것이었다. 중정 형 구성은 오히려 수도원으로 들어가 중세 종교건축 전반에 걸쳐 크게 유행했다.

중정 형이 완전히 사라진 것은 아니어서 중세 후반에 오면 장인 주택이나 상인 주택에 중정이 등장했다. 하지만 기능과 목적은 로마 주거의 중정과 완전히 달랐다. 위치나 구성부터 중정이기보다는 뒷마당이었다. 도로를 면한 주택 앞쪽에 상가나 작업장을 배치하고 뒤쪽에 안마당을 배치한 형식이었다. 필지가 폭이 좁고 안으로 길었기 때문에 뒷마당의 네 면을 방이 에워싸는 경우는 매우 드물었다. 그보다는 긴 필지를 앞뒤로 이등분 한 뒤 뒤쪽을 마당으로 쓰는 형식이었다. 뉘른베르크에 있는 뒤러 광장의 상인 주택이 좋은 예로, 안으로 긴 필지 가운데 안쪽 절반을 뒷마당과 작업장으로 사용했다(도 3-11).

도 3-11 독일 뉘른베르크(Nürnberg)의 뒤러 광장(Dürere Platz)에 있는 상인 주택. 1=출입구. 2=상가. 3=뒷마당. 4=작업장. 5=침실. 6=리셉션 룸. 7=화장실 & 복도.

기능도 마찬가지였다. 로마의 중정이 가족생활의 중심 공간이었던 데 반해 중세의 중정은 전적으로 하역, 작업, 창고 같은 서비스 공간이었다. 예를 들어 상인 주택에서 중정은 물건을 내리고 싣는 하역 장소였다. 장인 주택에서는 도구, 재료, 생산품 등을 보관하는 창고이자 물건을 만드는 작업장이었다. 귀족 주택에서는 마구간으로 쓰였다. 따라서 뒷마당 주변에 들어가는 방들은 하인이나 일꾼들이 사용하는 시설이었다.

도시 밖에서 농사를 짓는 도시인의 주택에서는 중정이 논밭의 연장선이었다. 중세에는 도시민들 가운데 도시에서의 본 직업 이외에 부업처럼 농사를 추가로 짓는 경우가 많았는데, 이는 말을 키우고 보관하는 데 필요한 땅과 시설을 확보하기 위한 목적이 컸다. 당시 말이 주요 교통수단이 되면서 말을 키우는 일이 매우 중요해졌는데 마구간 이외에도 건초 보관소나 기타 서비스 공간이 많이 필요했다. 도시 안에서는 이런 면적을 갖기가 쉽지 않으므로 도시 밖 농지에 마련한 것이다. 이후 도시상공인들이 부를 축적해감에 따라 도시 안에도 점차 주택 뒷면에 이런 시설들을 덧붙이는 구성이 보편화되어갔다.

도 3-12 할리(Harley)의 『성채 형 도시-로마의 상징-교황의 예언(Fortified City-Representing Rome-Prophecies of the Pope), 1340』 중 그림 12번 장면. 중세 성채의 양대 기능인 방어와 주거를 보여준다.

둘째, 주택에 방어 기능이 새롭게 추가되면서 중요해졌다. 이는 중세만의 정치사회적 상황의 산물이었다. 강력한 거대 중앙정부가 사라지고 군소 영주와 왕 들이 할거하면서 대립이 심해지고 크고 작은 전쟁이 잦았다. 지역 내에서는 군소 영주들 사이에 작은 전쟁이, 국가 차원에서는 대규모 전쟁이 끊이지 않았다. 이에 따라 상류층들은 스스로를 지켜야 할 필요성에 직면했고 주거에도 방어 기능을 갖추었다. 군사시설인 성채 안으로 주거 기능이 들어가면서 강력한 방어막을 확보한 성채주거가 등장했다(도 3-12). 순수

도 3-13 그루지야(현재는 조지아로 이름이 바뀌었다)의 스바네티(Svaneti)에 지어진 탑 주택.

주거에서도 자체적인 방어 기능을 갖는 유형이 등장했는데 탑 주택이나 중세 팔라초가 대표적 예였다(도 3-13).

셋째, 도시주거가 발달했다. 로마 시대에도 몇 종류의 도시주거가 있긴 했지만 크게 보면 도무스와 인슐라로 통일되었던 데 반해, 중세에는 다양한 종류로 분화되었다. 가장 일반적인 도시주거인 임대형 공동주택을 필두로 박공 주택(gabled house), 탑 주택(dwelling tower 혹은 tower house), 아케이드 주택(arcaded house), 팔라초(palazzo), 오텔(hôtel) 등이 대표적인 중세 도시주거 유형들이었다. 이런 새로운 도시주거들이 어우러져 만들어내는 도시 풍경은 이전의 로마와는 완전히 달랐다(도 3-14, 도 3-15). 다양한 유형이 등장하면서 개인주택과 공동주택 사이의 구별도 모호해졌다. 오텔 정도만이 명확한 개인주택이었으며 나머지들은 개인주택과 공동주택 모두로 사용했다.

넷째, 재료 문제로 처음에 목조로 시작해서 점차 석조로 옮겨 갔다. 로마 주거가 대부분 석조였던 것과 달리 중세 주거는 처음에는 목조가 다수였다. 이런 현상은 일반 건축사에서도 마찬가지여서 중세 건축은 알프스 이북 지역에 있던 목조 전통을 석조로 번안하면서 시작되었다. 로마네스크 주택 가운데 상당수는 나무로 지어져서 현재 남아 있는 것이 전무하다고 할 정도이다. 11~12세기에 오면 석조 로마네스크 주택이 등장하기

도 3-14 박공 주택과 아케이드 통로가 어우러진 중세 솔즈베리 도심 풍경.
도 3-15 독일 뉘른베르크의 뒤러 광장 일대 장면. 장인 주택과 상인 주택 등 도시주거를 보여준다. 19세기 사진이다.

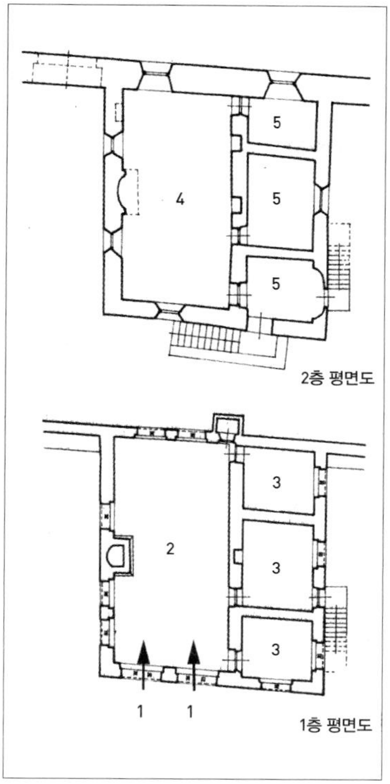

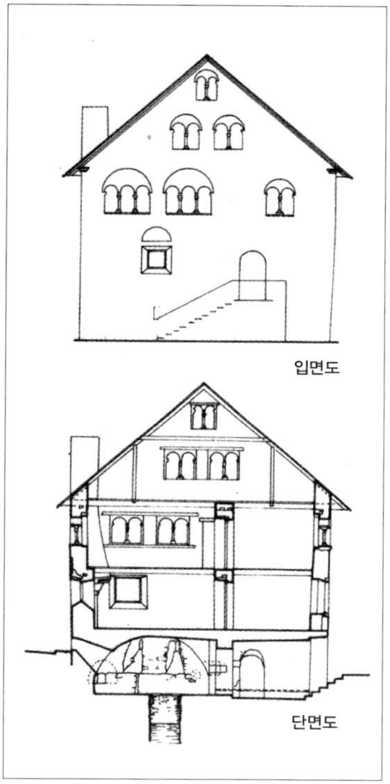

도 3-16 독일 뮌스터리펠(Münsterifel)의 로마네스크 주택 표준형. 1층, 2층 평면도. 1=출입구. 2=상가. 3=작업장 및 창고. 4=2층 홀. 5=침실.

도 3-17 독일 뮌스터리펠의 로마네스크 주택 표준형. 입면도와 단면도.

시작하며 중세 주택은 사실상 이때부터 유구를 남겼다고 할 수 있다.

이런 로마네스크 석조 주택은 중세 주거의 가장 기본적인 단위를 형성했다. 그 구성은 로마의 판사 주택에 있었던 '단위 아파트먼트'와 같았다. 방 2~3개만을 갖는 매우 단순한 구성이었으며 방들 사이의 동선은 복도 없이 내부에서 직접 통했다(도 3-16). 중세 주거는 이것을 씨앗 삼아 여러 유형으로 분화, 발전한 것으로 볼 수 있다. 외관은 정밀한 조형 처리는 결여되었다. 실내 구성이 단순했던 만큼 외관도 여기에서 파생한 단순 육면체였다. 조형적 강조는 창에 집중되었다. 채광의 필요성이나 실내에서 방의 위치에 따라 낸 크고 작은 창들이 외관을 주도했다(도 3-17). 라인 지역과 플랑드르 지역에서는 박공 주택이 많았는데 박공 윤곽이 삼각형이 아닌 박공 단(corbie-step)이라 불리는 계단 형이었다.

2

농촌주거와 장원 주택

봉건제와 농촌주거

봉건제는 중세를 지탱한 정치-경제 체제였다. 군사력에 기초한 영주가 정치적 힘을 갖추고 주변의 농지를 점령, 관리하는 체제였다. 영주의 정치적 근거지는 군사시설인 성채였으며 주변의 농지는 경제적 토대였다. 영주는 지역과 중앙의 다른 실력자 및 기독교 지도자와 일정한 연합이나 종속관계를 통해 세력을 유지하고 키웠다.

봉건제는 로마제국의 붕괴가 낳은 산물이었다. 중앙정부의 진공 상태에서 새로 부상한 작은 세력들이 견제와 균형을 이루는 과정에서 생긴 제도였다. 유럽은 오랜 침체기에 들면서 외부와 교역이 없었기 때문에 자체 생산한 자원에 의존해서 살아가야 했다. 약탈 성격의 전쟁이 빈번하게 일어났으며 도시 하나가 통째로 사라지는 경우도 있었다. 자체 방어만이 살길이었고 지역사회는 힘 있는 자를 중심으로 소규모로 모이기 시작했다. 다수의 농부들은 자신들을 보호해줄 수 있는 영주나 주교에 의탁하는 대신 이들에게 종속되었다.

이전부터 있어오던 계급 없는 농업 사회가 농부와 전사로 구분되면서 이중 계급사회로 변화했다. 전사계급은 봉건영주로 성장한 반면 농부는 전차인이나 소작농으로 남거나 농노로 전락했다. 영주는 농부들을 침략에서 보호해주고 농부 계층에게 땅을 빌려주었다. 그 대가로 이들에게서 맹세와 함께 노동력과 농작물을 제공받았다. 이런 관계는 시간이 지나면서 점점 계급 구조로 굳어져서 영주는 상류 지배계층을 형성했다. 이후 통일국가가 형성되면서 작위를 획득해서 귀족계층으로 진출했다. 농부는 농노, 전차인, 소작농 등으로 남아 하위계층을 형성했다.

영주의 정치경제적 기반은 주변의 농지였는데 이것을 장원이라 불렀다. 농촌 가운데 자치단위가 아니라 영주에 소속되어 지배와 보호를 받고 세금을 내는 단위가 장원이었다. 장원은 왕이 영주에게 허락한 농토 재산이었으며 세습과 매매가 가능했다. 장원의 중심에는 성채나 영주관이 있었고 농지 주변에는 농가가 군집한 작은 마을이 형성되었다. 농지는 이모작일 경우 춘경지(하전)와 추경지(동전)로 이원화되었고 그 외에 휴경지, 목초지, 방목지 등을 추가로 가졌다(도 3-18, 도 3-19).

도 3-18 『베리 공작의 매우 풍요로운 기도서』에 등장하는 소뮈르(Saumur) 성채 모습. 성채 주변의 장원 모습을 보여준다.
도 3-19 영국의 중세 장원.

장원은 단순히 영주의 정치경제적 기반만이 아니었다. 중세에는 평균 85~90퍼센트의 인구가 농촌에 살았으며 1200년 이전에는 농촌의 75퍼센트가 다시 장원에 소속되었기 때문에 장원의 농촌 경제는 결국 중세문명 전체의 기반이었다. 1200년 이후에는 봉건제가 서서히 사라지면서 농촌은 장원에서 해방되어 자치권을 획득해 갔다.

농촌 경제는 중세문명 전체를 좌우했다. 11~12세기는 평균기온이 올라가면서 식량생산이 증가했다. 이는 인구 증가로 이어졌고 13세기의 중세 전성기를 낳았다. 14세기에 다시 기온이 내려가고 흑사병이 돌면서 중세는 말기에 진입했다. 이후 농촌 경제를 도시상공업과 금융업이 대체하면서 르네상스가 시작되었다.

이처럼 농촌은 중세문명의 중심 공간이었다. 도시국가나 대도시 중심이던 '그리스-헬레니즘-로마'의 고대 지중해문명과는 큰 차이였다. 중세 농촌의 가장 기본적인 행정 단위는 행정교구로, 가장 포괄적인 의미의 농촌사회를 구획하고 형성하던 단위였다. 그 경계선은 중세문명이 전성기를 향해 발전하던 12세기 초에 형성되었다. 중세 전반부에는 장원이 행정교구 가운데 가장 많은 숫자를 차지했으며 그다음은 수도원과 교회 소유의 토지였다. 순수한 농촌 자치 단위는 중세 전반부에는 소수였다가 후반부로 오면서 점차 늘어서 말기에는 다수를 점하게 된다.

중세 농촌에는 영주와 농부 사이에 기사 계층이 있었다. 기사는 흔히 알려진 것처럼 전사만은 아니었다. 농노를 소유하던 지역의 기사와 그 가족은 농촌사회의 지도자를 겸했다. 농촌주민의 일상생활은 상당 부분 이들의 보호와 지도 아래 영위되었다. 기사의 아들이나 친척은 지역 행정교구의 주요 직책을 수행했다. 특권층은 하층민에게 사회적 봉사를 함으로써 그 특권을 유지할 수 있다는, 이른바 노블레스 오블리제(noblesse obligé)의 전통이 정착한 것도 중세 때의 이런 사회관습을 거치면서부터였다. 13세기부터 기사들이 전쟁보다는 농사일에 더 관심을 두면서 농촌사회와의 유대관계는 더 돈독해졌는데 특히 전쟁이 적은 평화지역에서 그랬다.

중세의 주거건축에서도 농촌주거가 차지하는 비중이 컸다. 중세 농촌주거는 크게 일반 농가와 장원 주택으로 나눌 수 있다. 농촌주거의 기본은 농가인데, 농지 사이에 단독으로 존재하던 중세 농가는 현재 남아 있는 것이 하나도 없다. 세월의 흐름에 그만큼 취약할 수밖에 없기 때문이다. 반면 농가가 군집을 이룬 마을주택은 약간의 유구가 남아 있다. 마을주택도 구성은 단독 농가와 같았을 것으로 추정된다. 영국에서는 '토속건축(vernacular architecture)'의 주제 아래 중세 농가를 복원시켜 몇 채를 보존시키고 있다.

장원 주택은 농가보다는 규모가 컸으며 역시 일정 수의 유구가 남아 있다. 그러나 대부분 14세기 이후의 것이며 지역적으로도 영국에 집중되어 있다. 이때에는 봉건제가 사실상 없어지기 시작한 때여서 장원 주택은 초기 구성에서 벗어나 확장, 변형이 많이 되었다. 따라서 장원 주택 역시 유럽 전체에 걸쳐 핵심적인 유구는 거의 없는 실정이다. 그러나 중세 농촌주거의 핵심은 장원 주택이었으며 그나마 14세기 이후 영국의 예들이라도 남아 있어서 기본적인 특징은 찾아볼 수 있다.

장원 주택 1: 기본형

장원 주택은 장원의 행정 중심지였다. 성채보다는 작은 규모이지만 성채와 다른 기능을 가졌다. 성채가 영토 전체를 종합적으로 관리, 방어하는 상위개념의 본거지인데 비해, 장원 주택은 장원 속으로 들어가 장원만을 관리하는 전문화된 공간이었다. 방어 기능을 갖출 수도 있고 아닐 수도 있었으며 장원 소유자(통상은 영주)나 그 대리인(주로 직속 하인)이 주로 사용했다. 일부 지역에서는 장원궁정(manorial court, 지역의 피라미드 권력체계에서 가장 아래에 속하는 등급)의 본거지이기도 했다. 대형화된 장원 자체와 비교하면 중요성은 많이 약했지만 중세 농촌주거를 대표하는 유형이었다(도 3-20).

장원 주택은 마을의 중심 공간 가운데 하나이기도 했다. 성채가 정치적 중심 공간이고 교회가 종교적 중심 공간이었다면 장원 주택은 일상생활의 중심 공간에 가까웠다. 중세 초기에는 농촌 마을을 대표하는 가장 큰 주택이었다. 중세 마을은 교회, 장원 주택, 농가 등이 불규칙하게 어우러지면서 비정형적 구성을 이루었고

도 3-20 영국 데번셔(Devonshire)의 헤이즈 바턴(Hayes Barton)에 있는 장원 주택. 현재 건물은 16세기 때 것이다.
도 3-21 마스터 벤체슬라스의 『계절의 순환』 중 7~8월 장면. 농촌 풍경을 보여주는데 성문 형식의 높은 출입문을 갖춘 왼쪽 아래의 석조 주택이 장원 주택과 유사하다.

여기에서 좀 떨어진 곳에 성채가 종합 본거지로 위치했다(도 3-21).

도 3-22 헤밍포드 그레이(Hemingford Grey)의 장원 주택. 케임브리지셔(Cambridgeshire), 영국. 2층 홀 실내 장면. 1150년경 상태를 복원한 것이다.

장원 주택의 실내 구성은 비교적 단순했다. 크게 공적 영역과 사적 영역으로 나눌 수 있다. 공적 영역에는 부엌과 홀이, 사적 영역에는 거실과 침실이 기본적으로 들어갔다. 건물 주변에는 마구간이나 창고 같은 서비스 공간을 갖추었다. 주요 방에는 벽난로를 갖추었으며 창에는 트레이서리(tracery, 장식격자) 같은 교회 건축어휘를 사용하는 것이 보통이었다. 헤밍포드 그레이의 장원 주택 2층 홀은 벽난로를 중심으로 한 실내 모습을 잘 보여주는데 1150년경 상태를 복원한 것이다(도 3-22). 일부에서는 자체적으로 예배당까지 갖춘 예도 있었다.

이상의 기본시설을 배치하는 유형은 여러 종류가 있었는데 특히 영국에서 이 주제에 대한 연구가 진척되어 있는 편이다. 하지만 영국에서도 이런 다양한 종류를 보여주는 유구가 모두 남아 있지는 못하다. 당시의 여러 문헌기록, 유구, 복원작업 등을 종합해 보면 장원 주택의 종류는 모두 여섯 가지로 정리할 수 있다. 크게 기본형과 복합형으로 나눌 수 있는데 기본형에는 블록 형과 필-탑 형의 두 가지가 있었다. 복합형에는 'L'자형, 중정 형, 불규칙 구성, 이중 사각형 구성 등의 네 가지가 있었다.

도 3-23 이스트 바샴(East Barsham)의 장원 주택. 노퍽(Norfolk), 영국. 1520~30년경. 정문을 통해 들여다 본 중정과 본체 모습.

도 3-24 틴테이겔(Tintagel)의 장원 주택. 14세기.

기본형과 복합형을 나누는 기준은 두 가지였다. 하나는 말 그대로 건물이 단순하고 기본적이면 기본형이었고, 커지면서 구성이 복잡해지면 복합형이었다. 다른 하나는 방어 기능의 유무였다.

반드시 그런 것은 아니지만 대체적으로 기본형은 방어 기능을 갖춘 편이었고 복합형은 방어 기능이 없는 경우가 더 많았다. 방어 기능을 갖추기 위해서는 건물이 단순할수록 유리했기 때문이다(도 3-23). 복합형은 방의 개수가 늘어나고 중정이 생겨났으며 장식을 더하는 등 방어 기능보다는 생활공간의 다양성과 환경의 질에 초점을 맞추었다(도 3-24).

장원 주택 2: 복합형

블록 형은 가장 단순한 유형으로 중세 전 기간에 걸쳐 유행했다. 보통 2층으로 구성되며 1층에는 부엌과 홀이 들어갔고 2층은 큰 방 하나로 이루어졌다. 2층의 큰 방은 두 개의 벽난로와 두 개의 침실을 갖추었다. 이 유형은 현재 유구가 없다고 보면 되는데 구성 내용은 랩워스의 존 비숍스덴 경(Sir John Bishopsden of Lapworth)이 두 명의 벽돌 조적공과 맺은 계약서 내용에 나와 있다. 12미터, 폭 5.4미터의 작은 블록 형 주택으로 전술한 구성을 갖추었다. 지붕은 박공으로 처리했다. 건물의 긴 변 중간에 문을 내서 도개교(drawbridge, 성의 해자에 걸쳐서 성의 안과 밖을 연결해주는 다리)와 연결했다.

필-탑 형(pele-tower)은 잉글랜드와 스코틀랜드의 접경지역에 세웠던 대피시설인 필-탑을 장원 주택으로 활용한 유형이다. 필-탑은 기본적으로 가축 대피시설이었지만 마을 사람들이 대피할 수 있는 교구 필(vicar's pele)도 있었다. 정규군 사이의 본격적인 전쟁시설은 아니었고 산적 따위의 가벼운 약탈을 피해 숨는 임시 대피시설에 가까웠다. 그러나 재료는 반드시 석조였으며 화살용 구멍이나 총안 등 최소한의 방어 기능은 갖추었다.

필-탑 형 장원 주택의 예로 입스위치(Ipswich) 근교의 리틀 웬햄홀(Little Wenham Hall, 1265~80년경)을 들 수 있

도 3-25 리틀 웬햄홀(Little Wenham Hall). 서폭(Suffolk)의 입스위치(Ipswich) 근교. 영국. 1265~80년경.

다(도 3-25). 정사각형 탑을 동쪽에 세웠는데 볼트 천장의 지하실 위에 1층에는 예배당을, 2층에는 방을 각각 뒀다. 수직이동은 작은 돌출 탑 속에 나선형 계단을 넣어 해결했다. 이 탑 옆에는 장원 주택이 함께 있었다. 옆으로 넓적한 1층 구조였는데 그레이트 홀, 창고, 부엌 등을 갖추었다. 그레이트 홀은 트레이서리로 창을 장식했고 창고와 부엌은 볼트 천장으로 처리했다. 지붕은 목조로 골격을 짰다. 이 주택은 탑의 계단실과 연결되어서 침실은 탑의 2층에 있는 것을 이용했다. 탑과 주택 모두 기본적으로 방어용 구조물은 아니었지만 탑은 일정 부분 방어 성격을 갖췄다. 재료가 특이해서 플레밍 벽돌로 지었으며 화강석과 부싯돌로 간간이 띠 장식을 넣었다.

'L'자형은 왕실채권 징수관이었던 마켄필드의 존(John de Markenfield)이 1310년에 요크셔(Yorkshire)에 지은 마켄필드 홀(Markenfield Hall)이 좋은 예이다(도 3-26). 두 블록이 긴밀하게 연결되면서 건물 전체가 'L'자를 이루었다. 모서리 부분은 지하실을 갖추었으며 그 위 1층은 예배당이었고 나머지 두 팔은 한쪽이 홀, 다른 한쪽은 방이었다. 홀의 중앙에는 화로가 있었으며 홀의 동쪽에는 벽난로를 갖춘 일광욕실이 있었다. 홀의 창은 트레이서리로 장식했다. 홀의 바닥높이는 지면보다 높아서 외부에 난 계단을 통해 출입이 이루어졌다. 장원 전체로 보면 이렇게 구성되는

도 3-26 마켄필드 홀(Markenfield Hall). 요크셔(Yorkshire), 영국. 1310년.

주택을 포함해서 넓은 영역을 방벽(enceinte)으로 둘러쳐서 방어 기능을 갖췄다.

도 3-27 우드랜즈 장원 주택(Woodlands Manor), 미어(Mere), 윌트셔(Wiltshire), 영국, 1380년경.

중정 형은 'L'자형이 더 발전해서 안마당을 에워싸게 된 유형이다. 장원 주택을 확장한, 혹은 장원 주택에서 출발한 컨트리하우스에 많이 사용했다. 시기적으로는 14세기부터 많이 나타났는데 피터보로(Peterborough) 근처의 우드크로프트(Woodcroft) 성이 좋은 예이다. 전체 구성은 성채와 비슷한 중정 형이었다. 네 귀퉁이에 탑을 가졌으며 정면 중앙에 정문을 냈고 그 위에 예배당을 뒀다. 실내 홀은 수직으로 긴 세 개의 창을 가졌다. 창은 중간을 가로대로 한 번 나눴고 위쪽 끝은 숄더형 아치로 마감했다. 세 개의 아치로 구성되었는데 양옆 아치가 어깨처럼 둥근 곡선 형태를 띠면서 밑으로 처지고 중앙 아치가 위로 솟은 형태였다.

불규칙 구성은 여러 개의 작은 공간단위들이 불규칙하게 군집하면서 기본형을 벗어나 복합형으로 발전한 경우이다. 토머스 더딩턴(Thomas Doddington)이 1380년경에 세운 것으로 추정되는 윌트셔(Mere in Wiltshire)의 우드랜즈 장원 주택(Woodlands Manor house)이 대표적인 예이다(도 3-27). 크게 홀 영역과 예배당 영역으로 나눌 수 있다. 홀은 천장을 목조 우물천장으로 처리해서 구조를 개방했다. 실내 구성은 비교적 단순해서 홀조차도 지면에서 출입문을 통해 바로 진입할 수 있었다. 예배당은 2층에 걸쳐 뚫려 있었다. 건물 전체에 걸쳐 교회건축 어휘인 수직양식을 사용해서 중세 주거건축의 특징 가운데 하나인 종교건축의 주거화(domestication)를 보여주는 좋은 예이다. 비 방어용 장원 주택의 좋은 예이며 규모나 장식처리 등에서 중간 수준쯤 되었다.

이중 사각형 구성은 곧 이중 중정 형으로 안마당을 두 개 갖는 경우이다. 기사였던 존 스트레치 경이 1360년경에 데번셔(Devonshire)에 지은

도 3-28 사우스 윙필드(South Wingfield)의 장원 주택. 더비셔(Derbyshire), 영국. 퇴창 모습. 1440~50년경.

리틀 헴스턴(Little Hempston)이 대표적인 예이다. 안마당 가운데 하나는 농사용 텃밭으로, 농가가 사면을 에워싸서 안마당을 만들었다. 다른 하나는 주거용 중정으로 홀과 오피스로 둘러싸였다. 홀은 중앙에 화로를 설치했고 2층에 걸쳐 뚫려 있었는데 지붕창을 내서 채광을 도왔다. 홀은 2층 높이이긴 했지만 중정 주변의 다른 1층 건물들의 나지막한 분위기를 해치지는 않았다.

이중 사각형 구성은 대부분 대칭이었으나 비대칭도 있었는데 크롬웰 백작(Lord Cromwell)이 1440~50년경에 지은 사우스 윙필드(Soutvh Wingfield)의 장원 주택이 좋은 예이다(도 3-28). 크롬웰 백작은 건축에 관심이 많아서 1430년대 중후반경에 벽돌 성채 형의 태터셜(Tattershall)을 먼저 지은 다음 몇 년 뒤에 이 장원 주택을 지었다. 이번에도 안마당 하나는 농업용 텃밭으로 하인들의 주거와 마구간 등이 사면을 돌아가며 배치되었다. 다른 하나는 영주의 주거 영역에 만든 중정이었다.

주거 영역의 서쪽에는 침실이, 남쪽에는 그레이트 홀이, 출입구 영역에 해당되는 동쪽에는 대형 방과 예배당이 각각 위치했다. 침실에는 2베이(bay)짜리 창을, 그레이트 홀에는 퇴창(oriel, 벽에서 밖으로 불쑥 튀어나온 창)을 각각 냈다. 예배당은 현재 사라지고 없다. 영주의 주거 영역에는 방어 기능도 더했다. 게이트하우스(gate-house)와 탑이었다. 게이트하우스는 두 안마당 사이에 설치해서 원래는 두 영역을 분리하는 목적이었지만 영주의 주거를 방어하는 기능도 함께 가졌다. 이외에도 튼튼하게 지은 4층짜리 탑을 더해서 유사시에 최후의 보루로 사용했다. 건물 전체로 보면 넓은 언덕 위에 혼자 서 있는 형국이기 때문에 별도의 외부 방벽은 세우지 않은 대신 취약지점에 깊은 해자를 팠다. 창에 교회 건축어휘인 트레이서리를 사용했을 뿐 아니라 건물 윤곽도 언뜻 보면 성당처럼 보이게 지었다.

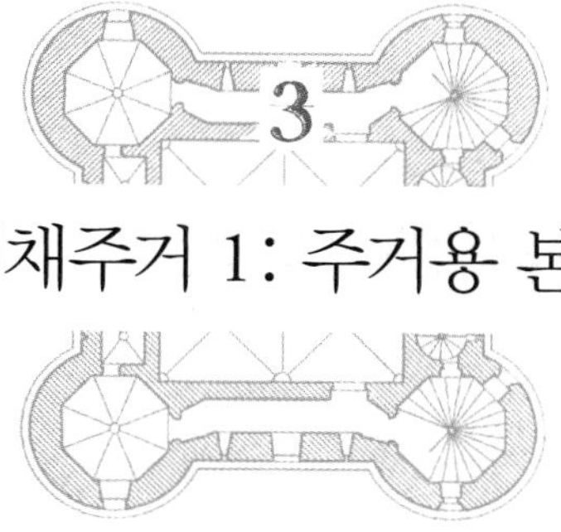

3

성채주거 1: 주거용 본성

주거건축으로서의 성채

성채는 주변의 일정 영역을 다스리는 영주의 본거지로 기본적으로 적의 공격을 막아내는 방어용 군사시설이었다. 성채의 역사는 전쟁의 역사와 함께할 만큼 오래되었다. 메소포타미아문명의 도시는 성채 형이 많았으며 앞에 나왔던 미케네문명의 티린스나 필로스 등도 마찬가지였다. 로마 시대 때 군사도시였던 캠프도 성채의 한 종류로 볼 수 있다. 성채는 유독 중세 때 가장 번성했다. 숫자, 분포지역, 규모, 구성, 주변에 끼친 영향력 등 여러 면에서 성채의 전성기는 분명 중세였다. 일반 건축사에서는 성당과 함께 중세문명을 대표하는 양대 축이었다.

성채는 일차적으로는 군사시설이었지만 그게 전부는 아니었다. 성주의 정치적 본거지도 겸했기 때문에 일반적으로 알려진 것과 달리 그 안에 주거, 궁정, 예배당 같은 다른 기능도 포함했다. 성채는 방어, 주거, 궁정, 종교 등의 네 기능을 합한 복합시설이었다. 물론 방어의 비중이 가장 높았지만 반드시 그렇지만은 않았다. 전쟁이 많았던 시기나 지역에서는 방어 기능이 컸을 것이고 그 반대의 경우에는 정치적 중심지로서 궁정 기능이 컸을 것이다. 주거의 기능도 그에 못지않게 크고 중요했다. 성주 및 그의 식구와 가솔들이 먹고 살면서 일상을 보내는 곳이었기 때문이다.

도 3-29 피에르 르보(Pierre Le Baud)의 『브르타뉴의 연대기와 역사(Chroniques et histoires des Bretons), 15세기』에 나오는 성채 모습.

지금까지 중세 성채는 주로 방어용 군사시설의 관점에서만 연구했다. 하지만 주거 기능도 이와 균등하게 큰 것이었기 때문에 성채는 주거건축의 역사에서도 중요한 유형이다. 특히 중세 상류층의 주거는 성채가 다수였다. 도시 내 궁전이나 왕궁 유형도 있었지만 성채에 소속된 경우가 훨씬 더 많았다. 특히 컨트리 하우스까지 포함하면 압도적으로 많았다. 이 때문에 성채는 주거건축의 기준에서 다시 조명할 수 있다. 이 기준에서 보면 중세 성채는 '주거를 중심으로 군사시설, 궁정, 예배당 등을 포괄하는 복합시설'이 된다.

성채를 이렇게 정의하면 그 의미가 중요해진다. 주거 역사상 가장 포괄적인 유형이 될 수 있기 때문이다. 대부분 예배당도 갖추었기 때문에 종교 기능까지도 포함시키면 포괄성은 더 커진다. 주거의 개념과 주거건축의 범위가 가장 넓은 유형이었다. 이는 다분히 중세라는 시대상황이 낳은 산물이었다. 봉건제와 전쟁이 이런 포괄성의 핵심이었다. 봉건제에서는 왕국이나 영지가 권력자 개인을 중심으로 형성되었다. 중세는 또한 이런 다수의 군소 권력자들을 중심으로 전쟁이 유독 많았던 시기였다. 상류층 권력자들의 주거는 이런 시대상황에 맞춰 하나의 작은 왕국에 가까운 개념으로 정의되고 구성되었다.

이상을 요약해서 성채를 주거의 관점에서 보면 '독립영주의 방어용 주거'로 정의할 수 있다. 중세 때 유행했던 그림책에는 이런 포괄적 개념의 성채를 보여주는 예들이 많이 수록되어 있다(도 3-29). 앞에 나왔던

도 3-1, 도 3-3, 도 3-12, 도 3-18, 도 3-21 등도 좋은 예이다. 이런 개인 방어체제는 중세를 고대와 구별하는 중요한 요소였다. 고대는 도시를 근거지로 한 공동 방어체제였다. 고대에는 방어 기능이 도시 전체의 공공차원에서 행해지는 공적 영역의 일이었다. 개인 주거의 방어 기능은 철저하게 사적 영역에 속했으며 둘은 명확하게 분리, 이원화되었다. 황궁조차도 특별한 군사시설을 갖추지 않았다. 문명 전체 차원에서 봐도 로마 시대에는 공공사와 개인사가 구분되어 있었다. 이런 구분은 성공한 황제와 실패한 황제를 가르는 중요한 기준이었다. 둘을 혼돈한 황제는 가차 없이 암살당하거나 축출되어 실패한 황제로 기록된 반면, 성공한 황제들은 공통적으로 개인사를 억제하고 공공사에 충실했다.

이와 달리 중세 성채에서는 공적 영역과 사적 영역의 두 방어체계가 하나로 합해졌다. 개인 주거가 공적 차원의 방어 기능까지 떠맡게 된 것이다. 영주의 주택이 침략받는 것은 영지나 왕국이 침략받는 것과 같았다. 영주의 주택이 적의 수중에 떨어지면 영지나 왕국은 몰락했다. 영주의 주택만 함락시키면 주변 영지는 자동적으로 흡수되었다. 주거가 하나의 작은 나라가 된 셈이었다. 이처럼 중세의 주거건축은 성채를 끼고 시대의 정체성을 형성하는 핵심요소의 역할까지 했다. 봉건제 아래에서 권력구조가 지역 단위로 잘게 나누어지면서 성채는 지역 권력의 정치군사적 힘을 상징적으로 과시하는 구조물이 된 것인데 주거가 그 핵심에 있었다.

성채는 중세의 역사와 함께했다. 그 흐름도 일반 정치사, 특히 전쟁사와 맥을 같이했다. 중세가 형성되기 시작하던 초기에 기초 구성이 형성되기 시작해서 중기에 정점에 이른 뒤 후기로 오면서 점차 쇠퇴해갔다. 지역을 기준으로 하면 엄격한 의미의 전쟁용 성채는 프랑스와 영국에 주로 지어졌다. 프랑스에서는 노르망디(Normandy)에서 루아르(Loire)에 이르는 북부 지역에 특히 집중되었다. 영국에서는 프랑스를 상대해야 하는 남쪽 해안지대와 스코틀랜드를 상대해야 하는 접경지역에 집중되었다. 이외에 웨일스와 스코틀랜드에도 많은 성채가 지어졌다. 독일에서는 봉건영지나 농촌보다는 도시를 낀 성채가 많았다. 공국들의 연합체였기 때문에 주요 도시들에 성채 기능을 더해서 정치군사력을 높이기 위한 목적이었다.

주거용 본성(11~14세기): 성채 내 주거시설

중세 성채의 역사는 로마가 멸망한 5세기까지도 올라갈 수 있다. 과거 로마 영토를 중심으로 이슬람과 이민족의 침입에 맞서면서 자체적인 방어시설을 짓기 시작했다. 이후 중세에 접어들어 유럽 내부의 전쟁이 증가하면서 성채건축은 꾸준히 발전했다. 10~11세기에 프랑스의 노르망디와 루아르 및 영국을 중심으로 기초적 완성을 이루었다. 12~13세기에 전성기를 거친 뒤 14세기부터 쇠퇴하기 시작했다.

성채는 형태와 구성 형식 등이 천차만별이지만 구성 요소는 크게 '해자(moat)-외성-내성(donjon)'의 삼중구성으로 이루어졌다(도 3-30). 세부시설은 탑, 본성(keep), 안마당(bailey), 예배당, 궁정, 기사관, 창고, 막사 등이 있었다(도 3-31). 이런 시설들은 단독 건물로 존재하기도 했고 여러 개가 한 건물 안에 함께 들어가기도 했다. 이 가운데 주거시설은 본성과 탑이었다. 이 둘이 중심이 된 성채 내 주거는 주거용 본성, 탑 형 본성, 안마당-탑 형 본성 등의 세 종류가 있었다. 크게 보면 주거용 본성과 탑 형의 둘로 나눌 수 있다. 둘은 시기적으로 앞뒤를 담당했다. 주거용 본성은 주로 11~14세기에 많았고 탑 형 본성은 14세기 초부터 나타난 뒤 14세기 말에 안마당-탑 형 본성으로 발전했다. 지역적으로는 주거용 본성이 프랑스에 많았고 탑 형은 영국에 많았다. 성채주거의 변천사를 표로 정리하면 다음과 같다.

표 8. 중세 성채주거 변천사

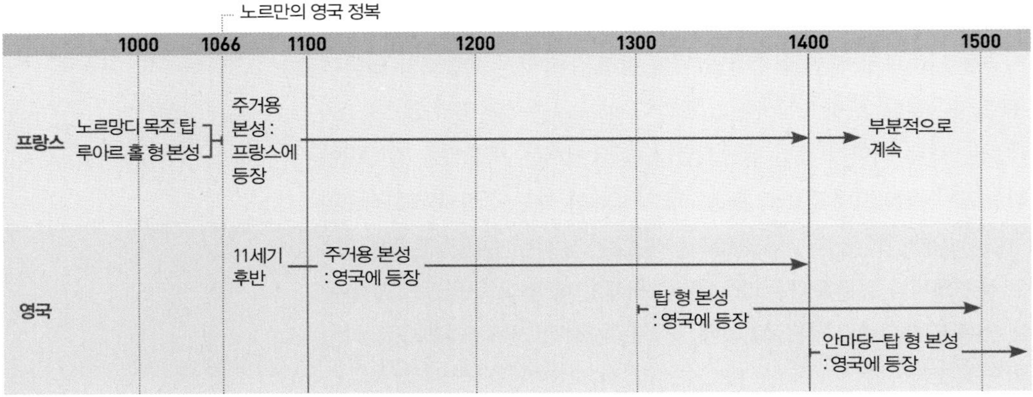

주거용 본성(residential keep)은 말 그대로 본성 가운데 주거 기능이 크게 강화된, 혹은 아직 주거 기능만 갖는 경우를 말한다. 주거용 본성이 먼저 나타났으며 여기에 군사 기능이 더해지면서 본성으로 발전했다. 완성된 본성은 군사 기능, 예배당, 궁정, 주거 기능 등 여러 기능이 들어가는 복합건물인데, 이 단계로 가기 전에 주거 기능만 갖는 상태의 본성을 주거용 본성이라 부른다. 노르만의 1066년 영국 정복과 함께 나타났다는 것이 정설이다. 이 시기부터 프랑스 노르망디와 영국 남부 해안지역 등에 지어지기 시작했다. 이후 중세문명의 전성기였던 12세기에 함께 전성기를 맞았다. 이때까지는 주거용 본성이 성채의 중심이었다. 12세기부터는 영국과 독일 등으로도 전파되어 유럽 전역에서 다수가 지어졌다.

13세기부터는 본성으로 확장, 발전했다. 13세기에 들어와 중앙정부로의 통일운동이 본격적으로 시작되고 전쟁도 잦아지고 격화됨에 따라 성채에서 주거 기능의 비중은 현저히 낮아지고 군사 기능이 대폭 강화되었다. 1200년경이면 성채는 방어 기능을 완비하며 군사시설로서의 위용을 드러내기 시작했다. 성채 재료에서 목재가 사라지고 석재로 통일된 것도 이때였다. 이에 따라 주거용 본성은 군사 기능을 강화하면서 복합건물인 본성으로 발전했다. 주거용 본성은 대륙에서는 프랑스를 중심으로 15세기까지 계속 지어졌지만 영국에서는 쇠퇴현상이 두드러져서 14세기 후반부터 안마당–탑 형 본성으로 대체되었다.

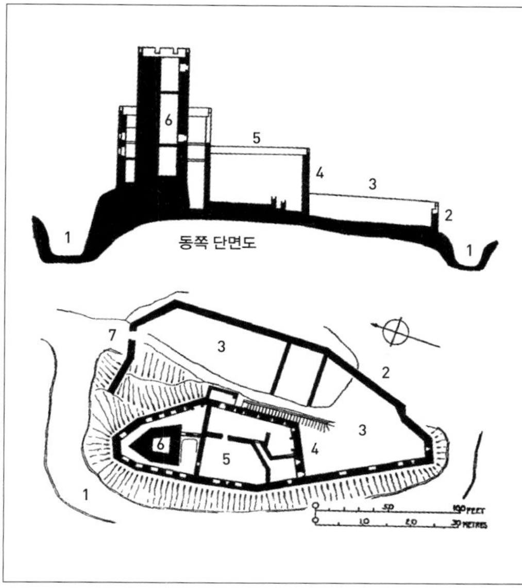

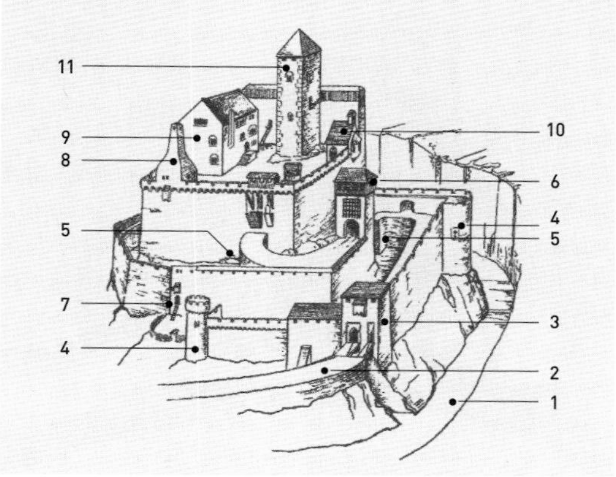

도 3–30 오르텐베르크(Ortenberg) 성채. 1=해자. 2=외성. 3=외부 안마당. 4=내성. 5=내부 안마당. 6=본성. 7=샛길 도피로.

도 3–31 중세 성채의 표준 구성. 1=해자. 2=도개교 및 진입로. 3=1차 게이트하우스. 4=탑. 5=안마당. 6=2차 게이트하우스. 7=샛길 도피로. 8=부엌 건물. 9=그레이트 홀. 10=예배당. 11=본성.

주거용 본성은 이처럼 성주의 주거시설이 발전한 것이었다. 그 기원에 대해서는 여러 설이 있는데 그중 두 가지가 가장 유력하다. 하나는 성주의 초창기 주거 형식이었던 목조 탑에서 기원해서 점차 석구조로 발전해갔다는 것으로 가장 정설이다. 지역으로는 노르망디 지방이 중심이며 주거용 본성의 다양한 형식 대부분이 여기에서 유래했다. 다른 하나는 루아르 기원설로 주로 홀 형 본성이 여기에서 유래한 것으로 볼 수 있다. 11세기에 이 지역의 장인들이 여러 군데에 퍼져 있던 선례를 모아 기념비적 구조물로 정리, 발전시킨 것이라는 설이다. 앞 설과 달리 처음부터 석구조로 시작한 예들이 많기 때문에 유구 증거는 오히려 가장 많이 남아 있다. 종합하면 루아르의 석조 홀 기원설이다(도 3-32).

첫 번째 기원에 대해서 좀 더 자세히 살펴보면, 성벽은 일찍부터 석조로 지었지만 그 안의 시설은 의외로 늦게까지 목조가 많았다는 사실이 이 설에 대한 좋은 증거이다. 일반적인 상식과 달리 성채의 주재료가 목조에서 석조로 바뀐 것은 1200년경이나 되어서였다. 그 이전에는 성채 내에 목조시설들이 많았는데 탑도 그 가운데 하나였다(도 3-33). 이런 목조 탑은 일찍부터 방어와 과시의 목적으로 영주들이 애용했다. 10~12세기의 초기일수록 더욱 그랬다. 예를 들어 루아레(Loiret) 주의 샤티용-콜리기(Chatillon-Colighy)의 지역 연대기학자가 1060년대에 기록한 내용을 보면 "영주 자신이 권력자임을 과시하기 위해 목조 탑을 세웠다."라고 했다. 아래층에는 여러 실용시설들이, 위층에는 영주 가족의 주거가 각각 들어갔다. 탑 하나만으로도 방어용 주거라는 중세 성채의 목적과 기능을 만족시킨 것이다.

초창기에 목조 성채가 많았다는 사실은 확실히 일반 상식과 어긋나는 것이다. 공성에 버티는 힘이 석조 구조가 월등히 뛰어날 뿐더러 방화 기능까지 생각하면 더 그랬다. 불로 공격을 할 경우의 취약성을 생각하면 목조 성채는 이해가 안 가는 일이었지만 그럼에도 실제로 12세기까지 목조 성채들이 많이 있었던 것은 이것이 초창기 주거용 본성인 목조 탑에서 기원해서 발전해온 것이

도 3-32 프로뱅(Provins) 성채. 카이사르의 탑(Tour de Cesar). 12세기. 루아르의 석조 홀 기원설을 보여준다. 1=성문. 2=도개교. 3=우물. 4=중앙 홀. 5=탑 및 지원시설.

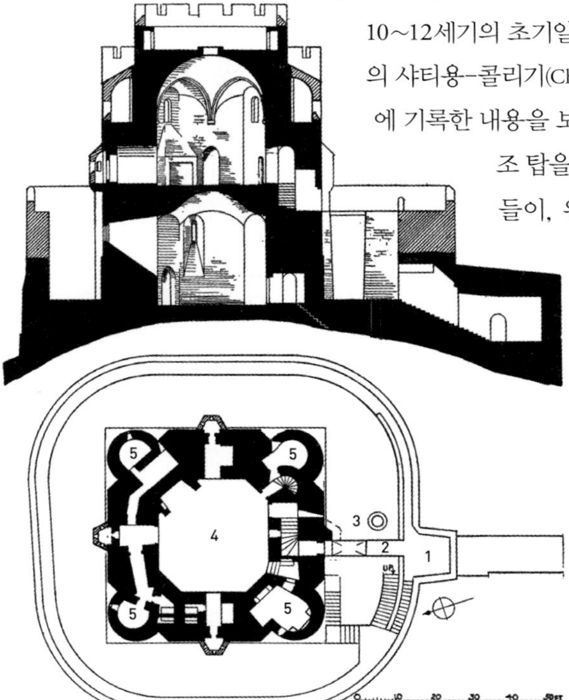

도 3-33 모타뉴(Mortagne) 성채의 포위 장면. 1377년 그림. 성채에 목조 건물이 섞여 있다.

기 때문이었다. 성주의 주거에 목조가 보편적 구조방식이던 때에는 성채마저도 목조로 짓는 것도 이상할 것이 없었다는 뜻이다. 이 때문에 목조로 지은 초창기 성채는 화재로 없어지는 일이 빈번했다.

주거용 본성도 12세기까지 목조로 지은 것들이 많았으며 이런 예들은 대부분 목조 탑 형식을 했다. 예를 들어 아르드르(Ardres)에는 루이(Louis)라는 이름의 목수가 1117년에 목조 성을 지었다는 기록이 있다. 기록에 의하면 상당히 복잡한 구조였으며 주거용 본성에 대한 내용도 나온다. 여러 개의 침실, 부엌, 예배당 등을 갖추었는데 이 시설들이 둔덕 위에 우뚝 솟은 목조 탑 하나 안에 다 들어갔다고 했다. 이 목조 탑이 다름 아닌 주거용 본성이었다. 그러나 목조로는 런던탑이나 콜체스터 성채 같은 규모를 만들어내지 못했다. 이에 12세기부터는 석재를 사용하기 시작했고 목조는 점차 사라져갔다.

당시 상황에서 보면 목조가 유리한 점도 있었는데 임시건물에 적합하다는 점이었다. 빨리 지었다가 떼어내 다른 곳으로 이동해서 다시 짓는 데 유리했다. 노르만의 영국 정복 초기에 이런 상황이 많았다. 가능하면 빠른 시기에 넓은 지역을 점령해서 다스리고 위용을 과시해야 했기 때문이었다. 영국으로 진출한 노르만의 인구가 충분하지 않았기 때문에 이런 시설들의 대부분은 과시 목적의 임시용이었다. 석조는 이런 목적에는 공사기간이나 비용 등 모든 면에서 부담이 너무 컸다. 스테판

(Stephen, 1135~54) 통치기 동안은 무허가 목조 성채를 급조하는 유행이 불기도 했다. 그러나 목조의 취약한 내구성은 어쩔 수 없어서 이런 속도와 임시성은 반대로 목조 성채가 남아 있지 않게 만든 가장 큰 원인이었다. 재료 자체의 취약성에 더해 1153년의 평화협정 이후에는 인위적인 철거 바람도 불었다. 목조 성채는 1200년경을 기점으로 사회가 안정되면서 대부분 석조로 대체되었다.

주거용 본성의 특징과 구성

주거용 본성은 영주와 그 가족의 살림집이었기 때문에 성채에서 가장 깊은 곳에 위치했다. 방어막이 많을 경우 내성에만 세 겹을 쳤다(도 3-34, 도 3-35). 첫 번째는 내성의 가장 바깥 성벽 및 그 영역 안에 설치한 헛간 구조물 등의 부속시설이었다. 두 번째는 수비대 영역으로 병영, 예배당, 창고 등이 들어갔다. 세 번째는 이른바 '슈미즈(chemise)' 영역으로 이를테면 속옷에 해당되는 가장 깊은 곳이다. 본성을 방어하는 두터운 옹벽으로 이루어졌는데 주거용 본성은 이 안에 위치했다. 샤토 가이야르(Château Gaillard)가 좋은 예로, 도 3-34의 평면도에서 1~4번이 가장 바깥 영역이었고 10번이 슈미즈, 5번 이후의 나머지 시설들이 수비대 영역이었다.

도 3-34 샤토 가이야르(Château Gaillard) 평면도. 12세기 말. 1=해자. 2=도개교. 3=1차 성문. 4=외부 안마당. 5=2차 성문. 6=중간 안마당. 7=우물. 8=게이트하우스. 9=내부 안마당. 10=본성. 11=예배당. 12=수비대 및 기사관. 13=샛길 도피로.
도 3-35 샤토 가이야르 전경. 12세기 말. 중앙에 4층짜리 원통형 주거용 본성이 솟아 있다.

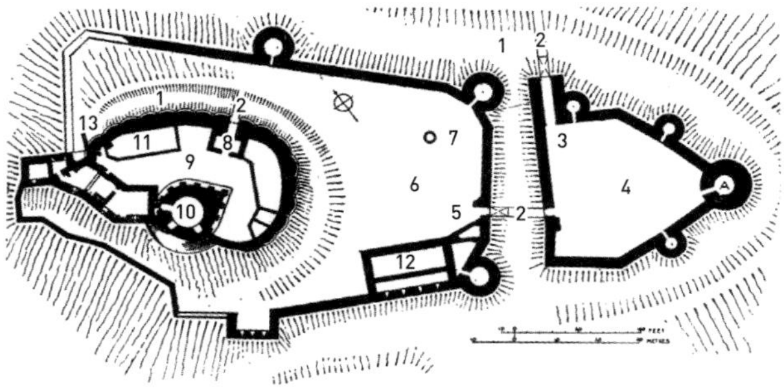

주거용 본성은 본성으로 발전하기 전이어서 규모가 작았기 때문에 보통 각 층에 큰 방을 하나씩 넣었다. 이 때문에 층수가 높아져서 보통 20미터 정도에 4층까지 올라갔다. 낮은 것은 2층도 있었으며 높은 것은 6층짜리도 있었다. 이것은 탑에 가까운 높이인데, 실제로 중세 당시에는 'keep'이라는 단어를 쓰지 않았다. 이것은 후대에 만든 것이고 당시에는 '탑'을 뜻하는 '투리스(turris)'로 불렀으며 앞에 '거대한'이라는 형용사를 붙여 '거대한 탑(magna turris)'이라고 부르기도 했다.

핵심은 'turret(탑 구조물)'으로, 탑의 하나로 봤다는 것이다. 이것은 주거용 본성이 목조 탑에서 기원했다는 설과도 같은 얘기이다. 보통 높은 둔덕 위에 위치했기 때문에 아래쪽 평지에서 보면 높이 올려다 보이면서 '거대한 탑'으로 보일 만했다(도 3-35, 도 3-36, 도 3-40). 영국에서는 주거용 본성을 솔라 타워(solar tower)라고 부르기도 했는데 '솔라'라는 단어는 아마도 높이 때문에 태양과 가까워져서 붙인 것으로 추정된다.

종합하면 주거용 본성은 일차적으로는 '방어 기능을 잘 갖춘 탑'으로 성채 내에서 최후의 방어시설이라는 뜻이다. 하지만 이것은 너무 방어 기능만 부각시킨 명칭일 수 있다. 이보다는 주거용 본성의 탄생지인 프랑스어에서 온 'donjon(내성)'이라는 단어가 주거용 본성의 의미에 더 가깝다. 이 단어 역시 당시에 'keep' 대신 사용하던 것인데 그 어원은 '도미니움(dominium)'이라는 라틴어에서 왔다. 도미니움은 '영주의 권력(lordship)'과 '가정, 전당, 하인, 식솔'을 합한 단어로 '영주의 권력의 본산'이라는 뜻이 되어 바로 주거용 본성에 해당된다. 즉, 영주의 주거이되 그 권력을 과시하는 전당이라는 뜻이다.

하지만 주거용 본성이 탑의 성격을 강하게 가진 것만은 틀림없었다. 목조 탑이 중요한 기원이었으며 실제 예들 가운데에도 탑 형식을 한 것들이 많았다(도 3-37). 중세 전체를 통틀어 탑 형은 중요한 주거 유형인데 주거용 본성도 그 가운데 하나였다. 물론 주거용 본성이 존재하던 시기의 성채에서는 탑이 별도로 있었기 때문에 주거용 본성이 완전히 탑과 같다고 볼 수는 없다. 그러나 일부 성채에서는 주거용 본성이

도 3-36 로체스터(Rochester) 성채. 켄트(Kent), 영국. 13세기 중반. 헨리 3세(재위 1216~72)가 선왕 존이 함락시킨 것을 새로 지은 성채이다.

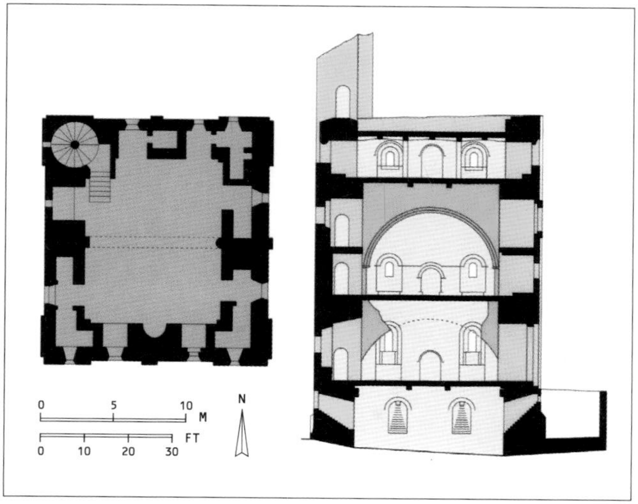

도 3-37 헤딩험(Hedingham) 성채. 에식스(Essex), 영국. 1130~40년경. 노르만의 영국 정복 이후 방어를 위해 지은 주거용 본성. 탑 형식을 하고 있다.

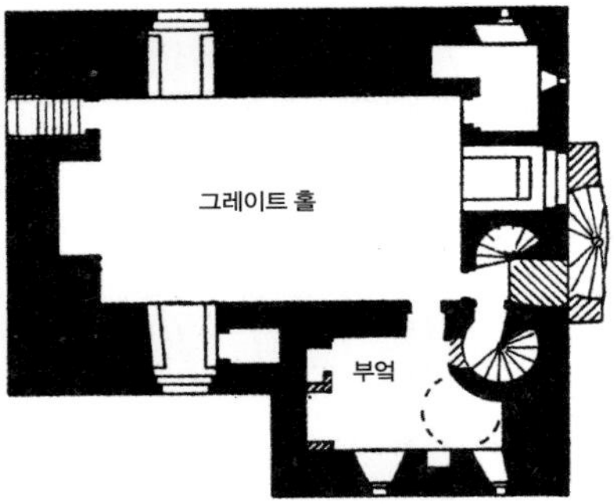

도 3-38 크레이그밀러(Craigmiller) 성채.

가장 크고 강력한 탑이었다. 성채 전체를 통틀어 독립적인 탑이 하나도 없이 주거용 본성 하나가 모든 탑을 대신한 경우도 있었다. 설사 다른 탑이 있다고 해도 크기와 구성에서 주거용 본성에 훨씬 못 미쳤다. 14세기부터는 주거용 본성이 점차 사라지고 그 자리를 탑 형 본성과 안마당-탑 형 본성이 대신해갔다. 이처럼 주거용 본성은 탑 성격이 강했다.

주거용 본성은 당시에는 이처럼 탑으로 인식되었기 때문에 외벽에 이를 받치는 부벽을 세우기도 했다. 이럴 경우 부벽 형 본성(buttress keep)이라고 부른다. 초창기 예 가운데에는 목조로 짓지 않고 처음부터 석조로 지은 예들도 있는데 마치 조개껍질 같다는 뜻으로 셸 본성(shell keep)이라 부르기도 한다. 전체 윤곽은 단일 사각형이 가장 많았기 때문에 사각형 본성(rectangular keep)이라 부르기도 한다. 영국에서는 챔버 타워(chamber tower) 혹은 솔라 타워라 불렀다. 본성 가운데 규모가 작으면서 방어보다 주거에 더 치중한 예로 주거용 본성의 정의와

도 3-39 12세기 주거용 본성의 다양한 형태. a=앙블레니(Ambleny). b=에탕프(Etampes). c=프로뱅(Provins). d=코니스보로(Conisborough). e=옥스퍼드(Oxford). f=트림(Trim).

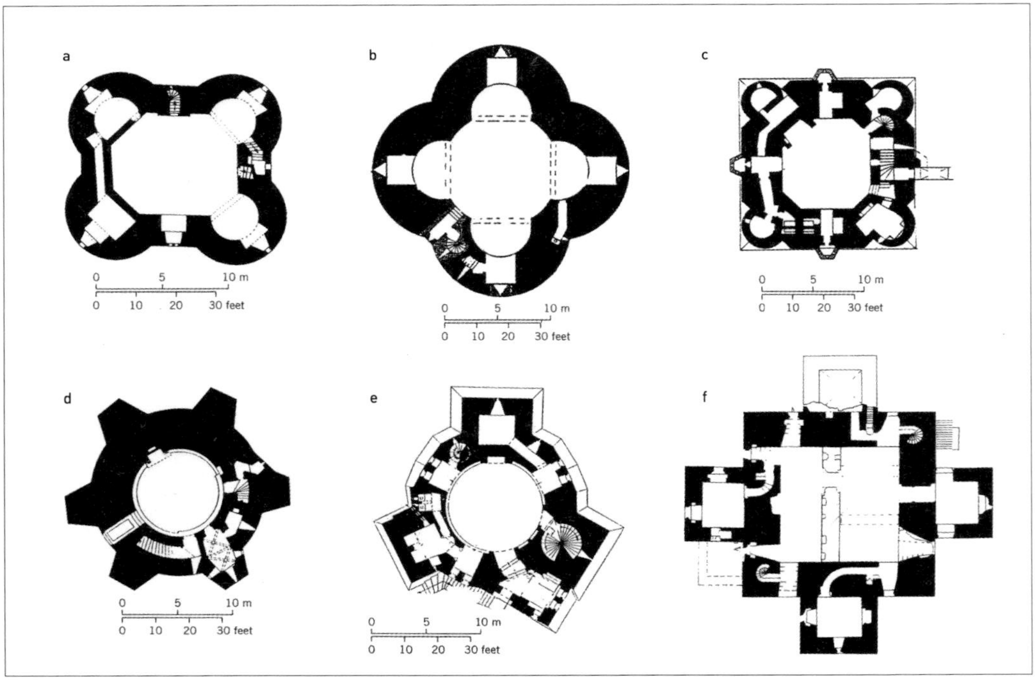

잘 맞는다. 챔버는 침실이나 홀을 의미하기 때문에 실제로 이 뜻과 잘 맞는다.

주거용 본성은 방어 기능을 겸했기 때문에 구조와 출입에 특별히 신경을 썼다. 두꺼운 벽체로 튼튼하게 지었으며 지면과 접한 1층은 볼트 구조로 짜서 위층을 받쳤다. 벽체 두께는 대형 성당에 버금갈 정도로 몇 미터씩은 되었기 때문에 그 속에 계단실이나 작은 방 정도는 만들 수 있었다(도 3-38). 방어 효과를 높이기 위해 1층에는 창과 문을 내지 않는 것이 보통이었다. 이럴 경우 출입문은 최소한 지면에서 5미터 이상 떨어져 2층이나 3층에 냈다. 창도 최소한 2층부터 냈다.

도 3-40 도버(Dover) 성채, 영국, 12세기 중반~13세기 초.

전체 윤곽은 사각형보다는 다각형이나 원형을 선호했는데 이는 외부를 향한 시선확보가 쉬워서 방어에 유리했기 때문이다(도 3-39). 실제로 12세기에는 삼엽형, 사엽형, 별 모양, 십자가형 등 다양한 형태의 주거용 본성이 있었으며 명칭을 붙이기 어려운 형태도 있었다. 그러나 사각형 윤곽도 드물지 않았다. 지붕은 늦게까지 목구조로 남았기 때문에 적의 공격에 가장 취약한 지점이었다. 여기에 대처하기 위해 외벽을 용마루선 위까지 높게 쌓아서 지붕을 벽 속에 완전히 감추는 방법을 가장 많이 사용했다. 하지만 이런 시설도 투석기를 이용한 공격이나 불화살 등에는 여전히 취약했다.

출입 동선을 철저히 통제해서 건물 진입은 2층부터 가능했다. 2층까지는 외부 계단이나 사다리를 타고 올라가야 했다. 방어 기능을 높이기 위해 외부 계단이나 사다리를 노출시키지 않고 계단실 안에 넣기도 했다. 이럴 경우에는 외부 계단이라는 말은 사용할 수 없으며 사다리도 건물 속 정식 계단처럼 발전된 형태로 처리했다. 이 개념을 확장하면 전실건물(forebuilding)이라는 단일 건물로까지 발전하기도 했다. 계단실과 전실을 겸해서 본체 앞에 세우는 부속 건물이라는 뜻이었다. 출입구가 심지어 3층에 위치하는 경우도 있었는데 아르크(Arques), 뉴캐슬(Newcastle), 도버(Dover) 등의 성채가 대표적인 예들이다(도 3-40).

2층까지 올라 출입문으로 들어간 뒤에도 층 사이의 이동은 쉽지 않

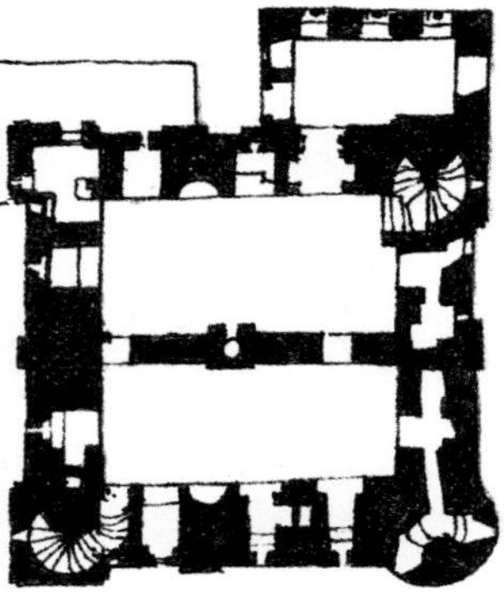

도 3-41 로체스터 성채. 켄트, 영국. 13세기 중반. 두꺼운 벽체를 파서 만든, 좁고 경사가 급한 나선형 계단을 보여준다.

았다. 출입구 층에서 위층으로 오르는 수직이동은 내부에 있는 나선형 계단을 이용했다. 보통은 귀퉁이에 있는 좁은 부속 탑 속에 뒀으며 벽체를 파서 만드는 경우도 많았다. 이런 나선형 계단은 폭이 좁고 경사가 가파른데다 중앙의 엄지기둥 쪽은 발판의 폭이 좁아서 이용이 매우 불편했다(도 3-38, 도 3-41, 도 3-43). 나선형 계단을 충분한 폭을 가진 독립 공간으로 처리한 예는 거의 없었다. 이렇게 좁고 어두운 나선형 계단은 중세문명 전체를 대표하는 이미지가 되면서 중세를 '암흑기'라는 부정적 명칭으로 부르는 데 일조하기도 했다. 심한 경우는 이런 나선형 계단조차 두지 않는 경우도 있었다. 이때에는 1층의 볼트 천장 위에 세운 들창이나 뚜껑문을 통해 위층으로 기둣이 올라갈 수 있었다. 주 출입구가 적에게 점령당했을 때를 대비해서 비상 탈출구에 해당되는 뒷문(sappy-port)이나 샛길 도피로(postern)도 필수시설이었다.

실내 구성은 단위 아파트먼트로 이루어졌다. 특별한 규칙 없이 가장 기본적인 방들이 층별로 배분되고 다시 각 층 내에서 분할, 군집되는 구성형식이다. 각 층에 큰 방 하나씩을 넣은 뒤 칸막이벽(partition walls)으로 두세 개의 방으로 분할해서 사용했다. 라이징(Rising) 성채와 도버 성채는 단위 아파트먼트의 표준구성에 해당된다(도 3-42, 도 3-43). 출입구가 위치한 2층에는 보통 중앙 홀 혹은 그레이트 홀을 배치했다. 3층에는 주거 영역이, 4층부터는 군사 기능이 각각 들어갔다. 예배당의 위치는 자

도 3-42 라이징(Rising) 성채. 노퍽(Norfolk), 영국. 1140년경. 주거용 본성. 1=전실 건물 & 출입구. 2=그레이트 홀. 3=부엌. 4=식료품 저장 창고. 5=그레이트 챔버. 6=예배당.

도 3-43 도버 성채. 12세기 중반~13세기 초. 1=전실 건물. 2=예배당. 3=우물. 4=중앙 홀. 5=서비스 시설. 6=샛길 도피로.

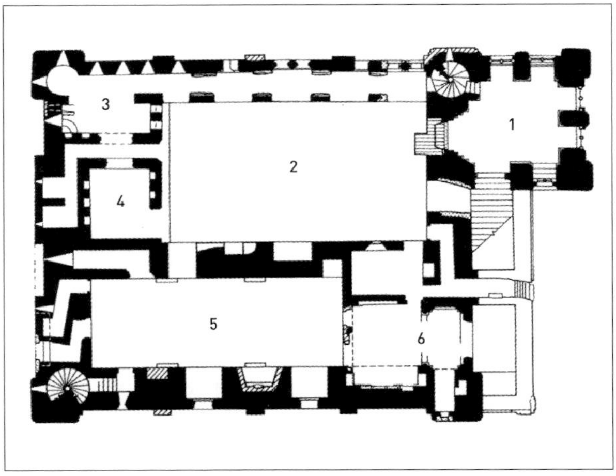

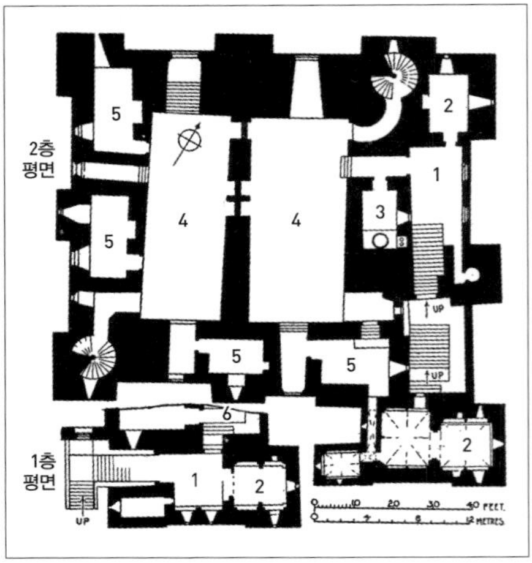

유로운 편이었다. 전실건물, 2층, 3층 등 모든 곳이 가능했다. 주거용 본성의 층수가 높아지면서 각 층의 면적이 줄어들 경우에는 한 층을 다 차지하기도 했다. 각 방들은 가능하면 벽난로, 난로, 부엌, 화장실 등 주거에 필요한 시설을 갖추기 위해 노력했지만 모든 방이 이런 시설을 갖추지는 못했다.

도 3-44 헤딩험 성채. 에식스, 영국. 1130~40년경. 노르만의 영국 정복 이후 방어를 위해 지은 주거용 본성의 홀 모습.

내부에는 보통 우물을 별도로 갖추었다. 평상시에 편리할 뿐 아니라 전시 때 효용성이 특히 컸다. 깊이는 상당했으며 실내 각 층에서 물을 길을 수 있었다. 화장실도 잘 갖춘 편이었는데 보통 두꺼운 외벽을 파서 설치했다. 개인용은 각 방 안에 뒀고 공용은 복도에서 진입했다. 출입구에서 가장 깊은 곳에 배치했고 복도를 몇 번 꺾어서 도착하게 했는데 악취를 방지하기 위해서였다.

주거시설이긴 했지만 중심 공간은 중앙 홀이었다. 용도는 다양했는데 주로 집무, 리셉션, 연회 등 영주의 정치활동과 관련된 행사를 담당하는 공적 영역이었다. 사무실, 부엌, 창고, 화장실 등의 부속시설을 배치해서 지원했다. 벽면을 돌아가는 갤러리를 갖추는 경우가 많았으며 층고가 높을 경우에는 갤러리를 바닥에서 띄워 올려서 설치했다. 헤딩험(Hedingham) 성채는 이렇게 구성된 중앙 홀을 잘 보여주는 예이다(도 3-44). 성채의 규모가 작아서 궁정 건물을 따로 두기 어려울 경우에는 궁정이 주거용 본성에 들어갔는데 이때에는 중앙 홀이 그 역할을 했다.

노르망디의 목조 탑과 루아르의 석조 홀

주거용 본성은 초창기 성채의 시설이었기 때문에 이후 본성으로 바뀐 경우가 많아 온전하게 보존된 예가 많지 않다. 특히 목조 탑 형식의 예는 파편 등 건물의 일부분 이상의 온전한 형태는 하나도 남아 있지 않다고 보면 된다. 석구조는 일부 예가 남아 있는데 이를 탄생시킨 노르망디와 루아르에 많이 남아 있으며 영국에 전파된 뒤에는 영국에서도 예를 남기고 있다.

이런 가운데 아르드르의 랑베르(Lambert d'Ardres)라는 연대기학자가 파드칼레(Pas-de-Calais) 성채에 대해 남긴 기록은 11세기 말에 목조 탑 형식으로 지은 주거용 본성의 구성을 잘 보여준다. 이런 점에서 노르망디 지방의 목조 탑 기원설을 뒷받침하는 좋은 문헌 증거이기도 하다. 이 성채는 파드칼레를 다스리던 아르드르의 영주였던 아르눌(Arnoul)이 1099년에 지은 것이다. 둔덕 꼭대기에 영주의 주거용 본성으로 지은 목조 탑이 있었는데 플랑드르 지방의 중세 목구조를 대표하는 수작이었다. 부르부르(Bourbourg)에서 온 로데빅(Lodewick)이라는 목수의 작품이었다. 그는 당대 최고의 목수였던 데덜러스(Daedalus)와 비견할 만한 솜씨를 지녔다고 했다.

이 성채의 주거용 본성은 기둥이 받치는 지하실, 여러 방들, 복도 등이 위아래와 옆으로 복잡하게 얽힌 미로 구성을 했다. 지하 1층과 지상 2층의 총 3층이었다. 1층에는 수확한 농산물, 각종 식료품, 술통, 부엌세간 등을 저장하는 창고가 들어갔다. 지하층은 두 영역으로 나뉘었다. 한 곳은 돼지, 거위, 닭 등 식용 가축을 기르는 축사였다. 여기에서 떨어져서 위쪽에 부엌이 하나 있었다. 2층의 부엌이 주로 그레이트 홀에서 열리는 연회를 지원하기 위한 것이라면 매일의 식사는 이곳 부엌에서 준비했다.

지상과 닿는 층은 2층인데 이것에 주거 영역이 들어갔다. 주거 영역은 다시 공적 성격에 따라 몇 개의 작은 영역으로 한 번 더 나뉘었다. 가장 공적인 영역에는 그레이트 홀이, 중간 정도의 영역에는 성주 내외의 침실과 하인들과 경호원들의 방이, 마지막으로 가장 사적인 영역에는 젊은 여자나 자녀들을 위한 사실이 각각 들어갔다. 주거 영역의 밖으로는 로지아를 둘렀다. 이들과 별개로 부엌도 2층에 들어갔는데 부엌 자체는 내부적으로 2층 구조를 가졌다. 2층 동쪽 끝에는 예배당이 위치했다. 2층을 구성하는 이런 여러 영역들은 보를 이용해서 구획했는데 바닥과 천장 높이가 조금씩 차이가 나면서 앞에 얘기한 미로 구성을 도왔다. 이런 여러 방들을 여러 개의 계단과 복도가 서로 연결하면서 미로를 형성했다. 예배당은 갤러리가 연결했으며 예배당 실내는 솔로몬의 예배당에 견줄 만큼 화려하게 장식했다. 2층 위에는 다락층을 넣었다.

석조로 지은 주거용 본성은 성채의 다른 시설들과 섞여서 예들이 일부 남아 있다. 세기별로 대표적인 예를 들어보면, 11세기에는 퓔크 네라(Fulk Nerra)가 세운 성채들이 대표적이다. 그는 앞에서 얘기한 루아르의 석구조 홀을 이끈 주역이었다. 987~1040년 사이에 앙주(Anjou)를 통치했던 백작이었는데 중세를 통틀어 가장 악명 높았던 영주 가운데 한 명이었다. 중세 역사가들에게 상식을 초월한 잔인함으로 유명한 인물이다. 그의 행적은 보복과 증오와 후회 등으로 점철되어 있다. 중세 성채가 갖는 이미지는 여러 가지일 수 있는데 그 가운데 부정적인 측면과 가장 어울리는 인물이라 할 수 있다.

그는 재위기간 동안 주로 투렌(Touraine)을 중심으로 루아르 지역의 영토를 게걸스럽게 점령했다. 그러나 정작 투르(Tours) 자체는 차지하지 못했다. 성채는 그의 광적인 전쟁욕을 지탱한 핵심 수단이었다. 영토 확장 정책을 뒷받침하기 위해 13개의 성채를 세운 것으로 알려져 있는데, 랑제(Langeais), 몽바종(Montbazon), 로슈(Loches) 등이 대표적인 예들이다. 이렇게 해서 탄생한 것이 홀이 중심이 된 단일 성채였다. 주거 기능에 치중한 홀 형 주거용 본성이 핵심건물이었다. 하지만 방어 기능을 겸했기 때문에 그에 걸맞게 장인들을 동원해서 견고한 구조를 함께 발전시켰다. 크고 단순한 단일 홀 중심의 실내 구성도 전투에 유리했기 때문에 그가 즐겨 사용했다.

로슈 성채 전체는 상당히 복잡하고 정밀한 편이어서 퓔크 네라의 통치기간이 아닌 1100년경에 지은 것이라는 주장이 꾸준히 제기되었다. 그러나 나이테연대기학(dendrochronology)이 성채에 남아 있는 목구조를 분석한 결과에 의하면, 1012년경에서 1035년경 사이에 세 단계에 걸쳐 지은 것으로 밝혀졌다. 퓔크 네라의 통치기에 해당되는 기간으로 건축주 역시 그였다는 사실이 함께 밝혀졌다.

로슈 성채의 주거용 본성은, 일단 구조적으로 로마네스크의 석조 건축을 통틀어 수작이다. 벽체는 부드럽게 마무리한 에슐러(ashlar, 모나게 깎은 돌을 쌓는 방식) 조적으로 지었

도 3-45 로슈(Loches) 성채, 루아르, 프랑스, 1012~35년경. 로마네스크 석조 성벽의 진수를 보여준다.

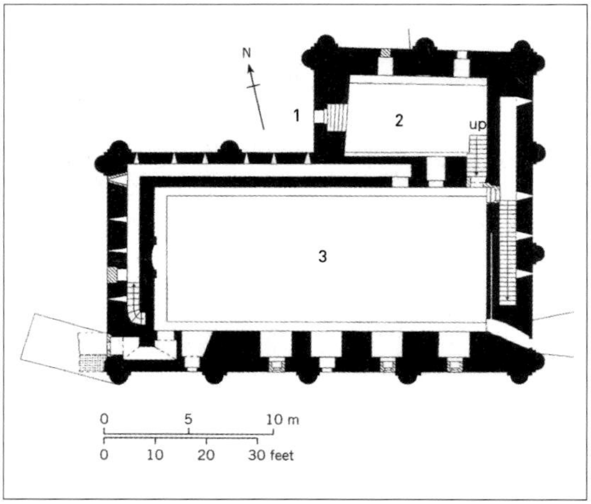

도 3-46 로슈 성채, 1012년~35년경, 주거용 본성 평면도, 1=출입구, 2=전실 건물, 3=그레이트 홀.

으며 그 위에 벽기둥을 더해서 외벽을 분절했다. 총 3층 구조에 30여 미터의 높이로 당시로서는 예외적으로 높아서 주위의 성벽과 탑들 위로도 한참을 솟아올랐다(도 3-45). 보는 방향에 따라서는 거의 수직 탑에 가까운 비례를 했다. 기단도 높여서 이런 비례를 도왔다.

실내 구성은 매우 단순해서 13m×20m 크기의 직사각형 단일 홀이 전부였으며 그 앞에 폭과 길이 모두 절반 정도 되는 전실건물을 덧붙였다(도 3-46). 홀의 1층은 창고와 부엌 등 서비스 시설이었고 2층이 그레이트 홀로 중심 공간이었다. 모두 5개의 창을 통해 채광을 최대로 높였고 별도의 화장실도 갖추었다. 남서쪽과 남동쪽 모퉁이에는 비상 탈출구에 해당되는 뒷문과 도피로를 각각 뒀다. 3층은 침실 같은 사적 영역이었다.

홀 앞의 전실건물은 전실 용도의 홀이었으며 1층에서는 본체 2층으로 진입하는 계단이 시작되었고 2층은 예배당이었다. 주거용 본성과 전실건물 모두 벽체가 2~3미터에 이르러 매우 두꺼워서 그 속에 통로와 계단을 넣을 수 있었다. 주거용 본성은 창이 난 남쪽 면을 제외한 세 면 모두를 두꺼운 벽체로 둘렀다. 벽체는 매우 두꺼워서 속에 통로와 함께 계단이 들어갔다. 계단은 2층과 3층 사이를 이어주었는데 건물 전체에서 계단은 이것 하나뿐이었다. 주거 기능이 군사시설 및 공적 영역과 섞여 있기 때문에 이를 강력하게 보호하기 위한 장치로 보인다. 두꺼운 벽을 파고 창을 냈기 때문에 유사시에는 창틀 속에 군사가 몸을 숨기고 창구멍으로 화살을 쏠 수 있었다.

이상의 구성은 매우 단순한 것이긴 하지만 주거용 본성, 나아가 본성의 기본 형식에 해당된다. 위에 소개한 파드칼레의 목조 탑 유형보다 60~70여 년 빠른 것으로 이미 11세기 전반부에 본성의 기본 구성이 완성되었음을 보여주는 증거이다. 펄크 네라가 이것을 이끌고 후원한 장본인으로 주거용 본성과 방어용 석조 탑을 하나로 합해서 석조 홀 형 본성을 완성시켰다. 이런 구성은 12세기 대형 본성의 전조에 해당된다.

주거용 본성의 대표작들

이상의 두 예는 주거용 본성의 두 선례인 노르망디 목조 탑과 루아르 석조 홀을 각각 대표했으며 모두 11세기에 지어졌다. 이후 12세기에 들어와 주거용 본성이 완성되며 전성기를 맞는다. 단순 사각형 윤곽의 석조 구조물이 전형적 구성으로, 우당(Houdan) 성채가 대표적인 예이다. 한 변이 15미터의 정사각형 윤곽에 30여 미터의 높이로 탑과 비슷한 느낌을 주었다(도 3-47). 주거 기능에 방어 기능을 강화한 주거 형 성채라는 12세기 주거용 본성의 전형적 구성을 잘 보여준다. 실내는 큰 홀 하나로 이루어졌으며 정사각형 네 귀퉁이에 지름 4미터 정도의 원형 탑을 붙여서 방어시설로 사용했다(도 3-48). 벽 두께는 3.5미터 정도로 벽체를 빼면 실내 홀은 한 변이 8미터정도 남았다. 탑 가운데 세 개는 군사용이었고 하나는 나선형 계단을 넣었다. 벽체가 두꺼웠기 때문에 벽 속에도 계단, 통로, 작은 방 등을 낼 수 있었다.

도 3-47 우당(Houdan) 성채의 주거용 본성. 일드프랑스, 프랑스. 12세기. 높이 30미터, 폭 15미터로 1:2 수직 비례의 탑 모양을 하고 있다.

도 3-48 우당 성채의 주거용 본성. 12세기. 각 층이 한 변 8미터의 정사각형 방 하나로 구성되는데 2~3층이 주거 영역이다.

13세기의 대표작은 카르카손느(Carcassonne) 성채였다. 13세기에 시테 백작령(Cite Comtale)을 다스리던 영주의 본거지로 지었다. 두 겹의 커튼월 성벽이 방어막을 형성했다. 바깥 성벽은 10미터의 높이에 길이가 1,500여 미터에 이르렀다. 안쪽 성벽은 14미터의 높이에 길이는 1,200여 미터에 이르렀다. 성 전체의 면적은 8헥타르(8만 제곱미터=24,242평)에 이르러서 그 속에 일반 주거와 농사까지 가능한 영토를 갖추었다. 13세기부터 커지기 시작한 대형 성채를 대표하는 예 가운데 하나이다(도 3-49).

내성은 4~6세기부터 있었을 것으로 추정되며 13세기에 외성과 내부 시설을 보강하거나 새로 지었다. 내벽과 외벽 모두 정상에 사람이 걸어 다닐 수 있는 폭의 난간을 갖추었으며 돌출 총안으로 처리했다. 성벽을 따라 원형, 정사각형, 반원형 등 다양한 형태의 탑을 세웠다. 성내에는 병영, 예배당, 주거용 본성이 핵

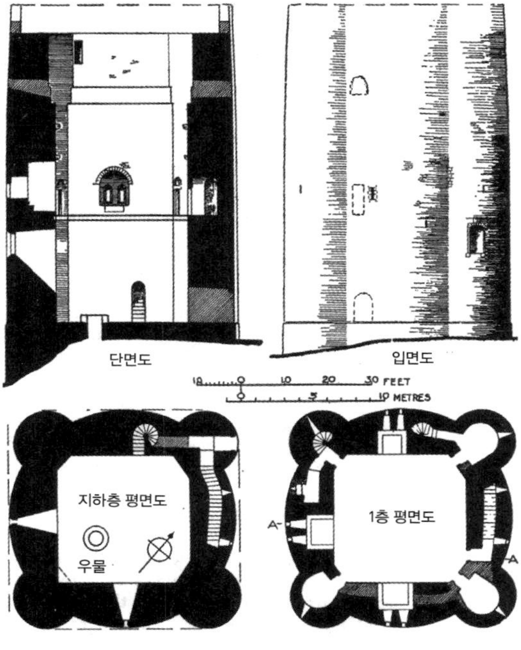

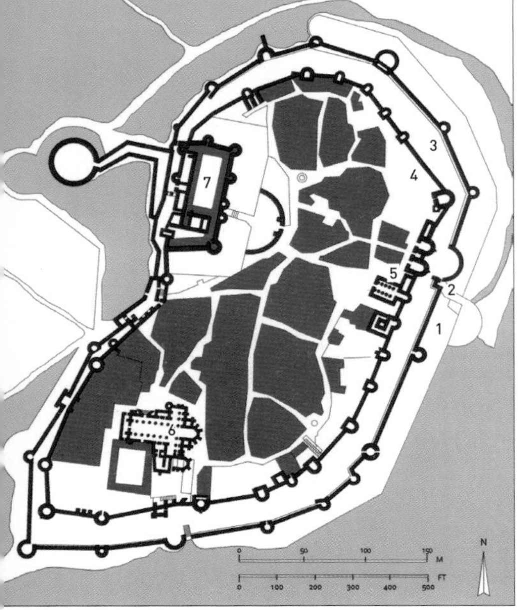

도 3-49 카르카손느(Carcassonne) 성채 배치도. 카르카손느, 프랑스. 내성은 4~6세기에 처음 지었고 외성은 13세기에 지은 것이다. 1=해자. 2=도개교. 3=외성 및 외부 안마당. 4=내성 및 내부 안마당. 5=소 예배당. 6=대 예배당. 7=주거용 본성.

도 3-50 카르카손느 성채 전경. 내성은 4~6세기에 처음 지었고 외성은 13세기에 지은 것이다.

심시설이었다. 당시에는 하나의 작은 도시에 해당될 정도의 규모와 위용과 시설을 갖추고 가파른 경사지를 타고 앉아 강력한 힘과 카리스마로 주변을 지배했다. 특히 언덕 아래에 있는 마켓 타운을 지배했다. 13세기에 카타르 정복 십자군전쟁 때 시몽 드 몽포르(Simon de Montfort)의 공격을 견뎌내며 성채의 방어력도 과시했다. 현재 상태는 19세기에 건축가 비올레르뒤크(Viollet-le-Duc)가 대대적으로 복원한 결과이다.

주거용 본성은 하나의 작은 성채를 이루면서 콩탈 성채(Château Comtale)라고 불렸다. 중앙에 큰 홀을 중심 공간으로 갖는 점에서 11~12세기 홀 형 본성의 구성이 남아 있긴 하지만 그 주위에 부속시설을 더하면서 2층 복합 구성으로 발전했다. 성채 전체로 보면 안쪽 성벽에 기대어 서 있지만 건물 자체의 외벽도 가졌으며 외벽을 따라 8개의 탑을 세워서 별도의 방어 기능을 갖추었다(도 3-50). 아래쪽의 마켓 타운과 가장 가까운 지점에 위치했지만 해자로 분리되어 있다. 중심에는 큰 탑과 작은 탑이 서 있는데 전쟁을 겪으면서 성의 역할과 중요성이 커지자 증축해서 높였다. 그레이트 홀의 두 면을 크고 작은 방들이 에워싸면서 부속시설을 이루고 있다.

이처럼 프랑스의 노르망디와 루아르에서 시작된 주거용 본성은 노르만의 영국 정복 이후 영국에 수입되어 급속히 퍼져 나갔다. 런던 타워

(Tower of London=White Tower, 1070년경~13세기)와 콜체스터(Colchester, 1080년경) 성채 등이 11세기 후반부 영국 주거용 본성의 대표적인 예들이다(도 3-51, 도 3-52). 이후 12세기에 영국 전역으로 퍼져나갔는데 그 예가 너무 많아서 일일이 열거하는 것이 불가능할 정도이다. 영국의 이쪽 끝인 노섬버랜드(Northumberland)의 뱀버로(Bamborough)에서 저쪽 끝인 스코틀랜드 경계부의 콘월(Cornwall)과 리드포드(Lydford)까지 전역에 다수 지어졌는데 라이징 성채가 12세기를 대표하는 예라고 볼 수 있다.

도 3-51 런던 타워(London Tower=White Tower). 런던, 영국. 1070년경~13세기.
도 3-52 콜체스터(Colchester) 성채. 에식스, 영국. 정복왕 윌리엄이 지은 주거용 성채.

영국 이외에 유럽의 다른 지역으로도 전파되었는데 13세기 초 독일의 빔펜(Wimpfen) 성채가 대표적인 예이다. 호헨슈타우펜(Hohenstaufen) 왕조의 왕궁을 지키던 성채였는데 팔츠(Pfalz)라는 별명으로 불리던 두 개의 탑 형 주거용 본성이 유명하다. 돌이 많이 나는 지역답게 청색과 적색의 돌을 재료로 삼아 세트로 지어서 각각 '블루타워(Blue Tower)'와 '레드타워(Red Tower)'라는 이름을 가졌다(도 3-53, 도 3-54). 레드타워는 왕궁의 동쪽 끝에 서 있는데 사암과 용암을 섞어서 붉은 색을 냈다. 왕궁이 함락되었을 경우에 왕의 마지막 저항 장소로, 이에 대비해서 2층에는 화장실과 벽난로를 갖춘 침실이 위치했다.

도 3-53 빔펜(Wimpfen) 성채의 블루타워. 독일. 13세기 초.
도 3-54 빔펜 성채의 레드타워. 독일. 왕궁 함락시 최후의 거점인데 2층에는 벽난로와 화장실을 갖춘 거실이 들어 있다.

4

성채주거 2: 탑 형 본성과 안마당-탑 형 본성

탑 형 본성(14세기): 과시 기능 + 주거 기능

탑은 처음에는 외성과 내성의 경계부에 세운 방어시설이었다. 높은 곳에서 주변 상황을 정찰하다가 전투가 벌어지면 적을 공격하는 주요 거점 가운데 하나였다. 그러나 중세가 진행되면서 탑의 중요성이 점차 커져서 본성에까지 들어왔다. 물론 이때의 탑은 여전히 군사시설로 이를테면 주거에 군사 기능을 더한 것이었다. 이후 탑은 발전을 거듭한다. 중세 후반에 접어든 14세기 초에는 아예 탑이 중심이 된 탑 형 본성으로까지 발전했다. 탑 형 본성은 14세기 후반에 안마당 구성을 가지면서 안마당-탑 형 본성으로 발전했다. 두 경우 모두에서 탑은 원래 용도인 군사 기능이 없어지고 주거전용 시설로 변하면서 중세 후반의 성채 내 주거시설을 대표했다. 주로 영국에 많았으며 크게 보면 중세 때 '프랑스 vs. 영국'의 대립 구도의 하나로서 본성 중심의 프랑스 성채와 경쟁했다.

탑 형 본성과 안마당-탑 형 본성은 14세기에 성채에 나타난 중요한 변화의 산물이었다. 미시적 차원에서는 대포의 등장이 중요한 변수였다. 1300년경 화약과 대포가 발명되면서 성벽이 에워싸는 성채를 중심으로 한 이전의 방어체계는 쓸모없게 되었다(도 3-55). 처음에는 외벽의 커튼월과 외부 방어시설 등을 강화하는 현상이 나타났지만 일시적인 미봉책이었다. 성채를 강화하는 것으로는 날로 향상되어가는 대포의 파괴력을 감당하는 데 한계가 있었다. 거시적으로 보면 시대가 변하고 있었다. 전쟁이 잦아들고 르네상스의 기운이 싹트면서 성채 자체가 전반적으로 쇠퇴하기 시작했다.

그렇다고 성채가 완전히 사라진 것은 아니었다. 성채의 쇠퇴 현상은 주로 군사시설에 국한되었다. 많은 귀족과 왕 들은 여전히 성채를 선호했다. 성채에는 강인한 방어 이미지와 공간의 독립성 등 이들이 좋아할 만한 요소들이 많았다. 이들은 성채가 갖는 강한 자기 방어력과 자체 완결성을 적극적으로 이용해서 자신들의 독립적 공간을 확보함과 동시에 정치 권력을 과시하려 했다. 군사 기능은 무의미해졌지만 군사 기능을 상징하던 이전의 이미지를 계속 남겨 조형요소로 활용한 것이다(도 3–56).

이에 따라 부각된 것이 탑이었다. 총안을 두른 탑은 비록 새로 등장한 대포 앞에서는 무기력해졌지만 이미지로 보면 여전히 강력한 물리력을 상징하는 힘을 가지고 있었다. 탑을 부각시키면서 탑 형 본성이 먼저 나타났다. 성채에서 군사 기능이 사라지면서 주거 기능이 독립건물로 떨어져 나왔는데 단순한 대형 육면체 탑 형식이 가장 많았다(도 3–57). 탑의 크기는 다양했지만 대체적으로 한 변이 20미터 안팎인 경우가 많았다. 복합건물로 존재하던 본성이 탑 하나로 합해진 것이었다. 탑 하나만 남고 본성이 사라진 것으로 볼 수도 있다. 일부에서는 이런 유형을 타워하우스(tower–house)라고 부르기도 하는데 이 명칭은 주의가 필요하다. 도시주거 가운데 탑 주택과 혼동할 수 있기

도 3–55 대포를 사용하는 15세기 전쟁 장면.
도 3–56 중세의 궁정 연애를 다룬 『장미설화(Roman de la Rose), 1490년경』에 등장하는 '질투의 성채' 장면.

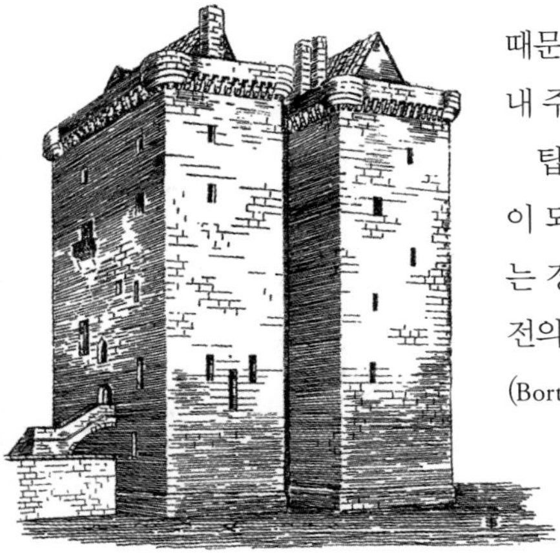

도 3–57 보스웍(Borthwick) 성채. 스코틀랜드. 탑 형 본성.

때문이다. 이보다는 탑 형 본성이 더 적합하다. 특히 이 유형은 성채 내 주거시설이기 때문에 뒤에 '본성'이라는 단어를 붙이는 것이 좋다.

탑 형 본성의 방어 기능은 경우마다 차이가 있었는데 독립건물이 되면서 공격에 노출되거나 취약해지자 독자적 방어 기능을 갖추는 경우가 많아졌다. 실내 구성은 특별히 새로워진 것은 없었고 이전의 주거용 본성에서 사용하던 홀 형식이 계속 유지되었다. 보스웍(Borthwick) 성채가 좋은 예로, 한 면이 20미터인 정사각형 탑 하나가 본성을 이루었다. 높이는 30미터 정도였다. 실내의 오른쪽 절반은 그레이트 홀이 차지했고, 그 옆에 응접실과 부엌이 나머지 반을 양분하며 들어갔다(도 3–58). 한 층에 큰 방 하나씩을 넣은 뒤 홀로 사용하거나 필요에 따라 단위 아파트먼트로 분할해서 사용하는 형식이었다. 주거용 본성도 탑에서 시작되었는데 이것이 중간에 본성으로 발전했다가 다시 초기의 탑으로 돌아간 것으로 볼 수 있다. 하지만 주거환경은 많이 향상되어서 채광도 잘되고 내부시설도 잘 갖춘 훌륭한 주거건물들이었다.

탑 형 본성은 14세기 초부터 나타났는데 뱅센느(Vincennes), 더들리(Dudley), 보스웍, 태터셜(Tattershall), 벨세이(Belsay), 칩체이스(Chipchase) 등을 대표적 예로 들 수 있다. 이 가운데 뱅센느 성채를 제외하면 모두 영국이나 스코틀랜드의 성채들이었다. 프랑스의 주거용 본성과 경쟁했

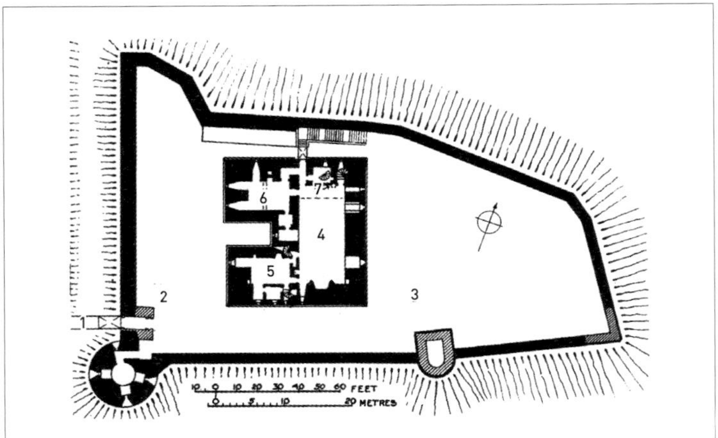

도 3–58 보스웍 성채. 스코틀랜드. 1=도개교. 2=게이트하우스. 3=안마당. 4=그레이트 홀. 5=손님용 응접실. 6=부엌. 7=화장실.

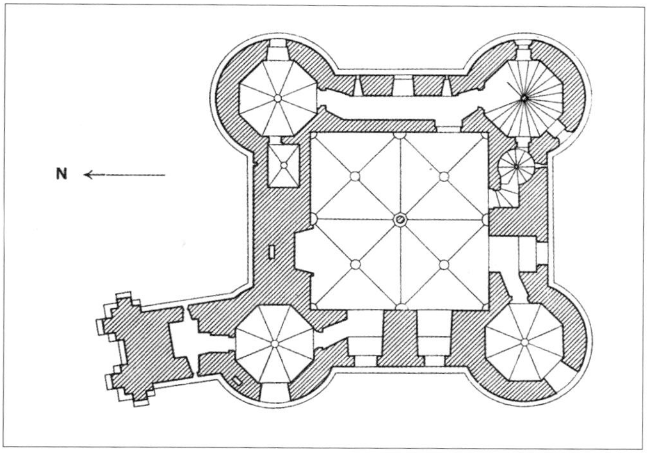

도 3-59 뱅센느(Vincennes) 성채, 프랑스. 탑 형 본성 전경. 14세기. 1434년까지 영국 수중에 있었다.

도 3-60 뱅센느 성채. 탑 형 본성 평면도. 14세기.

던 영국의 성채주거였음을 알 수 있다. 이런 예들은 모두 내성 내에 대형 탑 하나만 불쑥 솟은 구성으로 이루어졌다. 밖에서 보면 성벽 한가운데 위로 대형 탑이 위용을 드러내며 솟아올라 과시적인 모습을 보여준다(도 3-59).

뱅센느 성채는 정사각형 윤곽의 네 귀퉁이에 대형 원형 탑을 부착해서 강인한 인상을 주는 전형적인 탑 형 본성이었다(도 3-60). 실내는 홀, 주거시설, 방어시설 등을 갖추었는데 바닥 면적이 넓지 않았기 때문에 주거시설은 단위 아파트먼트를 사용하지 못했다. 그 대신 여러 층에 걸쳐 주거시설이 들어갔다. 영국 북쪽에 위치한 벨세이 성채와 칩체이스 성채에서는 지역 전통이던 좁은 탑을 넓혀 주거로 사용했다. 벨세이는 1320년에 세워졌는데 대형 홀을 2층에 집어넣고 서쪽에 부속실과 작은 기도실을 함께 배치했다. 그 아래층은 볼트로 천장을 처리했는데 부엌이었던 것으로 보인다. 위층은 일광욕실이었다.

태터셜은 원래 13세기 초에 지어진 것인데 헨리 4세의 왕실 회계국장관이었던 크롬웰 백작이 1430~60년 사이에 헐고 다시 지었다. 이때 이전의 방어시설을 높은 탑 형 본성으로 바꿔 지었다(도 3-61). 재료는 벽돌이었다. 넓은 평원 위에 위용을 자랑할 뿐 아니라 성주는 주변 해안가까지 감시와 조망이 가능했다. 지붕을 총안으로 처리하는 등 성채처럼 보이게 했지만 제대로 된 군사 방어시설로 보기에는 허술한 점이 많

도 3-61 태터셜(Tattershall) 성채. 탑 형 본성 전경. 링컨셔(Lincolnshire). 영국. 1230년경.
도 3-62 둔(Doune) 성채. 탑 형 본성 전경. 퍼트셔(Perthshire). 스코틀랜드 .

았다. 예를 들어 1층 문이 너무 컸고 여러 개였는데 이는 적이 성 안으로 쉽게 들어올 수 있게 하는 큰 약점으로, 14세기 이전의 진짜 성채에서는 금하던 사항이었다. 다만 성주 크롬웰 백작은 자신의 정치적 지위를 크게 의식하던 인물이었고 그에 걸맞은 영주다운 위엄을 갖춘 건물을 갖고 싶어 했을 뿐이었다.

탑 형 본성의 초기 유형은 14세기 말 이후에도 계속 지어졌다. 스코틀랜드 경계부가 대표적인 지역으로 노섬버랜드의 랭글리(Langley, 1385년) 성채와 퍼트셔(Pertshire)의 둔(Doune, 1395년경) 성채가 대표적인 예이다. 랭글리는 4층 탑 형으로 각 층은 큰 단일 공간으로 이루어졌고 네 귀퉁이에 탑을 갖췄다. 둔은 성벽이 직각으로 꺾이는 모퉁이 지점에 5층짜리 탑을 세워서 주거를 비롯한 모든 시설을 집어넣었다. 창은 2층부터 냈으며 사각형 윤곽을 했지만 모서리를 둥글려서 형태 변화를 꾀했다(도 3-62).

안마당-탑 형 본성(14세기 후반~15세기): 지배층 욕망의 집약판

탑 형 본성이 좀 더 복합적으로 발전한 것이 안마당-탑 형 본성이었다. 말 그대로 안마당이 중심이 되는 구성이었다. 본성이 탑 하나로 합해졌다가 다시 복합건물로 돌아간 것인데 이전하고 중요한 차이가 있었다. 이번에는 본성이 중앙에 안마당을 가지며 내성을 겸한 또 하나의 작은 성채처럼 되었다. 성채에서 군사 기능이 사라지면서 탑 형이 먼저 나타났는데 단일 건물로 짓다보니 공간도 좁고 시설도 단순해서 불편해지자 이를 해결하기 위해서 안마당을 더해서 안마당–탑 형 본성으로 발전시킨 것이다.

도 3–63 콘웨이(Conway) 성채. 웨일스. 솔즈베리 백작의 도착을 보여주는 15세기 미니어처. 강력한 성벽 안에 성주의 주택이 들어 있다.

안마당–탑 형 본성의 의미는 여러 가지인데 크게 네 가지가 핵심이었다. 주거전용 성채라는 점, 넓은 공간과 복합시설을 갖춘 점, 탑의 과시 효과를 강화한 점, 안마당을 갖는 중정 형이라는 점 등이다. 이 넷은 함께 작동하면서 중세 지배계층 주거의 성격을 단적으로 보여준다. 주거건축을 기준으로 네 의미를 종합하면 '안마당을 중심으로 넓은 공간을 활용하고 복합시설을 갖추면서 밖으로는 탑을 통해 정치 권력을 과시한 주거전용 건물'이 된다. 이 정의 속에 중세 지배계층이 집을 통해 이루고 싶어 했던 욕망이 집약적으로 들어 있다(도 3–63).

안마당–탑 형 본성은 여러 개의 건물들이 안마당을 중심으로 비정형적으로 돌아가며 에워싸는 배치였는데 이 건물들은 대부분 주거시설이었다. 군사 기능은 거의 남아 있지 않고 주거 기능이 중심이 된 주거전용 성채로 변했다. 탑은 계속 중요한 시설로 남았다. 안마당을 중심으로 그 주위를 주거시설이 돌아가며 에워싸고 그 사이에 일정한 간격으로 탑을 세우는 형식이었다. 하지만 탑은 앞에 얘기한 시대상황의 변화에 따라 더 이상 군사 기능은 수행하지 않게 되었다. 주변지역의 정찰 등 부분적으로 방어 기능을 담당하기는 했지만 상징적인 것에 가까웠다. 탑의 주요 기능은 과시 효과로 넘어갔으며 워릭(Warwick) 성채 같은 일부 예에서는 주거 기능이 탑 안에 들어갔고 주변의 다른 건물에는 홀과 궁정 등 공적 영역이 들어갔다.

이렇게 보았을 때 안마당–탑 형 본성은 탑 형 본성에 안마당을 더하

도 3-64 워릭(Warwick) 성채. 워릭셔(Warwickshire), 영국. 해자에서 바라본 난공불락의 요새 모습. 1068년에 윌리엄 1세가 처음 지은 뒤 지속적인 증축이 있었다.

면서 시설이 복합적으로 발전한 것으로 볼 수 있다. 탑 형에서 탑에 집중되어 있던 시설을 복합건물로 분산시키면서 탑의 과시적 외관은 그대로 유지한 경우이다. 안마당을 기준으로 하면 중정 형이 귀했던 중세 주거에서 중정 형을 대표하는 유형 가운데 하나였다. 주거시설이 성벽을 대신해서 성채를 돌아가며 배치되었고 그 사이에 탑이 일정한 간격으로 솟았다. 둘을 합하면 이전 성채의 장점인 넓은 공간과 복합구성을 되찾으면서 탑의 과시 기능을 그대로 유지하는 것이었다.

이런 구성은 강력한 외관을 만들어냈다. 탑의 과시 효과에 주변의 주거시설까지 가세한 결과였다. 워릭 성채에서 보듯이 주거시설의 외벽을 성벽과 같은 조적으로 쌓아서 해자 밑바닥부터 강력한 석조 성벽이 수십 미터를 뻗어 올라갔으며 주거는 그 속에 들어갔다(도 3-64). 이런 외관은 실제 군사 기능과는 상관없는 상징적 이미지가 강화된 것이었다. 안마당-탑 형 본성은 성채에서 군사 기능이 사라지자 왕과 귀족이 그 반대급부로 과시적 효과를 극단적으로 추구한 것으로 볼 수 있다. 귀족과 왕의 주거는 적어도 외관상으로는 그야말로 난공불락의 요새처럼 보였다. 이런 이미지는 이들의 정치적 힘을 보태주는 데 중요한 역할을 했다.

이런 이유 때문에 실제로 중세 때에는 많은 왕들이 지방 영주나 귀족의 성채가 너무 높거나 커지는 것을 대단히 싫어했다. 왕과 왕실의 권위가 도전을 받는다고 생각을 했기 때문이었다. 영국, 프랑스, 독일 등 유럽 대부분의 주요 지역에서는 지방 성채의 규모를 제한하는 왕령이 있었다. 왕들이 특히 신경을 쓴 것은 총안이었다. 총안은 군사적 기능도 상당히 클 뿐 아니라 이에 따른 이미지 효과도 컸기 때문에 지방 영주나 귀족은 자신들의 성채에 함부로 총안을 설치할 수 없었다. 왕에게서 개별적으로 허가를 얻어야 했다. 왕은 이 과정조차도 자신의 정치력을 보강하는 데 활용했다. 정치자금을 상납하거나 충성맹세를 한 경우에 한해서 총안 설치를 허용하는 식이었다. 거꾸로 지방의 영주나 귀족 쪽에서는 자신의 성채가 크고 총안을 많이 두를수록 왕의 총애와 신임을 많이 받는 것을 의미했고 이것은 지역사회에서는 정치적 힘으로 직결되었다.

이런 예는 매우 많다. 1376년에 라비(Raby) 성채의 영주 네빌 백작(Lord Neville)은 왕실 채권을 할인된 가격에 구매하고 그 대가로 3년 뒤 자신의 성채에 총안 공사를 할 수 있는 허가를 얻자 채권에서 나온 이익금으로 공사를 했다는 기록이 남아 있다. 1439년에는 에식스(Essex)의 존 몽고메리 경(Sir John Montgomery)이 포크본 홀(Faulkborne Hall)에 총안 공사를 할 수 있는 허가서를 얻어냈다. 허가 내용에는 재료를 돌과 벽돌 가운데 선택할 수 있게 했는데 성주는 벽돌로 공사를 했다.

이처럼 안마당-탑 형 본성은 14~15세기 동안 단순한 성채의 역사를 넘어서 왕의 통치역사와 궤를 같이했다. 영국에서 이런 현상이 특히 심해서 총안 공사에 대해 발행된 허가서 숫자는 그대로 각 왕의 통치기간 동안 새로 지은 성채의 숫자가 되는 등 정치상황을 반영하는 지표였다. 에드워드 1세는 35년 동안 44개의 허가서를, 에드워드 2세는 20년 동안 58개의 허가서를, 에드워드 3세는 50년 동안 180개의 허가서를 각각 발행했다. 이런 추세는 14세기 말 리처드 2세 때 잠시 꺾여서 23년 동안 52개로 줄어들었다.

크게 보면 13세기 말에서 14세기를 관통하며 점차 증가한 것인데 이는 영국 중세가 점차 전성기로 진행한 흐름과 일치한다. 허가서가 많았다는 것은 그만큼 왕의 영향력 아래 든 지역 성채의 숫자가 많았다는 것이 되기 때문이다. 거꾸로 지방 영주의 세력은 점차 위축되어 갔다. 버클리의 백작 토머스(Thomas, Lord Berkeley)가 1356~61년에 다시 지은 글루스터셔(Gloucestershire)의 베버스톤(Beverston)은 후기 봉건제 시대에 지방 영주의 어려운 경제상황을 잘 보여준다. 세력이 점차 축소되어가던 영주 버클리는 푸아티에(Poitiers)에 있던 죄수들을 풀어주는 조건으로 이들을 동원해서 공사를 했다. 앞에 나왔던 라비 성채의 네빌 백작도 이와 비슷한 경우였다. 큰 자금이 오간 뒤에야 자신의 성채에 총안을 두를 수 있었다.

안마당–탑 형 본성의 구성과 대표작들

안마당–탑 형의 전체 윤곽은 다양했다. 안마당을 기준으로 할 때 정사각형이 가장 많았으며 직사각형, 비정형, 원형 등 다양한 편이었다. 탑 역시 사각형, 다각형, 원형 등 다양했다. 탑은 윤곽형태보다는 크기와 개수가 중요했다. 아직 일정부분 군사 기능을 겸했을 뿐 아니라 강인한 이미지를 만드는 핵심 요소였기 때문에 가능한 한 크고 높게, 그리고 많이 세우려 했다. 주요 시설의 저층부는 대부분 볼트로 처리해서 구조적 안정성을 확보했다.

복합건물이었기 때문에 실내 구성 역시 다양했다. 홀, 거실, 침실, 사무실, 부엌, 화장실, 예배당, 기도실, 일광욕실 등이 주거 영역을 이루는 기본 시설들이었는데 배치에 특별히 정해진 규칙은 없었다. 편리한 곳에 배치하고 동선 교환이 원활히 일어나게 했다. 케닐워스 성채가 이런 자유로운 구성을 보여주는 좋은 예이다(도 3–65). 크게 보면 안마당의 세 변을 여러 시설들이 'ㄷ' 자형으로 에워싸는 구성이었는데 그 순서는 구성원의 편의에 우선권을 둬서 짰다. 이 때문에 전체 모습은 비정형에 가까웠다. 침실은 크게 영주, 안주인과 가족, 종복과 하인 등 세 등급으로 나누었다. 이곳에서는 성주의 침실이 레스터 빌딩(Leicester's Building)으로 독립했다. 도개교에는 출입구를 크게 지어 형식화한 게이트하우스를 세웠다. 게이트하우스는 군사 기능을 갖춘 리셉션 시설이었지만 일부에서는 주거 기능을 집어넣기도 했다. 방어력을 상징하기 위

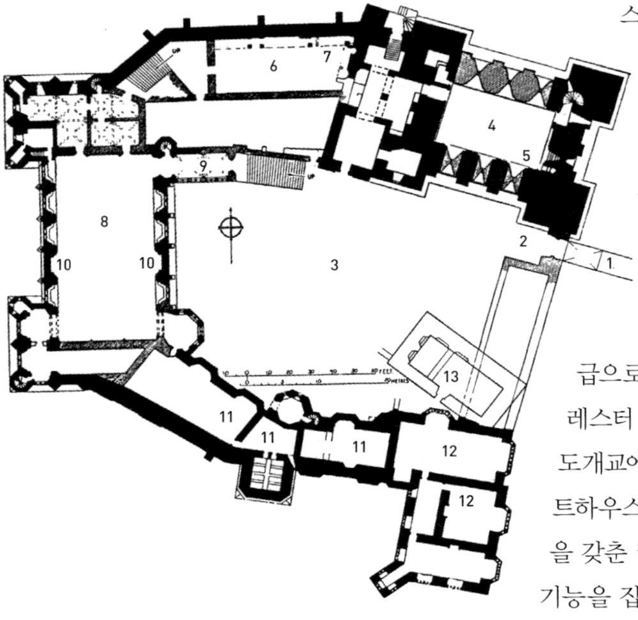

도 3–65 케닐워스 성채. 워릭셔, 영국. 안마당–탑 형 본성 평면 배치도. 1=도개교. 2=게이트하우스. 3=안마당. 4=탑 형 본성. 5=우물. 6=부엌. 7=화덕. 8=그레이트 홀. 9=포치. 10=벽난로. 11=거실. 12=레스터 빌딩(Leicester's Building, 성주의 주거동). 13=예배당 터.

해 도개교 앞에 우뚝 솟은 탑 형태로 짓는 경우가 가장 많았으며 작은 부속 탑을 모퉁이에 추가로 붙이는 경우가 많았다. 홀과 예배당은 가장 화려하게 장식했다. 교회 건축어휘인 트레이서리로 창틀을 짰다. 앞에 나왔던 베버스톤에서는 3층 기도실에 성체 요배 창(squint)을 둬서 침실과 일광욕실에서 사선 방향으로 기도실 안의 연단을 볼 수 있게 했다.

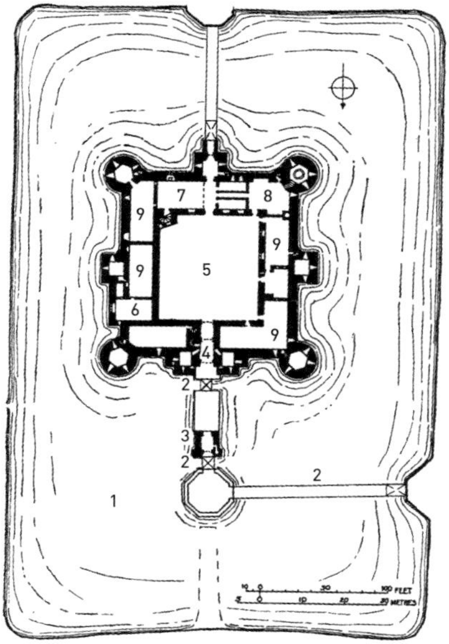

도 3-66 보디엄(Bodiam) 성채. 안마당-탑 형 본성 배치도. 이스트 서식스(East Sussex), 영국. 1386년. 1=해자. 2=도개교. 3=성문탑. 4=게이트하우스. 5=안마당. 6=예배당. 7=홀. 8=부엌. 9=침실 등 주거 영역.

안마당 형태는 정사각형이 가장 많았다. 이 경우는 본성 전체 윤곽도 보통 정사각형이 되었다. 정사각형 형태를 대표하는 예로 보디엄(Bodiam) 성채를 들 수 있다. 프랑스와의 전쟁에 많이 참여했던 퇴역군인 에드워드 댈린그리그 경(Sir Edward Dalyngrigge)이 1386년에 이스트 서식스(East Sussex) 지방에 세운 성채였다. 폭 22미터의 정사각형 안마당을 중심으로 폭 21~22미터의 여러 방들이 사면을 돌아가며 에워쌌다(도 3-66). 성채 전체는 한 변이 45미터인 정사각형이 되었으며 네 귀퉁이에는 지름 8미터의 원형 탑을 세웠다. 전체 크기를 기준으로 보면 이전의 탑 형이 한 변 20미터 안팎의 단일 건물이었던 것이 안마당을 가지면서 45미터로 커진 것이다. 성채 전체의 외벽인 커튼월이 주거시설의 외벽을 겸했으며 각 변 중간에 사각형 탑을 추가로 세워서 방어 기능과 함께 성벽을 구조적으로 보강했다.

평면을 보면 정사각형의 네 변 가운데 동-서-남 세 면에 차례대로

도 3-67 보디엄 성채. 안마당-탑 형 본성 전경. 이스트 서식스, 영국. 1386년.

도 3-68 리즈(Leeds) 성채. 켄트셔(Kentshire), 영국. 1275~.

예배당, 일광욕실, L자형 대형 홀, 침실, 영주용 부엌, 하인 주거 등을 배치했다. 대형 홀은 L자형의 위쪽 팔을 사무실 겸 연회실로 사용했다. 침실은 영주용과 안주인용으로 나눠져 있으며 안주인용에는 여성용 사실(bower)이 딸렸다. 하인 주거에는 별도의 부엌을 뒀다. 나머지 북쪽 면 한 면은 내성을 배치해서 성이 공격을 받았을 때 최후의 항전을 하는 장소로 사용했다. 정문, 후문, 지하 샛길, 지하 창고 등은 영주가 직접 관리했다.

도개교는 나무로 지었으며 이곳을 지나면 게이트하우스에 이르렀다. 게이트하우스는 돌출총안(machicoulis, 돌이나 끓는 물 등을 아래로 퍼붓기 위해 외벽 밖으로 돌출시켜 만든 총안)으로 보강을 했다(도 3–67). 이 시설은 프랑스에서 들어온 것이었다. 14세기 말 프랑스와 백년전쟁을 하면서 프랑스 성채에 있던 것을 보고 배운 것이다. 따라서 프랑스와의 전쟁 때 지어진 성채들에 많이 사용했다. 보디엄을 비롯해서 쿨링(Cooling), 태터셜, 케이스터(Caister), 허스트몬소(Hurstmonceux), 히버(Hever), 리즈(Leeds), 래글런(Raglan), 스코트니(Scotney) 등이었다. 이때 지은 성채들에는 또한 직사각형이나 비정형 안마당의 예들이 많았다(도 3–68).

도 3–69 더닝턴(Donnington) 성채. 버크셔(Berkshire), 영국. 성주 리처드 드 에더버리(Richard de Adderbury)가 1386년에 왕에게 허가를 얻어 지은 것이다.
도 3–70 피에르퐁(Pierrefonds) 성채. 프랑스. 1390~1400년. 비올레르뒤크가 복원한 것이다.

보디엄은 안마당–탑 형 본성의 표준구성을 대표하는 예일 뿐 아니라 게이트하우스에 프랑스에서 들여온 돌출총안 같은 우수한 군사시설도 갖추고 있어서 다른 성채들에 모델이 되었다. 그 영향으로 14세기 말 이후의 안마당–탑 형 본성에는 정사각형이 가장 많았다. 데번셔의 다팅턴 홀(Dartington Hall), 버크셔(Berkshire)의 더닝턴(Donnington, 1386~) 성채, 더럼(Durham)의 럼리(Lumley, 1392년) 성채 등이 대표적인 예들이며 프랑스에서는 피에르퐁(Pierrefonds, 1390~1400) 성채가 같은 유형이었다(도 3–69, 도 3–70).

워릭 성채는 탑 형과 안마당–탑 형을 합한 특이한 구성이었다. 11세기 말에 처음 지었으며 이후 여러 번의 증개축이 있었다. 안마당은 비정형이었는데 짧은 변은 90~100미터, 긴 변은 110~150미터 사이의 길이를 가졌다(도 3-71). 안마당이 컸기 때문에 남동쪽 한 면에만 건물을 배치했다. 이 건물에는 홀과 예배당을 비롯해서 공적 영역이 들어갔다. 주거는 북동쪽과 남동쪽의 두 귀퉁이에 세운 두 탑인 가이의 탑(Guy's Tower)과 시저의 탑(Caesar's Tower)에 들어갔다.

가이의 탑은 12각형에 38.4미터 높이였으며 옥상 난간은 돌출총안으로 처리했다. 내부는 5층인데 구조는 모두 볼트 천장으로 짰다. 각 층마다 큰 방 하나와 작은 방 두 개를 가졌으며 수직이동은 나선형 계단을 통해서 이루어졌다. 시저의 탑 역시 5층 구조로 외관은 삼엽형과 사엽형의 중간쯤 되었다(도 3-64, 도 3-72). 실내에는 중앙에 사각형 방 두 개를 넣었으며 양옆에 볼트 구조로 짠 계단실을 각각 하나씩 더했다. 지하실에는 감옥이 있었다.

성채는 해자 쪽에서 보면 높고 거대한 성벽을 드러내며 난공불락처럼 보였지만 안마당에서 보면 이와 반대로 컨트리 하우스와 다르지 않은 모습이었다(도 3-73). 해자 쪽에서 보는 강인한 인상과 달리 실제 성격은 성주의 일반 주거처럼 되었다는 뜻이다. 창은 각 층마다 넓게 정상적으로 났으며 출입구도 필요에 따라 1층의 여러 곳에 났다. 이전의 방어용 성채에서는 모두 금기시 되던 구성이었다. 이제 관건은 굳건한 방어가 아니라 모양내기여서 창에는 트레이서리 같은 교회 건축어휘도 사용했다. 창은 벽면 전체를 거의 다 차지해서 벽은 투명한 막처럼 되었다.

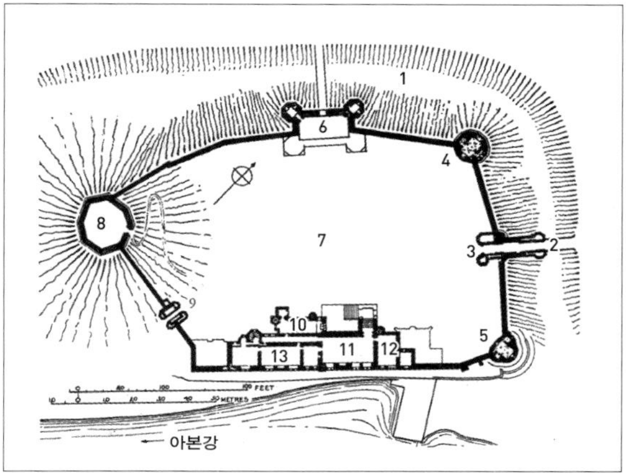

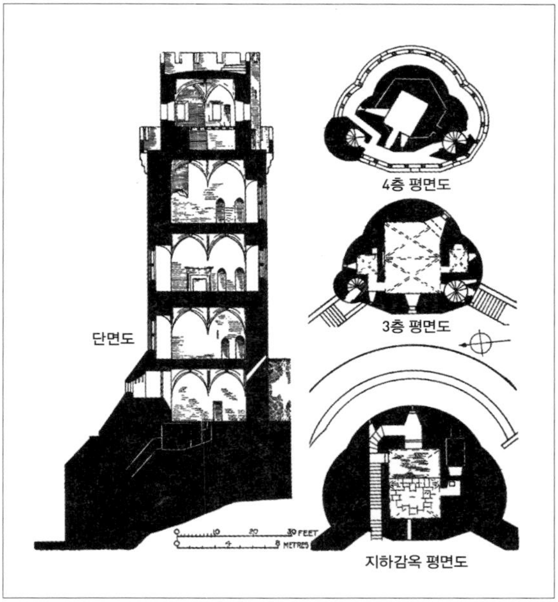

도 3-71 워릭 성채. 1068년에 윌리엄 1세가 처음 지은 뒤 지속적인 증축이 있었다. 1=해자. 2=도개교. 3=게이트하우스. 4=가이의 탑. 5=시저의 탑. 6=수비대 & 탑. 7=안마당. 8=탑 형 본성. 9=수문. 10=예배당. 11=홀. 12=부엌. 13=사무실 및 서비스 시설.
도 3-72 워릭 성채. 시저의 탑.

셰피(Sheppey) 섬의 퀸버로(Queenborough) 성채는 동심원 구성으로 이루어진 독특한 형태를 보여준다(도 3-74). 위컴의 윌리엄(William of

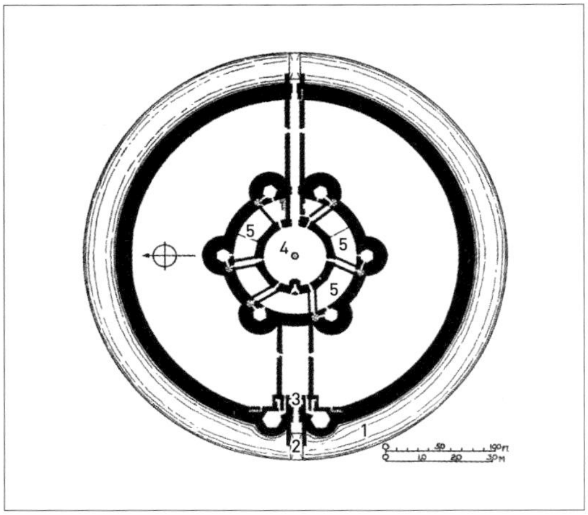

도 3–73 워릭 성채. 안마당–탑 형 본성 전경.
도 3–74 퀸버로(Queenborough) 성채. 셰피(Sheppy) 섬, 영국. 1=해자. 2=도개교. 3=게이트하우스. 4=안마당. 5=주거시설.

Wykeham)이 감독관이 되어 1361~77년에 지었다. 크게 외성과 내성으로 이루어졌으며 내성은 다시 안마당–탑 형 본성을 했다. 성 전체는 지름 100미터의 원형이었고 그 속에 지름 40미터의 내성이 들어갔다. 내성은 중심에 지름 18미터의 안마당을 가졌으며 그 주위로 폭 11미터의 반지 형 건물이 에워쌌다. 전체적으로 3겹의 동심원 구조였다. 성벽은 매우 두꺼웠는데 외성 벽이 약 5.5미터, 내성 벽이 약 4미터였다. 내성에는 6개의 소형 원형 탑을 붙여서 전체 형태가 꽃잎처럼 되었다. 소형 탑 실내에는 육각형 방이 들어갔으며 본체와 만나는 곳에 각자 나선형 계단을 하나씩 갖췄다.

워크워스(Warkworth, 1377~90년) 성채의 본성은 더 특이했다. 기본 형태는 정사각형이었고 중앙에 안마당이 있었지만 너무 작아서 채광용 중앙갱도 정도로 축소된 구성이었다. 탑 형의 중앙에 구멍을 뚫어 변형시킨 것으로 볼 수도 있었다. 이런 구성은 방어 기능을 강화하기 위해 안마당을 최소한으로 줄이고 탑 형으로 돌아간 것으로 볼 수 있다. 방어 때문에 창을 크게 낼 수 없게 되자 채광문제가 심각해졌고 이를 해결하기 위해 중앙 안마당을 채광용 갱도로 만든 것이었다. 퍼시(Percy) 가문의 본거지였는데 전쟁을 많이 치렀기 때문에 방어 기능이 특별히 중요해지면서 나타난 변형 구성이었다. 실제로 이 가문은 1405년에 반란을 일으켰지만 실패했다. 헨리 4세는 이 성채를 왕실에 귀속시켰다.

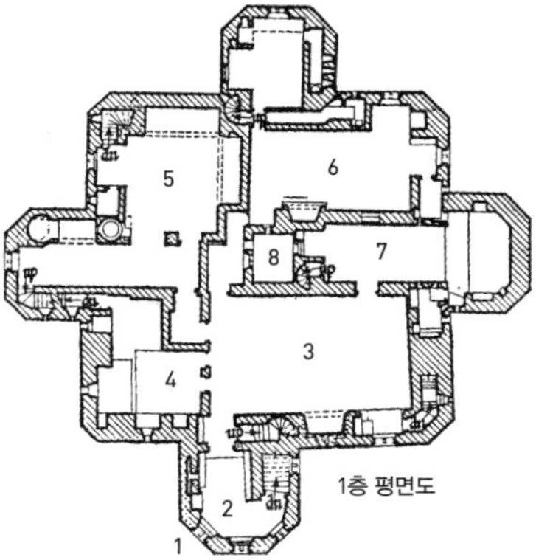

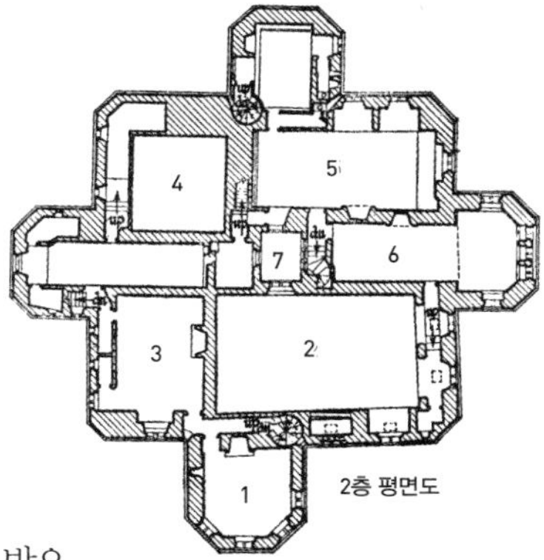

정사각형의 네 변 중앙에 혹처럼 보이는 작은 사각형을 하나씩 붙여서 최종 형태는 몰타 십자가(Maltese cross)라는 독특한 형태가 되었다(도 3-75, 도 3-76, 도 3-77). 도면만 보면 바람개비가 돌아가는 형태였다. 실내 배치는 특별한 규칙은 없었으나 비대칭이나 불규칙성이 심하진 않았다. 굳이 규칙을 찾자면 중앙의 채광용 갱도를 초점으로 삼은 바람개비 구성이라 할 수 있다. 중앙의 갱도를 중심으로 주변에 크고 작은 방을 두었으며 그 밖으로 그레이트 베이(great bay)라고 불리는 돌출 사각형을 덧붙여 방들을 추가로 만들었다.

건물은 2층이었다. 1층에서는 출입구와 전실을 지나면 그레이트 홀이 나왔다. 옆에는 식료품 창고와 식기 보관실을 뒀고 뒤쪽으로 부엌, 예배당, 침실을 배치했다. 이 가운데 그레이트 홀, 부엌, 예배당은 2층까지 뚫려 있었다. 2층의 나머지 방들은 침실이었다. 이런 기본 시설 이외에도 귀퉁이에 생기는 조각 공간, 두꺼운 벽을 파낸 공간, 그레이트 베이 등에 작은 침실을 여럿 배치했다. 수직이동은 중앙 갱도 옆에 중심 계단이 있으며 작은 침실들 사이에도 틈이 있으면 소형 계단을 부착해서 이동을 편하게 만들었다.

도 3-75 워크워스(Warkworth) 성채. 노섬버랜드(Northumberland), 영국. 본성 전경. 1377~90년경.

도 3-76 워크워스 성채. 본성 1층 평면도. 1377~90년경. 1=출입구. 2=전실. 3=그레이트 홀. 4=식료품 창고 & 식기 보관실. 5=부엌. 6=침실. 7=예배당. 8=중앙 광정.

도 3-77 워크워스 성채. 본성 2층 평면도. 1377~90년경. 1=전실 위층. 2=홀 윗부분. 3=침실. 4=부엌 윗부분. 5=침실. 6=예배당 윗부분. 7=중앙 광정.

5

중세 도시와 도시주거

중세 도시의 형성

중세문명을 '농촌 대 도시'의 이분법으로 가른다면 농촌에 대한 의존도가 더 높았다고 할 수 있다. 인구를 기준으로 하면 압도적이어서 농촌 인구가 평균 85~90퍼센트였다. 하지만 중세도 나름대로 도시문명을 일구었다. 국제적 대도시가 등장했던 고딕 시대는 물론, 이전까지 농촌문명이라고만 생각했던 로마네스크 시대에도 도시문명이 성립되어 있었다. 특히 주거를 기준으로 하면 중세 도시는 다양한 주택 형식을 낳으며 상당히 번성한 편이었다. 구불구불하고 비정형적인 외관과 달리 내부 콘텐츠에서 중세 도시주거는 이미 서양 근대주거의 기본개념을 형성하고 있었다. 도시상공인과 자유시민이 도시의 주인이 된 점과 이들의 일상 도시생활을 반영한 다양한 도시주거 유형을 창출한 점에서 그랬다.

중세 도시는 크게 로마 시대의 도시가 연속된 경우와 중세상황에 맞게 새로 생긴 경우로 나눌 수 있다. 로마의 도시들은 요충지에 위치했기 때문에 중세에 들어서도 지리적 이점이 있어서 생명을 유지했다. 하지만 그만큼 이민족의 공격 목표가 되는 위험도 컸다. 비잔틴이나 이슬람권에 속하지 않는 서북유럽의 로마 도시들은 크게 위축되었다. 이런 위

도 3-78 몬테리지오니(Monteriggioni), 이탈리아. 성채 형 도시 전경. 시에나공국에 속하며 1214년에 피렌체공화국과의 접경지역에 건립. 560미터의 둘레 안에 138채의 주택과 교회가 들어 있다.

험을 피해 인구는 일단 농촌으로 흩어졌다. 이후 재편기를 거치면서 도시상공업과 교역의 발달, 기독교의 번성, 영주 간 전쟁 같은 중세만의 시대상황이 형성되면서 이에 맞는 새로운 중세 도시들이 탄생했다.

중세만의 새로운 도시는 처음에 세 뿌리에서 시작했다. 이 셋은 아직 완전한 도시는 아니었지만 이것들이 확장, 발전해서 중세 도시가 되었다. 첫째, 성채 형 도시(fortified city)이다. 앞에 나왔던 성채 가운데 주변의 마을을 거느리거나 규모가 커서 아예 내부에 작은 마을을 포함하는 경우이다. 나중에 도시가 형성된 다음에 방어 기능을 첨가하면서 성채 형 도시가 되는 경우도 있었다. 성채 형 도시는 방어 효율을 높이기 위해 면적을 늘리지 않았기 때문에 작은 규모가 많았다(도 3-78).

둘째, '부르크(burg 혹은 burgh)'라는 성채 형 자치도시이다. 여기서 핵심은 자치와 방어이다. 농촌으로 흩어졌던 인구들이 농촌에 일자리가 부족하거나 농사에 싫증을 느끼는 등의 이유로 새로운 직업인 수공업을 시작했고, 다시 이것을 사고팔기 위해 타운으로 군집을 시작했다. 군집 장소는 두 갈래였다. 영주들의 성채 안으로 들어와 정착하거나 성 밖에 독립적으로 모였다. 앞에 나왔던 헤리퍼드가 좋은 예이다(도 3-7, 도 3-8). 10세기경에 처음에는 농촌에서 작은 마켓 타운으로 시작했다가 규모가 커지면서 12세기에는 교회를 갖추는 등 작은 자치도시로 성장했다.

이들이 모여서 세력을 이루면서 장인과 무역 상인들이 중심이 된 도시상공인이라는 새로운 계층이 탄생했다. 흔히 부르주아(bourgeois)라고 부르는 계층이었다. '부르크의 주민'이라는 뜻의 'burgesses'나 'burgher'에서 온 단어이다. 상공 기능 및 여기에서 나오는 경제력을 무기로 정치적 자치권을 획득했는데 이들을 자유시민이라 부른다. 이는 농촌과 농업경제를 기반으로 권력을 누렸던 영주 등 전통귀족과 대비되는 것이다.

도 3-79 외르그 뮐러(Jörg Müller)가 그린 중세 도시 모습.

성 안에 정착한 경우, 처음에는 영주의 성벽과 성채를 물리적 방어막으로 삼아 생계를 유지했지만 점차 세력이 커지면서 자신들의 구역에 자체적으로 성벽을 건설했다. 이렇게 구획된 부르주아 구역을 도시 자치구역(urban enclave)이라 부른다. 부르주아들의 경제활동의 중심지로서 광장과 시장을 낀 도시 중심부가 여기에 형성되었다. 도시가 커지면서 이것 자체가 또 하나의 성채가 되었고 영주의 성채와 분리되어 이원 체제를 이루었다. 처음부터 성 밖에 정착한 경우 역시 당연히 성주의 성채와 이원 체제를 이루었다.

현재의 유럽 중세 도시는 영주의 성채 부분이 대부분 사라지거나 개발과정에서 흡수된 반면, 시장을 중심으로 한 부르크 쪽은 상대적으로 많이 남아 있는 편이다. 이 때문에 이런 부르크가 중세 도시의 아이콘처럼 인식되지만, 중세 당시에는 영주의 성채와 함께 이원 체제가 가장 보편적인 경우였다. 영주는 부르크에 대해 군사적, 정치적 보호를 해주었으며 그 대가로 도시상공인이 만드는 물건이나 세금을 받았다.

성 밖에 정착하는 경우, 처음에는 장인들의 작업장과 시장을 중심으로 형성된 마켓 타운으로 시작하는 경우가 가장 많았다(도 3-79). 이후 대체적으로 인구가 5,000명을 넘어서면서 자치정부를 세우고 독립했다. 도시를 보호하기 위해 자체적으로 일정한 방어 기능을 갖추게 되면서 성채 형 자치도시가 탄생했다. 이 경우 성채로 자체적 방어 기능을 갖춘 점에서 물리적 구조는 앞의 성채 형 도시와 유사하다. 부르크의 어원도 '요새(fortress)'를 뜻하는 'burgus'라는 라틴어에서 온 것이다. 도시상공인들이 모이되 방어를 위해 요새가 될 만한 곳을 입지로 삼았으며 다시 그 위에 성채까지 둘렀다는 뜻이다.

그러나 부르크 혹은 부르크에서 발전한 도시는 자치 기능을 갖는다는 점에서 성채 형 도시와 결정적으로 다르다. 영주가 자신의 방어용 주거로 시작한 다음에 주변 마을을 포함시킨 성채 형 도시와 달리, 부르크는 처음부터 도시상공인과 자유시민이 중심이 되어 자치정부로 세운 도시이다. 도시의 중심 기능도 본성이나 탑이 아니라 공방, 상가, 시장, 광장 등이었다. 특히 광장이 도시의 핵이나 초점 역할을 했다. 중세 도시가 비정형이 많고 도로도 미로처럼 구불구불했지만 광장은 대부분 사각형을 유지했다.

광장은 성채에는 없었고 부르크에만 있던 도시공간으로 자유시민, 즉 도시상공인의 도시생활과 활동이 벌어지는 장이었다. 사각형의 네 변은 각각 교회, 시민회관, 시청사, 상가가 차지했다. 교회를 빼면 나머지는 모두 자유시민의 활동을 지원하며 직접 연관을 갖는 시설들이었다. 시민회관은 자유시민의 다양한 집회시설이었다. 시청사는 이들의 정치-행정시설이었다. 상가는 경제활동의 중심시설이었다. 교회는 지친 도시생활을 보듬어주는 종교시설이었기 때문에 자유시민과 간접적으로 연관이 있었다. 광장의 네 면을 직접 면한 이런 시설들 뒤로 도시상공인의 주거, 즉 도시주거가 포진했다.

물론 부르크도 도시 방어를 위해 본성, 탑, 성벽 등을 갖추어갔지만 이것은 2차 요소였고 1차 요소는 이처럼 상공활동을 위한 전문시설이거나 이를 뒷받침하는 행정기능의 시설들이었다. 반면 성채 형 도시에는 이런 시설들이 거의 없었다. 현재 남아 있는 예를 봐도 이런 차이를 잘 알 수 있다. 현재 남아 있는 중세 도시는 대부분 부르크이다. 반면 성채 형 도시는 대부분 사라졌거나 폐쇄되어 폐허로 남아 있다. 혹은 르네

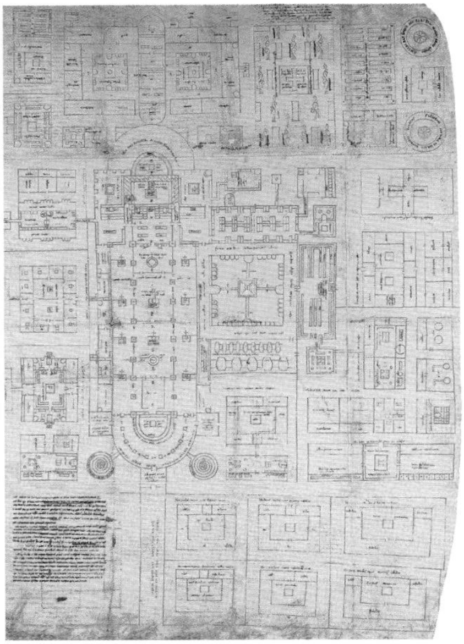

도 3-80 성 골 수도원(Abbey of St. Gall). 배치도. 스위스. 820년경 라이히나우(Reichnau)에서 작성된 것으로 추정되는 양피지 도면.

상스를 거치면서 부르크에 흡수되어 일반 도시로 바뀌어 개발되었다. 부르크가 처음부터 영주의 성채 안에서 시작한 경우가 특히 그랬다. 르네상스에 들어와 부르주아의 세력이 커지면서 중세 때의 중심지였던 영주의 성채 부분을 접수해서 일반 도시로 개발한 것이다.

부르크는 도시로 확장, 발전했지만 그렇지 못한 경우도 있었다. 도시를 구별하는 1차적 기준은 성당의 존재여부였다. 주교 성당을 갖게 되면 도시가 되었고 그렇지 못하면 계속 부르크로 남았다. 주교 성당의 설치 기준은 다시 인구에 따르기 때문에 결국 부르크와 도시의 구별 기준은 인구가 되었다. 주교 성당을 가지면서 도시가 되면 도시 자치구역은 성벽에 의해 별도로 구획되지 않고 성당을 중심으로 형성되는 것이 보통이었다. 도시 중심의 가장 높은 곳에 성당이 위치하고 그 주위를 광장, 시장, 상가, 주거가 에워싸는 구성이 표준형이었다.

셋째, 수도원 도시이다. 말 그대로 수도원이 중심이 된 도시였다. 수도원은 기독교 수도사들의 수양공간이었지만 중세, 특히 로마네스크 때에는 작은 도시에 이를 만큼의 다양한 시설과 구성을 갖추면서 중세 도시의 한 뿌리가 되었다. 중세 수도원은 주변에 농지와 농노를 거느리고 있었기 때문에 웬만한 영주의 영지를 능가하는 물리력을 갖추었다. 성 골 수도원(Abbey of St. Gall)이 대표적인 예로 종교시설 이외에 도시를 구성하는 주거와 각종 공공시설, 그리고 농사시설 등을 함께 갖추었다(도 3-80).

이런 구성은 이후 중세 도시가 형성되는 과정에서 중요한 참고자료가 되었으며 일부는 수도원이 아예 하나의 도시로 성장한 경우도 제법 되었는데 현재 보존상태가 양호한 대표적 예로 몽생미셸을 들 수 있다(도 3-81). 경사가 심한 바닷가 작은 섬, 혹은 큰 산 하나가 도시가 된 경우이다. 정상부에 수도원이 위치하고 그 아래로 도시상공인을 흡수하면서 도시 기능을 갖추었다. 그러나 일반적인 부르크가 아니었기 때문에 이 도시에는 광장이 없었으며 그 대신 작은 시장이 섰다.

도 3–81 몽생미셸(Mont St. Michel) 전경. 프랑스. 18세기에 만든 모델.
도 3–82 수도사가 어린이들에게 공부를 가르치는 장면. 『그림 성서(Bible historiée), 15세기』 수록.

수도원이 도시로 성장하는 과정은 부르크가 도시로 성장하는 것과 유사하다. 수도원에는 수도회 생활을 맹세한 인력 이외에 일정 수의 장인과 노동자 같은 평민이 함께 살았다. 공존은 양자의 필요에 의해서였다. 수도원은 이들의 기술과 노동력을 필요로 했지만 입주를 원하는 사람들에게 자비를 베풀어 허락한 측면도 있었다. 당시 수도원은 교육, 문화, 학문, 예술 등 정치, 군사를 뺀 모든 분야에서 가장 발달한 공동체였기 때문에 그 혜택을 입고자 입주를 원하는 사람들이 많았기 때문이었다(도 3–82). 때때로 이런 평민들의 수가 수도사보다 많기도 했다.

수도원은 무역상인과 도매상인도 끌어들였다. 수도회 소속 인력은 물론이고 기타 수도원 거주자들이 사용할 일상용품이 필요했기 때문이었다. 수도원 규모가 클 경우 이들은 수도원 정문 앞에 장을 열었다. 이를테면 마켓 타운 같은 형식이었다. 장은 주변 시민들이 수도원 교회에 미사를 보러 오는 시간에 맞췄다. 이런 관습은 심지어 현대 한국 가톨릭교회에까지 이어져서 많은 성당이 일요일에 성당 안마당에 바자회를 연다. 독일어로 미사(Messe)는 실제로 군중(mass)과 정기 장(fair)에서 유래했다. 이것이 점점 커지면서 도시로 성장했다.

수도원이 중세 도시의 중요한 한 뿌리를 이룬 것은 사실인데, 도시주거와의 연관성은 아직 명확하게 밝혀진 것이 없다. 수도원 구성에서 주거 성격이 강한 시설로 챕터 하우스(chapter house, 집회소), 기숙사, 공동식당, 부엌 등을 들 수 있는데 이런 시설들이 나중에 수도원 중심 도시가 형성될 때 주거에 영향을 끼쳤거나 주거로 발전했다는 직접적인 증거는 없는 편이다. 수도원 도시일지라도 그 속에 들어선 도시주거는 수도원에서 나온 것이기보다는 더 일반적인 도시주거가 똑같이 들어갔다고 보는 것이 좋을 것 같다.

중세 도시주거의 형성

중세 도시주거의 주인은 기본적으로 중산층 부르주아였다. 도시주거는 이들의 일상생활과 문화에 대한 기록을 담고 있다는 점에서 중요한 의미를 갖는다. 중세 귀족의 생활에 대해서는 기록과 연구가 많은 편이나 중산층은 상대적으로 열악했는데 이것을 만회하는 역할을 도시주거가 한다는 뜻이다. 도시주거는 또한 도시 내에서도 중요한 부분을 차지했다. 중세 도시는 언뜻 보면 교회의 높은 첨탑이 주인인 것 같지만 중세 도시의 진짜 매력은 어떤 면에서는 이런 교회보다는 오히려 다수의 도시주거일 수 있다. 교회의 첨탑이 빛날 수 있었던 것도 주변에서 맥락을 형성하며 받쳐주는 다수의 이름 없는 주거가 있었기 때문에 가능했다. 중세 도시의 주인은 분명 교회와 주거 양쪽이었고 중세 도시는 이 두 주역의 합작품이었다(도 3-5, 도 3-83).

도 3-83 뤼벡(Lübeck), 독일. 교회 주위를 도시주거가 에워싸고 있는 모습.

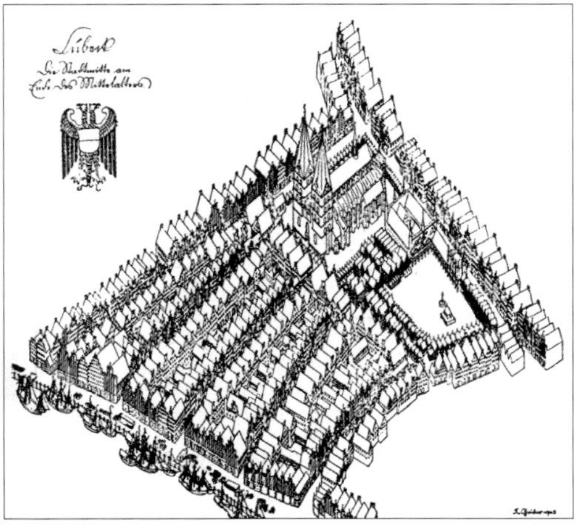

도시주거는 처음에 농촌주거를 모델로 삼아 형성되었다. 도시 주택이 농촌 주택을 받아들이는 전통은 서양에서는 고대부터 자주 있던 현상인데 중세도 마찬가지였다. 두 가지가 배경이었다. 하나는, 초기 중세의 도시는 대부분 농촌 인구가 모여들면서 형성된 것이라는 점이다. 도시 사이의 인구 이동도 있었지만 이는 작은 부분이었고 대부분 농촌에서 옮겨왔다. 이들이 자신들이 살던 주거 형식을 가지고 들어와 가능한 한 그대로 지으려 했던 것은 당연했다. 처음에는 농촌과 도시의 환경 조건 편차에 따라 약간의 차이만 나타났다. 초기 중세 때에는 또한 도시는 작고 인구는 적었기 때문에 초창기 도시주거는 단독주택(detached-house) 형식이 많았다. 도시 공간에 여유가 있어서 집단으로 몰려 살 필요가 없었기 때문인데 이것은 농촌 주택의 대표적 특징이었다. 단독주택은 도시 내에서 화재가 번지는 것을 막는 데에도 유리했다.

다른 하나는, 초기 중세의 도시 주민들 가운데에 농촌생활을 겸한 경우가 많았다는 점이다. 주로 도시 부르주아가 본격적으로 형성되기 이전의 상황으로 도시와 농촌 양쪽에 근거지를 둔 인구가 많았다. 도시생활과 농업이 공존하는 현상으로, 많은 도시민들이 주변 시골에 농지를 소유하며 농업경작도 겸했다. 아예 두 곳에 집을 따로 갖고 양쪽에 거주하는 경우가 많았다. 시골에 제대로 된 농가를 소유할 형편이 안 될 경우에는 도시주거에 간단한 농업시설을 갖추었다. 도로 면은 상가로 사용했고 후면에는 헛간, 우마간, 창고 같은 시설을 갖추고 농기구, 농작물, 우마 등을 보관했다. 이때에는 매일 농기구를 들고 도시에서 시골로 출퇴근하며 농사를 지었다. 도시 안에 농지가 있는 경우도 적지 않았다(도 3-84). 이런 농지는 도시가 과밀해지면서 주거나 상업지역으로 개발되기도 했지만 그렇지 않을 경우에는 도시 내에서도 농사를 지었다.

도 3-84 파도바(Padova). 이탈리아. 중세의 마지막 성곽을 보여주는 지도. 도시 안에 농지(흰색)가 섞여 있다.

이처럼 도시주거가 농촌 주택 형식으로 지어지던 시기는 아직 도시도 완전한 골격을 갖추지 못하고 느슨한 상태였다. 인구만 모여들기 시작했지, 도시의 기본 골격을 갖추지 못했다. 이후 상공업이 발달하면서 도시 부르주아가 형성되고 도시도 골격을 갖추어가면서 도시주거도 농촌 주택에서 벗어나기 시작했다. 상공업이 발달하

도 3-85 프랑스 포도 위에 상가가 늘어선 장면을 보여주는 15세기 그림. 재단사, 모피상, 이발사, 약사 등이 장사를 하고 있다.

고 인구가 늘면서 도시의 밀도가 높아졌다. 주거는 단독주택에서 벗어나 반 단독주택(semi-detached house)을 거쳐 공동주택으로 군집해갔다. 이 과정에서 중세 특유의 도시주거들이 나타났다.

중세만의 도시주거는 처음에는 도시 자치구역에 들어섰다. 성당이나 시장 주변 같은 도시 중심부부터 군집이 시작되었다. 이후 중상주의의 발전과 함께 도시가 확장하면서 자치구역의 필지는 모두 소진되었다. 성벽 밖에 상가와 시장이 들어서고 그 주위로 주거를 지으면서 새로운 군집이 형성되었다. 처음에는 도시에 종속된 교외였지만 이곳 역시 모도시가 보호해야 할 대상이 되면서 교외 밖으로 성벽을 새로 축조했고 교외는 도시 안으로 편입되었다. 성벽을 동심원 형태의 여러 겹으로 증축하면서 도시가 확장하는 방식이었다. 이것이 흑사병과 기근이 휩쓸기 전인 14세기 중반까지 유럽 도시의 대표적인 확장 유형이었다.

이렇게 형성된 중세 도시주거의 가장 보편적인 유형은 상가 주택이었다. 말 그대로 상가와 주택을 한 건물 안에 겸한 형식으로 장인들의 공방과 주거를 겸한 장인 주택과 물건을 파는 상가와 주거를 겸한 상인 주택이 두 가지 대표적인 예다(도 3-9, 도 3-11, 도 3-16). 두 경우 모두 1층은 일터였고 주거는 2층이나 그 위에 들어갔다. 일터는 작업, 생산, 판매를 담당하는 공방, 작업장, 공장, 상가 등이었다(도 3-2, 도 3-85). 장인이 자신이 만든 물건을 직접 팔면 주택에 공방과 상가를 모두 갖추었다. 이 경우는 보통 1층의 앞부분이 상가였고 뒷부분이 공방이었다. 이런 형식의 주거에 대해 '직주 겸용 주거'라는 용어를 사용하기도 한다. 말 그대로 '직장과 주거를 한 건물 안에 갖추어 겸한다.'는 뜻이다. 하지만 일부 경우는 상가 부분을 남에게 세놓기도 하기 때문에 이 말보다는 '상가 주택'이 더 적절해 보인다.

이처럼 중세 도시주거 역시 로마 시대와 마찬가지로 한 건물 안에 주거 영역과 작업장이나 상가가 같이 들어갔다. 하지만 혼용의 배경은 로마와 달랐다. 로마는 작업장이나 상가를 세놓는 경우가 대부분이었다. 도무스에서는 집 소유주가 도로를 면한 쪽 방을 상가로 세놓았다. 인슐라는 보통 건물 한 채를 주인이 통째로 소유하고 1층은 상가로, 2층은 주거로 각각 세놓았다.

중세는 이와 달랐다. 로마의 도무스에 해당되는 것이 중세에는 귀족들의 주택이었는데 당시에도 그 수가 많지 않았을뿐더러 현재 남아 있는 것도 소수이다. 귀족들은 대부분 성채주거에 살았기 때문이다. 중세의 도시주거는 대부분 로마의 인슐라에 해당되는 2~4층의 공동주택이었다. 하지만 공간 사용은 달랐다. 집주인이 장인이나 상인인 장인 주택과 상인 주택이 대부분이었기 때문에 1층의 작업장과 상가를 세놓지 않고 자신들이 직접 사용하는 경우가 많았다. 일터와 주거가 혼재하는 형식이었다. 하지만 세를 놓는 경우도 많지는 않았지만 여전히 계속되었다.

확장된 가족과 상가 주택

상가 주택이 갖는 '직주 겸용' 현상은 중세의 확장된 가족 개념에서 비롯된 측면이 컸다. 중세문명 전체, 혹은 중세 도시생활은 대체적으로 폐쇄적인 집단관계가 지배하는 편이었다. 그러나 가족만은 반대로 개방적이어서 확장된 구성을 이루었다. 직접 피를 나눈 1차 가족 이외에 함께 일하는 2차적 관계의 구성원까지 가족에 포함시켰다. 이런 현상은 전 계층에 걸쳐 나타났다. 공방, 공장, 작업실을 운영하는 도시상공인들은 도제나 장색(匠色, journeyman, 수습기간을 마치고 장인의 색깔을 띠기 시작하는 단계)도 자신의 가족에 포함시켰다(도 3-86). 상인도 마찬가지여서 회계실에서 일하는 직원을 가족에 포함시켰다. 소작농은 자신들의 농노를 가족에 포함시켰다. 상류층의 자제는 신분을 더 상승시키기 위해 젊었을 때 유력 귀족 가문에 들어가 견습기사로 봉사하면서 그 가문의

도 3-86 재단사가 손님의 치수를 재는 동안 두 명의 도제가 옆에서 옷감을 자르고 있다. 14세기 그림.

도 3-87 자신의 집 앞에서 가게를 연 중세 상가의 모습.

일원이 되었다.

이 가운데 도시주거와 직접 관계가 있는 것은 장인의 공방과 상인의 회계실이었다. 이런 일터는 가정의 연장이었다. 이곳에서 일하는 사람들은 주인 가족과 한 식탁에서 식사를 같이하고 같은 방에서 함께 일했으며 공동 침실에서 같이 잤다. 가족 예배를 비롯해서 각종 가족 행사에도 참여했다. 거꾸로 예배를 함께 드리는 것이 가족의 범위를 결정하는 경계선이었다. 이렇게 확장된 가족 개념이 정착한 것은 대체적으로 11세기였으며 이때부터 도시주거에도 그 영향이 바로 나타났다. 일터와 주거가 혼재하는 구성으로 12세기에는 중세 도시주거의 대표적인 특징으로 자리 잡았다.

도시 내 주요 도로는 장인 주택과 상인 주택이 늘어서면서 중심 상업지역을 형성했다. 그 속에는 작은 정원을 갖는 경우가 많았다. 주택 필지의 위치와 도로를 접한 면의 너비가 상인계층의 부를 나타내는 척도였다. 시장이나 중심 도로에 위치하고 도로를 접한 면이 넓을수록 1층의 상가를 유지하는 데 유리했다(도 3-87). 하지만 이런 조건은 주로 1층의 일터에 해당되는 것이었다. 1층의 일터는 가급적 넓은 폭의 도로를 원했지만 주거공간은 이와 반대로 은밀하고 조용한 도로를 원했다. 둘의 절충점이 중세 도로의 폭을 결정했다. 주거의 프라이버시를 해치지 않을 정도로 좁되 1층 일터의 존재가 묻힐 정도면 안 되었다. 물건과 사람이 오가는 것이 가능한 정도의 폭은 확보해야 했다.

중세 도시주거에서는 일터와 주거가 혼재했기 때문에 여러 문제를 낳았다. 개별 주택 차원에서는 외부인이 주거 영역을 침범하는 경우가 흔했다. 주거 영역에 대한 물리적 구획은 약했고 주인의 동의 여하에 따른 조절이 유일한 보호수단이었다. 도시 전체 차원에서는 주거지역과 상업지역을 구별하는 지역별 조닝(municipal zoning)이 무의미했다. 이 때문에 중세 도시주거의 주거환경은 프라이버시 보호가 안 되는 등 열악한 편이었다. 도시 전체 차원에서 조닝을 통한 보호가 전혀 안 되었으며 이런 현상은 개별 주택에서도 반복적으로 나타났다.

이후 유럽 경제가 커지면서 사업이 확장되고 생산품이 늘면서 도시에는 공간 부족이 심각한 문제로 대두되었다. 흑사병이 창궐하기 전까지 유럽 인구는 큰 폭으로 상승을 계속했는데 이것 역시 도시의 과밀을 불러오는 주요 요인이었다. 도시가 과밀해지면서 공간 부족이나 프라이버시 침해 등의 문제 이외에 도시 위생 같은 근대적 조건에도 방해가 되었다.

공간이 부족해지면서 상가 주택들이 앞쪽의 도로나 뒤쪽의 후원을 잠식하는 현상이 나타났다. 도로 쪽은 잠식에 한계가 있었기 때문에 상대적으로 더 넓은 후원을 많이 잠식했는데 그 위에 일터를 추가로 세우거나 창고와 헛간 등을 지었다. 지금처럼 정확한 필지구획이 없었기 때문에 잠식은 생각보다 심했다. 잠식의 성공여부와 잠식하는 정도는 건물주인의 권력에 비례했다. 귀족이나 상류층이 주거의 사적 영역을 통해 도시 외부의 공적 영역을 잠식하는 형식이었다.

특히 2층의 돌출까지 가세하면 더 그랬다. 중세 도시의 필지가 불규칙하고 들쭉날쭉한 형태로 나타나는 이유였다. 물론 중세에도 도로의 최소 폭, 필지의 전면 선, 건물 돌출 높이의 상한선 등을 제한하는 여러 법령들이 있었지만 잘 안 지켜졌다. 권력자에 따라 어기는 경우도 많았다. 잠식의 가장 극단적인 예는 주택 위층이 도로를 완전히 가로질러 그 밑으로 통로를 내는 경우로, 아케이드 주택이 이 유형이었다. 또 다른 유형으로 이미 도로를 잠식하고 있는 공적 건물인 탑을 구매해서 주거로 전용하는 경우도 있었다.

이처럼 일터와 주거를 한 건물 안에 같이 두는 방식은 경제가 발전하고 도시와 인구가 성장하면서 문제점을 낳게 되었다. 이 기준에서 보면 근대화는 일터와 주거를 분리하는 과정과 동의어이기도 했다. 일터가 주거에서 분리되어 집적(集積)되면서 분업과 전문화를 촉진했고 업무 효율이 대폭 향상되었다. 주거를 기준으로 하면 시끄러운 일터가 떨어져 나가면서 프라이버시가 강화되는 등 주거환경에 개선이 있었다.

일터와 주거가 한 건물 안에 들어 있을 때 발생하는 이런 문제를 일찍 알아채고 이미 중세 때부터 둘을 분리한 경우도 드물지만 있었다. 14세기 플랑드르 지방에서는 베틀을 대형 헛간 하나로 몰아넣어서 주거와 분리시킨 주거 유형이 유행했다. 이외에도 대체적으로 제분, 유리가공업, 철물가공업 등이 이런 방식을 도입한 수공업 분야였다. 하지만 이런 분야 이외에 분리는 중세 때에는 거의 없었다.

도시생활과 주거

중세 유럽의 도시는 크지 않았다. 로마 붕괴 이후 로마문명을 이어받은 세 후속 문명 가운데 비잔틴과 이슬람은 대도시 중심이었지만 서북유럽의 가톨릭 도시들은 중소 규모를 유지했다. 해양문명이 아닌 내륙문명인 점, 전쟁이 많았고 통일이 늦었던 점, 문명 수준이 전체적으로 낮았던 점 등이 배경이었다. 고대 로마와 달리 중세는 주도적인 대도시 없이 중간 크기의 도시들이 각 지역을 분점하는 형식이었다. 이에 따라 비슷한 규모의 중소도시가 다수 포진했다.

중세 유럽의 도시는 규모에 일정한 상한선이 있었다. 밀라노와 파리 같은 초대형 국제도시를 제외하면 두 등급으로 나눌 수 있다. 대도시는 300~600만 제곱미터(90~180만 평)의 크기에 인구는 5~15만 사이였다. 이런 크기의 대도시는 중세 유럽을 통틀어 최소한 12개 정도 있었다. 중소도시는 반경 250미터 이내였고 인구는 5만 아래였다. 그 속에서 실제로 개발된 면적은 20만 제곱미터(약 6,000평)를 넘지 않았다. 인구밀도는 주거지역이 인구 1인당 13.5~20제곱미터(4~6평)였고 비주거지역이 210제곱미터(63평) 정도였다. 도시는 크지 않았지만 현대 도시를 기준으로 하면 과밀한 편이었다.

중세 유럽의 도시는 형성도 늦은 편이었다. 초기에는 대부분 인구 500명 미만의 농촌마을이나 1,000~2,000명 사이의 작은 타운이 중심이었다. 도시는 매우 드물었고 경외의 대상이었다. 이런 현상은 늦게까지 계속되었다. 1000년경 로마 인구는 겨우 2만 5,000명이었다. 중소도시가 모습을 드러내기 시작한 것은 중세 르네상스라고 불리는 12~13세기부터였다. 농업생산과 인구가 증가하고 교역이 늘면서 경제가 발전했고 각 지역을 거점으로 하는 도시들이 형성되기 시작했다.

하지만 이때까지도 전쟁이 많았기 때문에 방어의 효율을 위해서 도시 확장은 자제되었다. 14세기에 화약과 대포가 발명되면서 이 제약이 풀렸다. 축소적 방어체계가 무의미해지고 전쟁이 줄어들면서 도시가 확장되기 시작했다. 잉글랜드의 남쪽 절반, 프랑스 북부, 프랑스 남동부와 남서부, 이탈리아 북부, 독일의 라인 계곡 등이 대표적 지역이었다. 하지만 곧 흑사병이 닥치면서 중세 유럽은 큰 타격을 입었다. 흑사병은 1348~49년부터 시작되어 초기 상황이 특히 심각했으며 그 여파는 이후 100년 이상 지속되면서 중세는 막을 내렸다. 르네상스가 도래하면서 서서히 상황이 회복되어 근대적 도시로 넘어갔다.

이렇게 형성된 중세 도시에는 걱정거리가 많았다. 크게 정치사회적 문제와 도시 인프라 문제로 나눌 수 있다. 정치사회적 문제는 상류층의 착취로 귀결될 수 있는데 왕실의 과도한 세금 징수와 귀족의 횡포 등이 대표적 내용이었다. 도시 인프라 문제는 전염병, 상하수도 공급, 쓰레기 처리, 화재 등이 대표적인 것들이었다. 이 가운데 주거와 직접 관계가 있는 것은 주로 도시 인프라 문제들이었다. 전염병은 하수나 쓰레기 처리와도 맞물린 도시 위생의 문제였는데 14세기 중반부터 흑사병이 유럽을 강타하면서 이 역시 피해갈 수 없었다. 상수원은 도시 내에 우물을 파서 사용했는데 쉽게 오염되거나 고갈되는 문제가 상존했다.

화재는 두 가지 요인과 연관이 높았다. 하나는 건축 재료였다. 중세 도시 건물은 절반 이상이 목조였으며 주택은 그 비율이 특히 더 높았다. 도시주거의 경우 중세 말이나 되어서야 대형 주택부터 석조의 숫자가 목조를 앞지르기 시작했기 때문에 중세 내내 도시는 화재에 무방비로 노출되어 있었다. 다른 하나는 불 사용이었다. 겨울에도 일하는 기간이 늘면서 실내 난방 기술이 점차 향상되어 갔다. 처음에 난로에서 시작해서 벽난로와 굴뚝의 순서로 기술이 발달했다.

불 사용이 가져다주는 당장의 따뜻함 때문에 가난한 계층에서는 굴뚝마저 목조로 만드는 위험천만한 낙관주의가 유행하기도 했다. 불 사용이 늘면서 방화(防火) 기술이 중요한 현안으로 떠올랐다. 예를 들어 런던에서는 1189년의 대화재 이후 석조와 기와로 집을 짓는 사람에게 특별혜택을 주기 시작했으며, 이것으로도 모자라 1212년에는 초가나 목조 지붕은 방화 기능이 있는 회반죽으로 마감하라는 법령을 반포했다. 뤼벡(Lübeck)에서는 1276년에 지붕과 칸막이 벽에 방화제 사용을 의무화하는 법령을 반포했다.

이상과 같은 도시 인프라의 세 가지 약점은 중세 유럽 도시의 크기를 제한한 또 다른 중요한 요소들이었다. 도시 인구가 늘 경우 문제점들이 크게 악화될 것을 우려해서 도시로 인구가 유입하는 것을 엄격히 제한했다. 상류층은 상대적으로 이런 문제점에서 좀 더 자유로웠다. 전염병은 예외일 수 있지만 전염병이 발생하면 시골로 피신하는 방식으로 이 문제에 대처했다. 또한 새로운 치료법이나 대처법이 나오면 그 혜택을 제일 먼저 받는 계층이기 때문에 어쨌든 전염병의 문제에서도 유리한 위치에 있었다. 이들은 과거 로마의 귀족과 자신들의 생활을 비교하면서 여유롭고 호화로운 생활을 영위했다.

이상과 같은 과정을 거쳐 형성된 중세 도시주거는 건축형식에 따라 세 종류로 나눌 수 있다. 박공 주택, 탑 주택, 아케이드 주택이다. 세 유형은 공간 사용이나 내부 기능은 지금까지 언급한 도시주거의 일반적 특징과 같으나 이것을 담는 건물의 윤곽, 구성 형식, 외관 등에서 세분화된 것이다. 도시가 커지고 귀족과 부르주아계층도 분화를 시작하면서 개인적 취향이나 기능적 필요 등에 따라 몇 가지 유형이 탄생한 것이다.

6

중세 도시주거의 세 가지 유형

박공 주택

박공 주택은 말 그대로 박공지붕을 두른 주택이다. 일반명사로도 사용하는 단어인데, 중세의 도시주거 유형이 되기 위해서는 여러 채가 일렬로 늘어서서 삼각형이 반복되는 장면을 연출해야 한다. 이를 위해서는 박공의 정면이 도로나 광장을 면해야 했다. 물론 박공이 도로나 광장에 직각 방향으로 면하는 경우도 여전히 박공 주택이긴 하나, 도시주거로서의 조형 효과는 크게 떨어졌다. 삼각형 박공이 도로를 따라 혹은 광장 주변으로 줄 지어 서 있는 모습은 중세를 대표하는 장면 가운데 하

도 3-88 브뤼주(Bruges). 벨기에. 시장 광장의 남쪽 변에 늘어선 박공 주택의 모습. 19세기 사진이다.

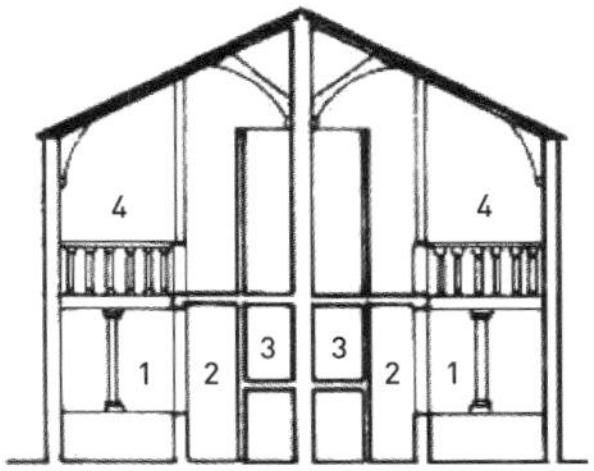

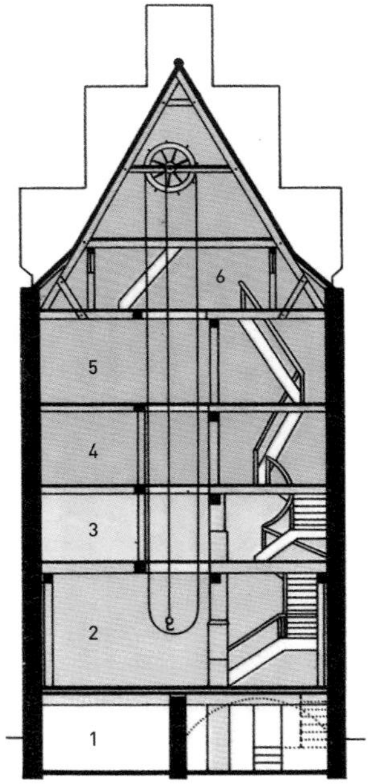

도 3-89 프랑스 중세 장인-상인 주택 표준형. 11세기. 1=상가. 2=복도. 3=계단. 4=2층 홀.
도 3-90 뤼벡. 독일. 상인 주택 단면도. 1=지하실. 2=1층 상가. 3=2층 홀. 4=3층 침실. 5=4층 침실. 6=다락방.

나임에 틀림없다(도 3-88). 중세 도시, 나아가 중세문명을 상징하는 역동성을 대표하는 장면이다. 물론 현재 남아 있는 이런 건물들은 대부분 바로크 때나 그 이후에 지은 것들이지만 그 뿌리가 중세에 있는 것만은 틀림없다. 광장과 주변 건물의 골격은 중세 때 형성된 것을 유지하면서 개축을 했다는 뜻이다.

장인 주택과 상인 주택 등 중세 도시주거의 대표적 종류는 외관이 대부분 박공 주택이었다. 그 출처는 농촌 주택이었다. 중세 도시주거는 농촌 주택을 도시로 가지고 들어와 짓기 시작하면서 형성되었는데 이때 모델이 된 농촌 주택이 박공 주택이었기 때문이다. 중세 유럽에서 박공 주택이 대표적 유형이 된 배경은 크게 넷으로 요약할 수 있다.

첫째, 기후 요소이다. 비와 눈이 많은 서북유럽의 기후 상황에서는 평지붕보다 경사지붕이 유리하다. 이는 상대적으로 기후가 좋은 남유럽의 주택에 평지붕이 많은 것과 대비된다. 평지붕일 경우 비는 누수의 문제를, 눈은 하중의 문제를 야기한다. 둘 모두를 피하는 데에는 경사지붕이 적격이다. 이 사항은 농촌과 도시 모두에 해당된다.

둘째, 건축 요소이다. 이는 홀이나 다락방과 연관이 깊다. 중세에는 홀 주택이 많았는데 집이 2층일 경우 홀은 대부분 지붕 아래에 위치했다(도 3-89). 홀은 큰 방으로 이루어졌기 때문에 여기에 맞춰 천장도 높아야 했다. 건물 높이를 높이지 않고 높은 천장을 얻는 방법 가운데에는 경사지붕을 사용한 뒤 그 속을 뚫어놓는 처리가 가장 좋았다. 유럽의 중세 주거에는 농촌과 도시 모두에 실제로 이렇게 뚫린 천장이 많았으며 그 속에는 천장의 목구조가 그대로 드러났다. 집이 3층 이상이 되면 홀은 2층에 위치하고 지붕 밑은 다락방이 되었다. 이 경우는 지붕 밑이 2층 홀의 경우보다는 덜 하지만 여전히 지붕 밑을 막지 않고 뚫어서 공간으로 사용했다(도 3-90).

셋째, 장식 요소이다. 목조 박공 주택은 장식 효과가 뛰어났다. 유럽 대부분에 해당되는 사항인데 상대적으로 목재 사용이 많았던 영국과 독일이 특히 예를 많이 남기고 있다. 목조로 박공지붕을 짜기 위해서는 가새나 대공 같은 여러 구조 부재가 필요한데 이것을 박공 면에 그대로 노출시킬 경우 아름다운 기하학적 분할이 된다(도 3-91). 아래쪽 몸통까지 같은 방식으로 처리할 경우, 건물 전체가 한편의 추상 분할 미술작품처럼 된다. 중세 주거를 상징하는 또 다른 전형적 장면인데, 중세 때 예가 직접 남아 있는 것은 하나도 없다고 봐도 좋을 정도이나 그 이후까지 계속 지어졌으며 복원한 것까지 합하면 요즘도 쉽게 접할 수 있는 모습이다. 자신들의 농촌문화를 자랑스럽게 여긴 영국이 이런 복원에 특히 열심인 나라이다. 워블리(Weobley)의 크럭 프레임 오두막(Cruck–Frame Cottage)이 좋은 예이다(도 3–91). 크럭 프레임은 4개 층을 가로지르는 완만한 곡선의 크고 높은 기둥이 건물의 양쪽 끝에서 경계를 이루고 있고, 그 속을 보와 작은 기둥이 각 층과 층을 분할하는 영국의 전통적인 목구조인데 이것이 건물 외관에 그대로 노출되어 아름다운 장면을 연출한다. 박공은 이 가운데 위쪽 2개 층을 형성하고 있다.

도 3–91 워블리(Weobley)에 있는 크럭 프레임 오두막(Cruck–Frame Cottage). 헤리퍼드셔(Herefordshire). 영국. 13세기 말에 짓기 시작해서 19세기 초까지 지었다.

솔즈베리는 이런 목조 주택을 가장 많이 남긴 도시였다. 목조를 노출시키는 것으로 모자라 풍성하고 다양한 색까지 입혔다. 예를 들어, 검은색의 목조로 박공 윤곽을 짠 뒤 그 속 여백을 크림색이나 노란색의 회반죽으로 처리했다. 몸통에서도 베이별로 색을 칠했다. 도시 전체로 보면 이런 유채색 목구조 이외에 진한 붉은 벽돌 건물, 청회색 부싯돌 건물, 회색 석조 건물 등 다양한 색의 건물들이 지어졌다. 이런 건물들이 어우러져서 형성하는 가로는 픽처레스크한 경관을 연출했다.

넷째, 도시 요소이다. 폭이 좁고 안으로 긴 필지에 주택을 짓는 과정에서 파생한 결과이다. 중세 도시는 크기가 한정된 가운데 좁은 면적 안에 교역이 집중되었기 때문에 도로를 직접 면하는 것이 매우 중요했다. 방어의 효율을 위해 도시는 일정 크기를 넘기 힘들었고 이런 상황에서 교역을 늘리기 위해서는 도시 내 도로 길이의 총합을 늘려야 했다. 그 결과 중세 도시의 도로는 구불구불해졌고 필지는 폭이 좁고 안쪽으로 길게 형성되었다(도 3–83, 도 3–92). 폭 대 깊이의 비율이 1:6을 넘는

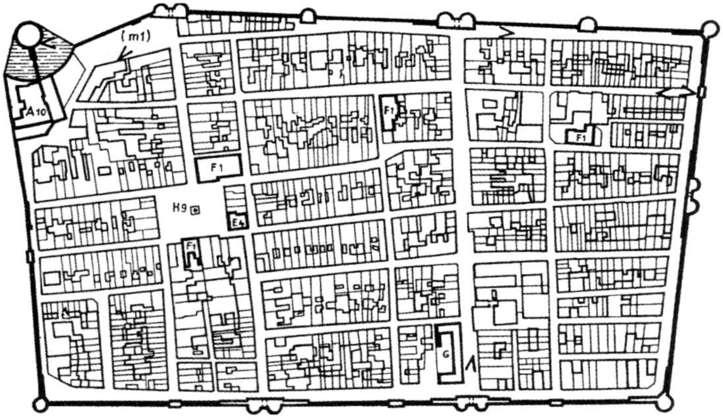

도 3–92 에그모르트(Aigues Mortes). 프랑스. 1246년에 성왕 루이 9세가 건립한 도시로 폭이 좁고 안으로 긴 중세 도시의 전형적인 필지를 보여준다.

경우도 흔했다. 이런 조건 때문에 홀을 도로에 직각으로 배치하는 유형이 대부분이었다. 이런 조건에서 주택에 최소한의 면적을 확보하기 위해서 주택은 수직으로 올라갈 수밖에 없었다(도 3–90). 이에 따라 외관도 폭이 좁고 위로 높이 올라가는 수직 비례가 되었는데 이것을 조형적으로 강조해서 살리기 위해서는 삼각형의 박공지붕이 제격이었다.

이상의 네 가지 배경 아래 박공 주택은 유럽 전역에서 중세를 상징하는 아이콘이 되었다. 도시도 마찬가지여서 초기 중세의 도시주거는 박공 주택이 가장 대표적이었다. 숫자 면에서도 압도적으로 많았다. 좁은 가로나 광장의 한 면을 여러 개의 박공이 줄지어 서 있는 모습은 단연 중세 도시를 상징하는 장면이었다. 중세 때 박공 윤곽은 일직선이거나 계단 형이 주를 이루었다(도 3–88, 도 3–91). 계단 형은 바로크 때 많이 지어졌지만 그 뿌리는 중세였다. 이런 장면은 바로크 때까지 이어져서 이번에는 유려한 곡선 윤곽으로 치장한 박공 열이 광장을 에워싸면서 바로크 도시를 상징하는 아이콘이 되었다.

어떤 면에서 박공 주택은 특별한 주거 유형이기보다는 중세 도시주거를 대표하는 가장 보편적인 유형일 수 있다. 장인 주택과 상인 주택은 대부분 박공 주택이었다고 봐도 무방하다. 초기의 박공 주택은 목조여서 현재 남아 있는 것이 없다. 그러나 중세 후기의 석조 예들은 남아 있는데 초기의 목조도 이와 거의 같았을 것으로 추측된다. 영국은 초기의 목조 박공 주택은 많이 지었지만 후기의 석조 예는 거의 짓지 않았다.

석조 박공 주택의 예들

석조 박공 주택은 1층과 2층 모두 방 두세 개씩을 갖춘 매우 단순한 구성이었다. 방들은 서로 직접 통했으며 아직 제대로 된 실내 복도는 등장하지 않았다. 1층에는 통로 형 외부 복도가 있었고 위층의 주거 영역에도 갤러리나 짧은 실내 복도가 있었지만 제대로 된 실내 복도는 아직 없었다. 박공 주택은 평면 구성에서 장인 주택이나 상인 주택을 대표하는 예들이기도 하다. 외관 역시 박공을 제외하면 매우 단순했으며 간단한 장식 정도를 갖춘 게 전부였다. 창은 로마네스크 특유의 아치창이 많았다. 아치는 두 개 혹은 그 이상이 세트를 이루며 창 하나를 구성했다. 고딕 시대에 들어오면서 뾰족 아치로 변했기 때문에 이런 아치창은 최종적으로 좁고 수직으로 긴 창처럼 나타났다. 박공은 대부분 삼각형이었지만 일부 지역에서는 계단 형으로 만들기도 했다. 심한 경우는 이중 계단 형도 있었다.

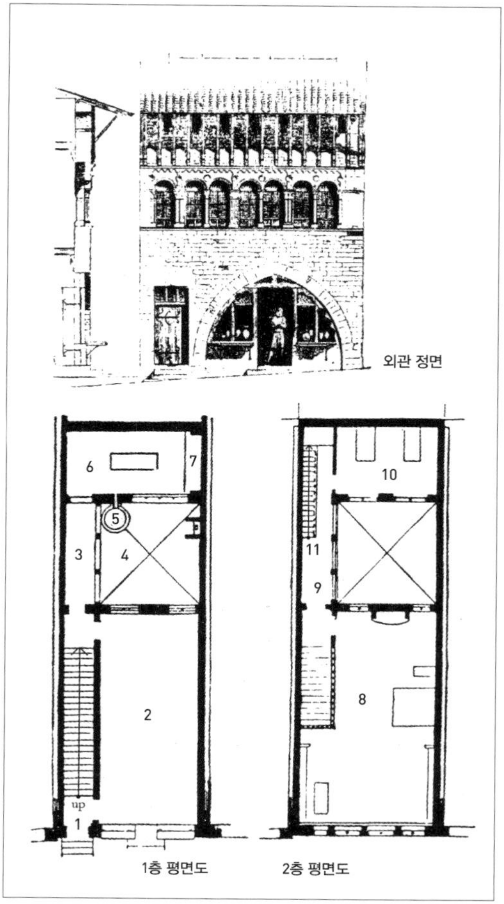

도 3-93 클뤼니(Cluny)의 조적 주택. 프랑스. 평면도. 1=출입구. 2=상가. 3=주랑. 4=안마당. 5=분수. 6=부엌. 7=화덕 & 굴뚝. 8=가족실 겸 주인 침실. 9=복도. 10=자녀 침실. 11=다락방 계단.

석조 박공 주택은 상대적으로 독일에 예가 많이 남아 있는데 프랑스에서는 비올레르뒤크가 문헌 기록으로 남긴 클뤼니(Cluny)의 조적 주택이 좋은 예이다. 다락층을 갖춘 박공 주택이었는데 비올레르뒤크는 주로 평면 구성에 대해서 언급하고 있다. 도로를 접한 1층 전면의 상가는 안으로 깊어서 폭 vs. 깊이 비례가 1:2 정도였다. 상가에 들어오자마자 2층으로 올라가는 긴 곧은 계단이 있고 이것을 옆으로 살짝 비켜서 상가로 들어갈 수 있게 했다. 상가 뒤에는 안마당이 있었고 안마당의 안쪽 모퉁이에는 작은 우물이 하나 있었다. 그 뒤에 다시 방이 하나 더 있는데 이는 주거가 아닌 부엌이나 공방이었을 것으로 추측된다(도 3-93).

안마당의 한쪽 옆에는 전면부의 상가와 후면부의 상가를 연결하는 좁은 복도가 났다. 이 복도에 대해서는 다른 기능을 가졌을 것이라는 주장이 계속 제기되었다. 비올레르뒤크는 이 복도가 부엌을 겸했다고 했으며 공방으로 사용했다는 다른 주장도 있다. 2층에는 벽난로를 갖춘 다목적용 거실이 들어갔다. 이 벽난로에서는 요리가 가능했을 것으로 보인다. 공방 위 2층에는 침실이 위치했다. 거실과 침실은 갤러리로 연결되었다. 1층 상가 입구에 난 계단을 타면 2층 거실 뒤쪽으로 올라와 갤러리 입구에 도착했다. 갤러리 중간에는 지붕으로 올라가는 좁고 곧은 계단이 하나 더 있었다. 비올레르뒤크는 19세기 프랑스의 건축가이자 고고역사학자였다. 그는 자국의 중세 건축 복원작업에서 중요한 업적을 남겼다. 앞의 피에르퐁 성채(도 3-70) 복원도 그의 작품인데, 이와 함께 클뤼니의 중세 박공 주택도 복원한 것이다. 이는 박공 주택이 그만큼 중세를 대표하는 아이콘이라는 사실을 보여주는 것이다.

독일에는 여러 예가 남아 있다. 노버트 쉐나우어(Nobert Schoenauer)의 『집—6000년 인류주거의 역사(6000years of Housing)』는 독일의 예에 대해서 중요한 자료를 소개해주는 책인데, 이 내용을 기초로 해석을 더하면

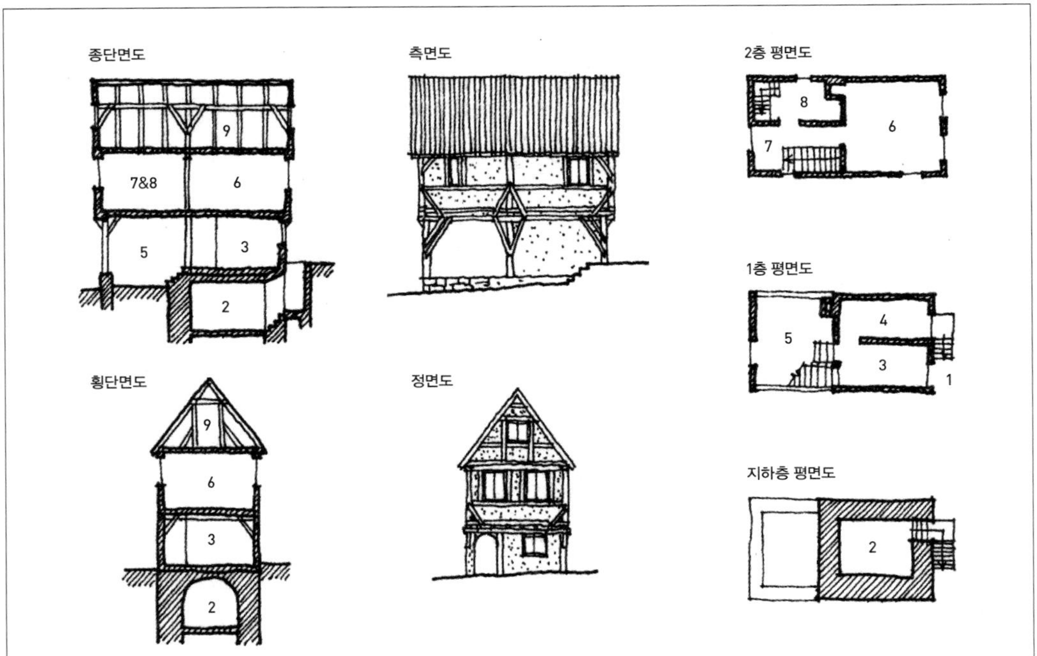

도 3-94 코펜 가 4번지(Koppengasse no.4)의 박공 주택. 딘켈스뷜(Dinkelsbühl), 독일. 1=출입구. 2=지하실. 3=상가. 4=상가 혹은 작업실. 5=작업실 혹은 창고. 6=가족 침실. 7=복도. 8=부엌. 9=다락방.

다음과 같다. 딘켈스뷜(Dinkelsbühl)의 코펜 가 4번지(Koppengasse no.4)의 박공 주택은 1400년대의 모습을 간직하고 있다. 앞에 요약한 석조 박공 주택의 기본 특징을 잘 보여준다. 1층은 중간 벽을 세워서 앞 영역과 뒤 영역으로 나누었다. 앞 영역은 볼트로 지은 지하실을 갖추었는데 도로에서 계단으로 바로 진입할 수 있었다. 1층 출입구는 현관으로 이어지고 그 옆에 작은 방이 하나 있었다. 뒤 영역은 창고나 작업실로 추측된다. 중간 벽은 1층에서만 구획하고 2층은 주거 영역으로 앞뒤를 하나로 합해서 사용했다.

2층 전면부에는 가족실이 위치했고 그 뒤는 계단과 부엌이었다. 가족실은 다목적이었는데 침실 기능도 포함했을 것으로 보인다. 1층과 2층을 연결하는 계단은 집 밖에 한 곳, 집 안에 두 곳이나 있었다. 집의 크기나 구성에 비해서 많은 개수인데 수직 동선을 최대한 편리하게 해서 1층과 2층을 한 층처럼 사용하려는 의도로 보인다. 박공 밑 다락층은 침실이나 창고로 사용했을 것으로 보인다. 창에는 아직 유리를 사용하지 않고 나무 셔터로 막았다(도 3-94).

로텐부르크(Rothenburg)의 부르주아 주택은 클뤼니의 예와 같은 안마당을 가졌는데 도시 여러 곳에 예들이 남아 있다. 안마당을 갖추면서 규모가 커져서 주로 부르주아 출신의 도시귀족들이 애용했다. 안마당은 작업장이나 마구간 등으로 사용했으며 주위로 부속시설을 배치했다. 건축장인의 주택(Baumeisterhaus)과 호른부르크하우스(Hornburghaus)에서는 안마당이 본채 뒤에 뒷마당 형식으로 위치했고 녹색시장 2번지(Grüner Markt no.2) 주택에서는 본채 오른쪽에 옆마당 형식으로 위치했다. 지하실의 유무와 층수를 보면, 건축장인의 주택은 지하실을 갖춘 2층이었고 녹색시장 2번지 주택은 지하실을 갖춘 3층, 호른부르크하우스는 지하실이 없는 4층이었다(도 3-95, 도 3-96, 도 3-97, 도 3-98, 도 3-106).

호른부르크하우스를 좀 더 보면, 1층 전면부는 다른 주택들과 달리 상가나 공방이 아니었고 뒷마당으로 가는 현관 기능을 하는 홀 형 구조였다. 정문 옆에는 남자 손님을 위한 리셉션 룸이 위치했는데 구조는 크로스 볼트로 짰다. 작업장은 뒷마당 주변에 배치했다. 1층 홀에서 계단을 통해 2층 홀로 올라갔다. 2층 홀은 집 전체에 동선 배분을 하는 공간

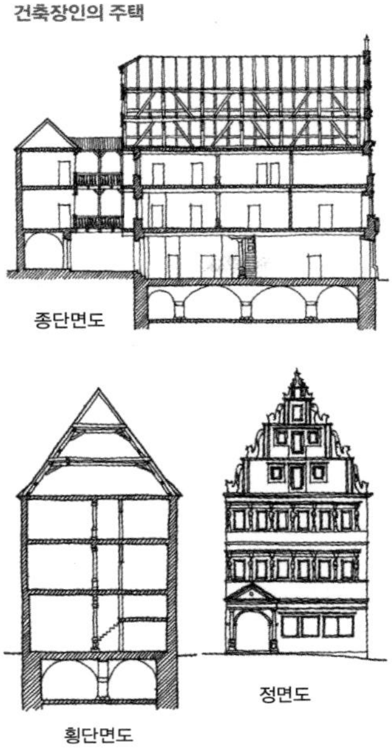

도 3-95 로텐부르크, 독일, 건축장인의 주택(Baumeisterhaus), 입면도와 단면도.

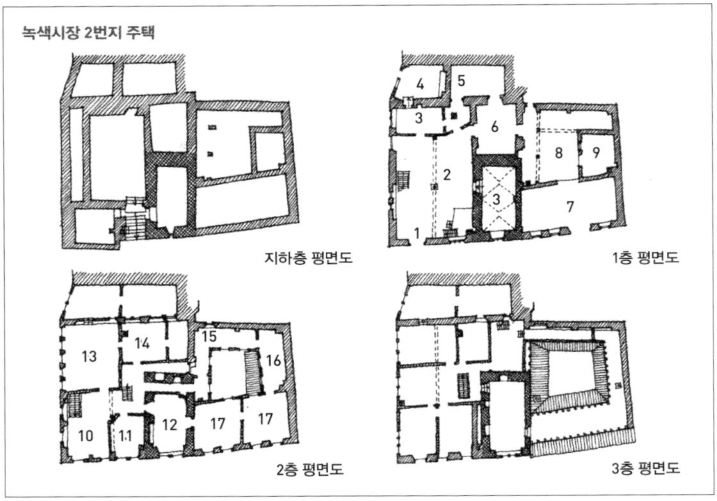

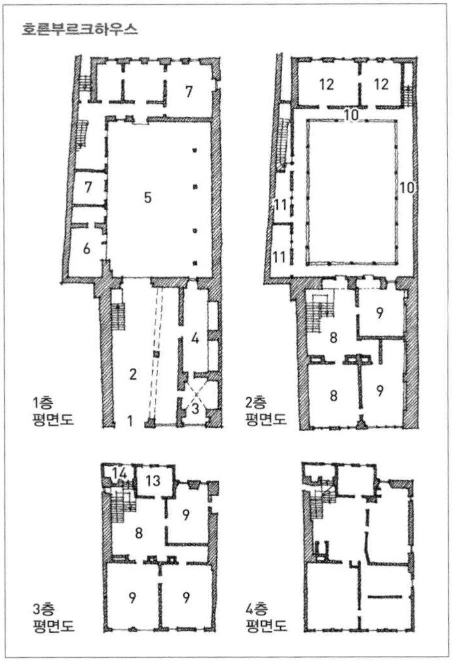

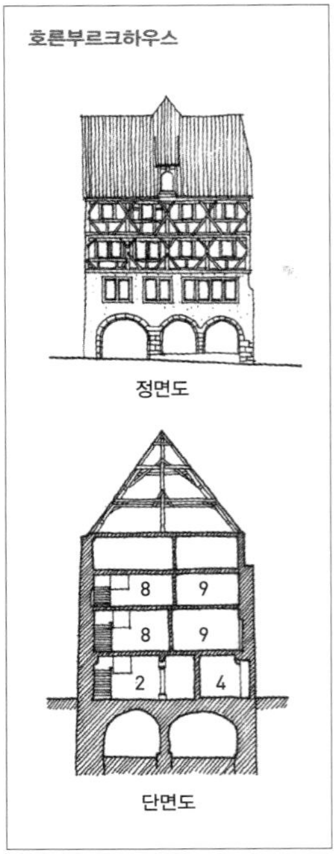

도 3-96 로텐브루크, 독일, 녹색시장 2번지(Grüner Markt no.2) 주택, 평면도. 1=출입구. 2=상가. 3=창고. 4=부엌. 5=공방. 6=작업실. 7=마구간. 8=안마당. 9=하인 작업장 및 창고. 10=가족실. 11=침실. 12=침실. 13=홀. 14=부엌. 15=갤러리. 16=하인 침실. 17=침실.
도 3-97 로텐부르크, 독일, 호른부르크하우스(Hornburghaus), 평면도. 1=출입구. 2=뒷마당으로 가는 통로. 3=리셉션 룸. 4=마구간. 5=뒷마당. 6=창고. 7=각종 작업장. 8=홀. 9=가족 침실. 10=갤러리. 11=창고. 12=하인 침실. 13=부엌.
도 3-98 로텐부르크, 독일, 호른부르크하우스, 입면도와 단면도. 2=뒷마당으로 가는 통로. 4=마구간. 8=홀. 9=가족 침실.

역할을 했다. 가족 주거는 2층 전면부에 위치했다. 특히 중심이 되는 중요한 방들은 도로를 향해 배치했다.

뒷마당 주변은 마구간, 작업장, 창고, 기타 지원시설을 배치했으며 그

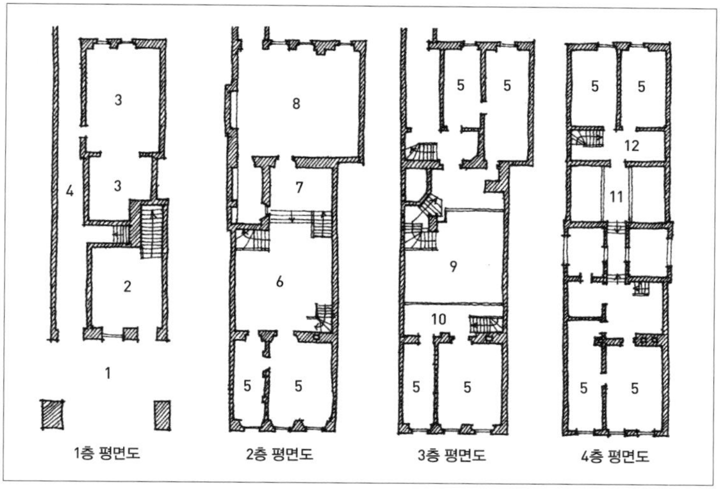

도 3-99 히르슈베르크(Hirschberg). 독일. 시장 광장(Markt) 40번지의 박공 주택 입면.
도 3-100 히르슈베르크. 독일. 시장 광장 44번지 박공 주택. 평면도. 1=아케이드 통로. 2=상가. 3=공방. 4=복도. 5=침실. 6=딜레(Diele, 높은 천장의 중심 홀). 7=가족실 앞 데크 형 전실. 8=가족실. 9=딜레 윗부분. 10=갤러리. 11=전실 형 갤러리. 12=복도.

위는 하인들의 주거였다. 가족의 주거 영역에는 뒷마당을 향해 갤러리를 내서 하인 영역에서 벌어지는 활동을 감시할 수 있게 했다. 뒷마당을 가진 점에서 로마나 동방의 중정 형 주택과 비슷하긴 하나 뒷마당은 가족들의 옥외활동을 위한 집의 중심 공간이 아니라 하인들의 작업공간이었다. 그 성격은 도시 속의 농가 작업공간에 가까웠다. 집주인은 주변에 농지를 소유하면서 농사를 겸업한 것으로 보이는데 농촌주거에 있던 작업공간을 도시로 가져온 개념이었다. 도로를 면한 1층을 상가로 사용하지 않은 점도 이런 사실을 뒷받침해준다.

히르슈베르크(Hirschberg)에서는 시장 광장 44번지(Markt no.44)의 박공 주택이 좋은 예이다(도 3-99, 도 3-100). 4층의 비교적 높은 건물인데, 1층은 외관상으로 상가가 아닌 출입 홀이지만 이 홀에서 물건도 팔았을 것으로 추측된다. 1층 안쪽에 방 두 개를 이어 붙여 비교적 큰 공방이 있는 것으로 보아 장인들이 물건을 생산했던 것은 분명한데 이곳 출입 홀을 빼면 1층에 달리 상가로 쓰일 만한 공간이 없기 때문이다. 출입 홀 안쪽에 뒤쪽 공방으로 이어지는 좁은 문이 나 있는 것으로 보아 공방에서 만든 제품을 이 문을 통해 날랐을 것으로 보인다.

출입 홀의 안쪽 모퉁이에는 2층으로 올라가는 곧은 계단이 나 있다. 이 계단을 오르면 2층 중앙에 있는 큰 홀로 이어진다. '딜레(Diele)'라고 불리는 높은 천장의 중심 공간인데, 남부 독일 농가의 전통적인 공간으로 마루청 돌로 바닥을 깐 홀, 복도, 다락방 등을 의미한다. 이곳에서는 홀로 만들었다. 반드시 남부 독일 농가뿐 아니라 주택에 공통적으로 나타나는 중심 홀이나 다목적 가족실 등에 해당된다. 이곳에서 딜레는 2개 층에 걸쳐 천장이 뚫려서 크고 높은 공간을 형성한다. 딜레 앞쪽은 도로를 접한 전면부로 좁은 폭에도 불구하고 긴 방 두 개를 배치했는데 리셉션 룸이었을 것으로 추측된다. 홀 뒤쪽은 후면부로 부엌을 포함한 가족실이 위치했다. 이런 구성으로 보아 딜레는 연회실 같은 공적 영역이었을 것으로 보인다.

딜레에는 3층으로 올라가는 계단이 두 곳에 있다. 딜레가 3층까지 뚫려 있기 때문에 3층은 딜레를 기준으로 전면부와 후면부로 갈라진다. 전면부는 2층 홀의 앞쪽 구석에 있는 사각 회전계단을 통해서 오르게 된다. 다 오르면 갤러리에 도착하고 그 앞쪽으로 도로를 면해서 긴 방 두 개가 아래쪽 2층과 똑같이 배치되어 있다. 후면부는 2층 홀의 안쪽 구석(1층에서 올라오는 계단 맞은편)에 있는 또 다른 사각 회전계단을 통해서 오르게 된다. 다 오르면 전실 형 갤러리에 도착하는데 그 뒤로 두 개의 침실과 복도 하나가 있다. 복도 옆에 다시 4층으로 올라가는 유턴 계단이 있다. 4층으로 올라가는 계단은 이곳 하나뿐이다. 이 계단을 오르면 4층의 복도 형 전실에 도착하고 그 뒤로 방 두 개가 있다.

히르슈베르크의 시장 광장에는 40번대 주소에 이런 종류의 박공 주택이 줄지어 서 있다. 대부분 4층 본체에 다락방을 가진 수직 비례인데 이것들이 줄지어 어울리는 모습은 매우 아름다운 조형적 구성을 만들어낸다. 현재 모습은 17세기 바로크 때 개축한 것이어서 전체 구성은 바로크 고전주의에 가까우나 중세 때 모습을 연상해볼 수 있다. 도로를 면한 1층 전면부는 모두 큰 아치 하나로 처리했는데 이는 상가로 직접 들어가는 출입구가 아니라 아케이드 통로에 해당된다. 2층 이상의 위쪽 부분은 1층 위로 돌출해서 아래쪽에 덮개를 덮은 아케이드 통로를 형성했다. 2층과 3층은 한 층에 서너 개의 창을 가지런히 냈다. 박공은 4층과 다락방의 2개 층에 걸쳐 냈다. 다양한 종류의 바로크 곡선 윤곽들이 어울리면서 박공의 파노라마를 만들어낸다. 중세 때에는 이런 곡선 윤곽이 아닌 삼각형 박공들이 줄지어 서 있었을 것이다.

탑 주택

탑 주택은 말 그대로 탑 형식 주택이다. 주거를 탑처럼 수직 비례와 형상으로 지은 경우와 실제로 탑을 주거로 사용하는 경우로 나눌 수 있다. 단순히 형태만 중요한 것은 아니고 탑이 갖는 방어 기능을 갖추어야 한다. 서양문명과 건축에서 탑이 큰 비중을 차지하는 데에서 알 수 있듯이 탑 주택은 유럽의 전 역사를 통틀어 늘 있었다. 확장하면 서양에서만 그랬던 것이 아니고 전 세계적으로 유행하던 주거 형식이기도 했다. 이처럼 일반화하면 유럽에서 탑 주택이 처음 나타난 것은 그리스와 로마 시대까지 거슬러 갈 수 있다. 이때에는 아직 탑 자체에 대한 인식은 크지 않았고 기능도 진짜 탑과는 거리가 있었다. 다층 수직주거를 짓는 과정에서 높은 비례와 형태를 가지게 된 정도였다. 예를 들어 그리스의 시노이키아나 로마의 인슐라 같은 것인데 탑과는 거리가 있지만 수직 욕망이라는 주제의 관점에서 보면 탑 주택의 초기 형식이라 할 수 있다.

탑 주택의 전성기는 중세였다. 중세부터 탑 자체를 주거의 한 형식으로 명확히 인식해서 사용하게 되었다. 탑이 갖는 물리적, 기능적 장점과 상징적 의미 등을 적극적으로 활용하려는 목적의식이 명확했다. 앞에서 보았듯이 성채주거는 대부분 탑 형식이었다. 도시주거에도 탑 형식이 중요한 유형이었는데 이를 탑 주택(dwelling tower)이라 부른다. 주인은 귀족과 부르주아였다. 유럽 전역에서 유행했는데 현재는 독일에 예들이 많이 남아 있다. 탑 주택이 확장된 개념의 탑 도시는 이탈리아에 압도적으로 몰려 있다.

탑 주택의 탄생 배경과 목적은 성채주거의 변화과정에 잘 나타나 있다. 일차적으로는 방어 기능이 주요 목적이었다. 탑은 군사시설의 하나로서 전투를 직접 담당하는 대표적 방어시설이었는데 이것을 주거에 사용할 경우 집을 방어와 과시를 겸한 높은 독립 고층 구조물 개념으로 정의할 수 있게 된다. 방어와 과시는 전쟁이 많던 중세의 시대적 산물이었다. 일부 학자는 탑 주택의 기원을 '피의 복수(blood feud 혹은 vendetta)'에서 찾기도 한다. 중세 유럽에 유행했던 가문 사이에 대대로 이어지며 오가던 복수극이다. 가문끼리 원수지간이 많았는데 『로미오와 줄리엣』의 배경이 좋은 예이다. 중세의 가문들은 여기에서 살아남기 위해 방어 기능을 잘 갖춘 주거를 지었는데 탑 주택이 여기에 가장 적합한 유형이었다.

가문끼리의 복수가 너무 사적인 배경이라면 좀 더 공적인 배경도 있는데, 이민족의 침입에서 스스로를 지키기 위한 목적도 있었다. 코카시아(Caucasia) 지역이 대표적인 곳으로 이곳에서는 11세기부터 인근 아시아에서 침략이 잦았는데 이에 맞서기 위해 이 유형을 많이 지었다. 아직 중앙의 통일정부가 탄생하기 이전에 유럽의 여러 지역에서는 이민족의 침입을 스스로 막아야 하는 경우가 많았던 것이다. 특히 이동이 적은 정주형 농업인구가 많은 지역이 그랬다.

이때 침략자가 유목민인 경우에는 탑 주택의 방어 효과가 매우 컸다. 고산지대나 초원 등에서 천막에 살던 유목민에게는 좁은 사다리를 타

도 3-101 스코츠태빗 타워(Scotstarvit Tower). 파이프(Fife). 스코틀랜드. 17세기에 복원한 것이다.
도 3-102 생테뤼시드탈라노(Sainte-Lucie-de-Tallano)의 탑 주택. 프랑스.

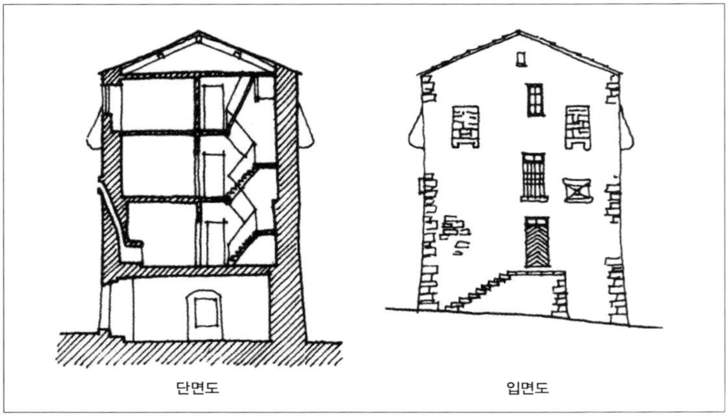

고 이런 높은 탑 구조물을 오르내리는 일이 매우 낯설고 불편한 일이어서 꺼렸기 때문이다. 예를 들어 타타르(Tartar)족이 동유럽을 침공했을 때 높은 성채 형 탑이나 교회의 뾰쪽 탑까지는 올라가지 않았기 때문에 이런 장소들이 상대적으로 안전한 피난처가 될 수 있었다. 이 개념을 주거에 적용하면 탑 주택이 되었다.

탑 주택의 구성은 성채주거와 비슷했다. 탑 형식이기 때문에 각 층의 바닥 면적이 넓지 않은 대신 층수는 높이 올라갔다(도 3-101, 도 3-102). 각 층에 큰 방 하나씩을 넣고 필요에 따라 적절히 나눠 썼다. 방어 목적을 위해 출입구는 2층에 냈고 이곳까지 사다리를 타고 올라야 했다. 성채의 대표적인 방어시설인 총안을 주요 모티브로 사용했다. 지붕과 옥상에는 물론이고 창도 총안처럼 좁게 냈다. 사다리를 걷으면 사실상 집 안으로 진입이 불가능했다. 창도 작았기 때문에 집을 공략하는 일은 매우 어려웠다. 마치 조개나 거북이가 껍질 속에 숨은 형국이었다.

탑 주택의 예는 주로 독일 도시들에 많이 남아 있다. 하지만 독일의 예들은 앞에 나온 상가 주택의 층수를 5~6층 정도로 높여서 탑의 수직비례에 근접한 정도였다. 방어 기능이 좀 더 필요할 때에는 창의 개수와 크기를 확 줄여서 성채주거의 본성에 근접한 모습을 띠기도 했다. 이

도 3-103 슈베비슈 홀(Schwäbisch Hall), 독일. 하 헤렌 가 8~10번지(Untere Herrengasse no.8~10)의 케켄부르크(Keckenburg). 입면도와 단면도.
도 3-104 슈베비슈 홀, 독일. 하 헤렌 가 8~10번지의 케켄부르크. 평면도.

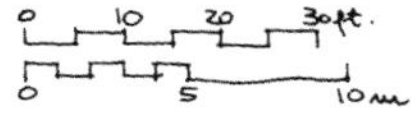

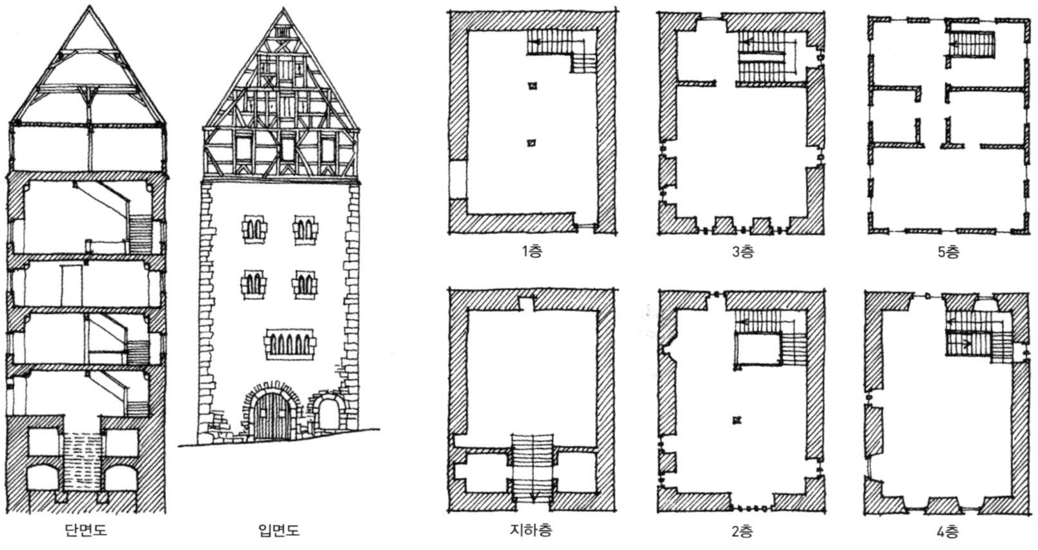

런 점에서 수십 미터를 치고 올라가는 이탈리아 탑 도시의 탑 주택보다 빈약했다.

초기 유구의 대표적 예로 트리에(Trier)에 있는 프랑코 기사의 탑(Frankenturm=the Tower of the Knight Franco)을 들 수 있는데 11세기 중반의 것이다. 이외에도 레겐스부르크(Regensburg), 로텐부르크(Rothenburg), 데트방(Dettwang), 딘켈스뷜(Dinkelsbühl), 슈베비슈 홀(Schwäbisch Hall) 등이 탑 주택의 예를 남긴 도시들이다. 레겐스부르크에는 13세기 이후 고딕 시대의 예가 있다.

슈베비슈 홀에는 두 채가 남아 있다. 하나는 하 헤렌 가 8~10번지(Untere Herrengasse no.8~10)에 있는 케켄부르크(Keckenburg)이다(도 3-103, 도 3-104). 이전에 있던 9~10세기의 것을 1250년에 탑 주택으로 개축했다. 지하 1층에 지상 5층으로 창은 로마네스크 양식을 하고 있다. 그 위에 1500년경에 목조 골격의 3층 박공 구조를 더했다. 볼트로 지은 지하실은 처음에는 외부에서는 못 내려가고 실내에서만 진입하도록 했다. 지금 있는 외부 출입구는 1627년에 더한 것이다. 본체 출입구는 1층에 나기는 했지만 오른쪽 구석에 매우 작게 났고 턱을 져서 진입을 통제할 수 있었다. 탑처럼 좁고 높아서 1층에서 4층까지는 한 층에 큰 홀을 하나씩 넣었으며 5층만 작은 방 네 개로 나누었다. 홀이 많았던 것으로 보아 탑 주택임에도 저층부는 상가나 공방으로 사용했을 가능성이 있다. 상층부의 홀은 손님 접대, 가족실, 주인 침실 등의 용도였을 것이고 5층의 작은 방들은 침실이었다.

다른 하나는 운터림부르커 가(Unterlimburger Strasse)에 있는 투름하우스(Turmhaus)이다. 'Turmhaus'란 독일어로 탑 주택이

도 3-105 슈베비슈 홀. 독일. 투름하우스(Turmhaus).

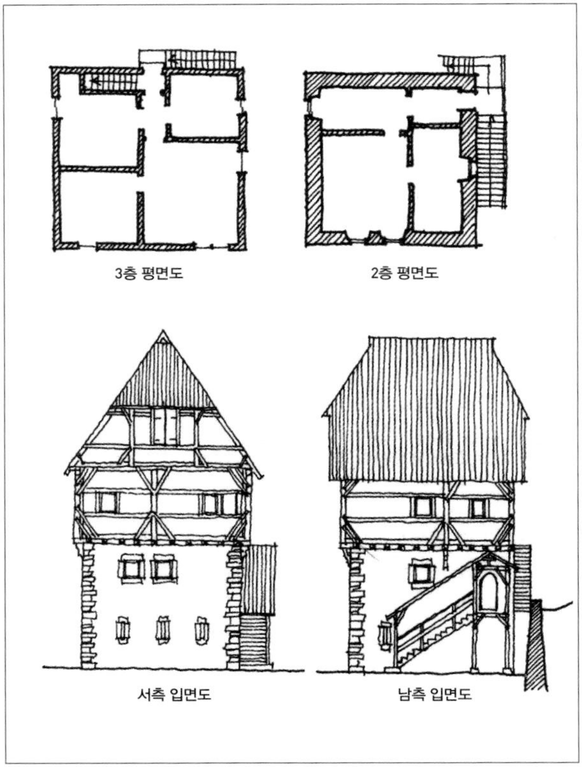

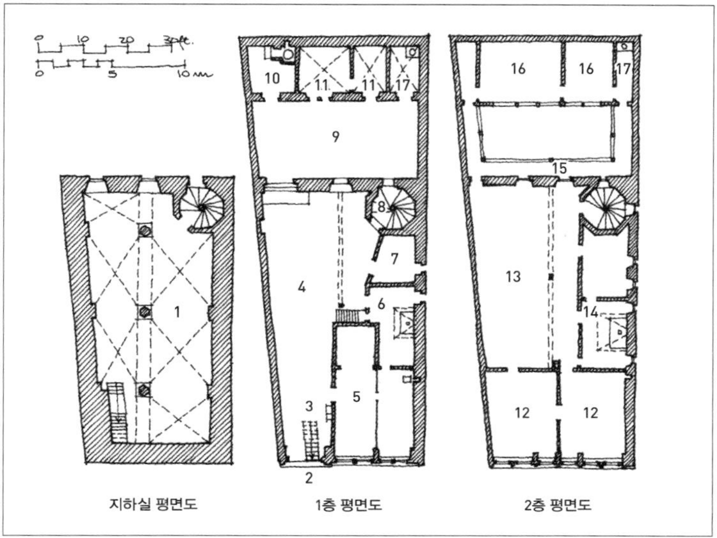

도 3-106 건축장인의 주택. 로텐부르크, 독일. 평면도. 1=동굴 형 지하실. 2=출입구. 3=지하실로 내려가는 계단 뚜껑. 4=뒷마당으로 가는 홀 통로. 5=상가. 6=작업장. 7=창고. 8=위층 주거 영역으로 올라가는 팔각형 계단탑. 9=뒷마당. 10=하인 작업장. 11=마구간. 12=침실. 13=가족실 및 연회 홀. 14=부엌. 15=갤러리. 16=하인 침실. 17=화장실.

란 뜻으로 집의 이름이 처음부터 탑 주택인 것이다(도 3-105). 경사지에 위치하면서 하층부와 상층부로 나뉘는데 두 부분 모두 2층으로 이루어져 있다. 재료는 하층부가 석조, 상층부가 목조이다. 하층부는 방어 시설로 아래층에 좁은 총안을 설치했다. 출입은 외부에서 계단을 한 층 올라 위층에서 이루어진다. 상층부는 주거동인데 하층부 계단에서 다시 사다리를 타고 한 층 더 올라 아래층으로 진입해야 한다. 이곳은 건물 전체로 보면 3층에 해당된다. 이 사다리는 위에서 접어 올릴 수 있게 해서 주거동에 대한 방어 기능을 높였다. 주거동의 출입구 층에는 평아치로 목조 천장을 짠 거실이 위치했다.

앞에 박공 주택의 예로 나왔던 로텐부르크의 건축장인의 주택은 탑 주택의 좋은 예이기도 하다. 박공지붕을 갖추고 전면은 홀 형으로 처리했고 후면에는 안마당을 뒀다. 볼트 구조로 축조한 대형 동굴형 지하층은 대문 바로 안쪽에 난 뚜껑문을 통해 진입할 수 있었다. 위층은 나선형 계단을 갖춘 팔각형 계단 탑을 통해 들어갔다(도 3-106). 통상적인 의미의 탑 주택보다는 덜 폐쇄적이긴 했지만 2층으로의 진입을 통제한 점에서 탑 주택의 구성이 남아 있던 것으로 볼 수 있다.

위층에서는 도로 쪽을 향해 홀이 위치했다. 이 홀은 안쪽으로 깊어서 중간에 벽으로 한 번 나누었다. 도로 쪽에는 침실이 났으며 안쪽 홀 한가운데에 기둥이 서 있었는데 다목적 가족실이었을 것으로 추측된다. 홀 옆에는 커다란 벽난로를 갖춘 부엌을 둬서 식사와 연회를 지원했다. 이 홀에서는 좁은 갤러리로도 통했는데 갤러리는 뒷마당의 세 면을 에워싸는 형식으로 구성되었다. 마구간이나 기타 서비스 공간을 갖춘 별채도 있었는데 그 뒤쪽 모퉁이에는 옥외 화장실이 있었다.

파리에도 예가 있었는데 14세기에 세워진 위르생 오텔(Hôtel des Ursins)이다(도 4–57). 파리의 시테(Ile de la Cite) 내 그레브 광장(Place de Greve) 근처에 있었으며 건축주는 유명한 파리 시장이었던 장 쥐브날 데 위르생(Jean Jouvenal des Ursins, 1360~1431)이었다. 그가 이 호텔을 직접 지었는지는 확실하지 않으나 소유하고 있었던 것은 확실하다. 1769년 철거되어 현재는 남아 있지 않으나 도면 기록은 남아 있다. 중세 탑 주택에 대한 자세한 도면 기록 때문에 중요한 가치를 갖는다.

이 오텔은 탑 주택이라는 명칭에 걸맞은 구성과 모습을 보여준다. 건물 전체가 높은 정사각형 탑으로 이루어졌다. 정면 양쪽 모퉁이에 건물 전 높이에 걸쳐 소형 원형 탑을 추가해서 마치 성채의 본성을 파리 시내에 옮겨 놓은 것 같은 모습을 했다. 이 소형 탑 사이 1층에 4베이짜리 도리스식 아케이드 로지아를 뒀다. 16세기에 증축한 것으로 당시 파리에 불기 시작한 이탈리아풍의 유행을 보여준다.

탑 도시

탑 주택이 도시 차원으로 발전하면 탑 도시(towered city)가 된다. 탑이 도시에 집중적으로 군집해서 도시의 구조와 특징을 결정한 경우이다. 도시의 전체 규모는 크지 않은 가운데 그 속을 탑이 가득 채웠다. 탑은 주택이 많았으나 주택 이외에 공적인 용도의 탑도 있었다. 탑의 높이는 통상적인 탑 주택보다 높아서 이것들이 군집한 모습이 장관을 이루며 차별적 특징을 형성했다. 탑은 도시 주변의 낮은 건물들 위로 삐쭉삐쭉 솟아오르며 도시 전경에 강력한 영향을 끼쳤다. 피사, 피렌체, 파도바(Padova), 피스토이아(Pistoia), 루카(Lucca), 제노바, 아스콜리, 볼로냐, 산지미냐노(San Gimignano), 밀라노, 베로나(Verona) 등 이탈리아 중북부의 주요 도시들 대부분이 중세에는 모두 탑 도시였다(도 3-107, 도 3-108).

이런 탑들은 이탈리아 중세 도시를 대표하는 건축현상이라 할 수 있는데 그 높이가 무려 75미터를 훌쩍 넘는 경우가 다반사였다. 평면은 한 변이 보통 7.5~9미터 정도 되는 정사각형이었고 벽체 두께는 1.2~1.5미터에 이르렀다. 탑은 주변의 주택 사이로 머리를 내밀고 솟아올랐다(도 3-109). 방어 목적이었기 때문에 창은 가급적 줄였으며 있어도 화살구멍처럼 좁고 길었다. 건물 높이에 비해서 층수는 많지 않았다. 대체적으로 아래쪽 20여 미터에 4~5층 정도의 주거시설이 들어갔으며 그 위는 군사시설이었다. 군사시설은 높이는 수십 미터였지만 층수는 2~3층 정도가 보통이었다. 한 층이 십수 미터였다는 얘기인데, 실제 사람이 살지는 않았으며 벽을 따라 난간을 두른 뒤 작은 창을 수없이 뚫어서 화살구멍으로 사용했다(도 3-112).

구조적 안정을 위해서 저층부는 볼트 구조로 세웠고 그 위는 뻥 뚫린 구조였다. 볼트 천장 꼭대기에 구멍을 뚫어 유사시에는 로프 사다리를 타고 지붕까지 오를 수 있었다. 외벽에는 일정한 간격으로 까치발 내어쌓기를 설치했는데 이는 장식용이 아니라 전시에 군사가 올라가서 싸울 비계를 받치기 위한 군사적 목적에서였다. 지붕은 평평했으며 옥상난간에는 총안을 설치했다. 총안의 형태는 마치 문장처럼 영주가 속한 종파에 따라 달랐다.

중세는 대립과 전쟁의 시기였기 때문에 이런 탑은 급속도로 퍼져나갔다. 중세 이탈리아 도시들에 세운 탑의 숫자는 이탈리아 도시역사학자들 사이에 재미있는 논쟁주제인데, 한때에는 1120년 피사에만 10,000

도 3-107 프란체스코 디 조르조 마르티니(Francesco di Giorgio Martini)가 1467년에 그린 시에나(Siena). 탑 도시의 모습을 보여준다.
도 3-108 산지미냐노(San Gimignano). 이탈리아. 중세 탑.

도 3-109 구이니지 탑(Torre Guinigi). 루카(Lucca). 이탈리아. 14세기 말.

개의 탑이 있었다는 주장이 제기된 바 있으며, 이 숫자는 피사보다 큰 도시인 피렌체로 넘어가면 15,000개, 심지어 16,000개까지 늘어났다. 하지만 당시 피렌체 인구가 10만을 넘지 못했고 피사의 인구 또한 피렌체보다 더 많은 적이 한 번도 없기 때문에 이런 숫자들은 과장을 넘어 허풍으로 치부되었다. 11세기 연대기학자들의 기록을 토대로 좀 더 합리적 추산을 해보면 당시 피렌체에는 150개, 아스콜리에는 159개, 파도바에는 100개 이상의 탑이 있었다는 것이 믿을 만한 정설이다(도 3-110).

탑의 주인은 대부분 영주나 귀족이었으나 나중에는 돈을 많이 번 성직자들까지 재산을 지키기 위한 방범 목적으로 탑을 세우는 일까지 일어났다. 예를 들어 이미 1076년에 성 아리아두스(St. Ariadus)는 밀라노의 성직자들이 높은 탑을 세워 재산을 보호하고 우월감을 과시하고 있다고 비판하는 글을 남기고 있다. 이런 과정을 거쳐 11~12세기 이탈리아에는 탑 도시가 여러 곳에 등장했다. 지금 보존상태를 기준으로 하면 앞서 숫자의 예를 든 도시들에서는 탑이 대부분 사라졌고 산지미냐노에 가장 많이 남아 있다.

산지미냐노는 탑으로 유명한 도시이지만 그 숫자는 현재 13개에 불과하다. 전성기였던 13~14세기 때 탑의 숫자에 대해서는 30개에서 심지어는 70개까지 이견이 분분한데 통상 56개였던 것으로 얘기된다. 이 도시는 대교역로에서 떨어져 높은 언덕 위에 위치했다. 전쟁과 근대화 모두에서 상대적으로 자유로워서 이만큼의 탑이 보존될 수 있었다. 피렌체, 루카, 피사, 시에나 등과 달리 거대가문이나 권력자 등이 없었기 때문에 과시적 대형 주택도 없었고 도시 전체가 긴 기간 동안 중산층의 소박한 일상생활 중심으로 진행되었다. 주택도 과시적 대형 양식, 거대 규모, 화려한 장식 대신 소박한 규모를 견지했다. 탑은 그 사이에서 유독 높이 솟았다.

탑 도시들이 주로 이탈리아 중북부에 몰려 있는 것은 이 지역만의 정치상황이 있었기 때문이다. 폐허로 남은 로마와 반대로 중북부 지방에서는 새로운 활기찬 도시생활이 시작되었고 피렌체, 피사, 밀라노, 제노바 등 대형 상업도시들이 등장했다. 이 도시들은 이탈리아 중세 문화를 대표하며 이끌었다. 로마가 중세 동안 의외로 크게 침체되었던 것과 달리 이탈리아의 중세 문화는 로마 위쪽에 형성된 이런 상업 도시국가 중심으로 찬란한 전성기를 구가했다. 이는 영지를 중심으로 형성된 성채 형 도시가 중세문명을 이끌었던 서북유럽과 구별되는 이탈리아만의 상황이었다. 이탈리아의 이런 상업도시들은 중세를 거치면서 지속적으로 발전, 확장하면서 급기야 피렌체를 중심으로 르네상스라는 초기 근대의 새 문명을 탄생시키기에 이른다.

도 3-110 1352년의 피렌체 모습. 탑으로 가득 차 있다.

상업도시가 번성하면서 그 주위에 있던 성채 및 이를 발판으로 군림하던 영주들의 세력이 크게 위축되었다. 이들은 전쟁과 약탈을 일삼고 통행세를 받는 등 횡포가 심했는데 새로 번성한 상업도시의 부르주아와 자치정부는 이들을 견제할 수 있는 힘을 가지게 되었다. 급기야 12세기 초에는 "성채를 허물어라"라는 운동이 급속도로 번지기 시작했다. 피렌체가 이를 이끌었으며 밀라노, 베로나, 파르마, 브레시아 등 여러 도시들이 가세해 이탈리아 중북부 전역에서 성채 해체작업이 크게 유행했다.

전세는 역전되었다. 이전까지는 성채를 본거지로 삼아 군사력을 무기로 상업도시를 지배했던 영주들이 이제는 상업도시에 밀려 무장해제를 당하게 된 것이다. 성채를 잃게 된 영주들은 어쩔 수 없이 도시 안으로 이주해오게 되었으며 자신들의 정치적 힘을 도시정부에 내어주며 굴복했다. 도시정부는 그 대가로 이들이 도시에 거주할 수 있게 허락해주는 법령을 반포했다.

이런 현상은 프랑스나 영국보다 이탈리아에서 특히 심했다. 그 이유는 정치적 상황에서 찾을 수 있다. 프랑스와 영국은 일찍부터 중앙정부의 힘이 커지고 통일국가의 움직임도 있었기 때문에 지방의 봉건영주들이 무장해제를 당하더라도 중앙정부에 충성을 맹세하고 귀속되면 지방 귀족의 지위를 유지할 수 있었다. 거주지 역시 성채 내에 계속 머물 수 있었다. 19세기까지 크고 작은 수십 개의 도시국가로 이루어져 있던 이탈리아에는 이런 강력한 중앙정부가 없었다. 따라서 무장해제된 지방의 봉건영주는 몸을 의탁할 주인을 갖지 못한 채 각자 주변의 힘 있는 상업도시에 굴복하면서 도시 안으로 들어가 살 수밖에 없었다.

무장해제를 당하고 도시로 이주해온 영주들은 농촌에서 활개를 치며 살던 습성을 못 버리고 도시에 잘 적응하지 못했다. 이런 현상 가운데 하나가 새로 이주해 온 도시 안에 과거 성채 시절에 살던 탑을 지어 자신들의 도시주거로 사용한 것이었다. 단순히 과시용이 아니라 실질적 방어 기능을 위한 것이었다. 예를 들어 피렌체로 들어온 영주들은 귀족계층을 형성하게 되는데 이렇게 등장한 최초의 귀족의 명칭은 '탑 주인'이었다. 처음에는 탑이 대부분 고대 왕궁의 로지아 옆에 세워졌기 때문에 이런 귀족 가문을 '로지아 가문(famiglie di loggie)'이라 불렀다.

어쨌든 다시 도시로 들어온 영주들은 탑을 짓고 살면서 도시귀족으로 성장했다. 이들은 이전에 성채에서 살던 대로 도시 내에서 권력을 행사하려 들었다. 시민들은 이에 저항했고 11~12세기 이탈리아 도시의 가로는 크고 작은 충돌과 전쟁이 끊임없이 벌어지는 혼돈의 장이었다. 유력 가문들끼리 싸웠던 '피의 복수'도 도시 내 전쟁의 또 다른 주요 배경이었다. 마키아벨리의 『군주론』에도 이런 장면을 묘사하는 '폭동'이나 '유혈참사' 등의 구절이 자주 나온다.

혼돈이 계속되자 탑의 높이를 제한하는 움직임이 일어 실제 법령으로 반포했다. 피렌체, 볼로냐, 피스토이아, 베로나, 제노바 등이 이를 이끈 대표적 도시들이었다. 예를 들어 1250년에 피렌체에서는 새로 짓는 것은 물론이고 이전 것들까지 포함해서 모든 탑의 높이를 30미터 이내로 낮추는 법령을 반포했다. 이전 탑들에서 떼어낸 재료들은 도시 남쪽 아르노(Arno) 구역에 둑을 쌓는 데에 사용했다. 피스토이아에서는 행정관이 "도심 및 외곽에 세우는 탑의 높이는 힐데브란트 반디니(Hildebrand Vandini)의 아들들의 탑보다 높아서는 안 된다."라는 공개 선언을 했다.

이런 탑들은 반(半) 군사–반 주거시설로 탑 주택의 좋은 예들인데 현재 이탈리아 전역에 걸쳐 몇 개의 예가 남아 있다. 한 가족이 탑 한 채

도 3-111 볼로냐(Bologna)의 16세기 전경. 아직도 중세 탑이 도시 전체를 뒤덮고 있다.

도 3-112 볼로냐. 아시넬리 탑(Torre Asinelli, 1109~19)과 가리센다 탑(Torre Garisenda, 12세기). 오른쪽의 높은 것이 아시넬리 탑이다.

를 독립적으로 소유하면서 단독 건물로 서 있는 예는 볼로냐와 피렌체에 많았다. 볼로냐의 탑 주택은 주로 첫 번째 성벽 안쪽의 시내 중심부에 귀족 주택의 일부로 지어졌다(도 3-111, 도 3-115). 대부분 사라졌지만 라베냐나 문(Porta Ravegnana) 구역에 아시넬리 탑(Torre Asinelli, 1109~19)과 가리센다 탑(Torre Garisenda, 12세기) 두 채가 사탑 형식으로 남아 있다(도 3-112, 도 3-118).

둘은 마치 서로를 향해 기울어져 기대고 있는 것 같은 모습으로 서 있다. 기울기는 수직선을 기준으로 아시넬리 탑이 옆으로 1.5미터, 가리센다 탑이 2.4미터 넘어가 있다. 12세기 초에 지은 것들인데 현재의 높이는 각각 67.5미터와 39미터이다. 가리센다 탑을 높이제한 법령에 따라 나중에 잘라낸 것인지 여부를 기록으로 확인할 수는 없는데 꼭대기 부분이 미완성 상태로 남아 있는 점, 두 탑의 높이 차이가 큰 점, 가리센다 탑의 높이가 높이제한 법령에서 정한 기준에 근접한 점 등으로 보아 나중에 잘라냈을 가능성이 크다.

아케이드 주택

아케이드 주택은 2층을 집 앞 보도 위까지 돌출시킨 뒤 돌출 부분을 아케이드로 처리한 유형이다. 돌출 부분을 보도 끝에서 아치로 받쳤는데 이런 아치가 줄지어 서서 아케이드를 형성했기 때문에 나온 명칭이다. 보행자는 돌출 부분 밑을 터널처럼 통과하게 된다. 보행로 천장을 덮은 경우인데, 어둡고 습해지며 보안에도 불리한 점이 있었지만 장점도 많았다. 돌출의 배경과 이유, 혹은 장점은 공간적 측면과 도시적 측면이 있다.

공간적 측면은 앞에 나왔던 도로 잠식 현상이 더 발전한 것으로 볼 수 있다. 1층 부분이 도로를 잠식하는 데에는 한계가 있기 때문에 아예 2층을 보도 위로 돌출시킨 뒤 끄트머리를 아치로 받치게 된 것이다. 도시 크기가 한정되어 있고 건물도 대부분 2층이어서 면적 확보에 어려움이 많던 때에 이런 구성은 2층 면적을 넓히는 데 큰 도움이 되었다(도 3-113).

도시적 측면은 다시 두 가지로 생각할 수 있다. 1층 상가와 보행자에게 안전 덮개를 제공하는 점과 도시 경관 차원에서 특이한 장면을 만들어내는 점이다. 도로 위로 건물이 돌출하는 것은 기본적으로 불법이나, 볼로냐나 베른처럼 아예 이것을 적극 장려할 경우 얘기는 좀 달라진다. 블록의 한 변을 이렇게 처리할 경우, 그 부분은 비나 바람 같은 것에서 보행자와 상가 모두를 보호해주게 된다. 이는 매출 증대에 도움을 줄 수 있다. 궂은 날씨에도 쇼핑이 가능했기 때문이다. 이는 다시 세수증대로 이어졌다. 도시상공인과 도시정부에게는 매력적인 유혹일 수 있었다. 이런 이유로 아케이드 주택은 보통 상가 주택에서 선호했다. 또한 아치가 일렬을 이루며 블록 한 변에 걸쳐 서 있는 모습은 도시 경관을 구성하는 특이한 조형 요소가 될 수 있었다(도 3-114, 도 3-115).

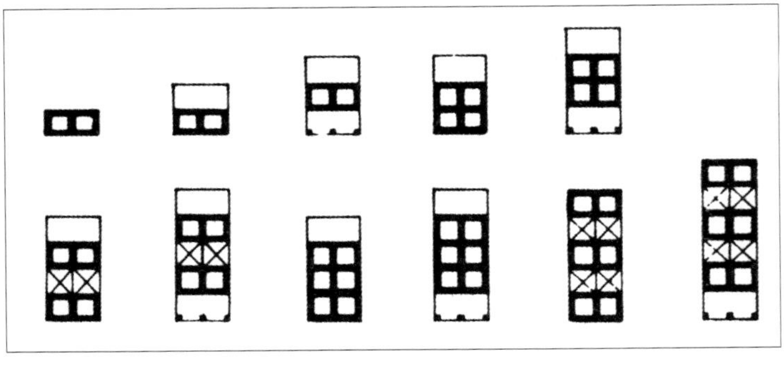

도 3-113 볼로냐의 테라스 형 주택. 2층 테라스가 1층 위로 돌출하면서 아케이드 주택이 된다.

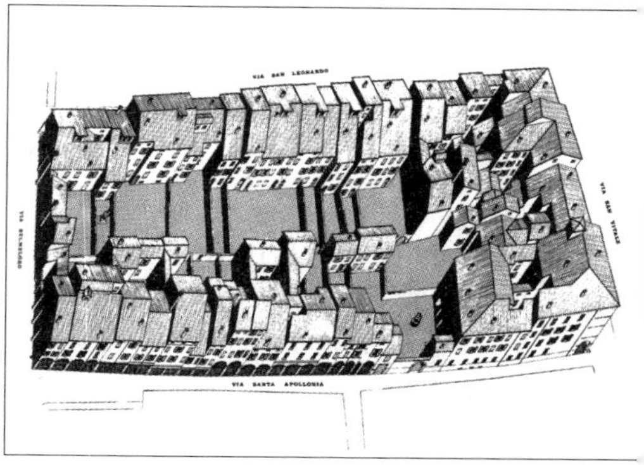

도 3-114 베른(Bern). 스위스. 1642년 모습. 아케이드 주택이 도시의 핵심을 이루고 있다.

도 3-115 볼로냐. 중세 아케이드 주택으로 이루어진 블록. 도시 중심의 공원 윤곽을 따라 지어졌다.

아케이드 주택은 중세 때 유럽 전역에서 유행했다. 핵심은 아치의 개수와 모양 등 외관에 나타나는 조형 요소인데, 주택의 규모에 따라 두 경우로 생각할 수 있다. 부유한 상인의 대형 주택에서는 한 집에서 아치가 여러 개 나왔다. 이런 경우는 각 집마다 아치 처리를 독립적으로 했다. 반면 실레지아(Silesia, 유럽 중부 지방)의 도시들에서는 필지 폭이 매우 좁아서 주택 하나당 아치 하나가 돌출부를 받쳤다. 그 대신 한 블록 내의 집주인들이 연합해서 외관에 아치를 이용한 주제-변주 개념으로 디자인을 했다.

이때 주택 지붕이 박공이라면 박공-아케이드 주택이 되면서 외관의 조형성은 배가된다. 좁고 높은 여러 채의 주택이 일렬로 늘어서면서 박공-아케이드 주택의 파노라마를 구성하게 되는 것이다. 폭이 좁은 여러 채의 주택이 다닥다닥 붙을 수밖에 없는 도시의 열악한 과밀상황을 오히려 조형적으로 활용한 것으로 중세 도시주거를 대표하는 장면이라 할 만하다. 특히 시장이나 광장과 직접 접한 도로변에 이런 구성을 많이 지었다. 일부 지역에서는 중세 이후 르네상스까지 계속되었는데 앙리 4세가 파리에 개발한 광장주거의 한 형식인 광장 오텔이 대표적인 예이다.

도 3-116 볼로냐의 아치 길. 중세 아케이드 주택은 이후 모두 개조되어 남아 있지 않으나 아치 길의 윤곽은 남아 있어서 중세 때 모습을 어렴풋이나마 상상해볼 수 있다.

현재 중세 때 아케이드 주택의 예가 온전하게 남아 있는 것은 거의 없다. 볼로냐에는 아치 길이 도시 보도의 한 형식으로 남아 있지만 정작 이것을 형성하던 주택은 이후에 증개축되어서 중세의 모습은 남아 있지 않다. 하지만 중세 때 모습을 어렴풋이나마 상상해볼 수는 있다(도 3-116). 앞의 박공 주택에서 나왔던 히르슈베르크의 시장 광장 44번지 주택의 평면도를 보면 아케이드 주택의 전형적 경우에 해당된다. 2층이 1층 위로 돌출하면서 1층 전면부에 덮개를 덮은 보도를 형성했다(도 3-100). 40번지 주택들이 줄지어 서 있는 모습을 보면 1층 정면의 큰 아치는 이런 아케이드 통로에 해당된다(도 3-99).

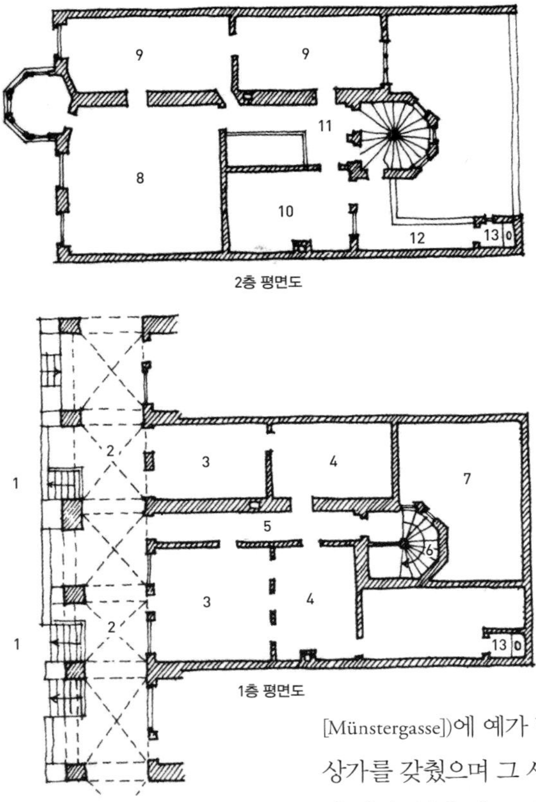

도 3-117 케슬러 가(Kesslergasse, 현재의 뮌스터 가)의 아케이드 주택. 베른, 스위스. 평면도. 1=도로. 2=아치 길(아케이드 통로). 3=상가. 4=공방. 5=2층 주거 출입 통로. 6=2층 주거 출입 계단. 7=뒷마당. 8=거실. 9=침실. 10=부엌. 11=복도. 12=갤러리. 13=화장실.

이런 가운데 베른에 중세 때 상태를 보여주는 예가 남아 있다. 베른은 중세 때 아케이드 주택이 가장 많이 유행했던 도시 가운데 하나인데 케슬러 가(Kesslergasse, 현재의 뮌스터 가[Münstergasse])에 예가 남아 있다(도 3-114, 도 3-117). 도로 전면에 두 채의 상가를 갖췄으며 그 사이로 후면 주거 영역으로 들어가는 좁고 긴 복도가 났다. 상가 바로 뒤에는 공방이 위치했는데 상가와 공방은 실내에서 서로 통했다. 공방 뒤에는 다시 공간이 두 개 있는데 하나는 공방과 통하는 방이었고 가장 안쪽의 방은 화장실을 갖춘 장인의 주거였다. 건물 뒤에는 마지막으로 뒷마당이 있었다.

상가와 공방이 끝나는 지점에는 2층으로 올라가는 나선형 계단이 있었다. 이 계단은 큰 편이어서 계단 탑을 이루었다. 2층은 상가 윗부분인 전면에 큰 거실과 좁고 긴 침실이 도로를 면하면서 위치했다. 그 뒤는 공방의 위층인데 부엌과 또 다른 침실이 위치했다. 부엌과 침실 사이에는 좁은 폭의 홀이 있고 그 끝에 1층에서 올라오는 나선형 계단이 위치했다. 부엌 뒤 나선형 계단 옆으로 갤러리가 이어져 가장 깊은 곳에 화장실을 뒀다. 복도를 길게 해서 냄새를 막기 위해서였다. 계단을 탑 속에 집어넣은 것은 프라이버시를 최대한 보호하겠다는 것인데 이로 보아

이 주택은 방 단위가 아닌 층별로 세를 놓았던 것으로 보인다.

2층에서 도로를 면한 거실과 침실은 깊이의 절반 정도가 1층보다 앞으로 돌출해서 아케이드 주택을 이루었다. 집이 큰 편이어서 전면 폭에 걸쳐 아치가 세 개 나왔다. 돌출부 밑을 지나는 보도는 바깥쪽 도로보다 높아서 도로에서 계단을 타고 올라와야 했다. 돌출부 천장은 크로스 볼트로 처리해서 내력 기능을 높였다. 2층에서는 거실과 침실이 맞닿은 부분에 작은 오각형 퇴창을 내서 아케이드 구조를 알렸다.

볼로냐의 아치 길과 영국의 더 로우스

주택 위층이 도로를 완전히 가로질러 그 밑으로 보행 통로를 형성하는 이런 형식은 중세 유럽의 여러 도시에서 유행했다. 몇몇 도시에서는 이런 구성 형식을 부르는 각자의 명칭이 있었다. 베네치아에서는 영어의 '지하차도(underpass)'를 직역한 '소토포르티치(sottoportici)'라고 불렀다. 볼로냐에서는 아치 길(arch–way), 영국에서는 더 로우스(The Rows)라고 각각

도 3–118 볼로냐. 라베냐나 문(Porta Ravegnana)의 아시넬리 탑과 가리센다 탑이 보이고 그 주위를 아케이드 주택이 에워싸고 있다. 아케이드 주택의 아랫부분이 아케이드 길이며 이것의 현재 모습이 도 3–116이다.

불렀다. 아케이드 주택은 건물의 관점에서 붙인 명칭이지만 도시 차원에서 보면 중요한 것은 주택보다는 보행 통로일 수 있기 때문에 나라마다 부르는 이름이 있었던 것이다.

볼로냐는 도시 차원에서 아케이드 주택을 적극적으로 장려해서 가장 많이 지은 도시였다(도 3-111, 도 3-112, 도 3-113, 도 3-118). 도로부터 아예 아케이드 형식으로 만들었으며 도시법에서는 그 높이가 2.66미터 이상이 되어야 한다고 규정했다. 말을 타고 통과할 수 있게 하기 위해서였다. 처음에는 목조였지만 점차 석조로 대체했다. 볼로냐에서는 첫 번째 성벽 안에 탑 주택이 많았고 아케이드 주택은 두 번째와 세 번째 성벽 사이의 부지에 많이 지었다. 성벽을 증축하면서 새로 확장한 부분을 개발하게 되면서 이 부지에 대형 건물 블록을 만들었는데 경계부를 주택으로 둘렀다. 주택 한 채의 폭은 3.80~6미터 사이였다. 당시 대형 토지소유주였던 수도원, 길드, 귀족 가문 등이 여러 채를 줄지어 지은 뒤 장인이나 상인들에게 임대했다. 블록 필지의 경계부는 도로를 면하면서 주택이 줄지어 에워쌌는데 2층을 돌출시킨 아케이드 주택으로 지어 아치 길을 만들었다. 이때 골격이 아직 남아서 볼로냐는 도시 전체가 아케이드로 가득 차 있다.

영국의 상인 주택 가운데 유럽 대륙의 아케이드 주택과 유사한 것으로 체스터(Chester)나 솔즈베리의 '더 로우스'를 들 수 있다. 유럽 대륙의 예와 공통점과 차이점을 동시에 갖는다. 보도, 상가, 주거 모두 도로면보다 반 층 위에 위치해서 앞의 베른의 예와 같았다. 그 바깥쪽을 아케이드로 처리한 점도 같았다. 영국에서는 이렇게 반 층 올리고 아케이드로 끝을 처리한 보도를 '로우'라고 불렀다. 더 로우스는 이런 보도, 혹은 이것을 만들어낸 주택 형식을 부르는 명칭이다. 로우는 보통 한 블록 길이 전체에 걸쳐 이어지면서 건물들을 연결했다. 도로를 향해 일정한 간격으로 계단을 냈으며 특히 교차로에는 반드시 계단을 뒀다.

체스터에서는 워터게이트 가(Watergate Street)의 리체 하우스(Leche House)가 좋은 예이다(도 3-119). 앞에 설명한 기본 구성을 그대로 보여준다. 평면을 보면, 좁고 긴 필지를 안으로 '상가-홀-통로-서비스-안마당-부엌' 순으로 구성했다. 상가와 홀은 안에서는 막혀 있는 대신 건물

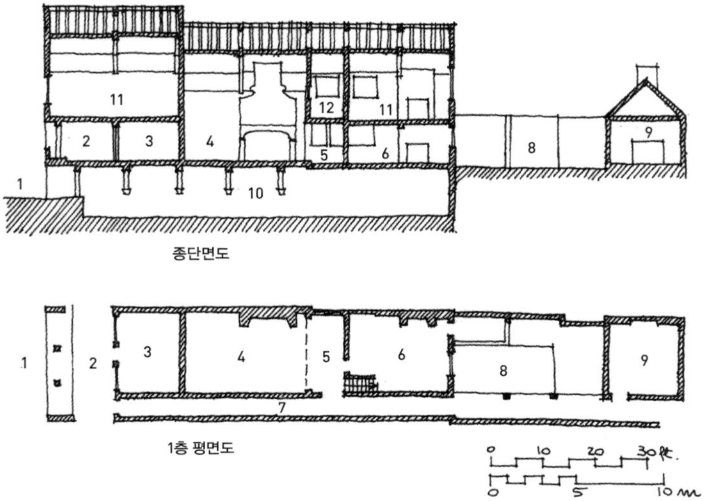

도 3-119 워터게이트 가(Watergate Street)의 리체 하우스(Leche House), 체스터(Chester), 영국. 평면도와 단면도. 1=도로. 2=더 로우(the Row, 아케이드 통로). 3=상가. 4=공방. 5=공방 출입 전실. 6=서비스 룸. 7=복도. 8=뒷마당. 9=부엌. 10=지하실. 11=침실. 12=전실.

한쪽 옆으로 이 구성 전체 길이에 걸쳐 측면 통로가 나 있어서 도로에서 주거 영역의 여러 시설로 바로 진입할 수 있었다. 홀은 원래 화로를 갖추고 있었으나 16세기에 지금의 벽난로로 대체했다. 홀은 2층 높이로 뚫려 있어서 2층에서는 전면부와 후면부가 중앙 홀을 기준으로 앞뒤로 갈라졌다.

2층 전면부는 1층의 상가보다 앞으로 돌출해서 밑부분에 로우를 형성했다. 2베이 깊이에 높은 천장을 갖는 침실이 위치했다. 2층 후면부는 1층의 통로와 서비스 영역 위층으로 통로 위는 전실, 서비스 영역 위는 침실이 각각 위치했다. 2층의 전면부와 후면부는 갤러리로 연결했을 것으로 추측된다. 가장 뒤쪽에 있는 부엌은 18세기에 침실로 변경되었다. 상가에서 서비스 영역에 이르는 건물 아래는 지하실이었다. 천장을 볼트로 짜서 위쪽의 2개 층을 잘 받쳤다. 실제 깊이는 반지하 정도였고 처음 지었을 때부터 점진적으로 상가로 사용해서 지금은 지하 전체가 상가이다.

Ⅳ

르네상스와 바로크의 주거

:: 이탈리아 르네상스 팔라초(15~16세기)의 형성과 특징

:: 르네상스 팔라초 유형

:: 프랑스 르네상스 오텔(16세기)의 형성과 특징

:: 바로크 오텔(17세기)의 특징과 건축적 주제들

:: 튜더 영국의 주거

:: 스튜어트 영국의 주거

1 이탈리아 르네상스 팔라초(15~16세기)의 형성과 특징

르네상스 주거 개요

르네상스는 중세 봉건주의와 가톨릭이 한계에 이르면서 도시를 기반으로 한 인본주의 문화와 새로운 귀족계층이 등장하면서 시작되었다. 문명의 중심은 농촌에서 도시로 옮겨갔다. 르네상스의 발상지 이탈리아에서는 중세 때의 도시국가 체제가 유지되는 가운데 금융자본을 경제적 기반으로 삼은 부르주아, 귀족, 군주 등 도시세력이 새 문명을 이끌었다. 프랑스와 영국에서는 통일국가가 등장하면서 왕실과 귀족이 주요 세력으로 부상했고 여기에 부르주아가 가세했다.

르네상스 시대에는 세속 권력이 기독교를 앞질러 성장하면서 문명의 주역으로 등장했다. 기독교가 완전히 몰락한 것은 아니었다. 종교개혁이 일어나면서 가톨릭이 타격을 받기는 했지만 둘을 합한 기독교 세력은 일정한 세력을 유지했다. 기독교가 양분되기는 했지만 둘을 합한 기독교의 총합은 여전히 굳건했다. 여기에 세속 권력이 가세하면서 양대 축을 이루는 형국이었다. 세속 권력이 커지면서 르네상스 시대에는 주거건축의 비중이 높아졌다. 건축사에서 교회건축이 압도적 다수를 차지하던 중세와 달리 르네상스 시대에는 교회와 주거가 양대 축을 이루었다. 이런 현상은 프랑스와 영국에서 특히 두드러졌다. 두 나라의 르네상스 건축은 주거에서 시작해서 주거가 이끌어갔다고 해도 과언이 아닐 정도였다(도 4-1). 이탈리아도 정도의 차이는 있었지만 크게 다르지 않았다. 특히 도시를 배경으로 한 주거의 높은 비중은 이탈리아에서 두드러졌다(도 4-2, 도 4-3). 르네상스 주거의 특징은 크게 여섯 가지로 요약할 수 있다.

첫째, 주거 유형이 비교적 명확하게 정리되어 갔다. 가장 큰 기준은 농촌주거와 도시주거로 양분되는 현상이었다. 두 지역에 중세와 구별되는 르네상스만의 양식이 성립되었다. 이탈리아와 프랑스가 이런 양분이 비교적 명확하게 나타난 나라였다. 이탈리아에서는 빌라와 팔라초(도 4-4, 도 4-5), 프랑스에서는 성채와 오텔이 각각 농촌과 도시를 대표하는 주거 형식으로 자리 잡았다. 영국에서는 중세를 이어 컨트리 하우스가 농촌주거를 대표하며 계속 발전했다. 도시주거는 대표 양식 없이 타운하우스라고 통칭되는 중세 유형이 시대에 맞춰 변형되면서 이어졌다.

둘째, 건축주는 통상적인 의미의 부르주아보다 귀족, 군주, 왕실 등 정치세력이 중요한 역할을 했다. 물론 이들도 부르주아의 경제력과 연합해서 정치력을 유지했으며 부르주아가 귀족으로 신분상승을 이룬 경우도 있었기 때문에 부르주아도 중요한 건축주이긴 했다. 어쨌든 표면적인 주요 건축주는 정치 권력층이었다. 이들은 도시와 농촌 두 지역에 본거지를 두고서 농촌주거와 도시주거의 양대 유형을 주도했다. 부르주아의 도시주거는 중세 전통에서 크게 달라진 것 없이 계속되었다. 르네

도 4-1 블루아(Blois) 성채의 프랑수아 1세 윙. 1515~24년. 프랑스 르네상스 건축은 프랑수아 1세가 공을 들인 주거건축에서 시작되었다. 그는 이탈리아 원정을 통해 이탈리아에서 르네상스 장인과 건축가들을 대거 데려오거나 초빙해 와서 루아르 계곡과 일드프랑스 일대에 여러 채의 주거건축을 일으켰는데 이것이 프랑스 르네상스 건축의 시작이었다.

도 4-2 15세기 피렌체 전경. 작가미상. 르네상스의 발상지 피렌체에서는 이미 15세기만 되어도 주요 공공건물 사이에 새로 지은 팔라초가 모습을 드러내며 도시의 주역으로 등장하고 있다.

도 4-3 피로 리고리오(Pirro Ligorio)의 1552년 로마 지도. 로마는 15세기에 들어와 일련의 인본주의 교황을 거치면서 활발한 재건사업을 벌여 대도시의 면모를 갖추어갔는데 피렌체와 마찬가지로 공공건물과 주거가 도시를 구성하는 양대 축을 이루고 있다.

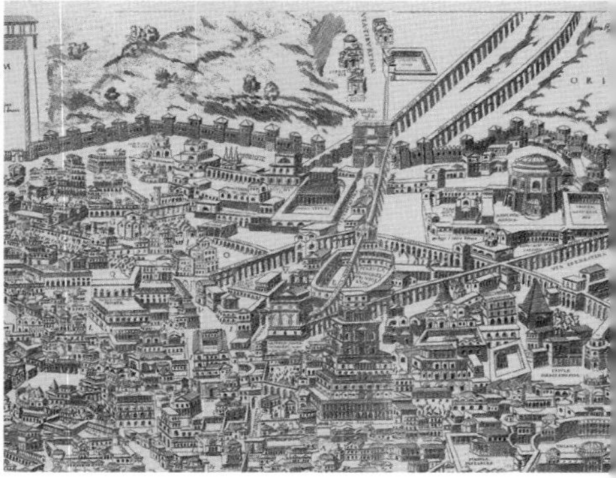

도 4-4 비아 라르가에서 본 메디치 팔라초 모습. 조반니 아폴로니오(Giovanni Apollonio)의 그림. 메디치 가문의 피렌체 도심 내 본거지로 도시의 각종 분주한 업무를 관장하던 곳이다.

도 4-5 프라톨리노의 메디치 빌라(Villa Medici at Pratolino). 주스토 우텐스(Giusto Utens)의 1599년 그림. 메디치 가문은 피렌체 주변의 교외와 농촌 10여 곳에 빌라를 지어 휴양, 학문, 예술의 본거지로 삼았다. 도심 내 팔라초와 세트를 이루면서 도시 주거와 농촌 주택의 양 방향에서 르네상스 주거를 이끌었다.

도 4-6 피렌체의 베키오 팔라초와 우피치 팔라초. 메디치 가문은 코시모 1세를 군주로 배출하면서 중세 때 피렌체의 총독 궁이었던 베키오 팔라초를 접수하고 그 옆에 우피치 팔라초를 지어 연결함으로써 피렌체 시내를 차지했다. 여기에 피티 팔라초까지 가세한 주거 삼각 축은 군주 코시모 1세의 권력을 지탱하는 핵심 축이었다.

상스 부르주아는 자신들의 전문 생업을 공고히 하는 데 관심이 많았기 때문에 르네상스까지는 아직 새로운 주거건축을 창출하는 데 관심이 적었다. 이런 관심은 부르주아의 전성기인 19세기에 꽃을 피웠다.

르네상스 시대에는 새 문명을 이끌던 정치 권력층이 자신들의 정체성을 표현하기 위해 주거건축에 정성을 쏟았다. 중세 때 도시상공인의 도시주거가 주로 기능과 수요 등 일차적으로 실용적 기준에 의해 정의되던 것과 달라진 현상이었다. 이들 르네상스의 새로운 권력층은 자신들의 정치력과 정체성을 예술적으로 정의해서 과시하고 싶어 했는데 주거는 매우 좋은 수단이었다(도 4-6). 이 과정에서 이들 건축주의 인문학적 소양, 정치적 이념, 물질적 욕망, 예술적 취향 등이 주거에 중요한 영향을 끼쳤다. 건축주들의 배경은 르네상스 주거에서 풍성한 얘깃거리를 낳았으며 이런 얘깃거리들은 곧 그대로 주거의 사회문화사가 되었다. 건축주들의 욕망과 주택사랑이 컸기 때문에 르네상스 주거에는 건축주의 역할이 큰 비중을 차지했다. 훌륭한 건축가들이 많았던 이탈리아에서조차 건축주와 건축가의 역할이 반반 정도였다. 아직 이런 건축가들을 탄생시키지 못했던 프랑스와 영국에서는 건축주가 거의 자기 집을 다 지었다고 봐도 과언이 아니었다.

셋째, 고전주의 등 고급 양식이 주거에 등장했다. 중세까지 주거건축에는 고전주의나 고딕 같은 통상적인 의미의 고급 양식이 나타나지 않았다. 물론 주거 양식이나 주택 양식이라는 말을 쓰기는 하지만 고전 오더나 데가주망 공법 중심의 고급 양식과는 완전히 다른, 말 그대로 주택만의 독립적인 건축 양식이었다. 르네상스 시대에는 교회나 공공건축에

사용하던 어휘를 주거에도 사용하면서 이와 동일한 고급 양식이 주거 건축에도 나타났다(도 4-6). 이런 혼재 현상은 이후 하나의 흐름으로 자리 잡아 20세기까지 이어지며 현재에 이르고 있다. 이 과정에서 프랑스의 르네상스 성채, 이탈리아의 매너리즘 팔라초, 영국 르네상스의 존스(Inigo Jones) 양식, 18세기 영국의 팔라디오 양식, 19세기 아르누보, 1920년대의 추상 아방가르드 주택, 20세기 초 미국의 라이트(Frank Lloyd Wright) 양식 등 주거건축이 새 양식을 창출한 경우도 대거 발생했다(도 4-7, 도 4-8).

넷째, 여기에 더해 전문 예술가로서의 건축가가 등장했다. 이들은 건물을 개인의 독자적인 예술품으로 창작하면서 양식운동을 이끌었으며 주거도 그중 중요 항목이었다. 귀족과 왕실의 건축주들은 이들을 고용해서 자신들의 주택에 고급 양식을 도입했다. 쉽게 얘기해서 라파엘과 미켈란젤로가 주택을 설계했으며 일부 귀족이나 추기경, 부유한 부르주아 등은 이들 천재가 설계한 집에서 살 수 있게 되었다(도 4-7, 도 4-8, 도 4-9). 이제 주택도 교회나 극장이나 시청사처럼 고급 양식에 기초해서 설계하게 되었으며 건축가의 이름과 연관된 양식 논의가 가능한 유형이 되었다. 매너리즘이 대표적인 경우여서, 대표작이 교회나 공공건물이 아닌 주택에서 나왔다. 매너리즘 건축을 이끈 것은 교회가 아니라 주택이었다. 주택이 공공건물을 제치고 한 양식을 주도하게 되는 현상은 이후 20세기로 올수록 좀 더 빈번해지게 된다. 건축가의 창작에 기초한 양

도 4-7 미켈란젤로(Michelangelo). 누오보 팔라초(Palazzo Nuovo=Museo Capitolino). 로마. 1546~64년. 미켈란젤로는 교황청의 성 베드로 대성당에 사용한 것과 같은 고전 오더를 주거에도 사용하고 있다.

도 4-8 줄리오 로마노(Giulio Romano). 테 팔라초(Palazzo del Te). 만토바(Mantova). 이탈리아. 1525~34년. 매너리즘 건축은 페루치의 마시모 팔라초에서 시작해서 줄리오 로마노의 테 팔라초에서 완성될 정도로 전적으로 주거 중심으로 진행되었다.

도 4-9 라파엘의 알베리니 팔라초(Palazzo Alberini). 로마. 1514~. 은행 점포가 몰려 있던 보르고(Borgo)에 라파엘이 은행가의 주택으로 설계한 작품이다.

식 논의는 건축주의 사회문화사적 뒷얘기와 함께 르네상스 주거를 이해하고 해석하는 양대 틀로 자리 잡았다.

다섯째, 나라를 기준으로 하면 이탈리아, 프랑스, 영국의 세 나라가 중심이었다. 이탈리아는 르네상스의 종주국답게 고전주의를 도입한 양식주의에서 가장 앞서 갔다. 빌라와 팔라초의 양 축을 중심으로 가장 먼저 르네상스 주거 양식을 완성시켰다. 인본주의로 무장한 전문 건축가 그룹이 가장 먼저 등장했으며 이들을 적극 후원한 금융가문, 교황, 군주 등의 강력한 건축주가 있었다. 도시국가의 전통이 계속 이어지면서 빌라와 팔라초는 지역에 따라 다양한 세부 양식으로 분화되면서 전성기를 누렸다.

프랑스와 영국은 상황이 비슷했는데 크게 두 가지가 대표적인 현상이었다. 하나는 자국의 중세 전통 위에 이탈리아의 선례를 받아들이는 문제로 고민했다. 이탈리아 르네상스를 받아들이는 과정에서 주거에서는 고전주의를 자국의 전통에 접목시키는 문제가 가장 큰 고민이었다. 다른 하나는 두 나라 모두 통일국가를 형성해가고 있었기 때문에 왕실의 역할이 중요했다. 귀족과 부르주아 등 상류층은 자신들의 주거 양식을 창출하는 과정에서 왕실 주거에서 영향을 많이 받았다.

도 4-10 로버트 스미드슨(Robert Smythson)의 하드윅 홀(Hardwick Hall), 더비셔(Derbyshire), 영국 . 1590~97년. 17세기를 눈앞에 둔 시점이지만 여전히 중세 전통이 남아 있다.

프랑스에서는 프랑수아 1세가 루아르 계곡, 파리 근교의 일드프랑스(Ile de france), 파리 시내 등에 지었던 왕궁이 상류층 주거에 모델 역할을 했다. 퐁텐블로(Fontainebleau)와 루브르가 대표적인 예였다(도 4-1). 프랑수아 1세 자신이 이런 왕궁들에서 먼저 이탈리아 고전주의를 받아들여 프랑스 전통과 혼합하는 시도를 했다. 이런 혼합 양식은 다시 상류층 주거에 모델이 되었다. 영국에서는 튜더 왕조와 스튜어트 왕조에 걸쳐서 르네상스가 진행되었는데 주거건축은 '엘리자베스 1세–제임스 1세–찰스 1세'로 이어지는 왕실이 이끈 측면이 많았다. 프랑스와의 차이는 성채나 오텔처럼 주도적 유형 없이 다양한 종류의 주거가 있었다는 점이다. 이는 그만큼 중세 전통이 늦게까지 남은 것으로 볼 수 있었다. 따라서 영국 역시 이탈리아 고전주의를 도입해서 자국의 중세 전통과 혼합하는 문제가 가장 큰 고민이었다(도 4–10).

여섯째, 교회건축이나 공공건축과 달리 주거건축에서는 르네상스와 바로크의 차이가 크지 않았다. 주거건축에서는 두 시대를 하나로 합해서 봐도 무방할 수 있다. 이탈리아에서는 오히려 바로크 시대에 들어와서 주거건축의 쇠퇴 현상이 나타났다. 교회건축이 바로크 때 최전성기를 누리며 기독교 역사상 가장 많은 교회건물을 남긴 것과 반대되는 현상이었다. 빌라는 본격적으로 쇠퇴하기 시작했으며 팔라초도 르네상스처럼 건축 전체를 이끄는 역할을 상실해갔다. 바로크 시대 주요 건축가들의 대표작품 목록에서 주거는 현저히 줄었다.

프랑스 정도가 바로크 주거가 융성했던 나라이지만 내용을 보면 르네상스의 성채와 오텔이 계속되는 차원을 넘지 못했다. 한 가지 변화는 프랑스 바로크 주거에서는 거장 건축가들이 등장하면서 작가주의 경향이 강화된 것인데 이는 이탈리아의 르네상스에 해당되는 현상이었다. 하지만 프랑스 바로크 건축 전체에서 주거가 차지하는 비중이나 중요도는 르네상스보다 오히려 줄었다. 영국 역시 프랑스에 가까웠다. 스튜어트 왕조에서 하노버 왕조에 걸쳐 바로크가 진행되었는데 왕조 변천에 따른 자연스러운 변화가 대표적 특징이었다. 바로크 시대에 들어와서는 주거에도 작가주의 경향이 나타났다.

르네상스 팔라초의 형성: 15세기 피렌체

팔라초는 금융가문, 군주, 추기경 등 이탈리아 유력 가문이나 실력자의 도시 본거지이다. 르네상스 때 완성되어 15~16세기에 전성기를 누렸으며 17~18세기까지 명맥을 유지했다. 처음 등장한 것은 중세 때였다. 3~6층 사이의 반듯한 육면체 윤곽을 한 도시 건물이었는데 그 뿌리는 두 갈래였다. 하나는 시민회관, 시청사, 총독 궁 같은 공공건물이었다.

도 4-11 산지미냐노(San Gimignano). 시민회관(Palazzo del Comune).

광장을 중심으로 성당, 시청사, 시민회관, 상가 등이 네 면을 에워쌌는데 그 가운데 시민회관이나 시청사를 팔라초 형식으로 구성하는 것이 보통이었다. 피렌체의 중세 시청사였던 팔라초 베키오(Palazzo Vecchio, 1300년경)가 대표적인 예이며 주로 토스카나와 시에나 등 중부 이탈리아에 많았다(도 4-11).

다른 하나는 귀족들의 도시주거였다. 중세 때 봉건영주의 가문은 시간이 지나면서 숫자가 늘고 조직은 복잡해졌다. 성채를 확장, 강화할 여력이 없는 낮은 등급의 귀족들은 13~14세기 때 좁은 성채를 나와 타운이나 도시로 들어가서 새로 터를 잡았다. 이때 모델로 삼은 것이 시민회관이나 시청사의 건물 형식이었던 팔라초였다. 중세 도시주거를 기준으로 하면 앞에 나왔던 탑 주택의 한 종류로 볼 수도 있었다. 하지만 통상적인 탑 주택보다 높이는 낮고 넓이는 더 넓었다. 실내 구성도 차이가 있어서 대형 홀을 갖추었다. 피렌체에서는 다반차티 팔라초(Palazzo Davanzati, 14세기)와 오르산미켈레(Orsanmichele, 1337~80) 등이 대표적인 예였다(도 4-12, 도 4-13).

15세기 르네상스에 들어와 피렌체에서 메디치(Medici), 루첼라이(Rucellai), 피티(Pitti), 스트로치(Strozzi) 등의 금융가문이 부상하면서 이 형식을 이어받아 자신들의 도시 본거지로 삼았다. 도시 내에서 금융자본을 기반으로 대가문을 이루면서 정치 권력까지 누린 계층이었기 때문

도 4-12 다반차티 팔라초(Palazzo Davanzati). 피렌체. 14세기.

도 4-13 다반차티 팔라초. 연회 홀. 피렌체. 14세기. 태피스트리를 흉내 내서 벽에 그림을 그렸는데 마름모 주위로 앵무새를 넣어서 '앵무새 방'이라는 별명으로 불린다. 중세 팔라초의 홀은 르네상스 팔라초에 와서 메인 살롱의 모델이 되었다.

에 과시와 방어가 필수적이었는데 중세 팔라초가 여기에 제격이었기 때문이다. 중세 팔라초는 공공권력을 위해 사용하던 건물이거나 귀족들의 본거지였기 때문에 정치 지배력과 시민 공공성의 이미지가 형성되어 있었다. 이런 전통적 이미지는 '돈 장사'를 하는 금융가문의 부정적 이미지를 희석해주었다. 물리적으로는 실제로 방어 기능을 갖추었으며 방어적 이미지 또한 강했다(도 4-14).

도 4-14 스트로치 팔라초(Palazzo Strozzi). 피렌체. 1489~1536년경. 베네데토 다 마이아노(Benedetto da Maiano)의 작품이다.

금융가문은 중세 팔라초의 이런 전통적 이미지를 고전주의로 다듬을 경우 인본주의라는 르네상스의 새로운 시대정신을 상징할 수 있다고 판단했다. 이는 곧 자신들이 새 시대의 주인이라는 사실을 상징하는 것이었다. 르네상스 팔라초를 탄생시킨 금융가문의 주인들은 인본주의를 무기로 학자와 예술가들을 거느리고 새로운 문명을 열었기 때문에 자신들만의 철학이나 비전이 있었다. 도시에 대해서도 마찬가지였다. 도시생활, 도시주거, 도시건축 등 도시의 의미와 기능에 대해 새로운 고전질서에 기초한 이상도시의 청사진을 가지고 있었다. 팔라초는 이런 청사진의 출발점이자 핵심을 이루었다.

르네상스 팔라초는 이상의 배경 아래 15세기 피렌체 금융가문들의 도시 근거지로 처음 완성되었다. 이들은 자신들의 이상을 건축적으로 정리해서 새로운 주거 유형으로 형식화해줄 건축가를 고용했다. 가장 먼저 메디치 가가 나섰다. 미켈로초(Michelozzo di Bartolomeo)에게 이 일을 맡겨서 르네상스 팔라초의 시효인 메디치 팔라초(Palazzo Medici, 1444~59)를 완성시켰다. 이에 질세라 메디치 가와 라이벌 관계였던 루첼라이 가에서 나서서 알베르티(Leon Battista Alberti)를 고용했다. 알베르티는 당대 최고의 인문학자이자 초기 르네상스 건축을 완성시킨 장본인으로서 단순 장인에 가까웠던 미켈로초와는 차원이 다른 인물이었다. 알베르티는 루첼라이 팔라초(Palazzo Rucellai, 1452~70년경)를 완성시켰다.

이후 15세기 후반부에는 피티 가와 스트로치 가가 가세했다. 피티 팔라초(Palazzo Pitti)는 여러 건축가가 관여해서 1458년에 시작해서 향후 4세기에 걸쳐 오랜 기간 계속 지어졌다. 스트로치 팔라초(Palazzo Strozzi)

는 줄리아노 다 상갈로(Giuliano da Sangallo) 등 3인의 건축가가 참여해서 1489~90년 사이에 설계를 끝내고 16세기에 완공되었다. 16세기에는 메디치 가가 다시 나서서 바사리(Giorgio Vasari)와 암만나티(Bartolomeo Ammannati)에게 우피치 팔라초(Palazzo Uffizi, 1560년 설계 시작, 1580년대 완공)를 완공시키게 했다.

메디치 팔라초와 15세기 피렌체 유형: 중세 성채 전통을 이어받다

이상의 예들 가운데 건축적으로 중요한 것은 메디치 팔라초였다. 르네상스 팔라초 전체에 대해서 평면의 기본 구성을 완성해서 제시했으며 입면에서는 15세기 피렌체 유형을 완성시켰다. 이 유형은 16세기 로마 유형과 함께 르네상스 팔라초의 양대 축을 이루며 향후 다른 팔라초들에게 중요한 선례가 되었다.

평면 구성은 중정 형 3층이었다. 안마당을 중심으로 네 면을 각종 방들이 에워쌌다(도 4-15, 도 4-16). 1층은 출입구, 계단실, 마구간, 마부실, 서기관실, 창고 등 서비스 영역이었는데 말과 마차는 뒷문으로 출입했다. 정문은 외부 도시공간에서 볼 때 눈에 잘 띄게 처리했다(도 4-20). 찾기 쉬우면서도 과시적, 방어적 이미지를 갖추어야 했으며 팔라초 내부에서 보면 통제와 관리가 쉬워야 했다. 정문을 들어오면 가까운 곳에 계단실을 뒀다. 정문 좌우 양쪽 가운데 한 곳이면 가장 좋았고 이것이 힘

도 4-15 미켈로초(Michelozzo). 메디치 팔라초(Palazzo Medici). 피렌체. 1444~59년. 1층 평면도. 1=출입구. 2=안마당. 3=공중 로지아. 4=스크리토이오, 서재 & 사무실. 5=두 개의 침대가 있는 방. 6=서기관실 영역. 7=마부실. 8=로렌초의 1층 방. 9=1층 그랜드 살롱. 10=부속실.

도 4-16 미켈로초. 메디치 팔라초. 피렌체. 1444~59년. 2층 평면도. 1=그랜드(메인) 살롱. 2=로렌초의 2층 방. 3=전실. 4=서재 & 사무실. 5=예배당. 6=성구실. 7=주인 전용 계단실 & 복도. 8=갤러리 형 복도. 9=그랜드 살롱 부속실. 10=군주 전속 비서실. 11=소예배당. 12=피에로의 방. 13=서무실. 14=행정관실. 15=마부 식당.

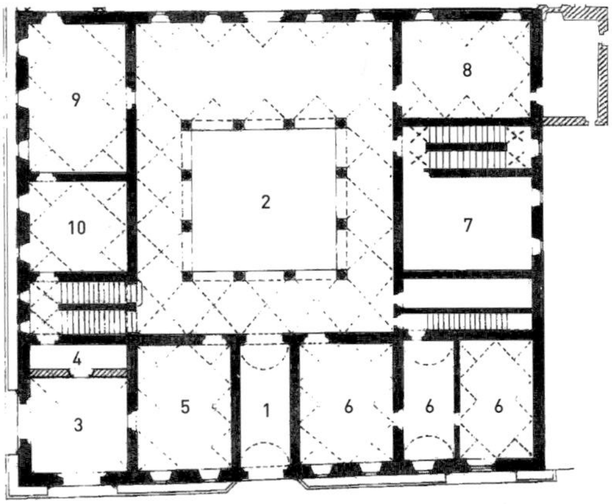

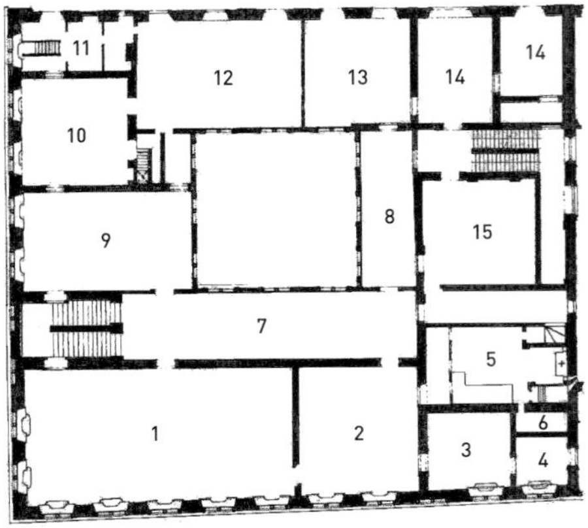

도 4-17 미켈로초. 메디치 팔라초. 단면도. 피렌체. 1444~59년.

들 경우 가능한 한 가까운 곳에 뒀다. 팔라초는 다층이어서 수직이동이 중요했기 때문이다.

안마당은 천장이 뚫린 옥외 영역이었다. 서비스 기능에 맞게 작업공간으로 비워두기도 했고 조각품을 진열하기도 했다(도 4-17, 도 4-18). 주인이 1층을 사용할 경우 그랜드 살롱과 주인의 방(=로렌초의 방)을 별도로 뒀다. 한쪽 귀퉁이에는 주인이 시민을 접견하는 공중 로지아를 뒀으며 그 뒤에 서재와 사무실을 갖추었다. 서기관실과 공중 로지아는 로마 인슐라와 중세 도시주거에서는 상가로 세를 놓았던 공간인데 부유한 금융가문이 본거지인 르네상스 팔라초에서는 그럴 필요가 없어지면서 본체에 필요한 시설로 사용했다.

도 4-18 미켈로초. 메디치 팔라초. 안마당. 피렌체. 1444~59년.

2층은 중심 층으로 주거 내 공실 등 주요 방들을 몰아서 배치했다. 이 때문에 '중요한 층'이라는 뜻의 '피아노 노빌레(piano nobile)'라고 불렸다. 도로를 접한 전면 중앙에는 메인 살롱 혹은 그랜드 살롱이 위치했다. 가문의 주인이 집무를 보고 손님을 맞으며 연회를 베푸는 중심 홀이었다. 크기도 가장 컸으며 화려하게 장식했다(도 4-19). 입면에서도 2층 중앙에 위치하면서 말 그대로 건물 전체의 중심 역할을 했다. 2층의 방들은 가급적 같은 크기와 형태를 유지했지만 메인 살롱만은 예외로 크기도 가장 컸고 화려하게 장식했다.

메인 살롱 옆에는 사무실 등 부속시설이 위치했고 2층 전체에는 예배당, 서재, 서무실, 행정관실, 전속 비서실, 남자 주인의 침실(=로렌초의 방), 주인 전용 계단실과 복도, 갤러리 형 복도 등이 위치했다. 3층에는 안주인과 자녀의 침실 등 주거의 사적 영역이 들어갔다. 다락방이 추가로 있을 경우에는 이곳에 하인 영역을 넣었다. 안마당과 각 층의 방들 사이에는 갤러리나 로지아를 뒀는데 이는 안마당과 방, 혹은 각 방들 사이를 연결하는 복도 역할을 함과 동시에 중앙 집중적 구성을 강조하는 공간적 역할도 함께했다. 나중에 팔라초가 발전하고 정형적 구성을 갖추게 된 뒤에는 갤러리나 로지아는 안마당 사면을 돌아가며 에워싸기도 했다.

도 4-19 미켈로초. 메디치 팔라초. 그랜드 살롱. 피렌체. 1444~59년.

메디치 팔라초는 입면에서는 미완성이었다. 중세 때보다 많이 정리되긴 했지만 고전주의는 아직 나타나지 않았다. 전체 구성도 중세 기법이 연속되는 측면이 많았다. 1층은 대형 석재를 이용해서 러스티케이션(rustication, 돌을 크게 자른 뒤 표면을 울퉁불퉁하고 거칠게 처리해서 자연상태에 가깝게 놔두는 기법. 우리말로는 '혹두기'에 가깝다)으로 처리했고 2층과 3층에서는 아치로 창틀을 짰다(도 4-20). 수직 구성을 표현하기 위해 2층과 3층은 러스티케이션의 정도를 약하게 처리했다. 이런 기법은 중세 팔라초의 전형적인 방식이었다. 반원 아치를 사용한 점에서 로마 건축의 부활로 볼 수 있는 측면이 있긴 했지만 정식 고전주의라고 볼 수는 없었다.

도 4-20 미켈로초. 메디치 팔라초. 외관 전경. 피렌체. 1444~59년.

고전주의의 핵심은 오더를 이용한 양식 구사와 비례 분할에 있는데 메디치 팔라초의 입면에서는 이 두 가지가 모두 나타나지 않았기 때문이다. 오더 양식은 의인화, 장식, 상징 등의 기능이 있었고 비례 분할은 인본주의 정신에 의해 세상 질서를 바로 세운다는 의미를 가졌

다. 메디치 팔라초의 입면에는 이런 것이 결여되었다. 오더는 하나도 사용하지 않았으며 비례를 이용한 정밀한 구성 분할도 없었다. 비례 분할에는 중앙 강조도 들어갔는데 이것 역시 없었다. 완성된 팔라초 입면에서는 피아노 노빌레의 그랜드 살롱이 2층 중앙부를 차지하면서 이곳에 특별한 건축적 처리를 가하는 것이 보통인데 메디치 팔라초에는 이것이 없었다. 이런 사실은 2층 평면도(도 4-16)를 보면 알 수 있다. 그랜드 살롱이 왼쪽 구석으로 치우쳐 있기 때문이다. 그 옆에 있는 로렌초의 2층 방까지 합하면 정면의 3분의 2가 넘는 긴 길이를 차지하지만 입면에서 이에 해당되는 중앙 집중 처리는 없었다. 이상과 같은 메디치 팔라초의 입면이 갖는 의미는 세 가지이다.

첫째, 주거를 중세 성채 개념으로 정의하겠다는 의도를 보여준다. 실제로 메디치 팔라초의 전체적인 분위기는 중세 성채의 방어적 특징이 많이 남아 있었다. 이는 코시모(Cosimo)나 로렌초(Lorenzo) 등 15세기 메디치 가문의 주인들이 권력 지향적이었던 사실과 연관이 높다. 전쟁과 충돌이 많았던 당시 도시 속에서 자신들의 본거지에 방어와 과시 기능을 갖추어야 할 필요성이 컸을 것이기 때문이다(도 4-21). 그 결과 벽체 구조 중심의 피렌체 유형을 제시하게 되었다.

도 4-21 미켈로초, 메디치 팔라초, 1층 창, 피렌체, 1444~59년.

평면과 입면 등 건축 처리도 이런 의도를 뒷받침했다. 평면 구성은 대부분 외부와의 관계보다는 내부적 형편과 목적에 따라 결정되었다. 흔히 팔라초를 '폐쇄적 독립세계(closed world)'라고 부르는 이유이다. 외관은 도시 외부에 대해서 방어적, 과시적 이미지로 처리했고 여기에 더해 실내마저도 도시 외부와 상관없이 자신들만의 또 하나의 세계로 지었다. 입면의 기본 방향 역시 이런 평면 특징에 맞춰서 폐쇄적 벽체의 연속으로 정의했다. 아직 고전 오더를 사용하지 않고 성벽 조적만으로 외벽을 짰기 때문에 건물은 육중하고 둔탁한 석재 블록으로 나타났다.

둘째, 메디치 팔라초에 사용한 러스티케이션은 토스카나 지역의 전통적인 조적기법인데 이는 고전주의보다는 토스카나 전통을 이어받겠다는 메디치 가의 의중을 반영한다. 도시국가였던 이탈리아에서 토스카나와 로마는 다른 전통을 가졌다. 고전주의는 로마 전통에 속했으며 16세기 때 르네상스 전면에 등장한다. 반면 메디치 가는 토스카나에 기반을 뒀기 때문에 로마 전통보다는 자신들의 지역 전통을 선택했다. 이런 현상은 메디치 팔라초보다 20여 년 앞서 메디치 가에서 지은 여러 기독교 건물들에서 먼저 나타났다. 1420년대에 브루넬레스키(Filippo Brunelleschi)에게 성 라우렌시오 교회, 구 성물 안치소, 파치 예배당 등을 의뢰했는데 이곳에서도 고전 오더 대신 토스카나 로마네스크 기둥을 사용했다.

셋째, 러스티케이션은 또한 자연을 선호한 메디치 가의 취향과 철학에 따른 것이다. 르네상스 팔라초에서 러스티케이션은 자연을 상징하는 것으로 받아들여졌다. 세를리오(Sebastiano Serlio)가 말했듯이 러스티케이션은 반은 돌의 작품이고 반만 인간의 작품이었다. 다듬지 않은 거친 돌을 사용함으로써 자연상태를 표현한 것이라는 뜻이다. 당시 피렌체에서 이 정도 크기의 화강석 덩어리는 매우 귀했고 고가였기 때문에 이 장면 자체가 메디치 가문의 부와 정치력을 과시하는 이점도 추가로 가졌다.

도 4-22 알베르티(Leon Battista Alberti). 루첼라이 팔라초(Palazzo Rucellai). 피렌체. 1452~70년경.

메디치 가가 자연을 중시했다는 사실은 농촌주거인 빌라를 유난히 좋아한 데에서도 드러난다. 메디치 가는 피렌체를 돌아가며 에워싸고 있는 약 15곳의 교외에 빌라를 소유하거나 새로 지었다. 농촌 경제가 메디치 가문의 경제적 기반에 중요한 부분을 차지한다는 의미도 있었지만 자연과 교감하려는 목적이 더 컸다. 메디치 가의 주인과 식구들은 틈만 나면 예술가와 학자를 대동하고 빌라로 나가 자연을 즐겼다. 그만큼 자연을 자신들의 인본주의 이상에 중요한 항목으로 가지고 있었다는 뜻이다. 오더는 인공적인 냄새가 너무 많이 나서 이런 방향과 맞지 않았다.

메디치 팔라초에 나타난 이상의 여러 특징들을 종합하면 15세기 피렌체 유형이 된다. 기둥 없는 벽체를 기본 구조로 삼을 것, 벽체 구조는 러스티케이션을 사용할 것, 그렇지 못할 경우에는 몰탈 선을 깊게 판 돌 나누기를 이용해서 러스티케이션을 암시할 것, 1층에서 3층의 전 층을 이런 벽체 구조로 처리할 것, 조형 처리는 주로 창에 집중하며 창틀은 아치로 처리할 것 등이 핵심 내용이었다. 이런 기법은 16~17세기에 피렌체 이외에 로마, 밀라노, 베로나 등 여러 지역에서 중요한 영향을 끼치게 된다. 피렌체에서만도 곤디 팔라초(Palazzo Gondi, 1490~)와 스트로치 팔라초(Palazzo Strozzi, 1489~1502년경) 등의 주요 작품이 이 유형을 따랐다.

루첼라이 팔라초의 입면은 알베르티의 작품으로 고전주의를 기준으로 하면 메디치 팔라초보다 진일보했다. 전체 구성은 벽체 구조 중심의 메디치 팔라초와 같았으나 세부 처리에서 고전주의를 도입해서 훨씬 더 정리된 모습으로 나타났다. 창 사이에 벽기둥을 넣어서 오더를 암시했다(도 4-22). 주두는 표준 양식에서 다소 벗어나긴 했으나 오더를 3층에 걸쳐 수직 층쌓기를 할 경우 '1층에 도리스식-2층에 이오니아식-3층에 코린트식'이라는 콜로세움의 표준 구성을 잘 따랐다. 이런 벽기둥은 또한 반복의 미학과 비례 분할의 기능도 추가로 가졌다. 입면은 창과 벽기둥이 교대로 반복되면서 가지런히 늘어섰다. 정수 비례와 루트 비례를 사용해서 정리된 기하학적 질서를 형성했다.

루첼라이 팔라초의 핵심은 한마디로 기둥을 이용한 분절과 비례 분할이었다. 이런 특징은 르네상스 팔라초의 역사에서 그 위치가 다소 애매했다. 16세기 로마 팔라초의 기본 특징인데 15세기 피렌체에 먼저 나타난 것이다. 이런 점 때문에 이 기법은 15세기 피렌체 유형이 아닌, 로마 고전주의 족보에 포함시키는 것이 보통이다. 팔라초에 로마 고전주의를 최초로 도입해서 완성시킨 예로 분류하는 것이 정확하다. 이는 메디치 팔라초가 이어받으려 했던 토스카나 전통과 다른 족보에 속한다는 뜻이다. 이런 사실은 알베르티 자신이 르네상스 건축사에서 토스카나와 피렌체를 벗어나 로마 고전주의를 끌고 들어온 장본인이라는 점과도 일치한다.

15세기 로마 팔라초와 로마 전통의 부활

이처럼 르네상스 팔라초는 15세기에 피렌체에서 1차적으로 완성된 뒤 지역, 시대, 건축주, 건축형식 등에 따라 다양한 유형으로 분화했다. 16세

기는 로마가 이어받아 고전주의에 기초한 16세기 로마 유형을 탄생시켰다. 이 두 유형은 르네상스 팔라초의 양대 축을 이루면서 여러 곳에 영향을 끼쳐 테라페르마(terraferma, 베네치아에서 비첸차에 이르는 지역) 유형과 제노바 유형 등을 탄생시켰다. 이외에도 베네치아 역시 중세 때부터 물의 도시에 적합한 자신들만의 팔라초 유형을 가지고 있었으며 여기에 르네상스 건축을 도입해서 독자 유형으로 발전시켰다.

로마는 피렌체와 함께 르네상스 팔라초의 양대 축을 이루었다. 로마의 역사와 전통을 볼 때 16세기의 로마 고전주의의 부활 현상은 당연한 것이었다. 실제로 15세기까지 로마에는 많은 팔라초가 있었는데 다른 지역과 달리 중세 전통보다는 로마 전통이 강했다. 주 건축주는 금융가문이 아닌 추기경들이었다. 로마 전통을 이어받아 시대 상황과 기능에 맞춰 대형 스케일로 확장한 것이 거시적 차원의 특징이었다.

도 4-23 베네치아 팔라초(Palazzo Venezia). 로마. 1455~71년. 로마 도무스의 전통을 이어받아 안마당을 실제 생활공간으로 활용했다.

도 4-24 베네치아 팔라초. 평면도. 로마. 1455~71년.
도 4-25 베네치아 팔라초. 로마. 1455~71년. 외관 전경. 19세기 사진이다.

로마 전통은 도무스와 인슐라 양쪽에서 이어받았다. 도무스의 전통은 평면에 나타났다. 안마당에 정원을 갖춘 점이 피렌체와 다른 로마 전통이었다. 주거 영역을 한 쪽이나 두 쪽 측동에 몰아넣고 안마당을 향해 로지아를 세워 개방시켰다. 안마당을 생활공간으로 활용한 것인데 이는 로마 시대의 도무스 전통이 이어진 것이다(도 4-23, 도 4-24). 인슐라의 전통은 외관에 나타났다. 튼실한 조적으로 벽체를 쌓고 창은 큰 사각형으로 반듯하게 뚫었다(도 4-25, 도 4-26). 상인방을 강조해서 평아치로 처리하기도 했다. 1층을 기단 개념으로 정의해서 높게 올렸으며 2층과의 사이에 수평 띠를 넣어서 구획했다. 이런 구획은 1층을 상가로

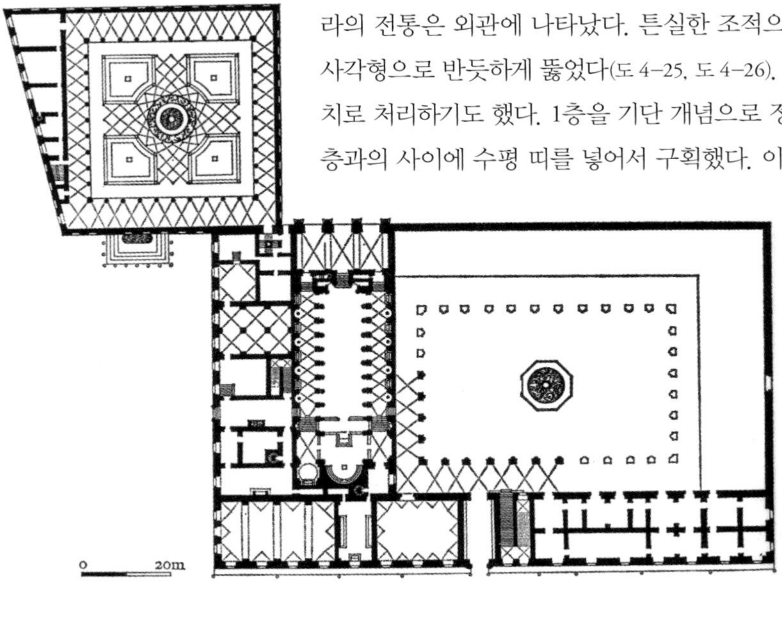

도 4-26 칸첼레리아(Cancelleria). 정면 외관. 로마. 1485~95년.
도 4-27 보르사리 문(Porta Borsari). 베로나(Verona). 이탈리아. 1세기.

세놓고 2층을 주거로 사용하던 인슐라의 전통을 이어받은 것이다. 두 층의 용도와 주인이 다르기 때문에 입면도 다르게 처리한 것이다. 인슐라 전통은 중세 성채 전통을 이어받은 메디치 팔라초와 대비되는 특징이다.

이상과 같은 15세기 로마 팔라초의 특징은 같은 시기 피렌체와 다른 것이었다. 15세기 피렌체 팔라초가 중세 전통과 르네상스를 혼합한 특징을 보인 데 반해, 15세기 로마 팔라초는 로마 전통을 이어받아 중세 성채 분위기와 합해낸 특징을 보였다. 아직 르네상스 고전주의에 대한 인식은 나타나지 않았다. 그러나 로마주의를 바탕에 갖고 있다는 점은 중요한 배경이었다. 이것을 기초로 16세기 로마 팔라초 유형이 탄생할 수 있었다. 이런 전환을 보여주는 대표적인 예로 베네치아 팔라초(Palazzo Venezia, 1455~71)와 칸첼레리아(Cancelleria, 1단계 1485~95)를 들 수 있다.

베네치아 팔라초는 바르보(Pietro Barbo) 추기경의 주거로, 처음에 넓은 안마당 정원을 갖는 다소 느슨한 구성으로 시작했으나 2단계 공사 때 르네상스 팔라초의 짜임새 있는 육면체 특징이 나타나면서 16세기 로마 유형

도 4-28 칸첼레리아. 로마. 평면도. 1485~95년.

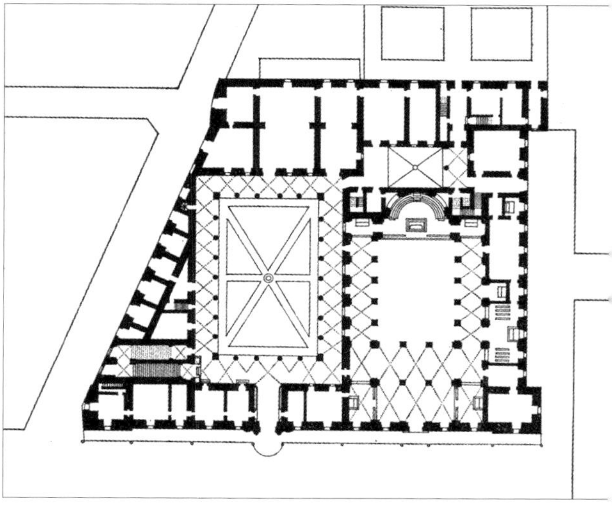

으로 넘어가는 첫 번째 길목을 닦았다(도 4-24). 아직 오더나 신전 박공 같은 고전어휘를 직접 사용하지는 않았고 전체적인 분위기는 옥상 난간을 총안처럼 처리하고 사각형 창을 사용하는 등 중세 성채에 가까웠다(도 4-25). 그러나 고전적 정형성과 육면체의 입체감이 자리 잡히는 발전이 있었다. 1층-2층-3층의 각 층을 수평 띠로 분리한 점과 3층을 다락방으로 처리해서 2층과 함께 보면 중이층(重二層, mezzanine)처럼 보이게 만든 점은 16세기 로마 유형에 대한 직접적 선례가 되었다.

칸첼레리아에서는 르네상스 팔라초다운 특징이 더 많이 나타났다. 젊은 리아리오(Raffaello Riario) 추기경의 주거였는데 베네치아 팔라초와 비교하면 15년 만에 양식의 확연한 진화를 보여준다. 건축주가 젊은 추기경이어서 그런지 15세기 전통과 확실히 단절하고 당시 새로 부상하던 르네상스 고전주의를 많이 받아들임으로써 16세기 로마 유형으로 가는 두 번째 길목을 닦았다(도 4-26). 두 가지가 핵심이었다. 하나는 벽기둥을 사용한 것인데, 이는 알베르티의 르네상스 고전주의를 도입한 것이다. 벽기둥은 많이 돌출하지는 않았지만 자칫 지루하고 느슨해지기 쉬운 긴 입면을 가지런히 나누면서 르네상스의 새로운 질서를 보여준다. 다른 하나는 창의 상인방에 장식을 넣은 것이다. 이는 베로나(Verona)의 보르사리 문(Porta Borsari)을 차용한 것으로 로마 고전주의에서 많이 사용하던 기법이었다(도 4-27). 아직 중세 전통도 일부 남아 있었는데 안마당에 중세 수도원 분위기가 남아 있는 점과 입면 모서리에 가문의 문장을 새겨 넣어 성채 분위기를 낸 점 등이 대표적이었다(도 4-26, 도 4-28).

카프리니 팔라초와 16세기 로마 유형: '도시 예술 공공재'로서의 주거

이상의 전환과정을 거쳐 16세기 초에 로마 유형이 완성되었다. 정통 고전주의자였던 브라만테(Donato Bramante)가 카프리니 가문의 주거로 지은 카프리니 팔라초(Palazzo Caprini, 1510년경)가 주인공이었다. 1517년에 브라만테의 제자 라파엘이 구입해서 살았기 때문에 라파엘 하우스(Raphael House)라는 이름으로 더 많이 알려진 건물이다. 이후 헐렸는데

도 4-29 브라만테(Donato Bramante). 카프리니 팔라초(Palazzo Caprini). 로마. 1510년경.

현재 입면이 남아 있다. 르네상스 팔라초에서 로마 고전주의를 대표하는 건물인데 두 갈래의 뿌리를 갖는다. 하나는 인슐라에서 15세기 팔라초로 이어지는 로마주의를 계속 이어받았다. 다른 하나는 알베르티가 루첼라이 팔라초에 사용한 고전주의 기법을 발전, 완성시켰다(도 4-29, 도 4-30).

도 4-30 브라만테. 카프리니 팔라초. 로마. 1510년경.

1층과 2층을 연속으로 보지 않고 다르게 처리했는데 이것은 베네치아 팔라초에 남아 있는 인슐라의 전통을 살린 것이다. 실제로 1층은 상가로 세를 놓았던 것으로 알려져 있다. 1층의 건축 처리를 보면 건물보다는 기단으로 정의한 것을 알 수 있다. 이를 표현하기 위해 몰탈 선을 두껍게 파낸 돌나누기로 처리했고 표면 역시 거칠게 처리했다. 이는 피라네시(Giovanni Battista Piranesi)가 로마 건축의 생명으로 봤던 벽체 구조의 미학을 르네상스에 맞게 새롭게 해석한 장면에 해당된다. 기둥을 사용하지 않고 아치로 분할한 것도 로마 시대 벽체 구조의 원형을 반복한 것에 해당된다.

2층은 정식 건물, 즉 주거로 정의했으며 여기에 걸맞게 쌍기둥으로 분할했다. 알베르티의 고전주의를 더욱 적극적으로 발전시킨 것이다. 그러나 알베르티와 달리 비례를 이용한 정교한 분할은 없었다. 그보다는 기둥을 겹쳐 사용함으로써 기둥 사용 자체를 강조했다. 기둥의 종류도 알베르티의 낮은 사각 벽기둥에서 반원형 기둥으로 격상되었다. 이는 주거에 고전 오더의 도입을 분명히 천명한 것으로 로마 고전주의의 핵심이었다. 창의 상인방에도 고전어휘를 도입해서 신전 박공을 소품화한 삼각형으로 처리했다. 층수는 3층이었는데 1층과 2층 사이에 중이층을 넣어서 2층처럼 보이게 했다.

이상과 같은 1층과 2층의 처리는 여러 가지 의미를 갖는다. 건축적으로는 1층을 더 튼튼하게 처리해서 위쪽의 2층을 안정적으로 받치는 구조 축조성, 혹은 구조주의이다. 경제적으로는 1층을 상가로 세놓고 2층을 주거로 사용한 데 따른 실용적이면서 자연스러운 대응이다. 이것 이상의 의미도 있다. 서양 주거의 역사에서 최초로 입면주의를 정의한 점이다. 주거, 특히 도시주거의 경우 외관이 중요하다는 주장으로 주거 입면에 최초로 건축가의 작품성 개념을 도입해서 표현했다. 이는 단순히 건축가의 예술 유희로 끝나지 않고 도시 속에서 주거의 공공 책임을 강조함으로써 인본주의 이상을 구현하는 역할까지 하게 된다. 이런 내용은 이 건물이 로마 시대의 인슐라를 이어받은 것임에도 여기에 머물지 않고 고급 고전주의 작품으로 발전한 사실의 핵심을 이룬다. 그 내용은 다음의 네 단계로 설명할 수 있다.

첫째, 건물 전체를 기단 위에 올린 신전으로 정의하겠다는 의도이다. 1층에서는 상인방과 종석을 미완성으로 놔둬서 기단 벽체임을 강조했다. 2층은 신전 정면으로 정의했다. 쌍기둥이 도리스식 오더인 점, 독립적인 주초와 엔타블러처를 갖춘 점, 상인방에 박공 모티브를 사용한 점, 벽체 분할이 창이 아닌 기둥에 의해 읽히는 점 등이 증거이다.

둘째, 이런 의도는 로마 고전주의에 작가주의가 결합한 현상이다. 15세기 피렌체 유형이 건축주의 의도를 충실히 구현하는 데 머물렀다면, 이 건물에서는 전문 예술가로서의 건축가의 작품성이 전면에 드러났다.

셋째, 이런 작가주의는 주거를 예술작품으로 정의한다는 뜻이다. 주거를 방어적 성채나 과시적 수단으로 정의하던 15세기 피렌체 유형과 달라진 점이다.

넷째, 도시와의 관계 혹은 도시 속 주거의 의미에서 가로 공공성 혹은 '예술 공공성'을 주장한 것이다. 도시주거도 도시를 구성하는 요소이기 때문에 일정한 공공성을 가져야 하는데 그것을 로마 신전이라는 예술작품으로 정의한 것이다. 도로를 면한 도시주거의 입면을 로마주의에 바탕을 둔 예술 공공재로 본 것이다. '예술 공공성'은 르네상스의 이상도시를 구성하는 중요한 바탕 개념 가운데 하나로, 주거에만 국한된 사항은 아니었다. 도시를 예술성이 뛰어난 건축작품으로 채움으로써 인본주의 이상을 구현할 수 있다는 믿음이었다. 공공건물뿐 아니라 주거도 여기에 매우 중요한 요소였다.

카프리니 팔라초에서 완성된 16세기 로마 유형은 이후 르네상스 팔라초에 지대한 영향을 끼쳤다. 16세기 이탈리아 팔라초는 어떤 식으로든지 직간접적으로 이 형식을 사용했다. 직접 사용하기도 했고 응용이나 변형해서 사용하기도 했으며 15세기 피렌체 유형과 섞어서 사용하기도 했다. 16세기에 이탈리아에서 팔라초를 설계한 건축가는 그 누구도 카프리니 팔라초의 영향에서 자유로울 수 없었다고 해도 과언이 아니었다.

가장 먼저 영향을 받은 것은 브라만테의 직계 제자였던 라파엘이었다. 라파엘은 스승의 기법을 이어받아 자신만의 창작성을 더해 로마 시내에 '예술가 주택'이라는 새로운 유형의 팔라초 작품을 남겼다. 그 영향은 다시 라파엘의 제자 줄리오 로마노(Giulio Romano)에게 이어졌다. 줄리오 로마노는 만토바의 곤차가 대공을 건축주로 삼아 군주의 주거 및 자신의 주거 등에 카프리니 팔라초 모티브를 매너리즘으로 응용해서 사용했다. 또 다른 매너리즘 건축가 페루치(Baldassare Peruzzi)도 이 영향을 피해갈 수 없었다. 16세기 후반부에는 카프리니 팔라초가 주요 수출품이 되어 베네토 지방에서 인기가 많았다. 베로나의 산미켈리(Sanmicheli), 베네치아의 산소비노(Jacopo Sansovino), 비첸차의 팔라디오(Andrea Palladio) 등은 모두 자신들의 본거지에 팔라초 작품을 남겼는데 모두 카프리니 팔라초 모티브를 중요한 출발점으로 삼았다.

2

르네상스 팔라초 유형

피티 팔라초: 거대 팔라초의 대명사

피티 팔라초는 메디치 팔라초에서 완성된 15세기 피렌체 유형을 충실하게 좇으면서 동시에 가장 대규모로 구사한 대표적인 건물이다. 1458년에 시작해서 4세기에 걸쳐 지속적인 확장을 거듭하면서 피렌체 팔라초 건축의 상징이 되었으며 르네상스 전체, 나아가 이탈리아 전체를 통틀어서 거대 팔라초의 대명사가 되었다. 피티 가문의 본거지로 시작했으나 메디치 가에 넘어가면서 메디치 가의 야망을 증명하는 건물로 종결되었다. 건축가는 브루넬레스키(Filippo Brunelleschi), 알베르티, 판셀리(Luca Fancelli), 암만나티 등 여러 명이 관여했으나 일부 학자들 사이에는 익명의 작품으로 통하기도 한다.

어쩌면 가장 중요한 건축가는 건축주였던 루카 피티(Luca Pitti) 자신이었을지도 모른다. 그는 일생이 의문에 싸인 금권주의자(Plutocrat)였다. 돈으로 정치 권력을 산 대표적인 인물이었는데 이를 만회하기 위해 자기과시를 좋아했다. 코시모와 친구였으나 라이벌 의식이 강해 메디치 팔라초를 능가하는 집을 갖고 싶어 했다. 거대주의를 대표하는 건물답게 오랜 기간에 걸쳐 여러 번의 확장이 있었다. 첫 삽을 뜬 것은 루카 피티였다.

그는 1458년에 중앙의 7베이 부분을 시작해서 1465년에 중앙동으로 완공시켰다(도 4-31). 그의 과시욕에는 많이 못 미치는 규모였으며 나중에 완공된 전체 건물과 비교하면 미완성이라는 말이 어울리는 상태였다.

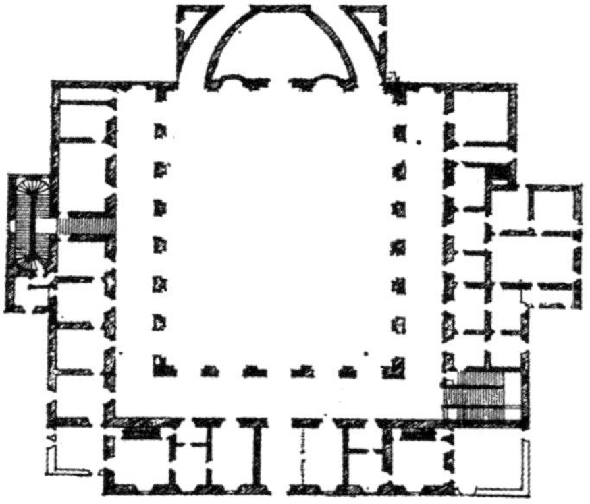

도 4-31 피티 팔라초(Palazzo Pitti). 피렌체. 루카 피티(Luca Pitti)가 1458~65년 사이에 완공한 중앙동.

진면목은 메디치 가의 수중으로 넘어가면서 시작되었다. 메디치 가에서 이 건물을 구입하면서 루카 피티의 과시욕은 주인을 옮겨 새로운 단계를 맞았다. 코시모 1세의 부인인 엘레오노라 디 톨레도(Eleonora di Toledo)는 결혼생활 10년 동안 8명의 자녀를 낳은 뒤라서 이들과 함께 가족생활을 보낼 주거공간이 필요했다. 이전에 살던 베키오 팔라초는 시민 행사를 겸하는 등 공적 성격이 강한 건물이어서 늘어난 자녀와 가정을 꾸리기에는 비좁고 부적합했다. 완전한 사적 공간으로서 생활 주택이 필요해지자 피티 팔라초를 구입해서 대대적으로 증축했다. 암만나티가 1558~70년 사이에 안쪽으로 양 측랑을 더해서 'U'자형의 본체를 완성하고 그 뒤로 유명한 보볼리 정원(Giardino di Boboli)을 꾸몄다(도 4-32, 도 4-33). 이때부터 궁정 궁(palatium)으로 불리기 시작했다. 엘레오노라는 이곳에서 자녀들과 함께 이 정원을 즐기며 가정생활을 꾸렸다.

이후 1620~40년과 1764~83년 두 번에 걸쳐 본체 양옆으로 측동을 더해서 지속적으로 확장했다. 첫 번째 확장 직후에는 페르디난도 데 메디치 2세

도 4-32 피티 팔라초. 피렌체. 암만나티(Bartolomeo Ammannati)의 안마당과 보볼리 정원. 1558~70년.

도 4-33 피티 팔라초. 피렌체. 18세기 최종 완공 상태. 그랑장 드 몬티니(Grandjean de Montigny)가 1815년에 작성한 평면이다.

도 4-34 피티 팔라초. 피렌체. 18세기 완공 뒤 현재의 전경.
도 4-35 피티 팔라초. 피렌체. 18세기 완공 직후 전경을 보여주는 판화.

(1640~47)가 새로 더한 측동에 미술관을 설치했다. 그는 낭비벽으로 유명한 인물이었는데 큰돈을 들여 미술품을 모으는 것도 주요 취미 가운데 하나였고 이를 위해 이 궁전의 한쪽 윙에 미술관을 마련했다. 실내장식 등 자잘한 증개축은 19세기까지 계속되었다.

피티 팔라초의 대표적 특징인 거대 규모는 이런 과정을 거쳐 나온 것이었다. 전체 길이는 201미터, 3층의 높이는 36미터인데 이탈리아에서 주택으로는 바티칸 궁전 다음가는 두 번째 크기이다(도 4-34, 도 4-35). 안마당만 42m×52m여서 메디치 팔라초가 들어갈 정도의 규모이다.

도 4-36 피티 팔라초. 피렌체. 정면 러스티케이션과 아치창.

1층에는 중앙 출입문 양옆으로 6개씩 총 13개의 대형 아치문을 냈으며 2층의 창 베이는 25개이다. 절제를 도시기풍으로 갖고 있던 피렌체에서는 매우 드문 경우였다. 피렌체사람들은 이런 규모에 대해 역시 매우 드문 이해를 해주고 특혜를 허락했는데 이는 전적으로 메디치 가의 힘 덕분이었다.

건축적 특징 역시 규모의 미학이 두드러진다. 기둥 없는 벽체 구조 중심의 전형적인 15세기 피렌체 유형인데 러스티케이션 덩어리 자체가 커졌으며 이에 따라 한 층의 높이도 높아졌다(도 4-36). 출입구는 물론이고 2층의 창문마저도 마치 거대 성문 크기로 커졌다. 증축이 수평 방향으로만 행해졌기 때문에 층고, 러스티케이션의 크기, 출입문의 크기 등은 모두 처음부터 루카 피티가 정한 것이었다. 본인은 정작 조금밖에 못 짓고 세상을 떠났지만 이후에 벌어질 거대주의에 대한 스케일 가이드는 정해놓은 셈이었다. 평면도 짜임새보다는 큰 규모가 전체적인 특징을 이루어서 큰 방들의 단순 일렬 배치가 두드러졌다. 대표적인 것이 대 연회 홀로 이 방의 큰 규모는 지금 봐도 위압적이다. 천장도 거대 스케일에 맞게 웅장한 공간을 만들어내는 볼트로 짰다. 피렌체에서는 볼트 천장을 갖는 최초의 연회 홀이었다.

이런 대형 규모는 15세기 로마 팔라초를 좇은 것일 수 있다. 루카 피티가 메디치 팔라초 유형만으로는 만족하지 못하고 과시적 효과를 위해 15세기 로마 팔라초의 거대주의를 도입한 것으로 볼 수 있다. 로마에서 모델을 찾았다는 주장은 이 건물의 여러 곳에 로마주의 어휘를 사용한 데에서 확인된다. 벽체 조적은 첫 인상은 메디치 팔라초의 러스티케이션처럼 보이지만 사실은 로마에 있는 클라우디아 수로(Claudian Aqueduct)의 아치 조적을 모방한 것이다. 세부 요소로는 베네치아 팔라초의 난간에 사용한 어휘인 수직 홈을 새긴 콜로네트(colonette, 작은 기둥이란 뜻으로 주로 창틀이나 난간 등에 사용한다)를 빌려 썼다. 주요 방의 천장에는 알베르티가 로마 고전주의의 정수로 적극 추천했던 볼트를 사용했다.

시기로 봐도 루카 피티가 중앙동을 완공한 1458~65년은 피렌체에 로마주의가 막 도입되어 유행하던 1450~80년의 중간에 해당되는 시기였다. 토스카나의 중세 전통을 이어받았던 브루넬레스키의 시대가 가고 로마 고전주의를 부활시킨 알베르티의 시대가 시작되면서 나타난 현상이었다. 당시 피렌체에서는 양식에 의존하지 않고 단순하고 절제된 품위를 좇던 피렌체의 기풍과 로마의 고전 양식을 혼합하는 실험이 시도되고 있었다. 루카 피티가 완공시킨 중앙동의 7베이 부분도 이런 느낌을 잘 보여준다. 로마 거대주의 윤곽을 원시적 힘을 갖는 러스티케이션으로 짰으며 그 속을 간결하면서 절제된 아치 열이 가지런하게 정돈되어 분할하고 있다.

이것을 실제 지은 장인들의 역할도 중요했다. 루카 피티가 처음 완공시킨 중앙동 7베이 부분은 브루넬레스키가 초안만 잡고 1446년에 사망한 상태였기 때문에 사실상 건축가가 없는 작품이었다. 건축주 루카 피티와 이름 없는 장인들의 합작품이었다. 피티 팔라초 전체가 익명의 작품으로 통하는 것도 이 때문이다. 이런 협동작업 역시 피렌체에 로마주

도 4-37 피티 팔라초. 피렌체. 암만나티의 안마당. 기둥과 조적 처리. 1558~70년.

의가 유행하던 시기에 가장 흔하던 건축 방식이었다. 건축주가 야망과 이상과 취향 등 작품의 큰 방향을 제시하면 이것을 현장에서 충실하게 구축하는 우수한 익명의 장인들이 충분히 확보되어 있었다. 이들은 브루넬레스키, 미켈로초, 알베르티 3인이 피렌체에 구축한 초기 르네상스 기법을 잘 숙지하고 있었으며 세부 메뉴에는 피렌체 양식과 로마 고전주의를 다 잘 갖추고 있었다.

1549년에 증축한 부분은 전체적으로 빌라의 느낌이 강했다. 안마당을 중심으로 세 면을 건물이 에워쌌고 나머지 뒤쪽 면에 로지아를 세운 뒤 그 뒤로 히포드롬(hippodrome, 고대 그리스와 로마에서 말이나 전차[戰車] 따위를 이용해서 경주를 벌이던 경기장 혹은 곡마장) 형태의 아름다운 정원을 꾸몄다. 이는 로마의 도무스와 빌라 구성을 혼합한 것으로 집의 초점은 정원을 즐기고 감상하는 데 모아졌다. 도시 한복판에서 빌라의 기능을 갖춘 것으로 '도심형 빌라'라는 유형의 대표적인 예이다.

암만나티는 안마당 입면을 이런 분위기에 맞춰서 러스티케이션 기둥으로 처리했다. 블록을 쌓아서 만든 것처럼 보이게 하거나 원형 주신 위에 사각형 블록을 더한 기둥이다(도 4-37). 세를리오는 러스티케이션 기둥이 성문, 성채, 농촌주거 등에 잘 어울리는 것으로 추천했는데 암만나티 역시 이런 세를리오의 주장을 좇았다. 이 기둥은 매우 원시적으로 보이면서 후원과 잘 어울리는 목가적 분위기를 만들어냈다. '정문 출입구-안마당-후원'으로 이어지는 중심축이 형성되면서 후원과 본체 사이의 일체감을 높여주었다.

'U'자형으로 증축하면서 실내 기능은 세 영역으로 나뉘었다. 원래 있던 중앙동에는 군주의 집무실, 연회 홀, 사무실 같은 공적 시설이 들어갔다. 증축한 측랑 가운데 동랑은 가족들의 단위 아파트먼트가 들어갔는데 포지오 아 카이아노(Poggio a Caiano)의 메디치 빌라의 구성을 따랐다. 여러 개의 침실을 비롯해서 가족 예배당, 전용 계단 등이 클러스터를 이루며 중앙 홀을 에워싸는 구성이었다. 서랑은 방문객 숙소인데 우르비노(Urbino)의 총독 궁을 연상시키는 완전히 다른 구성이었다. 중앙의 대형 홀이 건물 전체의 주 계단에 붙어 있고 그 주위로 클러스터를 배치해서 스위트 형(suite, 호텔 따위에서 침실 외에 거실이나 응접실 따위가 붙어 있는 것)으로 꾸몄다.

라파엘과 팔라체토: 주거와 예술 권력

교황 율리우스 2세(1503~13)와 레오 10세(1513~21)를 거치면서 로마는 피렌체를 따라잡았다. 두 명을 필두로 한 여러 명의 인본주의 교황들은 로마 재건사업을 일으켜서 로마를 재개발했다. 크게 보아 유적을 발굴, 정리, 복원하는 일과 도시를 정비하고 확장하는 두 방향으로 진행했다. 새로 짓거나 확장한 도로를 따라 주요 건물도 새로 지었다. 14세기 전까지만 해도 티베르 강을 따라 25,000명 정도가 모여 사는 것이 전부였던 로마는 점차 대도시의 면모를 갖추어갔다. 도시 중심도 새로 형성되기 시작했고 도시주거인 팔라초에도 변화가 나타났다(도 4-3). 베네치아 팔라초나 칸첼레리아 같은 15세기의 방어 형, 성채 형 선례에서 벗어나 도시 외부와 교류하려는 카프리니 팔라초를 주요 모델로 삼는 새로운 유형이 등장했는데 크게 팔라체토(palazzetto, 소형 팔라초)와 예술가 주택의 두 종류로 나눌 수 있다.

팔라체토를 이끈 건축주는 교회의 행정을 담당하던 '쿠리아(Curia)'라는 계층이었다. 전문 성직자는 아니었고 변호사, 은행가, 의사 등의 직업이 핵심을 이루었다. 포괄적 의미에서 도시 부르주아를 이루는 전문 계층이었는데 로마에서만은 교황청과 연계를 맺으며 별도의 계층을 형성했다. 교황청과의 연계는 15~16세기에 등장한 인본주의 교황 시기에 집중적으로 일어났다. 인본주의 사상으로 무장한 일련의 교황들이 가톨릭 내부의 개혁운동 및 로마 재건사업을 주도하면서 이를 실무적으로 뒷받침해줄 전문계층이 필요했다. 교황청은 이들을 직접 고용하거나 실무적으로 간접적 연대를 하는 등 여러 방식으로 연계를 맺었다. 교황청에서는 이들의 전문능력을 샀고 이들은 그 대가로 일정한 권력계층을 형성하게 되었다.

이들은 교회의 배경과 직업의 전문성으로 이중 무장을 하고 새로 형성된 로마 도심의 주인 자리를 차지했다. 자신들의 집단 정체성을 과시할 필요성이 커지자 이를 위해 새로 닦은 가로변에 자신들의 집을 지었다. 16세기 로마 전역 곳곳에 지어졌으며 군집 지역은 보르고(Borgo)였다(도 4-38). 교황청 본당인 성 베드로 대성당과 산탄젤로 성채(Castel Sant'Angelo) 사이의 지역으로 쿠리아의 근거지이자 고향 같은 곳이었다. 이 가운데 특히 브라만테의 로마 재건계획에 따라 율리우스 2세가 새로 닦은 비아 줄리아(Via Giulia) 주변에 많이 몰렸다(도 4-39). 로마 재건사업이 교황청에서 시작되면서 보르고도 가장 먼저 재개발된 지역 가운데 하나였다. 쿠리아는 르네상스를 이끈 주역 가운데 한 계층으로 이곳에 자리를 잡았다. 당시 보르고는 새로 떠오르는 이들 전문 직업인의 밀집 지역으로 로마 시민들에게는 경외의 대상이었다. 이들은 한편으로 보르고에서 직업활동을 영위하면서 다른 한편으로는 교회 운영에 전문성을 가지고 참여했다. 변호사는 법률 일을 도왔고 은행가는 회계 일을 도왔으며 의사는 교황과 추기경의 건강을 담당하는 식이었다. 심지어 교황의 이발사, 교황의 코끼리 관리인까지 있었다.

카프리니 팔라초는 두 가지 측면에서 이런 쿠리아의 주거 모델로 잘 맞았다. 건축적 측면에서는 자신들의 집을 통해 개방성이라는 르네상스의 새 정신을 주장하고자 했으며 이를 위해 집 밖의 도로와 도심과 소통하고자 했다.

도 4-38 교황 바오로 3세의 주치의 주택. 비아 줄리아에 있었다.

도 4-39 보르고의 부르주아 주택. 그라피티 장식으로 전면을 꾸몄다.

입면의 미학적 효과, 즉 입면주의가 중요했는데 카프리니 팔라초는 이런 목적에 잘 맞는 주거 모델이었다. 대로를 직접 면하기 때문에 안마당의 역할도 중요해졌는데 이 역시 팔라초라는 유형이 잘 만족시켰다.

사회정치적 측면에서는 쿠리아가 처한 양면적 상황에 잘 맞았다. 이들은 르네상스를 열고 이끈 새로운 직업계층으로서 자신들의 전문성에 대한 자부심이 컸다. 교회까지 배경에 업고 있었다. 그만큼 꿈과 야망도 컸다. 상류층의 도시주거인 팔라초를 자신들의 주거 모델로 선택한 이유이다. 그러나 경제력이나 정치력 등 실질적인 힘은 부족했기 때문에 팔라초를 크게 지을 수는 없었다. 이것이 소형 팔라초라는 팔라체토가 탄생한 배경이다.

도 4-40 소(小) 안토니오 다 상갈로(Antonio da Sangallo il Giovane). 비아 줄리아 주택. 장식과 합해진 팔라체토의 고전주의를 잘 보여준다.

카프리니 팔라초는 이런 목적에 잘 맞았다. 2층 높이에 5베이나 7베이의 아담한 규모여서 비용은 적게 들었다. 하지만 브라만테가 제시한 로마주의는 고전 이상이라는 르네상스의 새 정신을 잘 표현했다. 이런 의미는 고전어휘 없이 규모만 큰 피렌체 유형과 비교하면 더욱 명확해졌다. 예를 들어 피티 팔라초는 카프리니 팔라초보다 10배 이상 큰 규모였지만 고전 이상이라는 기준에서 보면 훨씬 못 미쳤다. 카프리니 팔라초는 고전어휘를 적절히 구사해서 고전적 품격과 권위를 갖추었으며 이것을 모델로 삼은 팔라체토에서는 이런 특징을 이어받아 주요 예술가들을 동원해서 화려한 장식을 가했다. 소 안토니오 다 상갈로(Antonio da Sangallo il Giovane)가 설계한 비아 줄리아 주택(Casa di via Giulia)이 입면에 직접 장식을 사용한 좋은 예이다. 기단은 2층으로 높아졌으며 그 위의 본체 역시 2층이었는데 창 사이와 층 사이 부분을 온갖 조각상과 돋을새김으로 가득 채웠다(도 4-40).

이런 팔라체토 유형을 이끈 대표적인 건축가가 라파엘이었다. 그는 여러 채의 팔라체토를 남겼는데 이 가운데 교황 레오 10세 때 보르고에 지은 브레시아의 야고보 팔라초(Palazzo Jacopo da Brescia, 1515년경)와 아

도 4-41 라파엘. 팔라초 카파렐리-비도니(Palazzo Caffarelli-Vidoni). 로마. 1515년. 라파엘은 당대 최고의 화가였지만 화려한 장식은 실내에 국한했고 외관에서는 브라만테의 카프리니 팔라초를 응용한 정통 고전주의를 구사했다.

쿠일리아의 브란코니오 팔라초(Palazzo Branconio dell'Aquilia, 1515?~1520)가 쿠리아를 위한 팔라체토를 대표했다. 이외에도 알베리니 팔라초와 카파렐리-비도니 팔라초(Palazzo Caffarelli-Vidoni, 1515)도 라파엘이 설계한 팔라초였다(도 4-9, 도 4-41).

라파엘의 팔라체토는 쿠리아가 바라던 대로 그들의 위상을 높이는 데 중요한 기여를 했다. '공사 리더십(construction leadership)'이라는 개념이 등장할 정도였다. 자신들의 주택 공사를 통해 정치사회적 리더십을 확보한다는 뜻이었다. 이를 통해 이들은 적어도 건축주 측면에서는 교황을 제치고 주요 그룹으로 부상했다. 특이하게도 건축주로서의 역할은 이들의 정치력을 높이는 데 일정한 역할을 했다. 실질적 정치적 계급이나 파워와는 별도로 주거가 갖는 정치력이 따로 있었다는 뜻이다. 주거의 고전적 권위, 작품성, 훌륭한 건축가에게 주택을 맡겨 작품을 만들어내는 건축주의 판단력 등으로 이루어지는 또 하나의 평가와 경쟁의 장이 있었다는 뜻이다.

중세 성채, 18~19세기 부르주아 주택 등과 함께 서양건축사에서 주거가 정치적 역할을 한 대표적인 예 가운데 하나였다. 구체적 내용에서는 차이도 있었다. 중세 성채는 튼튼한 성벽과 거대한 본성 등 물리력에 의존했으며 18~19세기 부르주아 주택은 고전적 웅장함과 화려한 실내장식 등 물질성에 의존했다. 르네상스 팔라체토는 이들 두 예와 비교하면 초라한 규모였지만 순도 높은 예술성이 무기였다. 고전주의 예술의 전성기였던 16세기에 나올 수 있는 현상이었으며 이런 전성기를 이끈 라파엘이 그 주역이었다. 미술사에서 라파엘이 갖는 무게와 중요성을 주택 건축에서도 똑같이 보여준 것이다. 이들 쿠리아계층은 주거의 예술적 작품성을 통해 자신들의 사회적 지위를 실질적 정치력 이상으로 끌어올렸다. 이들은 라파엘을 건축가로 선택해서 팔라체토를 창출함으로써 16세기 로마에서 가장 앞서나가는 건축주 그룹이 되었으며 이는 다시 이들의 정치력을 높여주는 역할을 했다.

브레시아의 야고보 팔라초와 아쿠일리아의 브란코니오 팔라초

라파엘의 팔라체토는 로마 고전주의를 16세기의 상황에 맞게 부활시킴으로써 쿠리아에게 예술 권력을 선사한 대표적인 예였다. 로마 고전주의를 부활시킨 세부 경향은 두 방향으로 나눌 수 있다. 하나는 구조 논리와 결합한 구조 축조성 혹은 구조주의 경향이었고, 다른 하나는 벽화 같은 장식과 결합한 장식주의 경향이었다. 전자는 콜로세움이 대표적인 예였으며 후자는 앞에 로마 편에서 나왔던 폼페이의 도무스나 네로의 황금 주택 등이 대표적인 예였다. 브레시아의 야고보 팔라초는 전자를, 아쿠일리아의 브란코니오 팔라초는 후자를 각각 이어받은 것이다.

브레시아의 야고보 팔라초는 교황 레오 10세의 주치의의 주택으로 라파엘의 팔라체토 가운데 가장 오래된 작품이다. 위치는 비아 알레산드리아(Via Alessandria) 내 삼각형 부지였다. 이 거리는 교황 알렉산더 6세가 다가오는 성축년인 1500년을 기념해서 새로 개발한 거리였다. 이 건물은 무솔리니 때 비아 델라 콘실라치오네(Via della Concilazione)를 개발할 때 해체해서 옆 블록으로 옮기는 바람에 원래 상태는 변질되었지만

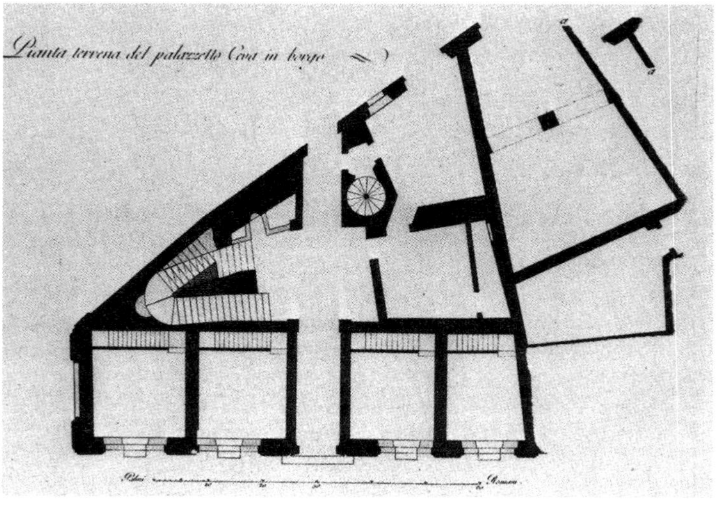

도 4-42 라파엘. 브레시아의 야고보 팔라초(Palazzo Jacopo da Brescia). 2층 평면도. 로마. 1515?~1520년.

도 4-43 라파엘, 브레시아의 야고보 팔라초, 현재 모습, 로마, 1515?~1520년.
도 4-44 라파엘, 브레시아의 야고보 팔라초, 모서리 부분 스케치.

기본적인 의미는 해석이 가능하다.

평면을 보면, 삼각형 부지이긴 했지만 전면부가 일정한 깊이를 갖고 안쪽으로 가면서 좁아졌기 때문에 정면 쪽에 방을 대칭으로 배치하는 것이 가능했다(도 4-42). 팔라초 평면의 기본 구성인 격자 구도를 지키면서 안마당을 중심으로 한 배치도 가능했다. 격자와 사선이 만나는 부분에 형성되는 삼각형 조각 공간들은 계단실로 처리했다. 육면체 윤곽보다 방의 개수는 많이 줄어들었지만 대형 권력가문이 아니고 소형 전문 부르주아 가문이었기 때문에 공간 사용에 큰 부족은 없었다.

외관은 3층처럼 보이지만 중이층을 넣었기 때문에 실제로는 4층이었다(도 4-43, 도 4-44). 부유한 금융가문이나 추기경 등의 권력계층이 아니었기 때문에 1층은 상가로 세를 놓아 경제적 도움을 받았다. 외관 처리는 카프리니 팔라초의 구조주의를 이어받았다. 1층을 아치를 동반한 로마식 벽체 구조로 처리한 점, 중이층을 넣은 점, 2층은 기둥을 이용해서 분절한 점, 1층과 2층을 다른 층으로 독립시킨 점, 2층 창의 상인방을 신전 박공 소품으로 처리한 점 등이 대표적인 내용이었다.

카프리니 팔라초와 달라진 점도 있었다. 2층 창의 상인방에 삼각 박공과 교대로 조각 아치를 섞은 점, 3층 구조에서 위층으로 갈수록 층고를 낮게 점감 처리한 점, 2층의 기둥을 겹침 사각 벽기둥으로 처리한 점 등이었다. 이런 내용들은 모두 수직 층쌓기의 구조 논리를 강화한 것으로 카프리니 팔라초의 기본 의도를 받아 발전시킨 것이었다. 더 근원적으로 보면 로마주의를 강조한 것이기도 하다. 예를 들어, 벽체와 기둥을 이용해서 수직 층쌓기의 구조 논리를 강조하는 처리는 콜로세움에 나타난 로마주의의 핵심 내용이었다. 오더 양식이라는 미학 요소에만 의존했던 그리스에서 벗어나 벽체 구조를 기초로 로마다움을 정의한 로마 고전주의의 핵심이라는 뜻이다. 브레시아의 야고보 팔라초는 이런 로마 고전주의를 16세기 주택에 적용한 것이었다. 건축주는 이런 처리를 통해 자신이 로마문명의 후계임을 천명하고자 했다.

이런 로마주의는 교황청과도 연관이 있었다. 로마문명의 후계임을 천명한 것은 곧 로마 가톨릭에 대한 충성을 의미하는 것이기도 했다. 건축주가 교황의 주치의였다는 사실이 이를 뒷받침한다. 교황을 향한 충성을 보여주는 구체적인 건축 처리도 있었는데, 바로 건물의 모서리가 사선 방향으로 교황청을 마주보게 자리 잡았다는 점이다. 옆 건물과 거리를 벌리고 약간 앞으로 돌출시킴으로써 교황청 쪽에서 보았을 때 정면과 측면을 동시에 보이게 한 것이다.

이런 처리는 일차적으로 길이가 5베이밖에 안 되고 모퉁이에 위치하는 불리함을 극복하고, 입면을 잘 드러내기 위한 입면주의 장치의 하나였다. 그러나 여기에 머물지 않고 모서리에 교황 가문의 문장을 새겨 넣음으로써 교황을 향한 충성을 표현했다(도 4-44). 모서리 문장은 건물을 실제보다 더 크고 잘 보이게 하는 조형적 효과도 있었다. 라파엘은 당대 최고의 화가로서 공공건축에서는 장식 같은 회화적 접근을 추구했지만 이곳에서는 장식을 절제한 구조 논리만으로 로마주의를 성립시킴으로써 쿠리아계층의 건축주에게 16세기에 적합한 새로운 예술 권력을 선사했다.

아쿠일리아의 브란코니오 팔라초는 교황 레오 10세의 시종이자 교황의 코끼리 관리인의 주택이었다. 이 건물 역시 비아 알레산드리아에 있었는데 베르니니의 성 베드로 광장 공사 때 헐려서 현재 도면과 스케치만 남아 있다(도 4-45, 도 4-46). 카프리니 팔라초를 이어받아 라파엘 특유의 장식주의로 각색한 특징을 보인다. 이는 브레시아의 야고보 팔라초보다 카프리니 모델에서 더 벗어난 것이며 팔라체토에서 화가 라파엘의 회화주의가 본격적으로 나타난 예라 할 수 있다. 그 방향은 크게 둘로 나눌 수 있다.

하나는 1층을 둔탁한 벽체 구조 대신 토스카나식 벽기둥으로 처리한 뒤 그 속을 아치로 채운 점이다. 굵고 간결한 고전 오더가 벽을 분할하고 있으며 그 속을 반원의 기하학적 특징을 보이는 아치로 처리했다. 기둥은 구조 논리를, 아치는 개방성을 각각 상징했다. 이런 처리는 카프리니 팔라초의 2층 구조를 1층으로 내린 뒤 기둥 사이의 벽을 개방시킨 것으로 볼 수 있다. 아직 장식어휘를 사용하지 않았는데 이는 건물의 기단 부분에 해당되는 1층에 적합한 특징을 지킨 것이다.

다른 하나는 2층을 화려한 장식어휘로 가득 채운 점이다. 카프리니 팔라초에서 층고 전체를 가로지르던 기둥은 사라지고 창 단위별로 닫집을 만들어 창틀과 상인방을 대신했다. 벽감에 소형 기둥이 들어갔지만 이는 전혀 정식 기둥으로 느껴지지 않고 닫집을 구성하는 소품으로 읽힌다. 창을 제외한 나머지 벽에는 화려한 장식으로 가득 채웠다. 창과 창 사이의 여백에는 다시 아치형 벽감을 판 뒤 조각상을 넣었으며 창 위의 여백에는 꽃띠 장식을 더했다. 구조, 건축, 장식 가운데 단연 장식이 주인이 되었다. 구조어휘는 사라졌으며 건축어휘는 장식어휘에 강하게 종속되면서 장식주의의 절정을 이루었다.

이상의 내용은 카프리니 팔라초를 이어받음과 동시에 여기에서 벗어난 양면성의 의미를 갖는다. 1층을 강인한 구조로 받치고 2층은 섬세한 어휘로 처리한 점은 카프리니 팔라초를 이어받은 것이다. 그러나 그 구체적 처리에서 1층과 2층 모두가 더 장식적으로 변한 점은 카프리니 팔라초에서 벗어난 라파엘만의 경향이다. 1층은 벽체 구조에서 기둥 구조로, 2층은 기둥 구조에서 장식주의로 각각 바뀌었는데 이는 장식주의를 강화한 변화이다.

이상의 처리는 단순히 장식만 도입한 것은 아니었다. 1층을 더 튼실한 구조로 처리해서 기단의 의미를 확보한다는 카프리니 팔라초의 구조 논리에 대해 반전을 가한 것이기도 했다. 1층을 쭉 뻗은 토스카나식 기둥으로 처리하고 2층을 벽감과 장식으로 처리한 것은 언뜻 보면 이런 구조 논리에 충실한 것처럼 보인다. 그러나 1층의 창 면적을 늘려서 더

도 4-45 라파엘, 아쿠일리아의 브란코니오 팔라초(Palazzo Branconio dell'Aquilia), 입면도, 로마, 1515?~1520년.
도 4-46 라파엘, 아쿠일리아의 브란코니오 팔라초, 라파엘의 스케치 원안, 로마, 1515?~1520년.

개방적이 됨으로써 벽체 면적을 기준으로 하면 1층이 오히려 더 불안해졌다. 이를 만회하기 위해 1층의 기둥에 해당되는 2층 지점에 벽감을 팠지만 이는 표면적 처리일 뿐 그 속은 여전히 막힌 벽체이고 조각상마저 담고 있어서 구조 논리의 반전은 그대로 남았다.

반전은 대비 구도로 이어진다. 1층에서는 토스카나식 기둥의 구조 기능과 아치의 진공부가 대비를 이루었다. 2층에서는 대비의 쌍이 더 늘어났다. 창의 박공은 하늘을 향한 반면 그 위의 꽃띠 장식은 아래를 향했다. 창틀 닫집과 벽감은 안정적인 정식 건축 구조인 반면, 그 속이나 여백을 채우는 조각상과 장식은 붙였다 떼었다 할 수 있는 부가요소였다. 창틀 닫집을 구성하는 어휘는 볼록했지만 벽감은 오목했다. 층 사이의 구별도 모호해졌다. 각 층의 건축 처리는 달랐지만 정작 층과 층을 구획하는 수평 부재는 소속이 애매했다. 2층의 창틀 아랫부분은 1층의 코르니스(cornice, 층과 층 사이, 혹은 꼭대기 층과 지붕을 분리하는 수평띠 부재) 위에 얹은 지붕처럼 보였다. 이런 느낌은 2층과 3층 사이에서도 반복되었다.

이상의 처리는 구조와 장식, 층과 층 사이를 엄격히 구별했던 브라만테의 엄격한 로마 고전주의를 벗어난 다음 단계로 볼 수 있다. 양식 발전의 과정으로 보면 예견되는 변화였는데 16세기 팔라체토에서는 라파엘이 장식주의와 회화주의를 가지고 이것을 이끌었다. 2층은 마치 장식으로 그린 그림이나 돋을새김을 새긴 벽화처럼 나타났다. 구조와 장식을 구별하는 데에서 벗어나 둘을 하나로 합하려는 라파엘의 장식주의와 회화주의를 잘 보여주는 특징이었다. 건물 전체로 보면 명확한 층 구별이나 창과 벽의 구별 등 구조 논리에 충실한 전통적인 구조 축조성을 파기하고, 입면 전체가 하나의 큰 화폭으로 읽히는 회화주의로 바뀌었다. 이런 회화주의는 천재화가 라파엘 특유의 장식주의 기법이었다.

이런 특징 역시 크게 보면 로마 고전주의의 일환이었다. 차이도 있었는데 로마 시대의 장식주의나 회화주의는 폼페이의 도무스나 네로의 황금 주택에서 보듯 주로 실내에 한정되었던 데 반해, 이 건물에서는 이것을 외관으로 끌어낸 점이 달라진 점이었다. 이는 16세기 로마 상황에서 가로를 향한 입면주의가 중요해진 시대상을 반영한 것으로 입면의 장식주의를 통해 예술 권력을 추구했던 쿠리아의 팔라체토가 대표적인 예였다. 교황의 실무보조자의 주거임에도 불구하고 이런 처리를 통해 이 건물은 쿠리아 건축주가 원하던 예술 권력을 선사했다.

예술가 주택: 주택의 예술성과 예술가의 정체성

권력계층을 제외하고 르네상스 팔라초 유형을 이끈 건축주에는 쿠리아 이외에 예술가 그룹도 있었다. '천재의 시기'라는 명칭에서 알 수 있듯이 예술가의 지위는 르네상스에 들어와서 크게 향상되었다. 이름 없는 장인에 머물렀던 중세와 달리 르네상스 시대에는 자신의 이름을 내건 전문 직업인으로 대접받았다. 이미 15세기부터 메디치 가문은 풍족한 경제적 지원과 함께 예술가들을 중용했으며 16세기부터는 교황청이 이 일을 맡았다. 미켈란젤로가 좋은 예로, 그리 좋은 가문 출신이 아니었음에도(미술사 책에는 흔히 '몰락한 가문'으로 나온다) 예술적 천재성 하나로 메디치 가문과 무려 5명의 교황에게서 각별한 배려와 총애를 받았다.

예술가들의 지위가 향상되고 왕성한 활동을 벌이면서 부자 예술가들도 등장했다. 특히 각 도시의 궁정을 대상으로 활동한 예술가들이 재산을 많이 모았다. 이들은 이렇게 번 돈으로 자신들만의 독특한 주거를 지었다. 장소는 산탄젤로 성채 맞은편의 방키(Banchi)와 비아 줄리아가 많았는데 두 곳 모두 예술가들이 모여 살던 지역이었다. 교황청과 가까운 지역이었는데, 당시 로마에서 대부분의 크고 중요한 예술 프로젝트는 교황청에서 발주했기 때문이었다. 이들은 쿠리아와 달리 주택에서 예술 권력을 좇지는 않았고 직업에 걸맞게 순수한 예술적 차원에서 자신들의 주택을 차별화하고 싶어 했다. 이는 곧 자신들의 직업 정체성을 상징적으로 표현하려는 것이었다. '예술가는 집도 예술적이어야 한다.'는 단순한 논리였다.

예술가 주택을 이끈 계층은 건축가들이 많았다. 이들은 스스로 자신의 주택을 설계했다. 화가나 조각가 등도 건축가에게 이른바 '작품으로서의 주택'을 의뢰했다. 일부 화가는 건축가가 아니면서도 직접 자신의 주택을 설계해서 지었다. 징조는 15세기부터 나타났다. 1460년부터 만토바 궁정에서 활동하던 만테냐(Andrea Mantegna)는 열심히 돈을 모아 자신의 팔라초를 손수 지었다. 15세기의 건축이론가 필라레테(Filarete)는 자신의 저서에서 가상의 건축가를 가정한 뒤 자신의 주택을 직접 설계한 안을 제시하기도 했다.

15세기의 이런 움직임은 16세기에 들어오면서 예술가 주택이라는 팔라초의 한 유형으로 발전하게 된다. 이번에도 카프리니 팔라초가 모델이었다. 그 근거는 앞에 얘기한 바와 같이 '도시 예술 공공재'로서의 주거라는 개념이었다. 주거의 입면을 신전 개념으로 정의함으로써 가로와 도시 외부공간을 향한 예술적 공공성의 의무를 다한다는 취지였다. 이를 예술가의 개인사에 적용하면 건축어휘를 예술가라는 직업에 합당한 정체성과 인상을 얻는 방향으로 적극 활용한다는 뜻이 된다. 이번에도 브라만테가 설계했던 카프리니 팔라초가 출발점이었다. 라파엘은 이 팔라초가 스승이 설계한 작품이기도 했지만 예술가라는 자신의 직업 정체성을 잘 표현했다는 판단 아래 1517년에 원주인에게서 이 팔라초를 구입해서 사망할 때까지 살았다.

카프리니 팔라초에 나타난 예술가 주택의 주제는 '구조와 장식 사이의 관계'였다. 이 주제는 여러 면에서 16세기 이탈리아 르네상스 예술가 주택에 적합한 내용이었다. 1층의 러스티케이션이 내는 원시적 분위기는 1층을 상가로 세놓아야 하는 예술가 주택에 기능적으로 잘 맞았다. 반면 2층의 도리스식 기둥은 비례를 대표하는 고전 부재로서 지성을 상징했는데 이는 예술가의 캐릭터에 잘 맞았다.

러스티케이션이 특히 중요했다. 러스티케이션은 예술가들에게 적합한 장식다움의 의미를 가졌다. 벽돌이나 석재를 직접 쌓은 실제 조적이 아니라 자갈로 골조를 쌓은 뒤 회반죽을 표면에 발라서 원하는 표면 효과를 낸 일종의 모조품이었기 때문이다. 이런 모조품은 진짜 돌을 이용했던 15세기 피렌체의 러스티케이션과 대비되는 것으로 브라만테가 발명한 것이었으며, 이후 줄리오 로마노가 이어받아 애용했다. 이는 장식을 표면 문양이 아닌 구조와의 관계로 표현한 것으로, 이 건물에 장식이 없는 이유이기도 하다. 장식을 화려한 표면 문양이 아니라 건축적 축조의 한 방식으로 정의한 것인데 이는 예술가 주택에 합당한 수준의 것이었다.

이후 16세기에 들어와 라파엘, 소 안토니오 다 상갈로, 줄리오 로마노 등이 이상의 내용들을 이어받아 예술가 주택을 이끌었다. '구조와 장식 사이의 관계'라는 주제는 넓게 보면 앞의 팔라체토에도 해당되는 것이나 구체적 처리에서 차이가 있었다. 팔라체토는 실제 권력을 추구했던 쿠리아의 주거였기 때문에 표현 방향이 더 직설적이었다. 구조와 장식을 구별한 뒤 각각을 강조하는 방향으로 사용했다. 구조주의와 장식주의를 분리해서 별도로 추구한 것이다. 벽체, 오더, 닫집 같은 건축어휘와 표면 장식이 섞이지 않고 각자의 실체를 유지했다.

예술가 주택에서는 구조와 장식이 한 건물 내에서 함께 섞이면서 서로가 서로를 함께 정의했다. 구조와 장식의 분리 불가능한 일체감으로, 구조 역시 구조 단독으로 정의되는 것이 아니라 장식과 함께 섞여 정의되며 장식 또한 마찬가지였다. 구조와 장식의 일체를 통해 구조와 장식이 정의되었다. 구조 부재는 장식 부재가 되었고 장식 부재는 구조 부재가 되었다. 카프리니 팔라초를 이어받아 이런 경향을 완성시킨 건축가는 이번에도 라파엘이었다. 그는 팔라체토와 예술가 주택을 창출해서 이 주제를 적용함으로써 '화가의 건축' 또는 '건축에서의 회화주의'라는

16세기의 한 흐름을 형성했다. 앞에 나왔던 장식주의와 회화주의를 합한 개념으로 화가만의 차별화된 건축 기법이었다. 이 기법은 공공건물에도 사용했지만 주요 통로는 주거였다.

라파엘의 예술가 주택(Artist's House, 1520년경)이 좋은 예이다. 라파엘이 자신의 주택으로 설계한 것으로 현재는 도면만 남아 있다. 1517년에 카프리니 팔라초를 원주인에게서 구매한 직후 비아 줄리아에 부지를 구입해서 설계를 시작했다. 자신이 직접 살 집이었다. 스승의 작품에 사는 것도 의미가 있었으나 아마도 카프리니 팔라초가 좁아서 좀 더 넓은 집이 필요했기 때문으로 보인다. 위치는 비아 줄리아와 방키가 만나는 모퉁이였다.

당시 라파엘은 교황청 공방의 수장이라는 직책을 맡아 예술가 이상의 지위를 유지하고 있었다. 바사리에 의하면 교황 레오 10세는 라파엘을 추기경 직에 임명할 생각까지 가지고 있었다고 한다. 당시 라파엘은 성 베드로 대성당 건설의 총책임자였는데 이 직책을 원활하게 수행하기 위해 교황청에서 내리는 공식 직함이 필요하다고 판단했던 것이다. 당시 라파엘은 예술가들 사이에서 '예술적 군주'로 통하고 있었다. 추기경은 교황청에서 임명하는 종교적 군주였다. 둘을 합하면 교황 레오 10세는 예술가의 군주를 종교적 군주에 임명해서 예술적 권위를 배가시키려는 의도였다. 라파엘은 이런 자신의 위치를 과시적 권력이 아닌 예술성으로 표현하려 했다.

평면은 '예술가의 궁전'으로 정의했다(도 4-47). 이를 위해 통상적인 팔라초 구성을 깼다. 집의 중심은 라파엘의 스튜디오였는데 그 위치는 도로를 면한 정면이 아니라 안마당 뒤쪽의 북쪽이었다. 도시를 다스리는 군주와 달리 창작을 하는 예술가였기 때문에 도로를 향해 전면에 나서지 않고 아늑한 안쪽을 택한 것이다. 크기도 작은 방 하나에 불과해서 군주의 팔라초와 비교하면 그랜드 살

도 4-47 라파엘, 예술가 주택, 로마, 1520년경, 2층 평면도. 1=라파엘 주택 안마당, 2=라파엘 주택 로지아, 3=라파엘의 스튜디오, 4=임대용 주택 안마당, 5=임대용 주택 로지아, 6=그랜드 살롱, 7=소형 거실, 8=아틀리에 살롱.

롱은커녕 화장실 면적 정도밖에 안 되었다. 그러나 집 전체로 보면 오히려 무게중심에 해당되는 지점으로 안마당을 관장하면서 집 전체를 통제할 수 있었다. 아래층의 조수와 직접 연결하는 계단을 갖추어서 기능적 효율을 꾀했다. 더욱이 그에게는 면적보다 훨씬 중요한 예술적 권위라는 것이 있었다. 이 작은 방이 당시 로마교황청에서 수행하는 모든 거대 예술 프로젝트의 총본산이었다.

이런 예술적 권위를 뒷받침하기 위해 부지의 가장 긴 변을 따라 교황청 공방 수장의 직책을 수행하는 데 필요한 부속시설을 일렬로 배치했는데 이는 전통 궁전의 전형적인 배치였다. 모두 6개의 방이 일렬로 늘어섰는데 군주의 팔라초에서도 나오기 힘든 궁전 배치였다. 이 방들은 라파엘의 스튜디오 옆에 호위하듯 늘어서서 라파엘을 보좌했다. 라파엘의 조수들이 그의 지시에 따라 그림을 그리며 교황청의 예술정책을 수행하는 본부였다. 예술가의 군주라는 그의 위상에 합당한 평면 구성이었다.

이상의 구성은 비정형 부지를 잘 활용한 것이었다. 사다리꼴 부지에 각각의 안마당을 갖는 두 채의 주거를 끼워 넣듯 배치했다. 정면 도로인 비아 줄리아를 면한 것은 자신의 주거이고 뒤쪽 것은 조수용이거나 임대용이었다. 예술가들의 영역에 위치했기 때문에 임대 수입이 괜찮은 편이었다. 예각 모서리나 비정형 방에는 계단, 창고, 목욕탕, 화장실 등의 실용시설을 넣은 뒤 마지막으로 벽을 두껍게 해서 조절했다. 두꺼워진 벽은 다시 벽감으로 활용했다. 이런 구성은 이후 비정형 주거에 중요한 선계가 되었다. 가깝게는 페루치의 마시모 팔라초에 중요한 영향을 끼쳤으며 멀리는 프랑스의 18세기 로코코 오텔의 모델이 되었다.

도 4-48 라파엘, 예술가 주택, 로마, 1520년경, 측면도.

입면에서도 자신의 예술적 지위에 합당한 건축 어휘를 사용했다. 큰 방향은 자신이 설계했던 성 베드로 대성당의 분위기를 표현하는 것이었다. 가장 대표적인 것이 2층을 가로지르는 자이언트 오더였으며 이것을 사용하지 않은 쪽에는 개구부를 수직 비례로 짜서 건물 전면에 수직적 분위기를 강조했다. 카프리니 팔라초의 주제였던 구조와 장식 사이의 관계도 빠질 수 없었다. 직접적 표면 장식은 사용하지 않은 대신 조적 쌓기를 장식적으로 활용했다(도 4-48). 정문 출입구의 문틀, 1층 벽, 2층 벽의 세 곳을 각기 다르면서도 일정한 공통점을 갖는 조적으로 처리해서 다양한 표면 효과를 냈다. 이는 구조를 통해 장식을 정의하는 카프리니 팔라초의 주제를 발전시킨 것이었다.

줄리오 로마노: 예술가 주택 + 매너리즘

라파엘의 예술가 주택은 그의 애제자 줄리오 로마노로 이어졌다. 그는 스승의 관심사였던 구조와 장식의 분리 불가능한 일체감을 이어받아 매너리즘으로 발전시켰다. 라파엘의 영향 아래 '구조와 장식 사이의 관계'라는 주제를 진일보시켰으며 건물을 장식과 하나가 된 미학적 총체로 정의했다. 실제 작업현장에서도 회반죽 장인이나 프레스코 화가 등 시공 및 예술 실무를 담당한 계층과 차별 없이 긴밀한 협력작업을 했다. 그 스스로가 라파엘에 버금가는 뛰어난 기교적 화가였기 때문에 모든 그림을 자신이 직접 그렸다. 이 때문에 그의 건물에서는 건축가가 행한 부분과 미술-장식 예술가들이 행한 부분 사이에 구별이 무의미했다. 그는 라파엘이 창시한 16세기의 한 흐름인 '화가의 건축' 혹은 회화주의라는 경향을 이어받아 완성시켰다.

동시에 스승의 연장선에 있지만은 않아서 매너리즘 건축이라는 자신만의 양식을 창출해서 대표했다. 부재 어휘 자체에 대해서는 정확한 고전 문법 실력을 자랑했지만 이를 건물 전체로 구성해내는 실제 창작에서는 파격적인 탈문법 경향을 구사하면서 '고전 대 반(反) 고전' 사이의 대립을 표현했다. 정통 고전 문법에 대한 역설과 반전이라는 매너리즘 기법을 완성시킨 장본인이었는데, 동시대인들은 이런 그의 경향에 대해 풍부한 창의력, 충격과 놀라움 등의 단어를 쓰며 반겼다. 양식사의 관점에서 보면 위험할 수 있는 실험적 수수께끼였지만 일정한 성공을 거두면서 성기 르네상스(High Renaissance)와 함께 16세기를 구성하는 양대

도 4-49 줄리오 로마노(Giulio Romano)의 마카라니 팔라초. 로마. 1520?~23년.

축을 이루었다. 그에게서 시작된 이런 경향을 후대의 예술사가들은 매너리즘이라 명명했다.

줄리오 로마노의 경력은 로마 시기와 만토바 시기로 나뉜다. 로마 시기 동안에는 마카라니 팔라초(Palazzo Maccarani, 1520?~23)가 대표적인 예이다. 귀족 가문의 주택으로 예술가 주택은 아니었지만 건축 구성은 예술가 주택을 따랐으며 매너리즘이 처음 나타난 점에서 중요하다(도 4-49). 언뜻 보면 카프리니 팔라초의 복사판처럼 보이지만 매너리즘 각색을 여러 곳에 가했다. 대표적인 장소는 개구부였다. 카프리니 팔라초에서는 2층 개구부를 1층의 아치가 받침으로써 구조적 안정을 확보했다. 반면 이곳에서는 2층 개구부를 1층의 중이층 창이 받침으로써 진공부가 구조 역할을 하는 셈이 되었다. 이는 보는 이에게 구조적 불안감을 야기함으로써 카프리니 팔라초에 대해 역설적 각색을 가한 처리였다.

1층 출입구의 상인방에서는 매너리즘의 대표적 어휘인 '박공 속 평아치'를 사용했다. 둘을 겹쳐 사용하는 것 자체가 고전 문법을 벗어난 과도한 중복이었다. 아치는 구조 역할을 하는 조적 부재인지 상인방에 들어가는 장식 부재인지 모호했다. 아치는 공중에 떠 있는 형국이 되면서 구조적 불안감을 야기하지만 이것을 벽에 부착된 삼각 박공 윤곽이 위에서 붙들어 매주어서 겨우 안정감을 확보했다. 구조 부재인 아치에 대한 역설이었다. 아치는 박공 틀 속에 갇힘으로써 장식 소품이 되어버렸다.

기둥과 창틀도 매너리즘 각색의 대상이었다. 2층의 기둥에서는 주두를 크게 줄여서 그 의미와 역할에 고의적으로 손상을 가했다. 3층에서는 주두가 완전히 사라짐으로써 기둥은 사각형 윤곽을 구성하는 선형 부재로 바뀌었다. 모두 기둥의 전통적 역할에 대한 역설이었다. 이런 역설은 창에서 반복된다. 2층의 창틀은 상인방 박공과 함께 생각하면 콜로네트를 연상시키지만 자세히 보면 단순 사각형이었다. 그 대신 윤곽을 여러 겹으로 겹쳐서 '기둥 면-얇은 띠 부재가 형성하는 액자-벽면-

창틀'로 이어지는 '오목–볼록'의 급한 교대 반복을 만들었다. 3층 창은 아예 상인방 박공에서 엔타블러처를 없애고 반원아치 윤곽을 창틀과 하나로 합해버림으로써 건축 부재와 기하 형태 사이에서 애매한 중간 상태가 되어버렸다.

이 주택 이후 줄리오 로마노는 연달아 자신의 주택을 설계하면서 예술가 주택의 명맥을 이어나갔다. 첫 번째는 줄리오 로마노의 로마 주택(1524)이었다. 이 주택 역시 현재 스케치만 남아 있는데 구조와 장식 사이의 일체라는 주제를 매너리즘 기법으로 각색해서 발전시켰다(도 4–50). 대표적인 부분은 1층 출입구와 2층 창틀이었다. 1층 출입구에서는 러스티케이션 블록을 쌓아 만든 도리스식 기둥으로 문틀을 짰다. 2층 창틀에는 이오니아식 콜로네트에 블록을 끼워 넣었다. 창의 상인방에 사용한 평아치 역시 종석을 과도하게 크게 처리하는 등 전체적으로 이런 분위기에 맞췄다. 모두 구조를 과장함으로써 장식 효과를 노린 처리로 역설과 함께 매너리즘을 대표하는 양대 기법이었다.

도 4–50 줄리오 로마노의 로마 주택, 1524년.

이런 처리는 고전 부재 사이의 전통적인 의미를 모호하게 흐렸다. 1층 출입구의 문틀에서는 도리스식 기둥과 러스티케이션 쌓기 사이에, 2층에서는 이오니아식 콜로네트와 블록 사이에 각각 충돌과 갈등이 일어났다. 출입구 위쪽의 2층 창 상인방에서는 평아치 위에 박공을 하나 더 얹었다. 이 또한 마카라니 팔라초와 마찬가지로 고전 문법을 벗어난 과도한 중복인데 구체적인 처리에서는 반대였다. 마카라니 팔라초에서는 아치가 박공 안에 들어가서 박공의 도움을 받으며 장식 소품으로 변했다. 반면 이곳 줄리오 로마노의 로마 주택에서는 아치가 밖으로 나와 거꾸로 박공을 받치고 있다. 이는 줄리오 로마노 개인의 작품 흐름 내에서 앞 작품에 대한 반전으로 볼 수 있다.

두 번째는 줄리오 로마노의 만토바 주택(1538~44)이었다. 그는 만토바의 도시정비 작업을 성공적으로 수행하고 만토바 시내에 주요 작품을 남겨 만토바의 도시 지위를 높임으로써 곤차가 대공의 사랑을 받아 그에 대한 보답으로 말년에 귀족 지위를 획득하고 주택을 선사받았다. 중세 때의 주택을 개축한 것인데 현재 외관은 원래 상태는 아니고 1800년경에 개축한 것이다. 오른쪽 2베이를 더하고 중앙 출입구가 세 번째 베

도 4-51 줄리오 로마노의 만토바 주택. 1538~44년.

이에서 다섯 번째 베이로 옮겨지는 변화가 있었지만 예술가 주택으로서의 원래 의미는 읽어낼 수 있다. 줄리오 로마노는 이 건물을 통해 라파엘의 수제자, 매너리즘을 대표하는 건축가, 곤차가 대공의 신임을 받은 만토바의 수석 건축가 등 여러 측면에서 자랑스러운 직업적 정체성을 예술적으로 표현하려 했다.

이 건물의 핵심은 개구부 틀에 사용한 구조 부재와 장식 부재 사이의 다양한 관계이다. 구조와 장식의 일체성을 추구한 점에서는 카프리니 팔라초를 모델로 삼은 것인데 둘의 관계를 다양하게 구사한 점은 매너리즘의 특징이다(도 4-51). 두 층 모두 개구부를 두 겹으로 쌌는데 이 과정에서 구조 부재와 장식 부재 사이에 다양한 관계를 만들어냈다. 1층 출입구에서는 문틀을 아치로 짠 뒤 그 위에 박공을 한 번 더 둘렀다. 하지만 양옆으로 넓혀 보면 박공은 온전한 형태가 아니라 1층과 2층을 가르는 수평 띠가 잠시 위로 솟은 것일 뿐이다. 아치가 밀어올린 것처럼 보이기도 해서 제대로 된 장식 부재 역할을 하지 못하고 있다. 따라서 이곳에서 장식 부재는 아치라는 구조 부재가 겸하고 있다. 아치의 종석을 크게 만들어서 돌출시킨 뒤 표면을 울퉁불퉁하게 처리한 것도 장식을 강조한 것이다.

2층 창에서는 1층과 반대로 박공으로 창틀을 짠 뒤 아치로 한 겹을 더 썼다. 이번에는 구조 부재와 장식 부재를 분리했다. 구조 역할이 없는 박공 창틀에 장식을 집중시킨 반면 아치는 구조 부재 본연의 모습을 지켰다. 분리는 중앙 베이에서도 반복되었다. 아치 속에 벽감을 판 뒤 조각상을 집어넣은 것이다(도 4-52). 예술가 주택에서 흔히 사용하던 것으로 장식 요소를 직설적으로 배치하는 기법이다. 이상과 같은 2층의 처리는 1층의 처리를 거꾸로 뒤집은 것이다.

줄리오 로마노 특유의 모호함도 계속 나타났다. 1층과 2층을 가르는 수평 띠는 2층의 하인방을 겸함으로써 소속이 모호해졌다. 모호함은 계속된다. 자세히 보면 이 수평 띠는 1층과 2층을 가르는 선이 아니다. 그 선은 이보다 세 단 아래의 평아치 옆에 있다. 하지만 이 선은 실선이 아니라 점선이라서 그 역할이 모호하다. 아치에 의해 중간에서 끊어지기 때문에 바닥판 역할을 온전히 드러내지 못하고 있다. 모호함은 2층의 개구부에서도 나타났다. 아치와 아치 사이의 부분이 애매했다. 아치를 받치는 임포스트(impost)로 보이기도 하고 그냥 벽체로 보이기도 하며 큰 개구부의 창틀 부분으로 보이기도 했다.

2층 개구부의 상인방 겹 수도 모호했다. 언뜻 보면 두 겹으로 보이지만 자세히 보면 세 겹이다. 큰 아치 속에 들어간 박공의 꼭짓점 위에 작은 홍예를 상징하는 조각을 더한 것으로 보아 아치의 진공부 자체를 또 하나의 상인방으로 본 것이다(도 4-53). 이는 결국 개구부 전체의 상인방이 세 겹이라는 뜻이다. 이런 세 겹의 처리는 아치의 기본 의미에 대한 역설로 해석할 수 있다. 아치 속을 블라인드 아치로 만들고 그 속을 박공이라는 진짜 창틀로 채워 넣음으로써 아치의 기본 역할 가운데 하나인 개구부 기능을 박탈한 것이다. 이는 다시 정면 전체에 강한 조각 느낌을 준다. 기둥마저 사라지고 중앙 벽감에 조각을 넣어서 이런 느낌을 강조했다. 앞의 어떤 팔라초에서도 보기 힘든 조각다움이었다. 구조 축조가 조각다움으로 전환된 것으로 구조와 장식의 일체를 매너리즘 기법으로 처리한 좋은 예였다.

도 4-52 줄리오 로마노의 만토바 주택. 1538~44년.
도 4-53 줄리오 로마노의 만토바 주택. 1538~44년.

3 프랑스 르네상스 오텔(16세기)의 형성과 특징

르네상스 오텔의 역사

프랑스 르네상스 건축의 중심은 교회가 아닌 주거였다. 프랑스 기독교가 종교개혁과 백년전쟁 등을 거치면서 분열되고 전쟁에 휩싸이는 등 세력이 약화되고 차분히 교회건축에 전념할 여력이 없었기 때문이었다. 그 자리를 왕실 등 세속 권력이 차지했다. 프랑스는 프랑수아 1세를 거치면서 유럽에서 가장 먼저 통일국가의 기틀을 잡은 나라였다. 이에 따라 시청사, 법원, 주거 같은 세속 공공건축이 교회를 제치고 핵심 유형으로 등장했다. 특히 주거의 활약이 두드러졌다. 왕궁을 필두로 한 상류층의 주거는 적어도 프랑스에서는 중세를 마감하고 르네상스의 새 기운을 가장 먼저 구현한 건물 유형이었다. 이런 흐름은 바로크의 절대왕정으로 이어지며 더욱 강화되었다.

프랑스 르네상스 주거는 이탈리아와 마찬가지로 상류층 중심으로 진행되었다. 농촌주거와 도시주거가 양대 축을 이룬 점도 비슷했다. 프랑스 르네상스의 농촌주거는 성채였고 도시주거는 오텔(hôtel)이었다. 이 가운데 오텔이 특히 중요했다. 오텔은 상류 권력층의 도시 내 본거지로 이탈리아 팔라초에 대응되는 유형이었다. 오텔 역시 중세 때 처음 등장

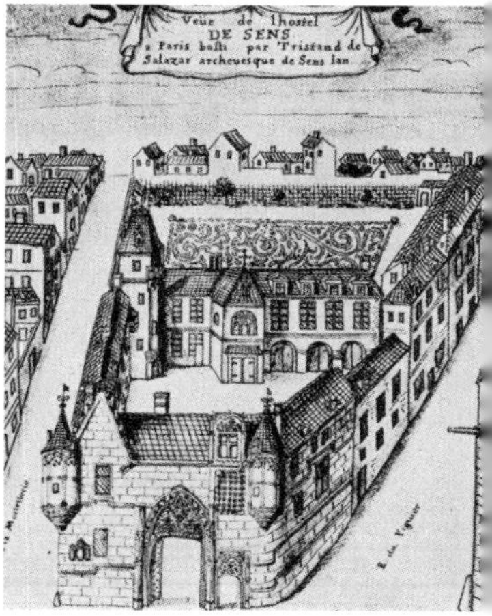

했다. 하지만 기원은 달랐다. 처음부터 도시주거로 시작한 팔라초와 달리 오텔은 중세 봉건 시대 때 영주나 주교 등의 농촌 성채를 도시로 가지고 들어와 도시에 맞게 적용, 변형시킨 것이었다. 파리의 르네상스 오텔 가운데 느베르 오텔이나 클뤼니 오텔처럼 이름에 느베르(Nevers)나 클뤼니(Cluny) 같은 지역 이름이 들어간 것도 이 때문이다. 이들 지역의 중세 권력층이 파리로 진출하면서 그 본거지로 오텔을 구입하거나 짓는 과정에서 자신들의 고향 이름을 넣은 것이다.

도 4-54 클뤼니 오텔(Hôtel de Cluny). 파리. 앞마당 전경. 1334년 첫 구입. 1470년 파괴 이후 새로 지음.

도 4-55 상스 오텔(Hôtel de Sens). 파리. 전경. 1381년 첫 번째 완공. 1474년 증개축.

이미 중세 때부터 파리는 오텔 건축의 중심지였으며 르네상스 때 1차 완성을 거친 뒤 바로크 때 전성기를 맞았다. 파리의 중세 오텔 가운데 현재 기록이나 건물이 남아 있는 것은 여러 채 되는데 클뤼니 오텔(Hôtel de Cluny)과 상스 오텔(Hôtel de Sens)을 대표적인 예로 들 수 있다(도 4-54, 도 4-55, 도 4-56).

도 4-56 상스 오텔. 파리. 1381년 첫 번째 완공. 1474년 증개축. 외관의 현재 모습.

두 오텔은 모두 중세 역사를 배경으로 가지고 있다. 클뤼니 오텔은 중세 프랑스에서 가장 큰 수도회였던 클뤼니수도회가 파리에 진출하기 위해 1334년 처음 지었으며 1470년 파괴 이후 새로 지어 오늘에 이른다. 상스 오텔은 1381년에 샤를 5세가 상스의 대주교에게 하사해서 탄생했으며 1474년에 상스의 대주교였던 살라 자르의 트리스탄(Tristan de Salazar)이 개축한 것이다. 두 오텔은 또한 중세 성채의 모습을 거의 그대로 간직하고 있다. 도심에 맞게 규모를 축소하면서 짜임새 있게 정리한 정도가 차이점이었다.

중세 오텔에서 르네상스 오텔의 표준 구성이 일부 나타나긴 했지만 이것이 완성된 것은 16세기였다. 16세기 프랑스의 역사는 왕조를 기준으로 하면 루이 12세(재위 1498~1515), 프랑수아 1세(재위 1515~47), 앙리 2세(재위 1547~59), 프랑수아 2세(재위 1559~60), 샤를 9세(재위 1560~74), 앙리 3세(재위 1574~89), 앙리 4세(재위 1589~1610) 등의 여러 왕들로 숨 가쁘게 이어졌다. 하지만 오텔의 변천사는 이렇게 세분할 필요는 없고 전반부와 후반부를 기준으로 크게 초기 르네상스(15세기 말~1540)와 부르주아 전성기(High Bourgeois, 1540~1600)로 양분할 수 있다.

오텔은 중앙 안쪽의 본체를 중심으로 양쪽에 측랑이 돌출하는 'ㄇ'자형이 표준 구성이었다. 이 평면은 프랑스 르네상스 주거에서 성채와 오텔 모두에서 기본 유형으로 채택한 이후 18세기 바로크까지 계속 사용했다. 먼저 완성된 것은 루이 12세 때 오텔이었다. 하지만 그의 재위 기간(1498~1515) 동안 지어진 파리 주거에 대해서는 유구는 물론 기록도 많이 남아 있지 않다. 전체적으로 2~3채씩 그룹으로 지어졌는데 위치는 센 강의 양안인 우안(Right Bank)과 좌안(Left Bank)에 주로 집중되

도 4-57 위르생 오텔(Hôtel des Ursins). 파리. 연도미상. 현재 철거. 센 강변의 전경.
도 4-58 에루에의 장 오텔(Hôtel Jean d'Herouet). 파리. 1510년. 외관의 현재 모습.

었다. 건축 수준과 주거의 질은 매우 높았던 것으로 알려져 있다. 르장드르 오텔(Hôtel le Gendre, 1506년경 증개축, 1841년 철거), 샹브르 데 콩테(Chambre des Comptes, 1504년 시작, 19세기에 철거), 에루에의 장 오텔(Hôtel Jean d'Herouet, 1510년), 위르생 오텔(Hôtel des Ursins, 연도미상, 철거) 등이 루이 12세 때 지어진 대표적인 오텔들이다(도 4-57, 도 4-58). 이런 예들은 16세기의 것들이긴 하지만 아직 중세 성채에 더 가까운 상태를 보였다(도 3-70).

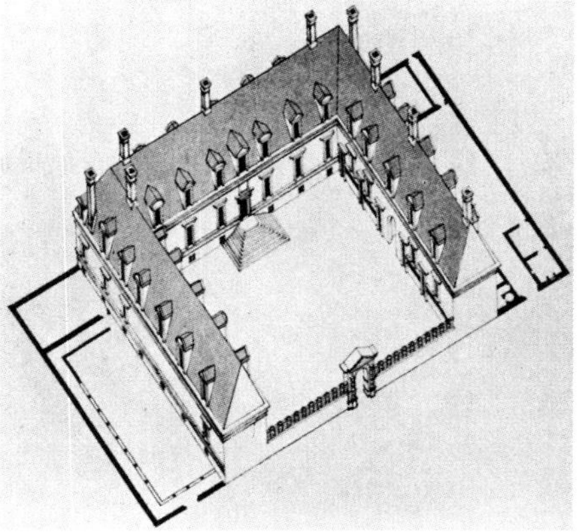

프랑수아 1세의 전반기에는 오텔 건설이 잠시 주춤한 대신 왕궁을 여러 채 짓고 성채에서 'ㅠ'자형 평면이 완성되었으며 이탈리아 르네상스를 본격적으로 수입하는 등의 발전이 있었다. 왕궁은 루아르 계곡, 파리, 퐁텐블로 등이 중심지였는데 이 가운데 파리의 루브르와 퐁텐블로의 르그랑 페라레(Le Grand Ferrare, 1544~46)가 르네상스 오텔과 성채에 주요 모델이 되는 등 큰 영향을 끼쳤다. 르그랑 페라레는 특히 완성도 높은 'ㅠ'자형 평면을 선보인 초창기 예 가운데 하나이다. 리옹의 대주교였던 에스테의 이포리토(Ippolito d'Este)의 주거였는데 사각형 안마당의 세 면을 건물이 에워싸고 네 번째 정면을 담으로 막은 뒤 그 중앙에 정문 출입구를 낸 구성이었다(도 4-59).

'ㅠ'자형 평면이 완성된 성채의 예는 뷔리(Bury)와 샹보르(Chambord)가 초창기를 대표하는 예이다. 뷔리 성채는 1511~24년 사이에, 샹보르 성채는 1519년 공사 부분에서 각각 완성도 높은 'ㅠ'자형 평면을 보여준다(도 4-60). 성채는 이후 바로크 시대까지 계속해서 'ㅠ'자형을 가장 보편적인 평

도 4-59 르그랑 페라레(Le Grand Ferrare). 퐁텐블로. 1544~46년.
도 4-60 뷔리 성채(Château de Bury). 1511~24년.
도 4-61 자크 앙드루에 뒤 세르소(Jacques Androuet du Cerceau). 베르노이 성채 계획안(Château de Verneuil). 1568년.

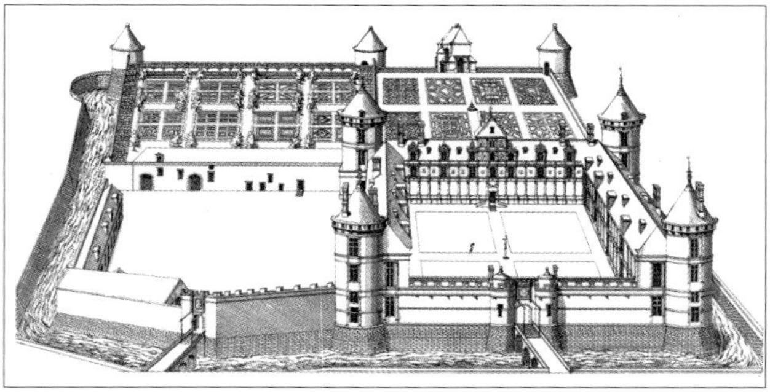

면 유형으로 유지하면서 오텔과 유사성을 유지했다. 이런 유사성은 중세 성채를 도시로 가지고 들어와 도시에 적용시킨 것이 오텔이었기 때문에 당연한 측면이 있었다. 성채 가운데에는 'ㄇ'자형 평면에서 도로를 접한 면을 막아서 'ㅁ'자형으로 만든 경우도 있었다. 성 모르(Saint Maur, 1541~) 성채, 아네(Anet, 1547~55) 성채, 베르노이 성채 계획안(Château de Verneuil, 1568) 등이 대표적인 예인데 이런 폐쇄적 구성은 중세 성채의 방어 기능이 르네상스까지 계속된 것이었다(도 4-61).

프랑수아 1세와 파리 '로티스망' 개발사업

이탈리아 르네상스를 수입하는 일은 프랑수아 1세의 통치를 뒷받침한 역점 사업이었다. 그 자신이 르네상스 고전주의의 열렬한 애호가라는 순수한 예술적 동기도 있었지만 당시 프랑스 상황에서 이탈리아 르네상스는 단순한 예술양식 이상의 첨단 문명의 의미를 가졌다. 프랑수아 1세는 이를 수입해서 자신이 주도한 각종 건축사업에 적용함으로써 중세 전통에 지지부진하게 매여 있던 16세기 초 프랑스의 사회문화 상황을 혁파하는 역사적 동력과 정치적 힘을 얻을 수 있었다. 그는 레오나르도 다빈치와 세를리오라는 두 거물을 초빙해서 프랑스로 귀화시킨 뒤 샹보르와 퐁텐블로 설계에 각각 참여시켰다. 이런 일을 할 수 있다는 것 자체가 프랑수아 1세의 정치력을 단적으로 보여주는 대사건이었다. 프랑스 르네상스 건축은 전적으로 프랑수아 1세 한 개인의 노력으로 시작되었다고 해도 과언이 아닐 정도였다. 이탈리아 고전주의의 등장은 프랑스 건축계와 사회에 여러 파장을 낳았다. 고딕의 종주국 프랑스에서도 드디어 르네상스 고전주의가 시작된 역사적 전환을 가져왔지만 갈등도 컸다. 자국의 중세 전통과 낯선 외래 양식 사이에 충돌이 생기면서 민족주의 논쟁을 불러 일으켰다. 일부 상류층들은 자신들의 권력을 다지고 과시하는 수단으로 첨단 양식인 르네상스 고전주의를 애용하기도 했다. 오텔은 이런 과시욕을 발산하는 주요 통로였다. 상류 권력층들은 오텔 건설을 둘러싸고 서로 질투하며 더 크고 화려하게 짓기 위해 욕심 경쟁을 벌였다. 프랑수아 1세 후반기부터 오텔 건설이 본격화되면서 오텔 건축은 전성기로 진입했다. 1543년에 제정한 '로티스망(lotissement)'이라고 불리는 택지분할 규제가 도화선이 되었다. 기본 의미는 말 그대로 택지의 분할 크기를 규제하는 도시건축 법령이었다. 그 이전까지는 파리 시내에 짓는 대형 오텔들이 크기에 제한을 받지 않았기 때문에 지나치게 크고 화려해질 위험성이 있어서 이를 규제하기 위한 목적이었다. 순수한 의미에서는 파리 시가를 정리해서 근대적 통일국가의 수도에 걸맞은 모습으로 인도하려는 것이었다. 하지만 그 이면에는 건축사업을 벌여서 왕권을 강화하려는 프랑수아 1세의 정치적 의도가 숨어 있었다.

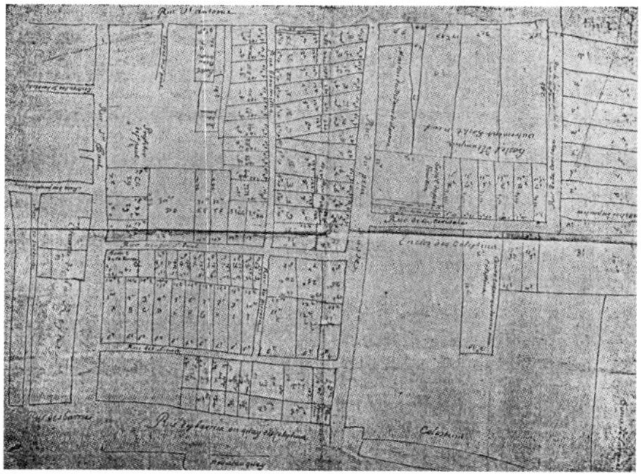

왕실 소유의 여러 오텔들을 팔아서 주택 개발사업을 벌이는 것이기도 했다. 파리 시내에 산재해 있던 부르고뉴(de Bourgogne), 아르투아(d'Artois), 플랑드르(de Flandre), 에탕프(d'Etampes), 성 폴(Saint Pol), 네슬(Nesle) 등 왕실 소유의 오텔들이 대상이었으며 1556년까지 계속되었다(도 4-62, 도 4-63). 표면적으로는 신성로마제국의 카를 5세와의 전쟁에 대비한 전비를 확보하기 위한 경제적 목적을 내걸었다. 하지만 그 이면에는 복잡한 정치적 계산이 깔려 있었다. 파리 시내 왕궁 주변에 전문직으로 무장한 새로운 귀족계층을 확보해서 왕실의 정치적 안정을 공고히 하려는 목적이 가장 컸다. 택지를 공급하는 방식으로 이들이 파리에 정착하는 것을 돕기 위함이었다. 수도 파리의 면모를 일신하는 주택사업을 통해 자신의 정치력을 과시하기 위한 추가 목적도 있었다.

도 4-62 로티스망(lotissement) 개발사업으로 철거되기 이전의 에탕프 오텔(Hôtel d'Etampes) 전경.
도 4-63 성 폴 오텔(Hôtel de Saint Pol) 부지에 개발한 로티스망. 1543~56년.

프랑수아 1세의 로티스망 개발사업은 16세기 르네상스 오텔의 역사에서는 두 번째 단계인 부르주아 전성기의 초입에 해당된다. 로티스망 사업에 참여해서 부지를 구입하고 오텔을 지은 계층에 부르주아 출신의 법복귀족이 가장 많았기 때문이다. 1545년에는 왕실의 로티스망 개발사업을 좇아 퀼튀르 성 카테린 교회(Eglise de Culture Sainte Catherine)도 교회 부지를 로티스망으로 개발했다. 두 부동산 개발사업이 맞물리면서 16세기 중반 파리에는 오텔 건설 붐이 불었고 많은 수가 지어졌다.

이 가운데 정식 건축가의 작품은 생각보다 적었고 대부분 부동산 개발업자와 시공업자가 지은 것들이었다. 이 때문에 16세기 오텔들은 대부분 철거되어서 현재 거의 남아 있지 않을뿐더러 문서, 도면 등의 기록도 매우 열악한 상태이다. 부르주아 전성기인 1540~1600년 사이에 지어진 오텔들 가운데 10여 채 정도만 건물과 도면 기록이 남아 있는 상태이다. 1540~60년대는 리녜리 오텔(Hôtel de Ligneris, 현재의 카르나발레 오텔[Hôtel Carnavalet], 1544~45)이, 1570~80년대는 느베르 오텔(Hôtel de Nevers, 1572~1650년대, 19세기에 철거)과 앙굴렘 오텔(Hôtel d'Aongouleme, 라무아뇽 오텔[Hôtel de Lamoignon], 1584)이 각각 대표적인 예였다.

리녜리 오텔은 당시 파리 시의회 의장이었던 자크 데 리녜리(Jacques des Ligneris)의 오텔이었다. 그는 퀼튀르 성 카테린 교회의 로티스망 가운데 27번에서 31번 사이의 다섯 필지를 구입해서 자신의 오텔을 지었다. 루브르의 건축가 레스코(Pierre Lescot)가 부분적으로 관여했지만 정문 출입구만 그의 작품으로 알려져 있고 전체를 설계한 건축가는 알려져 있지 않다(도 4-64). 하지만 앞마당 입면에 루브르의 어휘가 나타난 것으로 보

도 4-64 피에르 레스코(Pierre Lescot). 리녜리 오텔(Hôtel de Ligneris, 현재의 카르나발레 오텔). 정문. 파리. 1544~45년.
도 4-65 피에르 레스코. 리녜리 오텔. 앞마당 정면. 파리. 1544~45년.

아 상당 부분을 그가 설계했을 것으로 보인다(도 4-65).

평면은 퐁텐블로의 르그랑 페라레를 기초로 삼아 도로 면까지 막은 'ㅁ'자형이었다(도 4-66). 앞의 입면과 함께 생각하면 프랑수아 1세의 두 대표 왕궁을 모델로 삼은 전형적인 예에 해당된다. 안마당은 폭 18미터, 깊이 21미터였고 후원 쪽 입면은 30미터가 조금 안 되었다. 현재 상태는 원본은 아니고 두 번의 큰 증축이 있었다. 오른쪽 측랑은 1660~61년에 망사르(François Mansart)가 개축한 것이고 이후 1866~ 70년에 대대적인 보수와 개축이 한 번 더 있었다.

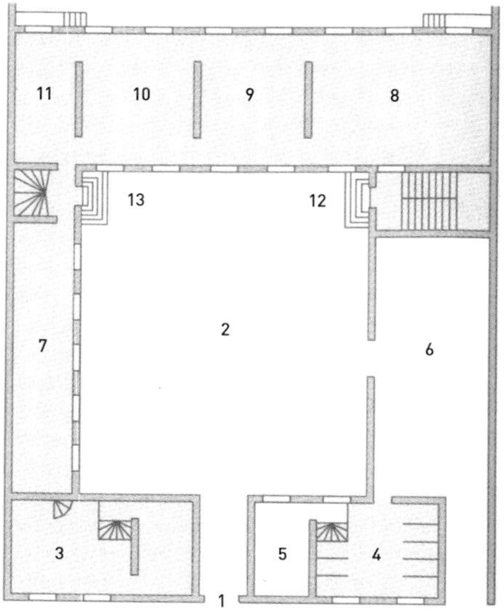

도 4-66 피에르 레스코. 리네리 오텔. 1층 평면도. 파리. 1544~45년. 1=정문 출입구. 2=앞마당. 3=부엌 & 하인 침실. 4=마구간. 5=작은 안마당. 6=마구간 전용마당. 7=갤러리(마구간 용도). 8=그랜드살롱. 9=그랜드 챔버. 10=부속실. 11=소형 사실. 12=본체 제1출입문. 13=본체 제2출입문.

도 4-66의 평면도에서 8번에 해당되는 메인(그랜드) 살롱은 본체의 가장 오른쪽에 위치했고 왼쪽으로 가면서 사적 영역으로 넘어갔는데 이는 당시 루브르 내 왕실 아파트먼트 구성을 모방한 것이다. 양옆 측랑의 서비스 영역 구성이 특이했다. 왼쪽 측랑에는 보통 마구간과 하인들의 방이 함께 들어갔고 오른쪽 측랑에는 집주인의 정치경제 활동을 보좌하는 사무시설이 들어갔다. 이곳에서는 왼쪽 측랑 전체를 마구간 용도의 긴 갤러리 하나로 사용했고 오른쪽 측랑 역시 전체를 긴 마구간 전용마당으로 사용했다. 사무시설은 본체에 부분적으로 들어갔으며 하인들의 방은 도로를 면한 쪽에 배치했다. 사무실 영역이 총면적도 작고 하나의 영역을 이루지 못하고 분산된 것은 아직 행정고위직이나 귀족의 권력이 크지 않았음을 보여준다. 이들의 권력이 커지고 업무량도 크게 늘어나는 절대왕정기의 바로크 오텔에 가면, 사무실이 오른쪽 측랑 한 채를 차지하게 된다.

하인이 7명밖에 안 되어서 부엌 옆의 방 하나에 모두 몰아넣을 수 있었다. 16세기 파리에서는 인구의 3분의 1이 하인이었기 때문에 7명이라는 숫자는 매우 적은 것이었다. 하인 숫자가 적은 것은 식료품 구입을 외부업자에게 맡겼기 때문이다. 당시 파리에는 '공급자 시장체계(marché de pourvoierie)'라는 제도가 있었는데 전문업자가 파리의 여러 시장에서 싱싱한 식료품을 구입해서 공급하는 체계였다. 이 덕분에 식료품 구입을 담당하던 하인의 숫자를 줄일 수 있었다.

오텔의 건축주

르네상스 오텔의 건축주는 앞에서 말했듯이 왕실, 궁정귀족, 법복귀족, 교회 권력자, 왕의 개인 자문그룹 등이었다. 오텔은 이들 상류 권력층을 건축주로 삼아 시대상황을 대표하며 이끈 주역이었다. 상류층 주거는 어느 시대에나 정치적 목적과 연관되기 마련인데 프랑스의 르네상스 오텔은 그 정도가 심했다. 초기 근대 프랑스를 탄생시킨 5대 권력계층 모두가 건축주인 점이 이를 뒷받침한다. 이 가운데 특히 부르주아 전문계층 출신의 신흥귀족인 법복귀족(noblesse de robe)의 역할이 중요했다.

법복귀족은 프랑수아 1세의 전성기에 해당되는 1525~40년에 등장해서 왕의 중요한 정치 세력을 이루면서 오텔의 주요 건축주가 되었다. 프랑수아 1세의 재위기간 동안 프랑스는 지속적으로 성장하면서 안정을 유지했다. 이탈리아 원정의 피해를 입은 접경지대를 제외한 프랑스 대부분 지역에서는 무역, 산업, 농업 등이 지속적으로 발전했다. 왕실 직속령이라 할 수 있는 파리 주변의 일드프랑스 지역이 특히 두드러져서 새로운 지배계층이 등장, 정착했으며 이들을 중심으로 중산층의 도약도 있었다.

법복귀족은 이를 대표하는 새로운 귀족으로 법률가 출신의 전문그룹에 부르주아가 가세한 계층이 주를 이루었다. 두 계층은 경제가 확장되고 사회와 국가가 복잡해지면서 힘을 얻게 된 그룹이었다. 법률가는 복잡해져만 가는 정치, 사회에 맞서 통일국가의 핵심인 법치를 뒷받침할 수 있는 전문성이 무기였다. 부르주아는 새로운 경제체제가 자리 잡으면서 축적한 막대한 부와 이것을 관리하는 합리적 경영마인드가 무기였다. 이런 전문성은 농촌과 토지에만 의존하던 전통 봉건귀족을 점차 밀어내며 권력 생산의 축으로 떠올랐다. 초기 근대의 새로운 통일국가를 이루어가던 프랑수아 1세에게는 이런 전문성이 절실하게 필요했다. 전통 봉건귀족을 견제하고 다스리기 위해서도 필요했다.

법복귀족 가운데에서도 특히 부르주아계층이 오텔 건설의 주요 건축주 그룹이 되었다. 1522년에 있었던 공채이자 확정법령은 도시 상업 세력(좁게는 부르주아)의 고리대금업을 공식적으로 인정하는 결과를 낳았다. 가장 큰 채무자는 파리 시였는데 이는 파리 시가 이들에게 자금을 빌려 쓰고 높은 이자를 지불하는 대출체제를 정부가 인정한 것과 같은 것이었다. 공채는 이후 수세기 동안 파리 부르주아의 주요 투자대상이 되면서 이들의 부의 축적을 도왔다.

이렇게 축적한 부는 그 자체가 하나의 세력을 이루었는데 프랑스 내부적으로 보면 중세 부르주아가 바뀐 시대에 맞게 대규모로 상업 권력을 키우며 발전한 형태였다. 동시대 유럽 전체로 보면 이탈리아 르네상스를 일으켰던 금융가문에 대응되는 프랑스의 새로운 상업세력이었다. 어쨌든 부르주아는 법복귀족의 한 축을 이루며 지배계층으로 진출했다. 법복귀족은 처음에는 대검귀족(noblesse d'epée, 전통적인 혈통귀족)에게서 무시를 당하긴 했지만 자수성가한 생명력을 바탕으로 지속적으로 권력을 확장하면서 세력을 구축했다. 18세기의 후기 바로크와 로코코 시대에 들어서면 몰락해가는 전통귀족을 누르고 권력의 핵심을 차지하게 된다.

법복귀족 이외에도 왕실, 궁정귀족, 교회 권력자 등 전통적인 권력계층이 르네상스 오텔의 주요 건축주였다. 궁정귀족은 중세 때 지역의 봉건영지를 기반으로 삼았던 전통귀족이 프랑수아 1세 때 중앙귀족으로 편입되면서 형성된 계층이었다. 이들은 16세기까지는 권력을 유지하고 오텔의 주요 건축주 역할도 했으나 17세기 이후 쇠락의 길을 걷기 시작했으며 프랑스대혁명 때 결정적 타격을 입고 이후 명맥만 유지하게 된다.

교회 권력자는 추기경–대주교–주교로 이루어지는 가톨릭 세력을 지칭했다. 이들은 프랑수아 1세의 강력한 가톨릭지지 정책에 힘입어 적지 않은 권력을 누렸다. 프랑스는 종교개혁의 와중에서 신–구교 사이의 갈등에 휘말렸다. 프랑스 신교는 처음에는 온화했으나 루터교의 압력이 점차 거세지고 칼뱅교마저 프랑스로 진출함에 따라 점차 과격해져 갔다. 프랑스 기독교는 신–구교 사이에서 선택을 강요받게 되었다.

왕이었던 프랑수아 1세가 첫 번째 대상이었다. 그는 교황과의 정치적 연대 등 현실적 정치적 이익을 위해서, 그리고 1534년의 벽보사건 이후 가톨릭의 청교도 탄압에 대한 두려움 등의 이유 때문에 가톨릭을 선택했다. 이후 어느 나라보다 강력한 청교도 탄압정책을 펼쳤고 가톨릭은 세력을 유지하게 되었다. 가톨릭 고위직 인사들은 기독교 직책만 유지하거나 귀족-고위 행정직에 진출하는 등 다양한 행보를 펼치며 오텔의 주요 건축주가 되었다.

이런 전통적 권력계층 이외에 개인 자문그룹이라는 새로 떠오른 계층 역시 르네상스 오텔의 주요 건축주 가운데 하나가 되었다. 이들은 사적 경로를 통해서 왕에 대한 각종 자문과 지원을 하는 계층이었다. 일부는 공직을 겸하면서 왕과의 사적 연대를 추가로 갖기도 했으며 또 다른 일부는 공직 없이 사적 연대만 유지하기도 했다. 개인 자문그룹은 주로 새로 형성된 유력 가문에서 나왔다. 16세기 프랑스 르네상스 귀족은 앞에 밝힌 바와 같이 궁정귀족, 법복귀족, 교회 권력자의 세 축으로 구성되었는데 그 가운데 다시 권력 중심부를 형성하는 새로운 가문이 등장했다. 이들의 권력은 공적 경로와 사적 경로의 두 방향으로 형성되었다.

공적 경로란 말 그대로 공적 직책을 훌륭히 수행해서 왕실과 국가에 기여함으로써 획득하게 된 권력을 의미했다. 사적 경로는 왕에 대한 정치-외교 자문, 경제적 지원과 자문 등 각종 사적 활동을 통해 주로 왕 개인에게서 비롯된 권력이었다. 내무 자문(Conseil des Affaires)은 이런 역할을 담당하던 대표적인 직책이었다. 이런 사적 경로를 통해 가장 강력한 권력자로 부상한 대표적 인물로 프랑수아 1세 재위 중반에 활약했던 몽모랑시의 콩스타블 아네(Constable Anne de Montmorency)를 들 수 있다. 이후 몽모랑시는 대형 가문을 이루면서 16세기에서 18세기에 걸쳐 오텔과 성채 등 여러 채의 작품을 지었다.

오텔 건설과 상류층의 질투와 경쟁-리네리 오텔과 느베르 오텔

이런 상류층들은 오텔 건립을 둘러싸고 욕심 경쟁을 벌였다. 다른 사람들보다 더 크고 화려하게 짓기 위한 질투심이 대단했으며 여기에 가문의 위신과 권위의 문제까지 더해지면서 경쟁은 가열되어 갔다. 이들에게 크고 화려한 오텔은 곧 권력이었다. 오텔의 크기와 화려함의 정도는 권력에 비례했으며, 거꾸로 크고 화려한 오텔을 지음으로써 권력을 확장할 수 있었다. 이들은 권력투쟁을 하듯 오텔 경쟁을 했다. 이런 현상은 로티스망 개발사업 이후 본격적으로 나타났다. 르네상스 기간 동안 파리는 도심과 교외 모두에서 대형 오텔 공사가 유난히 많았다.

과시 경쟁에 사로잡힌 상류층들은 자칫 자신들의 경제적 능력을 벗어난 무리한 계획을 세우곤 했다. 이 때문에 당시 계획했던 대형 오텔들은 중간에 중단되거나 건축주가 파산하는 등 미완성으로 남은 것이 상당 수였다. 당시 파리에는 오텔 공사를 둘러싸고 로마교회 소속 성직자였던 잔느 들라누(Jeanne Delanoue)가 했던 "즐겁게 시작해서 고통스럽게 진행하다 슬픔으로 끝난다."라는 유명한 말이 유령처럼 떠돌아다녔다. 대형 오텔들은 거의가 이런 욕심 경쟁을 둘러싼 한두 가지 에피소드들을 만들어냈다.

16세기 오텔을 대표하던 두 예인 리네리 오텔과 느베르 오텔이 좋은 예이다. 리네리 오텔은 오랜 시간에 걸쳐 가문의 경제력 범위 내에서 건물을 조금씩 완공시켜 경제적 부담에서 자유로울 수 있었던 예였지만 완공된 오텔이 드물던 당시 상황에서 완공되었다는 사실 자체만으로도 파리 귀족들의 질투와 경쟁심에 불을 붙이는 기폭제가 되었다. 들라누도 이 오텔이 다른 귀족들의 건축 열기를 부추겨서 파산으로 이끌었다고 기록할 정도였다.

실제로 이 오텔은 16~17세기 파리의 개인주택 가운데 가장 풍부한 조각으로 장식한 예였다. 안마당을 둘러싼 네 면의 입면과 출입구 면을 돋을새김으로 가득 채웠다. 프랑스에서 실물 크기의 조각상은 무덤, 가

도 4-67 피에르 레스코. 리네리 오텔. 파리. 1544~45년. 화려한 돋을새김 장식으로 벽면을 가득 장식한 앞마당 입면 전경.

족 예배당, 교회 정문, 시청사 등에만 사용할 수 있었는데 이 오텔에서 최초로 개인주택에 사용했다(도 4-67). 장식의 내용 역시 그런 공공건물에 사용하던 알레고리(allegory, 4계절을 상징하는 장식)였다. 이 오텔을 본 당시 파리 귀족들은 심한 질투심과 경쟁욕에 사로잡혀 앞 다투어 오텔 건설에 뛰어들었다.

느베르 오텔은 좀 더 직접적으로 욕심 경쟁에 휘말리면서 어려움을 겪은 좋은 예였다. 대형 귀족가문인 느베르 가문의 본거지로, 건축주는 이탈리아 예술 애호가였던 곤차귀에의 루이(Louis de Gonzague)였다. 이런 두 가지 배경이 겹치면서 집주인의 정치적, 예술적 허영심이 부풀려졌다. 그는 로마의 카라칼라 목욕탕을 능가하는 오텔을 짓겠다며 기염을 토했다(도 4-68). 이 공사 때문에 파산하지는 않았지만 공사과정에 어려움을 겪기는 다른 대형 오텔들과 마찬가지였고 결국 완공을 보지 못했다.

도 4-68 느베르 오텔(Hôtel de Nevers). 파리. 1572~1650년대. 19세기에 철거. 16세기 전경으로 왼쪽에 퐁 네프의 모습이 보인다.
도 4-69 17세기에 느베르 오텔의 증개축을 거친 뒤의 느베르 포구 모습. 곤차귀에의 루이(Louis de Gonzague)가 꿈꾸었던 내용이 어느 정도 이루어진 모습을 보여준다.

그가 궁극적으로 기대했던 것이 무엇이었는지를 보면 집을 향한 그의 욕망의 크기를 알 수 있다. 그의 목적은 자신의 오텔만이 아니었다. 이를 시작으로 다른 권력자들이 자신의 오텔 주위에 연차적으로 건물을 지을 것을 기대했다. 이를 통해 아직 느슨하게 비어 있던 자신의 오텔 주변 전체를 르네상스 양식의 대형 오텔로 꽉 채워서 확 바꾸려 했으며 궁극적으로는 이렇게 형성된 소구역의 중심인물이 되고자 했다(도 4-69).

부지는 센 강의 좌안 가운데 당시 막 공사를 시작했던 퐁 네프 옆이었다. 파리의 중세 구역을 르네상스 도시로 탈바꿈하는 작업을 지휘함으로써 자신의 정치적 기반을 다지려는 의도였다. 그 영향은 큰 것이어서 이 구역은 이 오텔이 들어서면서 느베르 포

도 4-70 느베르 오텔, 파리, 1572~1650년대, 19세기에 철거. 17세기 초에 샤스티용(Claude Chastillon)이 계획한 후원 쪽 입면.

구(Quai de Nevers)라는 명칭을 획득했다. 오텔은 이처럼 르네상스 대표자로서 그가 가지고 있던 '중세에 대한 승리'라는 시대적 야망을 표출하고 구현하는 통로이자 매개였다. 곤차귀에의 야망은 대를 물려 17세기 전반부까지 이어졌다. 증개축 공사는 지속적으로 진행되었고 17세기 초에는 샤스티용(Claude Chastillon)이 웅장한 규모의 안을 계획하기도 했다(도 4-70).

하지만 일은 그가 원하던 것과 반대 방향으로 흘러갔다. 부지 확충, 증개축 허가, 주변의 필지 개발 등 일련의 과정에서 번번이 시당국과 충돌하며 오랜 줄다리기 끝에 느베르 가문은 결국 오텔 완공을 포기했고 1642년에는 귀에네고(Guenegaud) 가문에게 팔아넘겨서 귀에네고의 오텔로 이름이 바뀌었다. 가문으로서는 권력을 과시할 중요한 수단을 잃은 것이었지만 이와 동시에 앓던 이를 빼는 것 같은 심정으로 근심걱정도 함께 판 것이었다. 이후 1640~50년대에 망사르가 부분적으로 개축을 했지만 결국 19세기에 최종적으로 철거되었다. 현재는 당시의 전경을 보여주는 몇 장의 판화와 발굴 작업을 기초로 한 추측 평면이 남아 있다. 이렇게 중단되었음에도 불구하고 느베르 오텔의 영향은 컸다. 특히 본체의 웅장한 규모와 화려한 양식은 상류층의 불꽃 튀는 질투와 경쟁에 기름을 부은 격이었다.

퀼튀르 성 카테린 교회의 로티스망 개발사업

왕실의 로티스망 개발사업에 부응해서 퀼튀르 성 카테린 교회 역시 교회 소유의 북쪽 습지와 시장 정원을 상류층을 위한 부동산 개발의 목적으로 팔기로 결정했다. 이 교회는 이미 몇 채의 주택을 소유하고 14세기부터 이것을 99년 주기로 세놓아 수입을 올리고 있었다. 1540년대 들어 수도사가 늘어나면서 이런 기존의 수입으로는 부족해지자 교회 부지 자체를 개발하기로 결정하고 필지로 구획해서 매각을 시작했다. 1545년 1월~3월 사이에 위원회를 결성해서 전문가 그룹과 함께 협동작업으로 필지 구획 작업을 벌였다. 그 결과 사각형으로 잘 정리된 59개의 필지가 가지런히 확보되었다(도 4-71).

도 4-71 퀼튀르 성 카테린 교회(Cluture Sainte Catherine) 부지에 실시한 로티스망 개발사업. 1545년. 가지런히 구획된 필지를 보여준다.

인기는 폭발적이어서 1545년 3월~6월 세 달 사이에 53필지가 팔려나갔다. 이 가운데 상당수는 2~5필지씩 묶여서 팔렸다. 구매자는 당시 파리를 대표하며 이끌던 권력층으로 앞에서 소개한 오텔의 건축주 그룹과 겹쳤다. 당시의 상황에 대해서 영국의 여행작가였던 로버트 달링턴(Robert Dallington)은 1598년경에 쓴 글에서, "파리에는 몽(Mons), 상쉬에(Sansue), 드 몽팡시에(de Monpensier), 느베르, 기타 다수의 훌륭한 주택들이 많이 있다. 그런데 이제 파리 동쪽을 귀족들의 주택으로 꽉 채워가고 있다. 이들 귀족들은 마치 영원히 살 것처럼 지어대고, 내일 죽을 것처럼 먹어댄다. 이 중 최고의 탐욕은 단연 법조계 인사와 왕실의 재정을 담당하는 관리들이다. 이들은 귀족들 사이에 집 짓는 열풍을 불러일으켰다."라고 했다.

앞에 나왔던 리녜리 오텔도 이 개발사업에서 탄생한 건물이었다. 1545년 3월 18일에 매각 공고가 나간 지 8일 만에 달링턴이 언급했던 그 계층에 속하는 자크 데 리녜리는 다섯 필지를 사서 자신의 오텔을 지었다. 부지 면적은 총

2,280제곱미터(690평)였다. 이 오텔은 달링턴의 비판을 받을 만했지만 이런 권력층의 주택이 건축 역사에서 늘 그랬듯이 프랑스 르네상스 건축과 조각 역사에서 매우 중요한 위치를 차지하게 되었다. 앙리 2세–샤를 9세–앙리 3세를 거치면서 주변에 지어진 다른 오텔들과 함께 퀼튀르 성 카테린 교회의 로티스망 개발사업을 동시대의 가장 뛰어난 건축사업으로 격상시키는 데 중심 역할을 했다. 교회에는 커다란 경제적 성공을 가져다주었으며 건물 자체는 르네상스 오텔을 대표하는 작품이 되었다.

도 4–72 앙굴렘 오텔(Hôtel d'Angouleme=라무아뇽 오텔). 파리. 1584년. 화려한 장식과 이탈리아 고전어휘를 합한 박공.

상류층의 질투와 경쟁심은 규모에서만 있었던 것이 아니었다. 이탈리아의 르네상스 고전주의는 일종의 첨단 양식이자 예술적 수준을 보장해주었기 때문에 오텔 외관에 이것을 얼마나 많이 사용하느냐가 또 다른 경쟁 기준이었다. 이런 종류의 경쟁에서 늘 그렇듯이 단순히 건축 양식에만 머물지 않고 화려한 장식이 가세했다. 이런 경쟁은 외래 양식을 수입하는 것이었기 때문에 단순한 규모 경쟁과는 다른 사회적 문제를 일으켰다. 리네리 오텔은 이 부문에서 다시 한 번 대표적인 예였으며, 이외에도 르네상스의 주요 오텔들은 대부분 이탈리아 고전주의 어휘와 합해진 화려한 장식으로 치장하기 위해 애썼다(도 4–72).

에스티엔(Henri Estienne)처럼 밑도 끝도 없이 고전에 대한 찬양을 남발하는 고전학자들도 있었지만, 민족적 자부심이 강한 프랑스였기 때문에 이런 현상을 민족주의 관점에서 비판하는 도덕 선생들이 줄줄이 나타났다. 예를 들어, 정치사상가였던 보댕(Jean Bodin)은 1568년의 인플레이션을 귀족들이 국내생산의 의무를 도외시한 채 외국에서 화려하고 값비싼 고전 사치품을 수입한 결과라고 공격했다. 이런 비판은 단순히 민족주의의 명분만을 위한 것이 아니었고 정치, 경제 같은 사회현실과 연계되어 있었다. 귀족들의 이런 행태는 앙리 4세와 콜베르(Colbert) 수상 때 국가적 논쟁거리로 다시 불거졌다. 왕실에서는 오텔 건립과 이탈리아 고전주의 예술품 수집을 두고 벌이던 귀족들 사이의 경쟁을 창피하고 부도덕한 국가적 낭비라며 강력히 비난하고 제재를 가했다. 하지만 그 효과는 별로 크지 못했다.

오텔의 구성

오텔은 'ㄇ'자형 평면에 2층이 표준 구성이었다. 르네상스 오텔 가운데 표준 구성을 보여주는 예는 거의 없다고 해도 무방하다. 아직 완성된 오텔 평면이 나타나지 않았기도 하려니와 대부분 철거되거나 바로크 시대에 증개축 등 변형이 많이 되었기 때문이다. 이런 가운데 일부 프랑스 르네상스 건축가의 계획안에서 오텔의 기본 구성을 추적할 수 있다. 자크 앙드루에 뒤 세르소(Jacques Androuet du Cerceau)가 대표적인 경우였다. 그는 세를리오의 『건축 칠서』 가운데 에이버리 도서관본(Avery Library manuscript)을 오랫동안 소지하면서 그 영향을 받아 1559년에 첫 저서인 『건축서(Livres d'Architecture)』를 출간했다.

하지만 이 책에서 제시한 50개의 디자인은 거의 모두 그만의 독창적 아이디어에서 나온 창작품이었다. 스케일을 바꿔가면서 다양한 평면을 디자인했으며 다시 그 각각에 대해 정사각형, 직사각형, 원형, 십자가

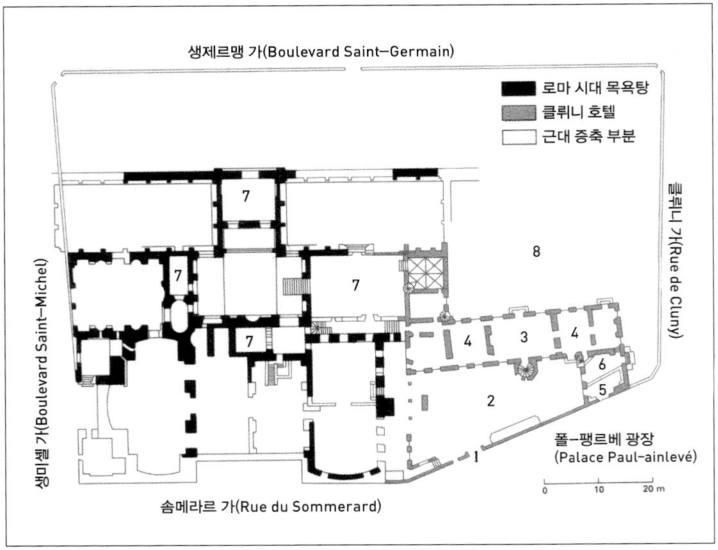

도 4-73 클뤼니 오텔. 파리. 1층 평면도. 1334년 첫 구입. 1470년 파괴 이후 새로 지음. 1=정문 출입구. 2=앞마당. 3=그랜드 살롱. 4=부속 사무실. 5=마구간. 6=하인 영역. 7=안마당.

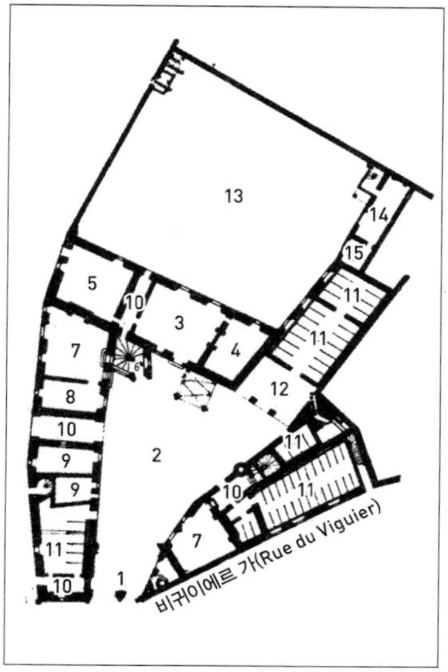

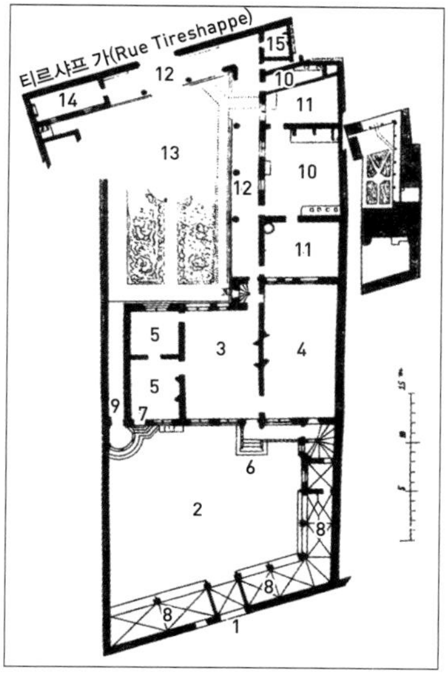

도 4-74 상스 오텔. 파리. 1층 평면도. 1381 첫 번째 완공. 1474년 증개축. 1=정문 출입구. 2=앞마당. 3=살롱. 4=챔버(부속실). 5=사실. 6=본체 출입문 겸 계단실. 7=부엌. 8=경비원 식당. 9=하인 공동 침실. 10=통로. 11=마구간. 12=마구간 전용 앞마당. 13=후원. 14=후원 살롱. 15=소형 사실.

도 4-75 르장드르 오텔(Hôtel le Gendre). 파리. 1층 평면도. 1506년경 증개축. 1841년 철거. 1=정문 출입구. 2=앞마당. 3=그랜드 챔버. 4=그랜드 살롱. 5=부속 사무실. 6=본체 제1출입구. 7=본체 제2출입구. 8=마구간. 9=후원 통로. 10=부엌. 11=식료품 창고. 12=후원 감상 테라스. 13=후원. 14=하인 침실. 15=화장실.

형, 팔각형 등 다양한 기하학적 형태의 안마당을 갖추었다. 전체적인 방향은 이탈리아 팔라초에 맞서 프랑스의 전통과 특징을 살린 르네상스 주거 모델을 모색하는 쪽에 맞추었다. 그의 디자인은 환상적인 디자인, 다양성, 체계화된 입면 등의 장점 때문에 파리의 건설업자와 건축주에게 인기가 많았다. 이 가운데 프로젝트 XIII, XIIII, XXI과 타운하우스 계획안이 'ㄇ'자형의 오텔 구성이었다.

16세기 오텔은 대부분 완성된 'ㄇ'자형으로 가는 중간과정을 보여준다. 로티스망 개발사업이 시작되기 전에는 사각형 부지가 아니었기 때문에 완성도를 확보하기 어려웠다. 클뤼니 오텔은 파리에 남아 있던 로마 시대 목욕탕 유적 옆에 더해서 지었기 때문에 부지가 비정형 사다리꼴이어서 'ㄇ'자형에서 두 측랑이 모두 형성되지 못했다(도 4-73). 상스 오텔은 부지도 삼각형이었을 뿐 아니라 전체 구성이 아직 오텔보다는 중세 성채에 더 가까웠다. 마구간이 너무 많았으며 곳곳에 비정형 배치가 남았다(도 4-74). 르장드르 오텔은 사각형 부지를 갖추었지만 정작 평면은 'ㄇ'자형의 표준 구성과 거리가 멀었다. 왼쪽 측랑이 없었을 뿐 아니라 부속 사무실이 들어가야 할 오른쪽 측랑을 마구간으로 사용했다(도 4-75). 부속 사무실은 본체 뒤쪽 후원 옆에 배치했다.

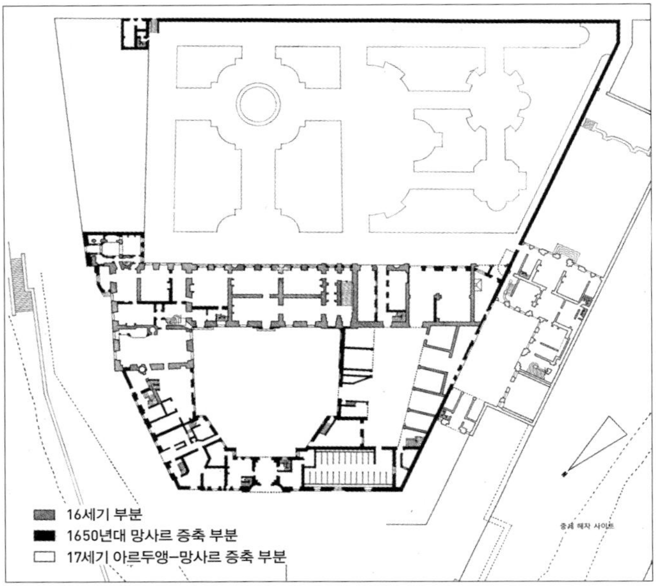

도 4-76 느베르 오텔. 1층 평면도. 파리. 1572~1650년대. 19세기에 철거.

로티스망 개발사업 이후에 지어진 오텔들은 많이 정리되었지만 여전히 표준 구성에는 이르지 못했다. 리녜리 오텔은 르네상스 오텔 가운데 가장 완성도가 높았지만 측랑 기능이 완성되지 못했다. 두 측랑을 갖추기는 했지만 둘 모두를 마구간으로 사용한 대신 부속 사무실을 본체에 넣었다(도 4-66). 느베르 오텔은 프로그램 구성에서는 리녜리 오텔보다 다양한 시설을 갖추었지만 17세기에 망사르에 의해서 증개축이 많이 일어났고 현재는 철거된 상태여서 16세기 부분을 정확하게 알지 못한다. 발굴 평면을 기준으로 해도 너무 많은 방들이 복잡하게 얽혀 있어서 프랑스 오텔 특유의 정리된 표준형과는 거리가 멀다(도 4-76). 건축주 곤차귀에의 루이 자신의 욕심이 너무 컸기 때문으로 보인다.

이상의 배경 아래 자크 앙드루에 뒤 세르소의 네 가지 안, 실제 지어진 16세기 오텔, 완성도 높은 바로크 오텔 등을 종합해서 오텔의 표준 구성을 설명하면 다음과 같다(도 4-77, 도 4-78, 도 4-79). 'ㄇ'자형 평면에서 안쪽의 'ㅡ'자 부분이 본체(corps de logis)로 남자 주인을 위한 시설들이 위치했다. 그 앞으로 측랑 두 동이 돌출하면서 앞마당을 형성했고 앞마당 앞에 스크린 형태의 담을 세우고 중앙에 정문 출입구를 냈다. 앞마당은 '명예의 마당(cour d'honneur)'이라는 이름으로 불렸다. 정문은 중세 성채의 전통을 따라 총안을 두른 성문 형태를 사용하다가 점차 고전어휘로 대체되어 갔다. 이때에도 여전히 러스티케이션으로 거칠게 처리한 아치와 벽체를 사용해서 가능한 한 중세 성채의 분위기를 지켰다. 하지만 이것은 상징적 이미지일 뿐 실제로는 담의 높이도 낮고 문도 속이 들여다보이는 등 르네상스 팔라초보다 개방성이 더 강했다.

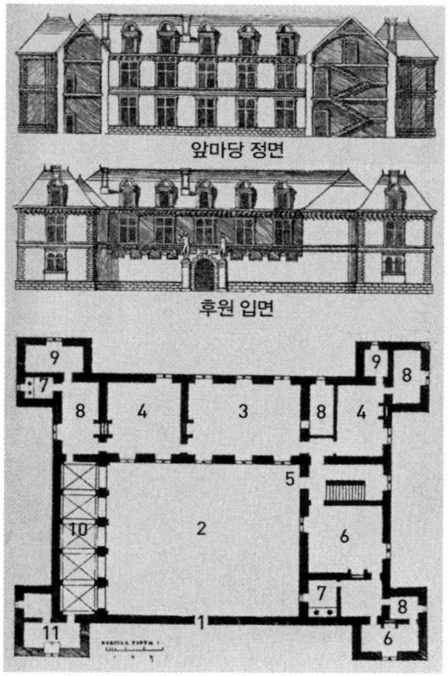

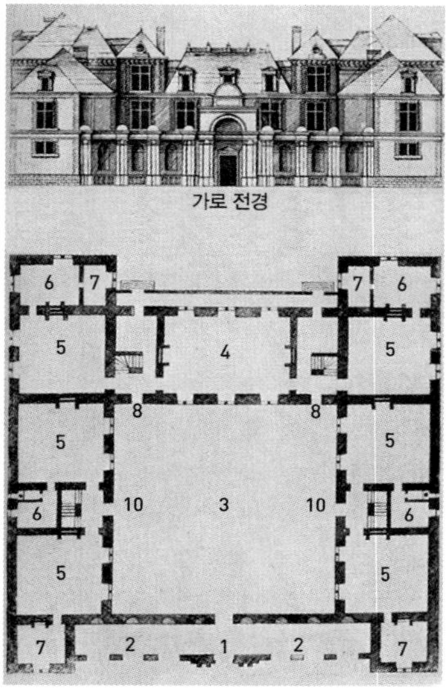

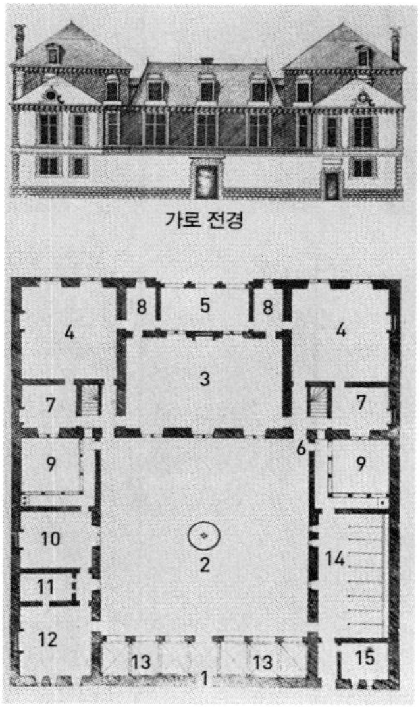

도 4-77 자크 앙드루에 뒤 세르소. 『건축서(Livres d'Architecture), 1559』. 프로젝트 XIII. 1=정문 출입구. 2=앞마당. 3=그랜드 살롱. 4=챔버(cubiculum). 5=본체 출입문. 6=부속 사무실. 7=부엌. 8=사실. 9=소형 사실. 10=마구간. 11=하인 영역.

도 4-78 자크 앙드루에 뒤 세르소. 『건축서』. 프로젝트 XXI. 1=정문 출입구. 2=감상용 테라스(hypatherum). 3=앞마당. 4=그랜드 살롱. 5=챔버. 6=사실. 7=소형 사실. 8=본체 출입문. 9=후원 출입문. 10=측랑 출입문.

도 4-79 자크 앙드루에 뒤 세르소. 『건축서』. 프로젝트 XIIII. 1=정문 출입구. 2=앞마당. 3=그랜드 살롱. 4=챔버(cubiculum). 5=후원 감상 테라스. 6=본체 출입문. 7=사실. 8=소형 사실. 9=여성 전용 작은 안마당. 10=여성 전용 거실. 11=식료품 창고. 12=부엌. 13=갤러리. 14=마구간. 15=하인 영역.

본체는 크게 홀과 단위 아파트먼트의 두 영역으로 구성되었다. 홀 영역은 메인 살롱을 비롯해서 연회 홀과 접대용 거실 등 남자 주인의 사회 활동을 위한 주택 내 공적 시설이 들어갔다. 단위 아파트먼트에는 남자 주인의 침실 등이 들어갔으며 접대용 거실이 이곳에 들어가기도 했다. 두 측랑 가운데 한쪽은 정상적인 건물이 아닌 5베이짜리 아케이드의 갤러리로 처리했다. 주 용도는 서비스 영역으로 말이나 마차를 보관하는 마구간과 창고를 배치했으며 비가 올 때에는 사람도 이곳으로 들어와서 비를 피했다. 주로 왼쪽 측랑을 이렇게 사용했으나 오른쪽 측랑을 사용한 예도 있다. 측랑이 2층일 경우에는 1층의 마구간 위층에 사무실 등 공적 시설이 들어갔다. 이런 배치는 대체적으로 바로크 오텔에서 나타났다.

하인들의 방, 부엌, 화장실 등은 갤러리에 들어가기도 하고 도로를 면한 쪽에 배치하기도 했다. 오른쪽 측랑은 본체가 연속되는 정상적인 건물로 메인 살롱을 지원하는 부속 사무실이 들어갔다. 두 측랑이 도로를 면하는 끝 부분은 크기 변화 없이 측랑이 꺾이면서 계속되거나 크게 키워서 파빌리온으로 처리했다. 후자일 경우에는 작은 예배당이나 기도실 등이 들어갔다.

앞마당을 둘로 나눠서 왼쪽 것을 마구간 전용으로 만들기도 했는데 이것을 베이스 코트(base court)라고 부른다. 이런 이원화된 마당은 바로크 시대부터 본격적으로 나타났는데 리앙쿠르 오텔(Hôtel de Liancourt, 1612~52)과 라브릴리에르 오텔 등이 대표적인 예였다(도 4-105, 도 4-106). 이를테면 혐오시설에 해당되는 마구간 영역을 한 켜 더 밖으로 내보낸 것으로, 메인 살롱과 서비스 영역이 섞이는 것을 방지하기 위한 목적이 컸지만 부지 제약 상황에 따른 것이기도 했다. 대부분의 유럽 대도시와 마찬가지로 파리 시내 역시 주택 필지가 넓지 않았기 때문에 대형 오텔은 보통 필지 두 개를 옆으로 나란히 구입해서 사용했다. 둘 가운데 한 곳에 앞마당을, 다른 한 곳에 베이스 코트를 각각 넣은 것이다.

높이는 2층밖에 안 되었지만 계단이 중요했다. 본체가 오른쪽 측랑과 만나며 꺾이는 모퉁이에 중앙 계단을 넣었다. 이 계단은 '명예의 계단(escalier d'honneur)'이라는 이름으로 불렸다. 일종의 '중앙 대계단'쯤 되는데, 앞에 나왔던 명예의 마당과 세트로 '명예'라는 단어를 사용했다. '그랜드'라는 단어를 유난히 좋아하는 프랑스 사람들의 과시욕의 연장선으로 이해할 수 있다.

중앙 계단은 앞마당에서 본체로 들어가는 출입문이 나는 지점이기도 했다. 출입문이 본체의 중앙에 나지 않고 측랑과 만나는 지점에 위치

도 4-80 중세 성채의 나선형 계단.
도 4-81 르장드르 오텔의 나선형 계단. 본체와 측랑을 구획하는 위치에 있다. 19세기 건축가 퓨진(Pugin)의 스케치.

한 점이 오텔만의 독특한 특징이었다. 계단은 오른쪽 한 곳에만 두지 않고 이와 대칭되는 왼쪽에도 두는 것이 보통이었다. 왼쪽 계단은 2차 계단으로 보통은 명예의 계단보다 작았으나 같은 크기일 때도 있었다. 크기가 같더라도 사용빈도, 상징성, 장식처리 등에서는 명예의 계단보다 덜 중요했다. 오텔 규모가 작을 때에는 오른쪽 한 곳에만 계단을 뒀으나 대부분은 좌우 양쪽에 대칭으로 계단을 뒀다.

명예의 계단은 보통 나선형 계단으로 처리했는데 이는 중세 성채에서 유래한 것으로 볼 수 있다. 중세 성채가 오텔의 모태가 되는 과정에서 그 속에 사용하던 나선형 계단도 함께 옮겨 온 것이다. 나선형 계단은 중세 성채의 대표 아이콘 가운데 하나였는데 실내에서 전투가 벌어질 때를 대비해서 좁고 어두웠다(도 4-80). 이것이 르네상스 오텔로 옮겨와 사방이 트인 공간 속에 놓이면서 밝고 개방적이게 되었다. 나선형 계단은 중세 때의 부정적 측면을 제외하면 특이한 형태와 급한 동선 때문에 조형적 효과와 공간 장악력이 높은 유형인데 이것이 오텔의 건축주였던 상류층의 욕구에 잘 맞았다(도 4-75, 도 4-81). 이후 바로크와 로코코 시대에는 나선형 계단이 건축가들의 솜씨를 겨루는 경연장으로 발전했다. 건축가들은 조형적, 장식적 목적 아래 의도적으로 아름다운 곡선의 나선형 계단을 디자인했다.

2층은 주거 영역으로, 본체 위층은 남자 주인의 침실, 서재, 소형 사실(cabinet) 등 남자 주인의 사적 시설이 들어갔다. 서비스 영역 위층은 여자 주인의 침실이, 사무용 측랑 위층은 자녀들의 침실이 각각 들어갔다. 이런 배치는 본체에서는 공적 영역과 사적 영역을 완전히 분리한 것이며 젠더를 기준으로 하면 남성 영역과 여성 영역을 역시 완전히 분리한 것이다. 1층의 살롱은 낯선 외부인에게 개방되어 있었으며 기능도 사회 행사, 집회, 전시, 공표 등 공적 행위를 위한 것이었다. 따라서 1층은 공적 영역이었으며 사적 영역은 층을 달리해서 이것과 분리되었다. 남편 공간과 아내 공간 역시 서로 다른 동에 배치해서 완전히 분리시켰다. 각자의 침실을 중심으로 그 동은 남성 영역과 여성 영역으로 분명하게 구별되었다.

이런 두 겹의 분리 구성에서 남성 주인의 침실은 예외적일 수 있었다.

1층에 하나만 두는 경우, 2층에 하나만 두는 경우, 1층과 2층에 하나씩 모두 두 개를 두는 경우 등으로 나눌 수 있다. 1층에 하나만 두는 경우는 집 전체의 공적 기능이 강화된 경우였다. 프랑스 상류층은 아주 가까운 측근은 침실로 불러 대화와 면담을 하거나 공적 업무를 보는 전통이 있었는데 이것의 연장선이었다. 2층에 하나만 두는 구성은 사적 영역과 공적 영역을 분리한 통상적인 경우로 볼 수 있다. 각 층에 하나씩 두는 경우는 흔치는 않았는데 기능과 편의를 돕기 위한 목적으로 볼 수 있다. 1층에 있는 것은 공적 성격과 혼합된 침실이며 2층의 것은 조용히 쉬고 싶을 때 사용하는 사적 성격의 침실이었다.

자크 앙드루에 뒤 세르소가 제시한 도시주거 프로젝트 XIII, XIIII, XXI 등에서는 아직 완성된 오텔로 발전하기 전 단계의 평면을 보여주는데 여기에서는 아직 공적 영역과 사적 영역, 남성 영역과 여성 영역 사이의 구별이 명확히 일어나지 않고 있다(도 4-77, 도 4-78, 도 4-79). 그랜드 살롱 주위에 챔버, 사실, 소형 사실 등의 여러 방들을 돌아가며 배치했다. 챔버는 오텔에서는 공적 용도로 사용하는 부속실일 수 있으나 자크 앙드루에는 이것을 쿠비쿨룸이라고 불렀는데, 이것으로 보아 로마 시대 도무스에 있던 가족실을 염두에 둔 것으로 보인다.

본체 뒤쪽에는 후원을 뒀다. 후원은 상당히 넓은 편이어서 본체와 앞마당을 합한 것보다 더 넓은 경우도 있었다. 농촌주거였던 성채의 전통이 남아 있는 것으로 이를 기준으로 하면 오텔은 '농촌주거를 도시로 가지고 들어온 것'에 해당된다. 처음부터 도시주거로 시작한 이탈리아 팔라초와 구별되는 현상이었다. 이탈리아의 금융가문은 정원을 즐기기 위해서 아예 교외에 빌라라는 별도의 휴식용 주거를 가졌던 데 반해, 프랑스의 오텔은 이것을 도시 안으로 가지고 들어와 후원으로 더한 것이었다. 물론 오텔도 시간이 지나 바로크 시대가 되면 후원에 정원 감상의 기능이 크게 늘어난다.

오텔의 후원은 부속 정원이 발전하게 되는 로코코 시대 때 유려한 디자인으로 더욱 유명세를 얻게 된다. 후원은 또한 오텔 전체의 구성을 안쪽으로 깊은 육면체 형태로 만들면서 중심축을 강화하는 역할을 했다. '정문 출입구–앞마당–본체 중앙부–후원'으로 이어지는 강한 중심축이 만들어진 것이다. 중심축은 오텔의 전체 구성을 좌우 대칭으로 만들었다. 좌우 측랑의 실내 구성이 달랐기 때문에 엄밀한 의미의 완전 대칭은 아니었지만 크게 보면 약한 의미에서 대칭 형식을 유지했다.

유기적 외파 구성: 안락함의 추구와 계급 위계의 표현

이런 오텔 구성의 특징은 이탈리아 팔라초와 비교하면 더욱 명확해진다. 단일 육면체의 수직 구성이 아니고 수평으로 확장, 분화하는 유기적 외파 구성이라는 점이 가장 두드러진 특징이었다. 이외에도 메인 살롱이 도로 전면이 아닌 안쪽에 위치한 점, 메인 살롱과 부속 사무실을 분리시킨 점, 본체가 앞뒤로 마당과 정원을 가지면서 두 면이 외기와 면한 점, 앞마당이 도로와 접하는 정면을 완전히 닫지 않고 스크린용 담을 세워 반쯤 열어놓은 점 등이 오텔만의 특징이었다. 이런 구성이 갖는 의미는 안락함의 추구와 계급 위계의 표현 두 가지였다.

안락함의 추구에는 프랑스만의 지리적, 사회적 배경이 있었다. 지리적 배경에서는 기후 요소가 중요했다. 팔라초의 중정 형 수직 구성은 남유럽의 더운 기후와 따가운 햇볕을 피하기 위한 것이었던 데 반해 해가 귀한 프랑스에는 이와 반대로 가능하면 햇볕과 만나는 건물 면을 늘리기 위해 위와 같은 구성이 나타나게 된 것이다. 당시 프랑스는 이탈리아 고전주의를 높이 평가하며 열심히 수입하던 처지였지만 이것은 장식이나 양식사조 차원이었고, 정작 일상생활에서 이탈리아 팔라초 평면은 불편하거나 프랑스와는 안 맞는다는 것이 통설이었다.

사회적 배경에서는 주택의 안락함과 프라이버시를 중요하게 여기는 프랑스의 전통이 가장 중요했다. 이를 위해 본체와 메인 살롱의 독립성을 최대한 강화했다. 본체를 도로에서 분리시켜 앞마당을 거쳐서 도달하게 한 점, 메인 살롱의 부속 사무실마저 측랑으로 분리시킨 점, 마당을 이원화해서 가정 전용의 후원을 둔 점 등이 대표적인 내용이었다. 본체의 프라이버시를 특히 중요하게 여겨서 이를 위한 추가 장치들을 많이 설치했다. 앞마당마저 다시 둘로 나눈 뒤 서비스 영역을 왼쪽에 넣고 메인 살롱과 침실을 본체의 오른쪽으로 밀 경우 남자 주인의 영역은 서비스 영역에서 완전히 분리될 수 있었다.

이것으로도 모자라 본체의 좌우 양쪽에 계단실을 배치해서 메인 살롱을 철저히 보호했다. 본체와 서비스 영역이 만나는 왼쪽에 배치한 2차 계단은 메인 살롱을 서비스 영역에서 완전하게 분리시켰다. 오른쪽의 명예의 계단은 메인 살롱과 부속 사무실을 분리시켰다. 업무 효율을 생각하면 메인 살롱과 부속 사무실은 붙어 있어야 했지만 이것보다 더 중요한 것이 메인 살롱의 프라이버시였다. 본체의 출입문을 명예의 계단에 내면서 측면으로 몬 것도 같은 이유였다. 앞마당에서 메인 살롱으로 들어오기 위해서는 출입문을 통과한 뒤 계단실을 거치는 등 최소한 세 번을 꺾어야 했다.

부엌을 본체에서 가능한 한 멀리 떨어지게 배치한 것도 같은 목적이었다. 부엌과 본체 사이의 동선이 길어지면 불편하고 음식을 나르는 동안에 식을 수도 있었지만 이런 불리함을 감수하고라도 부엌은 가능한 한 도로 쪽으로 몰았다. 수고는 하인들이 하면 되는 것이었다. 이는 16~17세기 때 프랑스의 귀족들이 음식 냄새를 싫어했기 때문인데 이것도 결국 본체와 메인 살롱의 프라이버시를 보호하려는 목적과 같은 것이었다.

자크 앙드루에 뒤 세르소의 프로젝트 XIIII에서는 더 적극적으로 본체를 분리시켜 보호했다. 프로젝트 XIII에서는 두 측랑 가운데 오른쪽에만 분리용 계단을 넣었지만 XIIII에서는 왼쪽에도 대칭으로 똑같이 넣어서 양 측랑에서 본체를 분리시켰다. 여기에 그치지 않고 본체와 두 측랑이 만나는 지점에 역시 대칭으로 여성 전용의 작은 안마당을 설치했다. 이는 본체와 측랑 사이에 물리적 완충막을 만든 것이었는데 실제로도 여성 식구들의 옥외활동 공간으로 요긴하게 사용되었다. 이때 여성이 앞마당을 오가는 하인이나 낯선 방문객에게 노출되는 것을 막기 위해 앞마당과의 경계부에 벽을 세워서 차단막을 만들었다.

주택에서 안락함을 중요하게 여기는 프랑스의 전통도 알고 보면 해가 귀한 지리적 배경에서 나온 것이었다. 집 안으로 햇볕을 가능한 한 많이 끌어들여 쾌적함을 확보하려고 노력하는 과정에서 안락함에 대한 요구와 관심이 사회 전통으로 자리 잡게 된 것이다. 이 때문에 16~17세기 프랑스 건축에서는 '안락함(commodité)' 혹은 '편리함(convenance)'이 매우 중요한 주제였다. 이 주제를 나라를 초월해서 확장하면 주택 자체에 당연히 요구되는 프라이버시 혹은 '내밀성(intimacy)'과 같은 개념이 된다. 프랑스에서는 르네상스 이후 귀족과 부르주아 등 상류층이 교외보다는 도시 내부에 모여 사는 전통을 형성하게 되는데 이런 상황에서 도시 외부의 번잡하고 시끄러운 환경에서 주택 실내의 안락함과 편리함을 지키는 일이 중요해진 것이다.

이는 실내의 쾌적함보다는 육면체를 바탕으로 삼아 고전주의라는 외적 형식이 발달한 이탈리아 팔라초와 대비되는 현상이다. 이탈리아 팔라초에서는 건물을 안으로 파고 들어가는 내파(內破) 기법이 발달했으며 그늘을 만들고 바람도 잘 통하게 하는 로지아를 선호했다. 로마 시대 인술라에서 시작된 이런 '육면체-내파' 전통은 이탈리아에서 중세와 르네상스를 거치면서도 계속 살아남아 바로크까지 이어졌다.

프랑스를 비롯한 독일과 영국 등 서북유럽에서는 상황이 달랐다. 남유럽보다 기후가 더 혹독하기 때문에 건물을 여럿으로 나눈 뒤 그 사이에 마당을 두는 등 햇볕을 마주하는 접촉면을 늘리고 싶어 했다. 유기적으로 분화하는 '외파(外破)' 구성이었다. 이런 바람은 안락한 생활환경에 대한 욕구로 발전했다. 측랑과 파빌리온이 사방으로 뻗어 나가면서 건물을 형성하는 유기적 외파 구성은 기능 면에서도 융통성이 커서 편리했다. 오텔에서 두 측랑을 펴면 결국 세 개의 긴 육면체를 일렬로 이은 것이 된다. 각 육면체는 단위 아파트먼트를 일렬로 구성한 '일렬 아파트먼트(apartment enfilade)' 혹은 '한 겹 아파트먼트(apartment simple)'로 이루어지는데 이는 가장 기능적인 평면이다. 방을 한두 개 빼거나 크기를 조절하거나 몇 개씩 모아서 단위 아파트먼트를 구성하는 등 조절능력과 융통성에서 유리했다.

오텔의 유기적 외파 구성은 안락함 이외에 계급 위계에도 잘 맞았다. 이는 이탈리아 팔라초와 비교하면 잘 드러난다. 오텔이 본체 및 메인 살롱에 대한 집중도가 더 높은 구성이었기 때문이다. 오텔의 'ㅠ'자형은 세 개의 육면체를 일렬로 길게 늘인 뒤 두 번 꺾은 것이다. 그 한가운데에 메인 살롱이 위치하며 측랑은 여기에서 직각으로 꺾여서 뻗어나간다.

본체에서 보면 두 개의 마당과 측랑이 한눈에 파악된다. 메인 살롱은 중앙 본부가 되며 여기에서 양옆으로 동선이 나가기 때문에 실내 장악력도 높아진다.

이런 집중도는 기본적으로 중세 성채의 본성에 나타났던 집중도와 같은 것인데 이것이 도시로 옮겨온 뒤에도 사라지지 않고 계속된 것이었다. 팔라초의 출처가 농촌 성채를 도시로 가지고 들어온 것이 아니고 로마 시대부터 도시 내에서 자생하던 육면체 건물이었던 것과 대비되는 대목이다. 여기에 햇볕을 많이 받으려는 기후 요소가 합해지면서 유기적 외파 구성은 프랑스 오텔의 주요 특징으로 완전히 정착했다. 평면만을 기준으로 하면 오텔의 건축주인 프랑스 상류층이 팔라초의 건축주인 이탈리아 상류층보다 권력욕이 더 강한 것으로 볼 수 있다.

실제로 프랑스는 유럽에서 가장 먼저 통일국가를 이루면서 왕실로의 중앙 집중이 심했던 나라였으며 이런 구도가 상류층의 주거에 흘러든 것이었다. 이탈리아가 19세기까지 도시국가 체제를 유지하며 왕궁 건축이 발달하지 못했던 데 반해, 프랑스에서는 이미 중세부터 왕궁 건축이 융성했으며 르네상스와 바로크에서는 루브르와 베르사유를 필두로 여러 채의 왕궁이 파리 및 그 주변에 지어졌다. 오텔은 국가 차원에서의 이런 중앙 집중을 상류층 주거에 구현하기 위해 팔라초의 수직 구성을 평면으로 펼쳐놓은 것으로 볼 수 있다.

4
바로크 오텔(17세기)의 특징과 건축적 주제들

바로크 오텔 개요

이탈리아 팔라초의 주요 작품이 르네상스 때 모두 완성되고 바로크 때에는 변형과 쇠퇴의 길을 걷기 시작했던 것과 달리 프랑스 오텔은 바로크가 전성기였다. 오텔의 완성은 바로크 때 있었으며 주요작도 대부분 바로크 때 나왔다. 이탈리아와 달리 프랑스에서는 거장 건축가들이 바로크 시대에 주로 등장했던 것이 중요한 이유였다. 르네상스까지는 오텔들이 부동산 개발의 범위 내에서 지어졌기 때문에 비록 그 수는 일정량이 되었지만 건축적, 양식적 정리는 부족했다. 이런 현상은 프랑스 르네상스 건축의 실체가 불분명했던 더 큰 현상의 일환이기도 했다. 프랑스 르네상스는 자국의 중세 전통과 이탈리아 고전주의 사이에서 고민하면서 둘을 혼합한 중간상태로 1차 결론을 맺었는데 이렇게 다소 애매한 상태가 오텔에도 비슷하게 나타난 것으로 볼 수 있다.

이후 바로크 시대에 접어들면서 프랑스 건축은 이탈리아와 어깨를 나란히 하며 높은 수준의 독립성을 보이게 된다. 오텔 역시 이런 흐름의 하나로 완성점에 이르게 된다. 이후 후기 바로크와 로코코 시대에 오면 거꾸로 이탈리아에까지 영향을 끼치게 된다. 이 과정에서 바로크 건축가들의 활약이 중요했다. 르네상스 오텔은 정식 건축가가 설계한 작품이 거의 없었던 데 반해 바로크 오텔의 주요작은 대부분 대표 건축가들의 작품이었다. 르보(Louis Le Vau), 망사르(François Mansart), 르포트르(Antoine Le Pautre), 드파트(Robert de Patte), 르뮈에(Pierre le Muet), 아르두앵-망사르(Jules Hardouin-Mansart) 등 바로크 건축 전반에서 걸작을 남긴 쟁쟁한 건축가들이 오텔에도 참여하면서 프랑스 오텔은 전성기를 맞게 된다.

주거가 건축 전체에서 높은 비중을 차지하는 현상은 바로크 때에도 계속되었다. 이런 현상은 프랑스에서 더 두드러졌다. 르네상스 때에 비해 교회건축도 크게 활성화되긴 했지만 왕궁, 오텔, 성채 등이 이끄는 주거건축이 전성기를 누리면서 대작들이 나왔다. 후기 바로크 때에는 주거건축의 대명사 로코코까지 가세하면서 프랑스 주거건축은 최전성기를 맞는다. 이런 흐름에 힘입어 18세기 후반부터 파리 시내에는 아파트가 등장하기 시작하면서 19세기의 아파트 시대로 진입하게 된다.

오텔은 바로크에 들어와서 일정한 변화를 겪는다. 문화 전체가 절대왕정의 중앙 집권을 상징하는 쪽으로 흘러가면서 오텔도 규모가 커지고 방의 개수가 많아졌다. 르네상스 때 형성된 두 가지 특징인 계급 위계와 안락함도 계속 유지되었다. 계급 위계를 표현하던 르네상스 때의 특징은 절대왕정의 분위기와 잘 맞았다(도 4-82, 도 4-83). 바로크 오텔은 더욱 과시적이 되면서 계층화된 사회구조를 반영하는 쪽으로 발전했다. 안락함을 추구하던 경향도 사라지지 않고 남았다. 안락함은 표면적으

도 4-82 보베 오텔(Hôtel de Beauvais). 파리. 1660년경 왕실 퍼레이드 장면이다.

도 4-83 콩데 오텔(Hôtel de Condé) 전경 판화. 파리. 16세기 르네상스 오텔을 1652~65년에 망사르(François Mansart)가 증축했다.

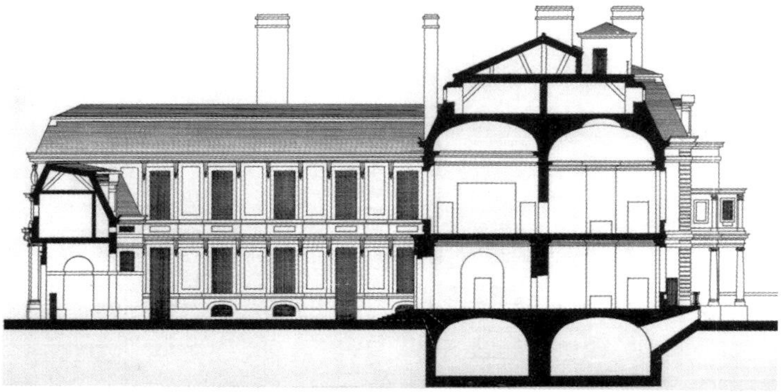

도 4-84 망사르. 자르 오텔(Hôtel de Jars). 횡단면도. 파리. 1648~.

로는 대형화와 과시 성향과 반대되었지만 내부적으로 조화를 이루며 바로크 오텔만의 특징을 만들어냈다.

이 두 가지 경향이 합해지면서 바로크 오텔만의 특징이 나타났다. 방의 개수와 종류가 크게 늘어났으며 이것들을 유기적으로 잘 연결해서 편리함과 기능성을 추구한 현상이었다. 건축주의 권력과 가문이 커지면서 거느리는 식솔의 수가 늘어났고 계급 위계를 강화함에 따라 오텔에서 벌이는 공적 행사가 많아졌다. 이런 변화를 수용하기 위해 방의 개수가 늘고 종류가 다양해졌다. 이에 따라 르네상스 때의 '일렬 아파트먼트' 혹은 '한 겹 아파트먼트' 대신 '두 겹 아파트먼트(appartement double)'가 등장했다(도 4-84). 이렇게 늘어난 방을 유기적으로 잘 연결해서 기능적 편리함을 얻기 위한 목적이었다. 실내 공간 켜가 두 겹이 되면서 건물 윤곽이 두꺼워져서 과시적으로 보이는 데에도 유리했다.

방의 종류가 분화되는 현상은 편리함과 위계 과시가 합해진 결과였다. 용도에 따라 방의 종류를 섬세하게 분류하는 것은 기능적 편리함의 하나일 수 있었다. 또한 공적 행사의 종류에 따라 각기 다른 방을 사용하는 것 자체가 건축주의 경제력과 정치력이 크다는 것을 의미했다. 자신의 주거에서 다양한 공적 행사를 벌일 수 있는 것과 이것을 기능적으로 완벽하게 뒷받침할 수 있다는 것 등은 모두 정치력과 경제력이 충분할 때 가능했다. 여기에 수준 높은 실내장식까지 동원해서 이런 방들을 화려하게 꾸밀 경우 건축주의 문화예술적 역량까지 과시할 수 있었다. 당대 최고의 예술가가 화려하게 장식한 큰 홀에 정치인, 고위관료, 후견

인 등을 초대해서 각종 공적 행사를 개최하는 일은 건축주의 모든 역량을 총집결해서 보여주는 중요한 정치행위였다.

바로크 오텔의 구성과 특징

바로크 오텔은 르네상스 평면을 기초로 삼아 방의 개수와 종류가 늘어난 변화를 보였다. 그 방향은 크게 여덟 가지로 정리할 수 있다.

첫째, 전실이 크게 늘어난 점이다. 프랑스어로는 'vestibule'이나 'antichambre'를 사용한다. 'vestibule'은 출입문을 지나 실내로 들어오면 가장 먼저 나오는 방이다. 넓게는 건물 전체에 대해서 좁게는 그랜드 살롱에 대해서 전실 기능을 하는데 현관에 가깝다고 보면 된다. 가장 큰 기능은 손님을 맞이하거나 손님이 기다리는 곳이며 출입문과 오텔 실내 사이의 완충지대 역할도 한다.

'antichambre'는 말 그대로 '전실'로 더 큰 주요 방의 앞에 추가된 것이다. 이 때문에 프랑스어사전에는 '대기실'이라고 나와 있다. 실제로도 대기실의 기능이 가장 크며 보통 주실로 들어가기 전에 기다리는 동안 다과나 간단한 식사를 할 수 있는 시설도 갖추었다. 하지만 일부 오텔에서는 'antichambre' 자체를 하나의 독립적인 방으로 사용하기도 했다. 기능은 주로 살롱 대신이었다. 크기와 실내장식 등도 살롱 급에 맞춰서 신경을 썼다. 이 경우 그랜드 살롱을 두지 않는 것이 보통이었으며 그 대신 'antichambre'를 여러 개 설치해서 살롱의 기능을 분산시켰다.

도 4-85 드코트(Robert de Cotte). 에스트리 오텔(Hôtel d'Estrees). 1층 평면도. 파리. 1713년. 1=정문 출입구. 2=경비실. 3=경비 침실. 4=마구간. 5=마구간 마당. 6=마차고. 7=마차고 마당. 8=명예의 마당(중앙 안마당). 9=현관. 10=제1전실. 11=제2전실. 12=그랜드 전실. 13=연회실. 14=손님맞이 방. 15=침실. 16=드레싱 룸. 17=소형 사실. 18=사무실. 19=가족실. 20=부엌. 21=경비 식당. 22=명예의 계단(중앙 계단). 23=보조 계단.

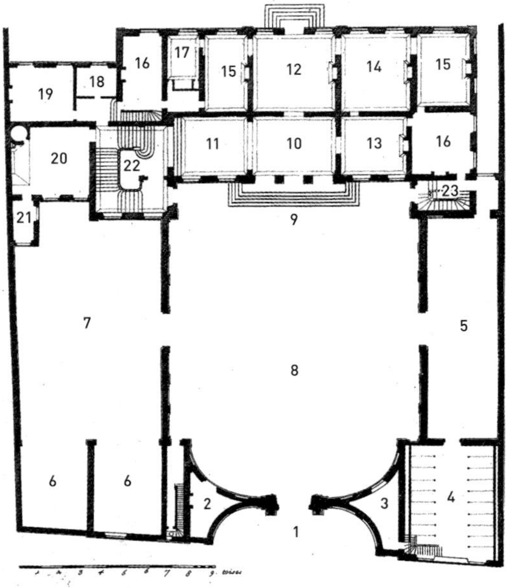

에스트리 오텔(Hôtel d'Estrees, 1713)에서는 출입문을 지나면 건물 전체의 현관이 나왔으며 그 왼쪽으로는 대 계단실로 가는 전실이, 위쪽으로는 그랜드 전실(Grand Antichambre)이 각각 위치했다(도 4-85). 12번 방인 그랜드 전실은 사실상 그랜드 살롱의 기능을 대신했다. 현관 옆에는 연회 홀이 위치했다. 연회 홀을 제외하면 세 개의 큰 전실이 공적 영역의 중심을 이루었다.

둘째, 공적 영역에서는 그랜드 살롱 이외에도 각종 살롱, 전실, 식당, 손님맞이 방 등 다양한 방이 늘어나면서 공적 기능을 크게 강화했다. 손님맞이 방(chambre de parade)은 리셉션과 유흥을 겸한 방으로 소그룹의 손님을 맞아 격식 없이 사교할 때 사용했다. 도 4-85에서는 14번 방이다. 아주 친한 경우에는 침대를 갖춘 주인 침실이 손님맞이 방을 겸하기도 했는데 프랑스에서는 침실에서 손님을 맞는 관습이 있기 때문이다. 'parade'라는 단어가 '과시', '장식'이라는 뜻인 데에서 보듯이, 이 방은 집주인이나 가문을 자랑할 만한 것으로 채웠다.

마티뇽 오텔(Hôtel de Matignon, 1719~22)에서는 현관을 들어오면 전실과 그랜드 전실이 연달아 나오면서 이 자체가 첫 번째 공적 영역을 형성했다. 그 오른편으로 그랜드 살롱과 연회 홀이 위치하면서 두 번째 공적 영역을 형성했으며 다시 그 오른쪽 옆으로 손님맞이 방 두 개와 주인 침실이 'ㄱ'자를 이루면서 연달아 위치했다. 'ㄱ'자의 아래쪽 빈자리에는 대 계단실(Grand Escalier)을 넣었는데 유려한 곡선의 나선형 계단이었다(도 4-86). 에스트리 오텔 역시 손님맞이 방과 주인 침실이 붙어 있는데 사적 영역 안에 진짜 주인 침실을 하나 더 넣었다(도 4-85). 주인 침실이 두 개인 것인데 하나는 손님맞이용의 공적 시설이었고 다른 하나는 주인이 진짜 잠을 자는 사적 시설이었다.

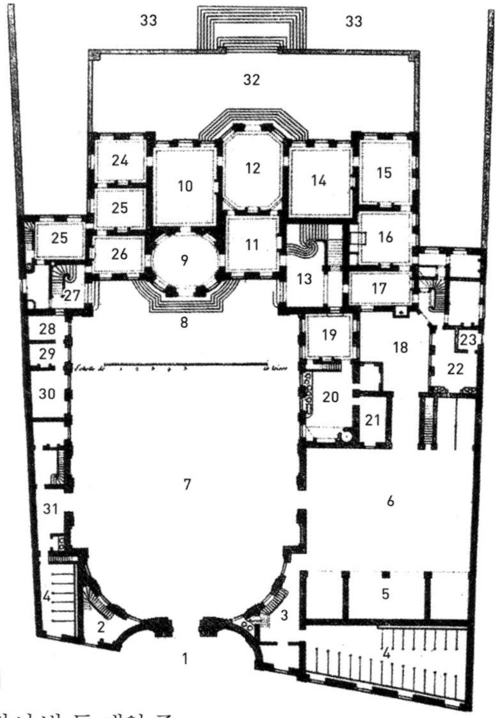

도 4-86 쿠르톤느(Jean Courtonne). 마티뇽 오텔(Hôtel de Matignon). 1층 평면도. 파리. 1719~22년. 1=정문 출입구. 2=경비실. 3=마부실. 4=마구간. 5=마차고. 6=마사 마당. 7=명예의 마당(중앙 안마당.) 8=현관. 9=전실. 10=그랜드 전실. 11=연회실. 12=그랜드 살롱. 13=명예의 계단(대 계단실). 14=손님맞이 방. 15=캐비넷. 16=침실. 17=예배당 전실. 18=부엌 마당. 19=가족실. 20=부엌. 21=경비 식당. 22=사무실. 23=변소. 24=소형 사실. 25=챔버. 26=대기실. 27=보조 계단. 28=대기실. 29=소형 사실. 30=챔버. 31=보조 마당. 32=테라스. 33=후원.

셋째, 사적 영역도 마찬가지여서 사실, 소형 사실, 그랜드 캐비넷, 침실, 드레싱 룸(garderobe), 가족용 거실 등 다양한 방이 생기면서 사적 기능을 크게 강화했다. 사실(私室)은 포괄적인 의미의 개인 방인 챔버로, 르네상스 때와 비교해서 기능이 매우 다양해졌다. 침실의 기본 기능 이외에도 손님을 맞거나 하인들을 지시해서 여러 가지 일을 하는 곳이었다. 소형 사실은 주로 비즈니스와 관련되어 매우 사적이고 은밀한 담화가 필요할 때 사용하는 방이었다. 이런 분위기를 돕기 위해 '사랑의 소형

도 4-87 랑베르 오텔(Hôtel Lambert)의 사랑의 소형 사실(Cabinet de l'Amour, 1647).

사실'이나 '뮤즈의 소형 사실' 같은 명칭을 붙이기도 했으며 실내장식도 이에 맞춰서 했다(도 4-87). 드레싱 룸은 말 그대로 옷을 보관하는 방이었는데 옷 이외에도 개인물품이나 생활용품을 보관하는 일반적인 창고도 겸했다. 이 때문에 하인들이 자유롭게 출입할 수 있는 곳이었다.

다비에(A-C. d'Aviler)가 1691년에 남긴 오텔 계획안에서는 건물의 왼쪽이 사적 영역이었다. 본체의 왼쪽 아래에서 왼쪽 측랑의 위쪽에 걸쳐 첫 번째 사적 영역이 들어갔고 측랑 아래쪽에 두 번째 사적 영역이 들어갔다(도 4-88). 첫 번째 사적 영역은 '침실-드레싱 룸-소형 사실-소형 계단-소형 사실의 전실-소형 드레싱 룸'으로 이루어졌다. 침실과 드레싱 룸 사이에는 소형 광정을 넣었다. 첫 번째 사적 영역을 보조 계단실로 한 번 끊은 뒤 그 아래에 '전실-침실-소형 사실-소형 계단-가족용 거실'로 이루어지는 두 번째 사적 영역이 들어갔다. 에스트리 오텔, 마티뇽 오텔, 메인 오텔(Hôtel du Maine, 1716) 등 다른 오텔들에서도 사적 영역의 구성 및 위치는 대체적으로 이와 비슷했다(도 4-85, 도 4-86, 도 4-89).

넷째, 단일 공간 가운데에서는 계단실이 크고 화려해지는 등 가장 큰 변화를 보였다. 앞에 나왔던 예들을 비롯해서 대부분의 바로크 오텔에서 계단실은 현관 옆에 살롱과 비슷한 크기를 차지하며 위치했으며 실내는 유려한 곡선의 나선형 계단과 각종 화려한 장식으로 치장했다. 계단 형식도 사각 회전계단이나 대칭 유턴 계단 등 공간 장악력이 크고 동선 방향이 다양하게 나오는 대형 형식을 선호했다. 이런 현상은 바로크 왕궁에서 특히 유행하던 것인데 과시욕에 사로잡혀 있던 오텔의 건축주들에게는 좋은 모델이 되었다.

크로자 오텔(Hôtel Crozat, 1704)에서는 현관을 지나면 사각 회전계단의 대 계단실이 오텔의 심장에 해당되는 정중앙에 웅장하게 서 있다(도

4-90). 이곳을 기준으로 위쪽에는 침실, 소형 사실, 드레싱 룸, 전용 안마당 등으로 이루어지는 사적 영역이 들어갔고 오른쪽 아래에는 살롱과 연회 홀이 들어갔다. 이 오텔의 중심은 계단실이었다. 건축가 가운데에는 망사르가 특히 계단에서 주요 작품을 많이 남겼다. 카르나발레 오텔, 라바치니에르 오텔(Hôtel de la Baziniere), 오몽 오텔(Hôtel d'Aumont) 등이 대표작인데 모두 1650~60년대에 몰려 있다(도 4-91, 도 4-92).

다섯째, 본체로 들어가는 출입문의 위치에도 변화가 있었다. 르네상스 때처럼 정면 중앙과 좌우 모퉁이로 이원화된 방식을 그대로 유지한 경우도 있었지만 일부에서는 좌우 모퉁이의 출입문을 없애고 정면 중앙 한곳으로 모는 변화가 나타났다. 이는 바로크의 과시경향에 따라 중앙 집중을 강조하는 과정에서 나타난 현상으로 볼 수 있다. 앞에 나온 예를 기준으로 하면 에스트리 오텔과 마티뇽 오텔은 전자에, 다비에의 계획안과 메인 오텔은 후자에 각각 속한다.

여섯째, 공적 영역과 사적 영역 사이의 관계가 양면적이 되었다. 한편으로 공적 영역과 사적 영역 모두의 방이 다양하게 분화되면서 각자 강화되었다. 하지만 이와 동시에 두 기능이 섞이기도 했는데 사적 영역의 일부가 1층으로 내려오면서 손님맞이 방으로 쓰인 점, 하인이 가족생활 안으로 들어온 점, 리셉션 기능이 가족의 사적 영역과 연결되는 쪽으로 변화한 점 등이 대표적인 예이다.

일곱째, 이렇게 늘어난 방의 개수와 종류는 '두 겹 아파트먼트'를 이용해서 구획, 구성했다. '두 겹 아파트먼트'가 나타난 곳은 여러 곳이었다. 주로 본체였으나 측랑에 나타나기도 했고 본체와 측랑 모두에 나타

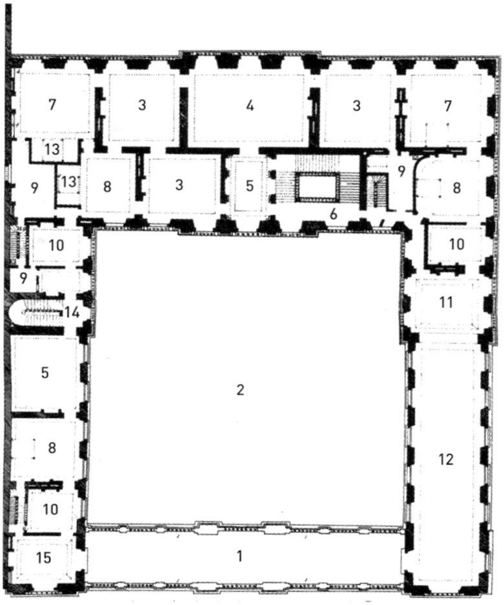

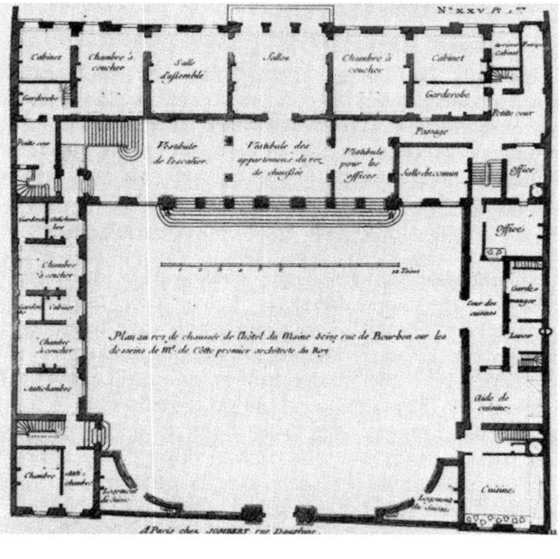

도 4-88 다비에(A-C. d'Aviler). 오텔 계획안. 2층 평면도. 1691년. 1=테라스. 2=명예의 마당(중앙 안마당). 3=대기실. 4=연회실. 5=전실. 6=명예의 계단(대 계단실). 7=손님맞이 방. 8=침실. 9=드레싱 룸. 10=소형 사실. 11=식당. 12=갤러리. 13=소형 광정. 14=보조 계단. 15=가족용 거실(소형 살롱).

도 4-89 드코트. 메인 오텔(Hôtel du Maine). 파리. 1716년.

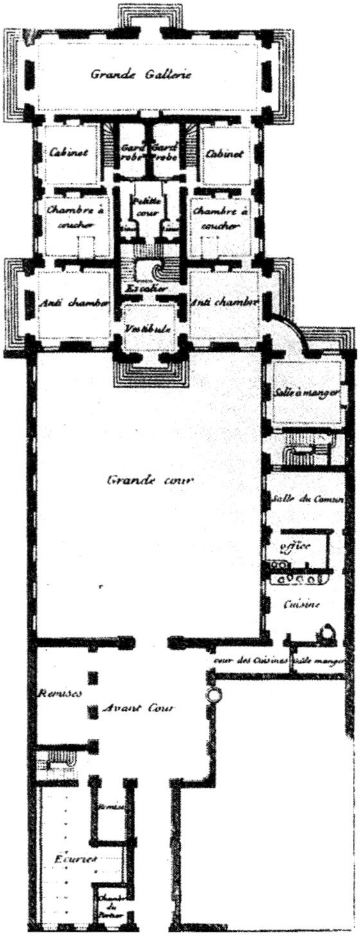

도 4-90 카르토드(J. S. Cartaud). 크로차 오텔(Hôtel Crozat). 평면도. 파리. 1704년.
도 4-91 망사르. 카르나발레 오텔. 종단면도. 1650년대.
도 4-92 망사르. 오몽 오텔(Hôtel d'Aumont). 계단실. 파리. 1665년.

난 경우도 있었다. '두 겹 아파트먼트'를 이용해서 늘어난 방의 개수와 종류를 구성하는 방법은 영역별로 나누는 것이 가장 많이 쓰였다. 영역은 기능에 따른 사용 내용을 기준으로 삼아 자연스럽게 구획되었다. 계급사회의 상류층 주택에서는 방을 이용하는 계층, 성별, 방 안에서 일어나는 기능 등에 따라 영역이 자연스럽게 나눠지기 때문이다.

영역 사이의 구획은 계단실이나 복도를 사이에 넣어 인위적으로 하기도 했지만 주로 벽체를 이용했다. 평면도를 기준으로 했을 때, 계단실이나 복도를 넣는 경우는 구획이 확연히 드러나지만 벽체로 구획한 경우는 여러 방들이 몰려 있는 것처럼 보여서 구별이 쉽지 않다. 이런 경우는 문을 봐야 한다. 같은 영역에 속하는 방들끼리는 문을 내서 통했지만 다른 영역과의 사이는 벽으로 막았다. 이 때문에 두 겹 아파트먼트의 평면은 언뜻 보면 여러 개의 방이 같이 어울려 있는 것처럼 보이지만, 동선을 추적해 보면 서로 통하는 방이 있는 반면 막히는 방도 나오게 된다. 통하는 방은 같은 영역에 속했으며 막히는 방은 다른 영역이었다. 우리나라에는 없는 유럽, 특히 프랑스 특유의 영역 구획 방식이다. 예를 들어 마티뇽 오텔에서 왼쪽의 사적 영역에 속하는 챔버와 그 옆의 공적 영역에 속하는 그랜드 전실 사이에는 벽으로 막혀서 왕래가 불가능한데 이는 두 영역 사이를 구획하는 방법인 것이다. 대부분의 바로크 오텔에서는 이런 식으로 영역을 구획했다.

여덟째, 많은 방을 이렇게 영역으로 구획함으로써 르네상스 오텔에 나타났던 안락함의 추구라는 프랑스 주거문화의 전통이 더욱 강화되었다. 안락함의 구체적 내용은 바로크 시대에 들어오면서 변했다. 르네상스 오텔에서는 안락함이 주로 기능적 편리함이었는데, 바로크로 오면서 크고 작은 여러 방들이 아기자기하게 어울리면서 만들어내는 동선 변화와 의외의 놀라움 같은 공간 매력으로 변했다. 방들의 크기 차이가 줄어든 현상 역시 이런 특징을 거들었다. 그랜드 살롱 같은 중심이 되는 공적 시설의 크기는 르네상스 때보다 오히려 작아진 반면 사적 영역의 방들은 거꾸로 더 커졌다.

바로크 오텔은 외관에서는 웅장한 과시욕을 드러냈지만 실내 구성은 그 반대였다. 웅장한 거대 공간을 중심으로 한 공간 위계는 사라진 대신 몸을 숨기거나 숨어서 관찰하거나 갑자기 나타났다 사라지는 등의 은밀하면서도 흥미진진한 공간놀이가 일어났다. 앞에 나왔듯이 대형 그랜드 살롱이 사라진 대신 살롱 역할을 하는 'antichambre'를 여러 개 둬서 그 기능을 분산시킨 것이 좋은 예이다. 사람들은 오텔 속에서 연속으로 이어지는 의외의 공간들을 만나면서 계속해서 놀라거나 의외의 흥겨움에 즐거워했다.

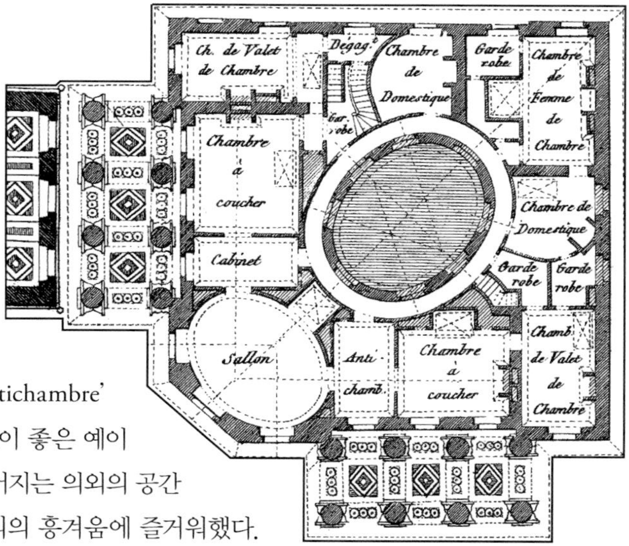

도 4-93 르두(Claude Nicolas Ledoux). 몽모랑시 오텔(Hôtel de Montmorency). 2층 평면도. 파리. 1769~70년.

이런 다양한 공간 경험은 안락함의 추구에 바로크의 의외성과 비정형 구성이 더해져 나온 결과였다. 가정생활과 공간 경험은 최소 단위의 작은 디테일로 자잘하게 나뉘면서 풍성한 감상거리와 놀이거리를 만들어냈다. 이런 특성은 로코코 오텔로 발전하면서 절정에 달했다(도 4-93).

랑베르 오텔-장경주의와 연속 공간

랑베르 오텔(Hôtel Lambert, 1640년대)은 루이 14세 전반부의 왕실 수석건축가였던 르보(Louis Le Vau)의 가장 중요한 도시주거 작품이었다. 특히 현재 남아 있는 것을 기준으로 하면 더욱 그렇다. 하지만 중간에 변형이 있어서 현재 상태는 원본과는 다소 차이가 있다. 부지는 바로크 오텔이 많이 몰려 있는 생루이 섬(Ile St. Louis) 내에 있었다. 건축주였던 장 밥티스트 랑베르(Jean Baptiste Lambert)가 1639년에 부지를 구입했고 1640년에 공사를 시작해서 1644년에는 입주가 가능한 정도까지 진척되었다. 실내장식은 몇 년 뒤에 완성되었다. 왕실 수석건축가답게 실내장식 가운데 중요한 부분은 루이 14세의 전속 화가이자 당대 최고의 바로크 실내장식가였던 르브룅(Charles Le Brun)에게 맡겼다.

이 오텔은 부지가 옆으로 길어서 통상적으로 안으로 깊은 오텔 구성을 적용하기가 어려웠다. 이 때문에 부지를 좌우로 이등분해서 마당을

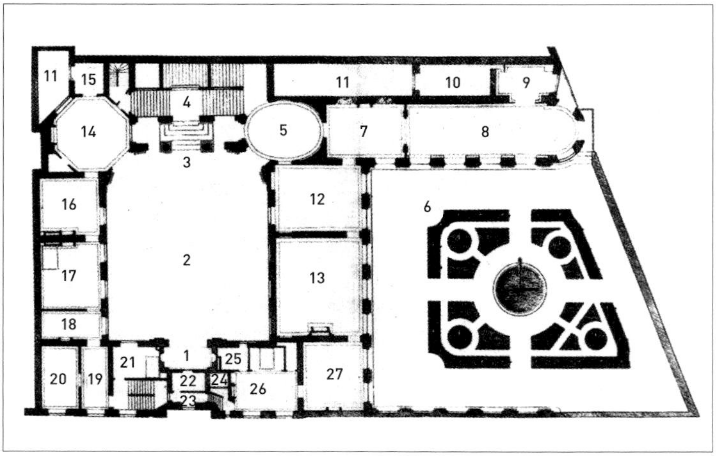

도 4-94 루이 르보(Louis Le Vau). 랑베르 오텔(Hôtel Lambert). 2층 평면도. 파리. 1640~44년. 1=정문 출입구 윗부분. 2=앞마당. 3=현관 출입문. 4=중앙 계단실. 5=타원형 전실(공적 영역 전실). 6=테라스 정원. 7=갤러리 전실. 8=갤러리 형 도서관. 9=서고. 10=소형 도서관. 11=소형 안마당. 12=2차 전실. 13=그랜드 캐비닛. 14=팔각형 전실(사적 영역 전실). 15=드레싱 룸. 16=2차 전실. 17=침실. 18=소형 사실. 19=전실. 20=챔버. 21. 드레싱 룸. 22=챔버. 23=비상 통로(degagement). 24=화장실. 25=캐비닛. 26=침실. 27=사랑의 소형 사실.

이원화했다. 왼쪽에 본마당인 앞마당을 뒀고 오른쪽을 베이스 코트로 사용했다. 통상적인 이중 마당 구성에서 좌우가 바뀌었다. 이후 베이스 코트가 커지면서 정원으로 발전했다(도 4-94). 본마당은 사면을 건물이 에워싸는 표준 구성인데 한 겹 아파트먼트를 기본 구성으로 한 점에서 아직 르네상스 오텔의 범위 내에 머물렀다. 이는 르보가 초기 바로크 건축가였기 때문으로 보인다.

그러나 실내 구성에 새로운 내용이 등장하는 등 바로크로 넘어가는 중요한 변화가 나타났다. 무엇보다 계단실이 대폭 커진 점이 가장 두드러졌다. 본체가 사실상 사라지면서 그 자리에 중앙 계단실을 배치했다. 원안의 계단 형식에 대해서는 기록에 따라 차이가 있는데 대칭 유턴 계단과 꺾임 계단을 섞은 것으로 보인다(도 4-95). 본체는 양 측랑과 정원 위쪽 등 세 곳으로 분산해서 옮겨갔다. 계단실 양옆에 한 개씩의 전실을 붙여서 분산된 본체로 들어가는 길목을 형성했다. 왼쪽 전실은 왼쪽 측랑 한 곳으로 이어졌지만 오른쪽 전실은 일종의 갈림길을 형성하면서 오른쪽 측랑과 정원 위쪽의 두 본체로 이어졌다.

이 오텔의 특징은 중앙 계단실을 중심으로 풀어나갈 수 있다. 계단실의 규모가 커지고 동선이 여러 방향으로 향하는 등 공간 장악력이 극대화되었다. 계단만 보면 바로크 시대에 완전히 진입했다고 할 수도 있었다. 계단실의 위치 자체는 통상적인 범위를 벗어나지 않으나 본체에 해

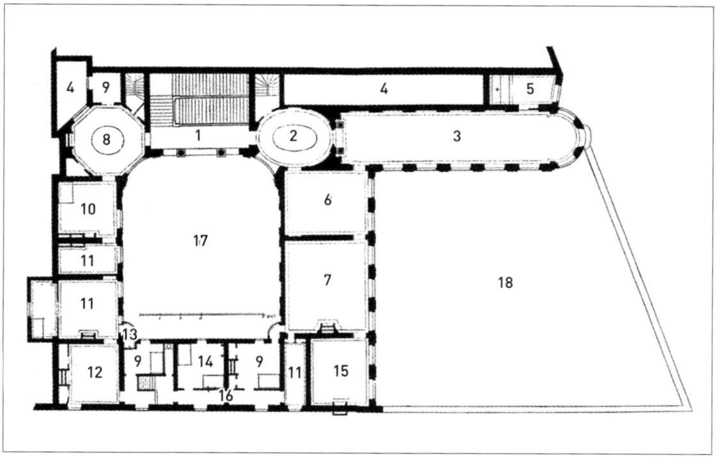

도 4-95 루이 르보, 랑베르 오텔, 3층 평면도, 파리, 1640~44년. 1=중앙 계단실. 2=타원형 전실(공적 영역 전실). 3=갤러리. 4=안마당. 5=예배당. 6=전실. 7=살롱. 8=팔각형 전실(사적 영역 전실). 9=드레싱 룸. 10=챔버. 11=소형 사실. 12=전실. 13=화장실. 14=가정 내 환자실. 15=뮤즈의 소형 사실. 16=복도. 17=앞마당. 18=테라스 정원.

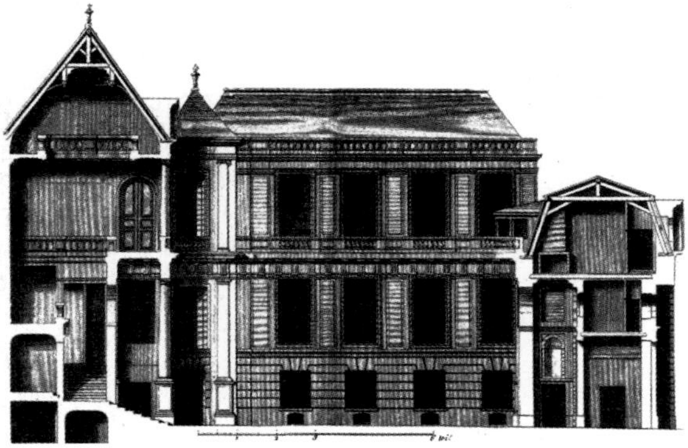

도 4-96 루이 르보. 랑베르 오텔. 중앙 계단실 단면과 오른쪽 측랑 입면. 파리. 1640~44년.
도 4-97 루이 르보. 랑베르 오텔. 중앙 계단실 단면과 갤러리 입면. 파리. 1640~44년.

당되는 면적 전체를 큰 계단실 하나로 대체한 점에서는 파격적이었다. 계단실이 커진 현상은 크게 보면 바로크 오텔의 통상적인 경향이라 할 수 있다. 좁게 보면 부지가 옆으로 긴 이 오텔만의 상황에 맞춘 것이기도 하다. 수평 중심축을 수직이동 축으로 대체한 것이다.

후원을 본체의 뒤쪽이 아닌 오른쪽에 두면서 중심축이 출입구를 지나서 본체에 들어오자마자 더 이상 뻗어나가지 못하고 끊겨버렸다. 이렇게 사라진 중심축을 수직이동 축으로 대체한 것이다(도 4-96, 도 4-97). 계단실의 중요성은 기능의 관점에서 보면 더욱 명확해진다. 본체가 세 군데로 분산되면서 이것들을 하나로 묶어줄 중앙 고리가 필요해졌는데 이것을 계단실이 담당한 것이다. 특히 계단실 양옆에 전실을 배치함으로써 계단실의 중앙 고리 역할을 도왔다. 계단실이 수직이동 이외에 수평방향에서의 동선 배분 역할까지 하게 된 것이다. 두 전실을 각각 타원형과 팔각형으로 처리했는데 이는 오텔 역사에서 사각형을 탈피한 방이 등장하는 중요한 전환점이었다. 이후 이런 탈사각형 경향은 로코코에서 절정에 달한다(도 4-93).

이 오텔은 전체 윤곽만 보면 전통적인 르네상스 오텔처럼 보이지만 실내를 잘 뜯어보면 이처럼 르네상스 표준형에서 완전히 벗어난 파격적인 특징을 보인다. 그 출발점은 일차적으로는 앞과 같은 불리한 부지 상황에 맞추기 위한 기능적인 것이었지만 궁극적으로는 바로크다운 건축 효과를 노린 의도적인 것이었다. 르네상스 오텔의 특징이었던 건물 전체의 고전적 조화를 벗어던지고 부분적으로 장경주의, 동선의 극적인 변화, 연속 공간 같은 바로크다운 효과를 노리는 과정에서 나타난 특징이었다.

장경주의는 시야의 완급조절을 통해 감상 효과를 극대화하는 쪽으로 추구했다. 오른쪽의 타원형 전실을 지나면 정원의 위쪽 면을 막는 측랑으로 이어지는데 이곳에서는 시야를 완전히 열어서 경치를 시원스럽게 감상할 수 있게 했다. 측랑의 1층은 오픈 갤러리여서 눈높이에서 마당 전경이 시야에 들어왔다. 2층과 3층 역시 실내 갤러리여서 이번에는 정원 전체가 위에서 아래로 내려다보는 각도로 한눈에 들어왔다. 갤러리의 끄트머리는 세 층 모두 활처럼 둥글려서 오텔 밖의 센 강을 감상할 수 있는 전망대처럼 꾸몄다. 센 강은 앞을 가로막는 것 하나 없이 전경이 한눈에 들어왔다. 이처럼 정원 위쪽의 갤러리에서는 볼거리를 통째로 드러내서 전경을 즐기게 했는데 이는 장경주의 가운데 개방적이고 직설적인 기법에 속한다.

반면 계단실에서는 시야를 막았다 여는 조절을 가했다. 계단실의 면적은 넓으나 건물 전체 구성이나 계단실 전경 등이 한눈에 들어오지 않게 시야를 조절했다. 계단실은 면적에 비해 창이 거의 없이 벽 속에 갇혀 있다. 전체적으로 시야를 가둬 둔 상태에서 계단을 오를 때마다 한두 개씩 새로운 장면을 볼 수 있게 했다. 이는 장경주의 가운데 관음적이며 은근한 기법에 속한다. 이를 위해 갈림길을 여러 곳에 배치했다. 출입문을 지나 계단실로 들어오면 좌우로 갈림길이 나타났다. 계단을 다 올라 2층과 3층에 도착하면 다시 좌우로 갈라졌다. 각기 다른 형태의 두 개의 전실로 동선을 모은 뒤 이곳에서 각 측랑으로 동선을 배분했다.

갈림길은 계단실에서 추구한 관음적이며 은근한 장경주의를 도우며 동선의 극적인 변화와 연속 공간을 만들어냈다. 주 계단을 따라 올라가면 계단실이 점점 넓어져서 2층과 3층에 오르면 출발지점보다 세 배 넓은 폭에 밝게 채광되는 계단실 전경이 한눈에 들어왔다. 계단실 꼭대기에는 좁은 갤러리를 붙였고 그 양쪽 끝에 팔각형과 타원형의 두 전실이 이어졌다. 이 가운데 팔각형 전실이 특히 관음적이며 은근한 장경주의에 해당되었다.

팔각형 전실은 사방이 크고 작은 공간들로 에워싸여서 좁은 우물처럼 느껴졌다. 마치 미로 같은 분위기였다. 팔각형이라는 방의 형태 역시 우물의 중심다움을 도왔다. 이쪽은 본체 가운데 소형 사실, 챔버, 드레싱 룸, 개인전용 계단 같은 사적 영역에 해당되는 방들이 들어갔기 때

도 4-98 루이 르보, 랑베르 오텔, 뮤즈의 소형 사실, 파리, 1640~44년.
도 4-99 루이 르보, 랑베르 오텔, 르브룅(Charles Le Brun)이 실내장식을 한 갤러리, 파리, 1640~44년.

문에 프라이버시를 위해 은밀한 분위기를 만든 것이다. 소형 사실 앞에 '사랑'과 '뮤즈'라는 단어를 넣어 '사랑의 소형 사실(Cabinet d'Amour)'과 '뮤즈의 소형 사실(Cabinet des Muses)'로 부른 것도 이런 분위기를 도왔으며 실내장식도 여기에 맞췄다(도 4-87, 도 4-98). 이런 방들은 사방이 벽으로 막혀 있고 문만 하나씩 났다. 팔각형 전실에 서면 방 하나에 시선 하나만 배당되었다. 방은 속살을 아주 조금씩 보여주면서 관음 욕구를 자극했다. 장경주의는 은근했다.

타원형 전실은 좀 달랐다. 그 앞에 서면 반대편으로 정원을 향한 긴 갤러리가 일직선으로 쭉 뻗어 있으며 마지막으로 그 끝에 둥글게 배를 내민 창 너머로 센 강이 보였다. 일소점 투시도의 극치로 자연 경치를 담아내는 극적인 공간 구도였다. 이 갤러리의 실내장식은 르브룅의 작품이었는데, 안쪽 벽과 천장에 각종 풍경화와 신화, 역사 장면 등을 그렸다. 이는 맞은편 정원에 맞서 인공 풍경을 제시한 것으로 일소점 투시도의 장경주의를 도왔다(도 4-99). 타원형이라는 방의 형태 역시 일소점 투시도로 짠 공간 구도를 도왔다. 시선 방향을 타원의 장축에 맞추었는데 이는 갤러리의 긴 공간 구도의 전주곡에 해당되는 것이었다.

이처럼 이 오텔에서는 어두운 터널에서 시작해서 점점 밝고 넓은 개방된 공간으로 나아가면서 동선은 극적인 변화를 겪게 되는데 이는 궁극적으로 연속 공간이라는 바로크의 또 다른 기법과 맞닿아 있다. 연속 공간의 기법을 계단실에 적용한 뒤 장경주의와 연관시킨 것이다. 결국 장경주의, 동선의 극적인 변화, 연속 공간의 세 기법은 하나로 합해지면서 이 오텔만의 독특한 바로크 특징을 만들어냈다. 이런 처리는 르보만의 독창적인 경향이었다.

보베 오텔과 자르 오텔–비정형 구성과 자유 구성

보베 오텔과 자르 오텔은 바로크 건축의 보편적 특징인 비정형 구성과 자유 구성을 각각 대표하는 예이다. 보베 오텔(Hôtel de Beauvais, 1621~70)은 르포트르의 작품으로 현재 남아 있긴 하지만 보존상태가 매우 열악하다. 하지만 도면을 통해서 원안의 구성을 살펴볼 수 있다. 가장 두드러진 특징은 매우 심한 비정형 부지였다. 성 앙투안 가(rue St. Antoine)와 주이 가(rue de Joui)를 각각 면하는 필지 두 개를 사서 하나로 합하면서 생긴 현상이었다. 이에 따라 오텔 구성도 비정형주의로 나타났다(도 4-101). 이 오텔의 비정형 구성은 이처럼 부지 상황에 따른 어쩔 수 없는 것이었지만 바로크와 로코코에서 일부러 비정형주의를 추구한 것을 보면 중요한 의미를 가졌다.

부지는 각도 변화가 심하고 평행한 변이 한 쌍도 없을 정도로 비정형이 심했다. 비정형 부지는 확장하면 파리 시내의 택지들이 가지고 있던 오래된 숙제였다. 물론 로티스망처럼 새로 개발한 택지에서는 반듯한 육면체 부지들이 나왔지만 오래된 지역에서 자연발생적으로 만들어지는 부지는 대부분 비정형이었다. 이 오텔의 부지는 유독 비정형이 심하긴 했지만 어쨌든 이곳에서 이 문제를 해결하는 방식은 파리 시내의 비정형 부지 전체에 대한 하나의 모범답안이 될 수 있었으며 나아가 바로크와 로코코의 보편적 특징인 비정형주의의 선례도 되었다.

부지 전체는 정면인 성 앙투안 가를 면한 쪽과 후면 도로인 주이 가를 면한 쪽으로 나눌 수 있다. 이 가운데 정면 쪽은 그나마 육면체 형태를 유지한 반면, 후면 쪽이 비정형이 심했다. 정면 도로 쪽의 정형 부지에 본체를 배치했다. 안쪽 부분이 비정형이 심해서 본체를 온전하게 넣을 수 없었기 때문이다. 본체만큼은 정형적 구성을 하는 것이 좋다고 판단했는데 이런 구성이 나올 수 있는 반듯한 면적이 정면 도로를 접한 쪽밖에 없었던 것이다. 본체가 앞마당을 지난 안쪽에 위치하는 통상적 배치를 깬 것이다. 1층 전면에 상가를 배치하고 그 중간에 진입 통로를 냈다. 본체는 이 통로를 지나서 가게 후면에서 시작하는데 상가가 두 켜의 방을 가져서 두텁기 때문에 통로가 긴 편이었다.

도로를 면한 1층을 상가로 세놓은 것은 유럽 도시주거의 오래된 전통

도 4-100 르포트르(Antoine Le Pautre). 보베 오텔(Hôtel de Beauvais). 정문 출입구에서 앞마당을 들여다 본 모습. 파리. 1621~70년.

도 4-101 르포트르. 보베 오텔. 1층 평면도. 파리. 1621~70년. 1=정문 출입구. 2=포치. 3=부티크 상가. 4=식당. 5=통로. 6=계단실. 7=안마당. 8=수위실. 9=중앙 계단실. 10=부엌. 11=앞마당. 12=가족용 거실. 13=포도주 저장소. 14=경비원, 마부 식당. 15=주이 가 통로. 16=마구간. 17=화장실. 18=마차 보관실. 19=타원 계단. 20=비상계단.

으로 경제적 목적이 가장 컸지만 건축적 이유도 있었다. 이는 곧 본체가 깊숙한 곳에서 시작한다는 뜻으로 비정형 부지의 불리한 조건 속에서도 본체의 통상적 위치를 가급적 지키기 위해서였다. 통로를 지나면 원형 포치 형태의 출입구가 나왔다(도 4-100, 도 4-101). 포치는 원형 전실을 겸하면서 1층의 여러 방향으로 동선을 배분하는 중심 공간 역할을 했다. 앞으로 계속 나가면 앞마당이었고 왼쪽으로는 중앙 계단실이 위치했다. 오른쪽으로는 '부엌-가족 거실-포도주 저장실(sommellerie)-작은 안마당'으로 이루어지는 사적 영역으로 이어졌다.

2층에서는 가게 위쪽에 정면 도로를 면해서 그랜드 살롱이 위치했다. 그 오른쪽 주위로 챔버, 그랜드 챔버, 소형 사실, 그랜드 캐비닛, 전용 계단, 통로, 비상통로(dégagement), 전용 안마당, 소형 예배당 등을 배치하면서 본체의 핵심을 이루었다(도 4-102). 그랜드 살롱이 도로를 직접 면한 것은 프랑스 오텔에서는 매우 드문 예외적인 경우였다. 비정형 부지에 적응하는 과정에서 나온 것이지만 일면 이탈리아 팔라초의 구성을 따른 것이기도 해서 큰 거부감은 없었다.

본체의 오른쪽 위는 비정형이 가장 심한 부분인데 이곳에는 비정형 방들을 배치해서 부지 형태에 맞췄다. 방의 종류도 비정형의 불리함이 상대적으로 적은 서비스 기능과 사적 영역의 방들이었다. 1층에서는 마구간과 마차고가 가장 넓은 면적을 차지했으며 이외에 경비원 식당, 작은 상가, 화장실, 주이 가 연결 통로 등이 들어갔다. 주이 가 연결 통로는 말과 마차가 드나드는 통로였다.

2층은 앞마당을 접한 쪽과 주이 가를 접한 쪽의 두 영역으로 나눴고 그 사이에 갤러리를 넣었다. 앞마당 영역에는 하인들 침실과 예배당을 배치했고 그 앞에 테라스를 설치했다. 주이 가 쪽 영역에는 갤러리를 접한 중심에 반듯한 육면체의 테라스 정원을 설치했고 그 주위로 비정형의 방들을 돌아가며 배치했다. 테라스 정원은 2층에 위치한 공중 정원(hanging garden)이었다. 주로 사적 영역

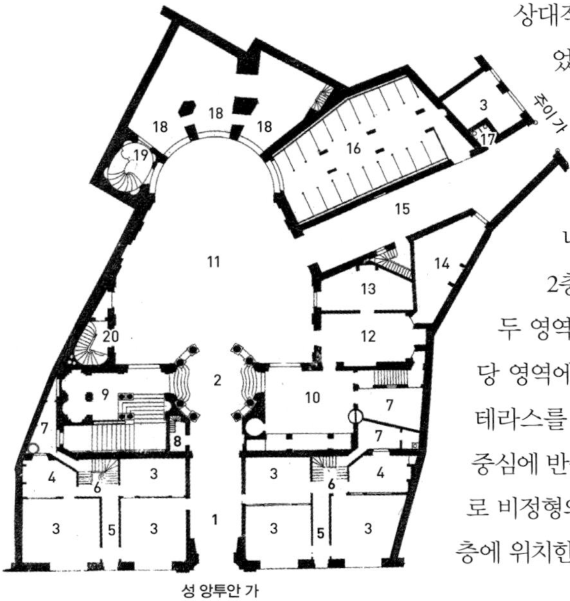

에 속하는 전실, 그랜드 챔버, 드레싱 룸, 인공 동실(grotte), 목욕탕(chambre a bain), 새 사육장(voliere) 등이었다.

더욱 과감한 것은 1층과 2층의 방 배치가 완전히 서로 다르다는 점이다. 본체와 앞마당 영역은 위아래 층의 방 형태와 배치가 거의 일치하는 데 반해 주이 가 영역에서는 위아래가 완전히 달랐다. 두 층의 방은 형태, 크기, 방향, 각도 등 어느 한 가지도 닮은 구석이 없었다. 이 부분을 비정형 방으로 채운 것은 비정형 부지를 구성하는 상식적 처리였다. 이외에 추가 목적도 있었는데, 본체 뒤의 앞마당을 대칭 형태로 만들기 위해서였다. 앞마당은 위쪽 끄트머리에 반원형 앱스를 가지면서 전체 모양이 오뚝이에 가까운 대칭 형태가 되었다. 이상의 배치 법칙을 일반화하면 '비정형이 가장 심한 부분에 역시 비정형 방들을 채우면서 가능하면 일정 면적의 정형 부지를 확보한 다음 이곳에 본체와 앞마당을 대칭 구성으로 배치한다.'였다. 이런 구성은 비정형 부지 위에 대칭 구도를 집어넣는 표준법칙이 되었다.

도 4-102 르포트르. 보베 오텔. 2층 평면도. 파리. 1621~70년. 1=그랜드 살롱. 2=그랜드 살롱 전실. 3=소형 사실. 4=전실(건물 전체). 5=중앙 계단실. 6=챔버. 7=통로. 8=비상 통로. 9=안마당. 10=앞마당. 11=그랜드 캐비닛. 12=소형 예배당. 13=갤러리. 14=테라스. 15=예배당. 16=소형 챔버. 17=타원 계단. 18=비상계단. 19=새 사육장. 20=테라스 정원(=공중 정원). 21=목욕탕. 22=인공 동실(洞室=grotte). 23=소형 사실. 24=그랜드 챔버. 25=전실.

자르 오텔(Hôtel de Jars, 1648~)은 망사르의 작품으로 자유 구성을 보여주는 좋은 예이다. 앞의 보베 오텔이 비정형 부지 때문에 평면도 따라서 비정형이 되었던 것과 달리, 자르 오텔의 자유 구성은 건축가 개인의 창작 경향에서 기인한 바가 크다. 망사르는 개인적으로 1640~55년 사이에 평면에서는 자유 구성의 경향을, 장식에서는 고전적 경향을 각각 보였는데 공공건축에서는 발 드 그라스(Val-de-Grâce) 교회가, 주택에서는 자르 오텔이 각각 대표적인 예였다.

일부에서는 자르 오텔의 자유 구성이 폭이 좁고 안으로 긴 부지에 맞추느라 나온 것이라는 주장이 있지만 다소 주의를 요한다. 평면을 보면 한 겹 아파트먼트로 처리할 경우 양 측랑과 앞마당이 나올 수 있는 폭이기 때문이다. 물론 한 겹 아파트먼트는 르네상스 유형이었기 때문에 망사르가 이것을 원하지는 않았을 것이다. 바로크 유형인 두 겹 아파트먼

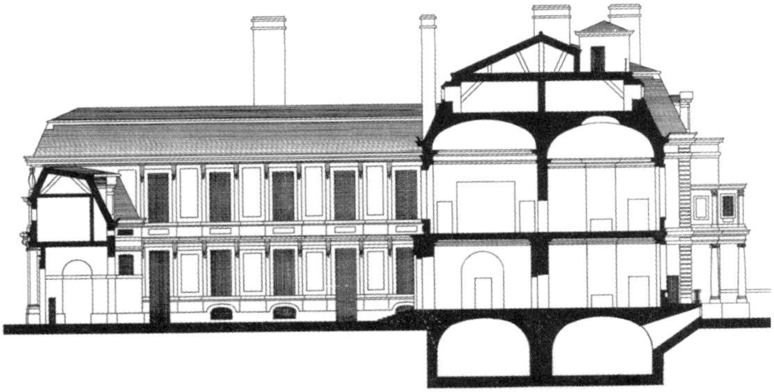

도 4-103 망사르. 자르 오텔. 종단면도. 파리. 1648~.
도 4-104 망사르. 자르 오텔. 1층 평면도. 파리. 1648~. 1=정문 출입구. 2=수위실. 3=화장실. 4=마구간. 5=앞마당. 6=현관 출입문. 7=전실. 8=중앙 계단실. 9=정원 살롱(그랜드 살롱). 10=전실. 11=챔버. 12=후원. 13=가족용 거실. 14=통로 겸 전실. 15=소형 사실. 16=챔버. 17=사적 영역 전용 안마당. 18=사적 영역 전용 계단. 19=부엌. 20=식료품, 포도주 저장 창고. 21=안마당.

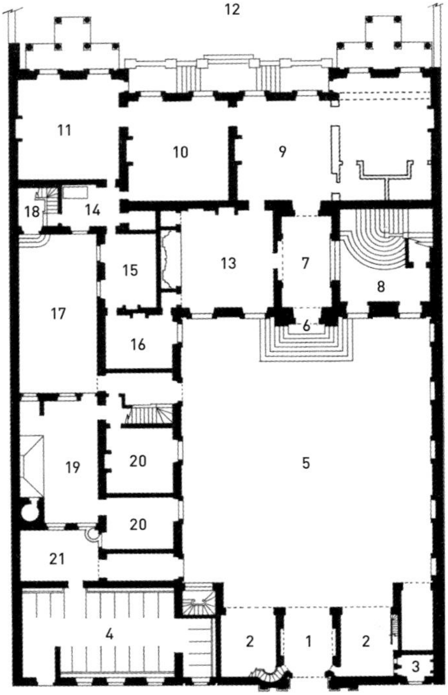

트로 양 측랑을 내기에는 폭이 좁은 것은 분명했다. 결국 망사르는 선택의 기로에 섰을 것인데, 바로크의 두 겹 아파트먼트를 선택하면서 측랑을 하나만 두는 편심 구도가 되었다(도 4-103, 도 4-104). 오텔의 표준 평면인 'ㅁ'자형을 버리고 'ㄱ'자형을 택한 것이다. 유형 차원에서 자유 구성이라고 부를 수 있는데 그 배경은 부지 상황 한 가지 때문만은 아니었고 건축가의 창작 의지도 함께 작용했다. 실제로 이 오텔은 두 겹 아파트먼트가 등장하는 최초의 예로 기록되어 있기 때문에 이 구성을 처음 도입했다는 망사르의 자부심은 컸을 것이다.

자유 구성은 개별 방의 배치로 이어졌다. 각 방들의 크기와 형태가 달라서 같은 것이 거의 없었다. 두 겹 아파트먼트에서 앞 켜와 뒤 켜 사이에 벽체가 일치하는 곳도 거의 없었다. 앞방과 뒷방의 벽체가 계속 어긋나면서 실내에서는 지그재그의 역동감이 지배했다. 방과 방 사이를 자유롭게 드나들다가 갑자기 미로 같은 좁은 복도가 나오는 완급 변화도 심했다. 중앙 계단실을 본체 오른쪽 모퉁이로 모는 등 실의 배치에서도 파격이 있었다. 망사르의 대표 어휘인 유려한 곡선은 계속 사용하고 있지만 중앙 계단에 큰 비중을 두던 그의 평소 경향에서 벗어난 배치였다.

그러나 이런 다양성과 파격이 혼란으로 흐르지 않

게 하기 위해 동선 처리에 신경을 썼다. 방들 사이에 생기는 틈새 공간을 복도와 계단으로 배정해서 방 사이의 이동에 최대한의 편의성을 제공했다. 중심축을 강하게 제시함으로써 편심 구도에서 오는 비대칭 쏠림 현상을 최소화했고 나머지 자유공간에 대해 중심을 잡았다. 자유롭고 다양하면서도 동시에 최소한의 중심이 있고 동선의 편리함을 유지하는 이런 양면성은 이후 프랑스 바로크 오텔에서 대표적인 한 흐름으로 자리 잡으면서 보베 오텔의 비정형 구성과 양대 축을 이루었다. 이 양대 축은 18세기까지 이어졌다. 망사르의 자유 구성 경향은 후기 바로크로, 보베 오텔의 비정형 구성은 로코코로 각각 이어졌다.

리앙쿠르 오텔과 라브릴리에르 오텔–중심축의 불일치 문제

바로크 오텔에서 가장 많이 나타났던 주제는 앞마당 정면 축과 후원 입면 축 사이의 불일치 문제였다. 이는 건물 전체의 중심축이 어긋난 것과 같은데 오텔의 평면이 전체적으로 대칭이지만 부분적으로는 비대칭인 데에서 기인했다. 이것이 문제가 된 것은 르네상스와 바로크를 거치면서 왕과 귀족 같은 프랑스 상류층이 유난히 대칭과 축 구성을 좋아하게 되었기 때문이다. 왕실이나 교회에서 발주하는 주요 공공건물은 물론이려니와 왕궁과 상류층 오텔은 가능하면 중심축을 강하게 갖는 대칭 구성으로 이루어져야 했다. 그런데 수많은 방들로 이루어지는 바로크 오텔에서 두 겹 아파트먼트라는 실내 구성에 우선권을 둘 경우, 이것을 지키기 어렵게 되었다. 이런 상황에서 실내 구성을 우선 맞춘 뒤에 그에 따른 비대칭 문제를 조금이라도 해결해서 대칭 구도를 집어넣으려는 시도가 있었던 것이다. 이 문제를 가장 먼저 본격적으로 다룬 것은 리앙쿠르 오텔이었다. 이 오텔은 드브로스(Salomon de Brosse)와 르메르시에(Jacques Lemercier)의 공동작품으로 시작한 뒤 1635년에 프티(Louis Petit)에 의해 크게 한 번 증축이 있었고 이후에도 부분적으로 계속 지어졌다.

이 오텔은 베이스 코트와 앞마당을 함께 갖춘 이원화된 마당의 대표적인 예였는데 여기에 머물지 않고 베이스 코트를 전면부와 후면부로 한 번 더 나눴다(도 4–105). 전면부는 건물 전체의 전실 마당에 해당되는

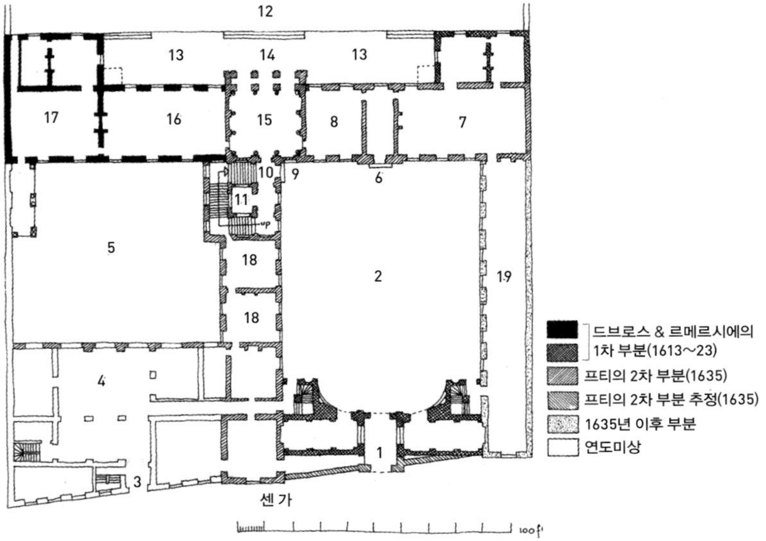

도 4-105 드브로스(Salomon de Brosse) & 르메르시에(Jacques Lemercier). 리앙쿠르 오텔(Hôtel de Liancourt). 1층 평면도. 파리. 1613~23년. 1=정문 출입구. 2=앞마당. 3=베이스 코트 출입문. 4=베이스 코트. 5=정원. 6=본체 가짜 출입문. 7=그랜드 살롱. 8=그랜드 살롱 전실. 9=본체 진짜 출입문. 10=통로. 11=중앙 계단실. 12=후원. 13=후원 테라스. 14=후원 출입문. 15=중앙 전실. 16=1차 그랜드 살롱. 17=챔버. 18=챔버 겸 사실. 19=갤러리.

곳으로 출입문을 지나면 가장 먼저 나오는 작은 마당이었다. 주변에 마구간 등 각종 서비스 시설이 둘러싸면서 작은 마당을 이루었다. 후면부는 작은 정원으로 사용했다. 오른쪽 앞마당은 제대로 된 하나의 큰 안마당이었고 건물 전체의 뒤에 다시 큰 후원이 자리 잡았다.

이 오텔에서 중심축의 불일치는 이원화된 마당과 연계되어 나타났다. 본체는 이렇게 두 개의 앞마당 전 길이에 걸쳐 가로지르다보니 매우 길어져서 15베이나 되었는데, 후원 쪽 입면은 이 길이가 모두 나타난 데 반해 앞마당 정면은 그 절반인 7베이밖에 안 되었다. 마당이 이원화되면서 불일치의 정도가 매우 심해졌다. 두 축이 무려 4베이나 어긋난 것이다. 이 문제는 입면의 불일치는 그대로 놔둔 대신 양쪽의 출입 동선을 일치시키는 방식으로 해결했는데 그 내용은 다음과 같다.

후원 쪽에서 출입문(14번)을 지나면 중앙 전실(15번)이 나오고 그 중앙에 통로(10번)가 나 있다. 복도로 들어가면 건물 전체의 중앙 계단실(11번)이 나오는데 그 한쪽 끝에 오른쪽 앞마당으로 이어지는 작은 출입문이 났다(9번). 이 작은 출입문이 진짜 출입문이어서 실제 동선은 6번 문이 아닌, 9번 문을 통과해서 한 번 꺾은 뒤 중앙 전실로 들어오게 된다. 결국 앞마당과 후원의 두 출입 동선을 일치시킨 것인데 이는 결국 중심축을 일치시킨 것과 같다. 출입 동선이 중심축의 핵심을 이루기 때문이다. 건물 전체로 보면 앞마당 출입문은 왼쪽 모서리에 위치하는데 이는 오른쪽 모서리에 내던 전통적인 위치를 반대편으로 옮긴 것이다. 그 이유는 실내에서 실제 동선축을 일치시키기 위해서였다. 이를 위해 오른쪽 측랑에 방을 넣지 않고 갤러리로 놔두었다. 오른쪽 모서리에 출입문을 낼 수 없기 때문에 방을 배치하면 불편해지기 때문이었다.

여기에 머물지 않고 동선축의 일치를 강조하기 위해 중요한 트릭을 하나 가했다. 앞마당 정면 중앙에 있는 출입문(6번)을 가짜로 만든 것이다. 언뜻 보면 출입문이 있는 것 같으나 사람이 드나들 수 없는 가짜 출입문이며 진짜 동선은 왼쪽 모퉁이 한곳으로 몰았다. 이런 처리는 정면과 후면의 축이 어긋날 수밖에 없는 상황에서 나온 고육책으로 이렇게 어긋나는 상황을 감추기 위한 트릭이었다.

망사르의 첫 번째 오텔 작품인 라브릴리에르 오텔(Hôtel de la Vrilliere, 1635~38)은 이원화된 마당의 표준 구성으로 향후 수십 년 동안 파리 오텔의 모델이 되는 중요한 예였다. 이 오텔에서도 불일치를 유발한 조건은 리앙쿠르 오텔과 마찬가지로 이원화된 마당이었다. 하지만 망사르는 리앙쿠르의 해결책을 좇지 않고 자신만의 독창적 방식으로 해결했다. 후원 쪽에 출입구를 두 개 두는 방식이었다(도 4-106). 일단 본마당의 중심축을 그대로 살려 후원까지 관통하게 하면서 표면으로 드러나는 축으로 작동하게 만들었다. 1번에서 2번과 4번을 거쳐서 7번에 이르는 길이다. 이 축 위에 건물 전체의 중심이라 할 수 있는 타원형 전실(4번)을 뒀다. 이에 따라 후원 쪽 입면에도 이 전실에 맞춰 오른쪽으로 치우쳐서 출입문(오른쪽 7번)이 하나 났다. 다시 후원 쪽 중심축을 살리기 위해 왼쪽에 대칭으로 출입문(왼쪽 7번)을 하나 더 냈다. 이 왼쪽 출입문은 타원형 전실 옆의 그랜드 살롱 끄트머리로 진입했다.

이 오텔에서는 이외에도 후원 쪽에 이전 오텔에는 없던 새로운 부분이 등장했다. 후원의 오른쪽 면을 막는 긴 측랑을 더한 것이다. 1층에는 오렌지 온실(orangery)이, 2층에는 갤러리가 각각 들어갔다(도 4-107). 망사르 시대에 후원이 넓어지면서 새로 등장한 처리인데 망사르는 동시대 유행과 중요한 차이를 보였다. 동시대 유행은 갤러리 벽면을 바로크 양

도 4-106 망사르. 라브릴리에르 오텔(Hôtel de la Vrilliere). 1층 평면도. 파리. 1635~38년. 1=정문 출입구. 2=앞마당. 3=현관 출입문. 4=타원 전실. 5=그랜드 살롱. 6=후원. 7=후원 출입문. 8=전실. 9=챔버. 10=갤러리. 11=2차 계단실. 12=중앙 계단실. 13=부엌. 14=베이스 코트. 15=마구간.

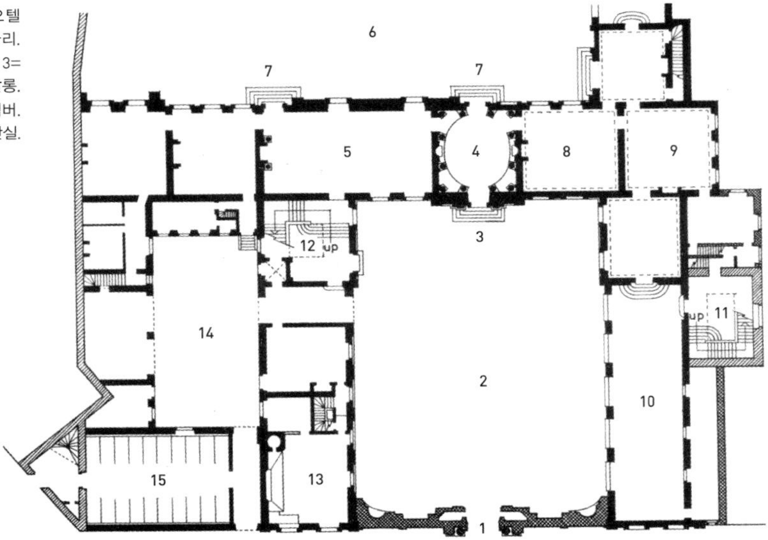

식으로 화려하게 장식하는 것이었다. 이는 도로 쪽 입면은 검소하게 처리해서 시민을 향한 공공 제스처를 하는 대신, 가장 깊은 곳인 사적 영역을 화려하게 장식하는 양면적 경향이었다.

이런 양면성은 망사르보다 한 세대 빠른 드브로스 시대에 리앙쿠르에서 본체의 앞뒤면 처리에서 먼저 나타난 뒤 망사르 시대에 와서 화려한 장식을 사용하는 직설적인 방식으로 심화되었다. 이는 바로크의 장식주의를 이루는 중요한 부분이었으며 이후 로코코 정원에서 더욱 화려해졌다. 하지만 망사르는 당시 유행하던 화려한 장식처리를 피한 대신 석재 표면을 흉내 낸 회반죽만으로 장식을 처리한 뒤 그 위에 주요 화가들의 그림을 그렸다. 망사르의 이런 태도는 17세기 프랑스 건축의 두 축 가운데 바로크에 합류하지 않고 고전주의를 견지한 것이었다.

다시 중심축의 불일치 문제로 돌아가보면 앞에 나왔던 망사르의 자르 오텔 역시 두 겹 아파트먼트 구성에서 나타나는 이 문제를 해결한 좋은 예이다(도 4-103). 망사르는 이 문제를 이원적으로 접근했다. 일단 입면에서는 두 축이 어긋난 상태를 그대로 둔 채 안마당 쪽과 후원 쪽의 두 면을 각기 상황에 맞게 처리했다. 그 결과 두 입면은 서로 다르게 나타났다. 두 쪽 모두 출입구에 계단을 활용했는데 앞마당 쪽은 세 방향에

도 4-107 망사르. 라브릴리에르 오텔. 후원 입면 전경. 파리. 1635~38년.

서 오를 수 있는 계단을 사용해서 정면에 웅장한 느낌을 줬다. 안으로 들어가면 바로 전실이 나오고 오른쪽에 중앙 계단실이 위치했다. 반면 정원 쪽은 중앙 출입문을 없앤 대신 좌우의 측동으로 출입하게 했다. 이에 따라 중심축도 어긋나버렸다.

불일치의 문제는 실내에서 해결했다. 후원의 진입 동선은 건물 앞에까지 온 뒤 좌우로 갈라져 각각 5~6단의 계단을 오른 뒤 측동의 출입문으로 들어가게 했다. 이 가운데 왼쪽 동선은 정원 살롱(9번)을 만났는데 이 방의 중심이 앞마당 쪽 동선의 중심축과 거의 일치했다. 후원 쪽 켜의 중심 방을 오른쪽으로 한 베이 밀어서 앞마당 쪽의 중심축에 근접시킨 것이다. 두 축이 어긋난 것은 두 베이인데 한 베이를 밀었기 때문에 완전히 일치하지는 못했고 서로 어느 정도 근접했다. 입면에서는 축이 어긋났지만 실내에서는 어느 정도 일치시킨 것이다.

하지만 이상의 처리는 입면에서는 불일치를 그대로 드러냈기 때문에 완벽한 것은 아니었다. 실내에서도 완전히 일치되지 못하고 여전히 한 베이가 어긋난 채 남았다. 아직 완벽한 해결책에 이르지 못한 이유는 오텔의 전체 윤곽이 편심 구도로 비대칭이 너무 심해서 입면에서 조절하기에는 무리였기 때문으로 보인다.

5 튜더 영국의 주거

튜더 영국(1485~1603)과 르네상스 주거의 등장

영국의 르네상스 건축은 양식사를 기준으로 하면 보통 이니고 존스(Inigo Jones, 1573~1652) 한 사람에 의해 시작되고 완성된 것으로 얘기된다. 특히 그의 1610~40년 작품이 그 주역이었다. 하지만 이것은 이탈리아 고전주의의 완성을 기준으로 했을 때이고 일반 건축에서는 그 전 세기인 16세기부터 르네상스 현상이 단편적으로 나타나기 시작했다. 영국의 르네상스 건축도 공공건축보다는 주거가 주도했는데 그 정도가 대륙보다 훨씬 심했다. 존스가 완성시킨 영국 르네상스도 대부분 주거였으며 이보다 먼저 시작된 일반 건축에서의 르네상스 현상 역시 거의 주거에서 있었다.

영국의 16세기는 튜더 왕조의 시기였다. 헨리 7세(재위 1485~1509), 헨리 8세(재위 1509~47), 에드워드 6세(재위 1547~53), 여왕 제인 그레이(1553), 메리 1세(재위 1553~58), 엘리자베스 1세(1558~1603)의 순서로 진행되었는데 르네상스 단서가 나타나기 시작한 것은 에드워드 6세 때부터였다. 헨리 7세 때 건축은 아직 중세에 머물렀으며 헨리 8세는 수도원을 철폐하고 프랑수아 1세와 경쟁적으로 이탈리아 예술가들을 초빙하는 등 르네상스로 진입하기 위한 노력을 벌였지만 적어도 건축을 기준으로 하면 그의 시기 역시 아직 중세를 못 벗어났다고 할 수 있었다. 특히 신교인 영국성공회를 국교로 정하면서 이탈리아 가톨릭 예술 금지령을 내렸는데 이 때문에 이탈리아 르네상스가 영국에 들어오는 데 한계가 컸다. 그 스스로 자기모순을 보인 것이다.

도 4-108 롱릿(Longleat). 윌트셔(Wiltshire), 영국. 1546~80년.

하지만 시대의 흐름은 막을 수 없어서 에드워드 6세 때부터 영국에도 르네상스의 기운이 싹트기 시작했다. 그 단서는 이탈리아 고전주의의 유입이었는데 헨리 8세의 사망이 전기였다. 그의 사망과 함께 이탈리아 가톨릭 예술 금지령이 풀리면서 고전주의가 수입되기 시작했다. 지리적 역사적 문화적 거리 때문에 비록 이탈리아에서 직접 온 것은 아니었고 프랑스를 통한 간접 수입이 주를 이루었지만 이탈리아 고전주의는 영국 건축, 나아가 영국 사회 전반에 적지 않은 충격을 가져왔다. 당시 영국은 천년 가까이 계속되어 오던 중세에 지쳐 있었고 대륙에서의 새로운 문명 흐름에 뒤처졌다는 초조함이 퍼져 있었다. 영국은 고전주의를 수입하면서 이런 한계 상황을 극복하고 새로운 돌파구를 열 수 있는 전환점을 마련할 수 있었다.

주요 통로는 프랑스와 마찬가지로 왕실과 상류층의 주거였다. '에드워드 6세–메리 1세–엘리자베스 1세'를 거치면서 컨트리 하우스의 역할이 특히 중요했다. 첫 번째 문을 연 것은 윌트셔의 롱릿(Longleat, Wiltshire, 1546~80)이었다(도 4-108). 건축주는 틴느 경(Sir John Thynne)이었다. 그는 서머싯의 1대 대공(1st Duke of Somerset) 세이무어(Edward Seymour)의 집사로 34년의 긴 기간 동안 롱릿을 지으며 고전주의 양식을 연차적으로 적용하는 등 르네상스의 서막을 열었다. 수많은 장인들의 이름이 기록되어 있지만 정작 건축가 역할을 한 것은 건축주 자신이었다고 해도 좋을 정도로 큰 방향의 양식적 흐름을 주도했다. 그는 이 내용을 지인들과 거의 매주 한 통씩 주고받은 편지에 기록했다.

롱릿은 영국 최초의 르네상스 건축가라 할 수 있는 스미드슨(Robert

Smythson)이 데뷔한 건물이기도 했다. 1567년의 대화재로 건물이 크게 손상을 입은 뒤 복구 작업에 투입되어 12년 동안 머물며 복구 이후의 증개축 작업까지 담당했다. 여기에서 일을 배운 뒤에는 엘리자베스 1세 때 고전주의 양식의 대형 주택을 이끌었는데 노팅엄셔의 월래이튼 홀(Wollaton Hall, Nottinghamshire, 1580~88)과 더비셔의 하드윅 홀(Hardwick Hall, Derbyshire, 1590~97)이 대표작이었다(도 4-109).

롱릿이 틴느 경의 작품이었다면 노샘프턴셔의 버글리 하우스(Burghley House, Northamptonshire, 1577~87)는 윌리엄 세실(William Cecil)의 작품이었다(도 4-110). 버글리의 1대 백작이었던 윌리엄 세실은 틴느 경과 함께 16세기 후반부 영국 주거건축을 이끈 중요한 귀족 건축주였다. 튜더 왕조 때에는 이외에도 다른 중요한 컨트리 하우스들이 지어졌는데, 워릭셔(Warwickshire)의 케닐워스 성채(Kenilworth Castle, 1570~75), 노샘프턴셔의 커비 홀(Kirby Hall, 1570~75), 서머싯의 먼테이큐트 하우스(Montacute House, 1599년경) 등을 대표적 예로 들 수 있다(도 4-111).

도 4-109 스미드슨(Robert Smythson). 하드윅 홀(Hardwick Hall). 더비셔(Derbyshire). 영국. 1590~97년.

주거 유형에서는 이탈리아나 프랑스와 마찬가지로 도시주거와 농촌주거가 양대 축을 이루었다. 영국의 도시주거는 타운 하우스, 농촌주거는 컨트리 하우스가 각각 대표했다. 도시가 '타운'이고 농촌이 '컨트리'였기 때문에 이 명칭은 건축형식에 따른 것은 아니었다. 그만큼 도시주거와 농촌주거에서 대표적인 건축적 특징이 없었다는 뜻이었다. 더 정확

도 4-110 버글리 하우스(Burghley House). 노샘프턴셔(Northamptonshire). 영국. 1577~87년.

도 4-111 소프(Thomas Thorpe). 커비 홀(Kirby Hall). 노샘프턴셔. 영국. 1570~75년.

히 말하면 형식화할 만한 표준 유형이 약했다는 뜻이기도 했다.

건축주 면에서는 프랑스와 다른 영국만의 상황이 있었다. 상류층을 건축주로 삼은 대형 주거가 중심이 된 것은 같았지만 여기에 더해 중산층의 주택이 활성화되어 있었다. 프랑스 르네상스의 중산층 주택이 큰 흐름을 형성하지 못했던 것과 비교했을 때 특히 더 그랬다. 중산층 주택은 도시와 농촌 모두에서 나타났다. 상류층을 구성하는 세부 계층에서는 프랑스와 비슷했다. 교회 권력자의 비율이 좀 낮긴 했지만 새로운 전문직 출신의 부르주아들이 신흥귀족으로 진출하면서 주요 건축주로 부상한 것은 같았다. 이들은 궁정의 고위관료와 지방 귀족을 겸하면서 런던 시내에는 타운 하우스를, 자신들의 지방 본거지에는 대형 컨트리 하우스를 각각 지었다.

도 4-112 엘리자베스 1세 시절 런던의 이스트칩 육류시장(Eastcheap meat market) 모습. 중세 박공 주택이 그대로 남아 있다.
도 4-113 엘리자베스 1세 시절 런던의 스미스필드 시장(Smithfield market) 모습. 당시 런던에서 가장 큰 시장답게 주변이 많이 개발되어서 르네상스 도시주거가 들어서 있다.

튜더 왕조의 르네상스 주거는 컨트리 하우스가 주도했다. 규모, 질적 수준, 사회적 배경, 건축적 논제 등 여러 측면에서 튜더 시대의 대표작은 대부분 컨트리 하우스에서 나왔다. 도시주거는 17세기 스튜어트 왕조가 되어서야 활성화되며 건축적 논제의 대상이 될 만한 예들을 남기기 시작한다. 그렇다고 튜더 때 도시주거가 완전히 죽은 것은 아니었다. 중세 때 도시주거의 대표적 유형이었던 박공 주택이 그대로 남아 도시의 주거 맥락을 유지했으며 그 사이로 새로 지은 임대형 공동주택이 들어섰다. 이런 건물은 현재 하나도 남아 있지 않지만 당시에 그려진 그림에서 그 모습을 확인할 수 있다(도 4-112, 도 4-113).

도시 주택 가운데 프랑스의 오텔에 해당되는 귀족의 대형 주택은 드물었고 대부분은 도시상공인의 중산층 주택이 계속 이어졌다. 대부분 중세 때 도시주거 유형인 유닛 하우스(unit house)를 모델로 삼았다. 유닛 하우스 자체에서는 좀 더 정리되는 등 약간의 변화가 있었지만 큰 변화

도 4-114 햄프턴 코트 궁전(Hampton Court Palace). 울시 홀(Wolsey's Hall). 런던. 1510~1530년대.
도 4-115 햄프턴 코트 궁전. 전경. 런던. 1510~1530년대.

는 없는 편이었다. 새로 지은 임대형 공동주택에서는 규모와 개수 등 주로 물량적인 측면에서 유의미한 변화가 나타났다. 상공업이 발전하면서 대형 상인들이 등장함에 따라 유닛 하우스 한 채로 만족하지 못하게 되었다. 이들은 여럿을 묶어서 대형 도시주거로 지었다. 새로 지은 주택들은 층수도 높아졌고 박공의 기울기가 줄어들거나 아예 없어지는 등 중세의 모습에서 벗어나기 시작했다.

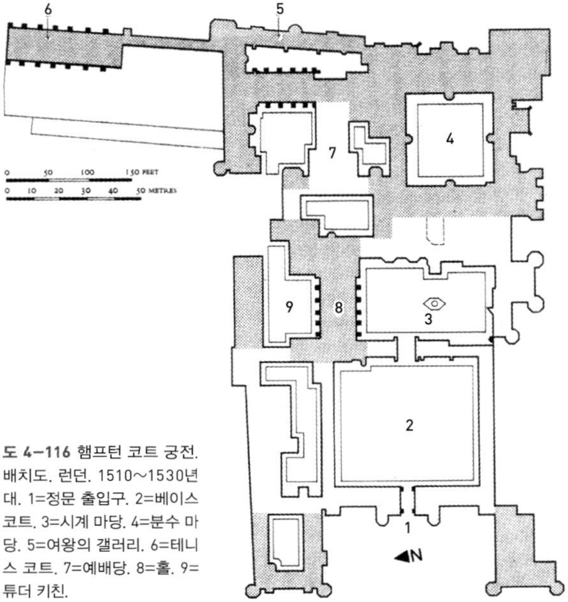

도 4-116 햄프턴 코트 궁전. 배치도. 런던. 1510~1530년대. 1=정문 출입구. 2=베이스 코트. 3=시계 마당. 4=분수 마당. 5=여왕의 갤러리. 6=테니스 코트. 7=예배당. 8=홀. 9=튜더 키친.

도시주거와 농촌주거의 양대 축 이외에 왕실의 주거건축인 왕궁도 또 다른 중요한 흐름을 이루었다. 주로 헨리 8세 때 많이 지었는데, 햄프턴 코트 궁전(Hampton Court Palace), 화이트 홀 궁전(Whitehall Palace, 1530~36), 세인트 제임스 궁전(St. James's Palace, 1532~40), 논서치 궁전(Nonsuch Palace, 1538~) 등을 대표적 예로 들 수 있다. 이 가운데 햄프턴 코트 궁전이 가장 상징적인데 1514년에 울시(Wolsey) 추기경이 짓다 사망하자 헨리 8세가 왕실에 귀속시켜서 계속 지었다. 울시 홀(1531~36)이 가장 장관이었으며 이외에 크고 작은 안마당과 건물들이 군집을 이루었다(도 4-114, 도 4-115).

영국에서는 프랑스와 달리 왕궁이 상류층 주거에 그다지 큰 영향을 끼친 것은 아니었다. 특히 헨리 8세의 왕궁 외관은 사실상 중세 건축의 연속이었기 때문에 르네상스라는 기준에서 보면 더욱 그랬다. 하지만 평면 구성에서는 영국식 중정 형을 대표하며 이후 튜더 영국의 르네상스 평면에 출발점이 되었다. 햄프턴 코트 궁전이 좋은 예로 10개의 크고 작은 안마당 주위를 각종 방들이 사지가 뻗어나가듯 에워싸는 구성이었다(도 4-116, 도 4-124).

건물 전체적으로는 비대칭 구성이 우세했지만 중세 성채의 복잡한 구성을 정리하기 시작했다. 17세기 말에 크리스토퍼 렌(Christopher Wren)에 의해, 18세기에는 켄트(William Kent)에 의해 각각 개축이 있었지만 현재도 원형을 알아볼 수 있다. 여러 개의 안마당이 연달아 나오며 대형 규모를 이룬 점에서 중세 성채 몇 개를 이어붙인 다음, 축에 따라 일정한 정리를 가한 느낌이었다. 이 가운데 '베이스 코트-시계 마당-분수 마당'의 세 마당이 크기, 형태, 기능 등에서 핵심을 이루었다. 출입구에서부터 차례로 위치하면서 중심축을 형성했으며 시계 마당에 인접한 튜더 키친이 유명했다(도 4-117, 도 4-118).

도 4-117 햄프턴 코트 궁전. 베이스 코트. 런던. 1510~1530년대.
도 4-118 햄프턴 코트 궁전. 튜더 키친. 런던. 1510~1530년대.

위에 예를 든 튜더 왕조의 대표적인 컨트리 하우스들은 대부분 이 평면을 받아들여 단순하게 정리되어가는 과정으로 요약할 수 있다. 롱릿을 필두로 커비 홀, 버글리 하우스, 월래이튼 홀, 하드윅 홀 등이 모두 햄프턴 코트 궁전의 평면 구성을 모델로 삼아 좀 더 작은 규모로 정리해서 지은 것들이었다. 궁전 내에서도 논서치 궁전이 같은 경우에 속했다.

엘리자베스 1세의 행렬과 '충성의 상징으로서의 컨트리 하우스'

주거건축을 기준으로 했을 때 튜더 왕조의 전성기는 엘리자베스 1세 때였다. 여러 면에서 아버지 헨리 8세와 대비되었다. 헨리 8세가 38년을

도 4-119 의회에서 알현을 받는 엘리자베스 1세. 귀족들은 앞에 앉아 있고 평민대표들은 뒤에 서 있다.

재위하며 튜더 왕조의 전반부를 대표했다면 엘리자베스 1세는 45년을 재위하며 후반부를 대표했다. 헨리 8세는 아직 중세적 전제성의 범위에 머물며 폐쇄적 리더십을 보여주었으며 주로 정치적 처신과 타협으로 위기를 돌파했다. 엘리자베스 1세는 이와 반대로 개방적이고 객관적인 리더십을 통해 영국의 근대적 기반을 닦았다. 엘리자베스 1세 때 영국 사회는 개방적으로 바뀌면서 법제를 정비하는 등 사회규범을 닦았고 문화예술이 부흥기를 맞았다.

주거건축에서도 이에 상응하는 새로운 현상이 나타났다. 경험적 귀납성이 지배하던 중세 주거의 비정형주의가 규범에 의존하는 개방적이고 정형적인 주거로 변화해갔다. 정치사회에서 문화예술과 건축에 이르는 이런 특징을 보통 '엘리자베스 1세의 시대'라는 독립적인 시대 단위로 분류해서 부르지만 넓게 보면 규범, 개방, 정형 등은 르네상스의 기본 정신이었다. 이 때문에 엘리자베스 1세는 영국의 르네상스 건축이 시작된 시대로 평가된다. 아직 고전어휘 같은 디테일 차원의 르네상스 건축은 본격적으로 시작되지 않았지만 평면 구성과 실내 분위기 및 이것을 뒷받침하는 사회적 가치 등의 기본 방향에서는 르네상스 정신이 자리 잡았다. 앞에 예를 든 튜더 왕조의 대표적인 주거들은 대부분 엘리자베스 1세 때 지어졌다.

엘리자베스 1세는 르네상스 컨트리 하우스가 정착하는 데 중요한 정치사회적 배경을 제공했다. '충성의 상징으로서의 컨트리 하우스', '예절 바른 건축', '개방과 안락함' 등이었는데 '충성의 상징으로서의 컨트리 하우스'라는 주제가 가장 대표적이었다. 이는 주로 엘리자베스 1세의 통치 행태에서 비롯된 것이었다. 여왕은 과시욕이 강했고 군집한 사람들 앞에 나서길 좋아했으며 여행과 연회를 즐기는 성격이었다(도 4-119). 이런 성격을 통치에 접목시킨 것이 이른바 '행렬(process)'이라는 나들이 행사였다. 일종의 '지방 순시'로 각 지방의 유력 정치인이나 가문을 직접 방문해서 그 집에 일정기간 묵으면서 충성 서약도 받고 지역인사를 모아놓고 연설과 연회를 하는 중요한 통치행위였다.

교통수단이 발달하지 않았던 때라서 지방 순시는 몇 달씩 걸리는 큰 행사였다. 나라 안의 모든 지역을 돌 수는 없었기 때문에 선별을 해야 했는데 지방의 귀족들에게는 이것이 거꾸로 권력과 정치적 안정을 보장받는 보증수표 같은 것이었다. 여왕이 순시하고 간 곳은 정치적으로 인정을 받은 것이 되어서 그 지방 귀족의 정치력이 커졌다. 종종 순시 대상에 들기 위해서 치열한 충성 경쟁이 벌어졌다. 주요 도시나 지역의 경우, 엘리자베스 재위기간에 여러 번 방문하기도 했는데 시어볼즈(Theobalds)가 가장 대표적이어서 무려 여덟 번을 방문했다. 순시가 결정되면 지방 귀족이 가장 먼저 하는 일이 여왕이 묵을 숙소를 축조하는 것이었다. 이 과정에서 대형 컨트리 하우스의 대표작들이 탄생했다.

여왕은 또한 연극 등 공연문화를 무척 좋아했다. 셰익스피어가 엘리자베스 1세 때 인물인 것만 봐도 잘 알 수 있는 사실이었다. 여왕의 순시 나들이는 보통 1년에 한 번 있었는데 이때에 순시 지역에서 공연 등 유흥문화를 함께 즐겼다. 해당 지역에서는 이를 위한 여러 시설을 지었다. 그중 대부분은 연극무대 같은 임시가설물이었지만 유흥문화를 위한 시설만 지은 것이 아니라 여왕을 맞아서 연회를 베풀고 여왕 및 대동 인력이 묵어갈 주거를 마련하는 것이 더 큰일이었다. 여왕을 대동하고 궁정 전체가 움직였으며 길게는 보통 한 달씩 머무르면서 그곳에서 업무도 보았기 때문에 이들을 위한 숙박시설과 업무시설이 필요했던 것이다.

이는 결국 남의 손을 통해 자신의 과시욕을 대리만족시키는 고도의 통치술이었다. 엘리자베스 1세 자신은 새로 왕궁을 짓지 않았으나 이 시기의 건축을 '궁정 건축(court architecture)'이라고 부르는 것도 같은 이유이다. 이런 컨트리 하우스들은 여왕이 잠시 묵었다 가는 숙소치고는 지나치게 크고 화려했지만 그 배경에는 단순 산술을 뛰어넘는 정치적 의미가 있었다. 여왕이 한 번 다녀간 뒤에는 여왕과 왕실에 대한 충성의 상징으로 오랫동안 남았으며 가문에는 그 어느 것보다 영광스러운 훈장 같은 것이었다. 더 이상 단순한 주택이 아니었다. 동시대 대륙의 어떤 왕들보다도 절대군주의 위엄과 힘을 과시하고 싶어 했던 여왕에게 바치는 충성의 징표이자 정치적 기념비였다. 이런 주택을 영국 건축사에서는 '불가사의의 주택(Prodigy Houses or Wonder Houses)'이라고도 부른다. 앞에 나왔던 롱릿이나 뒤에 나올 시어볼즈 하우스, 홀던비 홀, 케닐워스 성채 등은 모두 '불가사의의 주택'이었다.

여왕의 방문을 통보받은 지방 귀족들은 자신의 주거를 확장하고 화려하게 장식해서 준비를 했다. 여왕이 자고 간 집은 '여왕 엘리자베스가 이곳에서 자고 갔다(Queen Elizabeth slept here)'라는 문구를 가문과 집의 역사 기록에 새겨 넣을 수 있도록 허락을 받았는데 당시 튜더 영국에서는 이것 자체가 큰 영광이었다. 지방 귀족들은 여왕의 방문을 '영원히 지워지지 않을 기억(imperishable memorial of it)'의 영광을 누리는 것으로 받아들였다.

여왕은 매해 방문 대상을 직접 지명했으며 이들은 영광스러운 여왕의 방문을 받을 생각에 온 힘을 기울여 행사를 준비했다. 이 과정에서 충성 경쟁이 벌어져 귀족들은 각기 자신의 집에서 벌이는 행사를 다른 귀족보다 더 화려하고 오래 계속되게 하려고 안간힘을 썼다. 여왕 스스로도 이런 궁정의 유흥문화가 자신을 즐겁게 해주기 위해 개최되는 것이라 생각했다. 그녀는 가능한 한 다양한 유흥문화와 화려하고 장대한 연회를 대접받기를 강력히 원했으며 여기에 돈을 아끼는 귀족은 없을 것이라고 여겼다.

시어볼즈 하우스, 홀던비 홀, 케닐워스 성채

하지만 주최하는 쪽에서는 큰 부담을 느끼는 경우가 많았다. 특히 런던에서 멀리 떨어진 곳일수록 훌륭한 장인과 목수를 고용해서 주거를 화려하게 확장하고 장식해야 한다는 강박관념 같은 것이 있었는데 여기에는 당연히 큰 비용을 지불해야 했기 때문이다. 19세기 미국의 경제비평가였던 베블렌(Thorsten Veblen)은 이런 현상을 '의식적인 낭비(conspicuous waste)'라고 비판했다. 집을 크고 화려하게 짓는 것 자체도 문제지만 더 큰 문제는 이런 집을 계속 유지하는 비용이 기약도 없이 계속 들어가는 것이었다.

실제로 윌리엄 세실과 헤턴 경(Sir Christopher Hatton)은 자신들한테 필요하지도 않은 크고 화려한 집에 감당할 수 없는 큰 비용이 들어갔다며 힘들어했다. 윌리엄 세실은 1564년에 하트퍼드셔(Hertfordshire)의 시어볼즈에 둘째 아들을 위한 땅을 구입해서 시어볼즈 하우스라는 아담한 컨트리 하우스를 지었다. 그러나 여왕의 방문을 받아내기 위해 확장을 하다가 아예 궁전 급의 대형 주택으로 완전히 새로 지었다. 공사는 1585년까지 계속되었는데 윌리엄 세실은 그 중간인 1577년에 버글리 하우스 공사까지 시작해서 시어볼즈보다 2년 뒤에 완공시켰다. 대형 컨트리 하우스 두 채를 동시에 진행시키느라 윌리엄 세실은 경제적 부담에 시달려야 했다.

하지만 그의 수고는 보람이 있어서 여왕은 1572년에서 1596년 사이에 시어볼즈를 무려 여덟 번이나 방문했다. 이 숫자는 곧 윌리엄 세실의 권력의 크기를 의미하는 것이었다. 이 주택은 이에 걸맞은 위용을 자랑한다. 영국 궁전 역사 전체를 통틀어서 몇 번째 안에 들 정도로 큰 규모였다. 프랑수아 1세의 왕궁이었던 퐁텐블로를 모델로 삼아 다섯 개의 안마당이 무려 400여 미터에 걸친 긴 대칭축을 따라 배치되는 계획이었다. 정원 또한 퐁텐블로를 모델로 삼았다. 실제로 지어진 부분은 '아치–로지아–첫 번째 안마당–두 번째 로지아–두 번째 안마당–홀 통로–세 번째 로지아–분수 안마당'까지였다. 외관에서는 지붕 위로 솟은 탑의 숲이 장관을 이루었다.

이것만으로도 이미 제임스 1세 때의 대형 주택을 대표하는 오들리 엔드(Audley End)나 햇필드 하우스(Hatfield House)를 예견하는 장면이었다. 시어볼즈 하우스는 제임스 1세 때가 되면 아들 로버트 세실이 물려받은 상태였는데 제임스 1세는 이 주택을 매우 좋아해서 햇필드 하우스와 맞바꿨다. 제임스 1세는 이곳에 자주 들러 머물렀으며 마침내 1625년에 이곳에서 마지막 숨을 거뒀다. 이런 배경 때문에 크롬웰의 청교도혁명 이후에 공위(空位) 시대에는 과거 왕권의 사치와 향락의 주범으로 지목되어 찰스 1세가 처형된 다음해인 1650년에 철

도 4–120 버글리 하우스. 공중 전경. 노샘프턴셔, 영국. 1577~87년.

거되었다. 이후 18세기 왕정복고 이후 복원되었지만 현재 일부만 남아 있다. 버글리 하우스보다 훨씬 컸기 때문에 이것과 비교하는 것만으로도 그 규모를 짐작할 수 있다(도 4-120).

시어볼즈에 자극을 받은 헤턴 경은 노샘프턴셔의 홀던비에 이것을 모방한 홀던비 홀(Holdenby Hall, 1571~)을 지어서 역시 여왕의 방문을 받아냈다. 헤턴 경은 춤 실력으로 여왕의 눈에 들어 대법관(Lord Chancellor)의 자리에까지 오르고 가터 훈작사(Knight of the Garter)를 받은 인물이었다. 여왕을 만족시키기 위해 대형 컨트리 하우스를 열심히 지었는데 앞에 나왔던 커비 하우스 역시 그가 지은 것이었다. 이 때문에 그는 결국 빚만 남기고 사망했는데 이런 그의 일생에 대해 당시 세간의 평은 그다지 좋지 않았다. 그를 두고 동시대는 "궁정에서 키우는 채소일 뿐이었다. 밤에는 잘 자랐다가 다음날 정오에 스러져버렸다."라고 기록하고 있다. 윌리엄 세실은 1579년에 주인이 없을 때 홀던비에 머문 적이 있는데 대칭 구성을 칭찬하는 글을 남기기도 했다. 이 주택 역시 크롬웰의 공위 시대 때 시어볼즈와 같은 이유로 철거되는 운명을 겪어서 현재는 폐허 상태로 일부만 남아 있다(도 4-121).

케닐워스 성채도 여왕의 방문으로 유명해진 예이다. 13세기에 중세 성채로 시작한 건물이었는데 1575년 여왕의 방문을 맞아 레스터의 백작 더들리(Robert Dudley, Earl of Leicester)가 크고 화려하게 새로 지었다(도 4-122). 그는 여왕의 일급 충신이어서 오직 여왕을 즐겁게 모시겠다는 일념으로 대공사를 진행했다. 당시 기록에 의하면 "성채는 단단한 석

도 4-121 홀던비 홀(Holdenby Hall). 외관 전경. 노샘프턴셔. 영국. 1571~.
도 4-122 케닐워스 성채(Kenilworth Castle). 전경. 워릭셔(Warwickshire). 영국. 1570~75년.

재로 튼튼하게 지었으며 모든 방은 넓었고 천장은 높았다. 낮에는 큰 창으로 밝은 햇빛이 들어왔고 밤에는 초를 켜서 낮처럼 환하게 밝혔다." 여왕은 이곳에서 19일을 머무르며 음악회, 무도회, 사냥, 불꽃놀이 등을 즐겼다. 연회는 200명이 시중을 들었으며 방만큼 넓은 식탁에는 유리그릇과 은그릇이 무려 1,000개나 놓였다. 여왕은 흡족한 마음으로 돌아갔다.

도 4-123 스미드슨. 정면 전경. 월래이튼 홀(Wollaton Hall). 노팅엄셔(Nottinghamshire). 영국. 1580~88년.

이 성채는 또한 셰익스피어와의 에피소드도 얽혀 있는 건물이다. 셰익스피어는 이 건물 인근에 살았는데 정확한 기록이 남아 있는 것은 아니지만 아마도 여왕의 방문 때 벌인 여러 행사를 구경했을 것으로 보인다. 이때가 그의 나이 11세였는데 이때 받은 인상이 후에 극작가 셰익스피어를 낳은 어릴 적 자양분 가운데 하나라는 주장이 설득력 있게 받아들여지고 있다. 이후 셰익스피어는 엘리자베스 1세 후반기 때 공연문화를 이끈 대표 극작가로 성장하면서 엘리자베스 1세의 재위기를 문화의 황금기로 만드는 일등공신이 되었다.

이런 유행은 주변 지역, 나아가 영국 지방 전역에 영향을 끼쳤다. 여왕의 방문을 직접 받지 않은 지역의 실력자들도 여왕의 방문을 맞아 크고 화려하게 고친 다른 지방의 집을 흉내 내서 비슷하게 짓는 경우가 빈번해졌다. 윌로비 경(Sir Francis Wiloughby)이 지은 월래이튼 홀이 대표적인 예로, 그가 스스로 고백했듯이 오로지 과시 경쟁과 질투에 사로잡혀 여왕이 방문하지 않았음에도 화려하게 지어 경제적 어려움에 시달리게 되었다(도 4-123). 버글리 하우스도 비슷한 경우인데, 건축주 한 명이 두 주택을 놓고 자기 자신과 경쟁을 벌인 것이었다. 프랑스에서는 파리 시내의 오텔에서 이런 경쟁과 파산이 일어났었는데 영국에서는 컨트리 하우스에서 일어났다.

귀족의 과시욕과 주거건축의 역할

프랑스의 16세기 오텔을 이끌었던 건축주와 마찬가지로 튜더 왕조의 귀족들 역시 과시욕에 강하게 사로잡혀 있었으며 주택은 이것을 표현하는 정치사회적 수단이었다. 엘리자베스 시대 때 과시문화는 단순히 궁정에만 국한된 의례적인 것이 아니었고 사회전반에 퍼져 있던 매우 현실적이고 구체적인 현상이었다. 앞시대에 수십 년 동안 계속되었던 불안한 정국이 안정되고 번영과 전성을 구가하게 되면서 귀족들의 과시욕은 점차 커져갔다. 앞시대에 있었던 의회해산과 섭정 등의 어려운 시기를 기억하지 못하는 세대들이 등장하는 등 사회 각 계층은 크고 작은 욕망을 품게 되었다. 귀족들의 정치적 안정이 계속되면서 권력도 대를 이어 정착해갔다. 지역에 하사된 공작이나 백작 같은 작위 앞에 2대, 3대, 4대 등의 말이 붙기 시작했는데 이는 귀족직이 안정적으로 승계되고 있었음을 의미했다.

이런 귀족도 두 종류로 분류되었다. 하나는 중세부터 계속되어 온 전통적인 농촌귀족으로 이들은 영지 등 땅을 권력의 기반으로 삼았다. 다른 하나는 변호사와 거상 등 새롭게 부상한 부르주아 가문 출신의 신흥귀족이었다. 이들은 중앙 궁정에서는 여왕에게 충성을 맹세하고 옆에서 보필하면서 그 대가로 지방의 한 지역과 귀족 작위를 하사받아 다스렸다. 앞에 나왔던 대형 컨트리 하우스의 건축주들이 대부분 이 경우에 해당되었다. 예를 들어 윌리엄 세실은 엘리자베스 여왕의 국무장관과 재무장관을 역임하면서 그 대가로 버글리의 1대 백작으로 부임해서 이 지역을 다스렸다. 케닐워스 성채를 지었던 더들리는 엘리자베스 여왕을 즉위부터 사망까지 지근에서 보필하면서 왕실 집사장관(Lord Steward of the Royal Household) 등의 주요 직책을 지냈고 그 대가로 서머싯의 1대 대공을 하사받았다.

이런 두 종류의 귀족 가운데 과시 욕망이 더 컸던 그룹은 후자였다. 이들은 중세의 전통귀족을 누르고 궁정의 핵심을 차지했다. 법률, 통상, 경제 등 새 시대에 요구되는 전문 직능으로 무장했기 때문에 이들의 권력은 땅에만 의존하던 전통귀족보다 더 안정적이었다. 상대적으로 더 자신에 찼으며 이런 분위기를 환상적이고 사치스러운 방식으로 표현하고 싶어 했다. 자신들만의 정체성을 과시하고 싶은 욕망이 매우 컸다는 뜻이며, 대형 컨트리 하우스가 여기에 가장 좋은 매개였다.

이들은 중세 성채를 많이 의식했다. 자신들의 주택에 중세 성채와 대비되는 새로운 내용을 실어냄으로써 중세 성채를 과거의 유물로 몰고 자신들이 새 시대의 새로운 주인임을 선포하려는 의도였다. 규모는 중세 성채에 뒤지지 않는 대형을 유지했고 디자인에서 새로운 경향을 도입해서 차별성을 기했다. 외관에서는 당시 첨단 문명이었던 대륙의 르네상스 고전주의를 섞어 쓰기 시작했다. 큰 방향은 장식주의였다. '중세 어휘 대 고전어휘'의 비율에 따라 중세 장식주의나 고전 장식주의 가운데 한쪽으로 나타났다. 총안과 탑 등 군사시설이 주를 이루던 중세 성채에서 벗어나 르네상스 주거가 시작되었음을 알렸다.

평면에서는 중세 성채의 비정형 구성에서 벗어나 십자축 중심의 중정 형, 알파벳 평면, 기하 유형 등 정리된 정형 구성으로 바뀌었다. 평면이 정리되면서 창도 함께 정리되었다. 초기 단계의 모듈 개념이 등장하면서 가지런한 베이 윈도가 건물 전면을 정리했다. 창 면적도 크게 늘었으며 유리를 사용해서 실내가 훨씬 밝아졌다. 어둡고 비밀스러워서 그 속을 알 수 없던 중세 성채의 폐쇄적 세계는 가고, 모든 것을 밝고 투명하게 노출시키는 개방적 세계로의 전이를 상징하는 현상이었다.

욕망은 명확하게 드러나기가 쉽지 않은 법인데 물리적 구조체인 주택은 이처럼 이것을 매우 구체적인 목표와 방법으로 치환해주었다. 어느 시대건 주택과 건물은 욕망을 표현하는 매우 유용한 수단인 법인데 엘리자베스 1세 때의 영국도 그중 하나였다. 비록 남에게 주택을 짓도록 시키긴 했지만 여왕 자신이 그랬으며 그 영향은 귀족들에게 직접 내려갔다. 여왕이 선례를 보였기 때문에 당시 영국 귀족들에게 주택을 통한 욕망의 과시는 일종의 '허용된 기회' 같은 것이었다.

욕망 분출의 통로로서 상징주의는 엘리자베스 시대 때 영국 전역에서, 여러 장르에서 폭넓게 유행했다. 문학과 연극이 가장 활발했으며 주거건축도 뒤지지 않았다. 헨리 8세 때 전통귀족과의 차별성을 목표로 시작했던 대형 컨트리 하우스는 엘리자베스 시대에 들어와서 여왕에 대한 충성 경쟁 및 신흥귀족들 사이의 경쟁으로 바뀌면서 그 열기를 더해갔다. 주거건축을 통해 욕망을 분출하고 자신을 과시하려는 다양한 현상들이 벌어지고 있었다. 그 방향은 크게 두 가지였다. 하나는 여왕의 예방을 받는 대형 컨트리 하우스로, 햄프턴 코트 궁전을 모델로 삼은 안마당 유형이 주를 이루었다. 다른 하나는 가족들이 실제 사용하는 경우로 이보다 좀 더 압축적인 구성이 필요했는데 알파벳 평면과 기하 유형이 주를 이루었다. 이 두 방향에 대해서 각각 살펴보자.

대형 컨트리 하우스와 중정 형

대형 컨트리 하우스에 중정 형이 적합한 이유는 대형 컨트리 하우스가 로징(lodging) 중심으로 구성되며 그 개수가 여러 개였다는 두 가지 조건 때문이었다. 로징이란 귀족의 주거를 구성하는 기본 영역단위로 보통 두세 개의 방으로 이루어졌으며 '침실–거실–부속실'을 기본 요소로 갖는 스위트(suite) 구성이 많았다. 프랑스 오텔의 단위 아파트먼트와 비슷한 개념이었다. 이런 로징이 여러 개 모여서 이루어지는 평면에는 중정 형이 유리했다. 안마당을 중심으로 소 영역을 나누어 로징을 배치하면 되기 때문이었다. 유럽 상류층의 주거문화는 이미 로마 시대부터 소 영역 단위로 나누어 생활하는 방식이 주를 이루어 왔다. 중정 형이 유럽 주거역사에서 어느 시대를 막론하고 가장 보편적 유형으로 이어져 온 현상의 일환이기도 하다.

엘리자베스 시대 때 중정 형에서는 안마당의 양옆 측동에 사적 로징을, 출입구 맞은편 안쪽 본체에 공적 로징을 각각 배치했다. 공적 로징에는 연회에 필요한 핵심 공간인 그레이트 홀과 이를 지원하는 부엌이 중심에 들어갔으며 그 주위로 손님용 거실과 휴게실 등의 부가시설을 추가했다. 주택이 큰 경우에는 손님용 거실을 여름용과 겨울용으로 이원화하기도 했다. 주택 이름에 '홀'자가 들어간 경우가 많은 데에서 알 수 있듯이 중정 형은 대부분 홀 형이기도 했다. 그레이트 홀을 중심으로 평면이 구성되고 실제 사용에서도 홀이 집의 중심을 이루었다. 처음 목적은 여왕이 머무는 동안 여왕을 위해 연회를 베푸는 곳이었으며 여왕이 떠난 뒤에는 집주인의 공적 영역으로 사용되었다. 여왕을 위해 만든 것이라는 사실만 제외하면 프랑스 오텔에서 그랜드 살롱과 같았다.

본체 2층에는 갤러리와 그레이트 챔버(great chamber)가 들어갔다. 그레

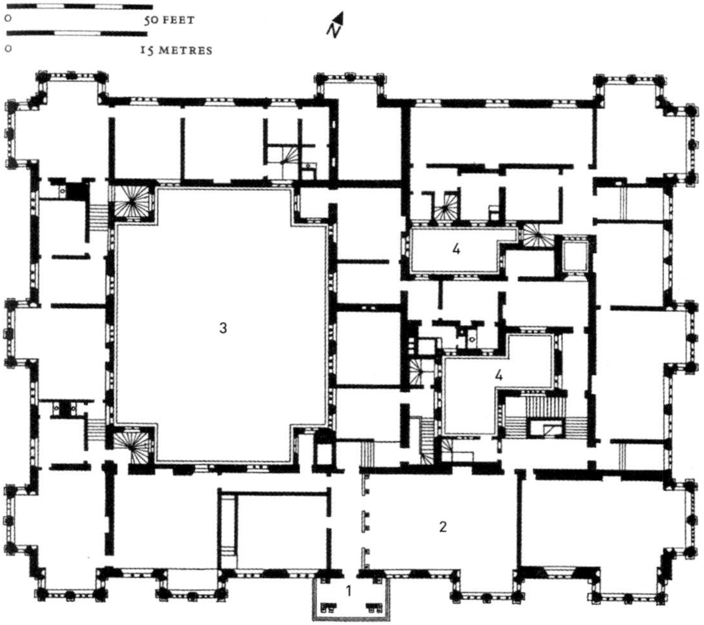

이트 챔버는 엘리자베스 여왕이 체류하는 동안 잠자고 식사를 하며 동시에 궁정업무까지 보는 방이었다. 여왕의 공적-사적 공간을 합해 놓은 종합시설이었다. 프랑스 오텔의 그랜드 챔버와 이름은 같지만 용도는 달랐다. 여왕의 방문이라는, 프랑스에는 없던 영국만의 상황에 맞춰 만든 특별한 방이었다. 갤러리는 여왕이 실내에서 산책을 하며 안마당을 감상하는 공간이었다. 프랑스 오텔과 마찬가지로 실내는 화려한 실내장식이나 각종 그림으로 채웠다. 측동으로까지 확장해서 길게 만든 경우가 많았다.

도 4-124 롱릿. 1층 평면도. 윌트셔. 영국. 1546~80년. 1=정문 출입구. 2=홀. 3=중앙 안마당. 4=측면 안마당.

엘리자베스 여왕 때의 대형 컨트리 하우스는 햄프턴 코트 궁전의 중정 형 구성을 모델로 삼아 르네상스의 격자 구도에 맞춰 단순하게 정리해가는 과정으로 볼 수 있다. 롱릿은 전체 윤곽이 '日'자를 갖추는 등 이런 내용을 잘 보여준다(도 4-116, 도 4-124). 크고 작은 다양한 형태의 안마당이 열 개나 되던 햄프턴 코트 궁전의 구성이 반듯한 육면체 두 개로 정리된 것이다. 하지만 아직 중세의 비정형 구성이 남아 있었다. 특히 오른쪽 부분은 제대로 된 안마당이 나오지 않고 크고 작은 여러 방들이도 4-125 커비 홀(Kirby Hall). 1층 평면도. 노샘프턴셔, 영국. 1570~75년. 1=현관 출입문. 2=게이트웨이. 3=로지아. 4=앞마당. 5=안마당. 6=포치. 7=갤러리. 8=그레이트 홀. 9=식료품 저장실. 10=소형 홀. 11=빵 굽는 가마. 12=부엌. 13=계단실. 14=통로. 15=손님용 거실. 16=침실. 17=침실 겸 당구장. 18=침실 겸 도서관. 19=2차 계단실. 20=웨스트 로징으로 들어가는 로비. 21=대 계단실. 22=롱 갤러리 아래층. 23=웨스트 로징. 24=이스트 로징.

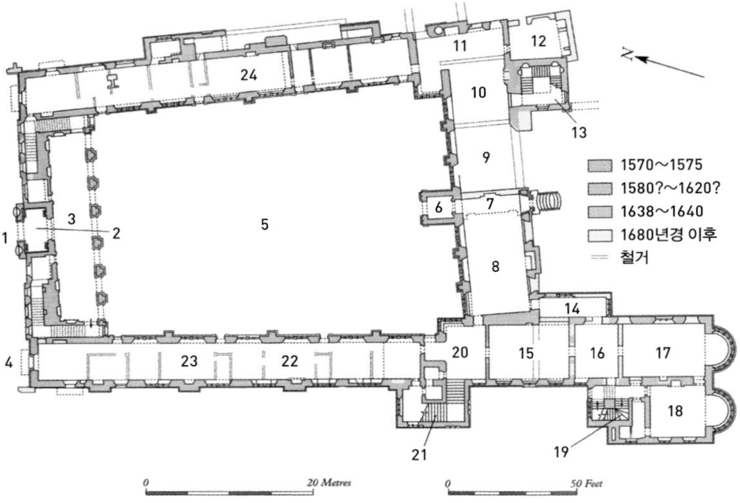

복잡하게 엉켜 있는 사이로 좁은 비정형 안마당 두 개가 답답하게 끼워져 있다.

커비 홀부터는 많이 정리된 구성으로 발전했다(도 4-125). 안마당의 좌우는 각각 이스트 로징과 웨스트 로징으로 이루어졌으며 안쪽 본체에 각종 공적 영역이 들어갔다. 본체는 중앙 출입문을 기준으로 좌우로 나뉘었다. 오른쪽에는 그레이트 홀이 위치했고 왼쪽으로 부엌, 식료품 창고, 소형 홀 등이 위치해서 연회를 지원했다. 그레이트 홀의 오른쪽 밖으로는 별동 개념으로 작은 건물을 덧붙여서 손님용 거실, 손님용 침실, 휴게실, 당구장, 도서관 등을 넣었다.

본체 2층에서는 그레이트 챔버를 중심으로 여왕을 위한 로징 구성이

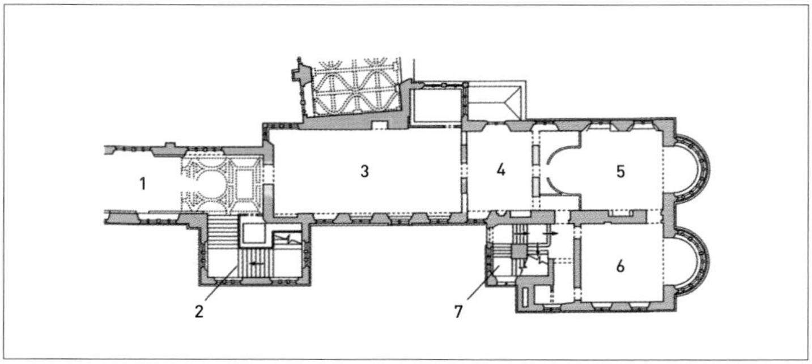

도 4-126 커비 홀. 2층 평면도. 노샘프턴셔, 영국. 1570~75년. 1=롱 갤러리. 2=대 계단실. 3=그레이트 챔버(엘리자베스 여왕 방문시 집무실). 4=로비. 5=여왕 휴게실. 6=여왕 침실. 7=2차 계단실.

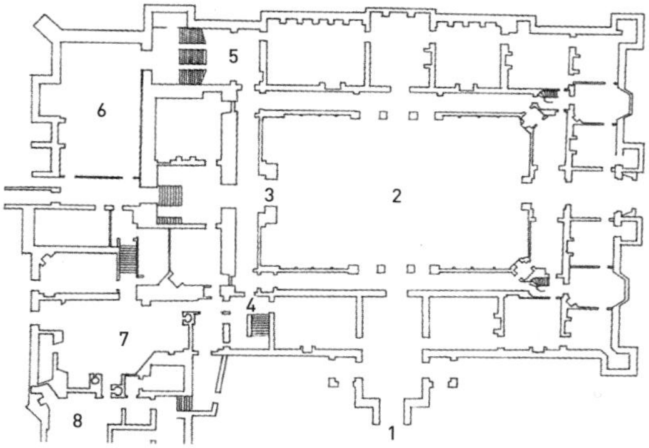

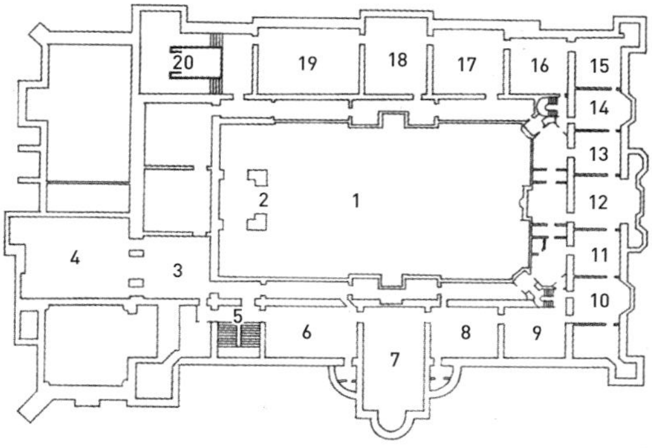

도 4-127 버글리 하우스. 1층 평면도. 노샘프턴셔, 영국. 1577~87년. 1=현관 출입문. 2=안마당. 3=시계탑. 4=로마식 계단. 5=지옥의 계단. 6=그레이트 홀. 7=올드 키친. 8=측랑 입구

도 4-128 버글리 하우스. 2층 평면도. 노샘프턴셔, 영국. 1577~87년. 1=안마당. 2=시계탑. 3=예배당 전실. 4=예배당. 5=로마식 계단. 6=당구장. 7=접견실. 8=브라운 드로잉 룸(Brown Drawing Room). 9=블랙 앤 화이트 베드룸. 10=상감세공 장식의 방. 11=엘리자베스 여왕 침실. 12=그레이트 챔버(엘리자베스 여왕 집무실, 일명 파고다 룸). 13=블루 실크 베드룸. 14=블루 실크 드로잉 룸. 15=1차 조지 룸. 16=2차 조지 룸. 17=3차 조지 룸. 18=4차 조지 룸. 19=하늘의 방. 20=지옥 계단.

들어갔다. 손님용 거실 위에 그레이트 챔버가 위치했으며 그 옆으로 '로비-그레이트 휴게실-베스트 침실'이 세트로 붙었다(도 4-126). 여왕의 시설에는 모두 '그레이트'나 '베스트'라는 단어를 넣었다. 이처럼 커비 홀은 실내 구성에서는 엘리자베스 시대 중정 형의 표준시설을 갖추었지만 전체 윤곽에서는 아직 비정형이 남았다. 마당은 육면체가 아닌 사다리꼴이었으며 그레이트 홀에 부속된 시설을 별동으로 빼서 혹처럼 붙였다.

버글리 하우스는 전체 윤곽은 완벽한 중정 형이지만 실내 구성에서는 예외가 있었다. 안마당을 중심으로 좌우에 로징이 들어갔으며 본체에는 각종 공적 영역이 들어갔다. 커비 홀과 마찬가지로 중앙 출입문을 기준으로 오른쪽에 그레이트 홀이, 왼쪽에 부엌 기능이 각각 들어갔다(도 4-127). 그레이트 홀은 9m×20m의 크기에 천장은 2층까지 뚫려 있었다. 여기까지는 표준 구성이었는데 본체 2층에서 예외가 있었다. 그레이트 홀의 윗부분 옆에 그레이트 챔버가 아닌 예배당을 넣었다. 그레이트 챔버를 중심으로 한 여왕의 로징은 본체 맞은편, 즉 출입구 2층에 넣었다. '엘리자베스 여왕의 침실'이라는 방을 중심으로 세 면을 돌아가며 열네 개의 방을 일렬로 배치해서 여왕을 지원했다(도 4-128, 도 4-129). 프랑스 오텔의 한 겹 아파트먼트 구성과 같았다. 이 방들은 이후 17~18세기 때 화려한 바로크와 로코코 양식으로 개축되었다.

도 4-129 버글리 하우스. 엘리자베스 여왕의 침실. 노샘프턴셔, 영국. 1577~87년.

'엘리자베스 시대의 기발한 착상'—알파벳 평면과 기하 유형

안마당이 부담스러울 경우에는 좀 더 콤팩트한 평면을 사용했는데 알파벳과 기하 형태가 대표적이었다. 여왕을 위한 시설이 대부분을 차지하는 중정 형과 달리 가족들이 실제로 거주하면서 사용하기 위한 경우가 많았다. 중정 형이 이탈리아의 팔라초나 프랑스의 오텔과 크게 다르지 않은 데 반해 알파벳 평면과 기하 유형은 대륙에는 없던 엘리자베스 시대만의 독창적인 유형이었다. 하지만 이 경우도 실제 주거에 필요한 기능보다는 건축주의 정치적 상징물의 성격이 더 강했다. 여전히 건축주의 욕망과 과시욕의 표출이 주요 목적이었다는 뜻이다. 예를 들어 당시 사람들은 월래이튼 홀을 주택이라기보다는 숫제 '부풀려진 어릿광대의 지팡이(inflated bauble)'로 받아들였다.

도 4-130 윔블던 하우스(Wimbledon House). 전경. 서레이(Surrey), 영국. 1588~. 1720년경 철거.
도 4-131 먼테이큐트 하우스(Montacute House). 1층 평면도. 서머싯, 영국. 1599년경.

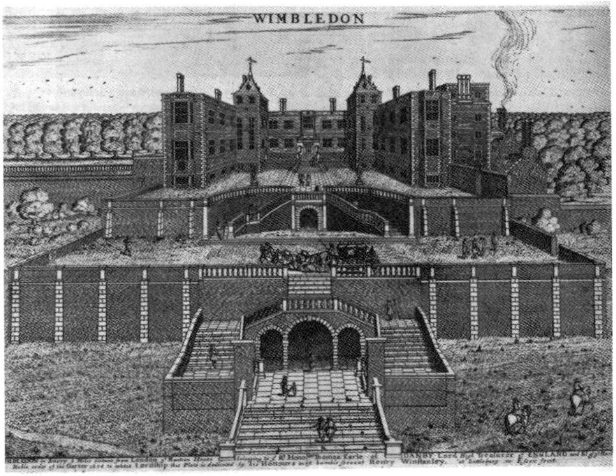

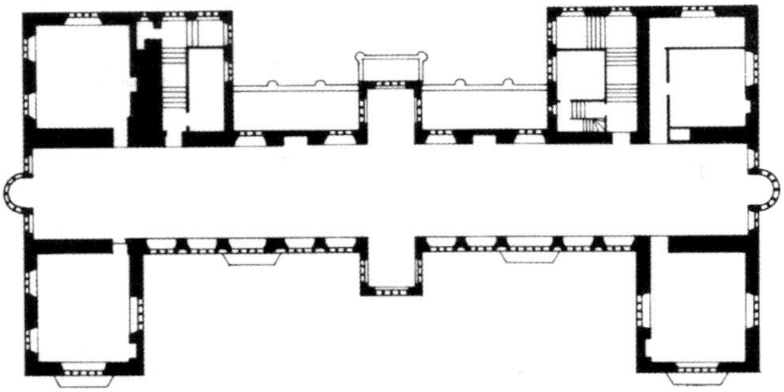

알파벳 평면에서는 'H'자형과 'E'자형을 가장 많이 사용했다. 'H'자형이 과시욕을 표현한 것이라는 근거는 그 출처가 중세 전통이라는 데에 있다. 서레이의 윔블던 하우스(Wimbledon, Surrey, 1588~)와 서머싯의 먼테이큐트 하우스가 대표적인 예이다(도 4-130, 도 4-131). 둘 모두 중세 말기의 장원 주택을 모델로 삼아 규모를 키우고 기념비적 처리를 가해 엘리자베스 시대에 맞게 바꾼 경우였다. 중세 때 농촌귀족의 이미지에 기념비적 처리를 가했다는 뜻이다. 실제로 정면에서 봤을 때 양 측랑을 좌우에 거느리며 팔을 벌리고 서 있는 것 같은 모습은 과시적으로 보였다.

월래이튼 홀과 하드윅 홀은 'H'자형을 기본 형태로 삼아 앞의 두 예보다 훨씬 크고 웅장하게 지은 경우이다. 두 주택 모두 전체 윤곽이 'H'자로 정리되었으며 중앙의 그레이트 홀을 중심으로 축과 대칭이 확연히 나타났다(도 4-132, 도 4-133). 방들의 크기와 형태도 기본 모듈에 근접했다. 중앙 홀을 안마당으로 생각하면 중정 형의 네 귀퉁이에 정사각형 방을 하나씩 더해서 'H'자형으로 만든 것으로 볼 수도 있었다.

두 주택 사이에 차이도 있었다. 하드윅 홀의 그레이트 홀이 월래이튼 홀보다 더 개방적이었으며 중심성도 더 강했다. 월래이튼 홀의 그레이트 홀은 출입문을 지나면 바로 진입하지 못하고 세 번을 꺾어야 했다. 그 방향도 오른쪽 한 쪽만 가능했다. 앞뒤로는 계단실이 가로막았고 좌우로는 갤러리와 부엌 영역이 에워싸서 우물 안에 갇힌 형국이 되어버렸다. 하드윅 홀의 그레이트 홀은 이것보다는 개방적이었다. 이른바 크로스 홀(cross-hall)이라는 구성 방식 덕분이었다. 기둥이 서 있는 스크린 형태의 출입문을 지나면 바로 전실을 거쳐 홀로 진입할 수 있었다. 홀은 동선과 같은 방향인 안쪽으로 길게 났다. 건물의 장축과 직각인 횡방향이었으며 건물 길이 전체에 걸쳐 길게 났다. '크로스'라는 명칭은 여기서 나온 것이다. 계단과 부엌 영역은 홀의 좌우에만 포진했고 앞뒤는 막힌 부분 없이 개방되었다. 두 주택 모두 이름에 '홀'자가 들어간 데에서 알 수 있듯이 홀 형 주택인 점을 감안하면 하드윅 홀의 구성이 이 유형의 기본 성격에 더 부합한 것으로 볼 수 있다.

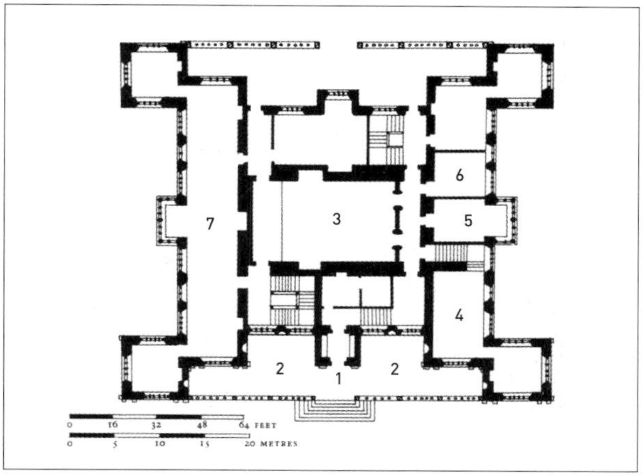

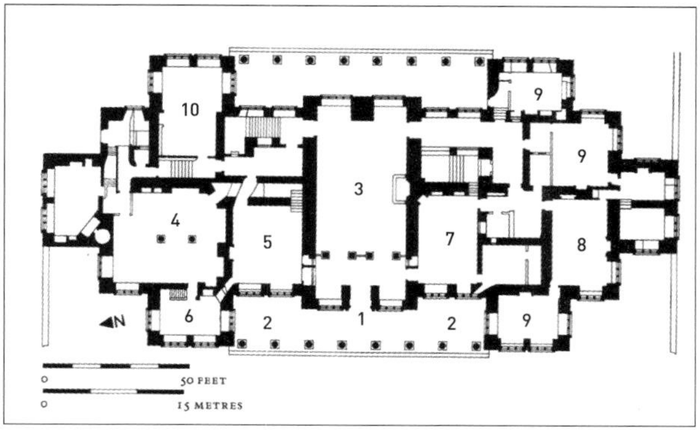

도 4-132 스미드슨. 월래이튼 홀. 1층 평면도. 노팅엄셔, 영국. 1580~88년. 1=현관 출입문. 2=로지아. 3=그레이트 홀. 4=부엌. 5=식료품 저장소. 6=식기 보관실. 7=갤러리

도 4-133 스미드슨. 하드윅 홀. 1층 평면도. 더비셔, 영국. 1590~97년. 1=현관 출입문. 2=로지아. 3=그레이트 홀. 4=부엌. 5=식료품 저장소. 6=싱크대. 7=식기 보관실. 8=육아실. 9=침실. 10=예배당.

하지만 두 주택 모두 실내 동선에서는 총체적인 흐름이나 질서 없이 아직도 중세 전통이 남아 있었는데 이것 역시 'H'자형 평면의 출처가 장원 주택이라는 사실을 보여주는 증거이다. 전체 면적에 비해 계단실의 개수와 면적 비율이 너무 높은 것도 마찬가지였다. 실내를 소 영역으로

도 4-134 소프. 알파벳 'I'자와 'T'자 형태의 주택 계획안.
도 4-135 롱포드 성채(Longford Castle). 공중 전경. 윌트셔, 영국. 1576~.

구획한 뒤 이것들을 계단이 바느질하듯 연결하는 구성이었다.

알파벳 평면이 과시적 목적을 위한 것이었다는 또 다른 배경이 있었는데, 자신의 이름 이니셜을 따온 것이라는 사실이다. 당시 영국 상류층 사이에 유행하던 경향인데, 'H'자로 시작하는 이름을 가진 귀족의 경우 'H'자 평면으로 자신의 주택을 짓는 식이었다. 소프(John Thorpe)의 건축저서가 그런 내용을 담고 있는 좋은 예이다. 르네상스 건축가였던 소프는 자신의 이름 이니셜인 'I'자와 'T'자(옛날 영어에서는 'I'와 'J'를 혼용하여 썼다)를 딴 주택 계획안을 남기고 있다(도 4-134).

기하 유형에서는 삼각형이 가장 많았다. 이는 가톨릭과 신교를 둘러싼 튜더 영국의 급박한 정치상황을 반영한 결과이다. 가톨릭을 권력의 바탕으로 삼는 정치인들이 가톨릭의 기본 교리 가운데 하나인 삼위일체를 상징적으로 표현하기 위해 삼각형 평면을 사용하는 경우가 많았다. 대표적인 예로 윌트셔의 롱포드 성채(Longford Castle, 1576~)와 러시턴의 삼각형 로지(Triangular Lodge, Rushton, 1593~97)를 들 수 있다.

롱포드 성채는 1573년에 토머스 조지(Thomas George)가 롱포드 장원을 구입하면서 역사가 시작되었다. 그는 이어 1576년에 스웨덴 출신의 엘레나 스나켄보그(Helena Snakenborg)와 결혼했다. 그녀는 노샘프턴(Northampton) 백작의 미망인이었으며 엘리자베스 1세의 뒤를 이을 후계자였다. 이들 부부는 결혼하던 해에 이 성채를 짓기 시작했는데 스웨덴 중세 성채의 대표 평면인 삼각형으로 건물을 짰다. 삼각형의 세 꼭짓점에는 성부, 성자, 성신(Pater, Filius, Sanctus Spirius)을 상징하는 탑을 각 하나씩 세웠다(도 4-135). 삼각형 평면 안에는 침실을 비롯해서 예배당, 부엌, 여성용 내실, 거실 등을 배치했다.

러시턴의 삼각형 로지는 열렬한 가톨릭 정치가이자 국교거부자였던 트레샴 경(Sir Thomas Tresham)의 작품이었다. 그는 신교로의 개종을 거부한 대가로 16년간 투옥되었는데 석방되던 해인 1593년에 바로 자신의 가톨릭 신앙심을 확인하는 상징적 행위로 이 로지를 짓기 시작했다. 이를 위해 삼위일체를 상징하는 3이라는 숫자를 곳곳에 반영했다. 혹은 삼각형은 가톨릭에서 세 번째 지위의 성령을 상징하기도 했다.

건물은 간단한 형태의 정원시설인 가든 로지였다. 우선 평면부터 삼각형으로 짰는데 가능한 한 여러 곳에 3이라는 숫자를 반복적으로 사용했다. 각 변의 길이는 33피트였으며 각 변마다 세 개의 삼각형 창과 삼각 박공을 가졌다. 창틀은 삼엽형 장식으로 짰으며 굴뚝도 삼각형으로 만드는 등 건물 전체가 삼각형의 복합적 상징물이었다(도 4-136). 벽에 새긴 명문(銘文, inscription)에는 이런 구도를 '천상에서 하는 세 번의 증언(tres testimonium dant)'이라고 기록했다.

도 4-136 러시턴의 삼각형 로지(Rushton Triangular Lodge). 1593~97년.

트레샴 경은 이미 투옥되기 이전인 1570년대부터 삼각형 이외에 다양한 기하 형태 평면을 이용해서 자신의 토지 안에 여러 채의 집을 지었다. 가장 먼저 지은 것은 십자가 형태였는데 러시턴의 삼각형 로지에 나타난 가톨릭 상징주의를 예견하는 것이었다. 석방된 뒤에는 러시턴의 삼각형 로지를 짓던 도중인 1594년에 그리스식 십자가 형태의 작은 가든 로지도 추가로 지었다.

도 4-137 스미드슨. 기하학적 평면 주택 계획안.

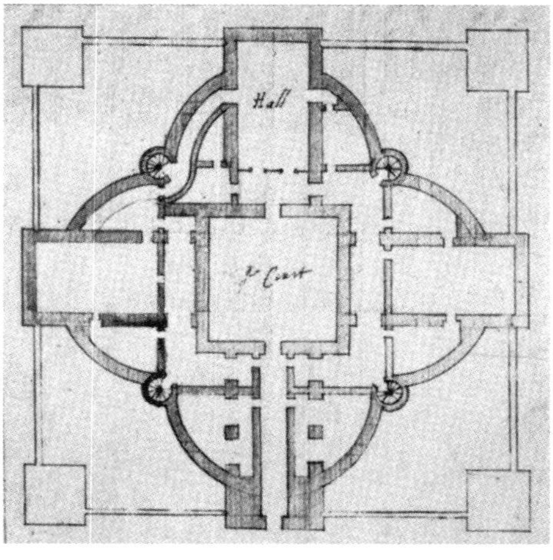

1605년에는 노샘프턴셔의 리버던(Lyveden)에 역시 그리스식 십자가 형태의 집을 짓기 시작했다. 이 집은 가든 로지보다는 큰 정식 주택이었는데 십자가 형태 이외에도 고전주의와 충돌하지 않으면서 상징적 기하 형태를 구사한 점이 중요했다. 상징적 기하 형태는 당시 영국 사회에 막 자리 잡기 시작하던 고전주의 평면과 충돌했기 때문에 실제로 지어지기 어려운 한계가 있었는데 이 집에서는 그것을 어느 정도 극복한 것이었다. 십자가의 네 팔이 고전주의의 육면체 윤곽을 유지하면서 네 방향으로 바람개비처럼 분화하는 형태였다. 전망대나 연회용 건물로 계획되었으나 완공되지

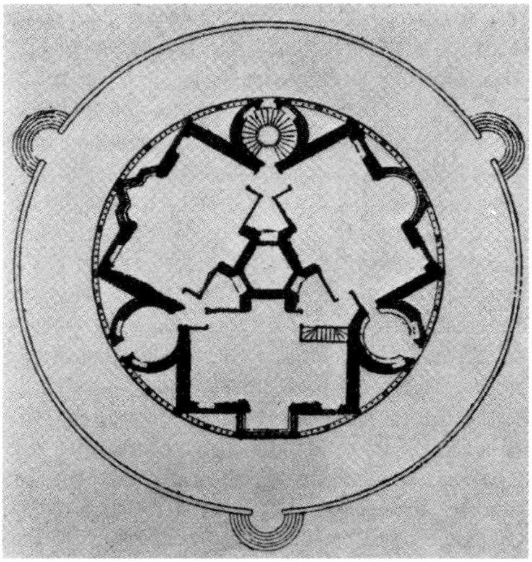

도 4-138 소프. 원형 평면 주택 계획안.

는 못했는데 스미드슨이 제시한 기하 유형 계획안 가운데 이것과 유사한 평면이 있다(도 4-137). 트레샴 경은 이처럼 기하 상징주의를 통해서 자신의 종교적 신념을 상징하는 지성적 게임을 즐겼다.

이상과 같은 알파벳 평면과 기하 유형을 조금 더 확장해서 보면 엘리자베스 시대 때 영국 건축의 특징을 대표하는 현상이었다. 16세기 이탈리아나 프랑스의 상류주택이 팔라초나 오텔 한 가지로 나타난 것과 달리, 영국에서는 한 가지 대표 유형 없이 다양한 방향으로 분화되었다. 이는 16세기 주거에만 국한된 현상이 아니어서 귀납성과 경험을 중시하는 영국 건축 전반의 특징이기도 했다. 엘리자베스 시대에는 주거 건축에 다양한 유형이 등장했는데 영국의 역사학자들은 이를 '엘리자베스 시대의 기발한 착상(Elizabethan conceit)'이라 부르며 건축적 창의력이 발전한 예로 자랑스럽게 여긴다.

알파벳 평면이나 기하 유형은 현재 기록이나 실제 건물은 소수만 남아 있으나 엘리자베스 시대에는 비교적 많이 지어졌다. 스미드슨이나 소프가 이런 유형의 계획안을 많이 남긴 것만 보아도 당시에 그 수요가 제법 되었음을 알 수 있다(도 4-138). 현재 남아 있지 않은 이유는 이런 유형들이 '비밀 주택(secret house)'이라고 불리는 2차 주택이었기 때문이다. 엘리자베스 시대 때 권력층의 본거지 주거가 회계감사를 받거나 봄맞이 대청소를 할 때 주인 권력자가 잠시 그곳을 떠나 시골의 별장에 내려와 쉬는 곳이라는 뜻이었다.

이런 집의 가사도구나 가세는 비록 본거지 주거만큼 화려하거나 풍족하지는 않아도 자신이 통치하는 지역에 있기 때문에 정치적으로는 준 주거지의 상태를 누릴 수 있었다. 기능적으로는 사냥별장, 벨베데레(belvedere, 전망용 정자), 연회용 주택 등이었다. 부담 없이 쉬면서 유흥을 즐기기 위한 목적이었기 때문에 다양한 형태의 기하 유형을 사용함으로써 흥을 돋우려는 목적이 컸다. 건축적 특징은 가능하면 수직적으로 높이 올라가면서 콤팩트한 평면을 선호했다.

6
스튜어트 영국의 주거

스튜어트 영국(1603~1707) 주거의 개요

스튜어트 왕조는 17세기를 관통한 시대였다. 왕을 기준으로 하면 제임스 1세(재위 1603~25), 찰스 1세(재위 1625~49), 청교도혁명과 공위 시대(Commonwealth=잉글랜드공화국, 1649~60), 왕정복고와 찰스 2세(재위 1660~85), 제임스 2세(재위 1685~89), 메리 2세(재위 1689~94), 윌리엄 3세(재위 1689~1702), 앤 여왕(재위 1702~1707)의 순서로 이어졌다. 튜더 왕조의 헨리 8세와 엘리자베스 1세 같은 대표 왕 없이 여러 왕들이 비교적 숨 가쁘게 재위를 이어갔다.

정치사에서도 스튜어트 왕조는 격변의 시기였다. 외국과의 전쟁이 아닌 내란으로 많은 사람이 처형되는 '철의 세기'였다. 17세기 한중간을 장식한 청교도혁명과 공위 시대를 기준으로 앞뒤가 확연한 차이로 갈렸다. 전반부는 엘리자베스 1세 때의 개혁 기조가 점점 강해지는 시기였으며 그 끝에 청교도혁명을 맞아 찰스 1세가 단두대에서 처형되었다. 후반부는 왕정복고의 시대로 이번에는 크롬웰이 단두대에서 처형되면서 보수주의로 돌아갔다. 가톨릭이 부활했고 사회 전반에 복고풍이 일었다.

건축에서도 공위 시대 앞뒤로 이와 비슷한 이분법 현상이 나타났다.

일반 건축사에서는 17세기 전반부가 존스를 대표로 하는 영국 르네상스 건축이 완성된 시기였고 후반부는 렌에 의해 영국 바로크 건축이 시작되는 시기였다. 주거는 약간 차이가 있었다. 이런 이분법이 나타나기는 했지만 약했으며 그보다는 20~30년을 주기로 한 다양한 사회적 주제가 연달아 이어지면서 진행되었다.

스튜어트 영국의 주거건축은 크게 고전주의, 네덜란드의 영향, 자국의 중세 전통 등 세 가지 주제가 주도했다. 고전주의는 동시대를 대표하는 국제주의 양식으로 영국도 피해갈 수 없는 대상이었다. 전반부에는 존스가 이탈리아 르네상스 고전주의를 수입해서 완성도 높게 구사했다. 후반부에는 이른바 존스 서클에 속하는 프랫(Roger Pratt)과 웹(John Webb)이 존스의 고전주의를 이어받았으며 이는 다시 렌이 주도하는 바로크 고전주의로 이어졌다.

네덜란드는 종교(신교)-정치-무역 등을 매개로 17세기에 영국과 밀접한 관계를 가졌다. 이런 특수상황을 배경으로 당시 네덜란드 장인들은 영국에 활발히 진출해서 스튜어트 주거건축에 지속적으로 영향을 끼쳤다. 영국은 이탈리아의 정통 고전주의를 부담스러워 했는데 네덜란드에서 한 번 자유롭게 각색된 바로크 고전주의는 영국에서 인기가 많았다. 네덜란드에서 영향을 받은 양식은 전반부의 장인 매너리즘과 후반부의 더치 고전주의로 나눌 수 있다.

자국의 중세 전통은 외국 양식에 대한 반발 내지 대안으로서 자코뱅 양식과 중세주의가 대표적인 흐름을 이루었다. 두 흐름 역시 17세기 전반부와 후반부를 각각 대표했다. 중세 전통은 혼성 양식의 구성요소로 전반부에 명맥을 유지하다가 왕정복고 이후 중세주의라는 본격적인 리바이벌 양식으로 발전했다.

이상과 같이 세 가지 주제는 17세기를 관통하며 각자 독자적인 흐름을 형성했으며 그 과정에서 상호, 영향, 혼합, 대립 등 복합적이면서 다양한 관계를 형성했다. 크게 보면 외국 양식과 자생 양식이 대립했지만 반드시 그런 것은 아니어서 네덜란드의 영향은 중세 전통과 어울리면서 장식 혼용 경향을 이루는 하부요소이기도 했다. 이상과 같은 스튜어트 영국 건축의 흐름을 요약하면 다음의 표 9와 같다.

표 9. 스튜어트 영국(17세기)의 주거건축 흐름

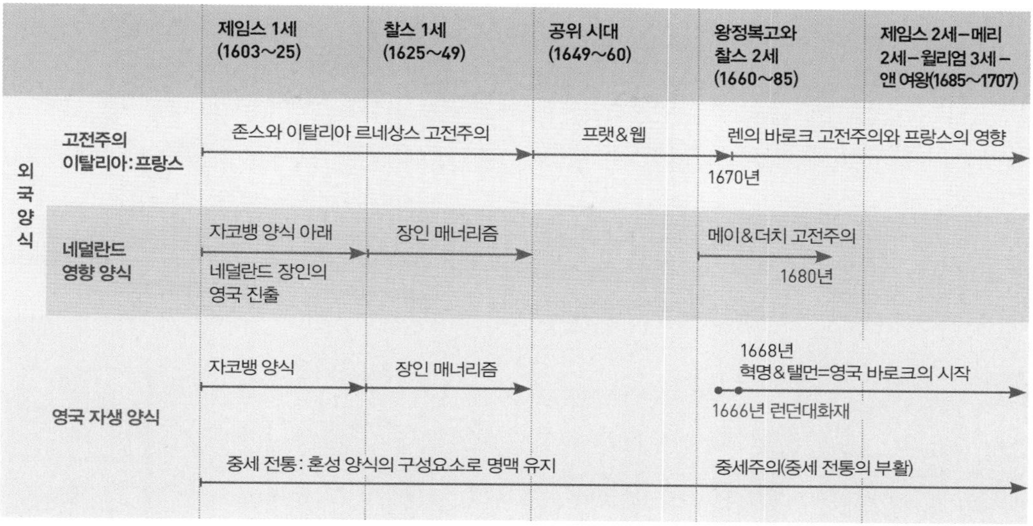

단일 사건으로는 1666년 런던대화재가 중요한 분기점이었다. 9월 2일에 발생해서 5일 동안 87채의 교회와 1만 3천 채의 주택이 불탔고 당시 8만 명이었던 인구 가운데 7만여 명이 집을 잃고 노숙자가 되었다. 왕정복고 직후 맞은 첫 번째 큰 시련이었는데 왕정복고 바람과 맞물려 영국 건축 전반에 큰 변화를 가져왔다. 가장 대표적인 것이 영국 바로크의 등장이었다. 이를 복원하기 위해 다시 짓는 과정에서 런던 도시주거에는 두 가지 새로운 변화가 나타났다. 일반 도시주거에서는 중세 때부터 있던 주택은 대부분 사라지고, 튜더 시대 때 등장했던 르네상스 유닛 하우스가 대표 유형으로 자리 잡게 되었다(도 4-139, 도 4-140, 도 4-141). 대형 도시 주택에서는 영국 바로크가 등장했는데 주거건축사에서는 이를 '1668년 혁명'이라고 부른다. 렌의 영향 아래 탤먼(William Talman)이 주도한 새로운 양식이었다.

이상과 같이 스튜어트 영국의 주거에서는 튜더 시대보다는 좀 더 다양한 모색이 있었다. 이는 크게 두 방향을 목표로 삼았다. 대외적으로는 동시대 대륙의 국제주의 흐름에 보조를 맞추려 했으며 대내적으로는 영국만의 초기 근대 양식을 찾으려고 시도했다. 두 흐름은 표면적으로는

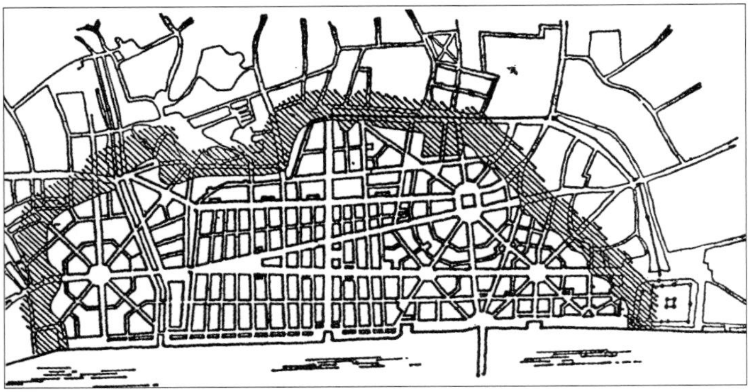

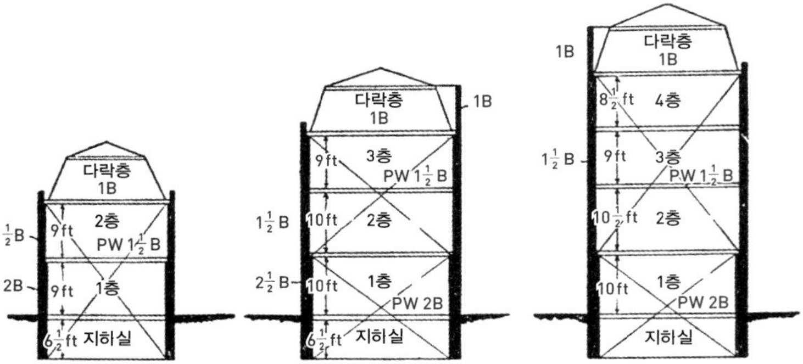

도 4-139 런던대화재 이전의 16세기 모습. 런던 브리지 일대에 아직 중세 때 박공 주택이 줄지어 서 있다.
도 4-140 1666년 런던대화재 이후 렌이 작성한 재건계획.
도 4-141 1666년 런던대화재 이후 마련한 도시주거 허용 층수. 왼쪽부터 골목길 및 이면도로-중간 도로-간선 도로.

상반되는 것이지만 세부 내용에서는 서로 영향을 끼치기도 하는 등 상호 교류하며 다양한 양식적 모색을 낳았다. 스튜어트 시대에도 주택을 상류층의 권력과시 수단으로 이용하는 경향은 여전했지만 이처럼 다양한 건축 주제가 등장하면서 상대적으로 그것에 묻혀 중요성이 줄어들었다.

자코뱅 양식-정리된 평면과 덩어리 실루엣

자코뱅 양식은 제임스 1세 때 나타난 주거건축의 경향을 부르는 양식이다. 공공건축에서는 잘 사용하지 않으며 주로 주거에 한정해서 사용했다. 큰 방향은 엘리자베스 1세 때 흐름을 이어받아 일정한 정리와 각색을 가한 특징을 보였다. 제임스 1세 때 왕조가 바뀌기는 했지만 정치, 사회, 문화 등은 전임 엘리자베스 시대와 큰 단절 없이 연속적 흐름을 이어갔다. 건축도 마찬가지였는데 차이도 있었다. 엘리자베스 건축이 한 가지 대표 양식이나 통일된 형식을 갖지 않았던 데 반해, 자코뱅 건축은 그런 방향으로 나아갔다.

크게 보아 평면과 전체 윤곽에서는 정리 경향이, 외관과 디테일에서는 장식 경향과 혼성 경향이 각각 주를 이루었다. 정리 경향을 좁혀서 보면 엘리자베스 시대 때 남아 있던 중세 전통은 지우고 르네상스 시대에 맞는 내용을 남겨 정리, 강화하는 방향이었다. 사라진 중세 전통은 평면에서는 불규칙한 비정형 구성 및 이것에서 얻어지는 의외성과 예측 불가능한 변화였다. 전체 윤곽에서는 탑, 부벽, 총안, 돌출 창, 굴뚝 등 주로 중세 성채를 구성하던 대표적인 건축어휘들이었다. 이상의 내용을 세부적으로 보면 크게 셋으로 정리할 수 있다.

첫째, 평면을 정리, 강화한 내용으로 엘리자베스 시대와 마찬가지로 알파벳 형태와 기하 유형이 계속 사용되었다. 알파벳 형태에서는 하드윅 홀에 나타난 크로스 홀 구성을 이어받아 'H'자형과 'U'자형으로 발전시켜서 대표 유형으로 정착시켰다. 앞에서 살펴보았듯이 하드윅 홀은 'H'자형으로 발전할 가능성을 가지고 있었다(도 4-133). 혹은 'H'자형을 기본으로 삼아 좌우 측동을 두텁게 만든 것으로 볼 수 있다. 하지만 아직 중세 전통이 많이 남아 있었는데 이것을 정리해서 르네상스에 적합한 심플하고 정형적인 평면으로 정리했다. 이런 가능성은 월래이튼 홀도 같이 가지고 있었는데 하드윅 홀보다 개방성도 약했고 크로스 홀 구성이 아니었기 때문에 자코뱅 양식의 모델이 되지 못했다(도 4-132).

자코뱅 양식의 초창기에는 런던 켄싱턴의 홀란드 하우스(Holland House, 1606~07)와 그리니치의 칼턴 하우스(Charlton House, 1607)가 'H'자형 평면의 대표적 예였고 후반부에는 레스터셔의 퀸비 홀(Quenby Hall, 1621)과 요크셔의 템플 뉴샴(Temple Newsam, 1622~)이 대표적 예였다. 칼턴 하우스는 하

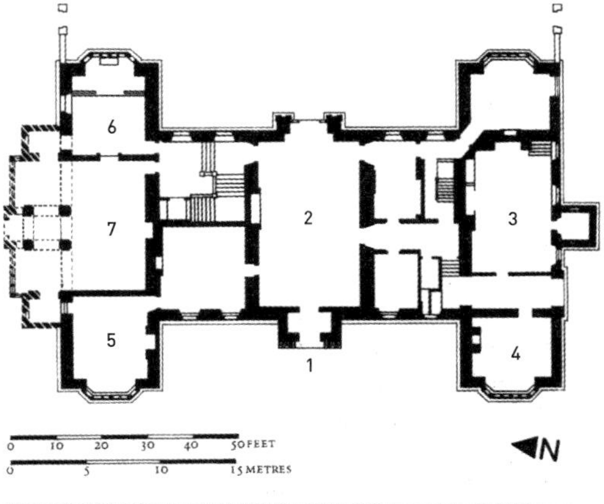

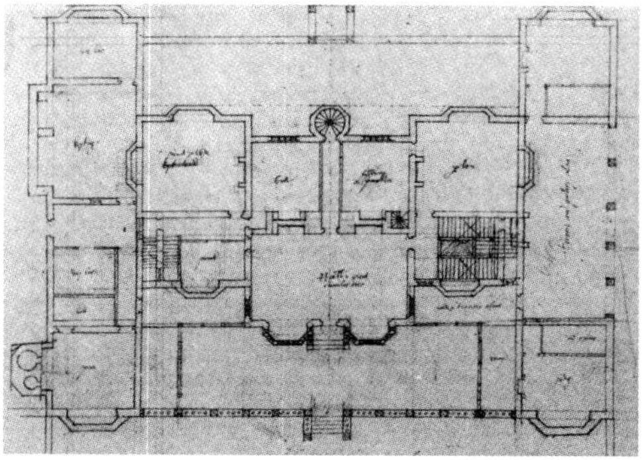

도 4-142 칼턴 하우스(Charlton House). 1층 평면도. 그리니치(Greenwich), 영국, 1607년. 1=현관 출입문. 2=그레이트 홀. 3=부엌. 4=식료품 저장실 및 식기 보관실. 5=손님용 거실. 6=예배당. 7=정원 감상용 로지아.
도 4-143 홀란드 하우스(Holland House). 런던 켄싱턴(Kensington). 1606~07년. 소프의 저서에 수록된 평면.

드워 홀을 단순하게 정리한 특징을 잘 보여준다. 크로스 홀 구성이 중심을 잡고 있으며 좌우의 방들도 훨씬 간결하게 정리되었다(도 4-142). 홀란드 하우스도 그레이트 홀을 앞뒤로 한 번 나눈 것을 제외하면 마찬가지였다(도 4-143).

자코뱅 양식의 크로스 홀은 현관 출입문을 지나면 꺾임이 없이 바로 진입할 수 있었다. 이는 중세 때의 '디렉션(direction)' 전통이 사라지고 간결한 르네상스 평면으로 정리된 것이었다. 디렉션이란 실내에서 동선을 여러 번 꺾는 것으로 중세 때 비정형 평면에서 흔히 나타나던 현상이었다. 영국에만 있었던 것은 아니고 전반적으로 비정형 평면이 주를 이루던 유럽 중세 주거 전반에 나타나던 현상이었다. 영국에서는 출입구나 로징 단위 등에 이것을 좀 더 적극적으로 적용하는 차이점을 보였고 이를 '디렉션'이라는 개념으로 부른다. 디렉션은 엘리자베스 시대까지도 남아 있었는데 현관 출입문을 지난 뒤 세 번을 꺾어야 그레이트 홀로 진입할 수 있는 월래이튼 홀이 좋은 예였다(도 4-132). 자코뱅 양식에서는 이것이 일직선 동선으로 정리된 것이었다. 이는 곧 건물 전체로 보면 중심축과 동선축이 일치하는 것을 의미하는 것으로 자코뱅 양식의 정리 경향을 잘 보여준다.

기하 유형에서는 정사각형이나 직사각형이 가장 많았다. 옥슨의 체이슬턴 하우스(Chastleton House, Oxon, 1603~)는 정사각형 유형의 대표적인 예였다(도 4-144). 건축주는 위트니(Witney)의 양모 거래업자였다. 당시 영국에서는 양모 산업이 크게 활성화되면서 많은 부호들을 배출했다. 이들은 부르주아 정신으로 무장하고 이것을 주택으로 표현하고 싶어 했다. 간결하면서도 안정적인 덩어리 구성을 보이는 자코뱅 양식의 정사각형 평면은 여기에 잘 맞았다. 중심에는 작은 안마당을 넣었는데 그 크기가 작아서 정식 중정 형으로 보기는 어려웠고 정사각형 평면을 9등분 한 것 가운데 하나를 할당한 정도였다. 외관에서는 중심축이 대칭을 형성했으며 네 귀퉁이에 별동을 붙이던 전통적인 구성에서 벗어나 좌우 측면에 계단실용 별동을 붙였다.

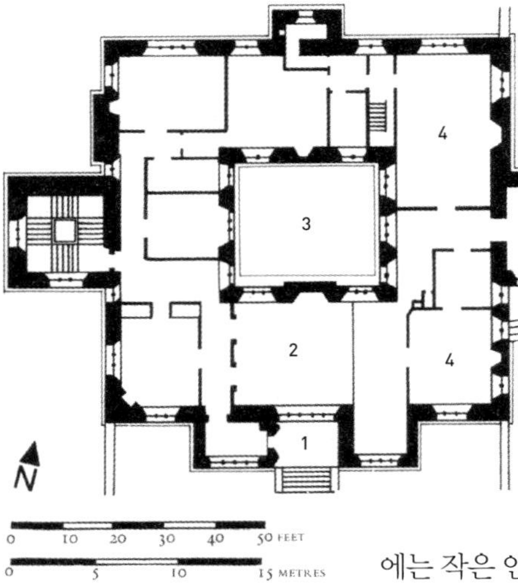

도 4-144 체이슬턴 하우스(Chastleton House). 1층 평면도. 옥슨(Oxon). 영국. 1603~. 1=현관 출입문. 2=홀. 3=안마당. 4=손님용 거실.

도 4-145 햇필드 하우스(Hatfield House). 외관 전경. 하트퍼드셔(Hertfordshire). 영국. 1607~11년.
도 4-146 체이슬턴 하우스. 정면 전경. 옥슨. 영국. 1603~.

둘째, 전체 윤곽을 정리, 강화한 내용에서는 큰 덩어리 중심으로 분절한 뒤 강한 실루엣 효과를 노린 점이 대표적인 현상이었다. 엘리자베스 시대 때 남아 있던 외벽의 자잘한 분할을 큰 덩어리로 합한 뒤 많이 돌출시켜서 깊은 실루엣을 노렸다. 실루엣에 신경을 쓰다 보니 건물은 큰 덩어리 중심으로 구성되면서 단순해졌다. 앞에 나왔던 'H'자형 평면과 정사각형 유형은 이런 목적에 잘 맞았다. 'H'자형 평면은 조형성 강한 시각 효과를 내는 데 유리했다. 양 측랑이 팔을 벌리듯 뻗어 나와서 웅장한 장면을 연출했으며 이와 동시에 중앙부가 안정적인 중심 뼈대를 이루었는데 칼턴 하우스와 햇필드 하우스(1607~11)가 대표적인 예였다(도 4-145). 정사각형 유형은 일직선 측면 위에 육면체를 돌출시키는 방식으로 간결하면서도 깊은 실루엣을 만들어냈는데 체이슬턴 하우스가 대표적인 예였다(도 4-146).

셋째, 장식 경향과 혼성 경향은 앞의 정리 경향과 반대되는 것처럼 보

도 4-147 홀란드 하우스. 런던 켄싱턴. 1606~07년.

일 수 있지만 이보다는 좀 다른 의미를 가졌다. 외국 양식과 중세 전통이 만나서 스튜어트 영국만의 자국 양식을 모색하는 중요 통로 역할을 했다. 외국 양식은 네덜란드 바로크가 대표적인 예였다. 플랑드르 장인들이 영국으로 진출하면서 당시 네덜란드에서 막 유행하기 시작한 바로크 양식을 가지고 들어와서 사용했다. 홀란드 하우스가 좋은 예로 곡선으로 둥글린 박공 윤곽이 대표적인 어휘였다. 반면 돌출 창, 아치 장식, 지붕, 입면의 자잘한 분절 등은 영국의 중세 전통을 그대로 사용한 처리였다(도 4–147).

장식 혼성과 패턴 북의 인기

이런 장식화 경향은 매우 복합적, 절충적이어서 혼성 경향으로 이어졌다. 네덜란드 바로크와 영국 중세 전통을 섞은 것만으로도 이미 혼성 경향을 보였으며 여기에 이탈리아와 독일의 매너리즘도 섞어 썼다. 특히 독일 매너리즘 장식판화가였던 디털린(Wendel Dietterlin)의 어휘는 인기가 많았다. 그는 이탈리아 매너리즘과 네덜란드의 드브리에스(Hans Vredeman De Vries)의 경향을 혼용해서 자신만의 과장된 그로테스크 경향을 창출했다.

그의 판화 작품은 『다섯 기둥의 기본 구성, 대칭, 비례에 관한 건축적

도 4–148 벤델 디털린(Wendel Dietterlin)의 『다섯 기둥의 기본 구성, 대칭, 비례에 관한 건축적 고찰(Architectura von Ausstheilung, Symmetria und Proportion der Fuenff Seulen), 1598』에 수록된 '죽음의 승리(The Victory of Death)'라는 제목의 장식.
도 4–149 벤델 디털린의 『다섯 기둥의 기본 구성, 대칭, 비례에 관한 건축적 고찰, 1598』에 수록된 콤포지트 오더(Composite Order).

고찰(Architectura von Ausstheilung, Symmetria und Proportion der Fuenff Seulen), 1598』이라는 긴 제목의 패턴 북으로 출간되어 영국에서 인기가 많았다. 여기에 수록된 어휘들은 자코뱅 주택의 혼성 경향에 애용되었는데 매너리즘으로 각색한 기둥이나 그로테스크한 장식이 특히 인기가 많았다(도 4-148, 도 4-149). 정통 고전 기둥에 부담을 느끼던 영국에서 디털린의 매너리즘 기둥은 중세풍으로 받아들여지면서 인기를 구가했다.

패턴 북의 인기는 디털린에만 국한된 것이 아니었다. 이미 엘리자베스 시대부터 영국 건축계에서는 패턴 북의 역할이 컸다. 이때부터 외국 건축가의 책과 영국 건축가의 책으로 양분되었다. 외국 건축가의 책은 비트루비우스를 필두로 이탈리아, 프랑스, 스위스, 네덜란드 등 다양했다. 지리적, 문화적 거리감 때문에 대륙 건축을 접할 기회가 적었던 영국 장인들에게 외국의 패턴 북은 돈이 많이 들고 힘든 여행을 하지 않고도 손쉽게 대륙 건축을 구사할 수 있는 거의 유일한 통로였다.

가장 먼저 문을 연 것은 서양 건축이론서의 아버지라 할 수 있는 비트루비우스의 『건축 십서』였다. 어떤 면에서는 세를리오보다 더 인기가 많았으며 이미 헨리 8세 때에는 영국에서도 라틴어, 이탈리아어, 프랑스어 등 외국어판을 구할 수 있었다. 이탈리아 건축가로는 알베르티, 세를리오, 비놀라, 팔라디오 등의 저서가 인기가 많았다. 이 가운데 알베르티의 저서는 패턴 북이라기보다는 이론서였다. 나머지 세 명의 저서는 완전한 패턴 북은 아니지만 도판을 풍부하게 수록하고 있어서 패턴 북 역할을 하는 데 부족함이 없었다. 이런 이탈리아 책들은 영국에 르네상스 고전주의를 전파하는 데 중요한 역할을 했다.

프랑스에서는 자크 앙드루에 뒤 세르소의 1559년, 1576년 저서와 들로름의 1561년, 1568년 저서 등이 대표적인 예였다. 버글리 경은 버글리 하우스를 지을 때 마지막 단계에서 파리에 사람을 보내 들로름(Philibert Delorme)의 『새로운 창작(Nouvelles Inventions), 1561』을 구해서 사용하기도 했다. 스위스, 네덜란드, 독일 등과는 주로 신교의 연대를 배경으로 패턴 북을 수입해서 사용했다. 스위스에서는 블룸(Hans Blum)의 『다섯 오더 기술(A Description of the Five Orders)』이, 네덜란드에서는 드브리에스가 각각 대표적이었으며 이것이 스튜어트 시대에 들어와서 독일

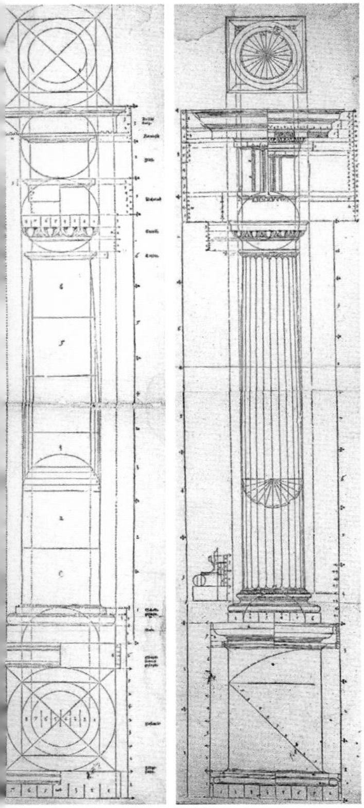

의 디털린으로 이어졌다.

영국 건축가로는 소프, 스미드슨, 슈트(John Shute) 등이 엘리자베스 시대 때 패턴 북을 출간한 대표적인 인물들이었다. 이 가운데 패턴 북에서는 슈트의 『건축의 중요한 첫 번째 기초사항(The First and Chief Grounds of Architecture), 1563』이 중요했다. 이 책에 실린 오더는 세를리오의 것과 흡사했다. 세를리오에 많이 의존했기 때문에 두 책 사이에서 큰 차이를 찾기가 힘들었으며 결국 슈트의 인기는 세를리오의 대역 개념이었다.

엘리자베스 시대 때 패턴 북이 직접적 영향을 끼친 대표적인 건물이 커비 홀이었다. 블룸, 세를리오, 슈트 등의 저서에서 중요한 영향을 받았다. 커비 홀은 튜더 시대 때 영국에 르네상스 어휘를 최초로 사용한 예 가운데 하나였는데 이 과정에서 이런 저서들에 수록된 어휘를 참고해서 사용했다. 주두와 주초를 모두 2~3겹으로 겹쳐서 두껍게 만든 뒤 장식을 집중시키는 기둥 어휘가 대표적인 예였다(도 4-150, 도 4-151). 이외에 월래이튼 홀에서는 드브리에스의 어휘를 여러 곳에 사용했다. 설계를 맡았던 스미드슨이 장식디자인까지 함께했는데 이 과정에서 드브리에스의 어휘를 응용해서 사용했다.

패턴 북의 활약은 스튜어트 시대에 들어와서도 디털린으로 이어지면서 계속되었다. 17세기에 들어와서도 비트루비우스는 여전히 인기가 많았으며 16세기 패턴 북 가운데 세를리오와 팔라디오 등 이탈리아 건축가들의 책이 계속 사용되었다. 영국 건축가로는 우튼 경(Sir Henry Wotton)이 『건축의 요소들(Elements of Architecture), 1624』에서 건축을 실용예술(Operative Arts)로 정의하면서 패턴 북을 기초로 한 장식 혼성 경향을 지속시켰다.

스튜어트 시대 때 패턴 북 경향에서 논쟁의 핵심은 단연 디털린이었다. 관건은 변형이 너무 심한 그의 어휘를 실제 건물에 어떻게 적용하느

도 4-150 한스 블룸(Hans Blum)의 『다섯 기둥 도록집(Quinque Columnarum Exacta descriptio atque delineatio), 1550』에 수록된 토스카나-도리스식 오더(Tuscan-Doric Order).

도 4-151 커비 홀. 16세기의 여러 패턴 북에서 영향을 받은 기둥 모습. 노샘프턴셔, 영국. 1570~75년.

냐의 문제였다. 디자인 단계에서는 큰 인기를 누렸지만 실제 건물에 직접 사용하는 데에는 무리가 있었다. 디털린의 어휘가 중세풍을 겸했기 때문에 본국 독일을 제외하면 수용 가능성이 가장 높은 것은 사실 영국이었다. 하지만 문제는 디털린의 어휘가 정식 중세주의는 아니었고 매너리즘으로 각색하는 과정에서 중세의 분위기를 풍기게 되었다는 데 있었다. 영국에는 정식 매너리즘이 없었기 때문에 실제 건물을 이런 식의 변형 어휘로 짓는 데에는 거부감도 있었다. 디털린의 어휘는 여전히 외국 양식일 수도 있었다.

당시 영국의 사회 분위기도 중요한 요소였다. 패턴 북을 가장 많이 사용하던 장인 그룹은 극기와 절제를 미덕으로 삼는 네덜란드나 영국의 청교도를 배경으로 삼았다. 이들에게 디털린의 어휘는 원형에서 너무 많이 벗어났으며 심하게 말하면 타락한 것으로까지 보일 수도 있었다. 중세주의가 허용될 수 있는 범위는 영국 중세의 정통 가톨릭건축에서 사용하던 어휘들이었다. 예술가나 장인으로서는 디털린에게 끌렸으나 자연인으로서는 위배되는 양면성이 있었던 것이다.

디털린의 장식과 오들리 엔드

이런 상황 때문에 디털린의 매너리즘에 대해 영국에서는 비판적 목소리도 적지 않았다. 또한 영국 자코뱅 시기에 인기를 끈 것에 비해서 실제 작품에 직접적으로 사용되거나 결정적 영향을 끼친 예는 찾아보기 힘들다. 실제 건물에서는 일정한 정리를 가하는 타협을 할 수밖에 없는 상황이었으며 그 결과 과도한 장식을 생략하거나 단순하게 처리하는 등의 경향으로 결론지어졌다. 이럴 경우 정통 고전 기둥에 근접했기 때문에 굳이 디털린의 매너리즘을 선례로 삼을 필요가 없었다.

이것을 피해가는 방법은 순수 장식어휘로 사용하는 것이었다. 스톤(Nicholas Stone)이 1638~40년에 증개축한 커비 홀이 좋은 예로, 단순 벽면 위에 장식 패널을 붙이는 방식으로 디털린의 어휘를 사용했다(도 4-152). 이런 장식어휘는 '브릴리언트 형으로 다듬은 만화(brilliant caricature)'처럼 나타났다. '브릴리언트 형'은 다이아몬드나 보석을 다듬는 기술인

도 4-152 니콜라스 스톤(Nicholas Stone)이 1638~40년에 증축한 커비 홀의 기둥 장식. 디털린의 패턴 북에서 영향을 받아서 '브릴리언트 형으로 다듬은 만화(brilliant caricature)' 풍으로 만든 장식이다.

데 단면을 날카롭고 각지게 깎아서 보석을 영롱하게 빛나게 만든다. 만화는 장식에 사용한 소재가 부담 없고 가볍다는 뜻이었다.

당시 영국 장인들의 돌 다루는 솜씨를 보여주는 단어인데, 이들은 자신들의 이런 솜씨를 발휘할 디자인 모델로 디털린의 패턴 북에 실린 어휘를 선택한 것이었다. 장식은 평활면 위에 파삭파삭하면서도 리드미컬한 조각다움을 만들어냈다. 이런 특징은 바탕의 단순 평활면과 대비를 이루며 장식의 흥겨움을 배가시켰다. 이렇게 보면 디털린의 어휘는 정식 고전주의로까지 승격되지는 않았지만 장식 혼용에서는 일정한 역할을 한 것임에 틀림없었다.

스튜어트 시대 때 지은 예로는 에식스의 오들리 엔드(Audley End, Essex, 1603년경~1616)가 디털린의 영향을 받은 대표적인 예이다. 건축주는 헨리 하워드(Henry Howard)였다. 엘리자베스 1세 때에는 정치적으로 밀려나 있다가 제임스 1세에게 발탁되어 노샘프턴의 백작에 오른 인물이었다. 당시 귀족들 가운데 학식이 가장 풍부했는데 건축도 그중 하나였다. 스스로 건축가의 역할을 겸하며 조카의 집을 먼저 지은 뒤 자신의 집도 직접 지었다. 이 과정에서 대륙의 패턴 북을 참고하게 되었고 디털린의 책에서 중요한 영향을 받았다.

오들리 엔드는 여러 곳이 철거되어서 현재는 일부만 남아 있다. 처음에는 수도원 회랑 위에 작은 안마당 형식으로 시작했다가 점차 바깥으로 큰 안마당을 만들었고 그 주위로 'ㅁ'자형을 증축하면서 이중 중정형이 되었다(도 4-153). 두 안마당이 만나는 지점이 그레이트 홀이었는데

도 4-153 오들리 엔드(Audley End), 전경, 에식스(Essex), 영국, 1603년경~1616년.

높이는 측동보다 오히려 낮게 했다. 외관에는 중심축 위에 퇴창을 사용했다. 장식에서는 디털린의 어휘를 직접 사용한 것은 없었지만 이오니아식과 코린트식의 고전어휘를 혼용하면서 디털린의 분위기를 냈다. 게이트하우스가 대표적인 곳이며 이외에도 건물 전체에 걸쳐 프리이즈 등에 앞에서 얘기한 패널 장식을 사용했다.

이 건물은 디털린의 영향 이외에 규모나 화려함 등에서 스튜어트 시대를 대표하는 컨트리 하우스였다. 앞시대의 여러 유명 선례와 경쟁하듯 지어졌다. 큰 안마당은 길이가 39미터인데 이는 앞선 튜더 시대의 시어볼즈와 경쟁하기 위한 규모였다. 1721년에 철거되어 현재는 남아 있지 않다. 게이트하우스는 로마 개선문을 모델로 삼았으며 양옆에 튜더 시대의 리드 캡(lead-cap) 탑을 세워서 성채 분위기를 더했다. 안마당의 좌우 측면을 구성하는 양쪽 측랑은 1층을 아케이드, 2층을 창으로 각각 처리했으며 중앙부에는 오더 층쌓기를 사용했다. 이런 구성은 자크 앙드루에 뒤 세르소의 베르노이 성채 계획안을 모델로 삼은 것이다(도 4-61).

규모도 대단했다. 이중 안마당을 다 합한 주택 전체 규모는 영국 주거역사 전체를 통틀어서도 첫 손에 꼽힐 정도였다. 제임스 1세조차도 이를 보고 '지역 군주 한 사람에게는 너무 큰 집이다. 그러나 하워드 경이라면 이 정도 집은 가져야 한다.'라고 했다. 서양 주거역사에서 왕의 부러움과 질투를 산 경우는 이곳 오들리 엔드와 프랑스의 보르비콩트(Vaux-le-Vicomte, 1657~61) 성채가 대표적이었다. 프랑스에서는 루이 13세의 노여움을 사서 당대 최고의 권력자였던 건축주 푸케(Nicholas Fouquet)가 정치 생명을 잃게 되는 데 반해 이곳 오들리 엔드는 큰 규모에 대한 에피소드만 남긴 채 별 탈 없이 넘어갔다.

도 4-154 칼턴 하우스. 정면 전경. 그리니치, 영국. 1607년.

앞에 나왔던 그리니치의 칼턴 하우스도 오들리 엔드와 같은 계열에 속했다. 건축주는 웨일스의 헨리 왕자의 가정교사이자 개인비서였던 애덤 뉴턴(Adam Newton)이었다. 디털린의 어휘를 사용한 점과 과시적 경향 등에서 오들리 엔드의 영향을 받은 좋은 예였다.

디털린의 장식어휘를 중앙 출입구에 직접 사용했으며, 규모는 크지 않은 대신 'H'자형 평면을 사용해서 과시적 분위기를 냈다. 측랑의 양 끝에 돌출 파빌리온을 세우고 반곡(反曲, ogee) 형태의 지붕으로 마감했다. 중앙 출입구 역시 돌출했다(도 4-154).

햇필드 하우스와 여러 건축가의 협업

햇필드 하우스 역시 규모와 장식을 통한 과시에서는 뒤지지 않는 주택이었다. 엘리자베스 시대 때 버글리 경이었던 윌리엄 세실의 아들 로버트 세실이 제임스 1세 때에도 대를 이어 최고 권력의 지위를 유지하면서 이 주택을 지었다. 로버트 세실 역시 대형 컨트리 하우스를 지어서 권력의 기반으로 삼았다. 주택에 대한 집중은 아버지보다 더 심했다. 이미 아버지가 사망하기 전인 1597년에 첼시의 보포드 하우스(Beauford House, Chelsea)의 리모델링을 시작해서 대형 H형 평면으로 완공시켰다. 1601년에는 도르셋의 크랜본 장원 주택(Cranborne Manor, Dorset)의 개축을 완공시켰다. 몇 년 뒤에는 런던의 스트랜드(Strand)에 세실 하우스를 지었다. 마지막으로 제임스 1세의 권유로 본거지를 시어볼즈에서 햇필드로 옮기면서 햇필드 하우스를 짓게 되었다(도 4-155).

평면은 당시 유행하던 'H'자형으로 시작했지만 한쪽 팔을 없애고 다른 쪽 팔을 길게 늘어트려서 결과적으로 'U'자형이 되었다. 정형적 짜임새가 부족하고 복잡해 보이는데 이는 주로 좌우 측동을 로징 단위로 구성했기 때문에 나타난 현상이다(도 4-156). 건물 전체를 보면 중심축과 대칭을 지키는 등 정형적 구성을 보이는데 이는 자코뱅 양식의 대표적인 특징에 해당된다. 현관 출입문을 지나면 오픈 갤러리 형식의 로지아가 나오며 그 뒤로 본체의 폭 전체에 걸쳐서 종방향으로 길게 누운 그레이트 홀이 중심을 잡

도 4-155 햇필드 하우스, 공중 전경, 하트퍼드셔, 영국, 1607~11년.

고 있다.

좌우 측동은 파빌리온 형식의 독립적인 별채 속에 네다섯 개의 방을 조합한 로징 단위로 구성했다. 이 부분이 커지면서 상대적으로 그레이트 홀의 면적과 중요성이 줄어들었다. 홀은 본체의 절반만 차지했고 나머지 절반에는 부속실을 넣었다. 그나마 본체의 깊이도 얕아서 홀의 면적은 크게 줄었다. 이렇게 줄어든 면적은 다른 방으로 분산시켰다. 그 결과 손님용 거실이 커졌으며 좌우의 로징 단위별로 다시 손님용 시설을 넣어서 분산시켰다. 중앙 홀의 비중이 줄어드는 이런 현상은 동시대 프랑스의 바로크 오텔에서도 비슷하게 나타났었다. 이는 대형 연회에 치중되던 주택 내 공적 기능이 개별적 손님맞이로 분산되면서 나타난 현상이었다. 안락함과 쾌적함 같은 개인적 분위기가 강화되면서 공적 기능에까지 침투한 데 따른 결과였다.

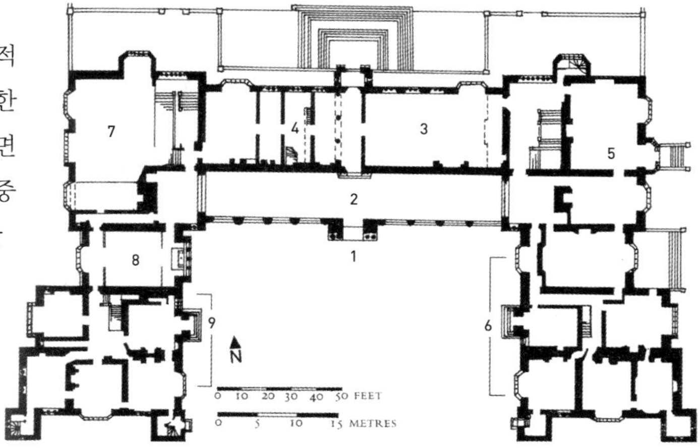

도 4-156 햇필드 하우스. 1층 평면도. 하트퍼드셔, 영국. 1607~11년. 1=현관 출입문. 2=오픈 갤러리. 3=홀. 4=부속실. 5=손님용 거실. 6=솔즈베리 경의 로징(이스트 로징). 7=부엌. 8=예배당. 9=웨스트 로징.

영국에서는 이외에 자국만의 배경을 추가로 가졌다. 사회적 배경으로는 엘리자베스 시대가 끝나면서 여왕이 주도하던 대형 연회문화도 함께 막을 내린 데 따른 결과였다. 제임스 1세는 전임 여왕과 달리 상대적으로 덜 과시적이었고 대형 연회는 서서히 줄어들었다. 건축적 배경으로는 자코뱅 양식의 평면 정리 현상을 들 수 있다. '디렉션'이 사라지고 실내 구성이 정형적으로 단순화되면서 그레이트 홀의 중심잡기 역할이 축소된 것이다. 이전 시대의 비정형 평면에서는 그레이트 홀이 유일한 대형 공간으로 복잡한 실내에서 중심 역할을 하면서 동선을 정리해주는 역할을 했다. 자코뱅 양식에서 평면이 단순하게 정리되면서 이런 필요성이 사라졌다.

이런 현상은 햇필드 하우스 이외에 자코뱅 양식을 대표하던 컨트리하우스 대부분에서 공통적으로 나타나면서, 스튜어트 영국 주거의 대표적 특징으로 자리 잡았다. 자코뱅 양식 가운데에는 체이슬턴 하우스가 대표적인 예이다(도 4-144). 홀은 현관 출입문을 지나서 들어오면 전실 규모로 축소되어 자리 잡고 있다. '그레이트'라는 단어를 떼는 것이 더 적합한 규모이다. 원래 그레이트 홀 자리에는 작은 안마당이 위치했다. 그레이트 홀의 기능은 상당 부분 왼쪽의 손님용 거실로 옮겨갔다. 주택 내 공적 영역의 기능이 분산된 것인데 손님용 거실마저도 두 개나 되었다.

자코뱅 양식 이후에는 더욱 명확해졌다. 노퍽의 래인햄 홀(Raynham Hall, Norfolk, 1635년경)과 미들섹스의 스와켈리스(Swakeleys, Middlesex, 1638) 하우스가 좋은 예이다. 래인햄 홀에서는 그레이트 홀이 정중앙에 자리 잡고 있지만 그 크기는 전실 정도로 줄어들었다(도 4-157). 마치 뒤쪽의 예배당으로 들어가는 전실처럼 보이며 집의 중심 공간 자리를 예배당에 내준 것 같은 느낌이었다. 스와켈리스에서는 중앙 자리마저 내주고 오른쪽 귀퉁이로 밀려났으며 크기도 뒤쪽의 부엌과 같아졌다(도 4-158).

햇필드 하우스는 또한 건축가의 협업이라는 독특한 작업방식을 보여주는 좋은 예이다. 이는 스튜어트 영국 때 나타난 현상이었다. 한 사람의 건축가에게 맡기는 것이 아니라 설계와 시공을 여러 사람의 건축가와 장인의 협업으로 하는 방식이다. 이때 건축주의 역할이 중요했다. 이들을 통솔하면서 각자의 장점을 끌어내고 하나로 합해내는 컨트롤 타워 역할을 건축주가 해야 했기 때문이다. 그만큼 건축에 대해서 상당한 지식과 경험을 갖추고 있어야 했으며 자신이 고용한 사람들 이외의 외

도 4-157 래인햄 홀(Raynham Hall), 노퍽(Norfolk), 영국, 1635년경.
도 4-158 스와켈리스 하우스(Swakeleys), 미들섹스(Middlesex), 영국, 1638년.

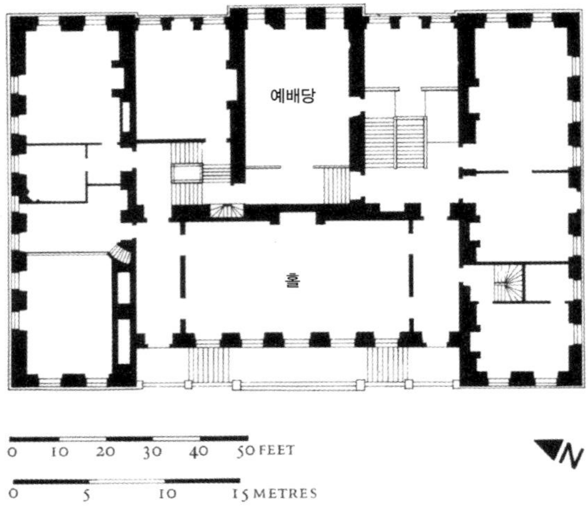

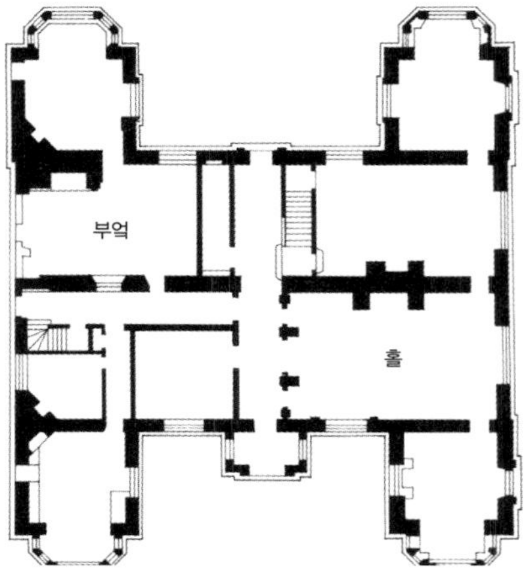

부 건축가나 장인을 두루 만나면서 끊임없이 자문도 구해야 했다.

오들리 엔드를 지은 헨리 하워드처럼 책을 통한 공부도 유용했다. 건축주는 이렇게 얻은 여러 건축 지식과 정보를 바탕으로 자신이 고용한 건축가와 장인 들의 성향과 능력에 맞춰 일을 배분하고 이를 관리, 감독할 수 있었다. 햇필드 하우스를 지은 로버트 세실이 이런 일을 매우 잘 해낸 대표적인 건축주였는데 이런 방식과 재능을 아버지 윌리엄 세실에게서 물려받았다.

햇필드 하우스의 건축가나 장인과 관련해서 확실히 밝혀진 것은 1611년에 완성된 로지아와 정문 출입구가 라이밍(Robert Lyming)이라는 목수의 작품이라는 사실이었다. 나머지 전체에 대해서는 건축가가 정확히 밝혀진 것이 없는데 이는 거꾸로 한두 명의 건축가에 의한 작품이 아니었기 때문이었다. 로버트 세실은 여러 건축가와 장인에게 자문을 구하면서 그 내용을 자신이 총정리해서 주택 건립을 주도했는데 바실(Simon Basil)에게 자문을 구한 기록이 남아 있다. 이렇게 보았을 때 이 건물은 자문과 토론과 타협의 결과 자연스럽게 완성된 것으로 볼 수 있다.

정원 쪽 면과 정면, 혹은 정면 내에서도 본체와 측랑 파빌리온이 완전히 다른 특징을 보이는 등 여러 요소의 혼재가 남아 있는 것도 이런 탄생과정의 결과물이었다(도 4-145). 보는 이에 따라서는 짓다 말다 다시 그 위에 다른 사람이 와서 지었다고 말할 수 있을 정도였다. 정리된 평면과 비교하면 외관의 혼재는 특히 두드러졌다. 이를 기준으로 하면 스튜어트 주거의 외관은 정리된 평면에 맞춰 한 가지 양식으로 통일된 경우와 햇필드 하우스처럼 여러 어휘가 혼재된 경우로 양분할 수 있다.

전자는 르네상스 건축의 일반적인 특징이라 할 수 있다. 후자는 영국만의 전통으로 17세기까지도 사라지지 않고 남은 것이다. 영국은 귀납적이고 경험적인 국민성을 가지고 있으며 이것이 중세 때부터 건축에도 반영이 되었다. 유기성, 혼성, 장식, 공예 등은 그 결과 나타난 영국 건축만의 대표적 특징인데 이것이 스튜어트 시대에 들어와서 건축주의 의욕과 맞물리면서 건축가의 역할에 반영된 것이었다.

V

17~19세기 도시주거 개발사업

:: 파리의 17세기 광장주거

:: 19세기 파리 부르주아와 아파트

:: 19세기 파리 아파트의 구성과 특징

:: 런던의 17세기 광장주거

:: 18세기 바스 개발사업

:: 영국의 19세기 테라스 하우스와 런던 리젠트 파크

1

파리의 17세기 광장주거

앙리 4세와 바로크 광장주거–파리 개선사업과 부르주아 정신의 표현

유럽의 대도시에는 17세기부터 본격적인 주택개발이 시작되었는데 파리가 선도적 역할을 했고 런던이 그 뒤를 이었다. 이렇게 개발된 주택들은 바로크 도시주거에서 중요한 부분을 차지했는데 17세기에는 광장주거(residential square)라는 유형이 주를 이루었다. 말 그대로 도심에 광장을 건설한 뒤 광장을 에워싸는 각 면에 주택을 지어 개발하는 것이었다. 주택의 종류는 다층 반(半)단독주택이었다. 3~5층의 다층이었지만 한 세대가 이를 모두 쓰는 형식이었다. 주요 고객은 부르주아와 귀족이었다.

시작은 앙리 4세(재위 1589~1610)의 파리 개선사업이었다. 앙리 4세는 프랑스 역사에서 가장 활발하게 건축사업을 벌였던 왕 가운데 한 명이었다. 크게 왕궁 건축과 파리 개선사업의 두 방향이었다. 전통 시대 때에 흔히 그랬듯이 앙리 4세 역시 건축사업을 자신의 중요한 통치수단으로 삼았다. 건축사업은 왕이 추구했던 프랑스 개혁운동의 중요한 부분을 차지했다. 왕은 종교전쟁과 스페인과의 전쟁 등으로 국력이 쇠했던 프랑스의 사회를 안정시키고 개혁하고자 했다. 낭트칙령을 통해 종교전쟁을 끝내면서 가톨릭과 신교를 화해시켰고 스페인과도 평화협정을 맺었다.

도 5-1 프랑스 광장(Place de France). 샤스티용과 알레옴(Jacques Alleaume)이 계획. 1610년 설계, 1641년 부분완공. 파리.

나아가 실용주의를 바탕으로 경제부흥을 이루고자 했다. 재정, 농업, 목축, 교통 등을 재건하는 일이 급선무였으며 파리 개선사업도 그 중 하나였다.

파리 개선사업은 실용주의에 기초한 물질적 확장과 도시 경관의 심미적 향상이라는 두 방향을 추구했다. 아름다우면서 편리하고, 물질적으로 풍요로우면서 공공의 의무를 다하는 도시로 만들고자 했다. 개선사업은 1590년대 말부터 시작해서 불과 10여 년 만에 퐁 네프를 완공했고 성 루이 병원(Hôpital St. Louis)을 세웠으며 왕립대학(Collège Royale)을 설립하는 건축공사를 시작했다. 광장주거에서도 획기적인 기초를 닦아서 왕립 광장(Place Royale=현재의 Place des Vosges, 보스쥬 광장, 1605~10)과 도핀 광장(Place Dauphine, 1607~10, 최종완공 1616)을 개발했고 프랑스 광장(Place de France, 1610년 설계, 1641년 부분완공)을 착공했다(도 5-1).

앙리 4세의 파리 개선사업은 큰 족적을 남겼다. 도시계획의 역사에서 새로운 장을 연 것으로 평가되며 파리의 도시역사에서는 더 말할 것도 없었다. 향후 수 세기 동안 파리가 발전해나갈 방향을 제시했는데 광장주거가 그 한가운데에 있었다. 앙리 4세가 완공시킨 두 곳의 광장주거는 금세 파리시민의 관심을 끌며 파리 개선사업에서 중요한 일익을 담당했다. 이런 개발방식은 당시로서는 매우 앞서간 것이었으며 어떤 면에서는 도시주거 개발사업의 효시일 수도 있었다.

광장을 주거건물이 에워싸는 이런 구성 자체는 선례가 없는 것은 아니어서 이미 중세 때부터 유럽 각국 도시에 흔히 나타났었다. 그러나 중

요한 차이가 있었다. 중세 때 광장 주변에 세워진 주택들은 자연발생적이었다. 전체 계획 없이 오랜 시간에 걸쳐 시청사, 시민회관, 성당, 상가, 시장 등 다른 건물들과 섞여서 조금씩 들어섰다. 이것이 앙리 4세에 와서 전체를 한 번에 계획해서 도시 전체의 맥락 속에서 새로운 의미를 창출하려는 시도로 바뀌었다(도 5–2, 도 5–3).

역사적으로 보면 이탈리아 광장의 규범적 디자인 전통과 플랑드르 광장의 집합주거 전통을 합한 뒤에 '파리 부르주아의 정체성과 실용정신을 특징적으로 표현한다.'라는 새로운 시대 상황과 기준에 맞게 현대적으로 발전시킨 것이었다. 특히 대도시 혹은 수도에 사는 부르주아를 위한 도시 집합주택을 대단위로 개발한 점과 이것을 광장을 끼고 지어서 도시 전체의 공간적 의미를 향상시킨 점은 당시로서는 선례가 없는 최초의 아이디어로 앙리 4세만의 창의력의 산물이었다.

도 5–2 왕립 광장(Place Royale=현재의 Place des Vosges, 보스쥬 광장). 1605~10년. 파리. 19세기 중반 오스망 재개발 이후 장면.
도 5–3 도핀 광장(Place Dauphine). 1607~10년, 최종완공 1616년. 파리. 샤스티용이 1611년경에 그린 그림.

이처럼 광장주거의 주요 고객은 부르주아였다. 광장 주변에 들어선 도시주거의 구체적인 모습 역시 부르주아의 계급적 상징성과 실용정신이라는 양면적 특징을 잘 보여주었다. 기하학적 기본 골격 위에 규칙적으로 반복되는 전체 디자인과 이것을 실용재료인 벽돌로 구현한 점이 대표적인 내용이었다. 최소한의 안정적 품위를 확보해서 부르주아의 계급적 자존심을 상징적으로 표현했다. 과도한 사치와 어색한 과시를 피한 대신 간결하면서도 편리한 기능을 유지함으로써 부르주아의 실용정신을 잘 구현했다.

앙리 4세의 광장주거가 성공을 거두면서 곧 모방 예들이 줄지어 건설되었다. 이런 사실 자체가 광장주거가 앞으로 전개될 17세기 상황을 미리 예견하고 그에 맞는 방향을 잘 제시했음을 보여주는 증거였다.

프랑스 내에서만도 느베르의 샤를빌(Charleville, Nevers, 1608), 앙리슈몽(Henrichemont, 1608), 몽토반(Montauban, 1616), 리슐리외(Richelieu, 1630년경) 등이 광장주거 형식으로 개발한 대표적인 신도시들이었다.

프랑스 밖에서도 많은 모방 예들이 건설되었다. 가장 대표적인 것이 런던의 링컨스 인 필즈(Lincoln's Inn Fields, 1618~)와 코벤트 가든(Covent Garden, 1630년경)이었으며 이는 18세기 말의 바스(Bath) 개발과 19세기 런던의 리젠트 파크(Regent's Park)로 이어졌다. 이외에 네덜란드와 이탈리아 등 여러 나라로 전파되었다. 파리 내에서는 루이 14세 때 두 개의 중요한 광장을 추가로 건설했다. 승리의 광장(Place des Victoires, 1685)과 방돔 광장(Place Vendome, 1698~1720)이었는데 둘 모두 루이 14세의 건축가 아르두앵-망사르가 설계했다. 기본 방향은 앙리 4세 때의 광장주거에서 크게 달라진 것은 없었으며 루이 14세를 찬양하기 위한 장치를 추가한 정도가 중요한 차이였다.

왕립 광장 주거-도시 공공성과 광장주거의 정착

왕립 광장은 파리 시내에 등장한 최초의 광장주거로 1603년에 계획을 세운 뒤 1605년부터 개발과 공사를 시작했다. 부지는 이전의 투르넬르 왕궁(Palais Royale des Tournelles) 자리였다. 원래는 마상시합(tournament)이 열리던 장소였는데 이미 오래전에 광장으로 개발하려던 시도가 있었다. 이 시합에 참여했던 앙리 2세가 마상 사고로 사망하자 미망인이 된 왕비 카트린 데 메디치가 남편을 기려 광장으로 개발하려는 계획을 세웠다. 장 들로름(Jean de l'Orme)이 설계한 표준 유형의 타운 하우스가 사면을 에워싸는 광장이었는데 종교전쟁이 발발하면서 무기한 중단되었다.

앙리 4세가 이것을 살려내 자신의 의중을 실어 다시 개발하기 시작했다. 처음 계획은 메테초(Louis Metezeau), 샤스티용, 자크 앙드루에 뒤 세르소 등이 잡았지만 가장 큰 역할을 한 것은 앙리 4세 자신이었다. 목적은 크게 네 가지였다.

첫째, 파리시민을 위한 공공성으로 평소에는 도심 산책 장소를 제공하며 공공행사를 거행할 때에는 시민들이 모일 수 있는 장소를 제공하

도 5–4 왕립 광장. 1605~10년. 파리.
도 5–5 왕립 광장. 1605~10년. 파리. 1612년의 마상시합 장면.
도 5–6 왕립 광장. 1605~10년. 인도로 내놓은 1층의 아케이드 통로. 파리.

기 위해서였다. 이를 위해 1층의 아케이드 통로를 인도로 내놓았으며 광장에서는 실제로 각종 시민행사를 개최했으며 원래의 용도에 맞춰 마상시합도 열렸다(도 5–4, 도 5–5, 도 5–6).

둘째, 부족한 상류층 주택을 개발하기 위해서였다. 부르주아와 법복귀족 등의 숫자가 계속 늘면서 이전의 대형 오텔만으로는 이들을 수용할 수 없게 되었다.

셋째, 귀족들의 주거를 왕궁과 연결함으로써 왕권을 강화하기 위해서였다. 자신들의 주거가 왕궁과 연결되어 있다는 인식은 소속감과 충성심에 큰 도움이 되었다.

넷째, 파리 도심에 기념비적 공간을 창출하기 위해서였다. 앙리 4세는 "파리 심장부에 화려한 볼거리를 창출"하고 싶어 했다. 실제로 완공되었을 때에는 이 광장이 오랫동안 비좁고 답답하게 남아 있던 파리에 국제적인 수준의 생활환경을 제공하게 되었다며 흡족해했다.

앙리 4세는 주택 설계안을 마련했고 이 안을 지켜서 변경 없이 짓는다는 조건으로 광장 사면의 필지를 상식적인 가격에 분양했다. 그 결과 3층짜리 주택 38채가 광장을 에워싸며 세워졌다. 1층은 아케이드로 연결된 반면 상층부는 급한 경사를 갖는 힙 루프(hipped roofs)로 세대를 나누었다(도 5–7). 광장 북쪽 면과 남쪽 면의 중앙에는 정문 출입구를 냈는데 그 폭은 집 두 채에 해당되었다.

왕립 광장에서는 1층 처리가 남달랐다. 보통 도시주거는 상가로 세를 놓는데 이곳도 세를 놓기는 했지만 도로를 향한 면을 다르게 처리했다. 보통 도시주거에서는 1층 상가가 직접 도로를 면했는데 이곳에서는 상

도 5-7 왕립 광장. 1605~10년. 왕의 파빌리온(Pavillion du Roi)과 주변 건물. 파리.

가를 안으로 한 베이 밀어 넣고 아케이드 회랑으로 처리했다. 이를테면 도로 쪽에 천장 덮인 보도를 한 켜 더 선물한 것이었다(도 5-6). 혹은 중세 때 볼로냐, 베른, 솔즈베리 등에서 유행하던 아케이드 주택이나 아케이드 길을 되살린 것으로 볼 수도 있었다. 아케이드 회랑은 반 개방형이어서 바깥쪽 도로를 향해 열렸으며 그 안쪽으로 상가가 위치했다.

아케이드 회랑은 앙리 4세가 이 광장주거에서 가장 역점을 두었던 부분으로, 도로와의 관계를 적극적으로 설정함으로써 파리 도심 전체에 새로운 활력과 공간적 특징을 불어넣고자 했다. 왕립 광장의 개발 목적 가운데 중요한 부분을 차지하던 파리시민을 위한 공공성을 직접 실천한 것이었다. 건축주만 상대한 것이 아니라 파리시민 전체를 향한 배려의 제스처로, 이런 공공성을 바탕으로 처음 시도하는 광장주거의 성공을 위한 전략적 목적도 있었다.

각 세대는 4베이 폭에 3층 높이였고 그 위에 다락층을 가졌다. 한 세대가 건물 전체 높이를 다 차지했기 때문에 결과적으로 반 개인주택과 같은 형식이 되었다. 부족하지도 과하지도 않은 적정 규모로 새로 등장하기 시작하던 신흥부르주아와 법복귀족에 적합했다. 대형 귀족가문이 큰 필지를 차지하고 대형 오텔을 짓던 추세 한편에서, 그 바로 아래 계급들에게 적합한 규모의 타운 하우스를 공급한 것이었다. 이런 2차 계층이 몰려들면서 왕립 광장의 타운 하우스는 성공을 거두었으며 향후 파리를 비롯한 유럽 내 여러 대도시의 광장주거 개발에 불길을 당겼다.

왕 자신도 북쪽 면과 남쪽 면 중앙에 한 개씩의 파빌리온을 지어서 각각 왕의 파빌리온과 왕비의 파빌리온(Pavillons du Roi et de la Reine)이라고 이름 지었다. 이 두 채는 주변의 다른 집들보다 더 높았고 장식은 더 화려했다(도 5-7). 광장 안에는 1639년에 루이 13세의 기마상을 세우면서 파리 시내의 기념비적인 공간이 되었다. 그 후에는 다시 울타리를 친 정원 공원이 되었다. 루이 13세의 동상에 사용한 말은 다니엘 다볼테라(Daniele da Volterra)가 앙리 2세의 기마상을 제작할 때 만든 그 말이었다. 이 사업이 중단된 뒤 보관하고 있다가 여기에 사용했다. 말을 타고 앉은 루이 13세의 상은 피에르 비아르 2세(Pierre Biard II)가 제작해서 얹었다. 이렇게 만들어진 기마상은 프랑스대혁명 때 녹여 없애버렸다.

도핀 광장 주거–파리 도심에 공간적 풍부함을 더하다

도핀 광장은 원래 1604년에 왕비 마리 데 메디치(Marie de Medici)가 파리 시당국에 앙리 4세의 기마상을 세울 것을 제안하면서 그 부지로 계획되었다. 자리는 퐁 네프가 시테 섬(Ile de la Cité)의 끄트머리를 자르고 지나가는 지점이었다. 시테 섬 자체가 삼각형 형태였는데 그 꼭짓점 부분이 퐁 네프와 만나는 끝부분이 부지였다(도 5-8). 이 때문에 부지는 삼각형이 되었다. 동상은 조반니 다 볼로냐(Giovanni da Bologna)가 제작했는데 앙리 4세가 암살당한 지 4년 뒤인 1614년에 설치되었다.

도 5-8 도핀 광장. 1607~10년, 최종완공 1616년. 배치도. 파리. 퐁 네프(Pont Neuf)가 시테 섬의 끄트머리를 자르고 지나가는 지점에 위치.

앙리 4세는 왕립 광장이 한참 공사 중이던 1607년에 자신의 동상이 세워질 이곳을 왕립 광장과 같은 성격의 광장주거로 개발하기로 하고 부지 공사를 시작했다. '도핀'은 나중에 루이 13세가 되는 아들의 이름이었다. 삼각형의 세 변은 두 켜의 일직선 타운 하우스 열이 에워쌌고 광장 안으로 진입하는 출입구는 삼각형 부지의 꼭짓점 및 그 맞은편인 밑변의 중간 두 곳에 냈다(도 5-9). 꼭짓점 출입구에는 양옆에 이 광장의 상징이 된 붉은 벽돌의 주택 한 채씩을 세워서 마치 수문장이 지키고 있는 것 같은 장면을 연출했다(도 5-10). 이후 프랑스대혁명과 1871년의 파리코뮌 내전 등 역사의 흐름을 지나면서 파괴 후 재건 등의 과정을 거쳤다. 19~20세기에는 부동산 개발에 따라 지속적으로 증축이 되어서 현재 원래 상태의 건물 모습을 유지하고 있는 것은 꼭짓점 출입구 양옆의

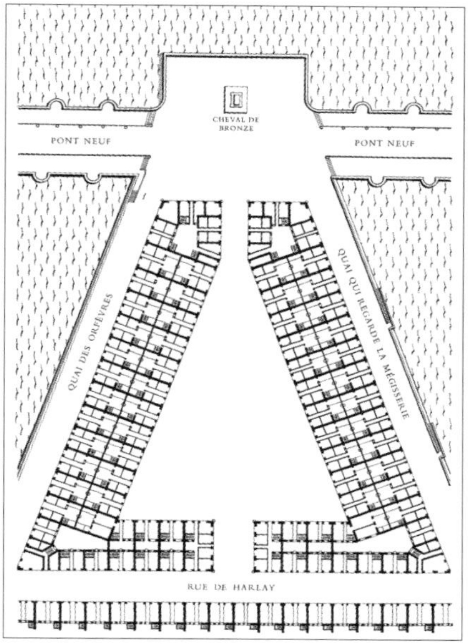

도 5-9 도핀 광장. 1607~10년, 최종완공 1616년. 파리.

도 5-10 도핀 광장. 1607~10년, 최종완공 1616년. 파리. 퐁 네프가 시테 섬의 끄트머리를 자르고 지나가는 서쪽 출입구의 두 건물. 현재 이 광장주거에서 원래 상태를 보여주는 유일한 건물이다.

두 채뿐이다.

광장 주변에 지은 타운 하우스는 표준 유형을 유지했다. 1층은 가게로 사용했으며 한 세대당 아치 베이 두 개와 중앙의 통로 베이로 이루어졌다. 1층 가게는 중앙 통로를 중심으로 좌우로 양분되어서 아치 베이 하나씩을 차지했다. 통로를 지나서 안으로 들어가면 건물 뒤편에 작은 후원을 갖추었다. 2층은 주거 영역이었으며 이곳으로의 진입은 후원 한쪽 벽에 붙여 배치한 계단을 통해 이루어졌다. 외관은 단순해서 저렴한 붉은 벽돌을 주재료로 사용했으며 귀돌에만 석재를 사용해서 장식 효과를 냈다.

앙리 4세는 이 유형의 선례로 1554년에 프티 퐁(Petit Pont)과 파리시립병원(Hôtel Dieu) 사이에 건립된 타운 하우스를 택해서 이것을 3차원 광장 공간으로 발전시켰다. 선례 타운 하우스는 도로의 한 면에 늘어서며 한 겹으로 끝났기 때문에 도시 내에서 차지하는 지분과 의미가 단편적이고 수동적이었다. 단순히 가구 수만 제공하는 물량 차원의 주택개발 사업에 머물렀다. 반면 도핀 광장에서는 삼각형 광장의 세 변을 두 겹으로 에워쌈으로써 밖으로는 도로를 면할 뿐 아니라 안쪽으로 또 하나의 공공공간을 형성한 점에서 도시공간을 복합적으로 만드는 데에 일조했다. 실제로 안쪽 광장은 임시극장을 설치해서 공연과 집회 등 각종 시민 행사로 유용하게 사용했다(도 5-11).

도 5-11 도핀 광장. 1607~10년, 최종완공 1616년. 파리. 임시극장을 설치한 광장 안쪽 모습.

처음 목적은 왕실을 과시하기 위한 것이었지만 실제 내용에서는 도시 공공성을 일정 부분 지켰다. 단순한 주택개발사업을 넘어서 파리 전체의 도시계획의 일환으로 중요성을 가졌다. 파리 심장부에 3차원 광장 공간을 형성함으로써 도시 전체의 공간을 풍성하게 만드는 효과를 냈다. 특히 앞선 왕립 광장에 더해 광장주거가 두 곳이 됨으로써, 파리 시민들은 이것을 17세기 파리를 대표하는 도시주거의 유형으로 인식하기 시작했다. 이런 인식은 유럽 전체로 퍼져나가며 17세기 이후를 주택개발사업의 시기로 만드는 전환점이 되었다. 이 과정에서 대표적인 모델 역할을 하게 되었다.

이처럼 두 곳의 광장주거는 공통점이 많았는데 특히 외관이 그랬다. 모두 단순하고 간결한 양식이었다. 붉은 벽돌을 주재료로 사용해서 검소하고 단조로웠지만 동시에 강한 통일성을 가졌다(도 5-7, 도 5-11). 벽체는 붉은 벽돌로 쌓았고 그 위에 회반죽으로 띠 장식을 더하고 모퉁이에 석재로 귀돌을 넣은 정도가 장식의 전부였다. 다락층에는 지붕창을 넣었으며 창과 지붕창은 대칭으로 배치했다. 2층과 3층의 두 중심층에는 프렌치 윈도(French window, 바닥까지 내려오는 수직으로 긴 창)를 사용했다. 프렌치 윈도는 당시로서는 새로운 어휘로 이후 17세기 바로크 주거에서 애용하는 창이 되었다.

차이도 있었는데 1층이 가장 큰 차이였다. 도핀 광장의 1층은 통상적인 도시주거 형식으로 세를 놓아 상가가 직접 도로를 접한 반면, 왕립 광장은 앞에서 얘기했듯이 아케이드 회랑으로 처리해서 도로를 직접 접한 면은 시민을 위한 보도로 사용했다. 왕립 광장에서는 이런 처리를 통해 도시 공공성을 확보함으로써 광장주거의 개발이 특정 계층을 위한 혜택이 아니라 파리 전체에 도움이 되는 것임을 알렸다. 이것이 성공하면서 광장주거가 정착하게 되자 도핀 광장에서는 건축주의 수익 창출을 위해 도시주거의 표준 구성으로 돌아갔다.

승리의 광장 주거–루이 14세의 기마상을 향하여

승리의 광장은 오로지 루이 14세를 위한 것이었다. '승리'라는 단어는 1678년의 네이메헌화약(Treaties of Nijmegen)을 기리는 의미로 들어갔다. 루이 14세가 네덜란드를 침공하면서 시작된 전쟁을 끝내는 협정이었다. 루이 14세는 이 전쟁에서 사실상 패배했지만 이를 계기로 스트라스부르를 수중에 넣는 등 북서부와 동부의 국경선을 넓히게 되었기 때문에 이를 승리로 기록하고 찬양하기 위한 목적이었다.

이 일을 벌인 것은 별난 성격의 프랑수아 드라페이야드(François de la Feuillade)였다. 그는 프랑스 해군제독이면서 페이야드의 백작과 오뷔송의 자작 등을 겸한 인물로 루이 14세의 대표적인 충신이었다. 1685년에 왕에 대한 아부의 일환으로 왕의 승리를 기리는 광장을 건설하겠다면서 나섰다. 사비를 털어 오래된 개인주택 수십 채를 사들여 철거하고 부지를 마련했다. 왕의 기마상 제작은 데자르댕(Martin Desjardins)에게 맡겼다. 이 동상을 광장 중앙에 세우려 했는데 왕이 매우 좋아하자 일단 왕에게 먼저 선사해서 환심을 산 뒤 하나를 더 만들어서 광장에 세웠다(도 5–12).

단순히 동상만 세운 것이 아니라 동상을 돋보이게 하기 위한 장치를 마련했다. 우선 광장 형태를 원형으로 만들었는데 이는 동상이 마치 원의 초점처럼 보이게 해서 중심을 강조하기 위한 것이었다(도 5–14). 지름은 39미터였다. 또한 원형광장의 네 귀퉁이에 대형 램프를 설치해서 항상 불이 타고 있게 했다. 중앙에 있는 왕의 동상은 마치 성자처럼 보였다. 이 램프는 18세기에 철거되었다. 광장 주변의 타운 하우스는 아르두앵–망사르가 설계했는데 통일성 강한 입면으로 광장을 에워쌌다. 마

도 5–12 승리의 광장(Place des Victoires). 1685년. 파리. 주변의 타운 하우스를 배경으로 서 있는 루이 14세의 기마상. 데자르댕(Martin Desjardins)의 작품이다.

치 기마상 주변으로 군사가 도열한 것 같은 분위기였다. 기마상 제막식 때에 건물은 아직 완공이 안 되어 있었는데 입면의 이런 효과를 살리기 위해 그림을 그린 벽을 세워 임시로 사용했다. 왕은 페이야드의 충성에 감동해서 광장을 통과하는 중심 도로를 드라페이야드 가(Rue de la Feuillade)로 명명했다.

1692년에는 여러 개의 도로가 새로 나면서 광장을 가르고 지나갔다. 파리 확장계획에 따라 드라페이야드 가를 필두로 비드 구세 가(Rue Vide Gousset)와 아부키르 가(Rue d'Aboukir) 등 모두 여섯 개의 길이 광장을 통과하게 되었다(도 5-13, 도 5-14). 이 때문에 처음 계획했던 원형광장의 폐쇄감은 손상되었지만 방사선 도로가 만들어지면서 기마상의 초점 기능은 오히려 더 강화되었다. 마치 루이 14세를 초점으로 삼아 사방으로 향하는 길이 뻗어나가는 형국이 된 것이다. 프랑스와 파리의 대표적인 도로체계가 방사형인데 그것이 이곳에도 구현되었다.

건축양식의 기준에서 보면 아르두앵-망사르의 타운 하우스는 17세기 고전주의를 잘 보여준다. 이는 루이 14세가 보인 예술의 두 경향인 바로크적 과장과 고전주의적 절제 가운데 후자에 해당된다. 전자는 주로 미술에서 나타났다. 루이 14세는 나이를 먹으면서 과도해진 권력을

도 5-13 승리의 광장. 1685년. 파리. 17세기 상태. 동상 뒤가 아부키르 가(Rue d'Aboukir)이다.
도 5-14 승리의 광장. 1685년. 파리. 공중 전경. 지름 39미터의 원형광장을 보여준다.

과시하고 싶어 하는 욕망을 분출하는 통로로 미술을 적극 활용했고 바로크적 과장을 즐겼다. 루이 14세 개인적으로도 건축보다는 미술에 더 관심이 많았기 때문에 미술에서의 바로크적 과장은 왕의 개인적 성격과 잘 맞았다.

반면 건축은 민간 쪽에서 신구논쟁 등이 벌어지면서 신고전주의를 향한 새로운 기운이 생겨나고 있었을 뿐 아니라, 왕 개인도 건축 일은 대부분 아르두앵-망사르에게 일임했다. 아르두앵-망사르의 개인 성향 역시 과도한 바로크보다는 고전주의의 절제 경향을 보였다. 루이 14세의 건축은 자연스럽게 미술에서의 바로크적 과장에 제동을 거는 지렛대 역할을 하면서 절제적인 고전주의로 진행되었다. 공공건축에서는 앵발리드 돔과 베르사유 궁전 왕립예배당 등이 대표적인 예였다. 주거건축에서는 아르두앵-망사르가 디자인을 맡은 승리의 광장과 방돔 광장 두 곳이 프랑스 바로크 건축에의 고전주의 개입을 보여주는 좋은 예이다.

도 5-15 승리의 광장. 1685년. 파리. 현재 모습.
도 5-16 승리의 광장. 1685년. 파리. 광장주거 타운 하우스의 입면.

승리의 광장에서는 1층의 아케이드를 기단으로 삼아 2층과 3층의 중심층을 가로지르는 자이언트 오더를 사용했다(도 5-15, 도 5-16). 이는 거의 16세기 르네상스 고전주의에 근접한 정도의 절제된 표준 구성이었다. 팔라디오의 어휘를 연상시키는 장면인데, 상징적 목적도 있었다. 만약 자이언트 오더가 집주인인 귀족을 상징한다면 이 구도는 귀족들이 중앙의 루이 14세를 우러러보며 도열해 있는 것이 된다. 바로크의 특징이라곤 다락층에 난 지붕창의 상인방 윤곽을 두 종류의 부드러운 곡선으로 만든 것이 전부였다. 지붕은 망사르 루프로 처리했지만 옆으로 길게 이어졌기 때문에 바로크의 비정형성보다는 아래쪽의 고전주의 분위기에 더 근접했다.

방돔 광장 주거–루이 14세를 황제로

방돔 광장은 루이 14세 후반부의 어려운 재정상황을 잘 보여주는 예이다. 여러 번의 전쟁을 통해 왕실 재정은 거의 바닥을 드러냈다. 프러시아와의 전쟁 때에는 전비를 마련하기 위해 루이 14세의 황금 가구들을 팔아야 하는 지경에 이를 정도였다. 전쟁을 통해 루이 14세의 권력이 공고히 다져진 측면은 있었지만 그것과 재정상태는 별개의 문제였다. 어려운 재정상태는 공공사업에도 차질을 가져왔다. 방돔 광장을 개발하면서 1층의 아케이드에 왕립도서관과 각종 아카데미를 넣을 계획이었는데 예산부족으로 실행할 수 없게 된 것이다.

부지는 원래 방돔 백작이 소유하고 있던 방돔 오텔이 있던 자리였다. 백작이 1685년에 파산하면서 루이 14세는 이곳을 사들여 공공광장으로 개발하고자 했다. 이것이 무산되면서 1698년에 용도를 타운 하우스 개발로 변경했다. 완전히 개방된 진짜 광장보다는 못하지만 그래도 광장의 성격을 일정 부분 지키면서 타운 하우스를 분양함으로써 재정수입을 올릴 수 있었다. 이렇게 어려운 재정상황 아래에서도 광장의 디자인은 루이 14세를 찬양하는 구도로 짰다. 1층의 아케이드를 취소하고 전 층을 타운 하우스로 개발했다. 디자인 과정이 특이했다. 전 층의 정면을 아르두앵–망사르의 설계로 먼저 결정해버린 뒤 그 뒤의 필지를 분양한 것이다. 그 대신 필지 소유주는 분양받은 부지 및 건물 실내를 마음대로 설계할 수 있었다.

전체 구성과 특징은 승리의 광장과 비슷해졌다. 앙리 4세가 개발한 두 광장주거가 비슷해진 것과 같았다. 최종 상태는 모서리를 사선으로 따 낸 정사각형 광장이 되었고 중앙의 초점 자리에는 지라르동(François Girardon)이 제작한 루이 14세의 기마상을 세웠다(도 5–17). 모서리를 따냈기 때문에 중심 초점을 향한 집중이 강화되었다. 이는 원형광장 중앙의 초점 자리에 기마상을 세운 승리의 광장과 같은 구도였다. 마주보는

도 5-17 방돔 광장(Place Vendome). 1698~1720년. 파리.
도 5-18 방돔 광장. 1698~1720년. 파리. 현재 모습.

두 변의 중앙에 진입 통로가 나면서 중심축을 형성했다.

루이 14세의 기마상은 프랑스대혁명 때 철거되고 현재는 로마 황제 트라야누스의 승전기둥을 모방한 높은 청동 기둥 위에 나폴레옹의 조각상이 서 있다(도 5-18). 나폴레옹의 '위대한 군대(Grande Armeé)'가 아우스터리츠(Austerlitz) 전투에서 러시아-오스트리아 연합군에 승리한 것을 기념해서 만든 것이다. 청동은 전리품으로 쟁취한 대포를 녹여서 조달했다. 나폴레옹을 로마의 트라야누스 황제에 비유하는 이런 기념비를 굳이 이 광장에 세운 이유는 이곳이 파리 시내에서는 그만큼 절대권력을 상징하는 대표성을 갖기 때문이었다. 실제로도 루이 14세와 나폴레옹은 프랑스 역사 전체를 통틀어 가장 강력한 정치 지도자의 양대 산맥을 이룬다. 두 사람은 여러 면에서 비교가 많이 되는데 광장의 중심에 동상을 세워서 자신을 찬양하는 방식도 앞뒤로 이어졌다.

중심의 조각상을 둘러싼 상징 구도의 처리도 비슷했다. 아르두앵-망사르가 설계한 타운 하우스의 입면은 이번에도 2층과 3층을 가로지르는 자이언트 오더 열로 처리하는 등 전체적인 분위기가 승리의 광장에 들어선 타운 하우스와 비슷했다(도 5-19). 이것의 상징 구도 역시 마찬가지였다. 서양건축에서는 흔히 2개 층을 가로지르는 자이언트 오더를 건축주나 건물주인의 권위를 상징하는 것으로 사용한다. 단층짜리 표준 오더로는 부족하다고 느낄 때 사용하는 것이다.

도 5-19 방돔 광장. 1698~1720년. 파리. 광장주거 타운 하우스의 입면.

이런 관점에서 보면 이곳의 자이언트 오더 역시 집주인들인 귀족의 권위를 상징하는 것이 된다. 하지만 이런 권위는 더 높은 주인을 섬기는 하부 요소일 뿐이다. 자이언트 오더는 중앙의 루이 14세 동상을 초점 삼아 주위를 빙 돌아가며 도열하고 있다. 결과적으로 집 안에서 창을 통해 바깥 경치를 보려면 중앙 초점의 루이 14세 동상을 매일 봐야 하는 구도였다. 왕을 중심으로 도열해서 충성을 맹세하는 구도인 것이다. 이는 귀족들이 루이 14세를 세계의 중심으로 떠받드는 것과 같은 구도이다.

도 5-20 방돔 광장. 1698~1720년. 파리. 광장주거 타운 하우스 가운데 하나로 지어진 쌍둥이 오텔. 왼쪽이 크로차 오텔(Hôtel Crozat, 1702). 오른쪽이 에브뢰 오텔(Hôtel d'Evreux, 1707). 둘 모두 뷜레(Pierre Bullet)의 작품이다.

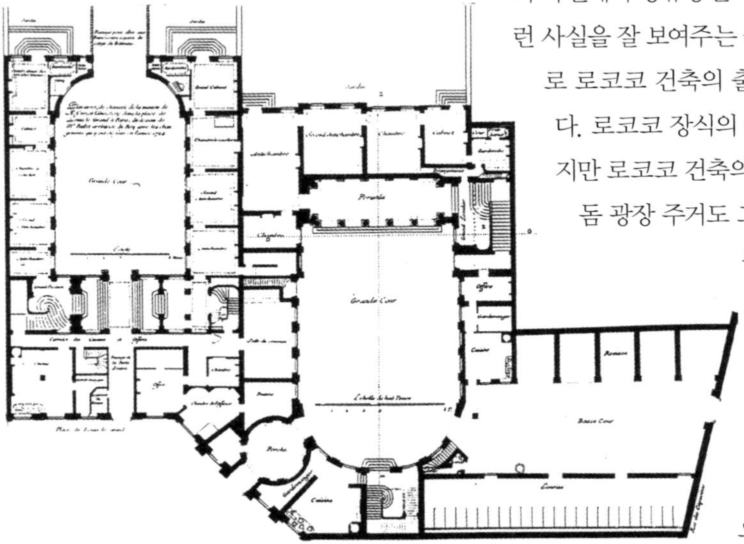

방돔 광장 주거는 이처럼 왕에서 건축가와 건축주에 이르기까지 여러 차원에서 상류층을 위한 부동산 개발이었는데 이런 사실을 잘 보여주는 좋은 증거가 하나 더 있다. 바로 로코코 건축의 출발점이 된 곳이라는 사실이다. 로코코 장식의 출발점은 베르사유 궁전이었지만 로코코 건축의 출발점은 파리 시내였다. 방돔 광장 주거도 그중 하나인데 이곳에 들어선 두 오텔인 크로차 오텔(Hôtel Crozat, 1702)과 에브뢰 오텔(Hôtel d'Evreux, 1707)이 그곳이었다.

두 오텔은 나란히 붙어 있는데 둘을 합하면 요즘 식으로 2세대를 위한 쌍둥이 주택이었다. 대형 금융업자였던 크로차 1세가 방돔 광장의 모서리 부분에 필지 두 개를 구입한 뒤 자신의 주택으로 크로차 오텔을 짓고 사위의 주택으로 에브뢰 오텔을 지었다(도 5-20). 설계는 당대 대표적 건축가였던 뷜레(Pierre Bullet)에게 맡겼다. 두 주택은 자유로운 평면 구성과 화려한 실내장식 등 로코코 건축의 특징을 잘 보여주는 대표작이었다.

이외에도 광장 내 또 다른 오텔이었던 부르발레 오텔(Hôtel de Bourvallais, 1717년경)의 그랜드 살롱은 로코코 장식으로 유명한 곳이다. 이 살롱은 섭정기(1715~23) 때의 전형적인 로코코 실내장식을 보여준다. 로코코 양식은 흔히 상류층의 화려한 실내장식으로 유명한데 이것을 대표하는 작품들이 방돔 광장 주거에 세 채나 몰려 있다는 사실은 이곳의 성격과 개발 목적을 잘 말해준다.

광장주거의 양면-도시 공공성 vs. 상류층의 부동산 개발

루이 14세 때 개발한 광장주거는 이처럼 도시 공공성보다는 왕을 찬양하는 목적이 우선이었다. 이런 사실은 17세기 초에 앙리 4세가 개발했던 광장주거가 공공성에 많은 비중을 뒀던 것과 비교해보면 확실해진다. 앙리 4세의 광장은 시민들의 사용 빈도가 높은 공적 공간이었던 데 반해 루이 14세의 광장은 왕을 찬양하기 위한, 심지어 루이 14세를 황제로 끌어올리기 위한 사적 공간의 성격이었다. 이런 사실은 광장이 그의 동상을 놓기 위한 배경 장소로 사용된 데에서 잘 알 수 있다. 이런 점에서 승리의 광장 주거와 방돔 광장 주거는 실질적인 주거 목적보다는 극적 효과를 위한 무대장치에 가까웠으며 기본 성격이 로마의 성 베드로 광장과 비슷했다. 이런 효과는 보통 대형 공공기념비를 많이 사용하는데 여기에서는 광장주거라는 도시주거를 이용한 것이다.

광장을 에워싸는 타운 하우스에 입주한 사람들도 마찬가지였다. 앙리 4세 때에는 전문성으로 무장한 신흥부르주아와 법복귀족이 주요 건축주였던 데 반해, 루이 14세 때에는 최상류층의 부자, 거만하기 이를 데 없는 대형 금융업자, 대형 귀족 등이었다. 이들이 루이 14세의 뜻을 받들어 필지를 구입해서 광장 주변에 자신들의 오텔을 돌아가며 세운 것이었다. 건축형식도 마찬가지였다. 앙리 4세 때에는 중간 등급의 타운하우스였던 것이 루이 14세 때에는 고급 오텔이 되었다. 개인주택이었던 오텔이 공동주거 형식으로 일렬로 늘어선 것에 가까웠다. 외관 재료도 검소한 벽돌에서 화려한 석재로 바뀌었다. 이에 따라 앙리 4세 때에는 기둥이 없었는데 루이 14세 때에는 무려 자이언트 오더로 두 단계나 껑충 뛰어올랐다.

방돔 광장 주거는 개발과정도 유별났다. 주거단지로 개발해서 분양하기로 결정한 다음 최상류층을 타깃으로 삼음에 따라 이들의 허영심을 만족시킬 방안을 강구했다. 1701년에 광장을 에워싸는 벽체를 먼저 세워서 아르두앵-망사르가 도심을 향한 정면을 디자인한 뒤 그 뒤쪽의 필지를 분양하기 시작한 것이다. 정면 벽체만 먼저 세운 뒤 그 디자인을 보고 필지를 사라는 매우 이례적인 개발방식이었다. 아르두앵-망사르가 입면에 자이언트 오더를 세우고 재료도 벽돌이 아닌 화강석을 사용한 것은 이런 목적을 만족시키기 위한 측면이 컸다. 요즘으로 치면 견본주택을 현장에 직접 세운 것이었는데 그것이 제대로 된 집이 아니라 입면 외관만 보여주는 벽체였던 것이다.

결국 두 왕의 통치형식을 반영한 차이였다. 앙리 4세는 광장주거의 개발을 자신의 개혁운동의 일환으로 보았다. 또한 스스로 건축에 관심이 많았고 건축 자체를 즐겼다. 왕이나 황제가 뛰어난 건축적 자질을 보이며 스스로 건축가를 겸한 경우가 종종 있는데 앙리 4세 역시 그중 한 명이었다. 자신이 벌인 대부분의 건축사업을 직접 설계, 감독하면서 웬만한 건축가의 이름은 왕의 명성에 가려버릴 정도였다. 앙리 4세 때 건축활동이 많았음에도 건축가의 이름이 눈에 잘 띄지 않는 이유이다. 앙리 4세에게 개발사업은 크게 보면 공공성의 확보를 통해 프랑스를 개혁한 그의 치적의 핵심을 차지했다. 개인적으로 좁혀 보면 왕 개인의 창작행위 같은 것이었다.

루이 14세도 예술 전반에 대한 조예가 깊긴 했지만 스스로 즐기거나 창작을 하지는 않았다. 건축보다는 미술에 관심이 더 많았으며 그나마 건축과 미술 모두 자신을 찬양하고 권력을 과시하며 다지는 수단으로 활용했다. 건축은 왕실 수석건축가였던 아르두앵-망사르에게 일임했다. 자신을 찬양하고 자신의 권위를 드높이는 큰 방향만 만족되면 흡족해했다. 물론 대형 공공건물을 세우는 등 루이 14세 역시 공공 성격의 건축사업에서 적지 않은 업적을 남긴 것은 사실이었지만 광장주거의 개발은 앞에서 보았듯이 사심이 많이 개입된 사적 영역에 머물렀다.

광장주거를 거치면서 파리의 도시주거 개발에 큰 변화가 일어났다. 건축법규의 측면에서 봤을 때 광장주거는 당시로서는 획기적이며 혁명적인 발상이었다. 프랑스 정부 법령은 원래 광장 같은 도시 내 개방 용지 위에 건물을 짓지 못하도록 금지하고 있었다. 광장주거는 앙리 4세 때부터 왕이 직접 나서서 시행한 것이었기 때문에 이것을 피해갈 수 있었다. 왕립 광장은 이전의 왕궁 자리에 개발한 것이었기 때문에 이 법령에 어긋나지 않았지만 도핀 광장은 당시 법령에 의하면 주택을 지을 수 없는 것이었다. 하지만 왕이 직접 개발을 추진했기 때문에 가능했다.

이 족쇄를 완전히 푼 것이 방돔 광장 주거였다. 그 주역은 방돔 백작이었다. 그의 부와 권력은 주로 토지에 집중되었는데 이런 금지 법령 때문에 매우 가난해져 있었고 이를 탈피하기 위해 정부의 관심을 끄는 제안을 한 가지 했다. 자신의 오텔 위에 왕을 찬양하고 기리는 동상을 세워서 기념비적 장소로 만들겠다는 것이었다. 루이 14세는 이 제안을 받아들여 앞에 설명한 것과 같은 과정을 거쳐 광장주거를 개발했으며 이 일을 추진했던 방돔 백작의 뜻을 기특하게 여겨 '방돔'이라는 이름을 붙였다.

이때 왕의 동상이 기념비적 효과를 내기 위해서는 사면이 막힌 광장이 되어야 했고 이 과정에서 위의 금지 법령은 자연스럽게 폐지되었다. 이후 이것을 본받아 몇몇 귀족들이 비슷한 사업을 벌이면서 18세기에 이들의 중요한 부동산 개발사업이 되었다. 더 나아가 이런 식의 광장주거는 파리 내부는 물론이고 리옹, 런던, 비엔나, 베를린 등 유럽의 대도시에서 18~19세기에 유행하게 된다. 다음에 나올 18세기 말 영국 바스의 광장주거 개발사업과 19세기 런던의 리젠트 스트리트 개발사업이 대표적인 예였다.

2

19세기 파리 부르주아와 아파트

아파트의 역사와 19세기 파리

아파트는 도시 내 다층-다세대 임대용 공동주택을 의미한다. 원어로는 아파트먼트 하우스 혹은 아파트먼트 빌딩이다. 앞에 나왔던 '단위 아파트먼트'를 기본 단위로 삼아 이것을 수평-수직 양방향으로 증식, 군집시켜 구성한 다세대용 공동주택이라는 뜻이다. 프랑스어권에서 먼저 만들어진 명칭인데 요즘은 영어권은 물론 전 세계적으로 통용된다. 영어권에서는 처음에 프랑스어권의 명칭에 대항해서 '다층-다세대 플래츠(multi-stories, multi-family flats)'라는 자신들만의 명칭을 만들었다. 줄여서 플래츠라고 하기도 하는데 일부 영어권에서는 아직도 '아파트' 대신 '플래츠'를 사용하기도 한다. 현대 영어에서는 '아파트먼트'를 사용할 경우, 뒤에 붙는 '하우스'나 '빌딩'을 생략하는 대신 '아파트먼트'를 복수형으로 만들어서 'apartments'라고 하기도 한다.

위치는 반드시 도시 내에 위치하라는 법은 없지만 상식적으로 보았을 때 19세기까지만 해도 도시 밖에 다층 공동주택을 짓는 일은 거의 없었기 때문에 통상적으로 도시주거 가운데 공동주택을 대표하는 형식으로 통용된다. 현대 한국의 주도적인 주거 형식이 된 아파트도 이것의 준말이다. 하지만 결정적인 차이가 있는데 서양의 아파트는 모두 임대용이었다. 여기에서는 한국 현실에 맞춰 '아파트'라고 부르고자 한다.

아파트의 역사는 도시의 역사와 함께했다. 처음 등장은 그리스의 시노키아까지 거슬러 올라가며 로마의 인슐라에서 도시주거의 대표 형식 가운데 하나로 자리 잡았다. 상대적으로 대도시가 적었던 중세 때 잠시 주춤하다가 도시가 커지기 시작하는 르네상스 때부터 다시 활성화되었다. 하지만 이때까지의 공동주택은 엄밀한 의미에서 아파트라고 하기 힘들 수도 있다. 아파트의 조건 가운데 '다층'은 만족했지만 '다세대'가 아닌 경우도 많았기 때문이다. 집주인이 1층을 상가로 세놓고 자신이 2~3층을 모두 사용하는 식이었다. 혹은 부유한 도시상공인의 경우 1층을 자신의 상가나 작업장으로 사용하고 그 위층을 주거로 사용했다.

'다층-다세대 공동주택'의 조건을 만족시키는 도시주거 유형이 본격적으로 등장하기 시작한 것은 보통 17세기 루이 14세 때로 얘기된다. 이 시기의 예는 현재 남아 있는 것은 없지만 기록에 의하면 1층 상가 위에 3개 층을 다세대 주거로 사용하는 건물이 많이 지어진 것으로 전한다. 이때에도 처음에는 그 이전처럼 한 세대가 모두 사용했으나 점차 평면이나 층을 나누어 플래츠 형식으로 여러 세대에게 임대하기 시작하면서 근대적 아파트의 효시를 이루었다.

이 유형은 18세기로 넘어오면서 발전하기 시작했다. 루이 15세 때인 1715~30년 사이에 건축가 다일리(Victor-Thierry Dailly)가 생제르맹데프레 지역에 이와 비슷한 유형들을 지어서 성공적으로 분양한 기록이 남아 있다. 이를 계기로 근대적 대도시의 초기 확장이 일어나던 18세기를 거치며 꾸준히 성장한 뒤, 19세기 일부 도시에서 산업혁명 이후를 대표하는 도시주거 유형으로 전성기를 누렸다.

대표적인 도시가 파리였다. 파리에서는 18세기 초부터 아파트가 등장하기 시작했으며 1820년경부터 그 수가 늘기 시작했다. 1840년경부터는 아파트 건설이 부르주아의 주요 투자대상이 되면서 대규모 산업으로 자리 잡았다. 이후 1850~60년대의 오스망 재개발을 거친 뒤 파리의 아파트는 새로 닦은 넓은 불바르(boulevard, 대로)를 따라 최고의 전성기를 구가했다. 기본 성격은 그리스-로마 시대 때 정해진 임대형 공동주택을 계속 유지했다. 대부분의 19세기 파리 아파트는 소유–관리 형식을 기준으로 했을 때 임대용 주택(maisons-à-loyer=rental houses)이었다. 이런 점에서 분양을 거쳐 집을 소유하게 되는 광장주거와 달랐다. 1층은 상가로 세를 놓았고 2층부터 주거가 들어갔다.

층수는 보통 5~8층이었다. 19세기 파리의 고도제한이 가장 긴 시간 동안 20미터를 유지했기 때문에 6층이 가장 많았다. 초창기에는 5층이 많았으며, 시간이 흐르면서 부동산 투자에 따른 이윤 창출의 압박이 커짐에 따라 20미터를 꽉 채우면서 6층에서 최대 8층까지 올라갔다. 바로크 광장주거의 타운 하우스보다 높아진 것인데 인구 증가 등 시간의 흐름을 반영한 것이기도 하거니와 부르주아의 투자가 바탕이 되었기 때문에 수익 보장을 위해서는 높아질 수밖에 없었다. 주택 부족이 심각했기 때문에 고도제한만 없었으면 가능한 한 높이 지을수록 좋았다. 계단을 오르내리는 수고는 19세기 중반 이후 엘리베이터가 도입되면서 해결되었다. 실제로 6~8층으로 높아진 것도 엘리베이터 발명 뒤였다.

이처럼 아파트는 19세기 파리를 대표하는 도시주거로 지금의 서울에 못지않은 높은 점유율을 자랑하며 전성기를 누렸다. 그 배경과 이유는 일면 단순해 보인다. 근대적 대도시 속에서 아파트는 전 세계적으로 가장 보편적인 도시주거이기 때문에 파리라고 해서 특별한 것은 없어 보인다. 그러나 파리만의 아파트가 갖는 독특한 특징이 있다. 거의가 석재로 외관을 마감했으며 높이가 6~8층을 넘지 않는다는 것이다. 심지어 19세기 말에서 20세기에 지어진 것들도 그러한데 이는 19세기 때의 아파트 모델이 계속 이어지기 때문이다. 영국이나 미국의 대도시에서는 이미 19세기 후반부면 철물로 지은 아파트가 등장하는 것과 다른 점이다.

이런 현상 뒤에는 19세기 파리 아파트만의 다양한 배경이 숨어 있다. 그 내용은 인구 증가, 파리의 도시주거 전통, 파리의 19세기 도시상황, 도시 공간과 '스펙터클의 상품화', 방사선 도로와 아파트 입면, 도시와의 연관성 전통, 투명성의 미학과 계급분리, 근대성의 상징과 새로운 도시적 가치, 부동산 투자와 '신뢰의 주택' 등 아홉 가지 주제로 요약할 수 있다. 또한 이 모든 배경과 주제의 뒤를 관통하는 주체로 부르주아가 있었다. 19세기 파리 부르주아는 부동산 개발로 시작된 아파트에 이런 다양한 목적과 주제를 더함으로써 풍성한 논쟁거리를 만들어냈다. 이 아홉 가지 주제에 대해서 살펴보자.

인구 증가와 아파트의 전성시대

인구 증가는 가장 직접적이고 일차적인 배경이었다. 이미 서기 1~2세기 때 로마에서 보았듯이, 도시가 과밀해지면 도시주거는 수직으로 높아질 수밖에 없다는 사실은 설명이 필요 없는 상식이다. 파리 인구는 1798년에 64만 504명에서 1881년에는 234만 4,550명으로 증가했다(도 5-21, 도 5-22). 83년 동안에 3.7배가 늘어난 것이다. 17세기에 세운 파리 성곽은 프랑스 대혁명과 산업화기를 거치며 철거되었지만 19세기 중반까지도 105만 4,000명의 파리시민들이 여전히 좁은 도심 안에 과밀상태로 살고 있었다(도 5-23).

이에 따른 주택 문제를 다층-다세대 공동주택으로 지어서 해결하려 한 것은 당연한 일이었다. 1817년에 있었던 조사에 따르면 19세기 초인 이때에 이미 22만 4,922세대가 2만 6,751채의 주거용 건물에 살고 있었다. 파리 전체를 보았을 때 8세대가 건물 한 채 안에 같이 사는 것이었다. 1881년에도 상황은 비슷해서 주거용 건물이 7만 6,000채로 늘었지만 인구는 더 늘었기 때문에 건물 한 채당 31명이 살았다. 그만큼 19세기 초부터 시작해서 19세기 내내 공동주거가 지속적으로 발달했다는 뜻이었다.

이런 상황에서 파리 시내의 주택 문제는 급속도로 나빠졌다. 개인주택인 오텔에 사는 일부 대형 부르주아와 귀족을 제외한 나머지 계층은 각자 형편에 따라 새로운 주택이 절실하게 필요해졌다. 인구 요소가 배제된 상태에서 상류층 중심으로 진행되어 오던 이전의 주거건축과 완전히 다른 상황이 발생

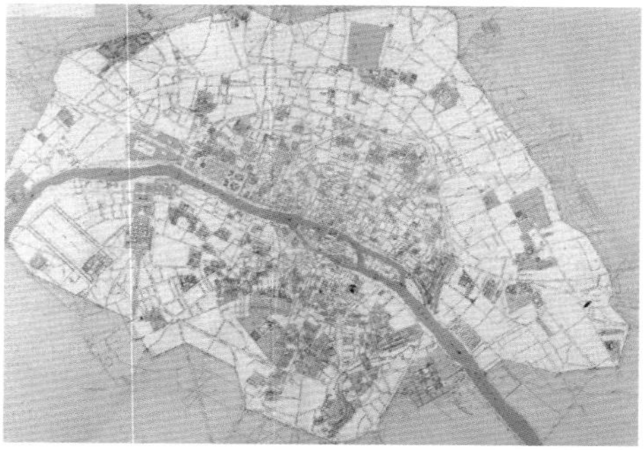

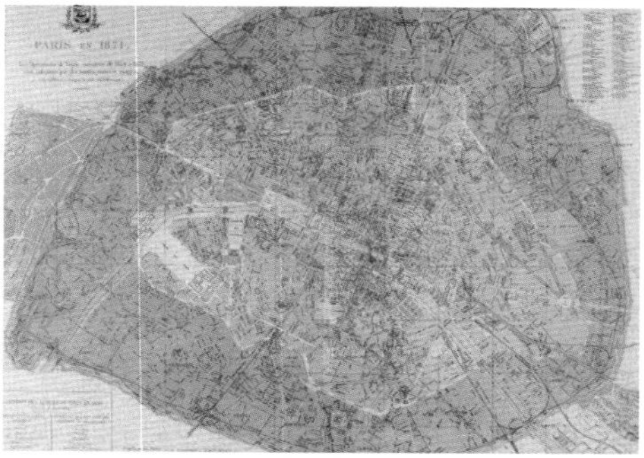

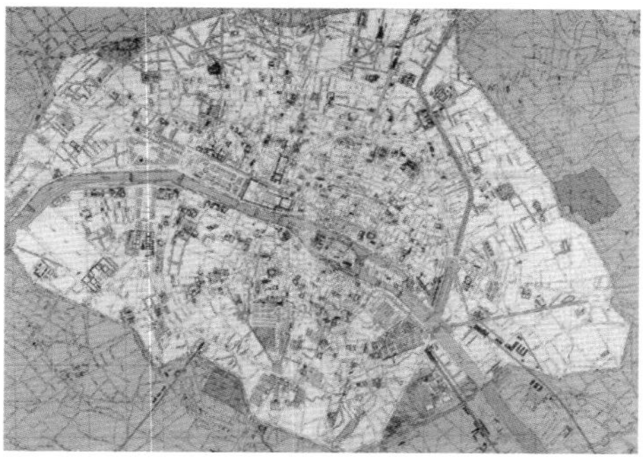

도 5-21 파리의 1789년 도로체계.
도 5-22 파리의 1871년 도로체계.
도 5-23 파리의 1854년 도로체계.

한 것이다. 가장 절실한 계층은 중산층과 신흥부르주아였다. 이전의 오래된 도시주거에 살아오던 중산층의 주거환경은 날이 갈수록 열악해져 갔다. 1층을 상가로 세놓은 뒤 2층과 3층의 좁은 면적에 주인의 주거가 들어갔고 4층이나 다락층은 다시 가난한 도시상공인의 주거로 세놓았다. 건물 전체로 보면 중산층 집주인 가족과 1층의 상인 가족과 4층의 상공인 가족 등이 뒤섞여 사는 열악한 조건이었다.

도 5-24 세바스토폴 가(Boulevard de Sébastopol)의 아파트. 롤랑(François Rolland)의 설계. 1860년경.
도 5-25 오페라 가(Avenue de l'Opera) 전경. 1850년대 후반 피오릴로(Fiorillo)가 찍은 사진이다.
도 5-26 카스틸리오네 가(Rue de Castiglione) 완공 당시 모습. 카넬라(Giuseppe Canella)의 그림이다.

신흥부르주아는 경제적 형편은 이보다 좋았지만 자신들의 수준에 맞는 새로운 도시주거가 필요하긴 마찬가지였다. 이들에게 오텔은 경제적으로도 부담이었으려니와 계급 정체성에도 맞지 않았다. 산업혁명 이전의 전통 이미지가 너무 강하게 남아 있었기 때문이었다. 새 시대의 새 주인임을 자처하던 신흥부르주아들은 이에 맞는 자신들만의 새로운 도시주거를 찾게 되었다. 순수하게 기능적으로 보더라도 오스망 재개발 이후 대로 중심으로 재편된 근대적 대도시의 도시구조와 맞지 않았다.

이처럼 19세기 파리의 다수를 차지하던 중산층, 도시상공인, 신흥부르주아 등 모든 계층이 새로운 도시주거를 절실히 원하고 있었다. 19세기 파리의 아파트는 이런 요구를 만족시키기 위해 탄생한 새로운 도시주거로(도 5-24), 등장하자마자 급속도로 확산되었다. 대부분 임대용이었으며 수준은 다양했는데 당시에는 임대료를 기준으로 1등급, 2등급, 3등급의 세 종류로 나누는 것이 보통이었다. 3등급이 중산층을 위한 것이었으며 1, 2등급은 신흥부르주아를 위한 고급형이었다. 특히 오스망 재개발 이후 대로를 따라 들어선 아파트들은 고급형이 주를 이루었다(도 5-25, 도 5-26). 이후 벨에포크(Belle Époque, 1871~1914)를 거치면서 이런 현상은 계속되어서 네오 바로크와 아르누보 양식으로 지은 화려하고 웅장한 부유층 아파트가 대세를 유지했다.

파리의 도시주거 전통

물론 인구 증가에 대처하는 주거건축의 방향을 놓고 이견도 있었다. 엔지니어 겸 건축 저널리스트였던 달리(Cesar Daly)는 (아마도 런던을 모델로 삼아) 파리에서도 중산층이 대거 교외로 탈출할 것이라고 예상했다. 반드시 런던만이 모델이 된 것은 아니었고 어느 시대 어느 나라이건 대도시 내부가 과밀해지면 인근 교외를 주거단지로 개발하는 것은 당연한 현상이다. 대도시와 교외는 하나의 세트처럼 함께 성장하는 것이 통례이다.

실제로 이와 비슷한 현상이 잠시 일어나기도 했다. 파리의 지속적인 확장에 따른 현상이었다. 17세기에 쌓은 안쪽 성곽 밖으로 18세기에 관세 성곽을 쌓아 1850년까지 파리의 도시경계를 이루었다. 1860년에 다시 그 밖으로 19세기 성곽을 한 번 더 쌓으면서 파리의 도시경계는 계속 확장되었다(도 5-27). 관세 성곽과 19세기 성곽 사이의 지역은 당시에는 대부분 농지였는데 파리 부르주아들은 벌써 이곳에 여름 빌라를 짓기 시작했다. 교외로의 탈출을 신봉했던 달리는 파리 부르주아들이 짓던 빌라들의 평면과 입면을 자신이 운영하던 잡지에 수록하면서 이 건물들이 파리의 교외운동을 선도하는 진보적인 선구자라며 극찬했다. 하지만 그 수가 매우 적었을 뿐 아니라 용도도 주말이나 여름 별장으로만 사용했을 뿐 정식 주거가 되지는 못했다.

결과적으로 유독 파리에서만은 유의미한 교외운동이 거의 일어나지 않았다. 머지않아 19세기 성곽마저 뛰쳐나가 교외 주택 붐이 일 것이라고 내다봤던 달리의 예상이 보기 좋게 빗나간 것이다. 파리시민들은 꼼짝 않고 시내에 머물렀고 시내의 과밀은 더욱 심해졌다. 당시 파리의 비즈니스 구역

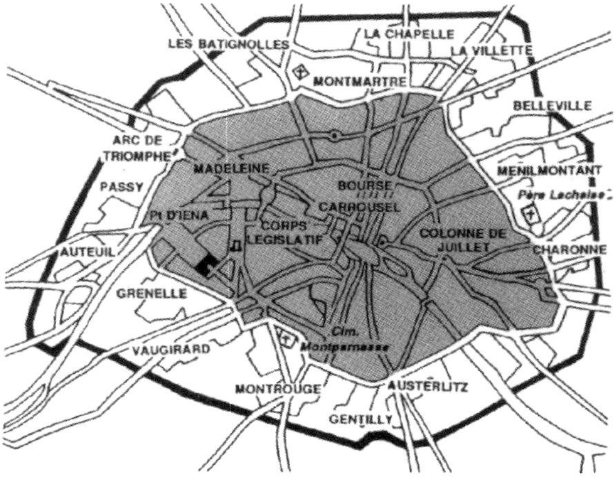

도 5-27 19세기 후반 파리. 중앙의 회색은 1860년의 파리를, 그 주변의 흰색은 1860년 이후 확장된 부분을 각각 나타낸다.

도 5-28 부아 드 불로뉴 가(Avenue du Bois de Boulogne). 19세기 말 우편엽서에 실린 모습.

이었던 우안 일대의 인구밀도는 런던에서 가장 붐비는 지역의 두 배였고 1930년대 뉴욕의 로어 이스트 사이드(Lower East Side)보다도 과밀했다.

파리에서 교외운동이 일어나지 않은 이유에 대해서는 여러 설이 있다. 철도처럼 파리 시내와 교외를 연결하는 교통수단이 상대적으로 런던보다 늦게 갖추어지고 부족했기 때문이라는 주장도 그중 하나이다. 산업혁명이 늦었기 때문에 나타난 당연한 현상이었다. 프랑스의 산업혁명은 보통 영국보다 70여 년 늦은 1830년대부터 시작한 것으로 애기된다. 하지만 철도가 늦어서 파리에 교외운동이 일어나지 않았다는 주장은 사실과 다르다. 파리가 철도에서는 런던보다 늦은 것이 사실이었지만 런던에는 없던 놀랄 만큼 효율적인 승합마차 시스템을 갖추고 있었다(도 5-28). 런던도 이 방식만은 프랑스 기술자를 초청해서 파리를 모델로 삼아 개발했을 정도였다. 여기에 늦긴 했지만 나중에 증기기관차마저 투입하면서 파리 시내와 교외는 대부분 30분 정도면 오갈 수 있었다. 결국 이런 기능적 이유만으로는 충분한 설명이 될 수 없으며 다른 사회적 배경이 있다는 뜻이다.

그것은 주거를 바라보는 프랑스의 오랜 전통이다. 주거를 철저하게 개인의 사적 영역으로 보는 영국과 달리, 프랑스에서는 주변과 공적 성격을 공유하는 복합체로 보는 전통이 강했다. 이 때문에 르네상스 이후 프랑스에서는 도시주거인 오텔이 교외주거인 성채보다 훨씬 발달했다. 주변과 공적 성격을 공유하기 위해서는 교외보다 도시 속이 더 맞았기 때문이다. 영국에서 주거의 프라이버시를 보호하기 위해 타운 하우스보다 컨트리 하우스가 발달했던 것과 반대되는 현상이다. 다만 앞의 르네상스 오텔에서 보았듯이 프랑스에서도 이런 도시주거 전통의 와중에서 막상 실내생활에서는 프라이버시를 보호하는 등의 '안락함'이나 '편리함'

을 지키려는 욕구는 매우 강했다. 다만 주거의 입지나 위치라는 문제에서만은 도시 내부를 선호했다는 뜻이다.

수도를 향한 중앙 집중의 정도도 또 다른 중요한 요인이었다. 프랑스는 영국보다 더, 그리고 유럽 내 모든 나라들 가운데 수도 파리로의 중앙 집중이 가장 강한 나라였다. 이 때문에 위와 같은 도시주거의 발달은 대부분 파리에 집중되었고 이것이 곧 프랑스의 주거문화를 대표하는 현상으로 굳어졌다. 결국 19세기의 인구 증가라는 새로운 상황이 파리의 도시주거 전통이라는 이전의 상황과 충돌하게 된 것이다. 인구 증가에 따른 과밀의 불편함을 피하기 위해서는 런던처럼 교외로 나가 살아야 했는데 파리에서는 이것을 거부하고 도시 내부에 사는 전통이 이긴 것이다.

이런 배경 아래 신흥부르주아가 주도한 새로운 도시주거는 파리 자체의 확장을 가져오는 결과를 낳았다. 오스망 재개발 이전과 이후로 나눌 수 있는데, 이전에는 쇼스 당탱(Chaussee d'Antin)이 대표적인 지역이었다. 1840년대 동안 프랑스의 부유한 부르주아를 대표하는 대형 상인과 은행가들은 복잡한 도심을 떠나기 시작했지만 교외에 빌라를 지으며 정착하지 않았다. 그 대신 당시 파리 도심을 조금 벗어난 쇼스 당탱에 간선도로를 따라 아파트를 지으며 자신들만의 새로운 주거 영역을 형성했다(도 5–29).

당시에는 파리의 북서쪽 경계선 안쪽에 있던 우안에 속하는 지역이었고 오스망 재개발 이후에는 라파예트 등 백화점 밀집지역이 된 곳이었다. 비록 교외는 아니었지만 교외주거의 역할을 대신하면서 프라이버시

도 5–29 쇼스 당탱 가 21번지 아파트. 메스나르(Paul Mesnard) 설계. 부지 크기 80m×32m.

와 계급 정체성을 위한 지역분리 등의 조건을 도시 내에서 만족시켜주었다. 영국을 기준으로 하면 이 정도면 프라이버시 보호가 충분하지 않았겠지만 파리의 도시주거 전통에서는 충분했다. 파리 부르주아는 인구 증가에 따른 과밀이라는 열악한 상황을 피해가는 해결책을 오래된 전통인 도시연대의 틀 속에서 찾은 것이다.

파리의 19세기 도시상황

쇼스 당탱에 들어선 새로운 부르주아 주거의 대표적인 형식은 아파트였다. 도시 내 공동주거이긴 했지만 이전의 오래된 구역에 짓던 비좁고 미로 같은 전통적인 공동주거와는 달랐다. 다층 공동주거라는 사실을 빼면 실내 구성과 외관 디자인 등 모든 면에서 공통점이 하나도 없는 새로운 유형이었다. 건축 구성의 모델로 삼은 것은 오히려 귀족들의 전통적인 개인주택이었던 오텔이나 궁전이었다. 구체적인 선례로는 팔레 후아이얄(Palais Royal) 일대의 예들이 가장 각광받는 모델이었다.

이 일대에는 팔레 후아이얄을 모델로 삼아 이 건물 뒤에 아파트가 들어서 있었는데 둘을 묶은 이 지역이 선례 모델로 인기가 많았다. 이곳에는 이미 18세기에 루이 15세의 섭정후였던 오를레앙 공 필리프(Philippe I, Duc d'Orléans)가 자신의 왕궁 뒤에 큰 수익을 노리고 개발한 전형적인 도시 상류층의 아파트가 있었다. 오를레앙 공은 로코코를 주도한 가장 큰 건축주였는데 스스로 부동산 투자에도 열심이어서 이 개발사업을 벌인 것이었다.

19세기 파리의 아파트 건설이 일사천리로 순조롭게 진행된 것만은 아니었다. 아파트가 파리 부르주아들의 이상적 도시주거로 결정이 되긴 했지만 이것을 실제로 만족할 만한 질과 양으로 지어 공급하는 것은 1850년대까지만 해도 어려운 일이었다. 아파트 전성의 이면에는 이를 가로막는 방해 요소도 많았다. 대표적인 것만도 네 가지 정도로 요약할 수 있다.

첫째, 이때까지만 해도 파리의 주택산업과 기술은 아직도 낙후된 상태여서 대형 고급 아파트에 요구하는 여러 가지 새로운 기계 설비나 고급스러운 요구 등을 만족시킬 수 없었다. 이는 프랑스의 산업혁명이 늦은 탓이 컸다. 영국보다 많이 늦어서 1830년대나 되어야 시작되었으며 이것이 건설산업에 반영되는 데에 다시 20여 년의 시간이 더 필요했다. 산업의 규모와 기술 수준, 자본주의의 성숙도, 도시 인프라 등 근대적 건설산업에 필요한 사회적 배경이 성립된 것은 오스망 재개발 이후였다.

둘째, 대부분의 도로가 좁고 구불구불했기 때문에 충분한 면적의 부지를 확보하는 것이 불가능했다. 작은 필지 단위로 잘라서 개발하려고 해도 도로폭이 5~6층 높이의 건물을 세우기에는 여전히 너무 좁았다.

셋째, 대부분의 지역에서 대대로 살아오던 오래된 땅주인들이 매우 완고해서 웬만해서는 땅을 팔지 않으려 했다.

넷째, 이때까지도 파리의 경제체계는 고급 소형 사치품 중심이었기 때문에 고급 아파트 하우스를 대단위로 개발하고 지을 만한 대형 자금이 없었다.

이런 어려운 상황 아래에서 몇몇 아파트들이 시범적으로 지어졌고 곧 인기를 끌었다. 1850년 이전의 초창기 예로는 펠레셰(A. J. Pellechet)의 설계로 1834년에 지은 증권거래소 광장 10번지(No.10, Place de la Bourse) 아파트와 1837년에 지은 생드니 가(Boulevard St. Denis)의 아파트 등을 들 수 있다(도 5-30, 도 5-31). 두 예는 건축적 구성에서는 이미 19세기 파리

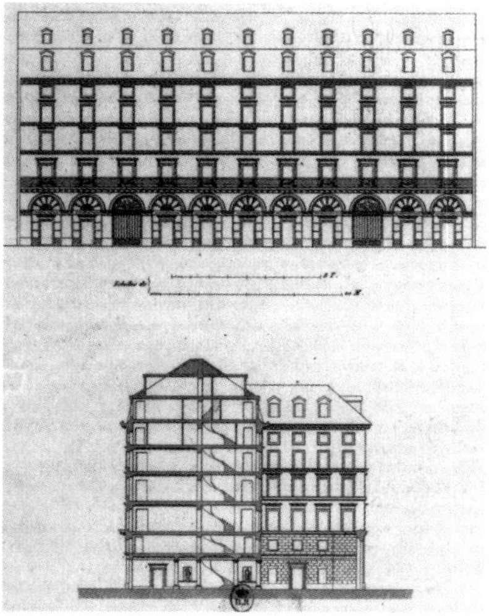

도 5-30 증권거래소 광장 10번지(No.10, Place de la Bourse) 아파트. 펠레셰(A. J. Pellechet) 설계. 1834년.
도 5-31 생드니 가(Boulevard St. Denis) 아파트. 1837년.

도 5-32 비비엔 가(Rue Vivienne). 1835년 경 가로 풍경.

아파트의 완성된 표준 유형의 모습을 보여주고 있다. 다만 아직 사회 전반에 뿌리내리지 못하고 단편적 시도에 머물고 있다. 이런 사실은 1835년경의 비비엔 가(Rue Vivienne)를 그린 판화를 보면 잘 드러난다(도 5-32). 일부 19세기 아파트들이 들어서 있긴 하지만 그 수가 적어서 가로 풍경을 주도하거나 압도하지 못하고 이전의 오래된 건물 사이에 박혀 함께 어울리는 정도이다.

파리의 아파트는 1850~60년대를 거치며 그 수가 부쩍 늘며 본격적인 전성기에 들어서게 된다. 이 시기의 예는 현재에도 많이 남아 있다. 이는 이때 지은 아파트를 지금까지도 실제로 사용하고 있다는 뜻이다. 1850~60년대의 대표적인 예로 비엘(Jean-Maris-Victor Viel)의 설계로 1850년에 지은 오트빌 가 23번지(No.23, Rue d'Hauteville)의 아파트, 잘(Anatole Jal)의 설계로 1856년에 지은 시테 말레제르베 11번지(No.11 cité Malesherbes)의 아파트, 1858년에 지은 빅토아르 가 98번지(No.98 Rue de la Victoire)의 아파트, 롤랑(François Rolland)의 설계로 1860년경에 지은 세바스토폴 가(Boulevard de Sébastopol)의 아파트, 1860년대 중반에 지은 생콴탱 가(Rue Saint Quentin)의 아파트 등을 들 수 있다(도 5-24, 도 5-33, 도 5-34).

아파트가 인기를 끈 요인은 여러 가지였다. 1850년대 이전에는 합리적 평면 배치와 동선의 편리함 등 주로 기능적 차원의 장점이 중요했다. 오스망 재개발을 거친 뒤 19세기 후반부에 오면 근대적 대도시의 선두주자 가운데 하나였던 파리를 상징하는 것으로 받아들여졌다. 실생활의 구체적 내용에서 도시 차원의 거시적 이미지로 바뀐 것이다. 아파트 건설을 주도했던 부르주아 쪽에서 보면 일종의 도시 내 공간적 특권으로 인식되면서 주목받았다. 새로 부상한 엘리트 상류층을 대표하는 상징성을 확실히 확보해준 것이다.

초창기 시범사업이 성공을 거두면서 다수의 부르주아들에게 아파트는 폭발적인 인기를 끌게 되었다. 이런 과정을 거치면서 아파트들이 들어선 지역은 고급 주택가 혹은 번화가(beaux quartiers)로 급부상했다. 부르주아들은 모두가 이런 지역을 개발해서 살기를 간절히 원하게 되었다. 하지만 1850년 이전의 당시 파리의 도시상황에서 이것은 실현 가능성이 없는 꿈같은 얘기였다. 이런 상황은 결국 오스망 재개발을 촉발한 사회적 압력으로 작용하게 되었다. 1850년을 기점으로 프랑스 정부가 주택산업에 본격적으로 개입하기 시작해서 그 방향을 완전히 바꾸어놓아 버렸다. 파리 시내에 이전에는 상상도 할 수 없었던 대규모 아파트들이 속속 들어서게 되었다.

도 5-33 오트빌 가 23번지(No.23, Rue d'Hauteville) 아파트, 비엘(Jean-Maris-Victor Viel) 설계, 1850년.
도 5-34 빅토아르 가 98번지(No.98 Rue de la Victoire) 아파트, 1858년.

도시공간과 '스펙터클의 상품화'

19세기 파리 아파트의 전성기를 가져온 가장 중요한 경제적 배경으로 부르주아의 부동산 투자를 들 수 있다. 아파트 건설은 산업혁명이 늦은 프랑스에서는 나라 전체의 경제에서도 중요한 부분을 차지했다. 산업혁명의 발상지 영국에서는 부르주아가 런던 시내에 직접 공장을 짓고 물건을 생산해서 부를 축적했다. 파리에서는 이것을 아파트가 대신한 것이다. 19세기 런던 시내가 공장으로 넘쳐났다면 19세기 파리 시내는 아파트로 넘쳐났다. 파리에는 19세기 내내 공장이 들어서지 않았다. 공장은 오히려 교외로 돌리고 시내는 부르주아의 아파트가 차지했다. 런던 시내를 공장에 내준 뒤 교외에 부르주아의 보금자리를 지었던 영국과 여러 면에서 반대되는 현상이었다.

당시 확대일로에 있던 파리 부르주아들에게 아파트는 좋은 투자 기회였다. 소수는 직접 아파트 건설에 뛰어들어 건설 부르주아로 성장했다. 다수는 아파트를 부동산 투자의 대상으로 삼았다. 비교적 싼값에 구입할 수 있었기 때문에 재산증식에 상당한 도움이 되었다. 이는 집을 투자의 대상으로 삼으면 안 된다고 생각했던 영국 부르주아와 다시 한 번 대비되는 대목이었다.

파리 부르주아들에게 투자 대상은 아파트 같은 부동산만 있었던 것이 아니었다. 좀 더 정확히 말하면 부동산 투자에 물리적 구조체로서의 아파트라는 유형의 실물만 있었던 것이 아니었다. 여기에 디자인이라는 무형의 가치까지 얹어서 투자 대상으로 삼았다. 파리에서는 이미 1820년대부터 '코머디피케이션(commodification=상품화=상품이 될 수 없는 것, 또는 상품으로 취급해서는 안 되는 것을 상품화하는 것)'이라는 현상이 나타나고 있었다. 19세기 중반 이후 제2제국에서 20세기 초에 이르는 시기의 파리를 이끌었던 현상인데 이미 1820년대부터 나타났던 것이다.

그 대상은 스포츠, 문화, 축제 등 여러 가지였는데 도시공간 속에서 일어나는 스펙터클(spectacle) 혹은 스펙터클한 현상도 그중 하나였다. '스펙터클의 상품화'라고 부를 수 있는 현상으로 도시공간의 성격, 특징, 발전 방향 등을 스펙터클하게 만듦으로써 상품화하는 경제전략이었다. 파리의 오래된 도시 전통을 19세기 부르주아가 이어받아 투자와 개발 등 상품화의 대상으로 만들면서 나타난 현상이다. 도심에 공장을 지어 직접 물건을 생산함으로써 부를 축적하던 동시대 런던과 대비되는 파리 부르주아들만의 독특한 자본주의 운용방식이었다. 아파트는 19세기 파리에서 이렇게 '스펙터클해진' 도시공간을 대표했고 따라서 투자 가치도 높아졌다.

오스망 재개발도 어떤 면에서는 스펙터클의 상품화를 극대화하기 위한 국가 차원의 파리 재편전략이었다. 그 결과 19세기 후반부 파리에서는 새로 생긴 넓은 대로를 따라 마차가 질주하고 그 사이로 꽃나들이를 하는 귀부인이 걸어 다니며 서로를 관찰하는 것 같은 도시 스펙터클 현상이 유독 빈번하게 일어나고 있었다(도 5-35). 이런 현상은 인상파 화가들에게는 너무도 좋은 예술 소재이기도 해서 이들의 그림에는 이런 장면이 자주 등장한다.

가장 직접적 영향을 끼친 것은 가로를 대하고 서 있는 건물의 정면 외관이었다. 도시를 구성하는 가장 중요한 시각 요소인 건물의 외관을 스펙터클하게 꾸밈으로써 그 건물의 상품 가치가 높아지는 현상이었다. 이 때문에 파리에서는 건물 외관의 디자인이 부동산 투자에서 차지하는 비중이 컸다. 바꿔 얘기하면 건물 외관도 중요한 부동산 투자의 대상이었다. 외관 디자인이 잘된 아파트는 분양도 잘되고 프리미엄도 많이 붙는 식이었다. 물론 건물과 외관 디자인을 떼어서 생각할 수는 없는 것이지만 면적이나 투입한 재료 같은 물리적 요소 이외에 외관의 디자인까지도 투자 대상이 되었다는 뜻이다. 이런 전통은 19세기 말까지 이어져서 아르누보 시대 때 브뤼셀이나 파리 같은 프랑스어권 대도시에서는 가장 아름다운 건물 입면을 선정해서 상을 주는 "올해의 가로 파사드 상"이라는 수상 제도가 있었다.

도 5-35 스탱(G. Stein). 〈부아 가에서 마차를 모는 기수(Cavaliers et attelages, avenue du Bois)〉.

아파트는 다시 이런 '스펙터클의 상품화'에서 중요한 투자 대상이었다. 19세기 파리에 지어지던 고층 건물 대부분이 아파트였기 때문에 설명이 필요 없는 너무나 당연한 현상이었다. 파리의 아파트는 특히 '스펙터클의 상품화'에 좋은 예였다. 대로를 따라, 그것도 대로에 바짝 붙어서 긴 거리를 일직선으로 내달리며 통일성 강한 입면이 여러 번, 심지어 수십 번 반복되는 건물은 아파트밖에 없었기 때문이다(도 5-25, 도 5-26). 이에 반해 공공건물은 한 채씩 서 있으며 보통 대로에서 조금씩 물러나 위치하기 때문에 대로를 오가는 시민들을 향한 스펙터클의 효과는 아파트보다 적었다. 더욱이 공공건물은 개인이 사고팔거나 개발하고 투자하는 것 같은 '상품화'의 대상이 아니었다. 결국 아파트는 19세기 파리 부르주아들만의 독특한 자본주의 운영방식과 합해지면서 이들의 경제행위의 대상이 될 수 있는 유일한 건물이 되었다.

여기에 더해 파리 부르주아들은 이런 경제행위를 자신들의 정체성과 새로운 경제 권력을 드러내는 기회이자 통로로 적극 활용했다. 외관 디자인이 잘된 아파트는 부르주아의 계급 정체성을 상징할 뿐만 아니라 가격까지 덩달아 상승하는 효과를 가져왔다. 부동산 투자라는 경제행위와 계급 정체성을 공표하고 과시하는 사회행위를 절묘하게 하나로 묶어낸 것이다. 이는 당시 파리시민이 부르주아의 아파트가 이런 사회적 현상을 이끌 권력을 가졌음을 인정했기에 가능한 현상이었다.

방사선 도로와 아파트 입면

아파트를 매개로 한 '스펙터클의 상품화'가 가장 잘 드러난 것이 파리의 방사선 도로체계였다. 방사선 구도는 원래 프랑스의 오래된 도로체계였다. 이미 중세 때부터 수도 파리를 중심으로 일드프랑스 지방으로 방사선 도로가 뻗어나가면서 고딕 시대의 중요한 도시들이 파리를 에워싸듯 포진했다. 이것을 19세기 파리에 적극 이식한 것이 오스망 재개발이었다. 개선문, 마델렌 교회, 오페라 하우스 등 주요 공공건물을 초점으로 삼아 한 곳에서 보통 다섯 개에서 열 개 사이의 도로가 방사선으로 뻗어나갔다. 개선문은 압권이어서 무려 열두 개의 도로가 방사선 방향으로 뻗어나갔다(도 5-36, 도 5-37).

도 5-36 오스망 재개발 계획도. 실선은 새로 닦는 도로를, 빗금은 새로 형성되는 구역을, 왼쪽 단선은 불로뉴 숲(Bois de Boulogne), 오른쪽 단선은 뱅센느 숲(Bois de Vincennes)을 각각 나타낸다.

도 5-37 마르소 가(Avenue de Marceau). 공중 전경. 개선문에서 갈라져 나온 열두 개의 방사선 도로 가운데 하나이다.

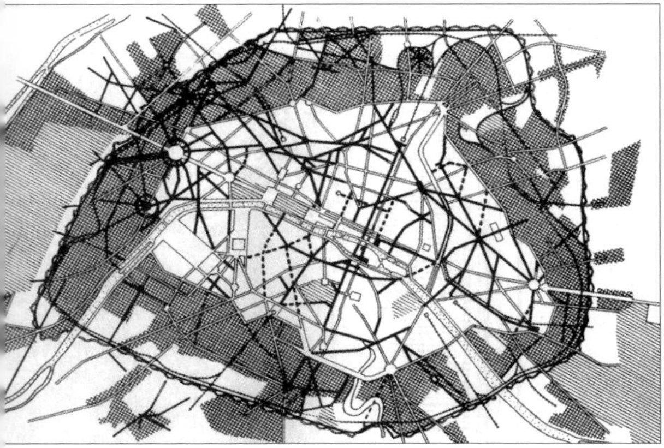

이렇게 새로 생긴 방사선 도로는 보통 불바르(boulevard)나 아브뉘(avenue), 혹은 좀 더 일반적 의미에서 도로(=가, 街)를 의미하는 'rue'라고 불렀는데 불바르가 가장 많았다. 이 때문에 '불바르'는 보통 파리의 도로체계를 대표하는 명칭이다. 여기에서는 '가'를 붙여 사용하고자 한다. 오스망 재개발 이후에는 리볼리 가(Rue Rivoli), 세바스토폴 가(Boulevard de Sébastopol), 생미셸 가(Boulevard Saint Michel), 카스틸리오네 가(Rue de Castiglione), 오페라 가(Avenue de l'Opera), 샹젤리제 가(Rue des Champs Elysees), 생제르맹 가(Boulevard de Saint Germain) 등 유명한 대 가로들이 등장하면서 지금의 파리 골격을 형성했다(도 5-38).

도 5-38 생제르맹 가(Boulevard de Saint Germain).

이런 대 가로를 따라 아파트들이 들어서면서 '도시 스펙터클'을 형성했다. 이는 전적으로 독특한 도로체계와 아파트 입면이 만들어낸 합작품이었다. 19세기 파리 아파트의 입면은 건물 하나만 놓고 보면 단조롭고 평범해서 도시 스펙터클과는 거리가 멀어 보인다. 하지만 이런 입면이 파리의 도로를 따라 늘어서면 달라졌다. 이것을 스펙터클한 상품으로 만든 것은 파리의 방사선 도로였다. 한마디로 군집 효과인데 단순한 군집을 뛰어넘어 방사선 도로만이 갖는 장점이 더 있었다. 방사선 도로는 네 가지 점에서 스펙터클한 시선을 만들어내기에 유리했다. 유리한 점이 네 가지나 된다는 것은 방사선 도로를 채택한 이유 가운데 도시 스펙터클도 중요한 항목으로 들어 있었음을 의미한다. 표면적으로는 프랑스의 전통적인 도로체계라서 선택한 것이며 흔히 시위를 진압하기 쉬운 도로체계라는 이유도 많이 거론된다. 여기에 더해 도시 스펙터클의 창출도 또 다른 중요한 목적이었다.

첫째, 방사선 방향은 초점에서 갈라져 나가는 방향이나 이렇게 갈라져 나온 도로끼리 합해지는 지점 모두에서 직각이 아닌 예각이나 둔각을 형성했다. 이는 일반적인 도로체계가 만들어내는 각도인 직각과 달랐다. 예각이나 둔각 모두 두 도로의 입면이 한눈에 잘 들어왔다. 예각은 급하게 충돌하듯, 둔각은 완만하고 여유롭게 각기 다른 방식으로 두

도 5-39 리볼리 가(Rue de Rivoil)와 카스틸리오네 가(Rue de Castiglione)가 120도로 만나는 장면. 1885년경 사진.
도 5-40 리볼리 가.

도로의 입면을 한눈에 들어오게 해주었다. 지점만 잘 잡으면 세 면까지도 한눈에 들어올 수 있었다. 이미 19세기 후반부만 되어도 이런 장면을 찍은 사진들이 나오는데 리볼리 가와 카스틸리오네 가가 만나는 지점도 그중 하나이다(도 5-39).

둘째, 시선 각도를 좁혀서 보면 이런 특징은 건물끼리 마주치는 각도가 다양하고 불규칙하게 나온다는 또 다른 특징이 된다(도 5-40). 곧 눈앞에 펼쳐지는 장면은 역동적이고 예측 불가능하며 변화가 심하다. 이는 곧 흥미진진하다는 뜻으로 도시 스펙터클을 형성하는 기본 조건이다. 이런 특징은 직각 도로와 비교하면 더욱 명확해진다. 직각 도로에서는 건물이 마주치는 각도가 늘 반듯하고 일정하기 때문에 거기에서 나오는 장면들도 안정적이고 예측 가능하다. 이것으로는 스펙터클을 만들어내기 어렵다. 이런 조건에서 스펙터클을 만들려면 외관 자체를 자극적으로 처리해야 한다. 이는 건물 개별적으로는 공사비가 올라가게 되고 이런 건물을 모아 놓은 도시 외관 전체로 보면 지나치게 혼잡하고 복잡해진다. 네오 바로크와 아르누보가 등장하기 이전의 19세기 파리 아파트는 이런 과도한 장식 없이도 방사선 도로의 도움으로 도시 스펙터클을 만들어낼 수 있었다.

셋째, 이것과 비슷한 원리로 아파트 입면과 공공건물이 마주치는 각도 역시 다양하고 불규칙했다. 이에 따른 스펙터클한 시각작용도 마찬가지였다. 이것은 아파트가 주도하는 도시 스펙터클 현상에 공공건물을 참여시킴으로써 그 효과를 더욱 배가하는 것이 된다. 공공건물은 단조로운 아파트 입면과 달리 풍부한 고급 양식으로 치장하고 있기 때문에 이것이 가세할 경우 도시 스펙터클의 효과는 몇 배 강화된다.

거꾸로 공공건물 쪽에서 보면 단독으로는 도시 스펙터클을 만들어내

도 5-41 오페라 광장(Place de l'Opera)의 아파트와 파리 오페라 하우스가 겹쳐 보이는 장면.

는 데 역부족인데 방사선 도로의 불규칙한 각도를 매개로 아파트와 합해지면서 이것이 가능해진 것이다. 특히 공공건물이 19세기 파리 부르주아들에게 중요한 생활의 장이었던 점을 생각하면 더 그랬다. 부르주아들은 공공건물도 자신들의 과시 리스트에 어떤 식으로든지 넣고 싶었는데, 아파트와 하나가 된 스펙터클 작용은 더없이 좋은 방식이었다. 파리 오페라 하우스가 그 주변의 아파트와 마주치는 지점이 대표적인 예로, 단조롭고 엄격한 아파트 입면이 화려한 네오 바로크 장식으로 치장한 오페라 하우스의 도움을 받아 풍성한 도시 스펙터클을 만들어내고 있다(도 5-41).

넷째, 마주보는 두 도로 사이의 거리가 충분하기 때문에 도로에 선 눈높이에서 아파트 입면을 바라볼 때에 스펙터클을 만들어내는 작용이 뛰어나다. 도로 중앙에 서면 초점을 이루는 공공건물을 향해 일소점 투시도가 만들어지면서 역동적이며 직선적인 스펙터클이 만들어진다

도 5-42 파리 오페라 하우스를 초점으로 삼아 일소점 투시도로 곧게 뻗어나가는 오페라 가(Avenue de l'Opera).
도 5-43 이탈리앙 가(Boulevard des Italiens).

(도 5-42). 이는 '도로폭 대 아파트 입면 높이', 즉 'W(width)/H(height)' 비율의 문제이다. 도로폭과 아파트 입면 각각의 절대 치수 및 이것들 사이의 비율이 모두 적절해야 스펙터클한 장면이 만들어지는데 파리의 도로는 이것을 잘 지키고 있는 것이다. 몸을 조금 틀면 두 면 가운데 한 면만 급하게 뻗어나가며 스펙터클의 역동성은 더욱 배가된다(도 5-43).

이처럼 방사선 도로의 도움으로 19세기 파리 아파트 입면은 훌륭한 도시 스펙터클을 만들어냈다. 입면 자체를 보면 통일성과 변화의 양면적 특징이 유효했다(도 5-44). 통일성은 주로 몸통 부분의 창이 담당했는데 주로 근거리에서 볼 때 잘 보였다. 동일한 창은 자칫 단조롭고 삭막해지는 등 부정적 느낌을 주기 쉬운데 스펙터클이 되면서 동일성이 반복의 미학으로 위력을 발휘하게 된 것이다. 변화는 주로 지붕이 담당했다. 높낮이와 형태 윤곽 등이 일정한 변화를 가지면서 어울리는 장면인데 시선 각도로 볼 때 좀 멀리 떨어져서 보면 잘 보였다.

도 5-44 다르고(Victor Dargaud). 〈소르본느 가와 소르본느 지역(Rue de la Sorbonne et la Sorbonne)〉.

오스망 재개발에 따른 방사선 도로가 만들어내는 도시 스펙터클은 그 이전의 오래된 파리 도심과 비교하면 잘 드러난다. 오스망 재개발은 사진기가 등장한 초기에 시작되었기 때문에 다행히 철거 이전의 오래된 파리 도심 장면이 남아 있다. 이를 보면 파리 역시 유럽 중세 도시의 전형적인 장면인 구불구불하고 좁은 도로로 가득 차 있었다. 도시 스펙터클보다는 미로의 미학이 주를 이루었다(도 5-45). 일부 지역에는 아파트가 들어섰지만 앞에 설명한 것과 같은 도시 스펙터클을 만들어내지 못하고 있다(도 5-46). 도로 구조가 이에 맞지 않기 때문이었다.

오스망 재개발은 이것을 도시 스펙터클의 미학으로 대체한 것이었다. 물론 오스망 재개발은 도시역사에서 무자비한 철거의 대명사로 악명을 남겼으며 이 때문에 많은 비판의 대상이 되고 있다. '쾌적하고 풍요로운 파리'라는 근대적 가치를 기치로 내걸었지만 오히려 도시 속 삶의 질을 더 악

도 5-45 콜롬브 가(Rue de la Colombe). 오스망 재개발 이전 모습. 현재 사라지고 없다.
도 5-46 카루셀 광장의 낭트 오텔(Hôtel de Nantes, Place du Carrousel). 1850년 사진. 오스망 철거 이전 모습.

화시킨 주범이라는 역설적 비판도 많다. 이런 비판은 모두 맞는 말인데, '스펙터클의 상품화'라는 또 다른 기준에서 보면 오스망 재개발이 중요한 분기점이 된 것 또한 부정하기 힘든 사실이다.

이처럼 19세기 파리 부르주아에게 오스망 재개발과 부동산 투자는 단순한 경제행위를 넘어 도시 공간을 바탕으로 벌이는 고도의 정치행위였다. 부르주아들은 자신들이 19세기 파리의 새로운 주인이라는 확고한 인식을 가지고 있었으며 이를 시민 전체에게 확인받는 데 성공했는데, 아파트가 중요한 역할을 한 것이다. 부동산 투자는 이렇게 점령한 자신들의 도시를 자신들의 가치관에 맞게 개발, 운영하는 경제전략 행위였다. 궁극적으로는 자신들의 계급 정체성을 드러내고 확인받는 정치 행위였다. 이런 복합 차원의 행위들은 아파트를 공동 매개로 삼아 행해졌다.

'스펙터클의 상품화'는 결국 앞에 나왔던 프랑스의 오래된 도시주거의 전통이 19세기 아파트로 전이되는 과정에서 파생된 전략이며, 확장하면 19세기 파리가 가지고 있던 독특한 도시상황의 산물이었다. 이 같은 도시와의 강한 연관성은 19세기 파리시민이 부르주아의 아파트를 인정하고 긍정적 평가를 내리게 하는 데에 중요한 역할을 했다. 도심에 들어서는 아파트는 도시의 번잡함에 시달리고 프라이버시가 침해당하는 등 주거로서는 부적절할 수 있지만, 파리 아파트에는 긍정적 평가가 더 많았다. 파리시민들이 가지고 있던 도시와의 일체감을 더욱 강화해주는 주거였기 때문이었다.

도시와의 연관성 전통

19세기 파리의 아파트에 대한 동시대 사람들의 긍정적 평가는 네 가지로 요약할 수 있다. 대체적으로 도시, 좁혀 보면 도시주거와의 연관성이 주를 이루었다. 파리는 중세 때 시작해서 르네상스와 바로크-로코코를 거치며 형성된 자신만의 도시전통과 도시주거의 전통을 가지고 있다. 19세기 파리시민들 사이에는 새로 등장한 아파트가 이것을 거스르거나 부정하지 않고 잘 물려받아 강화한 뒤 19세기만의 색채를 더한 주거라는 인식이 퍼져 있었는데 이것이 긍정적 평가의 바탕이었다. 구체적으로 분석해보면 네 가지 중요한 요인을 찾아낼 수 있다.

첫째, 아파트는 도시 전체 차원에서 파리의 경관과 하나가 되는, 혹은 파리의 경관을 가장 잘 대표하는 전형적인 주거였다. 파리의 도시 경관에서 도시주거가 높은 비중을 차지해온 전통을 아파트가 이어받아 더 강화했다는 뜻이다(도 5-47). 파리는 도시건축을 구성하는 비율에서 유럽의 다른 도시보다 유독 주거의 비중이 높다. 18세기까지는 이 역할을 단층 주거인 오텔이 했다. 지금은 많이 헐려서 없어졌지만 당시까지만 해도 파리 시내에는 작품성이 높은 수많은 오텔이 가득 차 있었다. 노트르담 성당과 루브르 궁전과 앵발리드 돔도 중요했지만 파리 시내에 있던 오텔을 다 합하면 이것을 능가했다. 이런 사실은 피렌체나 로마의 팔라초나 런던의 타운 하우스와 비교해 보면 더욱 확실해진다.

도 5-47 라그네(Nicolas-Jean-Baptiste Raguenet), 〈그레브 광장의 오래된 집들 Old Houses in the Place de Greve〉, 1750년경.

19세기에 들어와서 아파트가 이 역할을 이어받았는데 비중의 정도와 건축적 효과는 수십, 수백 배 강화되었다. 높아진 층수와 늘어난 물량을 생각하면 당연한 결과였다. 현재의 파리를 다녀 봐도 도시 경관의 주인은 단연 19세기에 들어선 아파트이다. 파리라는 명성에 비해 공

도 5-48 오스망 재개발 때 세워진 아파트의 단면도.

공건물은 생각 외로 비중이 크지 않다. 파리 오페라 하우스는 물론 그 자체만으로도 걸작이지만 더 중요한 것은 그 주변을 가득 메우고 있는 아파트들이다(도 5-41). 개선문도 마찬가지이다. 개선문 앞을 일직선으로 뻗은 샹젤리제 거리 양옆에 도열한 수백 채의 아파트가 없으면 개선문의 건축적 의미도 없다.

둘째, 아파트는 도시 속 관찰행위의 대상인 동시에 관찰행위가 일어나는 장이었다. 관찰행위란 곧 '스펙터클'을 성립시킨 중요한 조건인데, 아파트는 여기에서 객체인 동시에 주체가 되었다는 뜻이다. 아파트 입면은 '스펙터클의 상품화'의 요소로서 시민들의 관찰의 대상이었다. 동시에 그 속에 사는 부르주아는 넓은 창을 통해 내려다보이는 가로 풍경을 관찰했다. 이런 관찰행위는 당시 부르주아의 삶에서 매우 중요한 부분을 차지했다. 자신들이 새 주인으로 등극한 도시를 경관으로 치환한 뒤 집 거실에 앉아서 그것을 감상함으로써 스스로의 정체성을 확인하고 자존감을 높일 수 있었다. 자신들의 부의 원천이자 계급 정체성의 터전인 파리 시내와 하나가 되는 일체감을 즐기는 성스러운 행위였다.

아파트 밖 도시 공간은 살아 숨 쉬는 하나의 무대였고 아파트 안은 이런 관찰이 일어나는 객석이었다(도 5-48). 이것이 19세기 파리 부르주아들이 교외로 나가지 않고 도심에 정착한 중요한 이유였다. 아파트 입면이 '상품화될 수 있는 스펙터클'로서 투자의 대상이었던 것과 마찬가지로, 집 안에서 도시 가로의 생생한 풍경을 관찰할 수 있다는 이점 또한 그러한 대상이었다. 아파트가 갖는 도시주거의 특징을 '상품화'한 것이다.

셋째, 아파트는 단일 건물 안에 여러 종류의 다른 세대를 하나로 통합하는 파리 도시주거의 전통을 이어받아 잘 지켰다. 이것은 파리의 오래된 다질성 혹은 다양성 전통이었다. 단일 프레임 혹은 단일 텍스트 안에 다양성을 집약시키는 이런 전통은 이미 중세부터 도시주거의 세대 구성에 나타났다. 귀족, 부르주아, 도시상공인, 장인, 노동자 등의 여러 계층이 하나의 도시주거를 나눠 쓰는 '이종혼합 거주(heterogeneous tenant mix)'는 중세 때부터 파리 사회의 자연스러운 전통으로 자리 잡았다.

도 5-49 지라르데(Marc Girerder). 〈파리 아파트 단면도(Coupe de maison a Paris)〉.

그 목적에 대해서는 여러 의견이 있다. 건물 안에서 이종계층 사이에 기대했던 것만큼의 다양한 교류가 일어나지는 않았으며 임대료와 관련된 경제적 이유가 가장 크다는 것이 대체적인 결론으로 보인다. 다층 공동주거일 경우, 어차피 좋은 층과 불리한 층으로 나뉘기 때문에 부유층은 더 많은 임대료를 내고 좋은 층에 살면 되고 가난한 계층은 불리한 층에 사는 대신 임대료를 아낄 수 있다는 지극히 현실적인 이유였다. 따라서 이종혼합은 같은 층 내에서는 잘 일어나지 않았고 주로 층을 기준으로 나뉘었다.

실제로 위층의 거주자와 아래층의 거주자가 서로 마주쳤을 때 간단한 인사 정도는 했지만 적극적인 사회적 교류는 없었다. 하지만 당시가 계급사회였던 점을 감안하면 이 정도의 교류만으로도 '이종혼합'의 전통을 가졌다고 할 만했다. 당시에는 엘리베이터가 없고 계단을 이용했기 때문에 이 정도의 교류는 매우 빈번하게 일어났다. 적어도 같은 건물 안에 사는 다른 계층의 얼굴과 이름, 가족 구성 정도는 서로 알고 지냈다.

19세기 파리 아파트는 이런 '이종혼합 거주'의 전통을 대체적으로 잘 이어받았다. 대형 부르주아들만이 독점적으로 입주한 일부를 제외하면 층을 기준으로 다양한 소득수준의 계층이 섞여 살았다(도 5-49, 도 5-59). 당시 미국에서는 파리 아파트의 이런 구성방식을 매우 신기해했다. 프랑스 태생의 미국 건축가 허버트(Philip A. Hubert, 1830~1911)는 한 에세이에서 19세기 파리의 전형적인 임대용 아파트에 나타난 '이종혼합 거주'에 대해 소개하고 있다. 그 내용은 대체적으로 객관적 기술(記述)에 가깝긴 하지만 당시 미국에서는 보기 힘든 장면이라서 신기해하는 뉘앙스도 읽을 수 있다. 요약하면 다음과 같다. 도 5-49도 다른 그림이지만 이 내용과 대체로 일치한다.

'1층에는 관리인과 피아노 장인 가족이 살았고 2층 전체는 건물주인의 몫이었다. 주인은 브리타니(Brittany) 출신의 오래된 젠틀맨 계층(귀족과 평민 사이의 계층. 전문가 그룹이나 초창기 부르주아 등이 대표적이다)이었는데 가문의 명칭까지 획득하지는 못했지만 대가족을 이끌고 2층에 살았다. 3~5층의 세 층에는 각 층마다 두 개의 단위 아파트먼트가 들어갔다. 각 단위에는 한 세대씩 세 들어 살았다. 3층에는 하인을 거느린 부자 가족 두 세대가, 4층에는 의사 가족과 독신 전문가가, 5층에는 퇴역장교와 과부 세대가 각각 살았다. 과부는 미혼의 딸과 공무원 아들과 함께 살았다. 다락층은 네 개의 주거단위로 구성되었다. 3~5층보다 반으로 좁아진 대신 임대료는 그만큼 싸져서 수입이 가장 낮은 사람들이 살았다. 그중 하나는 장난감 만드는 일을 하는 사람의 가족이었다. 다락층에 사는 가족들은 보통 자녀가 많았지만 잘 돌보지 못했다.'

투명성의 미학과 계급분리

넷째, 아파트는 주변 도시공간에 대해 투명성의 미학을 잘 보여주었다. 주변 도시와 하나가 되는 도시주거의 전통을 다른 관점에서 보면 투명성의 미학이 되는데, 아파트가 이것을 적극적으로 추구한 주거형식이었다는 뜻이다. 투명성은 19세기 파리 사회가 관심을 많이 가졌던 현상이었다. 아파트 역시 투명성이 구현되어 나타나는 중요한 통로였다. 여러 차원에서 일어났는데, 일차적 의미는 시각적 차원으로, 말 그대로 건물이 잘 들여다보인다는 뜻이었다. 창 면적이 넓어지고 유리 사용이 늘면서 건물이 시각적으로 투명해졌다.

이것을 확장하면 위에 얘기한 두 번째 장점인 관찰행위에 유리한 것과 같은 얘기가 된다. 집 밖 외부공간에서 아파트 안을 볼 수 있었고 반대로 집 안에서 외부 도시공간을 관찰하는 일도 편해졌다. 한 번 더 확장하면 위에 얘기한 첫 번째 장점인 파리의 도시전통을 이어받은 특징이 된다. 도시주거가 도시 외부공간과 하나가 되는 특징을 넓은 창과 유리라는 19세기의 새로운 방식으로 구현한 것이 투명성이었다.

도 5–50 생미셸 가(Boulevard Saint Michel) 19세기 전경. 『파리 1800~1900(Paris de 1800 à 1900)』에 실린 판화.
도 5–51 〈1867년 파리만국박람회 샹드마르 전경(L'Exposition Universalle sur le Champ-de-mars, 1867)〉. 작가미상.

이런 투명성의 특징 역시 오텔의 전통을 이어받은 것이었다. 오텔은 정문 출입구를 안이 들여다보이는 형식으로 지었으며 담도 낮지 않아서 도로에서 앞마당과 본체를 어느 정도 들여다볼 수 있었다. 이런 특징을 다층 공동주거인 아파트로 옮겨놓은 것이 이런 투명성의 특징이었다. 집 밖 도로를 오가는 도시 관찰자들은 아파트의 실내 공간을 일정 부분 관찰할 수 있었는데 집주인은 이것을 전혀 거리껴하지 않았다. 프라이버시 침해로 받아들이지 않고 오히려 그 반대인 소통의 일환으로 보았다. 도시공간과 적극적으로 교류하고 하나가 되는 파리 전통의 일환으로 보았다는 뜻이다. 도시 관찰자들은 시각적으로 아파트 실내를 들여다본 것에 더해서, 손짓, 얼굴표정, 대화 등을 통해서 일정부분 실제

교류가 가능했다.

19세기 아파트의 투명성은 이전의 오텔보다 더 강화된 것이었다. 그랜드 살롱의 위치가 증거였다. 전통 오텔에서는 그랜드 살롱이 안마당의 가장 깊숙한 곳에 위치했다. 이 때문에 정문 출입구가 들여다보이고 담이 낮더라도 그랜드 살롱은 도시 외부에서 보호할 수 있었다. 바로크 오텔의 실내 구성은 앞에서도 보았듯이 시선에 대해 열고 닫기를 조절해서 관음증을 유발했다. 아파트에 오면 그랜드 살롱이 건물의 맨앞자리를 차지하면서 도로를 직접 면했다. 도로, 즉 도시 외부공간과 직접 소통할 수 있는 자리였다. 부르주아들은 이런 그랜드 살롱에 앉아 도시 외부와 소통했다. 프라이버시를 원할 때에는 커튼을 치거나 아파트 안쪽의 방으로 들어가면 그만이었다.

아파트에 나타난 투명성은 단지 건물에 국한된 현상은 아니었고 당시 파리의 도시 관찰자가 보여주었던 기동성(mobility)의 일환일 수 있었다. 19세기 파리에서는 결혼한 부르주아 여자들조차 파리 시내를 마음대로 돌아다닐 수 있었다(도 5-35). 그 과정에서 무한대로 다양한 시선의 교차가 일어났다. 19세기 파리시민들은 호기심으로 가득 찬 어린아이처럼 도시의 스펙터클을 찾아 분주하게 이동했다(도 5-50, 도 5-51). 부르주아 계층이 특히 심했다. 자신들이 새로운 주인이 되어 건설하고 꾸민 근대적 대도시 파리를 감상하고 즐기며 스스로 뿌듯해하는 19세기판 성지순례 같은 것이었다. 부르주아들은 눈에 보이는 대로 관찰하고 즐겼다.

관찰의 효과를 극대화하기 위해 형성된 도덕률이 투명성이었다. 19세기 파리에는 무엇인가를 감추는 것을 경계하는 미덕이 사회 전반에 가득 퍼져 있었다. 이는 가정에 칩잠하며 기독교 정신을 바탕으로 노동과 절제를 미덕으로 가르쳤던 동시대 영국의 빅토리아 사회와 대비되는 현상이었다. 이에 따라 런던 시내에는 열심히 노동할 공장이 득실거렸고 가정은 교외로 빠져나가 개인의 성을 이루었다.

파리는 반대였다. 파리에서는 서로가 서로에게 수많은 스펙터클거리를 제공하며 이것들을 최대한 모아 감상하고 즐겼다. 이런 분위기 아래에서 은유적 감추기는 바람직하지 않았다. 모든 것을 있는 그대로 투명하게 제시하는 것이 사회의 미덕이 되었다. 의복만 봐도 그 사람의 계급과 소득을 한눈에 알아볼 수 있어야 했으며 이것을 투명성이라 생각했다. 아파트도 마찬가지였다. 그 속을 감추고 나만의 프라이버시를 찾아 숨는 '개인의 성'이 아니었다. 스펙터클거리를 제공하는 구성 요소의 하나였고 집의 내용을 투명하게 밝히는 것은 아무 문제가 되지 않았다. 이에 따라 파리 시내에는 공장이 들어서지 않았고 아파트로 가득 채워졌다.

19세기 파리 부르주아들은 자신들의 아파트가 들여다보이는 것을 심각한 문제로 받아들이지 않았다. 자신들 스스로가 도시 스펙터클을 창출하고 이것을 상품화해서 부를 이루었는데 아파트가 그것을 이루는 중요한 구성 요소였기 때문이었다. 이들에게 프라이버시란 영국 같은 물리적 차단이나 폐쇄적 보호가 아니었다. 도시공간 전체를 배경으로 감행하는 계급분리의 일환이었다. 투명성의 미학은 도시 전체의 맥락 속에서, 도시 내 다른 공적 시설과 함께 생각해야 한다.

예를 들어 19세기 파리 부르주아들은 극장, 도심공원, 왕궁, 광장, 운동시설, 카페, 레스토랑 같은 도시 내 고급시설을 즐기는 독점을 통해 계급분리를 이루었다고 생각했으며 프라이버시는 이런 독점적 특혜 속에 포함된다고 여겼다(도 5-41, 도 5-52). 도시 공간의 중요한 문화시설을 독점하면 프라이버시도 확보되었다고 믿었다. 따라서 19세기 파리 부르

도 5-52 프랑스 제2제국(1852~70) 시대의 뤽상부르 궁전(Palais du Luxembourg) 정원. 한가로이 노닐고 있는 부르주아들.

주아의 아파트는 건물만 봐서는 안 되며 도시 내 고급 문화시설과 세트로 봐야 한다. 이들에게 주거는 단독으로 성립되는 완전한 사적 영역이 아니었다. 도시 내 공적 시설과 세트를 이루는 범위 내에서의 사적 영역이었다. 주거를 그 자체로 개별 독립적인 '나만의 성'으로 보는 영국과 다른 프랑스만의 특징적 현상이었다. 주거의 입지가 '도시 속이어도 괜찮다'는 정도가 아니라, 기본적으로 '도시 속이어야' 했다. 도시를 기반으로 삼으며 도시에 살아야만 가능한 조건들이었다.

고급 문화시설의 독점은 부르주아의 권력과 경제력을 과시하는 중요한 수단이었다. 이런 시설들은 이전에는 귀족들의 독점적 전유물이었는데 이제 그 독점을 부르주아가 차지한 것이다. 하지만 이것만으로는 역시 부족했으며 투명성의 미학으로 무장한 아파트를 더해야 이들의 계급 분리가 완성되었다. 아파트를 공적 시설과 함께 생각해야 하는 것과 마찬가지로 공적 시설 역시 단독으로는 부르주아의 욕망을 만족시킬 수 없었다. 공적 시설도 똑같이 아파트와 함께 생각해야 부르주아의 정체성 확립이라는 미션을 완성할 수 있었다. 파리 부르주아들은 자신들의 부와 정치력 등 사회적 힘과 계급 정체성에 대한 자부심과 과시 욕망이 대단히 큰 집단이었다. 이들에게 가정과 주거는 이것을 적절하게, 혹은 실제 이상으로 표현하는 중요한 수단이었다. 단, 고급 문화시설의 공적 영역과 반드시 세트로 존재해야 했다.

근대성의 상징과 새로운 도시적 가치

이상은 19세기 파리 아파트의 의미와 장점을 주로 도시와의 연관성에서 파악한 내용들이었다. 요점은 도시 공적 영역과 내부 사적 영역 사이의 적극적 연계였다. 이런 특징은 아파트 자체에만 머물지 않고 19세기 파리 전체의 도시 발전에도 중요한 역할을 했다. 이는 20세기 역사학자들이 19세기 파리의 도시 발전을 이끈 요인을 불바르와 카페에 국한한 것과 중요한 차이이다. 19세기 파리는 아파트를 빼고는 성립될 수 없다는 뜻이다.

이런 평가를 보여주는 또 다른 좋은 예가 '근대성의 상징'이다. 19세기 파리에서 출간되거나 혹은 파리를 관찰한 건축 텍스트에는 당시 파리 사회가 아파트를 근대성의 상징으로 여겼다는 내용들이 많다. 그 내용은 크게 세 가지로 요약할 수 있다.

첫째, 아파트는 파리가 근대적 대도시의 면모를 갖추는 데 핵심적 역할을 했다는 것이었다. 산업혁명이 늦었던 19세기 프랑스 사회는 근대성의 요체를 공장이나 산업화에서 찾지 않고 도시 발전에서 찾았다. 도시 발전은 다시 두 가지 측면으로 나누어진다. 하나는 오스망 재개발 이후 확보한 대 가로와 상하수도 체계 같은 물리적 인프라였고 다른 하나는 공적 영역과 사적 영역 사이의 적극적 교류나 이것이 만들어내는 투명성의 미학이나 스펙터클 같은 새로운 도시적 가치였다. 아파트는 후자를 구현한 핵심 매개였다.

우선 물량에서부터 그랬다. 당시 지어진 아파트의 수가 워낙 많았기 때문에 아파트의 특징, 특히 도시 공간에 대해 갖는 연관성은 분명히 19세기 파리의 도시상황 형성에 결정적 역할을 한 것은 부인할 수 없었다. 19세기 파리에 지어진 아파트의 총량을 알기는 어렵지만 그 규모가 매우 컸음을 짐작케 하는 기록은 남아 있다. 1820년대에서 1870년대까지 오랜 기간 동안 파리 시 건축가를 역임했던 칼리아르(Victor Calliar)는 1830~60년 사이의 30년 동안에 파리에 지어진 주택(대부분 아파트) 숫자가 그 이전의 전 시기에 지어졌던 것을 모두 합한 것보다 많다고 기술했다.

이처럼 아파트는 압도적인 물량 공세를 통해 19세기 파리의 가로를 완전히 점령했다. 개선문, 파리 오페라 하우스, 마델렌 교회, 에펠탑 같은 건물들은 공적 상징성은 컸지만 실제 물리적 비중으로 보면 아파트에 크게 못 미쳤다. 따라서 아파트에 내재된 공적-사적 교류와 투명성 같은 새로운 도시적 가치는 그 자체가 근대성을 상징하는 특징적 현상으로 정의되었다.

둘째, 여기에 아파트가 갖춘 첨단시설과 기계적 새로움 같은 물리적 장점이 더해졌다. 사실 이런 물리적 장점은 근대성을 상징하는 일차적인 기준인데 19세기 파리 아파트도 예외가 아니었다. 당시 파리 건축계와 사회 전반에는 이런 장점을 아파트가 갖는 직접적인 근대성의 상징으로 보는 시각이 꽤 폭넓게 형성되어 있었다. 중앙난방과 엘리베이터

가 대표적이었다. 오스망 재개발 이후에는 파리의 많은 아파트가 중앙 난방과 엘리베이터 시설을 갖추었는데 당시 파리 시민들은 이런 근대적 기계시설을 부러워함과 동시에 자랑스러워했다. 또한 외관에는 철물을 사용하기 시작했는데 이것 또한 부러움과 자랑스러움의 대상이었다.

이런 기계 장치 이외에 외관 디자인의 새로운 모습도 비슷한 평가를 받았다. 예를 들어보면, 크라프트(Jean-Charles Krafft)는 1838년에 새로 지은 아파트의 웅장한 출입구, 1층의 상가들, 발코니 등을 보고 "이 새로운 주거건물의 외관은 우리의 근대적 사명과 완벽하게 부합한다. 또한 주거에 대해 현재 우리가 가지고 있는 요구사항들을 모두 만족시키고 있다."라고 감탄했다. 아파트는 확실히 19세기 파리가 근대적 대도시의 면모를 갖추어가는 데 일등공신이었다.

셋째, 아파트가 갖는 또 다른 근대성의 상징으로 1층에 입주해 있던 상가를 들 수 있다. 루(L. Roux)는 이런 상가를 근대적 소비상업문화의 원천으로 보았다. 주거건축과 근대적 소비문화 사이에 긴밀하면서도 직접적 연계를 형성하는 역할을 했다는 뜻이다. 이는 주로 20세기 중반 이후 후기 자본주의 시대에 나타난 현상인데 파리의 아파트가 이미 19세기부터 그 계기를 제공한 것이다. 이는 런던 시내에 대규모 공장을 지으며 본격적인 산업화의 길을 걷던 영국과 달리, 파리에서는 고급 소형 사치품 중심으로 자본주의를 운영하던 전통적 상황을 반영한 현상이기도 했다.

이상과 같이 19세기 파리 아파트는 '근대성의 상징'이 되면서 외국에서도 호평을 받으며 큰 인기를 끌었다. 근대적 대도시의 건설을 놓고 파리와 경쟁하던 빈이나 베를린 같은 독일어권이 대표적인 예였다. 이들 유럽의 수도들은 근대적 대도시의 가치 기준을 공장이나 지하철 같은 산업기술이 아니라 스펙터클이라는 예술적 차원으로 잡고 서로 경쟁하고 있었다. 산업혁명에서 앞서 나갔던 런던이 정작 도시주거에서는 19세기의 새로운 문명에 합당한 모델을 창출하지 못한

도 5-53 오스트리아의 《공공건설저널(Allgemeine Bauzeitung)》 1843년 8월호에 나오는 "파리의 임대 아파트(Ein Miethaus in Paris)".
도 5-54 오스망 재개발이 한창 진행 중이던 1858년에 영국의 건축잡지에 수록된 파리 아파트.

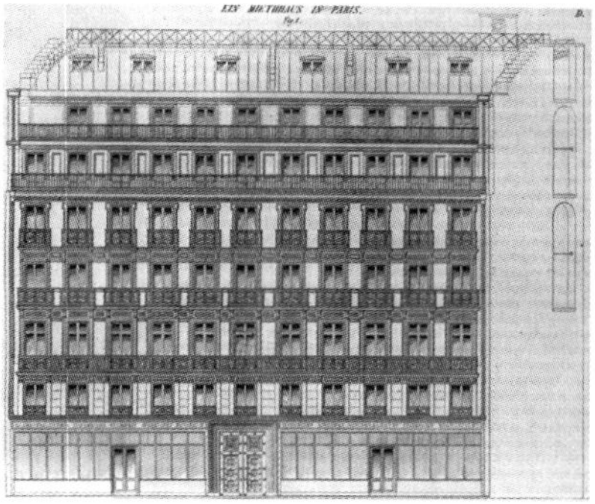

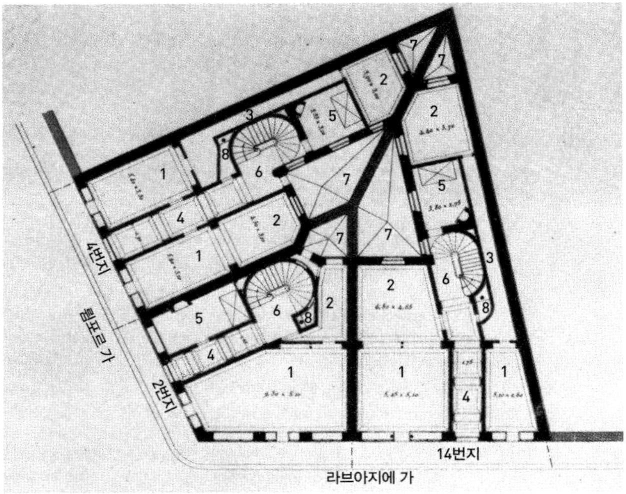

도 5-55 《건축공공잡지(Revue générale de l'architecture)》 1852년 10월호에 실린 파리 아파트. 룀포르 가(Rue Rumfort)와 라브아지에 가(Rue Lavoisier)가 교차하는 지점. 1=상가. 1=안쪽 상가(arrière boutique). 3=비상 통로. 4=정문 출입구. 5=관리인. 6=계단실. 7=안마당. 8=남는 공간(lieux d' aisance, 창고로 사용). 9=전실. 10=식당. 11=살롱. 12=침실. 13=소형 사실. 14=부엌.

상태에서 파리의 아파트는 그런 모델로 인정을 받았다. '새로운 도시적 가치'로 무장하면서 다른 경쟁도시들에 19세기의 새로운 도시주거 모델로 관심을 받은 것이다.

예를 들어 오스트리아의 《공공건설저널(Allgemeine Bauzeitung)》 이란 잡지 1843년 8월호에는 "파리의 임대 아파트(Ein Miethaus in Paris)"라는 제목으로 한 예를 소개하고 있는데 부제로 "빈의 관점에서 보면 이런 아파트는 창의력의 기적으로 보인다."라는 글을 달고 있다(도 5-53). 19세기 파리 아파트는 영국에서조차도 신기한 눈으로 바라보았다. 오스망 재개발과 관련된 예들이 특히 그랬다. 시내에 공장을 짓는 것 이외에 근대적 도시계획을 속 시원하게 실행하지 못하고 있던 런던 쪽에서 볼 때, 파리의 오스망 재개발은 부러움 내지는 연구관찰의 대상이었다. 오스망 재개발과 더불어 하루가 다르게 들어서는 아파트 역시 마찬가지였다. 예를 들어 1858년에는 오스망 시대의 파리 아파트가 영국의 잡지에 소개되기도 했다(도 5-54).

외국에서 이럴진대 프랑스의 잡지는 더 말할 필요도 없었다. 《건축공공잡지(Revue générale de l'architecture)》의 1852년 10월호에는 룀포르 가(Rue Rumfort)와 라브아지에 가(Rue Lavoisier)가 교차하는 지점에 세워진 한 아파트를 소개하면서 "검토해 보건대, 이 아파트는 편리를 고려한 합리적 평면 배치를 통해 우아한 생활을 가능하게 해준다. 가정생활은 매우 편안하고 진정으로 세련될 것이다."라고 칭찬하고 있다(도 5-55).

부동산 개발과 '신뢰의 주택'

1860~70년까지는 이처럼 주로 아파트의 합리성이나 편리함 등을 장점으로 파악했다. 이것이 19세기 후반부에 오면 "대도시 양식(big-city

styles)"이라는 타이틀로 바뀌게 된다. 오스망 재개발을 거친 뒤 급속도로 커진 파리를 대표할 근대적 주거양식이라는 뜻이었다. 이 단어는 《근대건설(La Construction Moderne)》이라는 잡지 1886년판에 나온 것이다. 이 잡지에서는 파리의 아파트를 베를린의 아파트와 비교하면서 근대적 특성을 설명하고 있다. 베를린의 아파트가 아직 전통양식이 많이 남아 있는 데 반해 파리의 아파트는 전통의 잔재가 거의 사라지고 2차원 추상면의 특징을 강하게 나타내며 근대성을 상징하고 있다고 봤다(도 5-56, 도 5-57). 19세기 파리 아파트의 근대성을 이처럼 입면에 나타난 2차원 추상 면의 특징에서 찾는 시각은 이미 1850년 이전부터 형성되어 있었다. 노르망 2세(Louis-Marie Normand fils) 역시 자신의 패턴 북 『근대 파리(Paris moderne), 1837』에서 이런 내용을 제시했다(도 5-58).

도 5-56 《근대건설(La Construction Moderne)》 1886년판에 소개된 베를린의 아파트.
도 5-57 《근대건설》 1886년판에서 베를린의 아파트와 비교하고 있는 파리의 아파트.
도 5-58 노르망 2세(Louis-Marie Normand fils)의 패턴 북 『근대 파리(Paris moderne), 1837』에 실린 파리의 아파트.

'대도시 양식'이라는 단어에서 알 수 있듯이 아파트가 갖는 근대성의 상징 가운데에는 이런 새로운 도시적 가치 이외에 경제적 요소, 특히 부동산 개발도 중요한 부분을 차지했다. 19세기 프랑스 산업 전체로 보면 아파트는 파리 부동산 시장에서 중심 자리를 차지하기 시작했다. 부르주아 개인들로 봐도 아파트는 당시 막 부를 축적하기 시작한 신흥부르주아들에게 수익을 올리기에 좋은 투자처였다. 이런 평가는 이미 오스망 재개발 이전부터 나타나고 있었다. 7월혁명기(July Monarchy, 1830~48)

동안에 많은 파리 건축가들은 아파트를 최신 도시 양식의 건축으로 봤을 뿐 아니라 근대성의 필수 조건인 재정적 측면에서도 가장 잠재력이 큰 건물 유형으로 보았다.

이런 내용을 담은 동시대 기록은 많은 편이다. 뒤뷔(Louis-Ambroise Dubut)는 자신의 저서『공공건축(Architecture civile), 1847』에서 '임대형 주택(maison à loyer)'을 '신뢰의 주택(maison de rapport)'과 동의어라고 주장했다. 당시 파리에서 임대형 주택은 90퍼센트 이상이 아파트였기 때문에 이 말은 결국 아파트가 가장 신뢰할 만한 주택이라는 뜻이었다. 이때 신뢰란 수익을 확실하게 보장해주는 투자상품이라는 뜻이었다. 공공문서에도 비슷한 내용이 기록되어 있다. 《1847~48년 회계연도 파리 산업통계》에는 "인구의 급격한 증가, 도시 부동산의 세분화, 새로운 이웃의 발전 등은 모두 건설산업을 활성화시키는 배경 동력이다. 주택건설은 믿을 만한 산업이 되었다. 건축공사를 다른 제조업처럼 하나의 산업으로 운용하는 사업자와 거래업자들이 등장하게 되었다."라고 기록되어 있다.

19세기 파리의 아파트 융성에 대해 영국은 대체로 비판적이었다. 영국은 개인주택만을 진정한 집으로 보는 전통이 강했기 때문에 도심 한복판에 공동주거를 짓고 사는 것 자체가 이해가 안 되었다. 이런 관점에서 보면 파리의 아파트는 프라이버시가 철저하게 결여된 매우 질 낮은 주거였다. 더욱이 집은 부동산 투자의 대상이 되어서는 안 된다는 생각도 강했기 때문에 당시 파리의 아파트를 끼고 벌어지는 현상은 더더욱 이해가 안 되었다. 이들이 볼 때 뒤뷔가 아파트에 붙인 '신뢰의 주택'이라는 명칭은 집에 순수한 가정의 의미 이외에 사회경제적 요소를 너무 많이 집어넣은 불순한 개념이었다.

반면 프랑스 건축가와 파리 부르주아들은 도로를 직접 면하는 아파트의 주거형식이나 집을 부동산 투자의 대상으로 보는 문화가 결코 집의 주거 기능을 훼손하는 것이 아니기 때문에 아무 문제가 없다고 보았다. 이 때문에 프랑스에서는 계속해서 아파트를 '집(maison)'이나 '개인주택(maison privée)'이라고 불렀다. 이런 현상은 아파트 건설이 본격적으로 증가하는 1840년대 이후나 오스망 재개발 이후에도 계속되었다. 결과적으로 아파트야말로 오늘날 파리의 기본 골격을 형성하게 되었다.

3

19세기 파리 아파트의 구성과 특징

임대방식과 층별 계층혼합

이상의 과정을 거쳐 등장한 아파트는 두 가지 선례 모델을 가졌다. 하나는 전통적인 다층 도시주거였고 다른 하나는 귀족들의 오텔이었다. 19세기 파리 부르주아들은 이 둘을 모델로 삼아 자신들만의 주거 유형을 개발했다. 18세기에 초기 모습을 드러낸 뒤 1800년대 초에는 표준 구성이 완성되었다. 물론 아파트마다 일정한 차이가 있는 것은 사실이지만 표준 구성이라고 할 만한 내용과 특징이 나타났다.

크게 보아 1층을 상가로 세를 놓은 뒤 그 사이에 주 출입구를 내는 방식과, 지하를 볼트 천장으로 구조 처리를 한 뒤 창고로 사용하는 형식은 다층 도시주거의 선례를 따른 것이다. 반면 위층을 차지한 주거의 평면 구성은 가능하면 오텔을 따르려 했다. 오텔의 선례는 부르주아들이 자신들의 정체성을 형성하는 데 매우 중요한 역할을 했다. 자신들이 과거 귀족의 권력을 승계했다는 사실을 과시하고 싶은 욕망을 만족시켰을 뿐 아니라 실제 실내생활에서도 19세기 파리 부르주아는 이전 시대 귀족들을 이어받은 부분이 많았다. 기능적으로도 오텔 평면이 잘 맞았다는 뜻이다. 당시 부르주아가 귀족생활을 좇아한 것이 많았음을 볼 때 전혀 이상할 것이 없는 현상이었다. 부르주아들은 자신들의 수입에 맞춰 귀족들의 생활방식을 축소시켜 받아들이고 따랐다.

이상을 합하면 19세기 파리 아파트는 귀족들의 오텔을 다층으로 올린 뒤 다세대가 나누어 임대한 도시주거가 된다. 층별 구성을 보면 다음과 같다. 1층은 상가 이외에 관리인의 공간이기도 했다. 관리인은 주 출입구 옆에 경비실을 두고 상주했다. 불어로는 'concierge'라고 불렀는데 원래 왕실 주택을 관리하는 집사를 의미했다. 19세기 아파트에서는 아파트 주인에게 고용되어 임대인을 모집하는 역할이 주요 임무였고 수위나 경비원을 겸한 종합 관리 역할도 함께했다. 아파트 주변을 청소하고 우편물이나 소포 등을 받아 각 세대로 배달했으며 주 출입구를 감시하며 방범 책임도 졌다. 1층과 2층 사이에는 중이층이 들어갔다. 엄연히 한 개 층을 차지했지만 서양에서는 건물 전체의 층수를 계산할 때에는 넣지 않는 것이 보통이다. 하지만 19세기 파리 아파트에서는 한 개 층으로 쳤다. 용도는 1층에 이어 상가로 사용하는 것이 보통이나 1층 가게 주인의 주거로 사용하기도 했다.

2층은 '좋은 층(bel etage)'이라고도 불렸는데 우리말로 하면 '로열 층'에 해당된다. 엘리베이터가 등장하기 전까지는 가장 좋은 층이었다. 지면에서 떨어져 있기 때문에 프라이버시가 보호되고 전망도 좋으면서 동시에 걸어 다니기에 불편하지 않은 정도의 높이였기 때문이다. 앞에서 얘기한 도시 외부공간과의 교류에 적합한 층이기도 했다. 이 때문에 2층은 집주인이 차지하는 것이 보통이었다. 임차인이 2층을 차지하기 위해서는 보통 주택 한 채를 전부 임대한 뒤 2층을 자신이 쓰고 나머지는 다시 임대해야 했다. 하지만 집주인에 따라서는 2층만 따로 임대하기도 했다.

3층부터는 본격적인 임대용으로 각 층마다 한 세대씩 들어갔다. 부지가 안으로 깊으면 뒤쪽에도 한 세대씩 들어갔는데 이 경우는 중복도형이 되었다. 뒤쪽 세대는 중앙 계단을 통해서 진입할 수 있었다. 이럴 경우 도로를 면한 앞쪽이 더 비쌌다. 위층으로 올라갈수록 천장과 창의 높이는 낮아졌으며 임대료도 따라서 낮아졌다. 꼭대기 층은 다락층으로, 중앙 복도를 중심으로 양옆을 여러 개의 침실로 나누어 썼다. 용도는 임차인이 데리고 있는 하인들의 주거였다. 한 세대당 보통 하인용 침대를 두 개씩 배당했다. 하인들의 영역이었기 때문에 별도의 서비스 계단을 통해 출입이 이루어졌다. 가장 중요한 동선은 각 층에 있는 부엌과의 연결이었는데 이것도 서비스 계단을 통해 직접 연결되었다. 지하의 창고는 한 세대당 두 개씩 배당했다. 하나는 와인창고였고 다른 하나는 나무와 석탄 등 땔감창고였다.

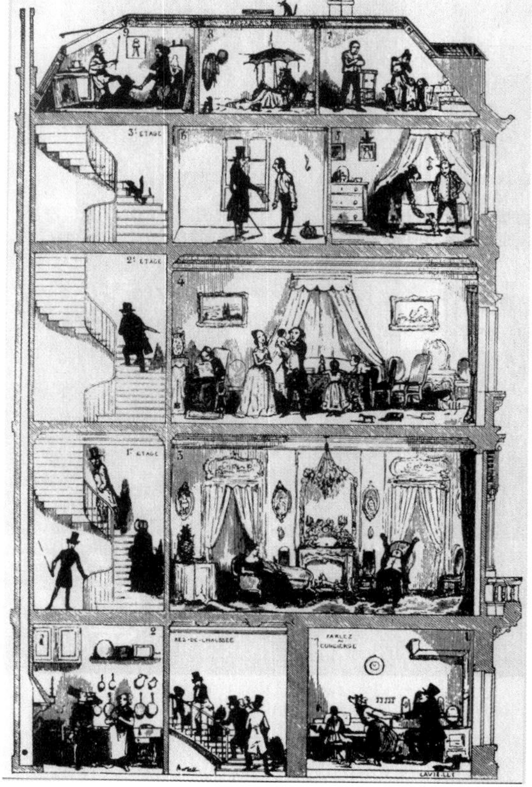

도 5-59 1853년 파리의 아파트 단면도. 각 층마다 다른 계층을 보여준다.

각 층의 임대료는 2층인 '좋은 층'에서 멀수록 낮아졌다. 집주인이 2층을 사용하지 않을 경우에는 2층이 가장 비쌌다. 이 가격을 기준으로 3층의 두 세대는 2층의 절반, 4층의 앞쪽 세대는 3분의 1, 4층의 뒤쪽 세대는 4분의 1, 다락층 세대는 6분의 1 수준이었다. 한 번 임대하면 몇 년씩 살았기 때문에 파리 시내의 아파트에는 빈 집이 거의 없었다. 임차인은 내부 수리비용과 건물 재산세를 분담해야 했다. 재산세 분담액은 그다지 크지 않았다. 임대료를 내지 못해서 쫓겨나는 경우는 거의 없었다. 집주인은 비교적 관대한 편이어서 소득 수준이 낮은 사람이 병에 걸리거나 곤란한 일이 생겨 일정기간 임대료를 내지 못하더라도 이해해주는 것이 보통이었다.

각 층의 임대료가 다르다는 것은 소득 수준에 따라 차지하는 층이 다르다는 뜻이고 이는 다시 여러 계층이 한 건물 안에 섞여 사는 이종혼합 주거를 의미했다. 19세기 기록 가운데에는 아파트의 각 세대를 구성하는 계층을 보여주는 그림이 있다(도 5-49, 도 5-59). 총 5층 건물이었는데, 1층은 관리인 가족이 출입구와 중앙 계단 옆의 큰 방 하나에 몰려 살고 있다. 계단 옆은 부엌이었다. 2층은 이른바 '로열 층'에 해당되는 '좋은 층'으로 아파트의 주인인 상류층 대형 부르주아가 살았다. 샹들리에와 벽난로와 각종 화려한 실내장식으로 치장한 그랜드 살롱에서 부부가 여유로운 생활을 하고 있다. 3층은 중간 수준의 부르주아가 나름대로 안락한 생활을 즐기고 있다. 2층의 그랜드 살롱만큼은 안 되지만 넓은 면적에 일정한 가구와 실내장식을 갖춘 거실에서 온 가족이 즐거운 하루를 보내고 있다.

4층은 프티 부르주아가 살았는데 주거환경이 눈에 띄게 열악해졌다. 좁은 방 하나에 한 세대가 사는데 첫 번째 방에서는 관리인으로 보이는 사람이 방세 독촉을 하는 것 같은 장면이 일어나고 있고 두 번째 방에서는 부부가 애완견에게 밥을 먹이고 있다. 4층으로 향하는 계단을 오르는 사람은 지친 듯 어깨가 처져 있다. 마지막 5층은 다락방으로 가난한 예술가나 도시상공인, 독거노인 등의 몫이었다. 생활 형편은 아주 나빠져 있다. 낮고 좁은 방 하나에 한 가족이 우글거리며 함께 살아야 했다.

실내 구성–영역 구성과 수직 구성

실내 구성은 오텔을 모델로 삼아 아파트에 맞게 변형시켰다. 오텔과 아파트는 부지 조건이 달랐기 때문에 적절한 조절이 필요했다. 오텔은 넓은 부지 위에 수평 방향으로 뻗어나가는 구성을 했으며 앞마당을 가지면서 본체가 뒤로 물러앉았던 데 반해 아파트는 한정된 면적 안에 수직으로 쌓아야 했으며 도로를 직접 면했다. 이런 조건에 구애받지 않는 오텔의 구성 내용은 가급적 그대로 받아들이려 했다. 이렇게 형성된 실내 구성의 기준은 크게 영역 구성과 수직 구성 둘로 나눌 수 있다. 19세기 파리 아파트 역시 오텔과 마찬가지로 편차가 커서 표준형을 제시하기는 어려운데, 렘브란트 가 아파트(Maison de Rue Rembrandt)의 1층 평면과 신마튀랭 가 39번지(No.39, Rue Neuve des Mathurins, 1860) 아파트의 2~4층 평면을 예로 삼아 영역 구성과 수직 구성을 살펴보고자 한다(도 5–60, 도 5–61).

영역 구성에서는 크게 보아 공적–사적 영역에 따른 오텔의 3등급 분류를 따랐다. 형식성이 가장 큰 공적 영역에는 그랜드 살롱, 살롱, 갤러리, 식당, 주인 부부의 침실 등이 들어갔다. 가족들의 주거와 구성원의 사적 생활을 위한 사적 영역에는 나머지 식구들의 침실을 필두로 개인 서재, 드레싱 룸, 목욕탕 등이 들어갔다. 두 영역의 중간 단계에는 공적 시설이되 보다 자유롭고 비형식적인 방들이 들어갔는데 도서관, 소형 살롱, 개별 대화를 위한 사실(boudoir) 등이었다.

수직 구성을 기준으로 하면 크게 출입구 영역과 본체로 나눌 수 있다. 출입구 영역은 1층으로 '정문 출입구–전실–중앙 계단'으로 이어지는 연속 구성을 통해 진입했다(도 5–55, 도 5–60). 전실 옆에 관리인을 배치해서 출입을 통제하는 방식으로 운영했다. 중앙 계단은 크고 화려하게 장식했다. 곡선을 많이 사용해서 마치 춤추는 것 같다 해서 '춤추는 계단'이라는 별명을 얻기도 했다. 아파트에서는 계단실 하나를 여러 세대가 나누어 사용했기 때문에 입주자들은 그만큼 화려하게 장식하고 싶어 했다. 여러 세대가 공동 부담했기 때문에 웬만큼 화려하게 장식해도 개인이 감당해야 할 비용은 많이 줄어들었다.

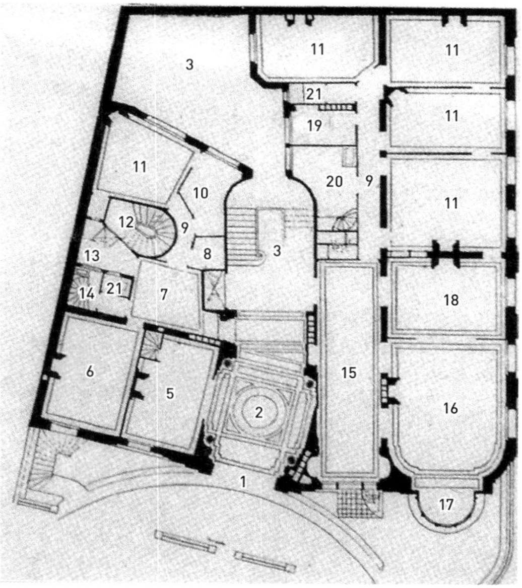

도 5–60 렘브란트 가 아파트(Maison de Rue Rembrandt). 1층 평면도. 1=정문 출입구. 2=전실. 3=중앙 계단. 4=안마당. 5=관리인 가족 주거. 6=관리인 가족 식당. 7=전실. 8=옷방. 9=통로. 10=화장용 방(cabinet de toilette). 11=챔버. 12=계단실. 13=엘리베이터. 14=서비스 계단(지하실용). 15=갤러리. 16=그랜드 살롱. 17=온실. 18=연회 홀. 19=목욕탕. 20=오피스. 21=화장실.

이상의 출입구 영역 뒤쪽이나 옆쪽에는 안마당을 뒀는데 크기가 허용할 경우 마구간과 마차 보관소가 들어갔다. 후면도 도로를 면할 경우에는 상가가 들어갔는데 안쪽 상가(arrière boutique)라고 불렀다. 작은 아파트에서는 1층에 보통 이 정도의 시설만 들어갔다. 큰 아파트에서는 안마당 뒤쪽이나 옆쪽에 제대로 된 한 세대가 들어가기도 했다. 관리인이나 상가 주인이 부자일 경우 이런 1층 세대를 임대하기도 했으나 도로를 면해서 임대료가 만만치 않았으므로 보통은 중간 정도 등급의 부르주아가 많이 사용했다.

본체는 2층 이상으로 앞에서 언급한 바와 같이 층수에 따라 구성이 달랐다. 2층을 기준으로 하면, 도로를 면한 정면 중앙에 그랜드 살롱을 놓고 양옆이나 앞뒤에 주인 부부의 침실을 배치했다. 보통 '남자 주인 침실–살롱–여자 주인 침실–사실 및 여러 부속실'의 순서로 일렬 배치했다. 식당은 안마당을 면해서 배치했으며 식당과 부엌, 식료품 저장소는 기능적 동선을 위해 복도를 통해 직접 연결했다. 이런 시설들은 공적 영

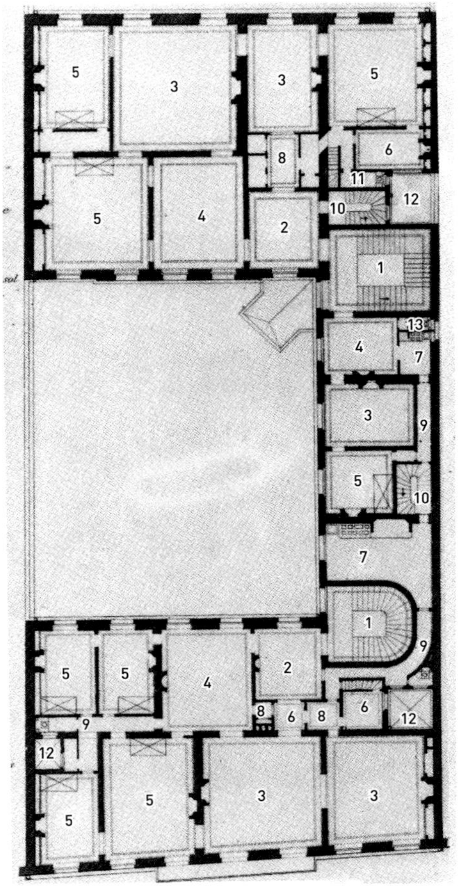

도 5-61 신마튀랭 가 39번지(No.39, Rue Neuve des Mathurins) 아파트, 2~4층 평면도, 1860년. 1=중앙 계단, 2=전실, 3=살롱, 4=식당, 5=침실, 6=화장용 방, 7=부엌, 8=통로, 9=복도, 10=서비스 계단(지하로 연결), 11=중이층 계단, 12=소 광정, 13=화장실.

역을 형성했다. 나머지 식구들의 침실로 구성되는 사적 영역은 후면 측동에 배치했다. 도로 쪽 공적 영역과 후면의 사적 영역 사이에는 갤러리 형 복도를 넣어 구별했다(도 5-61).

19세기 파리 아파트에서는 여자 주인의 침실이 중요해졌다. 이전의 오텔이 그랜드 살롱 등 남자 주인의 사회적 영역에 집중한 것과 달라진 점으로, 19세기에 들어와서 여성의 지위가 향상된 데 따른 결과였다. 여자 주인은 하루 중 최소한 몇 시간씩 침실에서 시간을 보냈기 때문에 이들에게 침실은 '가정 속의 가정'이었다. 따라서 자신의 취향에 맞춰 실내를 장식하고 꾸몄다.

부속실의 역할부터 중요했다. 드레싱 룸과 화장용 방(cabinet de toilette)은 침실의 산뜻한 느낌을 강조하는 분위기로 꾸몄다. 개인대화를 위한 사실은 침실에 부속된 전실이나 리셉션 룸을 겸했다. 여자 주인이 마음 속 얘기를 나누는 가장 사적이고 은밀한 장소로 이곳까지 들어올 수 있는 손님은 여자 주인과 가장 절친한 1등급 친구로 인정받은 것으로 볼 수 있었다. 이보다 좀 덜 친한 2등급 친구는 소형 살롱에서 맞았다.

여자 주인도 그랜드 살롱을 사용할 수 있었다. 르네상스 오텔과 달라진 점 가운데 하나로, 19세기에 들어와서 부르주아의 아내들도 자신들만의 사회생활이나 사교생활을 활발히 했는데 이에 필요한 모임과 연회를 그랜드 살롱에서 가졌다. 1~2등급 친구들 이외에도 여자 주인에게 중요한 사교모임의 인사들까지 포함한 큰 규모의 모임이 자주 벌어졌다.

이런 여러 방들은 오텔을 구성하던 '일렬 아파트먼트(apartment enfilade)' 방식으로 배열했다. 방과 방 사이는 문을 통해 연결되었는데 옆방의 프라이버시를 보호해야 할 경우를 대비해서 홀이나 복도로 바로 통하는 문을 추가로 설치했다. 이처럼 여러 방들 사이에는 여러 개의 출입 통로가 나 있기 때문에 이 방들을 몇 개씩 묶어서 조합하는 경우의 수가 다양해졌다. 이는 집 안에서 일어나는 사교모임의 규모와 성격에 따라 사용하는 방과 보호해야 할 방을 다양하게 조절해서 맞출 수 있는 장점이 있었다.

외관 특징과 3종류의 등급

아파트의 전체 윤곽은 부지 상태에 따라 매우 다양했다. 특히 오스망 재개발 이후 등장한 방사선 도로의 모퉁이에 지은 아파트들은 비정형도 심했다. 이 경우 방들도 따라서 비정형이 나올 수밖에 없었는데 이런 경우에는 로코코 오텔을 모델로 삼아 유려한 곡선 윤곽으로 처리하면 유리했다. 특히 비정형 윤곽에 대한 부담이 적은 계단실이 그랬다. 19세기 부르주아는 이전의 귀족생활을 많이 따라했기 때문에 귀족 주택의 꽃이라 할 수 있는 로코코 오텔을 모방한 것은 전혀 이상할 것이 없었다. 방사선 도로의 모퉁이를 벗어나면 반듯한 윤곽이 나왔지만 이때에도 한 가지로 정해진 대표 형태는 없었다. 대부분 안마당을 가졌기 때문에 안마당을 만드는 데 유리한 'ㄱ'자형, 'ㄷ'자형, 'ㅁ'자형이 많았고 단순 육면체는 상대적으로 적었다.

아파트의 입면 역시 일단은 오텔을 선례 모델로 삼았으나 추가 디자인이 필요했다. 오텔은 높아야 3층이었기 때문에 5~8층의 아파트에 직접 적용하는 데에는 무리가 있었기 때문이다. 이를 위해 고전주의의 전통적인 입면 구성인 '3단 층쌓기'를 도입했다. 이는 서양건축에서는 가장 무난하고 보편적인 입면 구성방식이었으며 나아가 고전 구성의 권위는 부르주아의 과시 욕망에도 잘 부합되었다.

이에 따라 1층과 중이층은 기단을, 2~3층은 몸통을, 4층과 다락층은 지붕 혹은 마감부를 각각 형성했다(도 5-33, 도 5-34). 기단은 러스티케이션으로 처리해서 역시 고전 조적의 전통적 권위를 그대로 유지했다. 중앙에 들어가는 정문 출입구는 특별히 더 강조했다. 몸통에서는 창 처리가 핵심이었다. 보통은 상인방에 박공을 얹는 정도만 처리해서 평범하게 놔두는 편이었지만 때때로 창 사이에 벽기둥을 넣어서 장식 처리와 권위적 과시를 늘리기도 했다. 지붕 마감부에는 4층의 상인방

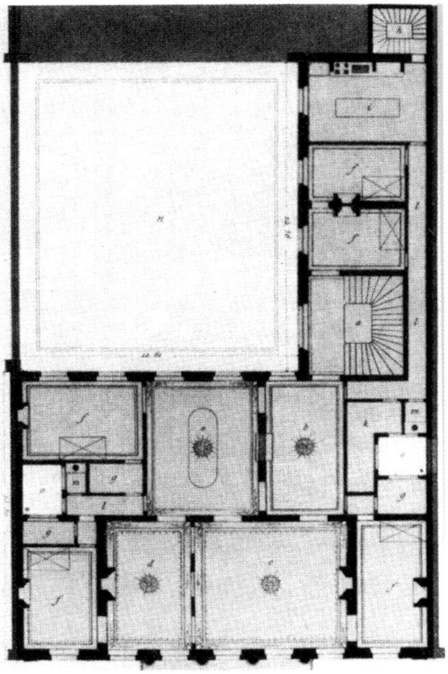

자리에 깊게 돌출한 코르니스를 넣었고 그 위에 급한 경사의 망사르 루프를 얹었다. 다락층에 들어가는 침실은 지붕 속으로 들어가 숨었다.

아파트 전체를 기준으로 하면 19세기 파리에서는 경제 수준에 따라 보통 1등급, 2등급, 3등급의 세 종류가 있었다. 1등급은 앞에 열거한 실내 구성 요소를 골고루 갖추었으며 한 개 층에 한 세대나 많아야 두 세대가 들어갔다. 방의 개수는 15~20개에 달했다. 앞에 나왔던 렘브란트 가 아파트와 신마튀랭 가 39번지 아파트도 1등급이었으며, 샹젤리제 가 125번지 아파트를 또 다른 예로 추가할 수 있다. 도로를 접한 정면의 중앙에 그랜드 살롱이 들어갔고 그 뒤에는 소형 살롱과 도서관 등 중간 영역이 안마당을 면해 배치되면서 '두 겹 아파

도 5-62 샹젤리제 가 125번지(No.125, Avenue des Champs-Elysees) 아파트. 19세기 파리의 1등급 아파트. 2~4층 평면도.
도 5-63 샹젤리제 가 125번지 아파트. 19세기 파리의 1등급 아파트. 입면의 인체기둥.

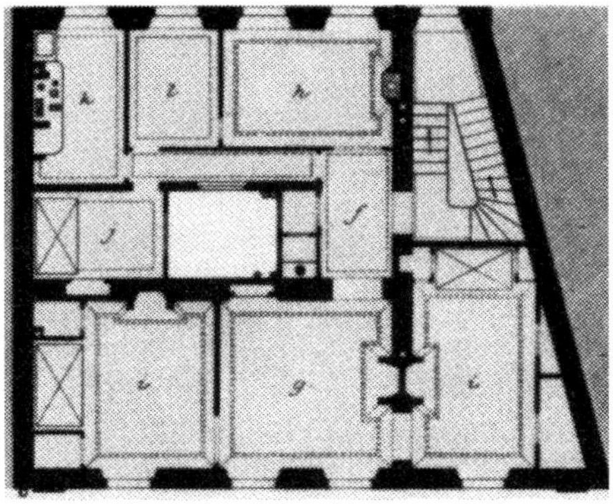

도 5-64 세바스토폴 가 4번지(No.4, Boulevard de Sébastopol) 아파트. 다시우드(Gabriel Dacioud)가 설계한 19세기 파리의 2등급 아파트. 2층 평면도.
도 5-65 세바스토폴 가 4번지 아파트. 다시우드가 설계한 19세기 파리의 2등급 아파트. 입면도.

트먼트' 구성을 했다. 그랜드 살롱의 왼쪽에는 여자 주인의 침실 및 그에 속하는 여러 사실들이, 오른쪽에는 남자 주인의 침실이 들어갔다. 중앙 계단은 각 세대의 한중간에 위치하면서 수직 통로 역할을 했다. 중앙 계단 안쪽의 속 영역은 자녀들의 침실이 들어갔다(도 5-62). 입면에서는 창틀과 발코니에 장식을 넣었는데 생각보다 화려하지는 않았다. 가장 화려한 경우는 일부 아파트에서 발코니를 인체기둥으로 받치게 한 처리였다(도 5-63).

2등급에서는 세바스토폴 가 4번지 아파트가 좋은 예이다. 방의 개수는 10개 정도로 많이 줄었고, 작은 광정을 중심으로 한 겹 아파트먼트를 돌아가며 배치했다. 그랜드 살롱을 필두로 주인 내외의 침실과 연회시설에 치중했고 나머지 방들은 상대적으로 많이 생략되었다. 한눈에 봐도 1등급의 평면보다 많이 작았고 구성도 단순해졌다(도 5-64). 하지만 2등급까지도 한 개 층에 두 세대 이상은 넣지 않는 것이 통례였다. 입면은 오히려 1등급과 큰 차이가 없었다. 창틀을 비교적 정성스럽게 장식했는데 1등급에 썼던 인체기둥 같은 대형 장식은 없었다(도 5-65).

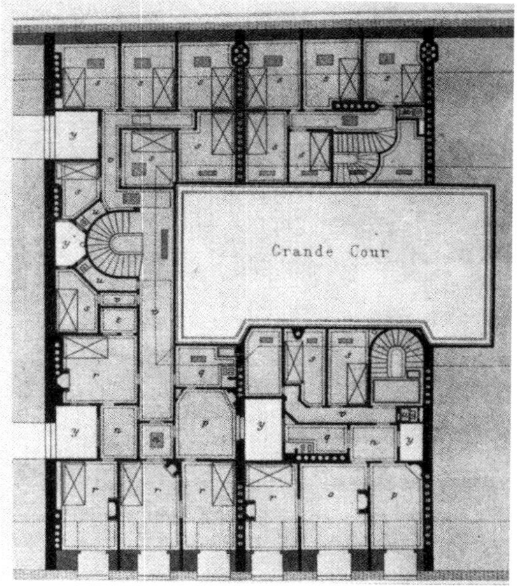

도 5-66 보마르셰 가 36~40번지(Nos.36~40, Boulevard de Beaumarchais) 아파트. 롤랑(François Rolland)이 설계한 19세기 파리의 3등급 아파트. 2~4층 평면도.

3등급은 롤랑(François Rolland)이 설계한 보마르셰 가 36~40번지 아파트가 좋은 예이다. 3등급에서는 방의 개수가 5~7개 정도로 더 줄었다. 각 방의 면적도 좁아졌다. 공적 영역은 그랜드 살롱과 주인 부부 침실 정도로 최소한의 기본 요건만 갖추었다. 세대당 면적이 줄었기 때문에 한 개 층에 4세대 정도가 들어갔다. 보통 안마당을 뒀는데 각 세대는 안마당의 일부만 면할 수 있었다(도 5-66). 입면에서는 장식이 거의 사라지고 동일한 창이 급하게 반복되면서 20세기 아파트를 지배하는 동일성의 모습이 조금씩 나타나기 시작했다.

4

런던의 17세기 광장주거

링컨스 인 필즈와 17세기 광장주거의 시작

영국의 본격적인 도시주거 개발사업은 17세기 초에 시작되었다. 앙리 4세가 파리에서 벌이던 광장주거에서 영향을 받아 이것을 모델로 삼아 주로 런던에서 시행했다. 파리와 차이도 있었다. 파리에서는 광장주거가 앙리 4세와 루이 14세, 두 왕이 주도하면서 17세기에 집중되었고 18세기부터는 거의 사라졌다. 반면 런던에서는 왕실의 개입이 상대적으로 적었으며 따라서 완성도도 떨어졌다. 그러나 숫자만 보면 17세기에만 10여 건에 육박할 정도여서 파리를 능가했다. 17세기에는 주로 런던에 집중되었는데 이것이 일정한 성공을 거두면서 18세기에는 바스 같은 다른 도시로 퍼지면서 오히려 더 활성화된 점도 중요한 차이였다. 이후 영국에서는 광장주거가 도시주거의 주요 유형으로 자리 잡으면서 19세기에는 런던을 비롯해서 여러 도시에서 더욱 활성화되었다.

17세기 런던의 최초의 광장주거는 링컨스 인 필즈(Lincoln's Inn Fields)와 코벤트 가든(Covent Garden)이었다. 하지만 파리의 선례와 비교하면 여러 면에서 제대로 된 광장주거와는 다소 거리가 있었다. 광장을 먼저 닦고 주택을 나중에 더했으며 주택의 숫자나 광장을 에워싸는 정도도 광장주거라고 부르기에는 부족한 면이 있었다. 건설 기간도 다소 길었다. 하지만 광장을 중심으로 도시주거가 들어선 점과 이것을 전체 계획 아래 개발사업으로 진행한 점 등에서는 광장주거라 볼 수 있었다.

이것으로 가는 첫 번째 길목은 1620년대에 시행한 '커미션 온 빌딩스(The Commission on Buildings)'였다. 일종의 런던 도시계획으로 법령, 디자인, 실제 실행업무 등을 총괄한 종합계획이었다. 런던의 과밀을 막고 디자인과 벽돌 사용을 의무화해서 방화 등 여러 측면에서 런던 건물을 개선하려는 시도였다. 입안은 자코뱅 시대(1603~25)인 1618년에 있었고 1620년에 수정을 거친 뒤 확정되었다. 1620년대는 이를 실제로 시행하는 시기였다. 펨브로크의 백작(Earl of Pembroke)과 아룬델의 백작(Earl of Arundel) 등이 행정 책임자였으며 존스가 건축감독관을 담당했다. 존스는 제임스 1세에서 찰스 1세를 거치며 스튜어트 왕조 전반부 당시 왕실과 밀접한 관계를 맺으며 왕실의 건축 일을 전담해오고 있었는데 이 일도 그것의 연장선이었다.

그 결과 런던의 첫 번째 광장주거라 할 수 있는 링컨스 인 필즈와 코벤트 가든이 탄생하는 등 일정한 효과를 거두었다. 두 예 모두 건립 시기가 명확하지는 않다. 가장 먼저 시작한 것은 링컨스 인 필즈였다. 1618년 입안 때부터 계획했었다는 주장이 있을 정도로 초반에 등장했다. 이후 1620년대에 '커미션 온 빌딩스'를 시행하는 과정에서 런던 시

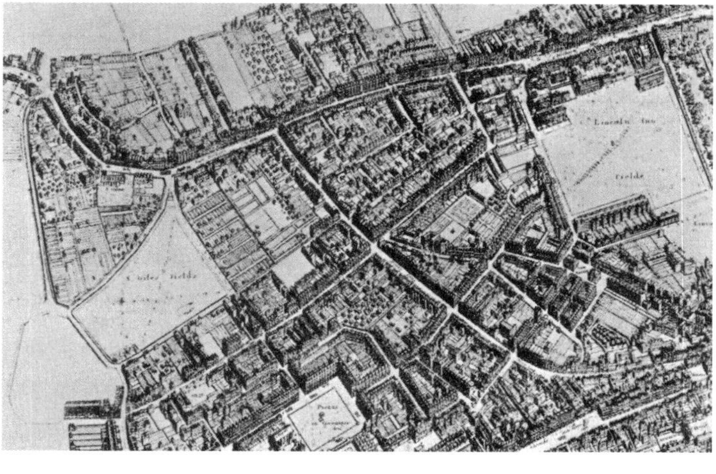

도 5-67 홀라의 런던 지도(Map of W. Hollar, London, 1658). 오른쪽에 링컨스 인 필즈(Lincoln's Inn Fields)가 보인다.

내의 중요한 오픈 스페이스 후보로 줄곧 올라 있었던 경력답게 일단 광장으로 먼저 개발되었다. 하지만 이때에는 지금 같은 타운 하우스 없이 '쾌적하고 훌륭한 산책(fair and goodly walks)'만을 위한 공간으로 시작했다(도 5-67). 타운 하우스는 1640년대에 들어서기 시작했다.

따라서 광장만을 기준으로 하면 링컨스 인 필즈가 최초의 예이지만 그 주변에 들어서는 타운 하우스까지 함께 생각하면 이곳은 최초의 예가 아니었다. 하지만 이후 영국의 도시주거 개발사업에 중요한 모델이 되면서 큰 영향을 끼쳤다. 가깝게는 17세기 런던의 광장주거에, 멀리는 18~19세기 영국 전체의 도시주거 개발사업에 대표적 선례를 제시했다. 영국 최초의 광장주거라는 점, 1620년대에 '커미션 온 빌딩스'의 실행을 구체화한 주요 사업이라는 점, 고전주의와 테라스 하우스의 두 유형을 선보인 점 등이 주요 내용이었다.

링컨스 인 필즈가 광장주거로 발전한 데에는 여러 선례가 영향을 끼쳤고 인용되었는데 크게 둘로 요약할 수 있다. 첫째, 가장 큰 자극은 앙리 4세의 광장주거였다. 1610년경이면 왕립 광장 주거와 도핀 광장 주거가 모습을 드러냈고 프랑스 광장주거의 계획이 완료되었다. 당시 프랑스와 경쟁과 교류의 양면적 관계를 맺고 있던 영국에 앙리 4세의 광장주거는 17세기 초입에 걸맞은 새로운 도시주거 모델로 일정한 영향을 끼쳤다. 파리와 런던의 라이벌 관계도 중요했다. 파리의 광장주거는 1620년대 런던의 도시계획인 '커미션 온 빌딩스'에까지 영향을 끼쳤다.

인(Inn)의 전통과 광장주거의 개발

둘째, 프랑스의 영향만 있었던 것은 아니었다. 영국의 대도시에는 이미 중세 때부터 '인'이라고 하는 대학교의 기숙사 형식이 발달해오고 있었다. 영국 고어에서 '인'은 런던의 법대 학생기숙사를 의미했다. 그 기원 역시 중세까지 거슬러 올라간다. 중세 때 파리의 대학교에 유학하던 영국 학생들이 프랑스와의 전쟁이 빈번해지면서 귀국한 뒤 이들을 교육시키기 위해 옥스퍼드와 케임브리지의 두 대학이 세워졌다. 처음에 런던에는 대학이 없었다. 하지만 변호사를 교육시키는 법학과정은 런던에서도 웨스트민스터 인근에 있었으며, 교육을 받으러 오는 학생들이 머무는 곳이 바로 '궁정의 인(Inns of Court)'이었다.

학생들은 인의 안마당에서 운동과 집회를 했고 그 주변을 에워싼 주거에서 기숙생활을 했다. 물론 기숙사가 안마당을 완전히 에워싼 것은 아니었다. 법학과정의 교육생만으로는 그 수가 많지 않았기 때문에 기숙사는 잘해야 한 동이면 충분했을 것이며 기숙사 옆에는 교회도 함께 있었다. 하지만 오픈 스페이스를 가운데 끼고 주거가 에워싸는 형식이었던 것만은 분명하다. 지명에 '인'이 들어간 곳은 중세 때 이런 기숙학교였다.

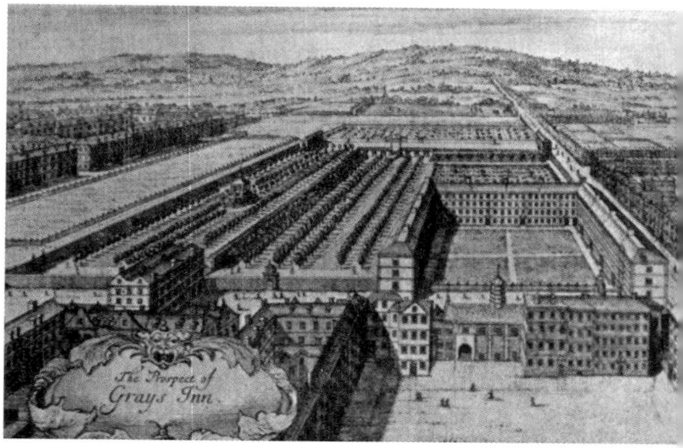

도 5-68 그레이스 인(Gray's Inn). 런던. 1556~60년. 산책로를 갖춘 축제 정원 형식으로 구성되었다. 1755년경 그림.
도 5-69 그레이스 인. 런던. 1556~60년. 현재 상태.

런던에만도 1556~60년에 세워진 그레이스 인(Gray's Inn)이 지금까지 남아 있다(도 5-68, 도 5-69). 그것도 링컨스 인 필즈에서 멀지 않은 북쪽 인근이었다. 이곳 역시 중세 때의 '궁정의 인' 가운데 한 곳이었다. 지금은 조지 1세(재위 1714~27) 때 조지안 양식으로 개축한 건물이 남아 있지만 일부 골격은 당시 중세의 모습을 간직하고 있다. 링컨스 인 필즈 역시 이와 비슷한 곳이었다. 1376년의 기록에 의하면 대법관청 서기의 산책로 겸 운동장이었는데 그 부지를 17세기 초에 광장주거로 개발한 것이다.

이상의 배경을 볼 때 런던의 광장주거는 인의 안마당을 광장으로 확대해서 시민에게 개방한 형식으로 볼 수 있다. 인에서 안마당은 규모도 작았고 주로 학생들만을 위한 사적 공간이었는데 이것을 시민을 위한 광장으로 확대해서 오픈 스페이스로 개방한 것이다. 아마도 런던시민들이 앙리 4세의 광장주거를 시내에 큰 거부감 없이 즉각 도입할 수 있었던 것은 인의 전통이 있었기 때문이었을 것이다. 실제로 링컨스 인 필즈는 이미 1613년부터 개발 얘기가 지속적으로 나오고 있었다. 경쟁관계에 있던 프랑스의 선례를 단순히 모방하기보다는 프랑스의 선례에서 자신들의 전통 형식을 발전시킬 가능성을 보았을 것이란 뜻이다.

이것을 링컨스 인 필즈라는 구체적 예로 계획을 해서 실행에 옮긴 사람이 존스였을 것으로 추정된다. 이 단지가 존스의 아이디어였다는 주장은 18세기 초에 처음 제기되었는데, 확실한 것은 아니지만 지금까지도 일정한 설득력을 갖는 것으로 받아들여지고 있다. 존스가 '커미션 온 빌딩스'의 건축 책임자였다는 사실과 존스가 런던의 또 다른 광장주거인 코벤트 가든을 설계했다는 사실 등이 간접적 증거가 될 수 있다. 존스는 대륙의 최신 경향을 받아들여 영국에 정착시키는 일에 자신의 건축 인생을 걸었는데, 아마도 프랑스의 광장주거가 인이라는 자국의 전통 형식을 통해 영국에 정착할 수 있는 가능성을 보았을 것으로 추정된다.

링컨스 인 필즈는 도시 광장으로 10여 년 간 사용되다가 1638년에 서쪽 면에 32채의 주택공사 허가를 얻어냈다. 1640년부터 타운 하우스가 들어서기 시작했으며 1641년에 모두 지었다. 이후 18~19세기를 거치면서 광장 주변을 지속적으로 개발했기 때문에 현재 초창기 예는 거의 남아 있지 않다. 유명한 손 하우스(Soane's House, 1812~13)도 이때 지은 것이다. 이런 가운데 66~67번지 주택과 린드세이 하우스(Lindsay House, 1640)가 초창기의 대표적인 예이다(도 5-70, 도 5-71).

도 5-70 링컨스 인 필즈 내 66~67번지 주택. 런던. 1641년.
도 5-71 링컨스 인 필즈 내 린드세이 하우스(Lindsay House). 런던. 1640년.

린드세이 하우스는 지금도 남아 있으며 66~67번지 주택은 1754년에 스트라이프(Strype)가 그린 판화에 외관 전경이 남아 있다. 이 두 예는 향후 영국의 도시주거 개

발사업에 두 가지 중요한 선례가 되는 점에서 중요하다. 린드세이 하우스는 고전주의를, 66~67번지 주택은 테라스 하우스를 각각 기본 형식으로 삼았는데, 18~19세기 영국에서 개발사업으로 지은 도시주거는 대체로 이 두 형식을 합한 것이 주를 이루게 된다.

린드세이 하우스는 벽기둥과 코르니스 같은 팔라디오의 팔라초 어휘를 직설적으로 사용했다. 이 주택이 존스의 작품인지에 대해서는 논란이 있는데 적어도 그가 디자인에 대해 허락할 권리 정도는 가지고 있었을 것으로 보인다. 존스 자신이 팔라디오의 열렬한 추종자였기 때문에 결국 '팔라디오-존스'로 이어지는 영국 르네상스 고전주의의 흐름 내에 드는 것으로 볼 수 있다. 창의 비례를 정밀하게 계산을 해서 이것을 기본 단위로 삼아 건물의 주요 높이와 폭을 결정했는데 그 결과 전체적으로 기하학적 시스템의 분위기가 드러난다. 이런 분위기는 존스의 대표작인 뱅큇 하우스(Banquet House, 1616~22)의 특징이기도 했다(도 5-72).

도 5-72 존스(Inigo Jones), 뱅큇 하우스(Banquet House), 런던, 1616~22년.

윌리엄 뉴턴과 영국의 부동산 개발사업

링컨스 인 필즈에는 17세기 런던의 대표적인 주택개발업자 뉴턴(William Newton)이 관여했다. 링컨스 인 필즈의 성공은 흔히 순수디자인의 관점에서만 봐서 존스 같은 건축가의 이름만 거론되지만 의외로 개발업자 뉴턴 역시 숨은 공로자였다. 린드세이 하우스는 그가 지은 것이며 나머지 32채도 모두 그가 허가를 얻어내고 지은 것이었다. 린드세이 하우스는 그가 살려고 지은 것은 아니었고 전형적인 투자 목적으로 지은 것이었다. 건축주는 커닝엄 경(Sir David Cunningham)이었다. 하지만 뉴턴은 부동산 투자의 거물답게 이미 이곳에서 향후 영국의 도시주거 개발사업에 대한 방향과 기준을 제시했다.

당시 영국은 부동산 개발사업이 성공하기 어려운 환경이었다. 앙리 4세나 루이 14세처럼 왕이 나서서 개발사업을 이끌지 않았다. 게다가 런던 부르주아는 파리와 달리 부동산 투자에 관심이 없었다. 주택을 '개인의 성'이라며 신성시하는 전통이 있었기 때문에 투자의 대상으로 보지 않았다. 그 대신 직접 공장을 짓고 물건을 생산하는 산업자본주의나 이렇게 모은 돈으로 다시 돈을 버는 금융자본주의가 일찍부터 발달했다. 이런 전통은 대체적으로 지금까지도 계속되어서 영국은 선진국 가운데 고층 아파트 비율이 낮은 편에 속한다. 이런 배경 때문에 경제적 측면에서 보면 개발사업이 활성화되기 어려운 환경이었다.

뉴턴은 이런 상황에서 '투자자-건축주-건축가-시공업자'를 묶는 개발주체를 연결하고 조직화해서 실제 개발을 성공적으로 이뤄냄으로써 향후 영국에서도 부동산 개발사업이 활성화되는 출발점을 이루었다. 어떤 면에서 보면 이런 종류의 개발사업에서는 존스 같은 거장 건축가의 디자인조차도 뉴턴의 개발 조직의 하부 요소일 수 있을 정도였다. 그만큼 당시 상황에서 개발사업을 원활하게 시행할 수 있는 개발업자의 역할과 중요성은 절대적인 것이었다. 더욱이 뉴턴은 단순한 개발업자가 아니었다. 수준 높은 디자인을 더해서 상류층의 예술적 욕구나 과시적 허영심 같은 것을 잘 만족시켰다. 17세기 영국에 필요한 개발방식의 한 가지 전형을 창출해서 제시한 것일 수 있다. 이런 뉴턴의 개발방식은 여러 추종자를 낳았는데 청교도혁명 이후 17세기 후반부에 블룸스베리(Bloomsbury) 남쪽을 개발한 버번 박사(Dr. Nicholas Barbon)가 대표적인 인물이었다.

이런 식으로 17세기 런던에서 시행된 여러 개발사업은 각자의 고유한 디자인 색깔을 확보함으로써 런던 전체를 모아놓고 보면 다채로운 도시주거를 모아놓은 종합세트가 되었다. 이는 영국의 다양성 전통의 하나일 수 있는데 실제로 18~19세기를 거치며 영국은 가장 다양한 종류의 주택 양식을 창출한 나라가 되었다. 이런 흐름은 19세기 말~20세기 초까지 이어져서 이때쯤 되면 대륙에서도 영국의 발달한 주거문화를 부러워하며 배우는 움직임이 나타날 정도였다.

런던에 광장주거를 정착시키는 데에도 개발업자 뉴턴의 역할이 컸다. 물론 광장주거의 아이디어 자체는 뉴턴이 낸 것은 아니었고 앞에 밝힌 것 같은 인의 전통, 파리의 모델, 존스의 디자인 등 다른 다양한 경로를 통해서 제기되었다. 하지만 이것을 개발사업으로 구체적으로 실행하는 데에는 뉴턴의 역할이 컸다. 그는 런던에서도 광장주거가 성공할 수 있는 가능성을 봤던 것이다. 1630년대에 먼저 모습을 드러낸 코벤트 가든의 광장주거에서 그 가능성을 먼저 봤고 1640년대에 링컨스 인 필즈를 직접 실행함으로써 이후 광장주거가 런던, 나아가 에든버러와 바스 등 영국 여러 도시에서 자리 잡는 데 중요한 역할을 했다.

코벤트 가든과 링컨스 인 필즈를 계기로 런던에서도 주택 앞에 있는 광장을 개방 용지로 활용할 수 있는 새로운 도시주거 유형이 등장했다. 타운 하우스임에도 넓은 개방 용지를 가질 수 있다는 사실은 큰 매력이었다. 영국의 타운 하우스는 기본적으로 마당이 없는 유형이며, 있다고 해도 'ㄷ'자형이나 'ㅁ'자형의 작은 공동 안마당 정도인데 광장주거에서는 넓은 개방 용지를 가짐으로써 이런 단점을 극복한 것이다. 여러 세대가 공유하는 것이긴 했지만 면적만 보면 농촌이나 도시에 짓는 개인주택의 마당보다 최소한 몇십 배는 넓다는 점이 큰 장점이었다. 여러 세대의 마당을 한곳에 모은 뒤 같이 나눠 쓰는 개념이었기 때문이다.

광장주거는 거꾸로 도시의 관점에서 보면 대표적인 외부공간인 광장을 특성화 내지 활성화하는 한 가지 해법이기도 했다. 주택이 들어가면 공공건물이나 상가만으로 둘러싸이는 것보다 광장이 훨씬 안정되고 밤에도 계속 살아 있는 장점이 있기 때문이다. 광장의 사용 방향에서도 거주자의 산책로나 앞마당으로 이용되기 때문에 특성화될 수 있다. 이상의 여러 과정을 거쳐 광장주거의 장점을 확인한 런던에서는 이후 광장주거가 발상지 파리보다 더 활성화되었다.

이런 현상은 19세기까지 이어지면서 영국에서는 광장주거가 파리의 아파트까지 대신하게 되었다. 19세기 파리에서 아파트가 전성기를 누린 것과 달리 영국에서는 거의 지어지지 않았다. 런던은 산업혁명 이후 시내에 주로 공장이 들어서고 도시 공동주택은 활성화되지 않았다. 그렇다고 런던에 도시 공동주택의 수요가 전혀 없었던 것은 아니다. 파리에 비해 상대적으로 적었을 뿐 일정 수요가 있었는데 이것을 아파트가 아닌 테라스 하우스 형식의 광장주거가 수용한 것이었다.

링컨스 인 필즈는 뉴턴의 경력에서 거의 마지막 활동이었다. 그는 그 이전에는 다른 곳에서 활동을 하며 이름을 날리고 있었다. 베드퍼드셔(Bedfordshire) 출신으로 1629년부터 부동산 개발사업을 시작했으며 1643년 사망할 때까지 이 일을 계속하면서 17세기 런던을 대표하는 부동산 개발업자가 되었다. 명성에 비해서 활동 기간은 14년으로 짧은 편인데 이는 그가 영국에서는 거의 최초로 근대적 부동산 개발의 길을 닦은 개척자였기 때문이다. 부동산 개발이 하나의 직업활동으로 정착하기 전이라는 뜻이다. 중년까지는 아마도 여러 가지 탐색활동을 벌였던 것으로 보인다. 그는 부동산 개발업자로는 고급 건축양식을 연구하는 건축사 책에 이름이 나오는 거의 유일한 인물이기도 했다.

고전주의: 영국 도시주거의 대표 양식

링컨스 인 필즈와 함께 뉴턴의 또 다른 주요 활동은 그레이트 퀸 스트리트(Great Queen Street) 개발사업이었다. 코벤트 가든이 첫 번째 모습을 드러낸 지 7년 뒤인 1637년에 이곳에서 조금 떨어진 곳인 그레이트 퀸 스트리트에 로우 하우스(Row Houses)를 개발한 것이다. 이곳 남쪽 면에 14채의 대형 주택 건설허가를 얻어냈는데 한 채당 12미터의 정면 폭을 가졌다. 다음 해부터 부분적으로 공사를 시작해서 완공시켜 나갔다.

뉴턴은 이곳에서 이미 '경제력–시행–디자인'을 합한 개발 모델을 선보였다. 뉴턴은 유명한 건축가는 아니었지만 직접 설계도 했다. 하지만 대부분은 필지만 팔고 설계는 건축주 개인에게 맡겼다. 이 과정에서 주요 건축가를 끌어들여 건축주에게 소개하는 방식을 택했다. 그레이트 퀸 스트리트에서는 당시 런던 도시주거에서 유행하던 '장인 고전주의(Artisan Classicism)' 양식을 많이 사용했다. 대륙에서 수입한 고전주의에 영국의 장인 전통을 합한 양식으로 연속 코르니스와 벽기둥 등의 고전 어휘를 공유하면서 동시에 장인의 장식전통을 살려 개별성을 함께 강조하는 특징을 보였다.

가깝게는 당시 네덜란드에서 유행하던 매너리즘에서 직접적인 영향을 받았다. 이 때문에 '장인 매너리즘(Artisan Mannerism)'이라는 이름으로 불리기도 한다. 개별성은 주로 장식과 지붕 형태에서 나타났다. 고전주의는 이후 링컨스 인 필즈에서 반복되면서 테라스 하우스와 합해져 19세기 중반까지 영국 도시주거의 주요 모델로 정착했다. 파리의 광장주거나 아파트에 고전주의가 상대적으로 거의 없었거나 있어도 약했던 것과 대비되는 대목이다. 특히 일반적인 건축 경향에서 프랑스가 영국보다 고전주의가 더 융성했던 것과 비교하면 더 그렇다.

이는 도시주거의 개발사업을 처음 정착시킨 뉴턴의 영향이 크다. 튜더 왕조의 16세기와 스튜어트 왕조의 17세기를 거치면서 영국 건축은 주거이건 공공건축이건 공통적으로 대륙의 고전주의를 어떻게 받아들일 것인가의 문제로 고민하고 있었다. 뉴턴이 개발사업을 진행하던 시기는 스튜어트 왕조가 한창 진행 중이던 찰스 1세 때였다. 이때쯤이면 영국 상류층 가운데에도 대륙의 고전주의를 선호하는 계층이 형성되어 있었다. 이것을 꿰뚫어 본 뉴턴은 이들의 욕구를 만족시키되 자국의 전통도 일정 부분 가미한 장인 고전주의를 들고 나와서 성공시켰다.

뉴턴은 이것을 코벤트 가든에서 보고 배웠을 가능성이 높다. 당시 영국에서 대륙의 정통 고전주의를 구사할 수 있었던 거의 유일한 건축가였던 존스가 린드세이 하우스보다 몇 년 앞서 코벤트 가든의 타운 하우스에 고전주의를 사용해서 대성공을 거두었기 때문이다. 이렇게 처음 방향을 정한 고전주의는 이후 영국의 도시주거 개발사업의 트레이드 마크처럼 고정되었다. 반면 이에 맞선 교외의 개인주택에서는 영국의 중세주의와 낭만주의 계열의 여러 양식이 다양하게 등장했다. 이런 과정을 거치면서 영국의 18~19세기 주거건축에서는 '도시주거 개발=고전주의' 대 '교외 개인주택=중세주의와 낭만주의'라는 이분법이 형성되었다.
뉴턴은 고전주의를 그레이트 퀸 스트리트와 링컨스 인 필즈 두 개발사업에서 적극적으로 사용했다. 먼저 지어진 그레이트 퀸 스트리트의 주택에서는 코린트식 벽기둥이 대표적인 고전어휘였다. 2층에서 시작해서 처마까지 걸쳐 코르니스를 사용했다. 정식 자이언트 기둥은 아니었지만 한 개 층 이상을 관통하면서 이에 근접했다. 집과 집 사이 경계부에는 쌍기둥을 넣었다.

링컨스 인 필즈에서는 중앙의 큰 집인 린드세이 하우스를 중심으로 양옆에 작고 낮은 집을 대칭으로 배치했다. 다시 그 양옆 밖으로 계속 낮은 주택들을 배치해 나갔다. 모든 주택에는 이오니아식 벽기둥을 사용했다. 중앙의 린드세이 하우스에서는 필요한 높이를 맞추기 위해 벽기둥을 높은 블록 형태의 주초 위에 얹었다.

두 주택 개발사업에는 뉴턴의 방식대로 주요 건축가들이 참여했다. 그레이트 퀸 스트리트에서는 웹(John Webb)과 밀스(Peter Mills) 등의 이름이 거론된다. 웹은 존스의 후계자로 고전주의의 명맥을 이어받아 렌의 바로크로 넘긴 고급 건축가였다. 반면 밀스는 런던시 벽돌공이었다. 둘을 합하면 '장인 고전주의'의 전형이 된다. 대륙과 달리 늦게까지 장인의 전통이 강해서 정식 건축가가 매우 귀했던 당시에 이 두 건축가가 참여했다는 사실은 뉴턴의 영향력과 사업수완을 잘 보여준다.

링컨스 인 필즈의 린드세이 하우스는 일단 존스의 이름이 거론되지만 그보다는 스톤(Nicholas Stone)일 가능성이 높은 것으로 보인다. 존스는 링컨스 인 필즈 전체의 개발 책임자의 범위 내에서 디자인의 큰 방향을 정했을 것이고 구체적 디자인은 스톤이 했던 것으로 보인다. 건축주인 커닝엄 경이 그의 친구였기 때문이다. 이미 이 집을 짓기 전인 1631년과 1639년에 스톤은 이 친구를 위해 기념비를 제작한 적이 있었기 때문에 그 연장선에서 건축주가 자신의 집을 계속해서 친구에게 맡겼을 가능성을 생각해볼 수 있다.

뉴턴은 정식 건축가는 아니었지만 그가 자신의 개발사업에서 구사한 장인 고전주의는 이후 런던 전역에 일정한 영향을 끼치며 퍼져나갔다. 이 양식 역시 그가 처음 창출한 것은 아니었고 자코뱅 양식을 이어받아 찰스 1세 때인 1620년대에 런던에서 자생적으로 유행하고 있던 양식이었다. 일종의 최신 양식일 수 있는데 뉴턴이 이것을 자신의 개발사업에 사용하면서 런던에 정착시키는 데 중요한 역할을 한 것이다. 이후 런던에서는 1640년대에 앨더스게이트 스트리트의 테이너의 백작 주택(House of Earl of Thaner in Aldersgate Street)이나 윈체스터 스트리트의 그레이트 세인트 헬렌 하우스(House of Great St. Helen in Winchester Street) 등이 이 양식을 이어받은 대표적 예들이다. 하지만 이 예들은 현재 모두 남아 있지 않다.

코벤트 가든의 성공과 광장주거의 전성기

링컨스 인 필즈는 코벤트 가든으로 이어졌다. 광장 주변에 세운 타운 하우스만을 기준으로 하면 코벤트 가든이 런던 최초의 광장주거였다. 이번에도 건축의 주역은 존스였다. 존스는 당시 런던에서 확장과정에 있던 경계부 지역을 기하학적 패턴으로 디자인하던 일에 관여했는데 코벤트 가든도 그 가운데 한 곳으로 주로 사각형을 기본 유형으로 삼았다. 존스 이외에는 베드포드의 4대 백작이었던 프랜시스(Francis, the 4th Earl of Bedford)가 중요한 인물이었다. 그는 부지의 소유주로서 주로 정치경제와 행정 등 시행의 차원에서 개발사업을 주도했다.

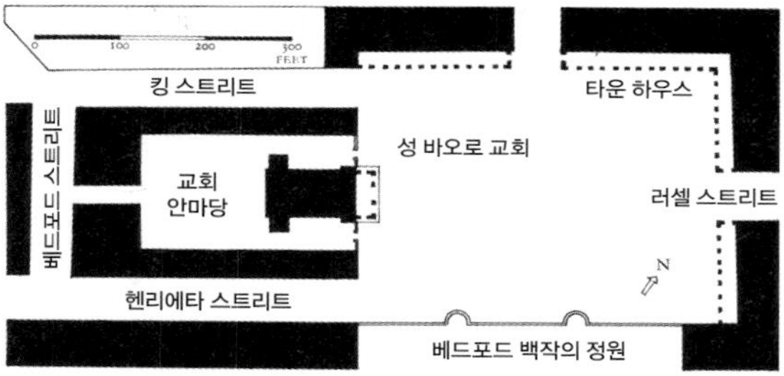

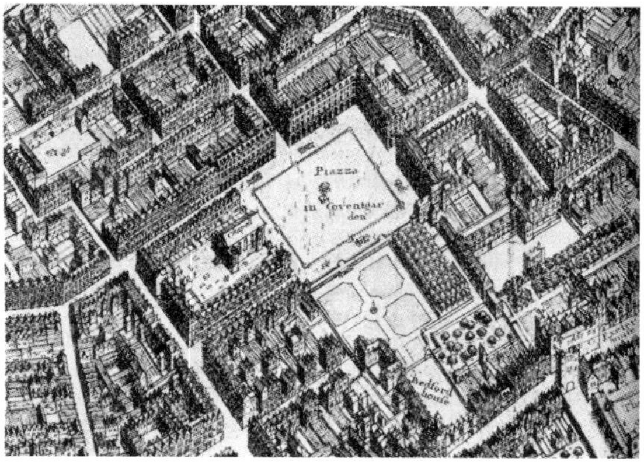

도 5-73 코벤트 가든. 런던. 1630년대. 블록 플랜.

도 5-74 홀라의 런던 지도(1658)에 나타난 코벤트 가든.

프랜시스 백작은 스트랜드 일대의 지역을 소유하고 있다가 찰스 1세 때인 1630년에 이곳의 오래된 건물을 헐고 새 건물을 지을 수 있는 허가를 얻어냈다. 이 가문은 종교개혁 이후 헨리 8세로부터 왕실에 대한 충성의 공로로 폐지된 수도원 부지를 하사받았는데 이곳이 스트랜드 일대였다. 부지는 7에이커(약 8,584평)의 넓이였는데 곧 주거용 광장, 즉 광장주거로 고지되었고 존스가 개발계획을 맡았다.

광장의 두 면에는 타운 하우스를 건설했고 나머지 두 면 가운데 한 면에는 교회가, 다른 한 면에는 베드포드 하우스의 정원이 각각 위치했

도 5-75 코벤트 가든. 런던. 1630년대. 스콧(Samuel Scott)의 그림. 정면이 북쪽 면, 오른쪽이 동쪽 면 일부분, 왼쪽이 성 바오로 교회이다.

도 5-76 코벤트 가든. 런던. 1630년대. 1층 아케이드 상가. 현재는 철거되었는데 이 사진은 철거 전인 1928년에 찍은 것이다. 이 상태는 1878년에 클러튼(Henry Clutton)이 개축한 것이다.

다(도 5-73, 도 5-74, 도 5-75). 타운 하우스는 기단을 아케이드로 처리했으며 그 위의 본체에는 고전주의를 사용하면서 앞에 언급한 고전주의 흐름의 한 축을 담당했다. 기단은 앞쪽 아케이드를 보도로 내준 뒤 그 안쪽으로 상가가 들어섰다. 아케이드 상가는 북쪽과 동쪽 두 면을 에워쌌는데 북쪽에는 현재도 존스의 원안이 남아 있으며 동쪽은 1878년에 클러튼(Henry Clutton)이 개축했지만 현재는 철거되고 없다(도 5-76, 도 5-78).

본체는 3층 높이로 2층 위에 다락층을 한 층 더 가졌다. 결과적으로 건물 전체는 4층으로 대체적으로 파리의 동시대 광장주거와 비슷했다. 이렇게 형성된 중앙의 광장은 이탈리아어를 빌려와서 '피아차(the Piazza)'라고 불렀다. 전체 개발은 1637~38년경이면 완료되었다. 광장을 직접 면한 시설은 여기까지였으나 실제 광장을 사용하는 주민은 그 뒤쪽 켜까지 확장되었다. 광장주거의 통일된 입면 뒤쪽 구역에는 다양한 크기의 폭과 깊이를 갖는 개인주택이 들어섰다.

이런 개발과정은 프랜시스 백작의 아들이 공위 시대 동안 남긴 기록에 나와 있다. 중요한 대목은 왕과 런던 시의회가 아버지 프랜시스 백작에게 특별한 건축적 특징을 갖는 건물을 짓도록 압박했다는 기록이다. 이런 기록은 찰스 1세로부터 부당한 압력을 당했다고 고자질한 성격이 짙은데, 아마도 크롬웰에게 잘 보이기 위한 정치적 제스처였을 것이다.

어쨌든 백작이 여기에 부응하면서 런던에서 최초로 광장 주변을 타운 하우스로 개발하는 작업을 실행하게 되었다.

앞에서 언급했듯이 광장 자체 및 그 주변의 타운 하우스는 모두 사각형 구성을 기본적인 기하학적 패턴으로 삼았다. 이런 구성에 영향을 끼친 선례들이 있는데 영국 내에서는 레그혼(Leghorn)의 시장 광장이었다. 이곳 역시 광장이 반듯한 사각형 윤곽을 가졌으며 그 한 면에는 교회가 서 있고 나머지 면은 시장이 에워쌌다. 시장은 아케이드 형식이어서 코벤트 가든과 유사성이 높아졌다.

나라 밖에서는 파리의 왕립 광장이 광장의 윤곽과 1층의 아케이드 구성 등에서 비슷한 형식이었다. 경쟁관계였던 프랑스의 선례가 영향을 끼치게 된 통로는 앙리 4세보다는 왕비였던 마리 데 메디치였다. 그녀는 찰스 1세 및 당시 영국과 이런저런 정치적 연대를 맺고 있었다. 그녀를 통로로 삼아 프랑스의 앞선 문물이 영국에 전파되었는데 왕립 광장도 그 가운데 하나였다. 프랑스의 영향에 대해서 존스는 다소 애매한 태도를 취했다. 그는 건축양식에서는 고전주의의 본고장인 이탈리아에 강하게 의존했다. 프랑스에 대해서는 민족감정 때문에 조심스러운 태도였다. 하지만 광장주거는 당시 영국에서는 처음 시행하는 개발사업이었기 때문에 먼저 시행해서 성공을 거두고 있던 프랑스의 선례를 피해갈 수는 없었다.

코벤트 가든 개발사업은 큰 성공을 거두었다. 귀족과 부유한 상류계층 가족들은 웅장한 자태를 하며 일렬로 늘어서 있는 로우 하우스에 사는 것을 자신들의 계급에 합당한 것이라며 반겼다. 정통 고전주의자였던 존스는 곳곳에 자신의 대표 어휘였던 팔라디오 고전주의를 구사했다. 1층 아케이드의 거친 표면, 1창 상가 입구의 블록 끼운 기둥, 본체의 두 개 층을 가로지르는 자이언트 오더 등이 대표적인 예였다(도 5-77, 도 5-78).

프랜시스 백작의 아들은 이 성공을 계기로 욕심을 부렸다. 내친김에 1671년에 왕실로부터 코벤트 가든 내에 일일 채소시장을 개설해서 운영할 권리까지 얻어냈다. 그러나 노천시장이 들어서면서 광장의 환경을 오히려 악화시키는 나쁜 결과를 낳았다. 이 시장 때문에 광장은 아침부터

도 5-77 코벤트 가든. 런던. 1630년대. 1층 아케이드에서 이탈리아식 광장인 피아차(the Piazza)의 남동쪽을 바라본 모습. 1768년 샌드바이(T. Sandby)의 그림.
도 5-78 코벤트 가든. 런던. 1630년대. 북쪽 아케이드에 남아 있는 존스의 상가 출입문.

시끄러워졌다. 시골에서 채소를 팔려고 올라온 농부와 이들이 끌고 온 우마차들로 하루 종일 소란스러워지면서 타운 하우스의 주거환경은 많이 나빠졌다. 특히 우마차를 보관할 마구간과 헛간 등이 들어서면서 환경은 더욱 악화됐다. 이 지역은 고급 타운 하우스가 들어섰음에도 19세기까지 경찰력이 미약했기 때문에 이런 소란은 문제를 더 크게 악화시켰다. 결국 19세기에 이들을 수용할 시장 홀을 제대로 된 건물로 지음으로써 이 문제는 겨우 조금이나마 해결될 수 있었다. 이 시장 건물은 지금도 사용하고 있다.

17세기 런던의 광장주거들

코벤트 가든은 이후 런던의 타운 하우스에 계속해서 영향을 끼치며 중요한 모델로 자리 잡았다. 이는 건축가 개인으로 보면 존스의 영향이 계속된다는 뜻이었으며 도시주거 형식으로 보면 광장주거가 런던에 정착했다는 뜻이었다. 어쨌든 이런 과정을 거치면서 광장주거는 점차 런던 사회에서 매력적인 도시주거 형식으로 받아들여지게 되었다. 여러 후속 예들이 등장하게 되는데 런던에서만 17세기에 열 곳이 넘는 광장주거가 개발되었다.

코벤트 가든이 한창 개발 중이던 1635년에 벌써 레스터 광장(Leicester Square)이 등장했다. 코벤트 가든을 개발한 베드포드 가문과 같은 방

도 5-79 레스터 광장(Leicester Square). 런던. 1635~. 니콜라스(Sutton Nicholas)가 1754년경에 그린 판화에 나오는 모습. 안쪽 중앙이 레스터 하우스이다.

식으로 레스터의 귀족가문이 자신들이 소유하고 있던 레스터 하우스(Leicester House)의 앞 공터를 광장주거로 개발한 것이었다. 광장의 한쪽 면을 레스터 하우스가 차지하고 좌우에 타운 하우스를 거느리는 형식이 되었다(도 5-79). 건축적 통일성은 약해서 광장 자체도 비정형이었으며 타운 하우스도 고전주의를 사용하지 않고 평범한 도시주거로 지었다.

이처럼 청교도혁명 이전에는 중세 귀족이 소유하고 있던 토지를 왕실의 특별허가로 개발하는 경우가 많았다. 과거 전통귀족의 영향력이 아직 많이 남아 있던 시기였기 때문이다. 개인 가문의 토지를 개발해서 이익을 남기게 된 이런 현상은 청교도혁명의 주요 타도 목표 가운데 하나였다. 반면 청교도혁명과 공위 시대 동안에는 뉴턴의 예와 같이 특혜를 배제한 순수투자에 의한 개발사업이 등장하게 되었다. 이런 새로운 개발방식은 왕정복고 이후에 크게 활성화되는데 그 계기는 안타깝게도

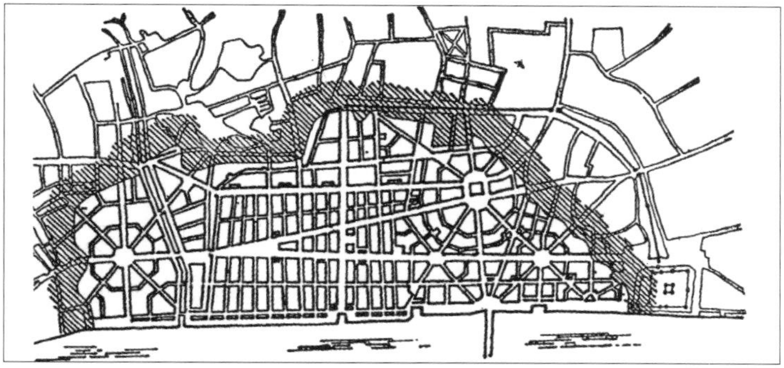

도 5-80 1666년 런던대화재 이후의 재개발 계획. 렌이 계획한 것이다.

도 5-81 그로스버너 광장(Grosvenor Square). 런던. 1695년. 공중 전경.
도 5-82 세인트 제임스 광장(St. James's Square). 런던. 1684년. 안마당에 수목을 심어 정원으로 꾸몄다. 1928년 11월 사진.

두 번의 큰 재난이었다.

1665년의 런던대역병(The Great Plague of London)과 1666년의 런던대화재(The Great Fire of London)의 두 재난을 거친 뒤에 이것을 복구하는 사업의 일환으로 광장주거 개발사업이 더욱 활성화되었다. 주로 런던의 서쪽 방향으로 확장되었는데 소호 광장(Soho Square, 1681), 레드 라이온 광장(Red Lion Square, 1684), 세인트 제임스 광장(St. James's Square, 1684), 그로스버너 광장(Grosvenor Square, 1695), 버클리 광장(Berkeley Square, 1698) 등으로 이어지면서 1680년대와 1690년대를 런던 광장주거 개발사업의 전성기로 만들었다(도 5-80, 도 5-81, 도 5-82).

이는 동시대 파리에서 루이 14세가 주도하던 승리의 광장(1685)과 방돔 광장(1698~1720)에 맞선 현상이었다. 파리의 선례와 차별화된 런던만의 특징도 나타났는데 크게 두 가지로 요약할 수 있다. 하나는 앞에서 언급한 바와 같이 고전주의가 강하게 나타난 점이다. 그로스버너 광장주거가 좋은 예로 동쪽 면에는 당대 최고의 고전주의 건축가였던 캠벨

도 5-83 그로스버너 광장. 런던. 1695년. 캠벨(Colen Campbell)이 1725년에 설계한 동쪽 면 타운 하우스 입면.
도 5-84 그로스버너 광장. 런던. 1695년. 18세기 후반 모습.

(Colen Campbell)이 설계한 타운 하우스가 들어설 예정이었다. 마치 브라만테의 카프리니 팔라초가 런던에 등장한 것 같은 모습이었다(도 5-83). 1층을 러스티케이션으로 처리한 아케이드로 구성했고 본체에서는 두 개 층을 가로질러 자이언트 오더가 도열했다. 오더 사이의 창틀도 브라만테가 사용하던 박공과 아치 형태를 교대로 처리했다. 이 건물은 지어지지는 못했지만 실제 지어진 다른 건물들도 이와 크게 다르지 않았다(도 5-84).

다른 하나는 중앙 광장을 공원으로 꾸민 것이었다. 이는 정원을 유난히 사랑하는 영국의 전통을 반영한 현상이었다. 파리에서 광장주거의 중앙 광장을 대부분 포도로 덮어서 도로로 사용하거나 임시극장을 가설해서 시민들의 축제공간으로 사용하던 것과 달리 잔디를 깔고 나무가 우거진 공원으로 꾸민 것이다(도 5-81, 도 5-82). 개인주택의 구성을 조금이라도 광장주거에 도입하려는 노력의 산물이었다. 영국사람들에게 집은 정원이 딸린 개인주택이어야 했는데 광장주거에서는 이것이 불가능해지자 그 한계를 조금이라도 극복하기 위한 처리였다.

도 5-85 레버턴(Thomas Leverton). 베드포드 광장(Bedford Square). 런던. 1775~83년.

17세기의 이런 성공을 바탕으로 런던에서는 18세기에도 광장주거 개발사업이 지속되었다. 가장 대표적인 것이 베드포드 광장(Bedford Square, 1775~83)이었으

도 5-86 아델피 개발사업(The Adelphi Speculation). 런던. 1768~. 존 스트리트(John Street)의 모습으로 1930년에 찍은 사진이다.
도 5-87 아델피 개발사업. 런던. 1768~.

도 5-88 스튜어트(James 'Athenian' Stuart), 리치필드 하우스(Lichfield House), 런던, 1764~66년, 세인트 제임스 광장 내. 1791년경 와이어트(James Wyatt)가 개축.

며 광장주거는 아니었지만 아델피 개발사업(The Adelphi Speculation, 1768~)도 중요한 예였다. 베드포드 광장은 레버턴(Thomas Leverton)이 설계했는데 18세기 후반에 개발한 단지답게 조지안 양식과 팔라디오 양식 등 다양한 양식이 등장했다(도 5-85). 영국의 18~19세기 주거건축의 대표적인 특징이 대륙에서는 생각도 할 수 없을 정도로 다양한 수십 종류의 양식으로 풍성하게 나타난 것이었는데 이곳에서는 한 단지에 집약된 것이었다.

아델피 개발사업에는 로버트 애덤(Robert Adam)이라는 18세기 영국 최고의 건축가도 참여하면서 사회의 관심을 끌었다(도 5-86, 도 5-87). 이는 광장주거가 당시 영국 건축계에서 그만큼 비중이 큰 중요한 사업이었다는 뜻이다. 마치 루이 14세 때 파리의 광장주거가 당대 최고의 건축가 아르두앵-망사르의 작품이었던 것에 비교되는 현상이었다.

이외에도 17세기에 개발된 광장 주변에도 연차적으로 새로 지은 타운 하우스들이 들어섰는데 세인트 제임스 광장이 대표적인 예였다. 이 광장에는 스튜어트(James 'Athenian' Stuart)가 설계한 리치필드 하우스(Lichfield House, 1764~66)가 세워졌다(도 5-88). 스튜어트는 그릭 리바이벌(Greek Revival, 고대 그리스 부흥과 모방 양식) 양식을 잘 구사해서 '아테니언'이라는 별명을 미들네임으로 가진 건축가였다. 이 주택은 나중에 1791년경에 와이어트(James Wyatt)가 한 번 더 개축을 해서 현재에 이른다. 18세기에는 또한 런던에서의 성공을 모델로 에든버러와 바스 등 영국 내 다른 도시에서도 광장주거 개발사업이 활기를 띠었으며 이런 열기는 19세기 런던의 리젠트 파크 개발사업에서 절정에 이르렀다.

5

18세기 바스 개발사업

우드 부자와 18세기 바스 개발

바스는 17세기 런던의 광장주거를 이어받은 18세기의 예 가운데 가장 성공적인 경우였다. 바스는 로마 시대부터 온천지로 유명한 도시였으며 이외에도 군영이 머물던 군사도시이기도 했다. '목욕(bath)'을 뜻하는 '바스'라는 도시 이름도 여기에서 유래한 것이다. 이곳에 광장주거의 부동산 개발붐이 인 것은 앤 여왕과 관계가 깊다. 여왕은 18세기 초에 의사의 권유로 요양차 바스에 머물게 되는데, 이를 계기로 바스는 로마 시대 때의 명성을 되찾으며 온천 휴양지로 크게 각광받게 되었다.

바스 개발은 부동산 개발의 역사나 도시주거 개발의 역사뿐 아니라 영국 건축 전체의 역사에서도 특이한 경우에 속한다. 여러 가지 화제와 예외를 낳았다. 지방의 소도시에 50여 년에 걸쳐 대규모 부동산 개발사업이 진행된 것도 예외적이려니와 이것이 대성공을 거두면서 바스를 일약 18세기 영국 건축의 중심 도시로 부상시켰기 때문이다(도 5-89). 18세기 한복판을 관통하는 대형 개발사업이었는데 영국식 부동산 개발의 모범으로 평가받으면서 19세기에는 거꾸로 런던의 리젠트 파크의 모델이 되었다. 수도 런던으로의 중앙 집중이 심한 영국에서 지역의 소도시

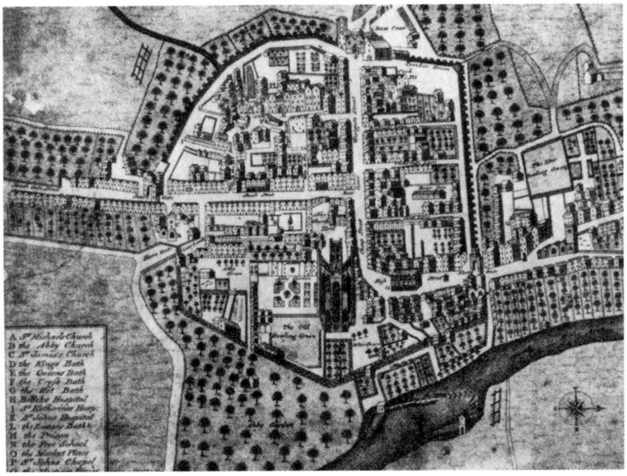

도 5–89 바스 도시 계획안(Plan of the City of Bath). 우드 부자의 바스 개발이 있기 전인 1717년에 계획한 것으로 영국의 전형적인 소도시 규모를 보여준다.

가 런던의 모델이 된 사실 또한 매우 예외적인 것이었다.

이 사업을 이름 없던 지역 건축가가 성공적으로 진행시킨 것도 또 다른 예외적 경우이며 더욱이 이 건축가가 2대에 걸친 부자관계였다는 사실도 그랬다. 존 우드 1세(John Wood the Elder, 1704~54)와 존 우드 2세(John Wood the Younger, 1728~81) 부자였다. 지역 건축가였던 우드 부자는 바스 개발사업의 성공을 계기로 전국적인 건축가가 되었다. 이들 부자는 당시 런던에서 활약하던 대형 건축가들 옆에 이름을 나란히 올려놓으며 18세기 영국 고전주의를 얘기할 때 빠질 수 없는 인물이 되었다. 우드 1세는 벌링턴 경(Lord Burlington)과, 우드 2세는 로버트 애덤과 각각 동시대 인물이었다. 이들이 교회나 박물관 같은 고급 공공건물이 아니라 도시주거의 부동산 개발을 통해 거물 건축가가 되었다는 사실은 바스 개발이 낳은 예외 시리즈의 하이라이트였다.

우드 1세는 18세기 영국의 산물이었다. 대륙에 유학한 경험 없이 영국의 지역 건축을 익혔으며 대륙 고전주의는 당시 유행하던 패턴 북을 통해서 익혔을 뿐이었다. 우드 1세는 이른 나이인 1720년경부터 런던, 옥스퍼드, 요크셔, 바스 등 영국 전역에서 경험을 쌓으며 심각한 작품성보다는 지역의 전통적 분위기에 즉흥적으로 반응하는 경향을 습득했다. 대륙의 고전주의는 주로 팔라디오 양식을 구사했는데 이는 패턴 북을 통해서 배웠다. 이런 다양한 선례를 비교적 잘 혼합해서 자신만의 종합 고전주의를 창출하며 흥겨운 조형성을 획득했는데 이런 경향은 부동산 개발사업에 잘 맞는 측면이 있었다.

우드 2세는 다시 이런 아버지의 산물이었다. 대부분의 건축을 아버지에게 배웠으며 26세의 어린 나이에 아버지가 50세의 나이로 일찍 사망하자 아버지가 벌여 놓았던 일을 이어받아 완공시켰다. 이 과정에서 아버지의 건축을 완전히 습득했으며 이것을 바탕으로 바스 개발사업을 성공적으로 마무리 지었다. 53세의 이른 나이에 사망한 것까지 아버지를 닮았다. 건축 경향은 아버지의 종합 고전주의를 이어받아 영국의 픽처레스크 전통을 합해냄으로써 진일보시켰다.

앤 여왕이 바스를 영국 전체의 관심 대상으로 만들었다면 이 분위기를 활용해서 성공의 계기로 삼은 것은 존 우드 1세였다. 그는 여왕의 방문을 계기로 많은 사람들이 바스를 찾을 것으로 예견하고 이를 수용할 도시주거 개발사업을 벌인 것이다. 당시 바스는 침체된 도시였는데 우드 1세는 바스의 로마식 전통을 살려 도시에 활기를 불어넣는 계획안을 제출해서 승인을 받았다. 그는 바스 시내에 넓은 토지를 소유하고 있던 게이(Mr. Gay)라는 사람에게서 99년 동안 임차권을 획득한 뒤 개발사업에 착수했다. 바스 시내의 주요 부분을 차지하는 넓은 지역에 여러 개의 광장주거를 연결하는 대규모 개발사업이었다.

도 5-90 바스 공중 전경. 맨 아래에 퀸 스퀘어의 끄트머리가 보이고 중간이 더 서커스이며 왼쪽 위에 초승달 모양의 로열 크레센트가 있다.

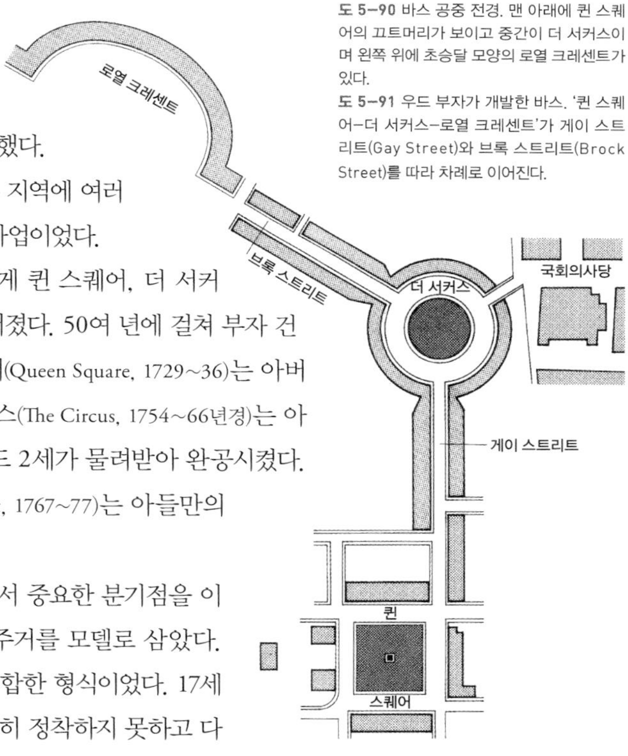

도 5-91 우드 부자가 개발한 바스. '퀸 스퀘어-더 서커스-로열 크레센트'가 게이 스트리트(Gay Street)와 브록 스트리트(Brock Street)를 따라 차례로 이어진다.

개발사업은 1725년에 시작했으며 크게 퀸 스퀘어, 더 서커스, 로열 크레센트의 세 부분으로 이루어졌다. 50여 년에 걸쳐 부자 건축가가 대를 이어 완공시켰다. 퀸 스퀘어(Queen Square, 1729~36)는 아버지 존 우드 1세의 작품이었으며 더 서커스(The Circus, 1754~66년경)는 아버지가 시작한 뒤 사망하자 아들 존 우드 2세가 물려받아 완공시켰다. 마지막으로 로열 크레센트(Royal Crescent, 1767~77)는 아들만의 대표작이 되었다(도 5-90, 도 5-91).

바스 개발사업은 영국의 주거 역사에서 중요한 분기점을 이룬다. 주거 형식은 17세기 런던의 광장주거를 모델로 삼았다. 테라스 하우스와 고전주의의 두 양식을 합한 형식이었다. 17세기 런던의 예에서는 두 양식이 아직 완전히 정착하지 못하고 다른 양식과 섞여 나타났다. 테라스 하우스는 일반 타운 하우스와, 고전주의는 중세 전통과 각각 섞여 나타났다. 이런 혼재가 18세기 바스에서 거의 사라지면서 고전주의 외피로 무장한 테라스 하우스는 19세기 중반까지 영국의 광장주거와 도시주거를 대표하는 건축형식으로 애용되었다.

퀸 스퀘어와 더 서커스: 팔라디오 양식과 로마 고전주의

퀸 스퀘어는 영국이나 프랑스의 왕궁을 모델로 삼아 개발했다. 타운 하우스가 광장의 세 면을 'ㄷ'자형으로 에워싸고 나머지 한 면에는 두 채의 개별 주택을 세우는 구성이었다. 'ㄷ'자형에서는 북쪽 면을 중심 건물이 차지하고 좌우의 동-서쪽 면을 측랑 개념으로 처리했다. 두 채의 개별 주택이 들어선 남쪽 면에서 바라보면 두 팔을 벌린 거인이 관찰자를 감싸 안을 듯이 서 있는 모습이 장관을 이루었다.

중심 광장은 17세기 런던의 도시 광장에 이어 계속해서 정원으로 처리했다. 광장의 네 면에 들어선 건물에는 중앙에 각 하나씩의 넓은 철문을 달았는데 도시의 각 방향에서 중심 광장 안으로 들어오는 출입문이었다. 이 문을 따라 들어온 동선은 중심 광장 속에서도 그대로 보도로 계속되었다(도 5-92). 결국 중심 광장을 네 개의 작은 정사각형으로 구획하게 되는데 그 각각을 여러 가지 화단을 배치한 정원으로 처리했다. 17세기 런던의 세인트 제임스 광장이나 그로스버너 광장에서 보았듯이 중심 광장을 정원으로 처리하는 경향이 이곳에서도 반복된 것이다. 정원에는 관목, 과수시렁으로 받친 라임나무, 느릅나무 등을 심었다. 중심 초점 자리에는 수반을 깔고 그 위에 오벨리스크를 세웠다. 보도에는 자갈로 포도를 깔았다.

도 5-92 1735년의 바스. 마무리 단계에 있는 퀸 스퀘어(1729~36). 네 변의 각 중앙에 출입문이 나 있다.

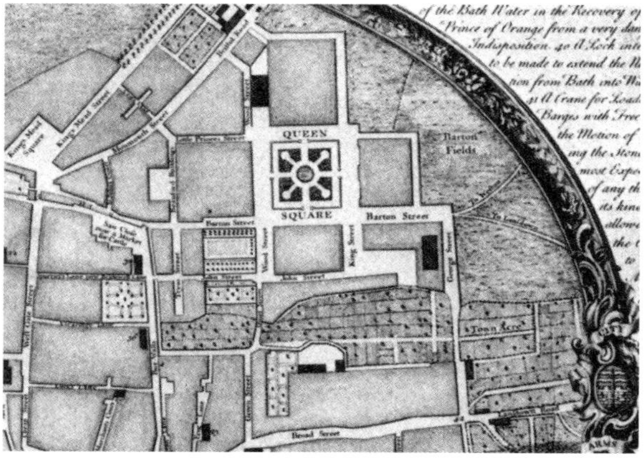

'ㄷ'자형 건물의 정면은 17세기 런던의 광장주거에 사용했던 팔라디오 양식으로 처리했다. 링컨스 인 필즈의 린드세이 하우스와 특히 닮았다. 1층을 러스티케이션으로 마감한 아케이드 기단으로 처리하

도 5-93 존 우드 1세. 퀸 스퀘어. 바스. 영국. 1729~36년. 북쪽 면 타운 하우스 입면.

고 그 위에 2개 층 높이의 본체를 얹은 뒤 자이언트 오더로 열주를 형성했다(도 5-93). 입면의 목적은 열주 효과에 있었다. 오더가 아직 벽기둥에 머물며 그 효과가 충분하지 않았지만 린드세이 하우스와 비교하면 분명한 차이가 있었다. 벽기둥이 더 많이 돌출했으며 건물이 길게 늘어지면서 벽기둥이 20개 이상 늘어섰다.

열주 효과는 우드 2세의 로열 크레센트에서 완성된 뒤 19세기 런던의 리젠트 파크에서 절정에 이르는데 이곳은 이것을 처음 시도한 점에서 중요성을 갖는다. 열주를 사용한 이유는 크게 두 가지였다.

첫째, 양식적 관점에서 보면 동시대 유행 양식인 팔라디오 양식, 그릭 리바이벌, 신고전주의 등에서 영향을 받은 것이다. 이런 양식들은 18세기 영국 건축에서 유행했는데 모두 열주를 공통 요소로 가졌다. 우드 1세의 이력에서 보았듯이 그는 동시대 유행 양식에서 영향을 많이 받았다.

둘째, 픽처레스크라는 영국만의 전통적인 조형 감성을 고전주의로 번안한 것이다. 열주를 이용해서 픽처레스크 효과를 얻기 위해서는 건물 입면이 길어야 하고 곡면을 이루어야 하며 햇빛에 의한 음영작용이 일어나는 등의 세 가지 조건을 만족시켜야 한다. 이 세 조건은 더 서커스나 로열 크레센트에 가야 모두 갖추어진다. 이곳 퀸 스퀘어는 건물 입면이 일직선에 머물렀기 때문에 픽처레스크 효과는 아직 본격적으로 드러나지 않았다. 그러나 이곳에서는 긴 입면 위에 햇빛에 의한 음영 효과를 노린 점에서 픽처레스크를 염두에 두고 열주를 사용한 것으로 볼 수

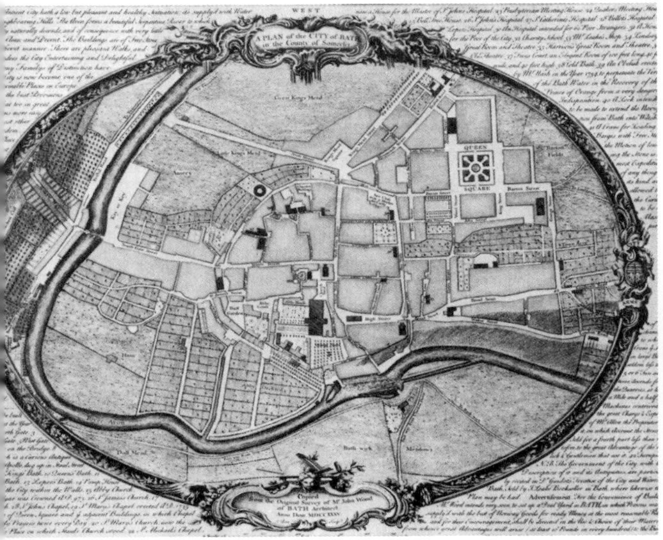

도 5-94 1735년의 바스. 오른쪽 모퉁이에 퀸 스퀘어(1729~36)가 마무리 단계에 있으며 그 왼쪽으로 아직 개발되기 전의 킹스 서커스가 작은 원 형태로 있다.
도 5-95 존 우드 1세. 더 서커스. 바스, 영국. 1754~66년. 전경 판화.
도 5-96 존 우드 1세. 더 서커스. 바스, 영국. 1754~66년. 타운 하우스.

있다. 'ㄷ'자형 건물의 안쪽 세 입면이 햇빛을 정면으로 받기 때문에 음영작용이 뛰어나서 장관을 이루기 때문이다.

퀸 스퀘어가 성공하자 우드 1세는 1754년에 게이 스트리트(Gay Street)를 따라 킹스 서커스(King's Circus)까지 이르는 구역에 부동산 개발사업을 계속 진행했다(도 5-94). 그 정점은 킹스 서커스 개발이었다. 후에 이것은 더 서커스라는 이름으로 불리게 되는데, 97미터 지름의 원형광장을 3층짜리 타운 하우스 33채가 에워싸는 개발이었다(도 5-95). 주택들은 원형광장을 따라 오목 파사드를 가졌으며 출입구가 규칙적 간격으로 났다. 33채의 주택이 만들어내는 긴 오목 면을 고전 오더가 규칙적으로 분할하면서 베이를 형성했다. 각 층이 각자 쌍기둥을 가지면서 층쌓기로 처리해서 결과적으로 세 개의 긴 기둥 열이 3층에 걸쳐 수직 층쌓기를 한 모습이 되었다(도 5-96).

우드 1세는 더 서커스를 착공하자마자 사망했고 아들이 이어받아 12년 뒤인 1766년에 완공시켰다. 퀸 스퀘어만으로는 부족했던 바스 시내는 더 서커스가 가세하면서 아연 활기를 띠게 되었다. 두 광장은 게이 스트리트로 연결되면서 바스의 심장부에 새로운 공공공간을 만들었다. 여기에 바스를 바깥으로 감싸며 지나는 아본 강(River Avon)과 인접도시

브리스틀(Bristol)을 잇는 운하 계획안을 더하면서 바스는 지역의 중심도시로까지 부상했다.

두 곳은 모두 팔라디오 양식을 기본 모티프로 삼아 로마 고전주의로 각색한 특징을 보였다. 이는 17세기 런던 광장주거에 나타난 경향 및 18세기 동시대 유행 양식을 이어받은 것인데 좁혀 보면 로마 고전주의는 바스만의 지역 전통이기도 했다. 바스는 로마 시대 때 번성했던 온천 휴양도시여서 영국에서는 드물게 로마의 전통이 남아 있던 지역이었다. 퀸 스퀘어는 거대 기둥과 러스티케이션의 기단 등 팔라디오 어휘를 기본 부재로 삼은 뒤 보다 보편적인 로마 고전주의로 중화시켰다. 가로를 면한 긴 입면의 지루함을 덜기 위해 오분법으로 분할한 뒤 중앙부와 양측랑의 벽기둥을 원형으로 처리하여 나머지 두 부분과 차별화했다. 마지막으로 중앙부에는 신전 페디먼트를 넣었다. 이런 처리는 가깝게는 존스의 코벤트 가든을, 멀리는 로마 시대 바스의 군영을 각각 선례로 삼은 처리였다.

로마 고전주의의 적극적인 차용은 더 서커스에서 나타났다. 콜로세움 모티브를 사용한 것이다(도 5-97). 지름 97미터의 원호에 맞는 모티브는 콜로세움밖에 없었다. 콜로세움에서는 외벽을 구성하던 수직 층쌓기를 차용했다. 1층은 도리스식, 2층은 이오니아식, 3층은 코린트식 오더로 각각 처리했다. 이것은 콜로세움의 밖과 안을 뒤집어 적용한 구성이었다. 원의 바깥면을 이루는 콜로세움의 수직 층쌓기를 이곳에서는 원형광장의 안쪽 면에 적용한 것이다. 벽기둥 또한 바스의 지역전통을 살린 것이었다. 오더를 사용하되 당시 대륙에서 유행하던 국제적 신고전주의 어휘인 독립원형기둥이 아닌 영국의 신고전주의 어휘인 벽기둥을 사용한 것이다. 독립원형기둥은 그리스를 모델로 삼은 대륙의 국제

도 5-97 존 우드 1세. 더 서커스. 바스, 영국. 1754~66년. 공중 전경.

적 신고전주의 어휘였던 반면, 벽기둥은 로마를 모델로 삼은 영국의 신고전주의 어휘였던 것이다.

콜로세움 모티브를 사용한 것은 적절했다. 가로를 면한 긴 입면이 동일한 창의 반복으로 지루해지기 쉬운 위험이 있었는데 이것을 원형경기장의 흥분과 긴장감으로 해결한 것이다. 이로써 좁게는 더 서커스 자신뿐 아니라 넓게는 도시 전체에 활력을 불어넣었다. 또한 과거 로마의 향수를 불러 일으켜 도시의 전통적 분위기를 미학적 가치로 승화시켰다. 결점도 있었다. 패턴 북에 전적으로 의존했기 때문에 오더의 정확성이 떨어졌다. 그러나 가로를 면한 긴 입면에 고급 건축이 아닌 원형경기장 모티브를 차용한 것은 분명히 참신한 아이디어였다. 대륙의 정통 고전주의에 물들었다면 나올 수 없는 풋풋한 아이디어였다.

로열 크레센트: 열주 효과와 픽처레스크

우드 2세는 아버지 우드 1세의 건축을 이어받아 로열 크레센트를 자신의 대표작으로 완성시켰다. 이 건물은 여러 면에서 더 서커스와 비슷했으며 이런 점에서 기본 특징은 더 서커스와 같았다. 160미터 지름의 타원 원호를 따라 30채의 3층 타운 하우스가 늘어선 구성으로 이루어졌다(도 5-98). 위치도 더 서커스에서 브록 스트리트(Brock Street)로 연결된

도 5-98 존 우드 2세. 로열 크레센트. 바스, 영국. 1767~77년. 완공 직후인 18세기 말 판화 전경.

인접 블록이었다. 광장을 에워싸는 타운 하우스에 콜로세움 모티브를 사용한 것도 마찬가지였다. 이번에도 '밖과 안을 뒤집은(outside in)' 처리였다. 타운 하우스 입면 역시 벽기둥을 이용한 열주로 처리했다. 아버지에게 배운 그대로였다.

도 5-99 존 우드 2세. 로열 크레센트. 바스, 영국. 1767~77년. 열주 전경.

중요한 차이도 있었는데 크게 세 가지로 요약할 수 있다. 첫째, 우선 지름이 더 커졌으며 광장의 윤곽도 '크레센트(초승달)'라는 명칭에서 알 수 있듯이 원이 아닌 타원 반쪽이었다. 실제로 영국에는 대륙에는 없는 초승달 모양의 독특한 광장이나 정원이 있는데 그 모양을 따서 이름을 '크레센트'라고 부른다. 둘째, 타운 하우스의 입면을 더 서커스의 수직 층쌓기가 아닌 자이언트 오더로 처리했다. 1층을 벽체 기단으로 처리한 뒤 그 위에 2개 층에 걸친 이오니아식 반원형 자이언트 벽기둥을 나열했다. 지름이 커진 만큼 기둥의 개수도 크게 늘어서 114개가 일렬로 늘어섰다. 셋째, 이런 장면은 기본 구성은 팔라디오 양식이었지만 중앙 집중을 만들지 않고 긴 거리에 걸쳐 열주 효과를 노린 점에서 국제적 신고전주의에 해당되었다(도 5-99).

이런 세 가지 차이는 로열 크레센트만의 작품성인 것이며 이것은 곧 건축가 우드 2세의 정체성이기도 했다. 크게 보면 아버지 우드 1세가 제시한 모티브를 이어받아 더 발전시킨 것이지만 좁혀 보면 우드 2세만의 창작성이 돋보이는 대목이기도 했다. 세 가지 차이를 만든 궁극적 목적은 픽처레스크라는 미학가치를 얻기 위해서였다. 우드 1세에게는 없던 우드 2세만의 작품성이었다.

시대 배경도 중요했다. 픽처레스크는 낭만주의의 핵심 개념인데 우드 1세 때인 18세기 전반부에는 아직 형성되지 않다가 우드 2세 때인 후반부에 형성되면서 대부분의 영국 건축가들에게 어떤 식으로든지 영향을 끼쳤다. 가장 영국다운 미학이었기 때문에 아무리 고전주의를 추구하더라도 영국 건축가라면 피해갈 수 없는 의무사항 같은 것이었다. 대륙에 대해 경쟁의식과 예술적 열등감을 가지고 있던 영국에서는 민족

도 5-100 존 우드 2세, 로열 크레센트, 바스, 영국, 1767~77년, 타운 하우스.

주의 경향을 이루는 중요한 미학 요소였다. 18세기 후반부 영국 건축가들에게 픽처레스크의 구현은 성공을 가르는 중요한 기준이었다. 우드 2세도 예외는 아니었는데 아버지 우드 1세의 건축을 이어받아 이것을 이용해서 픽처레스크 미학을 표현해내는 데 성공한 것이다. 두 가지 방향에서 그랬다.

하나는 일직선이나 원이 아닌 반 타원이 주는 완만하고 부드러운 곡면 효과였다(도 5-100). 그 위에 열주가 늘어섬으로써 장경주의를 만들어냈다. 픽처레스크의 의미를 '무대를 보는 것 같은 시각작용'으로 해석한 것이다. 이것을 로마 고전주의 모티브로 처리함으로써 마치 로마 극장의 스테이지 빌딩을 보는 것 같은 느낌으로 처리했다. 콜로세움 모티브를 사용하되 그것에 머물지 않고 또 다른 로마 고전주의 모티브로 한 번 더 응용한 것이다. 이런 연차적 응용 역시 픽처레스크의 또 다른 기법이었다.

다른 하나는 주변의 자연환경과 경관을 적극 활용한 점이다. 아본 강가에 위치하면서 앞으로는 넓은 초원을 바라보고 뒤로는 낮은 구릉을 배경으로 가졌다. 광장 윤곽을 반 타원으로 처리한 것 역시 이런 자연경관을 가로막지 않기 위해서였다(도 5-101). 유려한 자연경관은 단순한 볼거리로 머물지 않고 고전 열주와 합해지면서 최종적으로 장관을 만들어냈다. 타원 곡면은 자연과 인공 사이의 어울림을 도왔다. 이는 '로열'이란 명칭에 걸맞은 위용이었다.

픽처레스크의 일반적인 의미가 보통 낭만주의와 연관되어 있는 데 반해, 이곳에서는 이처럼 장관이나 압도적 경관 등의 특이성을 의미했다. 이는 입주자들의 과시 욕구를 만족시키기 위한 부동산 개발전략의 일환이었다. 이곳의 입주자들은 왕실과는 상관없는 사람들이었지만 이 주거를 통해 궁정생활을 누리고 싶어 했다. 화려한 실내장식과 함께 과장된 픽처레스크 미학은 이런 요구를 잘 만족시켜주었다.

도 5-101 존 우드 2세. 로열 크레센트. 바스, 영국. 1767~77년. 주변 자연 전경.

열주 효과를 통해 얻어낸 픽처레스크는 다른 처리에 의해서 부분적으로 보강되었다. 모든 세대를 동일한 구성으로 하지 않고 최소한의 가변성을 준 것이었다. 기단부의 창과 벽기둥이 군데군데 달랐다. 이런 개별성의 미학은 픽처레스크를 이루는 중요한 기법이었다. 하지만 이곳에서는 그 차이가 크지 않아 이것만으로 픽처레스크를 얻지 못했겠지만 앞의 열주 효과와 합해짐으로써 픽처레스크 효과를 배가시켰다.

평면은 반대였다. 전체 윤곽이 타원이었기 때문에 내곡면과 외곡면 사이의 지름 차이로 인해 각 세대는 쐐기형태를 갖는 것이 자연스러운 결과였다. 그러나 우드 2세는 이것을 직사각형으로 반듯하게 편 뒤 외곡면 쪽 벽체 사이의 공간은 수납장으로 처리했다. 비정형을 이용하여 영국의 픽처레스크 전통을 살릴 수 있는 기회를 국제적 신고전주의의 합리적 처리로 마무리 한 것이었다.

이렇게 얻어진 픽처레스크 미학은 19세기 파리 아파트가 추구했던 스펙터클에 맞서는 영국만의 도시 공동주거 미학이었다. 스펙터클이 파리의 오래된 도시전통에서 비롯되면서 프랑스의 전통을 반영했듯이 픽처레스크 역시 영국의 오랜 국가전통이었다. 이것을 실어냄으로써 영국은 광장주거 개발사업에서 자국만의 국가 양식을 창출하게 되었다. 이는 또한 테라스 하우스라는 영국만의 광장주거 유형에 적합한 미학이기도 했다. 테라스에서 감상할 수 있는 훌륭한 경관의 미학을 만들어 낸 것이다. 이것이 바스 개발이 영국의 테라스 하우스 역사에서 중요한 분기점을 이루는 이유였다. 바스에서 형성된 이런 국가 양식은 이후 런던을 비롯해서 영국 전역에서 크게 유행하게 된다.

바스 개발의 성공과 테라스 하우스의 전성기

우드 부자가 바스의 두 건물에서 대를 이어 선 보인 이상의 기법은 바스를 완전히 다른 도시로 바꾸어놓았다. 이전까지 바스는 시골의 멋없는 평범한 도시였다. 우드 부자는 여기에 세 개의 '로열 포럼(Royal Forum)'에 해당되는 광장과 주거 지역을 세트로 건설함으로써 바스를 '열주의 도시'로 탈바꿈시켰다. 특히 대도시 중심에 귀족 상류층의 주거를 테라스 하우스로 정착시킨 이 기법은 도심 공공성과 지배계층의 권위를 접목시킴과 동시에 일반인들에게는 광장을 선사하는 일거양득의 효과가 있었다.

열주를 이용한 '로열 포럼'이라는 주제를 기준으로 보았을 때 바스의 예들은 파리의 선례와 구별되는 영국만의 국가 양식이 될 만했다. 루이 14세가 만든 승리의 광장과 방돔 광장에서도 광장을 에워싸는 타운 하우스의 입면에 자이언트 벽기둥으로 열주를 세웠다. 승리의 광장은 원형인 점에서 더 서커스와 같았다. 하지만 그 목적과 효과는 완전히 달랐다. 파리의 선례에서는 기둥의 크기와 개수 자체가 주는 과시 효과에만 매달렸다. 이것을 루이 14세의 정치적 권위와 동일시한 것이다.

반면 바스에서는 열주 자체보다는 이것이 만들어내는 픽처레스크라는 영국의 전통 미학이 궁극적 목적이었다. 더 서커스의 지름이 97미터로 승리의 광장의 37미터보다 2.7배가량 커진 것이나, 로열 크레센트에서는 원이 아닌 반 타원으로 변형된 것도 모두 '장관'이라는 픽처레스크 효과를 노린 것이었다. 원래 영국은 이런 규모의 기록을 즐기지 않는 나라인데 유독 바스에서만 규모에 집착한 것도 이 때문이었다. 픽처레스크라는 효과를 위해서라면 긴 수평 확장을 선호하는 영국의 전통이었다.

바스에 사용한 기법은 이후 영국 도시설계에서 중요한 유형으로 자리 잡았다. 영국에서는 18세기 말부터 산업혁명의 여파로 대도시에 넓고 길게 뻗은 일직선 가로를 많이 닦게 되었다. 바스의 선례는 이런 일직선 가로를 면한 긴 길이의 건물 입면이 지루하고 단조로워지기 쉬운 문제점을 해결하는 좋은 처리 기법이었다. 또한 시민계급의 권리가 커져가고 부르주아가 가세하는 등 여러 계층의 이익이 복잡하게 얽히기 시작한 초기 근대 대도시 상황에 대한 좋은 해결책이기도 했다.

파리, 베를린, 런던, 빈 등 유럽 열강의 수도로 대표되는 대도시들은 모두 이와 유사한 도시상황을 맞이했다. 도시의 물리적 구조 측면에서는 일직선으로 긴 거리를 내달리는 대 가로가 도심을 재구성했다. 도시를 이루는 정치사회적 측면에서는 여러 계층이 각자의 이익에 따라 복잡한 이해관계를 형성했다. 도시주거도 이런 두 가지 상황에 따라 함께 변해야 했다. 각국이 내놓은 해결책은 각각 달랐다.

파리는 스펙터클의 미학으로 무장한 아파트를 내놓은 반면, 영국은 픽처레스크의 미학으로 무장한 테라스 하우스를 내놓았다. 18세기 바스는 이것을 완성시킨 곳이었는데 특히 이것의 결정판이라 할 수 있는 로열 크레센트가 그랬다. 이런 배경 아래 로열 크레센트는 이후 18세기 후반부를 거치면서 영국에서 도시주거 개발사업의 모델로 자리 잡았다. 바스 내에서만 캠든 크레센트(Camden Crescent, 1788), 랜즈다운 크레센트(Landsdown Crescent, 1789), 서머싯 플레이스(Somerset Place, 1791), 윈드컴 크레센트(Windcombe Crescent, 1805) 등이 줄지어 개발되었다. 모두 '크레센트' 유형이었다. 이제 바스는 크레센트의 도시가 되었다.

이 가운데 팔머(John Palmer)가 설계한 랜즈다운 크레센트는 자연지형을 따라 뱀처럼 구불대는 세 개의 곡면으로 이루어지는 구성으로 픽처레스크 미학을 가장 잘 구현한 예였다. 각 곡면은 하나의 오목 크레센트와 두 개의 볼록 측랑으로 이루어졌다. 이런 점에서 자연을 위압하거나 훼손하지 않고 자연과 함께 어우러진 개발로 주목받았다. 햇빛을 죽이지 않고 충분히 활용했으며 여기에 더해 구릉 곡선과 어울리는 부드러운 곡면을 만들어내 미학적으로 자연환경과 하나가 되는 모습을 드러냈다. 이는 픽처레스크의 가치에 해당되는 것이었다.

'크레센트의 도시'가 된 바스는 거꾸로 런던에도 영향을 끼쳤다. 그전까지 런던의 크레센트들은 단순한 도심 개방 광장이나 도로로만 사용되고 있었다. 바스의 영향이 흘러들면서 18세기 말에서 19세기에 걸쳐 정원 광장과 테라스 하우스를 갖춘 광장주거로 개발되는 큰 변혁을 맞

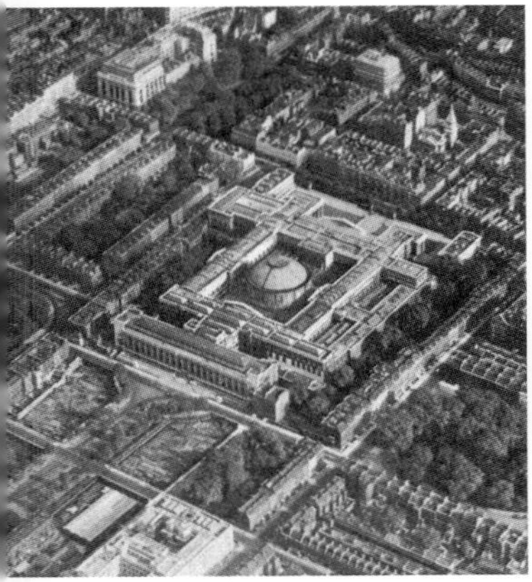

도 5-102 블룸스베리(Bloomsbury). 공중 전경.
도 5-103 존슨(J. Johnson). 웨스트본 테라스(Westbourne Terrace). 런던 하이드 파크(Hyde Park). 1850~55년.
도 5-104 존 카(John Carr). 벅스턴 크레센트(The Buxton Crescent). 더비셔. 영국. 1779~81년.

았다. 기디온(Siegfried Giedion)에 의하면 런던의 수준 높은 근대 도시계획의 시작은 바로 19세기 때 광장에 나타난 이런 변화를 핵심 내용으로 가졌다. 다양한 종류의 광장, 크레센트, 테라스 하우스 들이 서로 조화롭게 어울리면서 도심 공간을 풍요롭게 만들었다.

예를 들어 블룸스베리 같은 곳에는 직사각형, 정사각형, 원, 타원 등 다양한 형태의 잘 정리된 광장과 크레센트가 서로 어울리면서 완전히 새로운 도시 골격을 형성했다. 이런 골격 위에 테라스 하우스와 개인주택 등 다양한 주거 형식이 유려하게 배치되면서 블룸스베리는 19세기 최고의 주택 개발사업이 될 수 있었다(도 5-102). 런던 시내에서는 내시(John nash)의 리젠트 파크와 존슨(J. Johnson)의 하이드 파크(Hyde Park) 내 웨스트본 테라스(Westbourne Terrace, 1850~55)가 이것을 모방한 대표적인 예들이었다(도 5-103). 런던 이외의 도시에서도 인기가 많았는데 카(John Carr)가 설계한 더비셔(Derbyshire)의 벅스턴 크레센트(The Buxton Crescent, 1779~81)가 대표적인 예였다(도 5-104).

6

영국의 19세기 테라스 하우스와 런던 리젠트 파크

19세기 런던과 테라스 하우스

테라스 하우스는 영국에만 있는 도시주거의 한 형식으로 말 그대로 '테라스를 갖춘(terraced)' 임대용 공동주거를 의미한다. 19세기 파리의 아파트에 해당되는 도시주거의 역할을 했던 영국의 대표적인 도시주거 형식이다. 영국에서는 집은 개인주택이어야 한다는 전통이 강했기 때문에 도시 공동주거는 상대적으로 프랑스보다 덜 유행했다. 19세기 런던도 마찬가지여서 시내에는 지하철이 다니고 템스 강을 따라 공장이 즐비하게 들어섰지만 정작 도시주거 개발은 파리보다 적었다. 런던 시내에는 열악한 노동자 주거가 가득 찼고 부르주아들은 교외로 나가 개인주택을 짓고 살았다.

런던 부르주아들은 시내를 공장을 짓고 물건을 생산해서 돈을 버는 일터로만 생각했지, 주거지역으로 생각하지는 않았다. 공장지대를 제외하더라도 19세기 런던 시내를 점령한 다수의 건물은 부르주아의 도시주거가 아닌 상가와 오피스 빌딩이었다(도 5-105). 이들은 교외로 나가 빌라를 짓고 살거나 아예 교외를 주거단지로 개발하는 쪽을 택했다. 기차가 일찍 발달해서 교외에서 도심으로 출퇴근하기가 힘들지 않았던 것도

도 5-105 1838년의 런던 가로 건축. 옥스퍼드 스트리트 34번지. 탤리스(John Tallis)가 작성한 것으로 상가와 초창기 오피스 빌딩이 중심을 이룬다.

중요한 요인이었다. 파리의 오스망 재개발이나 그 이후 등장한 대로와 이것을 따라 대량으로 들어선 아파트 같은 것들은 19세기 런던에서는 생각할 수 없는 천지개벽이었다.

당시 런던은 공장을 필두로 여기에서 만든 물건을 파는 상가와 여기서 번 돈을 관리하는 오피스 빌딩, 그리고 공장에서 일하는 노동자들의 슬럼가 등이 뒤엉켜 있었다. 물론 이렇게 생산한 공산품과 거기에서 벌어들인 돈이 산업, 경제, 군사, 기술 등 모든 면에서 빅토리아 영국의 밑바탕이 되면서 19세기 영국을 '해가 지지 않는' 세계 최강국으로 만들긴 했지만, 주거의 질이라는 관점에서 보면 19세기 런던은 그리 매력적이거나 우등한 도시는 아니었다.

이런 사실은 비슷한 시기의 파리와 비교하면 더 확실해진다. 파리는 센 강을 공장에 내주지 않았다. 그 주변을 여전히 이전 시대와 같은 우아한 모습으로 지키고 있었으며 오스망 재개발 이후에는 센 강에 육박

도 5-106 1889년 파리만국박람회용 전경 판화. 센 강을 따라 '콩코드 광장(Place de la Concorde)-샹젤리제 거리-개선문'이 일직선으로 뻗어 있다.

하는 폭의 샹젤리제 거리가 센 강과 나란히 달리게 되었다(도 5-106). 앞에서 보았듯이 이외에도 십수 개의 대로가 비슷한 위용을 드러냈으며 이것들을 따라 셀 수 없이 많은 고급 아파트가 즐비하게 들어섰다. 그 결절지점에는 파리 오페라 하우스, 백화점, 아케이드, 개선문, 교회, 도시공원 등 각종 공공문화시설이 자리 잡았다. 파리 부르주아는 파리에서 살면서 돈도 벌고 도시 공공문화까지 즐겼다. 파리는 24시간 365일 내내 완전히 부르주아의 수중에 들어갔다. 비록 지하철은 아직 없었지만 지상의 도시공간을 완전히 장악하고 즐기기에는 마차가 훨씬 나았다.

런던은 많이 달랐다. 거의 반대라고 해도 좋을 정도였다. 시커먼 매연을 내뿜는 공장이 도심을 점령했으며 템스 강을 오르내리며 원자재를 실어오고 공산품을 실어내가는 배를 제외하면 지상의 도로망은 여전히 이전 시대의 좁고 뒤엉킨 상태에 머물고 있었다(도 5-107). 일찍부터 지하철이 들어서긴 했지만 이것은 이동 효율의 관점에서만 유용했을 뿐 도시주거의 삶의 질의 관점에서는 큰 의미가 없었다. 특히 당시 지하철은 석탄을 때는 증기기관차여서 한 번 타고나면 얼굴이 새까매질 정도였다. 산업혁명의 발상지로서 치른 대가 같은 것이었다.

더 근본적인 요소가 있었다. 런던 시내를 오스망 재개발 식으로 근대화하는 것은 영국인의 주거문화나 정서와는 완전히 반대되는 일이었다. 집은 '개인의 성'으로서 개인주택이어야 한다는 전통이 유달리 강한 영국에서는 대도시의 도심은 주거지로서는 적합하지 않다는 일반론적인 생각이 천 년 이상 내려오고 있었다. 더욱이 이미 공장터로 변해버린 19세기 런던 시내는 더 말할 필요도 없었다. 하루 종일 공장과 생산을 감독

도 5-107 스미스(S. C. Smith)가 1845년에 그린 〈템스 강 파노라마(Panorama of the River Thames)〉. 강을 따라 공장들이 즐비하게 늘어서 있고 강에는 원자재와 물건을 실어 나르는 배가 바삐 오간다. 공장을 제외한 도시의 나머지 부분은 아직 바로크 골격을 못 벗어나고 있다.

하고 노동자들과 씨름하느라 지친 부르주아들은 런던 시내에 집까지 지어 살고 싶어 하지는 않았다.

그렇다고 도시주거를 전혀 짓지 않은 것은 아니었다. 큰 흐름은 위와 같았지만 19세기 런던도 근대적 대도시로 성장해가면서 인구가 늘고 주택난이 심해지자 일정량의 도시주거 개발사업이 진행되었는데 이것을 이끈 유형이 테라스 하우스였다. 건축형식은 테라스를 더했다는 사실을 제외하면 나머지는 일반 임대용 공동주거와 다르지 않다. 하지만 테라스 하나가 더 들어감으로써 이 형식만의 여러 특징이 형성되었다. '테라스'라는 단어가 영국 공동주거에서 갖는 의미이자 무게 혹은 테라스가 하는 역할이기도 한데, 크게 세 가지로 요약할 수 있다.

첫째, 개별 세대에 독립성을 주는 역할을 했다. 테라스는 건물 밖으로 돌출하기 때문에 세대 수를 세는 기본 단위로 작용한다. 테라스 자체가 작지 않은 조형 단위이며 여기에 붙는 난간 등 장식 요소까지 더하면 더욱 그랬다. 밖에서 바라보면 자기 집의 독립성을 확인하는 조형 단위가 될 수 있다. 수직적으로도 마찬가지였다. 테라스를 받치는 구조 부재는 수직적으로 위아래 층을 구별해주는 역할을 할 수 있기 때문에 파리 아파트처럼 수평-수직 양 방향으로 세대 구별이 힘든 동일성의 위험을 조금이라도 막아줄 수 있었다(도 5-108). 테라스가 개별 세대의 독립성을 강화해주는 이런 현상은 집은 개인주택이어야 한다는 영국의 주

도 5-108 내시(John Nash), 리젠트 파크(Regent's Park, 1812~27) 내 컴버랜드 테라스(Cumberland Terrace), 런던.

거 전통을 완전히 못 버리고 도시 공동주거에까지 반영한 것이었다.

둘째, 공간의 사용을 기준으로 보면 도시 외부공간과 소통하는 통로 역할을 했다. 이는 외부공간에 대해 집을 가능한 한 폐쇄적으로 유지하던 상황 하에서 외부공간과 소통하려는 영국만의 방식이었다. 19세기 파리 아파트는 창 면적을 최대한 늘리고 유리를 사용하는 등 투명성을 통해 적극적으로 도시 외부공간과 소통하려 했다. 19세기 런던에는 이런 현상이 없었다. 당시 영국은 빅토리아 시대로 보수주의가 사회 전반을 주도했기 때문에 가정은 '나만의 성'으로 가족의 프라이버시를 지켜주는 폐쇄적 공간이어야 했다. 교외의 개인주택에서는 이런 폐쇄성의 미학을 지켜도 문제가 없었지만 도시주거에서는 최소한의 소통 통로를 둬야 했는데 이를 위해 테라스를 도입한 것이다.

도 5-109 내시. 리젠트 스트리트(Regent Street, 1815~30) 내 칼턴 하우스 테라스(Carlton House Terrace). 런던.

셋째, 조형적 차원에서 테라스는 건물 입면에 형태 변화를 유발했다. 테라스는 크게 두 종류로 나눌 수 있다. 하나는 개별 세대에만 부착한 것이고 다른 하나는 층 단위나 매스 단위로 묶어서 공동 테라스를 두르는 것이다. 두 경우 모두 조형적으로 특이한 형태를 만들어냈다. 개별 세대에만 부착할 경우 외벽 밖으로 테라스가 일정한 간격을 유지하면서 반복되었다. 공동 테라스를 두기 위해서는 위쪽의 한 층 전체나 일부분이 뒤로 들어가야 하기 때문에 이것 역시 큰 매스 단위로 들고남을 유발했다(도 5-109).

테라스 하우스 vs. 파리의 아파트

테라스 하우스는 동시대 파리의 아파트에 해당되는 영국의 대표적인 19세기 공동 도시주거 형식이었다. 파리의 아파트와는 공통점과 차이점을 동시에 가졌다. 부르주아를 위한 개발사업을 통해 탄생한 점과 임대용 다층 공동주거라는 두 가지 사실이 가장 큰 공통점이었다. 차이점도 있었는데 크게 네 가지로 요약할 수 있다.

첫째, 외관 윤곽에 개인주택의 특징을 최대한 반영했다. 아파트를 개인주택과 완전히 다른 또 하나의 주거형식으로 여기거나 심지어 개인주택보다 우월하다고까지 여기는 프랑스의 주거문화와는 다른 차이점이다. 이 때문에 테라스 하우스는 산업혁명 이후에 런던 시내에 들어선 도시 공동주거임에도 불구하고 층수는 파리 아파트보다 높지 않아서 3~4층이 가장 많았으며 최대 5층을 넘지 않았다.

외관의 표면도 마찬가지여서 파리 아파트의 평활면과 달리 들고남의 매스 변화가 심했는데 이는 표면적으로는 테라스를 두는 과정에서 파생한 것이지만 더 근본적으로는 개인주택의 실루엣을 지키고 싶은 바람을 반영한 것이었다(도 5-110). 19세기 도시 공동주거에 근대성의 미학을 표현하기보다는 여전히 개인주택의 조형 전통을 실어내려는 바람이었다. 이는 파리 아파트가 2차원 추상면을 선보이며 20세기 근대 건축으로 가는 길목을 닦은 것과 대비되는 특징이었다.

둘째, 테라스 하우스에서는 입면을 고급 양식이 주도했으며 특히 고전주의가 주를 이루었다. 파리 아파트는 19세기 말에 네오 바로크와 아르누보가 등장하기 전까지 입면에 특별한 양식을 넣지 않았다. 이는 앞에 얘기한 평활면의 특징과 같은 얘기인데 파리 부르주아들이 자신들의 아파트를 근대성의 상징으로 삼고 싶어 했기 때문이다. 19세기까지 고급 양식은 모두 전통 양식이었기 때문에 이런 의도에 맞지 않았다. 고전어휘나 장식어휘를 사용할 때에는 부분적으로만 더했다.

이에 반해 런던의 테라스 하우스는 19세기 절충주의를 구성하던 여러 고급 전통 양식으로 치장했으며 이 가운데 고전주의가 특히 심했다. 거꾸로 19세기 영국의 절충주의 역사 전체에서 봤을 때 테라스 하우스

도 5-110 내시. 리젠트 파크 내 얼스터 테라스(Ulster Terrace). 런던.

는 고전주의를 대표하는 건물 중의 하나로 분류될 정도였다. 이것은 런던 도시주거의 역사라는 거시적 관점에서 보면 17세기 광장주거에 나타난 경향이 19세기 테라스 하우스까지 계속 이어진 것이다. 17세기 런던의 광장주거에서는 고전주의와 테라스 하우스라는 두 가지 특징이 형성되기 시작했는데 이것이 19세기로 오면서 하나로 합해져 도시 공동주거를 대표하는 형식으로 정착한 것이다. 주거형식은 바뀌었지만 표면을 처리하는 양식 전통은 변하지 않고 이어진 것이다. 전통을 중시하는 영국의 국민성을 보여주는 현상이기도 했다.

19세기 런던이라는 미시적 관점에서 보면 당시 런던 부르주아들이 자신들의 도시주거를 근대성의 상징으로 삼고 싶어 하지 않았다는 뜻이다. 앞에 여러 번 나왔던, '도시 공동주거에까지 개인주택의 전통을 반영하고 지키고 싶은 바람'을 표현한 또 다른 경향이기도 했다. 거듭 말하지만 19세기 영국은 빅토리아 시대로 집을 '개인의 성'으로 보는 영국의 주택 전통을 그대로 지키려는 보수주의가 매우 강했다. 따라서 집에 이것 이외에 부동산 투자나 근대성의 상징 같은 다른 목적을 싣기를 꺼려하는 분위기가 사회를 주도했다.

도 5-111 19세기 런던 도시주거의 실내 모습. 1879년대 거드윈(Edward Godwin)의 인테리어 디자인이다.
도 5-112 윌리엄 영(William Young). 런던 중산층을 위한 타운 하우스 모델. 테라스 하우스 형식을 보여준다.

셋째, 앞에 나왔던 테라스를 이용한 소통 방식 역시 파리 아파트와 비교된다. 파리 아파트에서는 집 안까지 들여다보이는 시각적 투명성을 통해 도시 외부공간의 공적 영역과 교류하는 사회적 투명성까지 획득했다. 이는 소통이 일상생활을 구성하는 한 가지 요소로 자리 잡았다는 뜻이다. 파리 아파트에서는 집 안에 앉아서도 도시 외부공간을 감상할 수 있었다. 이에 반해 런던의 테라스 하우스에서는 집 안을 철저히 보호했기 때문에 집 안에서 집 밖을 감상하는 일이 쉽지 않았다(도 5-111). 소통이나 감상을 하고 싶을 때에는 사람이 직접 테라스에 나오는 방식

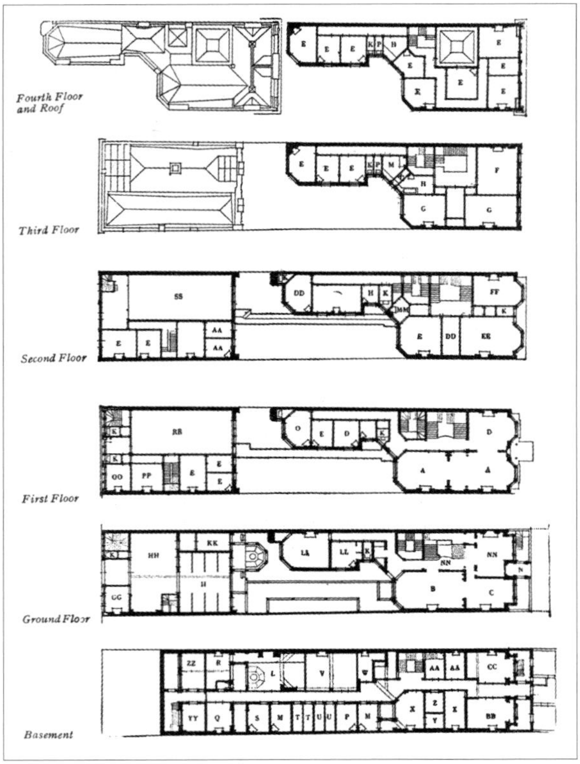

도 5–113 윔페리스(J. T. Wimperis). 그로스버너 광장 내 타운 하우스. 런던. 1886년. 테라스 하우스 평면.
도 5–114 내시. 리젠트 파크 내 컴버랜드 테라스. 런던.

을 택했다(도 5–112). 도시 외부공간과의 교류를 문을 열고 테라스로 나오는 특별한 행동으로 정의함으로써 일상생활과 분리시킨 것이다.

넷째, 이상을 관통하는 가장 포괄적 특징은 역시 교외의 빌라나 농촌주거 같은 개인주택 요소를 가능하면 많이 도입하려 한 점이었다. 이런 특징을 반영한 대표적인 현상이 정원을 갖춘 테라스 하우스의 구성이었다. 가장 좋기는 집마다 개별 마당을 갖는 것이었지만 이는 도시 공동주거에서는 불가능했기 때문에 그 대안으로 공동으로 마당과 정원을 뒀다. 건물 앞쪽에 둘 경우에는 도로 건너편에 뒀으며 뒤쪽에 둘 경우에는 각 집에서 개별적 접근이 가능하게 했다. 정원 디자인은 시공업자가 했고 유지비는 입주자가 냈다. 이외에도 서비스 영역으로 사용하는 뒷마당도 별도로 뒀다. 입주자가 개별 정원을 강력히 원할 때에는 공동 정원을 분할해서 배당했다.

이상을 종합하면 19세기 런던에 개발된 테라스 하우스는 간선도로와 연결된 '자기 폐쇄적인 포켓(self-contained pocket)' 개념으로 정의되었다(도 5–113). 옆 구역과는 단절된 경우가 많았다. 파리 아파트의 기준에서 보면 결코 도시주거일 수 없었다. 앞에 나왔던 여러 특징들이 테라스 하우스의 '자기 폐쇄성'과 '포켓'의 성격을 결정하는 요소들이었다. 그 가운데 공동 마당과 정원이 특히 중요해서 이것들은 프랑스 아파트의 안마당과는 완전히 다른 교외주택의 요소였다. 일부 테라스 하우스는 로지아와 게이트를 앞에 세워서 마치 컨트리 하우스처럼 보이게 위장까지 했다(도 5-114). 혹은 건물 앞에 높은 둔덕을 쌓거나 넓은 폭의 고랑을 파서 도로와 단절함으로써 프라이버시를 완벽하게 보호했을 정도로 개인 주택에 대한 영국인의 집착은 강한 것이었다.

테라스 하우스 개발사업

19세기 영국의 도시주거는 테라스 하우스가 주류였다. 1820년경부터 본격적으로 짓기 시작해서 1840~50년대에 전성기를 누렸으며 1880년경까지 계속되었다. 1850년대까지 테라스 하우스는 전형적인 중산층 부르주아의 도시 공동주거였다. 1880년을 기점으로 중상류층이 교외 빌라나 농촌 주택으로 많이 옮겨 가면서 도심 내에 이들을 위한 테라스 하우스는 점차 내리막길을 걷게 되었다. 1883년에 출판된 주택개발에 관한 책을 보면 테라스 하우스는 저소득층용 도시 공동주거로 분류된 반면, 교외 빌라가 중상류층용으로 분류되기 시작했다.

이런 가운데 19세기 영국의 대도시에는 여러 곳에서 테라스 하우스가 등장했다. 스코틀랜드에서는 에든버러와 글래스고가 대표적인 도시였다. 예를 들어 글래스고에서는 톰슨(Alexander 'Greek' Thomson)이 대형 고전주의 테라스 하우스 개발사업을 이끈 주역이었다. 1869년에 완공된 그레이트 웨스턴 테라스(Great Western Terrace)는 잉글랜드 지역에서는 찾아보기 힘든 웅장한 규모와 위용을 자랑했다.

가장 많은 수의 테라스 하우스를 지은 도시는 당연히 수도 런던이었다. 1810~20년대의 리젠트 파크와 리젠트 스트리트 개발을 필두로 1840~50년대에 전성을 이루었다. 전성기 때에 테라스 하우스 개발사업은 주로 서쪽으로 향했으며 고전주의 이외에도 벽돌을 사용한 조지안 양식이 함께 유행했다. 고전주의를 사용하더라도 정식 석조건축이 아니고 벽돌로 골조를 쌓고 그 위를 치장벽토로 바른 뒤 다시 고전 부재를 덧붙이는 방식이 유행했다. 공사비가 덜 들었기 때문이었다.

런던의 테라스 하우스 개발사업을 이끈 인물이 전설적인 개발업자

큐빗(Thomas Cubitt)으로, 그로스버너 단지(Grosvenor Estate)에 시행한 벨그라비아(Belgravia, 1825~) 개발사업이 대표적인 예였다. 바세비(George Basevi)가 설계한 광장주거였는데 중앙 광장은 푸른 숲 공원으로 꾸몄으며 이것을 에워싼 각 면의 도로를 따라 치장벽토를 바르고 고전 부재와 개별 포치를 갖춘 테라스 하우스들이 늘어섰다(도 5-115). 1840~50년대의 테라스 하우스 전성기 때에는 노스 켄싱턴(North Kensington), 패딩턴(Paddington), 베이스워터(Bayswater), 핌리코(Pimlico) 등이 새로 개발한 단지들이었다. 이런 단지들에서는 벨그라비아의 양식을 반복적으로 사용하면서 거의 같은 모습이어서 런던에 처음 온 이방인은 단지들 사이의 차이를 구별할 수 없을 정도였다.

이런 단지들을 개발한 업자들은 처음에는 당연히 높은 임대료를 받고 싶어 했지만 시간이 지나면서 각자에 합당한 사회적 수준을 찾아 정리되었다. 1877년에 신문투고자가 핌리코의 스터커빌(Stuccoville)에 대해서 쓴 글에는 "이곳은 최신유행을 보여주는 장소로 다양한 등급의 전문직 종사자들에게는 성지와 같은 곳이다. 이곳에는 광장도 있고 교회도

도 5-115 큐빗(Thomas Cubitt)이 시행한 벨그라비아(Belgravia). 그로스버너 단지(Grosvenor Estate) 내. 런던. 1825~. 설계자는 바세비(George Basevi)였다.

있다. 이들은 사치스러운 벨그라비아에 입주할 만큼 부자는 아니지만 개인주택에 살 정도는 되는 수준이다. 이곳은 은퇴자를 위한 교외지만 사람들은 켄싱턴보다 활기차다. 물론 앨버토폴리스(Albertopolis, 퀸스 게이트 지역)만큼 거창하지는 않지만 첼시보다는 한 등급 위이다. 첼시는 상업지역밖에 없기 때문이다. 유행에 너무 뒤떨어진 웨스트민스터 지역보다도 당연히 더 인기가 많다. 이곳에서 가장 번성한 지역은 복스홀 브리지 로드(Vauxhall Bridge Road) 건너편 쪽이다."라는 기록이 남아 있다.

이런 단지들의 필지는 지금 런던 시내를 기준으로 하면 상당히 큰 편이어서 보통 폭 6.6~7.5미터, 깊이 24~27미터였고 면적은 158제곱미터(48평)에서 202제곱미터(61평) 사이였다. 종종 투기 현상도 발생해서 수요보다 먼저 테라스 하우스를 짓기도 했다. 수요보다 먼저 짓건 수요 발생 이후에 짓건 개발사업이었기 때문에 성공 여부는 결국 적절한 건설 시점을 정하는 데에 달렸다. 큐빗은 물론이려니와 골즈워디(Galsworthy)나 프리크 경(Sir Charles James Freake) 같은 대표적인 개발업자들의 성공작들은 모두 건설 시점을 잘 택한 결과였다.

개발계획에는 대부분 토지소유주 쪽에서도 참여했다. 도로 패턴, 가게와 교회와 마구간 등의 위치는 토지소유주가 파견한 감독관이 결정했다. 긴 직선 도로에는 중간에 사각형 광장을 배치해서 변화를 꾀했으며 광장은 종종 사각형이 아닌 초승달(크레센트) 형태나 원형을 띠기도 했다. 이는 영국 도시 광장의 전통적 형태이기도 하려니와 가깝게는 18세기 바스 개발에서 사용한 것을 모방한 것이었다.

이런 단지들은 모두 개발사업이었기 때문에 당연히 고급건축가의 이름은 찾기 힘들었다. 예를 들어 프리크 경을 비롯해서 여러 개발업자들이 1860년대에 앨버토폴리스에 세운 테라스 하우스는 높고 긴 건물 정면을 치장벽토로 처리한 뒤 그 위에 다양한 고전 부재와 장식어휘를 더했지만, 정식 건축가가 설계한 것이 아니고 모두 패턴 북에 실린 표준 패턴을 흉내 낸 것이거나 기성품을 사다 붙인 것들이었다. 고급건축가의 이름을 찾기 힘든 대신 사업을 이끈 주역은 당연히 개발업자와 시공업자였으며 그 뒤에는 변호사, 자본가, 융자업자, 임대업자, 감정사 등의 2차 그룹이 포진해서 계획, 시공, 임대 등의 전 과정이 원활하게 진행되도록 도왔다.

내시(John Nash, 1752~1835)가 디자인한 리젠트 파크(Regent's Park, 1812~27)와 리젠트 스트리트(Regent Street, 1815~30)는 예외적으로 고급건축가의 작품이었다. 물론 내시의 정체에 대해서는 이견이 있다. 좀 세련된 개발업자라는 평가부터 19세기 영국 절충주의를 이끈 주요 건축가라는 평가에 이르기까지 양극을 오간다. 실제로 그의 경력의 상당 부분은 부동산 개발이었다. 초창기에는 작품활동을 했지만 1783년 일시적 은퇴 뒤 1790년에 부동산 개발업자로 변신해서 컴백했다. 이후에 그가 남긴 작품은 상당수가 철거되었는데 작품성이 없는 단순 부동산 건물이었기 때문이다.

하지만 초창기 예에서 보듯 작품성 있는 건물도 남겼으며 부동산 개발사업 가운데에도 일정한 작품성을 보이는 예들이 있기 때문에 그를 완전한 개발업자로만 보기는 어려웠다. 올 소울스 교회(All Soul's Church, 1822~25) 역시 내시의 작품이었다(도 5-124). 리젠트 파크와 리젠트 스트리트가 좋은 예로, 상대적으로 다른 개발사업과 비교했을 때 리젠트 파크를 주도한 내시라는 이름은 분명히 고급건축가의 무게를 지닌다고 볼 수 있었다. 부동산 개발이 건축 일의 다수를 차지하던 19세기 상황에서 여기에 고급 양식을 실어서 일정 수준을 유지한 것은 그가 했던 긍정적 역할이었다.

리젠트 파크와 리젠트 스트리트(이후 리젠트 개발사업으로 줄여서 통칭한다)는 1810년대에서 1830년 사이의 19세기 전반부 테라스 하우스를 주도한 대표적인 개발사업이었으며, 이를 계기로 런던에는 1840~50년대의 테라스 하우스 전성기가 올 수 있었다. 이 두 단지는 그야말로 테라스 하우스의 천국이었다. 열 곳의 테라스 하우스 단지에 절충주의 양식으로 치장한 다양한 종류의 테라스 하우스가 줄지어 들어서면서 파노라마를 이루었다. 개별 단지만을 기준으로 하면 테라스 하우스의 전성기 이전에 이미 가히 테라스 하우스의 결정판이라 할 만한 장면을 만들어냈다.

리젠트 파크와 리젠트 스트리트 개발사업

리젠트 개발사업은 19세기 런던 부동산 개발을 대표할 뿐 아니라 도시 역사와 도시주거의 역사에서도 중요한 예로 남아 있다. 파크와 스트리트 두 곳을 합하면 규모와 건물 숫자 면에서 영국 건축을 통틀어 단일 프로젝트로는 최대 규모라 할 수 있다. 19세기식 대도시 가로 개발이라는 점에서는 페르시에의 파리 리볼리 가(Rue de Rivoli) 개발이나 오스망의 파리 재개발에 비견할 만했다. 이는 전적으로 내시의 작품이었다. 부동산 개발 경력과 픽처레스크 미학이라는 그의 두 가지 경력이 하나로 합해져 영국만의 독특한 대형 도시주거가 탄생한 것이다.

두 경력은 언뜻 아무 상관이 없거나 심지어 반대편에 서는 것으로 보일 수도 있으나 19세기 영국 상황에서는 반드시 그렇지 않았다. 19세기 영국 건축에서 픽처레스크는 그 자체로 추구되거나 표현되기보다는 영국인의 가장 보편적인 전통 감성이자 국가 미학으로, 거의 모든 건축에 섞여 나타났다. 부동산 개발도 예외는 아니어서 당시 런던 시민과 부르주아는 단순히 물량 중심의 집만 원했던 것이 아니었고 영국의 심미성을 갖춘 국가적 모델을 원했다. 파리의 아파트가 파리 부르주아만의 정체성을 표현한 것에 맞서는 영국의 요구 사항이었다. 픽처레스크가 여기에 가장 적합한 미학이었다. 픽처레스크 자체가 중세 때부터 영국의 대표적인 국민 정서로 이어져왔을 뿐 아니라 19세기의 절충주의 시대 때에는 다양한 양식의 파노라마를 하나로 합해내는 조형전략으로도 유용했기 때문이다. 부동산 개발사업에서도 픽처레스크 미학을 실어내는 일이 성공의 관건이었다. 고급건축가가 회피하던 부동산 개발에서 이 일을 할 수 있는 사람은 내시가 거의 유일했다고 해도 과언이 아니었다.

리젠트 개발사업의 시작은 1811년까지 거슬러 올라간다. 리젠트 파크의 원래 이름은 말리본 파크(Marylebone Park)였다.

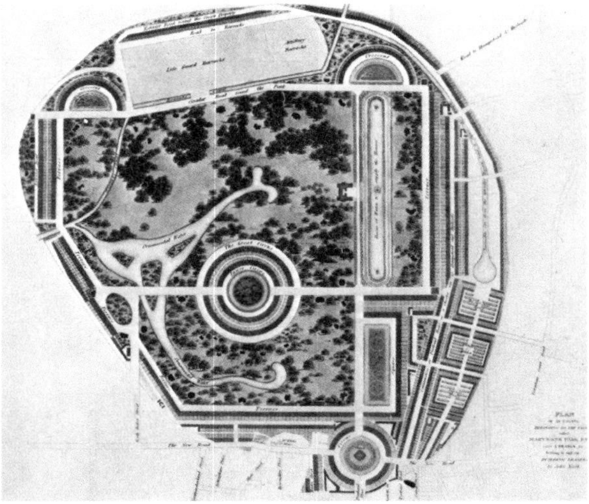

도 5-116 내시. 말리본 파크(Marylebone Park) 개발 계획. 1차안. 1812년.

논과 초지였던 이곳이 1811년에 왕실에 귀속된 뒤 개발사업을 시작한 것이다. 왕실에서는 부동산 개발과 건축가를 겸하고 있던 내시와 레버턴(Thomas Leverton) 2인에게 계획안 제출을 명했고 내시의 안이 뽑혔다(도 5-116). 내시는 말리본 파크를 1등급 테라스 하우스 단지로 개발하는 사업 이외에도 그 앞의 가로까지 '뉴 스트리트 계획안'이라는 이름으로 함께 개발하는 대규모 사업을 제안했다.

부동산 개발사업에서 경력을 쌓았던 내시는 왕실에서 주관하는 이런 종류의 부동산 개발사업의 속성을 꿰뚫고 있었다. 고급 주거단지를 넣어 런던의 도시환경을 일신함으로써 왕실의 체면을 살려줌과 동시에 근대적 대도시로 진입하기 위한 조건으로서 '뉴 스트리트'를 개발하는 것이었다. 산업혁명 이후 런던에 근대적 대도시의 풍모를 더하고 싶어 했던 왕실로서는 더없이 좋은 아이디어였다. 처음에는 말리본 파크 개발로 시작했던 일이 두 배 가까이 커지긴 했지만 심사는 싱겁게 끝났고 왕실은 단번에 내시의 아이디어를 샀다.

말리본 파크는 리젠트 파크로 이름을 바꾸며 녹지가 무성한 도시 공원과 고급 테라스 하우스 단지로 변신했다. 그 앞으로는 포틀랜드 플레이스(Portland Place)가 끝나는 지점에서부터 시작해서 세인트 제임스 파크와 버킹엄 궁전에 이르는 가로를 리젠트 스트리트로 개발했다. 말리본 파크와 세인트 제임스 파크 사이에는 좌우로 앞에 나왔던 17~18세기 광장주거가 거의 몰려 있었다. 그 한가운데를 리젠트 스트리트가 관

도 5-117 내시. 리젠트 파크 내 파크 크레센트(Park Crescent). 런던.

통하면서 개발됨으로써 이 모든 도시주거 단지들이 유기적으로 묶이는 결과를 낳았다.

리젠트 개발사업은 내시만의 독창적 아이디어는 아니었다. 바스 개발의 선례에서 많은 모델을 빌려왔다. 원형에 가까운 리젠트 파크는 바스의 더 서커스를, 리젠트 파크 끝에 달린 파크 크레센트와 리젠트 스트리트 중간에 있는 더 쿼드런트(The Quadrant)는 바스의 로열 크레센트를 각각 모델로 삼았다(도 5-117, 도 5-120, 도 5-121). 리젠트 파크는 더 서커스를 본떠서 아홉 개의 테라스 하우스 단지가 주변을 에워쌌다. 더 쿼드런트는 사분원이라는 뜻으로 이를테면 크레센트를 한 번 더 분할한 것이다.

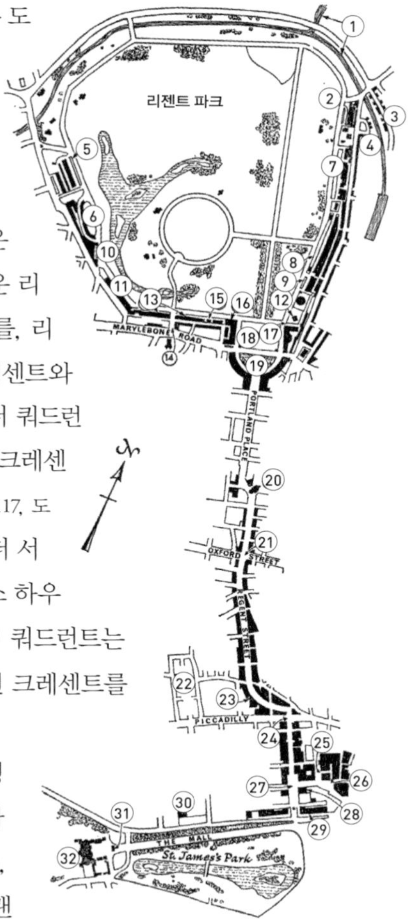

도 5-118 내시. 리젠트 파크(Regent's Park, 1812~27) & 리젠트 스트리트(Regent Street, 1817~30). 1=리젠트 운하(The Regent's Canal). 2=글로스터 게이트(Gloucester Gate). 3=파크 빌리지 이스트(Park Village East). 4=파크 빌리지 웨스트(Park Village West). 5=하노버 & 켄트 테라스(Hanover and Kent Terraces). 6=서식스 플레이스(Sussex Place). 7=컴버랜드 테라스(Cumberland Terrace). 8=체스터 테라스(Chester Terrace). 9=케임브리지 테라스(Cambridge Terrace). 10=클래런스 테라스(Clarence Terrace). 11=콘월 테라스(Cornwall Terrace). 12=서머리스 하우스(Someries House). 13=요크 테라스(York Terrace). 14=요크 게이트(York Gate). 15=도리스식 빌라(Doric Villa). 16=얼스터 테라스(Ulster Terrace). 17=성 앤드류 플레이스(St. Andrew's Place). 18=파크 스퀘어(Park Square). 19=파크 크레센트(Park Crescent). 20=올 소울스 교회(All Souls' Church). 21=옥스퍼드 서커스(Oxford Circus). 22, 29=도버 스트리트(Dover Street). 23=더 콰드런트(The Quadrant). 24=피커딜리 서커스(Picadilly Circus). 25=왕립극장 및 서폭 플레이스(Theater Royal and Suffolk Place). 26=서폭 스트리트(Suffolk Street). 27=워털루 플레이스(waterloo Place). 28=유나이티드 서비스 클럽(United Service Club). 29=칼턴 하우스 테라스(Carlton House Terrace). 30=클래런스 하우스(Clarence House). 31=마블 아치(The Marble Arch). 32=버킹엄 궁전(Buckingham Palace).

리젠트 파크는 원과 정사각형의 중간쯤 되는 공원 윤곽을 따라 하노버 테라스(Hanover Terrace), 켄트 테라스(Kent Terrace), 컴버랜드 테라스(Cumberland Terrace), 체스터 테라스(Chester Terrace), 케임브리지 테라스(Cambridge Terrace), 클래런스 테라스(Clarence Terrace), 콘월 테라스(Cornwall Terrace), 요크 테라스(York Terrace), 얼스터 테라스(Ulster Terrace) 등 아홉 개의 테라스 단지와 세 개의 파크 빌리지(Park Village) 단지를 세웠다(도 5-108, 도 5-109, 도 5-110, 도 5-118). 서식스 플레이스(Sussex Place) 같은 포켓형 광장도 넣었다.

북쪽 입구에는 글로스터 게이트(Gloucester Gate)를, 남쪽 끝에는 요크 게이트(York Gate)를 각각 세웠다. 테라스 단지는 한쪽 편은 공원 녹지를 에워쌌고 반대편은 가로와 주변 도심부를 면했다(도 5-119). 파크 빌리지 단지는 테라스 단지와 상업지역을 분리시키는 역할도 했다(도 5-127, 도 5-128). 리젠트 스트리트와 만나는 지점에는 파크 스퀘어(Park Square)를 만들었고 그 아래에 파크 크레센트(Park Crescent)라는 초승달 모양의 단지를 더했다(도 5-120). 리젠트 파크에 들어선 단지들은 현재 컴버랜드 테라스, 체스터 테라스, 파크 크레센트 등 일부가 보존되어 있다.

리젠트 스트리트는 포틀랜드 플레이스가 끝나는 지점인 랭엄 플레이스(Langham Place)와 올 소울스 교회부터 시작해서 세인트 제임스 파크까지 이어졌다. 가로를 따라 옥스퍼드 서커스(Oxford Circus), 더 쿼드런트, 피커딜리 서커스(Picadilly Circus), 워털루 플레이스(Waterloo Place) 등이 주요 결절 지점을 이루며 런던의 심장부를 관통했다(도 5-121, 도 5-122, 도 5-123). 이 가운데 피커딜리 서커스에서 워털루 플레이스에 이르는 부분을 로어 리젠트 스트리트(Lower Regent Street)라고 부른다.

결절 지점 사이에는 올 소울스 교회를 필두로 유나이티드 서비스 클럽(United Service Club), 하모닉 인스티튜션(Harmonic Institution), 마블 아치(Marble Arch) 등 많은 공공건물들을 더했다. 세인트 제임스 파크와 만나는 종점에는 마지막 열 번째 테라스 하우스 단지인 칼턴 하우스 테라스(Carlton House Terrace)를 지었다. 리젠트 스트리트 자체는 현재도 도로 골격이 그대로 보존되었지만 건물은 대부분 철거되어서 올 소울스 교회와 칼턴 하우스 테라스 정도만 남아 있다(도 5-124).

이처럼 들어선 건물의 이름만 나열하는 데에도 한참이 걸리는 대단

도 5-119 내시, 리젠트 파크, 런던, 현재 공중 전경.
도 5-120 내시, 리젠트 파크 내 파크 스퀘어와 파크 크레센트, 런던, 현재 공중 전경.

위 개발사업이었다. 계획과 건설과정을 기술하자면 책 한 권으로 모자랄 정도의 큰 사업이었다. 하지만 왕실에서 주관했기 때문에 이 엄청난 사업은 20년도 채 안 되는 시기에 일사천리로 진행되었다. 사업 추진에 필요한 내용은 왕실에서 법령을 발효해 보조를 해주었기 때문에 지체되는 일 없이 효율적으로 진행될 수 있었다. 대형 테라스 하우스 단지 하나를 평균 1년 남짓의 짧은 시간에 지어댔다.

하지만 이렇게 큰 단지를 너무 짧은 시간에 한 번에 지었기 때문에 이후 시대가 바뀌면서 그만큼 철거도 많이 되었다. 내시가 힘들여 예술적 가치를 실어내려 애썼고 일정한 성공도 거두었지만 결국 부동산 개발사업에 불과한 측면도 있었기 때문이다. 시대 상황이 바뀌어 철거가 필요해졌을 때 이것을 막을 논리가 없었다. 지금은 앞에 얘기한 것과 같은 일부만 남아 있다. 철거의 이유도 다양했다. 어차피 부동산 개발이었기 때문에 도시가 커지고 경제가 발전하면서 다음 단계의 또 다른 부동산 논리가 들어오면서 자연스럽게 밀려서 헐린 경우들이 대부분이었다. 2차 대전 때 독일군의 폭격으로 손상을 입기도 했다.

불행 중 다행으로 19세기에 남긴 여러 장의 판화들이 당시 모습을 조금이나마 보여주고 있다. 당시 런던에서는 도심을 한 번에 확 바꿔 놓은 경이로운 사업이었기 때문에 많은 관심의 대상이어서 여러 작가가 그림과 판화로 기록을 해 놓았으며 사진술이 발명된 이후에는 사진 기록도 남아 있다. 그림은 셰퍼드(T. H. Shepherd)가 가장 대표적이며 그의 그

도 5-121 내시. 리젠트 스트리트 내 더 쿼드런트. 런던.
도 5-122 내시. 리젠트 스트리트. 피커딜리 서커스 일대. 멀리 보이는 건물이 칼턴 하우스이다.
도 5-123 내시. 리젠트 스트리트. 워털루 플레이스 일대의 로어 리젠트 스트리트(Lower Regent Street).

도 5-124 내시. 올 소울스 교회. 런던. 1822~25년.

림을 바탕으로 스미스(W. R. Smith), 레더웨이(J. Redaway), 바버(T. Barber), 윌리스(H. Wallis), 래드클리프(W. Radcliff), 텀블턴(W. Tombleton), 블룩(J. Bluck) 등 여러 명이 판화 기록을 남겼다.

리젠트 파크와 픽처레스크의 미학

리젠트 개발사업은 부동산 개발에 다양한 건축 양식을 사용했으며 이것을 픽처레스크라는 개념으로 적절히 혼합해낸 점에서 중요성이 매우 컸다. 이는 동시대 고급건축의 흐름과 궤를 같이하는 것이었다. 이 가운데 앞에서 밝힌 바와 같이 픽처레스크가 중요했다. 리젠트 개발사업에서 픽처레스크는 세 가지 의미를 가졌다.

첫째, 여러 절충주의 양식을 하나로 혼합해내는 기법이었다. 이렇게 많은 건물들을 한 번에 설계하는 방법으로는 당시로서는 절충주의가 잘 맞았을 수 있다. 이런 절충주의 양식을 잘 섞어서 큰 조화를 이뤄내는 기법이나 개념이 바로 픽처레스크였다. 내시는 그리스 고전주의, 로마 고전주의, 르네상스 팔라초, 매너리즘, 바로크, 고딕 등 여러 선례 양식을 적절히 섞어서 자칫 지루해지기 쉬운 가로 경관에 건축적 활력을 불어넣었다. 그리스 고전주의는 열주 테라스와 신전 파사드를 차용했다. 로마 고전주의는 기단과 본체를 분리시키는 기법과 개선 아치 등을 차용했다. 르네상스 팔라초는 도심형 주거를 수직 층쌓기 개념으로 처리한 기법을 차용했다. 매너리즘은 쌍기둥과 자이언트 오더를 차용했다. 바로크는 5분법 구성을 통한 중심부 강조와 들고남이 심한 매스 변화 등을 차용했다. 고딕은 첨탑을 차용했다.

도 5-125 내시. 리젠트 파크 내 컴버랜드 테라스. 런던.
도 5-126 내시. 리젠트 파크 내 요크 테라스. 런던.

선례 양식과 개별 건물들 사이에 특별한 대응관계는 없었다. 각 상황에 맞게 여러 양식들을 적절히 혼합하는 식이었다. 컴버랜드 테라스는 신전 파사드가 긴 전면을 가로질러 구성했으

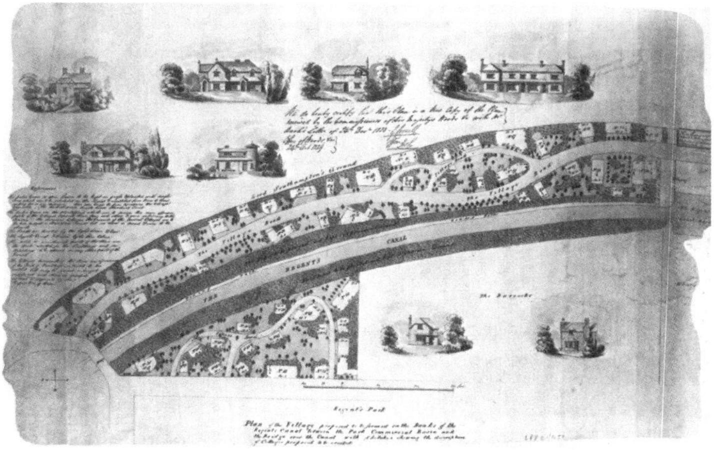

도 5-127 내시. 리젠트 파크 내 파크 빌리지(Park Villages). 1823년의 1차 계획안. 런던.
도 5-128 내시. 리젠트 파크 내 파크 빌리지 이스트. 런던.

며 그리스 열주를 기단이 받치면서 프랑스 바로크의 루브르 동익랑과 유사한 건축적 효과를 냈다(도 5-108, 도 5-125). 파크 크레센트는 쌍기둥 열주가 1층을 이루고 그 위로 추상 분위기의 본체가 올라갔고 마지막으로 다락층으로 마감했다(도 5-117). 1층 열주와 본체 사이를 두 겹의 강한 수평선이 구획한 점은 그리스 가구식 구조를 차용한 것이었으나 열주를 쌍기둥으로 처리한 것은 매너리즘 기법이었다.

요크 테라스에서는 아치의 벽체 구조로 처리한 기단이 열주와 신전 파사드로 처리한 위쪽의 본체를 받쳤다(도 5-126). 하지만 최종 모습은 르네상스 팔라초, 팔라디오의 빌라, 루브르 동익랑 등을 합한 절충적 모습으로 나타났다. 픽처레스크는 이처럼 서로 상관이 없어 보이는 여러 양식을 하나로 합해서 상관이 있는 큰 합을 만들어내는 기법이었다. 이는 자연의 구성 원리이자 작동 원리이기도 했으며 픽처레스크의 원래 뜻 역시 이런 자연을 모델로 만들어진 것이었다. 나무에서 뿌리와 줄기와 꽃은 따로 떼어서 보면 외관 형태 사이에는 유사성이 없으나 함께 어울려 생명작용이라는 자연 원리를 작동시키는 협력을 한다. 이것이 픽처레스크의 원리인데 이곳에서는 이것을 건축양식이라는 인공 요소에 적용한 것이다.

둘째, 픽처레스크는 단순히 절충주의 양식을 혼합하는 데에만 나타난 것이 아니었고 개별 건물에서도 구체적으로 나타났다. 주로 빌라라

도 5-129 내시. 크론크힐(Cronkhill). 샐럽(Salop), 영국. 1802년경.

는 주거 유형을 통해서였다. 내시는 처음에 빌라를 주요 유형으로 택했는데 테라스 하우스의 유행에 맞춰 바꿨다. 그러나 빌라도 섞어서 지었으며 여기에 픽처레스크 미학을 표현했다. 빌라는 파크 빌리지에 주로 지었다. 내시의 계획안을 보면 5~10종류의 빌라 모델을 디자인했으며 파크 빌리지 이스트와 웨스트 두 곳에 실제로 지었다(도 5-127, 도 5-128).

내시는 초창기 경력부터 픽처레스크에 관심이 많았으며 이를 위해 적절한 훈련을 받았다. 런던에서 파산과 이혼을 겪은 뒤 웨일스로 옮겨 몇 년을 보내던 과정에서 중요한 픽처레스크 이론가들을 만나 영향을 받았다. 이를 바탕으로 초창기인 18세기 후반부를 컨트리 하우스, 농가, 성채 등을 픽처레스크 개념으로 설계하며 보냈다. 그리고 19세기 초부터 픽처레스크 경향을 보이는 주택 개발사업에 참여해서 일정한 작품을 남기기 시작했는데 샐럽에 있는 크론크힐(Cronkhill, Salop, 1802)이 대표적인 예였다(도 5-129). 이곳에서는 픽처레스크를 대표하는 중세 성채, 이탈리아 빌라, 농가 등 여러 유형을 조합해서 건물을 구성했다.

개별 건물에서 픽처레스크를 표현할 경우 핵심은 이탈리아 토속건축이었다. 크론크힐은 이것을 모델로 삼아 영국 건축의 시각으로 해석해서 변형시킨 것이었으며 이 경험은 다시 리젠트 파크로 이어졌다. 이탈리아 토속건축은 18세기 낭만주의 풍경화의 주요 소재로 등장하는 등 건축뿐 아니라 미술에서도 픽처레스크 미학을 대표했다. 이탈리아 비대칭 건축의 원본 모델인데 고전주의 규범에 의해 대칭으로 정리되어 사용되다가 크론크힐에서 드디어 이를 극복하고 원래 모습을 되찾았다.

셋째, 이처럼 완전한 빌라가 아니더라도 리젠트 파크 전반에 지어진 테라스 하우스에서도 빌라 모티브를 사용함으로써 픽처레스크 미학을 간접적으로 표현했다. 요크 테라스, 얼스터 테라스, 체스터 테라스 등 여러 곳이었다. 이번에는 규모가 큰 테라스 하우스였기 때문에 선례 모델도 여기에 맞게 선택했다. 팔라디오의 대형 빌라나 영국의 팔라디오 양식 모티브를 섞어 사용했다. 한마디로 이탈리아 빌라를 고전주의와 영국 픽처레스크로 각색한 뒤 당시에 가장 많이 유행하던 테라스 하우스로 만들어내는 전략이었다.

리젠트 파크는 규모 면에서 이런 흐름의 결정판이었다. 당시 도시주거의 대표 유형인 테라스 하우스를 기본 유형으로 삼아 자신만의 이런 독특한 특징을 가미함으로써 세간의 취향을 만족시키는 데 성공했다. 이탈리아 빌라는 영국에서 보기에 이국적이고 낭만적이면서도 르네상스를 거치면서 팔라디오 같은 주요 건축가들이 고전주의를 주거에 접목시킨 주요 통로였다. 영국 내에서도 18세기에 팔라디오 양식을 거치면서 주요 작품들을 남겨 많이 친숙해져 있었다. 이런 모델을 당시 영국 건축을 이끌던 양대 축인 고전주의와 픽처레스크 모두에 접목시킴으로써 런던시민의 다양한 디자인 취향을 만족시킬 수 있었던 것이다.

테라스 하우스와 낭만적 풍경의 가능성

내시가 리젠트 파크에서 픽처레스크를 구사한 데에는 응원군의 힘도 컸다. 그의 설계사무소에서 도면사로 일했던 조경 정원사 렙턴 부자(아버지 험프리 렙턴[Humphrey Repton]과 아들 존 렙턴[John Adey Repton])가 대표적인 인물이었다. 영국은 18세기부터 베르사유의 기하학적 정원 양식에 반대하며 자연지형의 유려한 곡선을 살린 낭만주의를 독자적으로 창출해서 이끌어오고 있었다. 픽처레스크 미학은 여기에서도 핵심 개념을 이루었다. 렙턴 부자 역시 이 경향을 이어받았기 때문에 픽처레스크 미학에 밝았으며 이를 정원 양식에 구현하는 데에도 능력을 발휘하고 있었다. 내시 역시 이들과 별도로 자신만의 픽처레스크 미학으로 무장하고 있었는데 건축과 정원은 다른 점이 있기 때문에 이들 부자가 정원을 통해 제시하는 픽처레스크 미학은 내시에게는 또 다른 충전 기회였다.

렙턴 부자는 정원의 픽처레스크 미학을 건물에 적용한 작품도 남겼는데, 노스 노퍽(North Norfolk) 해안가에 지은 셰링엄 홀(Sheringham Hall, 1812)이 대표적인 예였다. 이 주택은 이탈리아 빌라보다는 영국의 컨트

도 5-130 내시. 리젠트 파크 내 파크 크레센트. 런던.
도 5-131 내시. 리젠트 스트리트 내 더 쿼드런트. 런던.
도 5-132 내시. 리젠트 스트리트 내 더 쿼드런트. 런던.

리 하우스에 가까웠는데 이는 렙턴 부자가 이탈리아 원본을 영국에 맞게 적용했음을 뜻한다. 전체적인 경향은 중심축이나 대칭 같은 중앙부 강조 없는 자유롭고 나지막한 윤곽을 대표적 특징으로 가졌다.

이 주택이 리젠트 파크의 테라스 하우스에 끼친 영향은 '가정의 보금자리로서의 개인주택'이라는 영국의 전통적인 집 개념이었다. 이 주택의 건축주는 업처 부자(아버지 토머스 업처[Thomas Upcher], 아들 샬럿 업처[Charlotte Upcher])였다. 이들은 섭정기 때 낭만주의 문학을 이끈 대표적인 인물로 영국의 전통가치를 가정에서 찾았으며 이것을 픽처레스크의 미학으로 구현하기 위해 자신들의 주택을 지었다. 주택을 가정의 가치가 픽처레스크 미학과 만나는 성소로 정의한 것이다. 이후 전개될 빅토리아 시대 때의 심각한 가족주의와 가정 이데올로기를 미리 보는 것 같았다. 가정을 중요하게 여기는 영국의 전통을 픽처레스크 미학으로 빚어서 컨트리 하우스로 구현한 뒤 빅토리아 시대로 넘긴 것에 해당된다.

이런 개념은 내시의 테라스 하우스 시리즈에 중요한 영향을 끼쳤다. 앞에서 살펴보았듯이 테라스 하우스가 갖는 여러 특징들은 기본적으로 영국사람들이 소중하게 여기며 집착하는 개인주택의 가치와 특징을 반영한 데에서 기인했는데 이것을 처음 대규모의 구체적 예로 완성시킨 곳이 리젠트 파크였기 때문이다. 리젠트 파크에서 완성된 이 모델은 이후 1880년경까지 영국 도시주거의 대표 유형으로 큰 영향을 끼쳤다.

멀리는 18세기 우드 부자의 바스 개발도 중요한 모델이었다. 개인주택에 주로 어울리는 픽처레스크 미학을 대형 테라스 하우스 단지에 적용하는 일은 쉽지 않았는데 바스는 여기에 매우 적합한 선례 모델이었다. 핵심 내용은 픽처레스크의 가장 기본적인 뜻인 풍경화를 보는 것 같은 낭만적 경관이다. 바스 개발에서는 주로 로열 크레센트에서 완성도 높은 모습으로 나타났다. 물론 바스의 로열 크레센트는 자연환경 속에 지어졌기 때문에 픽처레스크 미학을 구현하는 데 유리한 조건이었다.

내시의 테라스 하우스들은 도심에 부동산 개발로 지어져서 자연환경이 없어서 상대적으로 불리한 조건이었다. 그럼에도 내시의 건물들 역시 여전히 한 편의 풍경화를 보는 것 같은 낭만성이 남아 있었다(도 5-101, 도 5-104, 도 5-130). 특히 크레센트나 더 쿼드런트 같은 곡면 구간에서 이런 특징이 두드러졌다. 다양한 양식으로 무장한 여러 장의 부드러운 곡면이 앞뒤로 열을 지어 완만하게 휘어나가는 장면은 도심 속 낭만적 풍경화에 잘 맞았다(도 5-131, 도 5-132).

도 5-133 내시. 리젠트 파크 내 컴버랜드 테라스. 런던.
도 5-134 내시. 리젠트 파크 내 서식스 플레이스.

이것은 픽처레스크의 첫 번째 의미인 절충주의 양식의 어울림이 잘 구사되어 나타난 구체적인 결과물이기도 했다. 자연의 여러 요소들이 서로 어울려 하나의 경치를 이루는 개념을 건물에 적용시켜 여러 양식이 건축적 풍경을 만들어내는 것이었다. 리젠트 개발사업의 테라스 하우스들은 매스 분절과 들고남에서 구성력이 매우 높았는데 이런 특징들은 곧 '한 편의 풍경화로서의 픽처레스크 개념'을 구현하기에 적합한 것들이었다(도 5-133, 도 5-134). 비례, 음영, 덩어리 느낌, 장식 부재와 추상 평활면 사이의 관계 등에서 짜임새 높은 균형감과 율동을 보였다. 다시 이것을 거대기둥, 열주, 신전 파사드, 창틀, 아치 등 다양한 건축어휘로 적절히 포장해냈다. 이런 처리는 회화적 구성력으로 발전했고 결과적으로 건물들을 한 폭의 풍경화처럼 보이게 했다. 절충주의를 구성하는 여러 양식 가운데 픽처레스크와 가장 잘 어울리는 도리스식 리바이벌(Doric Revival)을 많이 사용한 것도 이런 이유에서였다.

이상과 같은 절충주의와 픽처레스크의 궁극적 목적은 런던 시내에 흥겨운 축제 분위기를 만들어내는 일이었다. 이 지역은 부르주아와 중산층이 주 대상이었다. 19세기 초 이들의 지위는 안정과 불안의 양면을 가지고 있었다. 이것을 안정으로 몰아주기 위해 이들에게 사회적 확신을 주는 건축적 분위기가 필요했다. 이를 위해 내시는 여러 양식을 픽처레스크 개념으로 혼용한 절충 고전주의를 선택한 것이었다.

절충주의에 동원한 여러 양식 가운데에는 고전주의가 핵심이었는데 특히 그릭 리바이벌을 많이 구사했다. 그릭 리바이벌은 동시대 영국에

도 5-135 내시. 리젠트 스트리트 내 코린트식 블록(Corinthian Block). 런던.
도 5-136 내시. 리젠트 스트리트 내 이오니아식 블록(Ionic Block). '손 식 매너(Soanesque manner)'로 처리했다.

서 유행하던 양식이었기 때문에 유행을 많이 타는 부동산 개발사업에 이를 사용한 것은 당연한 측면이 있었다. 1760년대 이후 그리스 발굴이 활성화되면서 유럽 사회에는 그리스 열풍이 불었는데 그릭 리바이벌도 그중 하나였다. 하지만 좀 더 근원을 따져보면 앞에서 언급한 '한 폭의 풍경화로서의 픽처레스크 개념'을 구현하기 위한 측면이 강했다.

리젠트 개발사업에서는 주로 리젠트 스트리트를 따라 들어선 건물들에 사용했다. 당시 그릭 리바이벌은 영국 주거건축에도 많이 사용했는데 대상 범위는 넓었지만 깊이는 없고 표피적인 한계가 있었다. 그리스 오더가 로마 오더를 대체했고 몰딩이 좀 더 섬세해진 정도가 유의미한 특징이었다. 리젠트 스트리트에서는 이보다는 더 폭넓게 그리스 고전주의 어휘를 구사했고 결과적으로 픽처레스크 같은 풍경화 장면을 얻어낼 수 있었다.

구체적 예를 보면, 건물 이름을 빌라나 블록이라고 붙였으며 그 앞에 도리스식, 이오니아식, 코린트식의 세 오더 양식을 더해서 도리스식 빌라, 이오니아식 블록, 코린트식 빌라 하는 식이었다. 그리스의 3대 오더 양식을 기본 소재로 삼아 다양하게 응용했다(도 5-135). 도리스식 빌라에서는 주택 두 채를 하나로 묶은 정면에 네 개의 기둥이 받치는 도리스식 열주 현관을 설치했다. 다른 예들에서는 절충주의를 가미한 장식 고전주의(Decorative Classicism)의 경향도 나타났다. 예를 들어 이오니아식 블록에서는 이오니아식 기둥을 사각형 액자 속에 가두어 장식 요소로 활용하고 있다(도 5-136). 이런 특징은 부드러운 분위기를 내면서 상업지역에 잘 맞았다.

이것은 당시 영국 건축에 유행하던 이른바 '손 식(Soaneque manner)' 기법을 그리스 고전주의 부재에 적용한 것이었다. 손은 18세기 말에서 19세기 초에 활동한 대표적인 낭만주의 건축가인데 자연주의 같은 직접적 요소를 사용하지 않고 고전주의를 상상력 넘치는 기법으로 변형시킨 경향을 보였다. 이런 점에서 그의 기법은 도시주거에 적용하기에 좋았는데 실제로 내시가 이곳에서 그것을 시도한 것이다. 이처럼 내시는 도시 속에서 절충주의 양식을 이용해서 픽처레스크의 미학을 구현해냄으로써 부동산 개발사업에 일정한 심미성을 실어낼 수 있었다.

도판 목록

I. 그리스의 주거

II. 로마의 주거

15 실버웨딩 주택. 폼페이. 기원전 2세기.
16 빌라노바(Villanova)에서 출토된 에트루리아의 오두막형 옹관묘.
17 메나데르 주택(House of Menander). 폼페이. 기원전 2세기. 아트리움-열주랑 주택.
18 메나데르 주택. 폼페이. 기원전 2세기. 열주랑.
19 목재 칸막이 주택(House of the Wooden partition). 헤르쿨라네움. 기원전 3세기경.
20 삼늄 주택(Samnite House). 아트리움 전경. 헤르쿨라네움. 기원전 3세기.
21 멜레아그로스 주택(House of Meleager). 열주랑 전경. 폼페이. 1세기.
22 루크레티우스 프론토 주택(House of Lucretius Fronto). 열주랑 전경. 폼페이. 1세기.
23 케이우스 세쿤두스 주택(House of Ceius Secundus). 테트라스틸 아트리움. 폼페이.
24 왼쪽-모자이크 아트리움 주택(House of the Mosaic Atrium). 오른쪽-황소 주택(House of the Stags). 헤르쿨라네움. 1세기.
25 폼페이 도무스의 기본 구성.
26 목신 주택. 폼페이. 기원전 2세기.
27 판사 주택(House of Pansa). 폼페이. 기원전 2세기.
28 모자이크 주택(House of the Mosaic). 겨울용 식당(Winter Triclinium). 폼페이.
29 율리아 펠릭스 주택(House of Julia Felix). 여름용 식당(Summer Triclinium). 폼페이. 1세기.
30 살루스티우스 주택(House of Sallust). 폼페이. 기원전 3세기. 기원전 1세기 확장.
31 베티 주택(House of the Vettii). 폼페이. 기원전 2세기. 서기 1세기 확장. '붉은 방'의 벽화.
32 베티 주택. 폼페이. 기원전 2세기. 서기 1세기 확장. '벽화의 방'의 벽화.
33 삼늄 주택. 헤르쿨라네움. 기원전 3세기.
34 목신 주택. 폼페이. 기원전 2세기.
35 비극시인의 주택(House of the Tragic Poet). 폼페이. 1세기.
36 루크레티우스 프론토 주택. 폼페이. 1세기. 타블리눔.
37 넵튠 앤 암피트리테 주택(House of Neptune and Amphitrite). 헤르쿨라네움. 1세기.
38 메나데르 주택. 주택사당의 제단. 폼페이. 기원전 2세기.
39 베티 주택. 폼페이. 기원전 2세기. 서기 1세기 확장.
40 포르마 우르비스(Forma Urbis). 203~211년.
41 백주년 주택(House of the Centenary). 폼페이. 기원전 1세기~서기 1세기.
42 백주년 주택. 폼페이.
43 폼페이 머큐리 가(Vico di Mercurio) 전경.
44 기원전 6세기경의 폼페이.
45 폼페이-도로, 문, 구역, 주요 공공건물 및 도무스.
46 목신 주택. 폼페이. 기원전 2세기. 모자이크 장식.
47 폼페이 VI 구역의 주택들.
48 오벨리우스 피르무스 주택(House of the Obelius Firmus). 폼페이. 기원전 1세기~서기 1세기.
49 살루스티우스 주택. 폼페이. 기원전 3세기. 기원전 1세기 확장.
50 베티 주택. 폼페이. 기원전 2세기. 서기 1세기 확장. 프레스코화.
51 로레이우스 티부르티누스 주택(House of Loreius Tiburtinus). 폼페이. 1세기.
52 율리아 펠릭스 주택. 님피움. 폼페이. 1세기
53 판사 주택. 폼페이. 기원전 2세기. 네 채의 임대주택(A-D)과 본체의 중심 경치 축.
54 목신 주택. 폼페이. 기원전 2세기. 모자이크 장식.
55 목신 주택. 열주랑 정원. 폼페이. 기원전 2세기.
56 로레이우스 티부르티누스 주택. 폼페이. 1세기.
57 로레이우스 티부르티누스 주택. 폼페이. 1세기. 제2열주랑 영역과 페골라.
58 로레이우스 티부르티누스 주택. 폼페이. 1세기. 제2열주랑 영역.
59 루크레티우스 프론토 주택. 열주랑 전경. 폼페이. 1세기.
60 루크레티우스 프론토 주택. 폼페이. 1세기. 벽화에 그려진 바닷가 빌라.
61 베티 주택. 폼페이. 기원전 2세기. 서기 1세기 확장. 열주랑 정원 영역.

III. 중세의 주거

1 『베리 공작의 매우 풍요로운 기도서(Les Tres Riches Heures du duc de Berry), 1416』 중 3월 장면. 뤼지냥 성채 및 그 주변의 영지.
2 천장을 덮은 중세 노점상 장면.
3 마스터 벤체슬라스(Master Wenceslas)의 『계절의 순환(Cycle of the Months), 1400~07년경』 중 9월~12월 장면.
4 베네치아를 출발하는 마르코 폴로 형제. 14세기 후반 그림.
5 트렌토(Trento).
6 랭스(Reims), 프랑스.
7 헤리퍼드(Hereford), 영국. 10세기경 농촌마을로 시작한 상태.
8 헤리퍼드, 영국. 12세기경 타운으로 발전한 모습.
9 프랑스 중세 도시 장인-상인 주택 표준형. 11세기.
10 프랑스 중세 도시 장인-상인 주택 표준형.
11 독일 뉘른베르크(Nürnberg)의 뒤러 광장(Dürere Platz)에 있는 상인 주택.

12 할리(Harley)의 『성채 형 도시–로마의 상징–교황의 예언(Fortified City–Representing Rome–Prophecies of the Pope), 1340』 중 그림 12번 장면.
13 그루지야(현재는 조지아로 이름이 바뀌었다)의 스바네티(Svaneti)에 지어진 탑 주택.
14 박공 주택과 아케이드 통로가 어우러진 중세 솔즈베리 도심 풍경.
15 독일 뉘른베르크의 뒤러 광장 일대 장면.
16 독일 뮌스터리펠(Münsterifel)의 로마네스크 주택 표준형. 1층, 2층 평면도.
17 독일 뮌스터리펠의 로마네스크 주택 표준형. 입면도와 단면도.
18 『베리 공작의 매우 풍요로운 기도서』에 등장하는 소뮈르(Saumur) 성채 모습.
19 영국의 중세 장원.
20 영국 데번셔(Devonshire)의 헤이즈 바턴(Hayes Barton)에 있는 장원 주택.
21 마스터 벤체슬라스의 『계절의 순환, 1400~07년경』 중 7~8월 장면.
22 헤밍포드 그레이(Hemingford Grey)의 장원 주택. 케임브리지셔(Cambridgeshire), 영국.
23 이스트 바셤(East Barsham)의 장원 주택. 노퍽(Norfolk), 영국. 1520~30년경.
24 틴테이겔(Tintagel)의 장원 주택. 14세기.
25 리틀 웬햄홀(Little Wenham Hall). 서폭(Suffolk)의 입스위치(Ipswich) 근교. 영국. 1265~80년경.
26 마켄필드 홀(Markenfield Hall). 요크셔(Yorkshire), 영국. 1310년.
27 우드랜즈 장원 주택(Woodlands Manor). 미어(Mere), 윌트셔(Wiltshire), 영국. 1380년경.
28 사우스 윙필드(South Wingfield)의 장원 주택. 더비셔(Derbyshire), 영국. 1440~50년경.
29 피에르 르보(Pierre Le Baud)의 『브르타뉴의 연대기와 역사(Chroniques et histoires des Bretons), 15세기』에 나오는 성채 모습.
30 오르텐베르크(Ortenberg) 성채.
31 중세 성채의 표준 구성.
32 프로뱅(Provins) 성채. 카이사르의 탑(Tour de Cesar). 12세기.
33 모타뉴(Mortagne) 성채의 포위 장면. 1377년 그림.
34 샤토 가이야르(Château Gaillard) 평면도. 12세기 말.
35 샤토 가이야르 전경. 12세기 말.
36 로체스터(Rochester) 성채. 켄트(Kent), 영국. 13세기 중반.
37 헤딩험(Hedingham) 성채. 에식스(Essex), 영국. 1130~40년경.
38 크레이그밀러(Craigmiller) 성채.
39 12세기 주거용 본성의 다양한 형태.
40 도버(Dover) 성채, 영국. 12세기 중반~13세기 초.
41 로체스터 성채. 켄트, 영국. 13세기 중반.
42 라이징(Rising) 성채, 노퍽, 영국. 1140년경.
43 도버 성채. 12세기 중반~13세기 초.
44 헤딩험 성채. 에식스, 영국. 1130~40년경.
45 로슈(Loches) 성채. 루아르, 프랑스. 1012~35년경.
46 로슈 성채. 루아르, 프랑스. 주거용 본성 평면도.
47 우당(Houdan) 성채의 주거용 본성. 일드프랑스, 프랑스. 12세기.
48 우당 성채의 주거용 본성. 주거 영역.
49 카르카손느(Carcassonne) 성채 배치도. 카르카손느, 프랑스.
50 카르카손느 성채 전경.
51 런던 타워(London Tower=White Tower). 런던, 영국. 1070년경~13세기.
52 콜체스터(Colchester) 성채. 에식스, 영국.
53 빔펜(Wimpfen) 성채의 블루타워, 독일. 13세기 초.
54 빔펜 성채의 레드타워, 독일.
55 대포를 사용하는 15세기 전쟁 장면.
56 중세의 궁정 연애를 다룬 『장미설화(Roman de la Rose), 1490년경』에 등장하는 '질투의 성채' 장면.
57 보스윅(Borthwick) 성채. 스코틀랜드. 탑 형 본성.
58 보스윅 성채. 스코틀랜드.
59 뱅센느(Vincennes) 성채. 프랑스. 탑 형 본성 전경. 14세기.
60 뱅센느 성채. 탑 형 본성 평면도. 14세기.
61 태터셜(Tattershall) 성채. 탑 형 본성 전경. 링컨셔(Lincolnshire), 영국. 1230년경.
62 둔(Doune) 성채. 탑 형 본성 전경. 퍼트셔(Perthshire), 스코틀랜드.
63 콘웨이(Conway) 성채. 웨일스.
64 워릭(Warwick) 성채. 워릭셔(Warwickshire), 영국.
65 케닐워스(Kenilworth) 성채. 워릭셔, 영국.
66 보디엄(Bodiam) 성채. 안마당–탑 형 본성 배치도. 이스트 서식스(East Sussex), 영국. 1386년.
67 보디엄 성채. 안마당–탑 형 본성 전경.
68 리즈(Leeds) 성채. 켄트셔(Kentshire), 영국. 1275~.
69 더닝턴(Donnington) 성채. 버크셔(Berkshire), 영국.
70 피에르퐁(Pierrefonds) 성채. 프랑스. 1390~1400년.
71 워릭 성채.
72 워릭 성채. 시저의 탑.
73 워릭 성채. 안마당–탑 형 본성 전경.
74 퀸버로(Queenborough) 성채. 셰피(Sheppy) 섬, 영국.
75 워크워스(Warkworth) 성채. 노섬버랜드(Northumberland), 영국. 본성 전경. 1377~90년경.
76 워크워스 성채. 본성 1층 평면도. 1377~90년경.
77 워크워스 성채. 본성 2층 평면도. 1377~90년경.
78 몬테리지오니(Monteriggioni), 이탈리아. 성채 형 도시 전경.

IV. 르네상스와 바로크의 주거

19 미켈로초. 메디치 팔라초. 피렌체. 1444~59년. 그랜드 살롱.
20 미켈로초. 메디치 팔라초. 피렌체. 1444~59년. 외관 전경.
21 미켈로초. 메디치 팔라초. 피렌체. 1444~59년. 1층 창.
22 알베르티(Leon Battista Alberti). 루첼라이 팔라초(Palazzo Rucellai). 피렌체. 1452~70년경.
23 베네치아 팔라초(Palazzo Venezia). 로마. 1455~71년.
24 베네치아 팔라초. 로마. 1455~71년. 평면도.
25 베네치아 팔라초. 로마. 1455~71년. 외관 전경. 19세기 사진.
26 칸첼레리아(Cancelleria). 정면 외관. 로마. 1485~95년.
27 보르사리 문(Porta Borsari). 베로나(Verona), 이탈리아. 1세기.
28 칸첼레리아. 로마. 평면도. 1485~95년.
29 브라만테(Donato Bramante). 카프리니 팔라초(Palazzo Caprini) 로마. 1510년경.
30 브라만테. 카프리니 팔라초. 로마. 1510년경.
31 피티 팔라초(Palazzo Pitti). 피렌체.
32 피티 팔라초. 피렌체. 암만나티(Bartolomeo Ammannati)의 안마당과 보볼리 정원. 1558~70년.
33 피티 팔라초. 피렌체. 18세기 최종 완공상태. 그랑장드 몬티니(Grandjean de Montigny)가 1815년에 작성한 평면.
34 피티 팔라초. 피렌체. 18세기 완공 뒤 현재의 전경.
35 피티 팔라초. 피렌체. 18세기 완공 직후 전경을 보여주는 판화.
36 피티 팔라초. 피렌체. 정면 러스티케이션과 아치창.
37 피티 팔라초. 피렌체. 암만나티의 안마당. 기둥과 조적처리. 1558~70년.
38 교황 바오로 3세의 주치의 주택.
39 보르고의 부르주아 주택.
40 소(小) 안토니오 다 상갈로(Antonio da Sangallo il Giovane). 비아 줄리아 주택.
41 라파엘. 팔라초 카파렐리-비도니(Palazzo Caffarelli-Vidoni). 로마. 1515년.
42 라파엘. 브레시아의 야고보 팔라초(Palazzo Jacopo da Brescia). 로마. 1515?~1520년. 2층 평면도.
43 라파엘. 브레시아의 야고보 팔라초. 로마. 1515?~1520년. 현재 모습.
44 라파엘. 브레시아의 야고보 팔라초. 로마. 1515?~1520년. 모서리 부분 스케치.
45 라파엘. 아쿠일리아의 브란코니오 팔라초(Palazzo Branconio dell'Aquilia). 로마. 1515?~1520년. 입면도.
46 라파엘. 아쿠일리아의 브란코니오 팔라초. 로마. 1515?~1520년. 라파엘의 스케치 원안.
47 라파엘. 예술가 주택. 로마. 1520년경. 2층 평면도.
48 라파엘. 예술가 주택. 로마. 1520년경. 측면도.
49 줄리오 로마노(Giulio Romano)의 마카라니 팔라초. 로마. 1520?~23년.
50 줄리오 로마노의 로마 주택. 1524년.
51 줄리오 로마노의 만토바 주택. 1538~44년.
52 줄리오 로마노의 만토바 주택. 1538~44년.
53 줄리오 로마노의 만토바 주택. 1538~44년.
54 클뤼니 오텔(Hôtel de Cluny). 파리. 앞마당 전경. 1334년 첫 구입. 1470년 파괴 이후 새로 지음.
55 상스 오텔(Hôtel de Sens). 파리. 전경. 1381년 첫 번째 완공. 1474년 증개축.
56 상스 오텔. 파리. 외관의 현재 모습.
57 위르생 오텔(Hôtel des Ursins). 파리. 연도미상. 현재 철거. 센 강변의 전경.
58 에루에의 장 오텔(Hôtel Jean d'Herouet). 파리. 1510년. 외관의 현재 모습.
59 르그랑 페라레(Le Grand Ferrare). 퐁텐블로(Fontaine-bleau). 1544~46년.
60 뷔리 성채(Château de Bury). 1511~24년.
61 자크 앙드루에 뒤 세르소(Jacques Androuet du Cerceau). 베르노이 성채 계획안(Château de Verneuil). 1568년.
62 로티스망(lotissement) 개발사업으로 철거되기 이전의 에탕프 오텔(Hôtel d'Etampes) 전경.
63 성 폴 오텔(Hôtel de Saint Pol) 부지에 개발한 로티스망(lotissement). 1543~56년.
64 피에르 레스코(Pierre Lescot). 리녜리 오텔(Hôtel de Ligneris). 파리. 1544~45년. 정문.
65 피에르 레스코. 리녜리 오텔. 파리. 1544~ 45년. 앞마당 정면.
66 피에르 레스코. 리녜리 오텔. 파리. 1544~ 45년. 1층 평면도.
67 피에르 레스코. 리녜리 오텔. 파리. 1544~45년. 앞마당 입면 전경.
68 느베르 오텔(Hôtel de Nevers). 파리. 1572~1650년대.
69 17세기에 느베르 오텔의 증개축을 거친 뒤의 느베르 포구 모습.
70 느베르 오텔. 파리. 1572~1650년대. 19세기에 철거. 17세기 초에 샤스티용(Claude Chastillon)이 계획한 후원 쪽 입면.
71 퀼튀르 성 카테린 교회(Cluture Sainte Catherine) 부지에 실시한 로티스망(lotissement) 개발사업. 1545년.
72 앙굴렘 오텔(Hôtel d'Angouleme). 파리. 1584년.
73 클뤼니 오텔. 파리. 1층 평면도.
74 상스 오텔. 파리. 1층 평면도.
75 르장드르 오텔(Hôtel le Gendre). 파리. 1층 평면도. 1506년경 증개축. 1841년 철거.
76 느베르 오텔. 1층 평면도. 파리. 1572~1650년대. 19세기에 철거.
77 자크 앙드루에 뒤 세르소. 『건축서(Livres d'Architecture), 1559』. 프로젝트 XIII.
78 자크 앙드루에 뒤 세르소. 『건축서』. 프로젝트 XXI.

영국. 1576~.

136 러시턴의 삼각형 로지(Rushton Triangular Lodge). 1593~97년.

137 스미드슨. 기하학적 평면 주택 계획안.

138 소프. 원형 평면 주택 계획안.

139 런던대화재 이전의 16세기 모습.

140 1666년 런던대화재 이후 렌(Christopher Wren)이 작성한 재건계획.

141 1666년 런던대화재 이후 마련한 도시주거 허용 층수.

142 챌튼 하우스(Charlton House). 1층 평면도. 그리니치(Greenwich). 영국. 1607년.

143 홀란드 하우스(Holland House). 런던 켄싱턴(Kensington). 1606~07년.

144 체이슬턴 하우스(Chastleton House). 1층 평면도. 옥슨(Oxon). 영국. 1603~.

145 햇필드 하우스(Hatfield House). 외관 전경. 하트퍼드셔(Hertfordshire). 영국. 1607~11년.

146 체이슬턴 하우스. 정면 전경. 옥슨. 영국. 1603~.

147 홀란드 하우스. 런던 켄싱턴. 1606~07년.

148 벤델 디털린(Wendel Dietterlin)의『다섯 기둥의 기본 구성, 대칭, 비례에 관한 건축적 고찰(Architectura von Ausstheilung, Symmetria und Proportion der Fuenff Seulen), 1598』에 수록된 '죽음의 승리(The Victory of Death)'라는 제목의 장식.

149 벤델 디털린의『다섯 기둥의 기본 구성, 대칭, 비례에 관한 건축적 고찰』에 수록된 콤포지트 오더(Composite Order).

150 한스 블룸(Hans Blum)의『다섯 기둥 도록집(Quinque Columnarum Exacta descriptio atque delineatio), 1550』에 수록된 토스카나-도리스식 오더(Tuscan-Doric Order).

151 커비 홀. 16세기의 여러 패턴 북에서 영향을 받은 기둥 모습. 노샘프턴셔. 영국. 1570~75년.

152 니콜라스 스톤(Nicholas Stone)이 1638~40년에 증축한 커비 홀의 기둥 장식.

153 오들리 엔드(Audley End). 전경. 에식스(Essex). 영국. 1603년경~1616년.

154 챌튼 하우스. 정면 전경. 그리니치. 영국. 1607년.

155 햇필드 하우스. 공중 전경. 하트퍼드셔. 영국. 1607~11년.

156 햇필드 하우스. 1층 평면도. 하트퍼드셔. 영국. 1607~11년.

157 래인햄 홀(Raynham Hall). 노퍽(Norfolk). 영국. 1635년경.

158 스와켈리스 하우스(Swakeleys). 미들섹스(Middlesex). 영국. 1638년.

V. 17~19세기 도시주거 개발사업

1 프랑스 광장(Place de France). 샤스티용과 알레옴(Jacques Alleaume)이 계획. 1610년 설계. 1641년 부분완공. 파리.

2 왕립 광장(Place Royale=현재의 Place des Vosges. 보스쥬 광장). 1605~10년. 파리. 19세기 중반 오스망 재개발 이후 장면.

3 도핀 광장(Place Dauphine). 1607~10년. 최종완공 1616년. 파리.

4 왕립 광장. 1605~10년. 파리.

5 왕립 광장. 1605~10년. 파리. 1612년의 마상시합 장면.

6 왕립 광장. 1605~10년. 인도로 내놓은 1층의 아케이드 통로. 파리.

7 왕립 광장. 1605~10년. 왕의 파빌리온(Pavillion du Roi)과 주변 건물. 파리.

8 도핀 광장. 1607~10년. 최종완공 1616년. 배치도. 파리.

9 도핀 광장. 1607~10년. 최종완공 1616년. 파리.

10 도핀 광장. 1607~10년. 최종완공 1616년. 파리. 출입구.

11 도핀 광장. 1607~10년. 최종완공 1616년. 파리. 임시 극장을 설치한 광장 안쪽 모습.

12 승리의 광장(Place des Victoires). 1685년. 파리. 주변의 타운 하우스를 배경으로 서 있는 루이 14세의 기마상. 데자르댕(Martin Desjardins)의 작품이다.

13 승리의 광장. 1685년. 파리. 17세기 상태. 동상 뒤가 아부키르 가(Rue d'Aboukir)이다.

14 승리의 광장. 1685년. 파리. 공중 전경. 원형광장.

15 승리의 광장. 1685년. 파리. 현재 모습.

16 승리의 광장. 1685년. 파리. 광장주거 타운 하우스의 입면.

17 방돔 광장(Place Vendome). 1698~1720년. 파리

18 방돔 광장. 1698~1720년. 파리. 현재 모습

19 방돔 광장. 1698~1720년. 파리. 광장주거 타운 하우스의 입면.

20 방돔 광장. 1698~1720년. 파리. 광장주거 타운 하우스 가운데 하나로 지어진 쌍둥이 오텔. 왼쪽이 크로차 오텔(Hôtel Crozat, 1702). 오른쪽이 에브뢰 오텔(Hôtel d'Evreux, 1707). 둘 모두 뷜레(Pierre Bullet)의 작품이다.

21 파리의 1789년 도로체계.

22 파리의 1871년 도로체계.

23 파리의 1854년 도로체계.

24 세바스토폴 가(Boulevard de Sébastopol)의 아파트. 롤랑(François Rolland)의 설계. 1860년경.

25 오페라 가(Avenue de l'Opera) 전경. 1850년대 후반 피오릴로(Fiorillo)가 찍은 사진이다.

26 카스틸리오네 가(Rue de Castiglione) 완공 당시 모습. 카넬라(Giuseppe Canella)의 그림이다.

표 목록

찾아보기

1. 건물명은 건물명을 기준으로 분류했으며, 그 뒤에 소속도시나 지역을 밝혔다.
2. 도판의 설명에 색인이 있는 경우는 진한 글씨로 처리했다.
3. 인명은 성, 이름 순으로 되어 있다.

ㄱ

ㄴ

ㄷ

ㄹ

ㅁ

ㅂ

ㅇ

ㅈ

ㅊ

ㅋ

ㅌ

ㅍ

ㅎ

유럽의 주택

초판발행 2014년 3월 3일

지은이 임석재
펴낸이 김정순
책임편집 이선희
디자인 이혜령
마케팅 김보미 임정진 전선경

펴낸곳 (주)북하우스 퍼블리셔스
출판등록 1997년 9월 23일 제 406-2003-055호
주소 121-840 서울 마포구 양화로 12길 24(서교동 선진빌딩) 6층
전화 02-3144-3123
팩스 02-3144-3121
전자우편 editor@bookhouse.co.kr
홈페이지 www.bookhouse.co.kr

ISBN 978-89-5605-723-1 (03610)